EDIÇÕES BESTBOLSO

O martelo das feiticeiras

Heinrich Kramer (1430-1505) foi um religioso e Inquisidor alemão. Juntou-se à Ordem dos Pregadores ainda jovem, e foi indicado para a posição de inquisidor por volta de 1474. Solicitou ao papa Inocêncio VIII permissão para investigar e punir atos de bruxaria na Alemanha, e a Bula Papal emitida em resposta serviu como legitimação para que ele escrevesse *O martelo das feiticeiras*. Entendido como um guia para reconhecer, capturar e punir bruxas, o livro foi condenado pela Universidade de Colônia, instituição para a qual foi submetido para aprovação, por instigar atos antiéticos, ilegais e contrários à doutrina católica. Ainda assim, o livro foi muito utilizado pelas cortes seculares, e Kramer continuou sendo convidado para fazer pregações sobre o assunto.

James Sprenger (1435-1495) foi admitido como noviço na Ordem dos Pregadores em 1452, tornou-se posteriormente mestre e deão da faculdade de teologia da Universidade de Colônia, e então foi indicado como Inquisidor das províncias de Mainz, Trier e Colônia. Apesar de ser com frequência apontado como coautor de *O martelo das feiticeiras*, junto a Heinrich Kramer, historiadores afirmam que seu papel foi o de colaborador, e que sua influência foi usada para atribuir caráter oficial à publicação de Kramer.

MALLEUS MALEFICARUM

O Martelo das Feiticeiras

HEINRICH KRAMER E JAMES SPRENGER

Tradução de
PAULO FRÓES

Introdução de
ROSE MARIE MURARO

Prefácio de
CARLOS BYINGTON

7ª edição

EDIÇÕES
BestBolso
RIO DE JANEIRO – 2023

CIP-BRASIL. CATALOGAÇÃO NA PUBLICAÇÃO
SINDICATO NACIONAL DOS EDITORES DE LIVROS, RJ

K91m
7ª ed.

Kramer, Heinrich, 1430-1505
O martelo das feiticeiras/ Heinrich Kramer, James Sprenger; tradução Paulo Fróes; Rose Marie Muraro; Carlos Byington. – 7ª ed. – Rio de Janeiro: BestBolso, 2023.
12 × 18 cm.

Tradução de: Malleus Maleficarum
Inclui bibliografia
ISBN 978-85-7799-416-8

1. Feitiçaria. 2. Magia. 3. Ritos e cerimônias. I. Sprenger, James. II. Muraro, Rose Marie. III. Byington, Carlos. IV. Título.

CDD: 133.43
CDU: 133.4

14-11072

O martelo das feiticeiras, de autoria de Heinrich Kramer e James Sprenger.
Título número 381 das Edições BestBolso.
Texto revisado conforme o Acordo Ortográfico da Língua Portuguesa.

Título original:
MALLEUS MALEFICARUM

www.edicoesbestbolso.com.br

Design de capa: Mariana Taboada sobre imagem de Jan Luyken (Suplício de Anneken Hendriks, queimado em Amsterdã, 1571).

Impresso no Brasil

ISBN 978-85-7799-416-8

Nota do editor

Esta edição de bolso é publicada ao se completar 24 reimpressões vendidas em formato convencional pela Editora Rosa dos Tempos. Lançada no Brasil em 1991 por Rose Marie Muraro, a obra se tornou um clássico e ainda hoje é referência para os interessados na história da Inquisição.

Esta edição é uma homenagem à editora Rose Marie Muraro (1930-2014), que assina a introdução deste livro e deixou um legado de profundo humanismo para as futuras gerações. Formou-se em física e economia, mas sua vocação intelectual floresceu ao começar a exercer a profissão de editora de livros e escritora, com vastíssima obra publicada. Lutou sua vida inteira pela igualdade de direitos para mulheres e homens, e por um mundo solidário a todos.

Sumário

Introdução

Rose Marie Muraro

Para compreendermos a importância do *Malleus* é preciso que tenhamos uma mínima visão da história da mulher ao longo da história humana em geral.

Segundo a maioria dos antropólogos, o ser humano habita este planeta há mais de 2 milhões de anos. Nossa espécie passou mais de três quartos desse tempo nas culturas de coleta e caça aos pequenos animais. Nessas sociedades não havia necessidade de força física para a sobrevivência, e nelas as mulheres possuíam um lugar central.

Ainda existem remanescentes dessas culturas em nosso tempo, tais como os grupos mahoris (Indonésia), pigmeus e bosquímanos (África Central). Esses são os grupos mais primitivos que existem, e ainda sobrevivem da coleta dos frutos da terra e da pequena caça ou pesca. Nesses grupos, a mulher ainda é considerada um ser sagrado, porque é capaz de dar a vida e, portanto, ajudar a fertilidade da terra e dos animais. Nesses grupos, o princípio masculino e o feminino governam juntos. Há divisão de trabalho entre os sexos, mas não há desigualdade. A vida corre mansa e paradisíaca.

Nas sociedades de caça aos grandes animais, que sucederam a essas mais primitivas, nas quais a força física era essencial, iniciou-se a supremacia masculina. Mas nem nas sociedades de coleta nem nas de caça se conhecia função masculina na procriação. Também nas sociedades de caça a mulher era considerada um ser sagrado, que possuía o privilégio dado pelos deuses de reproduzir a espécie. Os homens se sentiam marginalizados nesse processo e as invejavam. Essa primitiva "inveja do útero" dos homens é a antepassada da moderna "inveja do pênis", que sentem as mulheres nas culturas patriarcais mais recentes.

A inveja do útero deu origem a dois ritos universalmente encontrados nas sociedades de caça pelos antropólogos e observados em partes opostas do mundo, como Brasil e Oceania. O primeiro é o fenômeno da *couvade*, em que a mulher começa a trabalhar dois dias depois de parir e o homem fica de resguardo com o recém-nascido, recebendo visitas e presentes. O segundo é a iniciação dos homens. Na adolescência, a mulher tem sinais exteriores que marcam o limiar da sua entrada no mundo adulto. A menstruação a torna apta à maternidade e representa um novo patamar em sua vida. Mas os adolescentes homens não possuem esse sinal tão óbvio. Por isso, na puberdade, eles são arrancados de suas mães pelos homens, para serem iniciados na "casa dos homens". Em quase todas essas iniciações, o ritual é semelhante: é a imitação cerimonial do parto com objetos de madeira e instrumentos musicais. E nenhuma mulher ou criança pode se aproximar da casa dos homens, sob pena de morte. Daí em diante, o homem pode "parir" ritualmente e, portanto, tomar seu lugar na cadeia das gerações.

Ao contrário da mulher, que possuía o "poder biológico", o homem foi desenvolvendo o "poder cultural" à medida que a tecnologia foi avançando. Enquanto as sociedades eram de coleta, as mulheres mantinham uma espécie de poder, mas diferente daquele das culturas patriarcais. Essas culturas primitivas deviam ser cooperativas, a fim de sobreviver em condições hostis, e, portanto, não havia coerção ou centralização, mas rodízio de lideranças, e as relações entre homens e mulheres eram mais fluidas do que viriam a ser nas futuras sociedades patriarcais.

Nos grupos matricêntricos, as formas de associação entre homens e mulheres não incluíam nem a transmissão do poder nem a da herança, por isso a liberdade em termos sexuais era maior. Por outro lado, quase não existia guerra, pois não havia pressão populacional pela conquista de novos territórios.

É só nas regiões em que a coleta é escassa, ou onde vão desaparecendo os recursos naturais vegetais e os pequenos animais, que se inicia a caça sistemática aos animais de grande porte. Então a supremacia masculina e a competitividade entre os grupos na busca de novos territórios começam a se instalar. Agora, as sociedades devem competir entre si por um alimento escasso, a fim de sobreviver. As guerras se tornam constantes e passam a ser mitificadas. Os homens mais valorizados são os heróis guerreiros. Começa a se romper a harmonia que ligava a espécie humana à natureza, porém ainda não se instala definitivamente a lei do mais forte. O homem ainda não conhece com precisão a sua função reprodutora e crê que a mulher fica grávida dos deuses. Por isso ela conserva poder de decisão. Nas culturas que vivem da caça,

já existe estratificação social e sexual, mas não é completa como nas sociedades que se lhes seguem.

É no decorrer do neolítico que, em algum momento, o homem começa a dominar a sua função biológica reprodutora, e, podendo controlá-la, pode também controlar a sexualidade feminina. Então surge o casamento, tal como o conhecemos hoje, no qual a mulher é propriedade do homem e a herança se transmite através da descendência masculina. Já acontecia assim, por exemplo, nas sociedades pastoris descritas na Bíblia. Naquela época, o homem já tinha aprendido a fundir metais. Essa descoberta surge por volta de 10000 ou 8000 a.C. E, à medida que essa tecnologia se aperfeiçoa, começam a ser fabricadas não só armas mais sofisticadas como também instrumentos que permitem cultivar melhor a terra (o arado, por exemplo).

Hoje há um consenso entre os antropólogos de que os primeiros humanos a descobrir os ciclos da natureza foram as mulheres, porque podiam compará-los com o ciclo do próprio corpo. Mulheres também devem ter sido as primeiras plantadoras e as primeiras ceramistas, mas foram os homens que, a partir da invenção do arado, sistematizaram as atividades agrícolas, iniciando uma nova era, a era agrária, e com ela a história que vivemos hoje.

Para poder arar a terra, os grupamentos humanos deixam de ser nômades. São obrigados a se tornar sedentários. Dividem a terra e iniciam as primeiras plantações. Começam a se estabelecer as primeiras aldeias, depois as cidades, as cidades-estado, os primeiros Estados e os impérios, no sentido antigo do termo. As sociedades, então, se tornam patriarcais, isto é, os portadores dos valores e da sua transmissão são os homens. Já não são mais os princípios feminino e masculino que governam juntos o mundo, mas, sim, a lei do mais forte. A comida era destinada, primeiro, ao dono da terra, sua família, seus escravos e seus soldados. Até ser escravo era privilégio. Só os párias nômades e os sem-terra pereciam no primeiro inverno ou na primeira escassez.

Nesse contexto, quanto mais filhos, mais soldados e mais mão de obra barata para arar a terra. As mulheres tinham a sua sexualidade rigidamente controlada pelos homens. O casamento era monogâmico e a mulher era obrigada a sair virgem das mãos do pai para as mãos do marido. Qualquer ruptura desta norma podia significar a morte. Assim também o adultério: um filho de outro homem viria ameaçar a transmissão da herança, realizada por meio da descendência da mulher. A mulher fica,

então, reduzida ao âmbito doméstico. Perde qualquer capacidade de decisão no domínio público, que se torna inteiramente reservado ao homem. A dicotomia entre o privado e o público estabelece, então, a origem da dependência econômica da mulher, e esta dependência, por sua vez, gera, no decorrer das gerações, uma submissão psicológica que dura até hoje.

Todo o período histórico até os dias de hoje transcorreu nesse contexto. A cultura humana passou de matricêntrica a patriarcal.

E o Verbo veio depois

"No princípio era a Mãe, o Verbo veio depois." É assim que Marilyn French, uma das maiores pensadoras feministas americanas, começa o seu livro *Beyond Power* (Summit Books, Nova York, 1985). E não é sem razão, pois podemos retraçar os caminhos da espécie através da sucessão dos seus mitos. Um mitólogo americano, em seu livro *As máscaras de Deus: mitologia ocidental*, citado por French, divide todos os mitos conhecidos da criação em quatro grupos. E, surpreendentemente, esses grupos correspondem às etapas cronológicas da história humana.

Na primeira etapa, o mundo é criado por uma deusa mãe sem auxílio de ninguém. Na segunda, ele é criado por um deus andrógino ou um casal criador. Na terceira, um deus macho toma o poder da deusa ou cria o mundo sobre o corpo da deusa primordial. Finalmente, na quarta etapa, um deus macho cria o mundo sozinho.

Essas quatro etapas que se sucedem cronologicamente também são testemunhas eternas da transição da etapa matricêntrica da humanidade para a fase patriarcal, e é esta sucessão que dá veracidade à frase já citada de Marilyn French.

Alguns exemplos nos farão entender as diversas etapas e a frase de French. O primeiro e mais importante exemplo da primeira etapa na qual a Grande Mãe cria o universo sozinha é o próprio mito grego. Nele a criadora primária é Gaia, a Mãe Terra. Dela nascem todos as protodeuses: Urano, os Titãs e as protodeusas, entre as quais Reia, que virá a ser a mãe do futuro dominador do Olimpo, Zeus. Há também o caso do mito Nagô, que vem dar origem ao candomblé. Neste mito africano, é Nanã Buruquê que dá à luz todos os orixás, sem auxílio de ninguém.

Exemplos do segundo caso são o deus andrógino que gera todos os deuses, no hinduísmo, e o yin e o yang, o princípio feminino e o masculino que governam juntos na mitologia chinesa.

Exemplos do terceiro caso são as mitologias nas quais reinam, em primeiro lugar, deusas mulheres, que são, depois, destronadas por deuses masculinos. Entre essas mitologias está a sumeriana, na qual reinava primitivamente a deusa Siduri, num jardim de delícias, cujo poder foi usurpado por um deus solar. Mais tarde, na epopeia de Gilgamesh, ela é descrita como simples serva. Ainda, os mitos primitivos dos astecas falam de um mundo perdido, de um jardim paradisíaco governado por Xoxiquetzl, a Mãe Terra. Dela nasceram os Huitzuhuahua, que são os Titãs e os Quatrocentos Habitantes do Sul (as estrelas). Mais tarde seus filhos se revoltam contra ela e ela dá à luz o deus que iria governar a todos, Huitzilopochtli.

A partir do segundo milênio a.C., contudo, raramente se registram mitos nos quais a divindade primária seja mulher. Em muitos deles, eles são substituídas por um deus macho que cria o mundo a partir de si mesmo, tais como os mitos persa, meda e, principalmente e acima de todos, o nosso mito cristão, que aqui será enfocado.

Javé é deus único Todo-Poderoso, onipresente, e controla os seres humanos em todos os momentos da vida. Cria sozinho o mundo em sete dias e, no final, cria o homem. E só depois cria a mulher, assim mesmo a partir do homem. E coloca ambos no Jardim das Delícias, onde o alimento é abundante e colhido sem trabalho. Mas, graças à sedução da mulher, o homem cede à tentação da serpente e o casal é expulso do paraíso.

Antes de prosseguir, procuremos analisar o que já se tem até aqui em relação à mulher. Em primeiro lugar, ao contrário das culturas primitivas, Javé é deus único, centralizador, dita rígidas regras de comportamento, cuja transgressão é sempre punida. Nas primitivas mitologias, ao contrário, a Grande Mãe é permissiva, amorosa e não coercitiva. E como todos os mitos fundadores das grandes culturas tendem a sacralizar os seus principais valores, Javé representa bem a transformação do matricentrismo em patriarcado.

O Jardim das Delícias é a lembrança arquetípica da antiga harmonia entre o ser humano e a natureza. Nas culturas de coleta não se trabalhava sistematicamente. Por isso os controles eram frouxos e podia se viver mais prazerosamente. Quando o homem começa a dominar a natureza, ele começa a se separar dessa mesma natureza na qual vivia imerso até então.

Como o trabalho é penoso, necessita agora de poder central que imponha controles mais rígidos e punição para a transgressão. É preciso usar a coerção e a violência para que os homens sejam obrigados a trabalhar, e essa coerção é localizada no corpo, na repressão da sexualidade e do prazer. Por isso o pecado original, a culpa máxima, na Bíblia, é colocado no ato sexual (é assim que, desde milênios, popularmente se interpreta a transgressão dos primeiros humanos).

É por isso que a árvore do conhecimento é também a árvore do bem e do mal. O progresso do conhecimento gera o trabalho e por isso o corpo deve ser amaldiçoado, porque o trabalho é bom. Mas é interessante notar que o homem só consegue conhecimento do bem e do mal transgredindo a lei do Pai. O sexo (o prazer), doravante, é mau e, portanto, proibido. Praticá-lo é transgredir a lei. Ele é, portanto, limitado apenas às funções procriativas, e mesmo assim gera culpa.

Daí a divisão entre sexo e afeto, entre corpo e alma, apanágio das civilizações agrárias e fonte de todas as divisões e fragmentações do homem e da mulher, da razão e da emoção, das classes...

Tomam aí sentido as punições de Javé. Uma vez adquirido o conhecimento, o homem deve sofrer. O trabalho o escraviza. E por isso o homem escraviza a mulher. A relação homem-mulher-natureza não é mais de integração e, sim, de dominação. O desejo dominante agora é o do homem. O desejo da mulher será para sempre carência, e é esta paixão que será o seu castigo. Daí em diante, ela será definida por sua sexualidade, e o homem, pelo seu trabalho.

Mas o interessante é que os primeiros capítulos do Gênesis podem ser mais bem entendidos à luz das modernas teorias psicológicas, especialmente a psicanálise. Em cada menino nascido no sistema patriarcal repete-se, em nível simbólico, a tragédia primordial. Nos primeiros tempos de sua vida, eles estão imersos no Jardim das Delícias, em que todos os seus desejos são satisfeitos. E isto lhes faz buscar o prazer que lhes dá o contato com a mãe, a única mulher à qual têm acesso. Mas a lei do pai proíbe ao menino a posse da mãe. E o menino é expulso do mundo do amor, para assumir a sua autonomia e, com ela, a sua maturidade. Principalmente, a sua nudez, a sua fraqueza, os seus limites. É à medida que o homem se cinde do Jardim das Delícias proporcionadas pela mulher-mãe que ele assume a sua condição masculina.

Para poder se tornar homem em termos simbólicos, ele precisa passar pela punição maior que é a ameaça de morte pelo pai. Como Adão, o menino quer matar o pai, e este o pune, deixando-o só.

Assim, aquilo que se verifica no decorrer dos séculos, isto é, a transição das culturas de coleta para a civilização agrária mais avançada, é relembrado simbolicamente na vida de cada um dos homens do mundo de hoje. Mas duas observações devem ser feitas. A primeira é que o pivô das duas tragédias, a individual e a coletiva, é a mulher; e a segunda, que o conhecimento condenado não é o conhecimento dissociado e abstrato que daí por diante será o conhecimento dominante, mas sim o conhecimento do bem e do mal, que vem da experiência concreta do prazer e da sexualidade, o conhecimento totalizante que integra inteligência e emoção, corpo e alma, enfim, aquele conhecimento que é, especificamente na cultura patriarcal, o conhecimento feminino por excelência.

Freud dizia que a natureza tinha sido madrasta para a mulher porque esta não era capaz de simbolizar de modo tão perfeito como o homem. De fato, para podermos entender a misoginia que caracterizará a cultura patriarcal daí por diante, é preciso analisar a maneira como as ciências psicológicas recentes apontam para uma estrutura psíquica feminina bem diferente da masculina.

Na mesma idade na qual o menino conhece a tragédia da castração imaginária, a menina resolve de outra maneira o conflito que a conduzirá à maturidade. Por já ser castrada – isto é, porque não tem pênis (o símbolo do poder e do prazer, no patriarcado) –, quando seu desejo a leva para o pai, ela não entra em conflito com a mãe de maneira tão trágica e aguda como o menino entra com o pai, por causa da mãe. Por já ser castrada, não tem nada a perder. E sua identificação com a mãe se resolve sem grandes traumas. Ela não se desliga inteiramente das fontes arcaicas do prazer (o corpo da mãe). Por isso, também, não há uma cisão de si mesma nem de suas emoções como acontece com o homem. Para o resto da sua vida, conhecimento e prazer, emoção e inteligência são mais integrados na mulher do que no homem e, por isso, são perigosos e desestabilizadores de um sistema que repousa inteiramente no controle, no poder e, portanto, no conhecimento dissociado da emoção e, por isso, abstrato.

De agora em diante, poder, competitividade, conhecimento, controle, manipulação, abstração e violência caminham juntos. O amor, a integração com o meio ambiente e com as próprias emoções são os elementos mais desestabilizadores da ordem vigente. Por isso é preciso precaver-se de todas as maneiras contra a mulher, impedi-la de interferir nos processos decisórios, fazer com que ela introjete uma ideologia que a convença de sua própria inferioridade em relação ao homem.

E não espanta que na própria Bíblia encontremos o primeiro indício dessa desigualdade entre homens e mulheres. Quando Deus cria o homem, Ele o cria só, e apenas depois tira a companheira da costela deste. Em outras palavras: o primeiro homem dá à luz (pare) a primeira mulher. Esse fenômeno psicológico de deslocamento é um mecanismo de defesa conhecido por todos aqueles que lidam com a psique humana, e serve para revelar escondendo. Tirar da costela é menos violento do que tirar do próprio ventre, mas, em outras palavras, aponta para a mesma direção. Agora, parir é ato que não está mais ligado ao sagrado e é, antes, mais uma vulnerabilidade do que uma força. A mulher se inferioriza pelo próprio fato de parir, que outrora lhe assegurava a grandeza. A grandeza agora pertence ao homem, que trabalha e domina a natureza.

Já não é mais o homem que inveja a mulher. Agora é a mulher que inveja o homem e é dependente dele. Carente, vulnerável, seu desejo é o centro da sua punição. Ela passa a se ver com os olhos do homem, isto é, sua identidade não está mais nela mesma e sim em outro. O homem é autônomo e a mulher é reflexa. Daqui em diante, como o pobre se vê com os olhos do rico, a mulher se vê pelo homem.

Desde a época em que o Gênesis foi escrito, até os nossos dias, isto é, de alguns milênios para cá, essa narrativa básica da nossa cultura patriarcal tem servido ininterruptamente para manter a mulher em seu devido lugar. E, aliás, com muita eficiência. A partir desse texto, a mulher é vista como a tentadora do homem, aquela que perturba a sua relação com a transcendência e também aquela que conflitua as relações entre os homens. Ela é ligada à natureza, à carne, ao sexo e ao prazer, domínios que devem ser rigorosamente normatizados: a serpente, que nas eras matricêntricas era o símbolo da fertilidade e tida na mais alta estima como símbolo máximo da sabedoria, se transforma no Demônio, no tentador, na fonte de todo pecado. E ao Demônio é alocado o pecado por excelência, o pecado da carne. Coloca-se no sexo o pecado supremo e, assim, o poder fica imune à crítica. Apenas nos tempos modernos se tenta deslocar o pecado da sexualidade para o poder. Isto é, até hoje não só o homem como as classes dominantes tiveram seu *status* sacralizado porque a mulher e a sexualidade foram penalizadas como causa máxima da degradação humana.

O Malleus *como continuação do Gênesis*

Enquanto se escrevia o Gênesis no Oriente Médio, as grandes culturas patriarcais iam se sucedendo. Na Grécia, o *status* da mulher foi extremamente degradado. O homossexualismo era prática comum entre os homens e as mulheres ficavam exclusivamente reduzidas às suas funções de mãe, prostituta ou cortesã. Em Roma, embora durante certo período tivessem bastante liberdade sexual, jamais chegaram a ter poder de decisão no Império. Quando o Cristianismo se torna a religião oficial dos romanos, no século IV, a Idade Média se inicia. Algo novo acontece. E aqui nos deteremos porque é o período que mais nos interessa.

Do terceiro ao décimo séculos, alonga-se um período em que o Cristianismo se sedimenta entre as tribos bárbaras da Europa. Nesse período de conflito de valores, a situação da mulher é muito confusa. Contudo, ela tende a ocupar lugar de destaque no mundo das decisões, porque os homens se ausentavam muito e morriam nos períodos de guerra. Em poucas palavras: as mulheres eram jogadas ao domínio público quando havia escassez de homens e voltavam ao domínio privado quando os homens reassumiam o seu lugar na cultura.

Na alta Idade Média, a condição das mulheres floresce. Elas têm acesso às artes, às ciências, à literatura. Uma monja, por exemplo, Hrosvitha de Gandersheim, foi o único poeta da Europa durante cinco séculos. Isso acontece durante as Cruzadas, período em que não só a Igreja alcança seu maior poder temporal como, também, o mundo se prepara para as grandes transformações que viriam séculos mais tarde, com a Renascença.

E é logo depois dessa época, no período que vai do fim do século XIV até meados do século XVIII, que aconteceu o fenômeno generalizado em toda a Europa: a repressão sistemática do feminino. Estamos nos referindo aos quatro séculos de "caça às bruxas".

Deirdre English e Barbara Ehrenreich, em seu livro *Witches, Nurses and Midwives* (The Feminist Press, 1973), nos dão estatísticas aterradoras do que foi a queima de mulheres feiticeiras em fogueiras durante esses quatro séculos. "A extensão da caça às bruxas é espantosa. No fim do século XV e no começo do século XVI, houve milhares e milhares de execuções – usualmente eram queimadas vivas na fogueira – na Alemanha, na Itália e em outros países. A partir de meados do século XVI, o terror se espalhou por toda a Europa, começando pela França e pela Inglaterra. Um escritor estimou o número de execuções em seiscentas por ano para certas cidades, uma média de duas por dia, 'exceto aos domingos'. Novecentas bruxas foram executadas num único ano na área de Wertzberg, e cerca de mil na diocese de Como. Em Toulouse, quatrocentas foram assassinadas num único dia; no arcebispado de Trier, em 1585, duas aldeias foram deixadas apenas com duas moradoras cada uma. Muitos escritores estimaram que o número total de mulheres executadas subia à casa dos milhões, e as mulheres constituíam 85 por cento de todos os bruxos e bruxas que foram executados."

Outros cálculos levantados por Marilyn French, em seu já citado livro, mostram que o número mínimo de mulheres queimadas vivas é de cem mil.

E por que tudo isso?

Desde a mais remota antiguidade, as mulheres eram as curadoras populares, as parteiras, enfim, detinham saber próprio, que lhes era transmitido de geração em geração. Em muitas tribos primitivas eram elas as xamãs. Na Idade Média, seu saber se intensifica e aprofunda. As mulheres camponesas pobres não tinham como cuidar da saúde, a não ser com outras mulheres, tão camponesas e tão pobres quanto elas. Elas (as curadoras) eram as cultivadoras ancestrais das ervas que devolviam a saúde, e eram também as melhores anatomistas do seu tempo. Eram as parteiras que viajavam de casa em casa, de aldeia em aldeia, e as médicas populares para todas as doenças.

Mais tarde elas vieram a representar uma ameaça. Em primeiro lugar, ao poder médico, que vinha tomando corpo através das universidades no interior do sistema feudal. Em segundo, porque formavam organizações pontuais (comunidades) que, ao se juntarem, estruturavam vastas confrarias, as quais trocavam entre si os segredos da cura do corpo e, muitas vezes, da alma. Mais tarde, ainda, essas mulheres vieram participar das revoltas camponesas que precederam a centralização dos feudos, os quais, posteriormente, dariam origem às futuras nações.

A partir do final do século XIII, e com a finalidade de se perpetuar, o poder disperso e frouxo do sistema feudal para sobreviver é obrigado, a partir do fim do século XIII, a centralizar, a hierarquizar e a se organizar com métodos políticos e ideológicos mais modernos. A noção de pátria aparece, mesmo nessa época (Klausevitz).

A religião católica e depois a protestante contribuem de maneira decisiva para essa centralização do poder. E o fizeram através dos tribunais da Inquisição que varreram a Europa de norte a sul, leste e oeste, torturando e assassinando em massa aqueles que eram julgados heréticos ou bruxos.

Esse "expurgo" visava recolocar dentro de regras de comportamento dominante as massas camponesas submetidas muitas vezes aos mais ferozes excessos dos seus senhores, expostas à fome, à peste e à guerra, e que se rebelavam. E principalmente as mulheres.

Era essencial ao sistema capitalista que estava sendo forjado no seio do feudalismo um controle estrito sobre o corpo e a sexualidade, conforme constata a obra de Michel Foucault, *História da sexualidade*. Começa a se construir ali o corpo dócil do futuro trabalhador, que vai ser alienado do seu trabalho e não se rebelará. A partir do século XVII, os controles atingem profundidade e obsessividade tais que os menores, os mínimos detalhes e gestos são normatizados. Todos, homens e mulheres, passam a ser, então, os próprios controladores de si mesmos, a partir do mais íntimo de suas mentes. É assim que se instala o puritanismo, do qual se origina, segundo Tawnwy e Max Weber, o capitalismo avançado anglo-saxão. Mas até chegar a esse ponto foi preciso usar de muita violência. Até meados da Idade Média, as regras morais do Cristianismo ainda não tinham penetrado a fundo nas massas populares. Ainda existiam muitos núcleos de "paganismo" e, mesmo entre os cristãos, os controles eram frouxos.

As regras convencionais só eram válidas para as mulheres e homens das classes dominantes, através dos quais se transmitiam o poder e a herança. Assim, os quatro séculos de perseguição às bruxas e aos heréticos nada tinham de histeria coletiva, mas, ao contrário, foram uma perseguição muito bem calculada e planejada pelas classes dominantes, com o objetivo de conquistar maior centralização e poder.

Num mundo teocrático, a transgressão da fé era também transgressão política. Mais ainda, a transgressão sexual que grassava entre as massas populares. Assim, os Inquisidores tiveram a sabedoria de ligar a transgressão sexual à transgressão da fé. E punir as mulheres por tudo isso. As grandes teses que permitiram esse expurgo do feminino e constituem as teses centrais do *Malleus Maleficarum* são:

1) O Demônio, com a permissão de Deus, procura fazer o máximo de mal aos homens a fim de apropriar-se do maior número possível de almas.

2) E esse mal é feito, prioritariamente, através do corpo, único "lugar" onde o Demônio pode entrar, pois "o espírito [do homem] é governado por Deus, a vontade por um anjo e o corpo pelas estrelas" (Parte I, Questão I). E porque as estrelas são inferiores aos espíritos e o Demônio é um espírito superior, só lhe resta o corpo para dominar.

3) E esse domínio lhe vem através do controle e da manipulação dos atos sexuais. Pela sexualidade o Demônio pode apropriar-se do corpo e da alma dos homens. Foi pela sexualidade que o primeiro homem pecou e, portanto, a sexualidade é o ponto mais vulnerável de todos os homens.

4) E como as mulheres estão essencialmente ligadas à sexualidade, elas se tornam as agentes por excelência do Demônio (as feiticeiras). E as mulheres têm mais conivência com o Demônio "porque Eva nasceu de uma costela torta de Adão, portanto, nenhuma mulher pode ser reta" (Parte I, Questão VI).

5) A primeira e maior característica, aquela que dá todo o poder às feiticeiras, é copular com o Demônio. Satã é, portanto, o senhor do prazer.

6) Uma vez obtida a intimidade com o Demônio, as feiticeiras são capazes de desencadear todos os males, especialmente a impotência masculina, a impossibilidade de livrar-se de paixões desordenadas, abortos, oferendas de crianças a Satanás, estrago das colheitas, doenças nos animais etc.

7) E esses pecados eram mais hediondos do que os próprios pecados de Lúcifer quando da rebelião dos anjos e dos primeiros pais por ocasião da queda, porque agora as bruxas pecam contra Deus e o Redentor (Cristo), e portanto esse crime é imperdoável e por isso só pode ser resgatado com a tortura e a morte.

Vemos assim que na mesma época em que o mundo entrava na Renascença, que resultará no Iluminismo, processou-se a mais delirante perseguição às mulheres e ao prazer. Tudo aquilo que era embrionário no segundo capítulo do Gênesis torna-se agora sinistramente concreto. Se nas culturas de coleta as mulheres eram quase sagradas por poderem ser férteis e, portanto, eram as grandes estimuladoras da fecundidade da natureza, agora elas são, por sua capacidade orgástica, as causadoras de todos os flagelos a essa mesma natureza. Sim, porque as feiticeiras se encontram apenas entre as mulheres orgásticas e ambiciosas (Parte I, Questão VI), isto é, aquelas que não tinham a sexualidade ainda normatizada e procuravam impor-se no domínio público, exclusivo dos homens.

Assim, o *Malleus Maleficarum,* por ser a continuação popular do segundo capítulo do Gênesis, se torna a testemunha mais importante da estrutura do patriarcado e de como essa estrutura funciona concretamente sobre a repressão da mulher e do prazer.

De doadora da vida, símbolo da fertilidade para as colheitas e os animais, a situação se inverte: a mulher é a primeira e a maior pecadora, a origem de todas as ações nocivas ao homem, à natureza e aos animais.

Durante três séculos o *Malleus* foi a bíblia dos Inquisidores e esteve na banca de todos os julgamentos. No século XVIII, quando cessou a caça às bruxas, houve grande transformação na condição feminina.

A sexualidade se normatiza e as mulheres se tornam frígidas, pois orgasmo era coisa do Diabo e, portanto, passível de punição. Reduzem-se exclusivamente ao âmbito doméstico, pois sua ambição também era passível de castigo. O saber feminino popular cai na clandestinidade, quando não é assimilado como próprio pelo poder médico masculino já solidificado. As mulheres não têm mais acesso ao estudo como na Idade Média e passam a transmitir voluntariamente aos filhos valores patriarcais então já totalmente introjetados por elas.

É com a caça às bruxas que se normatiza o comportamento de homens e mulheres europeus, tanto na área pública como no domínio do privado.

E assim se passam os séculos.

A sociedade de classes que já está construída nos fins do século XVIII é composta de trabalhadores dóceis que não questionam o sistema.

As bruxas do século XX

Mais de dois séculos após o término da caça às bruxas, podemos ter uma noção das suas dimensões. No final do século XX, o que se nos apresentou como avaliação da sociedade industrial? Dois terços da humanidade passam fome para o terço restante superalimentar-se; além disso existe a possibilidade concreta da destruição instantânea do planeta pelo arsenal nuclear e, principalmente, a destruição lenta mas contínua do meio ambiente, já quase sem retorno. A aceleração tecnológica mostra-se, portanto, muito mais louca do que o mais louco dos Inquisidores.

Ainda no fim do século XX, outro fenômeno estava acontecendo. Na mesma jovem, rompem-se dois tabus que causaram a morte das feiticeiras: a inserção no mundo público e a procura do prazer sem repressão. A mulher jovem liberta-se, porque o controle da sexualidade e a reclusão ao domínio privado formam também os dois pilares da opressão feminina.

Assim, as bruxas são legião a partir do século XX. E são bruxas que não podem ser queimadas vivas, pois são elas que trazem, pela primeira vez na história do patriarcado, os valores femininos para o mundo masculino. Esta reinserção do feminino na história, resgatando o prazer, a solidariedade, a não competição, a união com a natureza, talvez seja a única chance que a nossa espécie tenha de continuar viva.

Creio que com isso as nossas bruxinhas da Idade Média podem se considerar vingadas!

Prefácio

O *martelo das feiticeiras* – *Malleus Maleficarum* à luz de uma teoria simbólica da história

*Carlos Amadeu B. Byington**

O século XX entrou em sua última década perplexo diante do desmoronamento da ideologia materialista que o empolgou, guiou e revolucionou. A civilização industrial se dá conta, por seus próprios descaminhos, de uma grande falta de valores para orientar seu desenvolvimento. Das profundezas geladas desta desidealização, reativam-se os arquétipos expressos nos mitos portadores dos símbolos históricos que orientaram o desenvolvimento das culturas. A civilização industrial e as ciências modernas surgidas no Renascimento europeu, ao retornarem às suas raízes míticas, reencontram o mito cristão que lhes moldou os caminhos. Em sua bagagem, elas incluem dois séculos de psicologia para vivenciá-lo de forma diferente. Com menos fervor e fanatismo talvez, mas certamente com maior capacidade de separar a mensagem fecunda dos símbolos do mito das suas deformações históricas.

A importância do papel civilizatório do mito cristão no terceiro milênio deverá incluir a continuação da elaboração dos seus símbolos que ainda não puderam ser devidamente integrados pela cultura. Nesse sentido, o estudo dos pontos históricos estratégicos de estrangulamento da mensagem do mito formará um capítulo importante da sua continuidade.

À medida que a mídia do processo civilizatório integrar os idiomas hispano-ibéricos no mundo moderno, a língua portuguesa adquirirá outra importância, diferente da que tem hoje. Dentro dessa perspectiva,

*Médico psiquiatra e analista, membro da Sociedade Brasileira de Psicologia Analítica (*N. do E.*).

a Editora Rosa dos Tempos justificou seu nome e o pioneirismo da personalidade das suas quatro fundadoras ao traduzir para o português e inaugurar suas atividades com esta obra.

O martelo das feiticeiras – Malleus Maleficarum é uma das páginas mais terríveis do Cristianismo. É difícil imaginar que durante três séculos ele foi a bíblia do Inquisidor. Tentarei demonstrar que não por acaso foi escrito no esplendor do Renascimento e se transformou no apogeu ideológico e pragmático da Inquisição contra a bruxaria, atingindo intensamente as mulheres. Como o leitor poderá verificar sobejamente por conta própria, é um manual de ódio, de tortura e de morte, no qual o maior crime é o cometido pelo próprio legislador ao redigir a lei. Suas vítimas não nos deixaram testemunho. É a própria sanha dos legisladores, cuja loucura os levou a expor orgulhosamente seus crimes para a posteridade, que nos faz imaginar o terrível sofrimento passado pelos milhares de pessoas, em sua maioria mulheres, muitas das quais histéricas, que foram por eles torturadas e condenadas à prisão perpétua ou à morte.

O livro é diabólico na sua concepção e redação. Dividido em três partes, a primeira cuida de enaltecer o Demônio com poderes divinos extremos e ligar suas ações com a bruxaria. Isto é ardilosamente articulado com a ideologia repressiva da Inquisição, declarando-se herética qualquer descrença nesses postulados. Na segunda parte, ensina-se a reconhecer e a neutralizar a bruxaria nas vivências do dia a dia da população. Uma pessoa de conduta diferente, uma briga entre vizinhos, uma vaca que dá mais ou menos leite, uma criança que adoece, uma tempestade ou a diminuição da potência sexual, qualquer ocorrência pode ser atribuída à bruxaria. Trata-se de uma verdadeira religião do Diabo para explicar todos os males da vida individual e comunitária. É difícil imaginar que qualquer bruxo ou bruxa, por maior formação em ciência jurídica que tivesse, conseguisse legislar sobre os poderes do Demônio com tanta prodigalidade. Na terceira parte, descrevem-se o julgamento e as sentenças. Aí compreende-se como o livro é ardiloso. Na realidade, as duas primeiras partes são escolasticamente racionalizadas para justificar toda sorte de aberrações e crueldades mandadas executar na terceira parte, um verdadeiro escoadouro da patologia cultural acumulada no milênio da Idade Média.

Ainda que delirante, sádico e puritano, não está aí a essência da patologia do *Malleus*. Ela advém, fundamentalmente, de o texto ter o objetivo de defender e de enaltecer Cristo, o que o transforma, loucamente, num código penal redigido por criminosos eruditos, doutamente referenciados no que havia de melhor na teologia cristã. Abençoados e protegidos por Bula Papal, os Inquisidores Sprenger e Kramer, que escreveram o *Malleus*, são um sintoma da Inquisição, o grande câncer, a deformação psicótica do mito cristão. Durante sua institucionalização, o mito se subdividiu. Uma parte preservou a essência da mensagem cristã e transformou a relação Eu/Outro do padrão patriarcal para um padrão de igualdade e interação criativa. Outra deformou o mito através da Inquisição e criou uma enorme dissociação cultural expressa nas polaridades Cristo/Demônio e Santa Madre Igreja/bruxa. Uma história simbólica do Cristianismo nos mostra como a demonologia e o ódio às mulheres cresceram às expensas da despotencialização do papel cultural revolucionário dos símbolos de Cristo e da Igreja.

Esse poderosíssimo mito de salvação pelo amor foi a principal matriz estruturante da chamada civilização ocidental, dentro da qual se desenvolveu a ciência moderna e se forjou a identidade das nações europeias e americanas.

A essência do mito está em dois mandamentos:

"Amarás pois o Senhor teu Deus de todo o teu coração, de toda a tua alma, de todo o teu entendimento e de toda a tua força... Amarás o próximo como a ti mesmo." (Mateus, 22:37-39)

"Eu não vos deixarei desamparados; Eu virei a vós. Dentro de pouco tempo, o mundo não me verá mais. Mas vós me vedes e porque eu vivo, vós vivereis. Nesse dia, sabereis que eu sou no meu Pai, vós em mim e eu em vós. Aquele que tem meus mandamentos e os guarda, esse me ama; e aquele que me ama será amado por meu Pai, e eu o amarei e me mostrarei a ele." (João, 14:18-21)

A tarefa deste prefácio é explicar como esse mito de solidariedade humana pôde ser tão deformado a ponto de produzir a Inquisição e o *Malleus*. Buscarei essa compreensão em uma teoria simbólica da história e da cultura.[1] Parece-me que somente uma perspectiva simbólica do desenvolvimento normal e patológico da cultura pode tornar compreensível tamanha aberração.

Do ponto de vista da psicopatologia simbólica coletiva, o paralelo comumente feito entre a Inquisição e o nazismo é importante para ilustrar o que é a psicose paranoide cultural. Afora a duração de uma ser medida em algumas décadas e da outra em muitos séculos, esta comparação necessita delimitar uma grande diferença, que é a patologia do caráter coletivo que acompanhou a Inquisição. Os nazistas assassinavam suas vítimas porque se julgavam puros e elas, impuras. Ao aniquilá-las, buscavam formar uma nova humanidade, racialmente aprimorada. Sua psicose expressava a projeção de sua Sombra (seus complexos inconscientes), mas não incluía, num mesmo grau de comprometimento, a patologia coletiva do caráter. Assim, não necessitaram distorcer o humanismo ocidental para justificar seus crimes. Ao endeusar sua megalomania paranoide, repudiaram toda a fundamentação humanista da cultura ocidental. Daí sua identificação ideológica maciça com a psicose anticristã e antissemita de Nietzsche.

A Inquisição também se julgava megalomaniacamente purificadora e projetava de forma paranoide sua própria sombra (os complexos culturais inconscientes) nos hereges que torturava e matava. No entanto, não só não repudiava o humanismo cristão como se fundamentava teologicamente nele para perpetrar seus crimes. Ao torturar e matar, os Inquisidores diziam lutar contra o Demônio para salvar a alma de volta para Cristo. Tudo isto faziam como especialistas no estudo dos Evangelhos e no seu conteúdo humanista. Dessa maneira, junto com a projeção psicótica, a Inquisição apresentava uma patologia coletiva do caráter (psicopática), através da qual distorcia o pensamento dos maiores santos e doutores da Igreja, como, por exemplo, Santo Agostinho e Santo Tomás de Aquino, para racionalizar sua própria conduta patológica, motivada inconscientemente pelas deformações psicológicas oriundas de séculos de repressão. É por meio do estudo da distorção progressiva dos símbolos do mito cristão que podemos compreender essas deformações e avaliar devidamente o grau de comprometimento patológico cultural que expressaram.

Entendo por história simbólica aquela que percebe os acontecimentos históricos como símbolos da transformação do *self* cultural. Jung concebeu o *self* como a interação das forças conscientes e inconscientes na psique. Vejo também o *self* ou ser cultural como a interação das forças conscientes e inconscientes nas instituições, nos costumes, nas leis, na imprensa, em tudo, enfim. Cada parte, por menor que seja, é sempre a expressão desse todo. Podemos perceber os eventos históricos, expressando a vida e a transformação desse todo, e, assim, conceber uma teoria simbólica da história.[2] Como no *self* individual, a sombra do *self* cultural é formada por símbolos e complexos (conjunto de símbolos) que não foram devidamente elaborados e permaneceram inconscientes durante a história de cada indivíduo e de cada cultura.

Os arquétipos são as matrizes do funcionamento dos símbolos que expressam a normalidade e a patologia. Da mesma forma que cada mineral tem seu ângulo de cristalização que o caracteriza, e os vegetais têm formas especiais de crescimento e reprodução, os animais têm padrões típicos de comportamento para cada espécie. A psique humana tem arquétipos que são matrizes que coordenam a maneira como ela forma suas imagens e organiza seu funcionamento. Os principais arquétipos organizam até mesmo a maneira como o Eu se relaciona com o Outro na consciência, ou seja, como a consciência lida com os símbolos.[3] O arquétipo do Herói, por exemplo, coordena uma série de símbolos de forma característica para expressar a realização de grandes feitos. A vida dos profetas, e dentre eles Jesus, expressou muitos feitos que são símbolos desse arquétipo. Isto é válido tanto para a psique individual quanto para a psique grupal, como são em grau crescente a instituição, a cultura e, num nível mais abrangente ainda, a psique planetária. Na história da personalidade e da cultura, certos padrões de funcionamento da consciência que são arquetípicos se tornam dominantes e depois cedem sua dominância a outros. É o que veremos acontecer na história simbólica do Cristianismo.

Apesar de somente oficializada pelas Bulas Papais do século XII em diante, a Inquisição tem suas origens remotas na época em que se fez a redação final do Novo Testamento, marcada pela censura e pelo reducionismo patriarcais. Os Evangelhos de Tomé, de Filipe e de Maria, desenterrados junto com outros escritos gnósticos no Egito em 1945, e que ficaram conhecidos como a Biblioteca de Nag Hamadi,[4] atribuem um papel muito relevante às mulheres na mensagem de Cristo, especialmente Maria Madalena. Segundo os Evangelhos de Filipe e de Maria, ela seria uma apóstola iniciada por Jesus, sendo mesmo a sua preferida.

"Pedro respondeu [a Maria]... Ele realmente falou particularmente assim a uma mulher e não abertamente a nós? Ele preferiu ela a nós?"

"Maria chorou e disse a Pedro: – Pedro, meu irmão, o que pensas? Acreditas por acaso que inventei estas histórias em meu coração e minto sobre o Salvador? – Levi respondeu a Pedro: – Pedro, você sempre foi impetuoso. Agora vejo você atacando a mulher como a um adversário. Mas se o Salvador a valorizou, quem é você para rejeitá-la? Certamente, o Salvador a conhece muito bem. Por isso é que ele a amou mais do que a nós."[5]

Esses escritos descrevem, também, uma série de rituais dionisíacos, ligados à mulher, à natureza e ao corpo, inclusive à dança, que seriam praticados pelos apóstolos. Esta seria uma das tendências dos seguidores de Cristo. Uma outra tendência, rival a esta e liderada por Pedro, reprimia a mulher no apostolado e tornou-se, com o tempo, a doutrina oficial da Igreja. "Simão Pedro disse a eles: 'Que Maria nos deixe porque as mulheres não são dignas do espírito.'"[6]

O desenvolvimento do Cristianismo se deu através do Império Romano, eminentemente patriarcal. A conversão do Império não se fez de baixo para cima, mas de cima para baixo, e, por isso, a estrutura patriarcal do Império pouco mudou com a sua conversão. Ela continuou com uma grande base patriarcal, apesar de, daí por diante, se denominar cristã. Sua conversão real com a integração dos símbolos propostos no mito cristão continuou através dos séculos e, até hoje, está longe de se concluir. Isto não é surpreendente porque na raiz desse mito está o arquétipo da Alteridade, e, como sabemos, um arquétipo, por mais que transforme a consciência, nunca a domina totalmente, pois sempre compete com muitos outros arquétipos, principalmente com dois grandes arquétipos básicos da psique.[7]

Os arquétipos da Grande Mãe e do Pai são os dois arquétipos básicos da psique. Eles têm um poder psicológico tão grande que a dominância de um tende a desequilibrar o *self* individual ou cultural às expensas das características do outro. O dinamismo matriarcal (arquétipo da Grande Mãe) é regido pelo princípio do prazer, da sensualidade e da fertilidade. Por isso, nas culturas, ele é geralmente representado pelas deusas e deuses das forças da natureza. Por outro lado, o dinamismo patriarcal (arquétipo do Pai) é regido pelo princípio da ordem, do dever e do desafio das tarefas. O poder, com o qual se impõe, divide a vida em polaridades altamente desiguais e exclusivamente opostas como bom e mau, certo e errado, justo e injusto, forte e fraco, bonito e feio, sucesso e fracasso. Estas polaridades estão reunidas em sistemas lógicos e racionais. Seus deuses, deusas e ideais são conquistadores e legisladores. Foi esse dinamismo que codificou os papéis sociais rígidos do homem e da mulher, atribuindo a ela uma condição inferior junto com a maioria das funções matriarcais. Esse dinamismo é característico das guerras de conquista, das sociedades de classe com acentuada hierarquia social e rígida codificação ideológica da conduta.

Os arquétipos da Alteridade que coordenam os símbolos do mito cristão são os arquétipos da *Anima*, na personalidade do homem, e do *Animus*, na personalidade da mulher. Os arquétipos da Alteridade propiciam a diferenciação e o encontro igualitário do Eu com o Outro dentro do todo, respeitando suas diferenças. Estes são os arquétipos do amor conjugal, da democracia e da ciência, pois neles a relação Eu/Outro necessita de liberdade de expressão e de igualdade de direitos dentro da qual se vivenciam as diferenças.

O padrão de alteridade é o padrão arquetípico central do mito cristão no qual é expresso por uma mensagem de amor. Pelo fato de ser arquetípico, esse padrão existe nas culturas expresso de forma variável e mais ou menos intensa, dependendo da época histórica que atravessam. Por que teria sido ele tão intensificado na época de Jesus a ponto de ter dominado de forma messiânica a sua pregação heroica? Ou seja, por que naquele momento da história da humanidade foi ele correlacionado com a salvação da espécie?

A corrente messiânica no misticismo judaico foi sempre muito importante, geralmente orientada pelo nacionalismo cultural histórico patriarcal, exuberantemente expresso por Davi e Salomão. Outras correntes místicas como aquelas centralizadas nos mistérios da Cabala cultivavam o feminino místico, interagindo igualitariamente com o masculino, e eram, assim, regidas pelo padrão de alteridade. No mito cristão, esse padrão surge como mensagem de salvação da alma a ser buscada individual e socialmente através do amor.

Reprimidos pelos exércitos romanos, os judeus se preparavam para uma grande sublevação da qual tinham pouca chance de sobrevivência. A vivência cultural de genocídio era, por isso, muito intensa.

Tanto a cultura judaica quanto a romana, apesar de possuírem, como as demais culturas, acentuados componentes matriarcais, de alteridade e cósmicos, estavam, naquela situação histórica, intensamente dominadas pelo dinamismo patriarcal, no qual a relação do Eu com o Outro é fortemente assimétrica. Em nível de poder social, este é um dinamismo guerreiro e centralizado que leva forçosamente a uma relação de opressão, submissão e revolta que, neste caso, equivaleria a genocídio, uma vez que lutar contra Roma equivaleria ao massacre dos judeus, o que aconteceu efetivamente no ano 70. Acredito ter sido este componente tão importante que uma corrente da tradição messiânica judaica encarnou naquele momento histórico uma proposta heroica de mudança de dominância de padrão arquetípico. Assim, paralelamente ao messianismo patriarcal guerreiro, surgiu, nessa crise cultural, o messianismo de alteridade encarnado historicamente na vida e no corpo de Jesus. Esta mudança de padrão arquetípico no confronto entre nações, que aconteceu no Oriente Médio há quase dois milênios, possivelmente devido à importância das civilizações judaica e romana, foi um marco para todo o futuro da humanidade. De fato, atualmente, o que comprovamos de forma crescente é que se torna cada vez mais difícil o confronto das nações através do embate dominador/dominado, característico do dinamismo patriarcal. Com o aumento do poderio tecnológico bélico, brevemente isso se tornará impossível, sem que o conflito inclua o genocídio e comprometa a vida no planeta. O caminho da alteridade é cada dia mais o caminho da sobrevivência da espécie e daí, a meu ver, a fortíssima conotação messiânica e de transformação social do mito cristão. É importante perceber esse alto conteúdo revolucionário da alteridade na vigência da dominância patriarcal com o objetivo de compreendermos as defesas reacionárias, patriarcais, que se formaram junto com a implantação cultural do mito – a principal das quais foi a obra terrível da Inquisição. Esta exemplifica uma característica básica da psique. Seja na dimensão individual ou coletiva, suas maiores deformações patológicas têm origem no ferimento da própria força criativa e transformadora de seus grandes arquétipos.

Os arquétipos da alteridade se diferenciam dos arquétipos parentais pela maneira como vivenciam os símbolos. Tornam-se libertadores por dois motivos. O primeiro é por necessitarem da liberdade para vivenciarem a plenitude do encontro do Eu com o Outro. O segundo é por resgatarem os símbolos da dominância matriarcal ou patriarcal que, em qualquer época ou circunstância, estejam reduzindo a vivência simbólica. São nessas duas instâncias que os arquétipos da Alteridade colidem com os padrões ou dinamismos parentais.

Devido à dominância do arquétipo do Pai na cultura, foi com ele que os arquétipos de Alteridade mais colidiram durante a institucionalização do mito cristão. O trabalho excepcional no Sabath, a proteção da prostituta apedrejada, a defesa dos fracos e oprimidos, o desapego à propriedade privada, o virar a outra face, a substituição do poder pelo amor na interação Eu/Outro e principalmente o relacionamento da alteridade com a vida eterna, ilustrado pela ressurreição de Lázaro e do próprio Messias, foram características introduzidas pela mensagem cristã que colidiram frontalmente com o dinamismo patriarcal. Os milagres da multiplicação dos pães e dos peixes podem ser relacionados com o resgate do dinamismo matriarcal oprimido. Os milagres da transformação da água em vinho nas bodas de Caná e da ressurreição e o amor a Deus, ou seja, a totalidade, acima de tudo relacionadas com o amor ao próximo como a si mesmo, são os símbolos que mais situam o padrão de relação Eu/Outro no dinamismo de alteridade propriamente. É que esse padrão não pode ser simplesmente limitado à relação igualitária Eu/Outro, mas necessita que esta relação se faça em função do todo.

Assim, a história simbólica do Cristianismo é demarcada pelo conflito entre a implantação do padrão de alteridade no *self* cultural e sua repatriarcalização reacionária, oriunda das tradições culturais judaicas e romanas e da obra uniformizadora e repressiva da Inquisição.

Abordarei pela perspectiva simbólica alguns aspectos importantes para ilustrar a deformação histórica que sofreu o mito durante a sua institucionalização, delimitada, por um lado, pela abrangência institucional na Inquisição e, por outro, pelo crescimento do símbolo do Demônio e da bruxaria como sua consequência mais direta e nefasta. A Inquisição perseguia o Demônio e as bruxas de modo manifesto. Na dinâmica simbólica do mito, porém, ela os fortalecia, progressivamente, às expensas da mutilação crescente do herói messiânico de alteridade e da criatividade institucional da Igreja. Aparentemente, a Inquisição protegia Cristo e sua Igreja. No entanto, na realidade, ela os despotencializava como símbolos transformadores, pela patriarcalização reacionária. É este caminho simbólico que nos permitirá compreender as origens e as consequências das monstruosidades do *Malleus,* concebidas, aperfeiçoadas e praticadas em nome de Cristo e da Santa Madre Igreja.

A extraordinária dominância patriarcal do Império Romano contribuiu desde sua conversão para a patriarcalização reacionária do mito. Nunca é pouco lembrar que os mesmos centuriões que conduziram os cristãos para a arena passaram a perseguir os hereges. A própria visão lendária de Constantino, que teria se convertido ao Cristianismo ao ver a cruz de fogo no céu, ilustra a submissão da cruz à espada patriarcal dos exércitos romanos, deformando radicalmente a mensagem cristã desde o primeiro momento de sua institucionalização. É importante, também, perceber a repatriarcalização metodológica por Constantino no primeiro concílio da Igreja, o Concílio de Niceia, em 325.[8] Discutiam-se as ideias de Arius, sobre a diferença de natureza do Filho e do Pai na

Trindade. A intervenção de Constantino não foi a favor nem contra, mas no sentido de que, qualquer conclusão a que chegassem os bispos, ele exigia que fosse uma só. A centralização e unificação ideológica, tão características do dinamismo patriarcal, fundamentaram a doutrina da Igreja e se tornaram o principal referencial no combate às heresias. Mas qual a função simbólica das heresias no *self* cultural?

Contrariamente à centralização dogmática patriarcal, o padrão de alteridade se caracteriza pela interação democrática de correntes diversas para transformar os símbolos e construir a cultura. *Haeresis*, do latim, significa escola de pensamento, religiosa ou filosófica. Para ser profundamente elaborado como requer um mito de tal envergadura, seriam necessárias muitas heresias, ou seja, muitas escalas de pensamento operando durante muitos séculos dentro das suas instituições. No entanto, a unificação ideológica patriarcal do Santo Ofício até hoje considera merecedora de repressão qualquer formulação herética sobre Cristo. É significativo que já no século IV (375) o herege espanhol Prisciliano foi condenado à morte pelo imperador Maximus. São Martinho, Santo Ambrósio e São Leo condenaram radicalmente o procedimento. São João Crisóstomo escreveu que "condenar um herege à morte era introduzir na terra um crime inexpiável". Contudo, o processo repressor estava em andamento junto com a repatriarcalização do mito e foi se aperfeiçoando com os séculos. O *Malleus* é um dos seus frutos mais amadurecidos. Ao nos darmos conta de que a repressão de início é contra atos e declarações e no decorrer dos séculos vai se dirigindo mais e mais contra estados de consciência, podemos perceber que a repatriarcalização construía-se no mito, junto com as suas conquistas de alteridade mais valorosas, como uma serpente que fabrica seu veneno com o sangue de sua presa. Assim, a descoberta da importância da imaginação na elaboração dos símbolos do mito servia como motivo para codificá-la e cerceá-la.

Salta aos olhos do bom senso que o *Malleus* é um compêndio que só pode ter sido produzido por mentes gravemente enfermas. Trata-se, porém, de uma patologia cultural que seria mutilante reduzir à problemática individual. O conteúdo lógico do seu texto, cuja psicopatologia oscila entre o dinamismo psicótico-paranoide-delirante e o dinamismo psicopático-perverso, apresenta uma forma de pensar, um verdadeiro fio de Ariadne guiado pelo raciocínio psicológico no labirinto da sua loucura. Para se compreender o enraizamento dessa patologia no *self* cultural do Ocidente é preciso compreender a relação do mito cristão e a história do Cristianismo com o desenvolvimento psicológico da personalidade e da cultura.

O Cristianismo é uma religião baseada na salvação pelo amor. Mas na salvação de quê? Na salvação da alma afastada de Deus pelo pecado. Mas o que é o pecado? É se estar afastado do amor de Deus em pensamento ou ação. Esse estar com Deus precisa, então, ser construído permanentemente. A própria inconsciência tem afinidade com o pecado, como ilustra o pecado original portado pelos recém-nascidos. A diferenciação permanente da consciência individual e coletiva é, pois, inseparável da busca cristã de salvação.

Essa proposta de busca de salvação lançou os cristãos num questionamento psicológico intenso para compreender, por um lado, o próprio mito e inserir nele a vida e a Paixão de Cristo e, por outro, o estado da alma de cada fiel, ou seja, sua avaliação psicológica em função do pecado – o que, em termos junguianos, chamamos a relação do Ego com a Sombra.

O exame de consciência se tornou, assim, a prática central do Cristianismo. Seu auxílio e orientação por fiéis mais experimentados instituíram a prática da confissão. A alma preparada pela elaboração dos seus pecados é encaminhada para a comunhão com Cristo no ritual da missa, no qual se opera o milagre da transformação do pão no corpo e do vinho no sangue do Salvador, como ele próprio instruíra.

A criatividade desse processo exige uma dedicação enorme à reflexão psicológica, e foi por isso que o fenômeno do monacato acompanhou a institucionalização do mito. É na reflexão introvertida dos monastérios que se formou e se avolumou durante séculos um enorme conhecimento psicológico como já nos ilustra a grandiosa figura de Santo Agostinho no século V. O Eu individual e a consciência coletiva adquiriram profunda experiência na elaboração de símbolos oriundos das vivências humanas as mais diversas. Durante o milênio que foi a Idade Média (400-1400), o mito exerceu seu processo civilizatório com enorme crescimento e diferenciação da dimensão subjetiva. Só faz sentido denominar a Idade Média de "idade das trevas" se quisermos dizer que é na escuridão que se fabrica a luz. De fato, essa introversão monástica foi a raiz da exuberante explosão extrovertida do Renascimento que frutificou no humanismo moderno. Quando abrimos plenamente nossa visão para a dimensão simbólica do mito e sua influência na história, podemos relacionar tanto a Idade Média com o milênio na elaboração da morte sacrificial do Messias quanto o Renascimento com a glória da sua Ressurreição.

Como explicar, porém, que é no ano de 1484, portanto, no apogeu do Renascimento, que o papa Inocêncio VIII dá plenos poderes, chamando-lhes meus queridos filhos, aos Inquisidores dominicanos e professores de teologia, Kramer e Sprenger, que escreveram o *Malleus*? É na luta entre as forças criativas do arquétipo da Alteridade e as forças patriarcais reacionárias da Inquisição que encontramos a resposta, pois quanto mais crescia uma, mais a outra se intensificava, num confronto terrivelmente estressante e patologizador do *self* cultural.

O século XIII é muito ilustrativo desse conflito de arquétipos, verdadeira luta de gigantes na alma coletiva europeia e na própria Igreja. É marcado pela erudição de Santo Tomás de Aquino e a síntese aristotélico-tomista que, ao reunir o imenso acervo de conhecimento psicológico acumulado pelo Cristianismo à filosofia essencialmente extrovertida de Aristóteles, preparava a Europa para o Renascimento, o berço fecundo das artes e ciências modernas. É no início desse século, em 1209, que se deu o famoso encontro, na basílica de São Pedro, entre o papa Inocêncio III e São Francisco de Assis.

O crescimento da repressão às heresias acompanhou a ambição do poder temporal e a centralização e unificação dogmática do Cristianismo. Essas três características, que compõem a repatriarcalização progressiva do mito, atingem um ápice no papado de Inocêncio III. O sermão que escolheu para sua sagração, "Eu vos estabeleci acima das nações e dos reinos" (Jer. 1:10), expressou sua ambição de dominar não só os Céus mas também as "nações e os reinos". E conseguiu. Nada mais patriarcal do que esta ideologia. Foi durante o seu papado (1198-1216) que se estabeleceu, definitivamente, a pena de morte contra os hereges. Sua dedicação militar às Cruzadas determinou a Cruzada que massacrou os albigenses no sul da França em 1209. As execuções em massa desta Cruzada superaram todas as medidas repressivas anteriores e estabeleceram a Inquisição oficialmente como a instituição cultural do terror em nome da fé.

A tensão interna crescente na Igreja e, por conseguinte, no *self* cultural europeu é ilustrada pelo fato de, no mesmo ano de 1209, em que foram massacrados os albigenses, Inocêncio III ter reconhecido oficialmente, na basílica de São Pedro, a São Francisco de Assis e a seus 11 companheiros andrajosos como seguidores de Cristo. De um lado, a unificação ideológica, a ambição do poder político, a intolerância da contestação, baseadas na coação moral e física, apoiadas na excomunhão, no confisco de bens, na guerra de conquista, na tortura, na prisão perpétua e na pena de morte em nome de Cristo. Do outro, o despojamento total e a entrega social, física e espiritual pelo amor a Cristo. Que símbolo, com esta importância histórica, aguentaria sofrer tensões tão opostas durante a sua elaboração sem produzir graves dissociações psíquicas individuais e coletivas?

A elaboração dos símbolos no *self* individual e cultural é coordenada por arquétipos e vai aos poucos formando a identidade do Eu e do Outro na consciência. A elaboração simbólica é a atividade central da psique. Em qualquer momento, as psiques individual e coletiva apresentam um incontável número de símbolos em graus variáveis de elaboração. Esse processo tem duração variável, dependendo da sua carga arquetípica. Os arquétipos como padrões de funcionamento nunca se esgotam, mas sua ativação para a elaboração de determinados símbolos tem uma duração proporcional à importância do símbolo e às dificuldades de sua elaboração. Assim, a elaboração de um símbolo pode durar momentos, dias, anos ou milênios, como é o caso do símbolo de Cristo e do seu processo de institucionalização.

Quando a elaboração de um determinado símbolo não recebe da consciência todo o engajamento de que necessita, esses símbolos são atuados parcialmente inconscientes. Essa atuação inconsciente de partes simbólicas foi denominada de sombra, por Jung. A sombra normalmente expressa símbolos ou partes simbólicas de difícil aceitação moral ou que dão muito trabalho ou que ainda não tivemos tempo de atender. Por isso, a atuação dos símbolos da sombra é inadequada e sempre nos cria problemas. Ao mesmo tempo, seu confronto é necessário porque seu conteúdo é imprescindível para a continuação do desenvolvimento psicológico individual e coletivo.

Há partes da sombra, no entanto, que são de acesso muito difícil à consciência, pelo fato de conterem defesas ao seu redor. Como descreveu Freud, as defesas impedem o acesso dos símbolos à consciência e geram resistências à sua aproximação. As defesas dissociam a psique e são a condição básica para a formação da doença mental. Assim, denominei a parte da sombra cercada por defesas de sombra patológica. A sombra patológica dos símbolos de Cristo e da Igreja formaram progressivamente os símbolos do Demônio e de suas bruxas. A principal tese deste prefácio é que a formação progressiva da sombra patológica dos símbolos de Cristo e da Igreja alimentou o crescimento cada vez maior dos símbolos do Demônio e da bruxas, patologizando progressivamente a implantação do mito cristão e o funcionamento do *self* cultural.

As dificuldades para a integração dos arquétipos da Alteridade são muito grandes, sobretudo na vigência de uma dominância patriarcal tão extensa como a encontrada pelo Cristianismo nas tradições judaicas e nas instituições do Império Romano. Independentemente disso, porém, o padrão de alteridade é muito mais difícil de ser operado pelo Eu do que os padrões patriarcal e matriarcal, devido à necessidade de despojamento. O apego à sensualidade matriarcal do prazer imediato e o apego ao poder patriarcal tolhem o desprendimento do Eu necessário para a sua interação igualitária com o Outro a cada nova situação existencial. A criatividade necessária ao Eu para o desempenho da alteridade exige liberdade e abertura para o novo, para se confrontar o mistério do mundo e da vida, incompatíveis com os apegos matriarcal e patriarcal, que tendem a generalizar e a estereotipar a conduta. O padrão de alteridade elabora os símbolos com uma profundidade muito maior que os padrões matriarcal e patriarcal e, por isso, seu dispêndio de energia é muito mais intenso e sua formação de sombra muito menor. A abertura para o relacionamento democrático no padrão de alteridade estabelece um padrão quaternário de relacionamento do Eu com o Outro. Neste, o Eu se torna capaz de "virar a outra face", isto é, de confrontar sua própria Sombra tanto quanto o Outro. Assim, na ciência se confronta o erro, na democracia, a sombra social, e no amor conjugal, a sombra individual.

Enquanto a repatriarcalização progressiva do mito reprimia a alteridade, grande quantidade de energia psíquica passava da consciência para a sombra coletiva, junto com inúmeras características do símbolo de Cristo e da Igreja. O padrão patriarcal, por ser muito menos diferenciado do que o padrão de alteridade, não confronta diretamente sua sombra e a projeta à sua volta, como vemos no fenômeno do bode expiatório. Este animal não foi escolhido à toa para a projeção, mas devido às suas características simbólicas de grande fecundidade, ideal para representar o princípio de prazer e fertilidade matriarcal, alvo predileto da codificação patriarcal. Não era por acaso que o grande deus Pã e seus sátiros, símbolos da fertilidade da grande mãe natureza, eram na Grécia frequentemente representados em forma de bode, como também em inúmeras culturas pagãs europeias. A polarização em que opera o dinamismo patriarcal exigiu um contrapolo para elaborar o símbolo de Cristo. Surgiu assim o fenômeno do Demônio como Anticristo.

Parece-me um grave erro confundir Satã do Antigo Testamento com o Demônio do Cristianismo. Seja como anjo rebelde, seja como emissário de Deus para tentar Jó, Satã é uma figura bem delimitada face à divindade. Se o Cristianismo houvesse se repatriarcalizado abertamente e Cristo fosse adorado como um deus guerreiro, como quis Constantino, os arquétipos da Alteridade teriam sido substituídos pelo arquétipo do Pai e não teria se formado a patologia que se formou.

A imagem do Diabo e das bruxas foi se transformando na Idade Média e aumentando seu poder, como em vasos comunicantes, paralelamente ao fato de características pujantes do símbolo de Cristo e da Igreja serem mal elaboradas e passarem a fazer parte da sombra cultural. O Demônio não é meramente Satã porque não é apenas um opositor de Cristo, um simples Anticristo. O Demônio e as bruxas são a sombra patológica oriunda das distorções da mensagem de Cristo, na medida em que suas características mal elaboradas e dissociadas foram sendo reprimidas, distorcidas e cercadas por defesas. Os símbolos do Diabo e da bruxa, como qualquer símbolo, apesar de arquetípicos, são únicos em cada cultura e, no Cristianismo, não podem ser compreendidos independentemente das características deformadas dos símbolos de Cristo e da Igreja. É isso o que nos explica como a Inquisição foi aos poucos atribuindo ao Demônio poderes cada vez maiores, a ponto de denominá-lo Lúcifer, aquele que faz a luz. Não era esta a principal função do Messias como portador de um novo padrão de consciência? Mas, na medida em que o Renascimento dava à luz o padrão de alteridade como raiz das ciências e das transformações sociopolíticas modernas, não eram seus expoentes perseguidos e sua criatividade cerceada pela Inquisição? Se a luz do novo humanismo era excluída de Cristo por sua própria Igreja, a quem seria ela atribuída? O *Malleus* engrandece tanto o Demônio e as bruxas que declara textualmente ter sido ele criado especialmente por Deus para exercer o pecado através delas.

Desta maneira, compreendemos que a característica central atribuída ao Demônio era inicialmente a desobediência ao poder centralizador, na razão direta em que a pluralidade democrática da alteridade era patriarcalmente negada. Esta característica foi aos poucos mudando e passando para a sexualidade e para o conhecimento, na medida em que o poder revolucionário cultural do herói messiânico foi sendo castrado, cerceando, em consequência, o seu poder criativo de elaboração simbólica da realidade.

A castração simbólica do Messias e a repressão da Igreja vão ocorrer de várias maneiras: na sua adoração exclusivamente como menino no colo de sua mãe ou como morto no além à espera do Juízo Final, na negação da importância e do significado da figura de Maria Madalena, inclusive na subavaliação da sua iniciação como apóstola, a única com capacidade espiritual para reconhecer imediatamente a Ressurreição; na redução incestuosa do feminino no mito à função maternal; na negação da importância central do corpo no qual se expressa a Paixão; na codificação progressiva da confissão e do pecado como penitências patriarcais estereotipadas, o que contribuiu muito para asfixiar o conhecimento da psique e da vida pela introspecção e pela meditação; na hierarquização patriarcal da Igreja, nos votos patriarcais de pobreza, obediência e castidade para seus sacerdotes, na inferiorização patriarcal da mulher na vida institucional da Igreja, principalmente na sua impossibilidade de ministrar os Sacramentos e ocupar cargos em igualdade de condições com os homens, na paralisia da transformação sociopolítica por concessões elitistas para assegurar a obtenção e manutenção do poder exercido dentro do dinamismo patriarcal e não no dinamismo de alteridade como propunha o mito. Não se trata de criticar ou invalidar características centrais no mito como a mãe virgem, a infância milagrosa, a morte sacrificial e a ressurreição que são inerentes ao mito do Herói. Trata-se de demonstrar que o poder transformador do herói foi cerceado pela exaltação idealizada, defensiva, de certas partes do mito em detrimento de outras, como frequentemente acontece na formação da sombra dos quadros neuróticos e psicóticos na psique tanto individual quanto coletiva.

Toda essa energia criativa retirada do símbolo de Cristo e da Igreja foi transferida para o símbolo do Demônio e das bruxas, cada vez mais atacadas em nome do próprio Cristo e da Igreja. Configurou-se, assim, um quadro dissociativo grave e crescente em função da própria pujança do mito. Deformado e cerceado, por um lado, o mito formou a Inquisição e sua demonologia. Por outro, foi conseguindo criativamente integrar o padrão de alteridade na consciência individual e coletiva, caminhando para o Renascimento e através deste para o humanismo científico e sociodemocrático moderno.

Ainda que a Bula Papal, que investiu Sprenger e Kramer como Inquisidores contra a bruxaria, mencione bruxos e bruxas, o *Malleus* é dirigido principalmente às bruxas. Seu texto é alimentado pelo ódio à mulher, pela misoginia, em função da qual lhe são atribuídas características desabonadoras, amealhadas enciclopedicamente e interpretadas com conotações machistas, as mais pejorativas, na primeira parte do livro, para justificar as práticas terríveis prescritas na terceira parte:

"Mas a razão natural está em que a mulher é mais carnal que o homem, o que se evidencia pelas suas muitas abominações carnais. E convém observar que houve uma falha na formação da primeira mulher, por ter sido ela criada a partir de uma costela recurva, ou seja, uma costela do peito, cuja curvatura é, por assim dizer, contrária à retidão do homem. E como, em virtude dessa falha, a mulher é animal imperfeito, sempre decepciona e mente." (*Malleus*, Parte I, Questão VI)

Este ódio à mulher misturou-se, na Inquisição e no *Malleus*, à atração mórbida por ela devido à sexualidade culturalmente reprimida e à sua desvalorização na Igreja. Isso fez com que a tortura para se obter confissões de bruxarias incluísse procedimentos tarados, ou seja, sexualmente perversos, que incluíam o voyeurismo e o sadismo. As mulheres eram despidas e seus cabelos e pelos raspados, à procura de objetos enfeitiçados escondidos em suas partes íntimas "que não devem ser mencionadas". (*Malleus*, Parte III, Questão XV) As torturas praticadas são difíceis de imaginar, mas o texto dá ideia de terem sido terríveis, sobretudo porque o processo recomendado pelo *Malleus* é um delírio francamente paranoico, orientado para se obter confissões, e não para se verificar a culpabilidade.

"Se, após a devida sessão de tortura, a acusada se recusar a confessar a verdade, caberá ao juiz colocar diante dela outros aparelhos de tortura e dizer-lhe que terá de suportá-los se não confessar. Se então não for induzida pelo terror a confessar, a tortura deverá prosseguir no segundo ou no terceiro dia, mas não naquele mesmo momento, salvo se houver indicações de seu provável êxito." (*Malleus*, Parte III, Questão XIV)

A dissociação patológica da mente dos redatores do *Malleus* fica evidente na mistura de um sentido humanitário de justiça e proteção das vítimas com outro de extraordinária falsidade, covardia e crueldade, da mesma forma com que as aberrações sexuais eram cometidas em meio a uma acentuada hipocrisia puritana: o texto recomenda expressamente a depilação e a busca de objetos nas partes íntimas do corpo e faz questão de demonstrar grande pureza e inocência ao afirmar que o nome dos órgãos sexuais não deve ser mencionado. (*Malleus*, Parte III, Questão XV)

Da mesma forma que a psicose paranoide reforça o poder das forças perseguidoras na proporção em que a doença mental progride, a Inquisição foi incrementando e codificando os poderes do Diabo e das bruxas, a ponto de estes poderem ser responsabilizados por uma capacidade de exercer qualquer malefício humano e sobre-humano, inclusive com a produção de tempestades.

Esse poder crescente atribuído ao Demônio era acompanhado do reconhecimento cada vez maior de casos de bruxaria, configurando um ataque crescente à mulher como sua consorte. É significativo, para compreendermos nossa tese, associarmos esses fatos ao culto crescente da Mariologia, o culto da Virgem Maria na Idade Média, que acompanhou a representação crescente do Messias como menino ou como morto, expresso nas *Pietàs*. O culto da função materna idealizada foi acompanhado da repressão do papel da feminilidade adulta no mito, assinalada pela supressão do significado do símbolo de Maria Madalena na Paixão. A idealização de Maria como supermãe que não deixa seu filho crescer foi projetada no poder filicida crescente das bruxas. Esta repressão da potência do Messias e de sua *anima* foi canalizada no ódio à mulher, transformada em bruxa e companheira do Diabo, que o *Malleus* frisa repetidamente ser impotente sem ela. Paralelamente, as freiras, como esposas de Cristo, eram excluídas do poder institucional e sacramental. O aumento da importância do Demônio e de suas amantes bruxas fabricado pela Inquisição acompanha, então, a diminuição do poder transformador do Messias e de suas sacerdotisas freiras. Essa dissociação tem como denominador comum a repressão do dinamismo matriarcal e de alteridade, cujo aspecto feminino era depositado na mulher e que fundamentava, ao mesmo tempo, a idealização defensiva da função materna e a repressão institucional das freiras, a repressão cultural da mulher e o ódio às bruxas. Ou seja, a mulher mãe era supervalorizada na Igreja às expensas do valor da mulher pessoa. A bruxa passava então a carregar a projeção da sombra da mãe terrível filicida e da mulher adulta reprimida, cuja sexualidade adquiria, por isso, fantásticos poderes de sedução.

A repressão da pujança do Messias acompanhada do crescente poder sexual atribuído ao Demônio ocorre junto com a repressão do dinamismo matriarcal na cultura. É isso que explica como o poder de sedução foi unido intimamente às práticas extrassensoriais divinatórias e mágicas atribuídas à bruxaria. É preciso lembrar que o Íncubo, forma masculina do Súcubo, é o equivalente em latim do deus Pã, a maior expressão masculina matriarcal da mitologia grega. A importância dada pela Inquisição aos íncubos e súcubos, que, controlados pelas bruxas, exerciam a sexualidade do Demônio, foi acompanhada do poder de fazer desaparecer o pênis, acusação frequente nos processos. Paralelamente ao crescimento da sexualidade do Demônio e de suas bruxas, vemos diminuir o poder de Cristo, de suas esposas freiras e, agora também, dos seus seguidores homens.

Para se ter uma ideia do grotesco paranoide a que chegou o *Malleus*, é ilustrativo o fato de o poder atribuído às acusadas e a culpa persecutória dos juízes serem de tal ordem que elas deveriam ser apanhadas em redes a fim de que seus pés não tocassem o chão para provocar relâmpagos; deveriam também entrar na sala de acusação de costas, pois seu mero olhar seria capaz de controlar o raciocínio dos juízes e determinar sua liberdade. (*Malleus*, Parte III, Questão XV) Caso elas pedissem a prova de caminhar sobre brasas ou entrar em água fervendo, seu pedido deveria ser terminantemente negado, pois, em função da sua ligação com o Demônio, tal façanha lhes seria fácil e iludiria os acusadores. (*Malleus*, Parte III, Questão XVII) O poder do dinamismo matriarcal reprimido projetado psicoticamente nas bruxas tornava-as deusas com poderes equivalentes à mãe terra com todas as suas forças naturais. A desonestidade do processo legal está ilustrada de forma contundente no fato de os acusados não poderem escolher seus próprios advogados e de seus detratores não precisarem ser pessoas de bem e de serem aconselhados a não revelarem seus nomes, figurando como informantes, e não como testemunhas. Tudo isso novamente racionalizado e justificado pelo poder do Demônio. A falsidade dos Inquisidores como juízes atingia graus extremos, quando eles enganavam os acusados em meio às torturas, prometendo-lhes a liberdade caso confessassem, sabendo que sua confissão os levaria à prisão perpétua ou à morte. (*Malleus*, Parte III, Questão XVI)

A tese segundo a qual a Inquisição e a demonologia expressaram a sombra patológica do Cristianismo pela elaboração insuficiente e deformada dos símbolos de Cristo e da Igreja no *self* cultural é intensamente reforçada pela Missa Negra no Sabá.

A Missa Negra, celebrada na noite de sexta-feira, era uma réplica sombria da Santa Missa. Nela, o Diabo seria explicitamente adorado como Cristo. Por um lado, podemos ver aqui uma forma de agressão marginal desrespeitosa aos poderes constituídos, uma reação delinquencial a uma sociedade repressora. Por outro, vemos a necessidade religiosa de cultivar de forma sombria, até mesmo psicótica, mas nem por isso destituída de significado simbólico, uma divindade cujos poderes extraordinários incluíam exuberantemente o dinamismo matriarcal do prazer, da música, da dança e da sexualidade, todos estes atributos dos deuses da natureza. Durante o Sabá, o Demônio, de acordo com a imaginação do Inquisidor, reunia suas bruxas vindas voando de locais distantes. Ele era cultuado sob a forma de um bode, sendo beijado no traseiro em meio a cantos e danças frenéticas com grande permissividade sexual, inclusive de homossexualidade acompanhada de antropofagia de crianças mortas (?), enquanto bruxas ministrariam a comunhão com hóstias roubadas. É importante assinalar que todas essas fantasias foram, em formas adequadas, incorporadas às reivindicações das minorias e dos costumes sociais e conquistas científicas no século XX, dentre as quais assinalam-se a legalização da homossexualidade e do aborto e a era da aviação.

O Malleus, *a alquimia e a histeria*

A demonologia era um fenômeno da sombra patológica do *self* cultural patrocinado pela Inquisição, mas que de forma alguma a ela se restringia. Vivenciando a energia fecunda que emanava da dissociação do símbolo de Cristo e da Igreja, os símbolos do Demônio e de suas bruxas a todos preocupavam, fascinavam e atraíam de forma crescente. É importante perceber que as heresias, ou variantes culturais reprimidas pelo Santo Ofício para a elaboração do símbolo de Cristo, eram permitidas na elaboração do símbolo do Diabo e das bruxas. Desta forma, desde os Inquisidores mais ferrenhos até suas vítimas e o folclore do povo em geral, todos participavam no grande caldeirão herético do Demônio e suas bruxas, no vaso dos alquimistas onde, sob pressão crescente, cozinhou a sombra patológica do humanismo cristão, dando nascimento às grandes conquistas sociais e científicas.

Nesse caldeirão ferveram dentro dos símbolos do Demônio e das bruxas, além de todas as heresias, passagens do Antigo Testamento referentes a Satã, lendas de outras culturas e, principalmente, das culturas próprias de cada região antecedentes ao Cristianismo e por ele reprimidas, superstições, conhecimentos novos trazidos pelos alquimistas e pensadores, crenças esotéricas as mais variadas fabricadas pelo dia a dia da fértil imaginação popular, espicaçada pela ameaça de perseguição dos Inquisidores e pela curiosidade do material reprimido. Tudo isto exaltava grandes áreas reprimidas da psique coletiva, como a agressividade, a sexualidade, a magia e a criatividade em geral. A popularização e atuação crescente dos símbolos do Demônio e das bruxas, devido a esta criatividade proibida, justificavam e incrementavam a atividade repressora da Inquisição num sistema de retroalimentação (*feedback*) múltiplo que agravava cada vez mais a patologia do *self* cultural, passando seu dinamismo de neurótico (principalmente repressivo) a psicopático (corrupção moral da prática religiosa) e a psicótico (paranoide e delirante) até culminar numa primeira etapa na dissociação da Igreja na Reforma no século XVI, e, dois séculos depois, na grande dissociação subjetivo-objetiva, no final do século XVIII, que deu origem ao materialismo científico do século XIX e retirou da Igreja sua liderança civilizatória. O mito, contudo, não perdeu sua pujança; pelo contrário. Mesmo dentro de uma ideologia socialista patriarcalizada pela teoria da luta de classes que se acreditava ateísta, continuou a função civilizatória de implantação de alteridade através dos seus símbolos profundos de liberdade, igualdade e fraternidade.

A repressão da mulher e o ataque a ela como bruxa, devido à projeção dos arquétipos reprimidos da Grande Mãe e da *anima,* necessitam ser compreendidos junto com a histeria, um quadro patológico formado basicamente pela disfunção dos arquétipos matriarcal e de alteridade. As características desses arquétipos de intimidade, fertilidade, sensualidade e exuberância do desejo, da imaginação, da clarividência esotérica e da expressividade emocional, quando feridas, dão margem ao entrincheiramento desses arquétipos numa luta de poder expressa pela magia destrutiva, pela dramatização e sugestibilidade descontroladas, pela fantasia mentirosa, pela agressividade vingativa desproporcional, pelo congelamento das reações afetivas, pelas reações emocionais através dos sintomas físicos e pela falsidade involuntária. Na dominância patriarcal, as funções matriarcais são pejorativamente projetadas nas mulheres na tríade cozinha-casa-igreja. O ferimento cultural desses arquétipos pela Inquisição e sua projeção maciça no Pã-Demônio propiciou, pela sugestionabilidade histérica, a atuação de inúmeras mulheres como suas consortes. A atmosfera persecutória, dramática e animista medieval favoreceu a eclosão de quadros histéricos que eram identificados como bruxaria pelos vizinhos ou até mesmo familiares, como relata o *Malleus* em inúmeros exemplos. O dinamismo patriarcal patológico expresso pelo sadismo dos Inquisidores torturadores, sexualmente reprimidos, que depilavam e vasculhavam seus corpos, enfiando-lhes agulhas para procurar zonas anestesiadas que indicariam o pacto com o Demônio, certamente exacerbou muitos quadros histéricos, pervertendo-os em relações sadomasoquistas psicóticas.[9]

No entanto, o símbolo máximo da sombra patológica como expressão da dissociação psicótica do *self* cultural do Ocidente durante sua cristianização foi a matança dos hereges na fogueira e na forca. O delírio psicótico-paranoide, apesar de gravemente enfermo, ainda protege o Ego, porque projeta no Outro as tendências ameaçadoras do *self*. Quando, porém, o próprio delírio projetado é também exercido francamente pelo Ego, a gravidade da patologia se torna extrema, pois é o sinal de que a defesa paranoide está fracassando e os conteúdos projetados estão dominando o Ego. Foi o que aconteceu com a Inquisição.

A história simbólica da Inquisição torna inegável sua própria expressão inconsciente do Anticristo e da bruxaria. A concupiscência do poder unificador, a intolerância, a repressão dos arquétipos matriarcal e da alteridade, a corrupção psicopática moral e ideológica dos arquétipos do pai e da alteridade, que deformou em tantos aspectos a mensagem cristã, representam a atuação da sombra patológica. A patologia cultural foi se agravando século a século, manifestada na projeção dos aspectos negados e reprimidos de Cristo sobre o Demônio e suas bruxas e racionalizada pela devoção a Cristo e a Igreja. Tudo era feito em nome de Cristo e de sua Igreja, cujos símbolos, apesar de enfraquecidos, eram inicialmente mantidos na luz. Todos os males eram projetados no Demônio e nas bruxas, cujos símbolos, embora cada vez mais fortalecidos, eram inicialmente mantidos nas trevas, como habitantes infernais. A partir do século XIII, porém, Inocêncio III, o mesmo papa que abençoa São Francisco, autoriza a pena de morte para as heresias. O Demônio passa a se chamar Lúcifer, aquele que traz a luz, e Cristo (o carneiro que se sacrificara pelos pecados do mundo, a serem confessados e absolvidos em sua Igreja) passa a ser invocado a empunhar a espada do genocídio dos albigenses e instituir a prevenção e a limpeza cultural da peste da heresia. Os que confessavam e abjuravam a heresia eram acolhidos de volta à Igreja e condenados à prisão perpétua. Os que não confessavam eram entregues ao braço secular para a pena de morte. Devido às condições subumanas das prisões, a prisão perpétua em pouco tempo levava à morte, se é que não fosse antes interrompida pela pena capital: "Embora no caso de heresia simples os que se mostram penitentes e que a abjuram são, como já se disse, readmitidos à penitência e condenados à prisão perpétua, na heresia das bruxas, não obstante o juiz eclesiástico possa receber a prisioneira de volta à penitência, o juiz civil pode, em virtude dos danos temporais – ou seja, dos males causados a homens, ao gado e aos bens e propriedades –, puni-la com a morte." (*Malleus,* Parte III, Questão XIX).

Ao aproximarem psicoticamente Cristo e sua Igreja do Demônio e das bruxas, os Inquisidores, frequentemente, tornaram inseparáveis uns e outros nas suas personalidades e na história da Igreja. A loucura se exacerbava ainda mais, se é que isso era possível, em situações nas quais os hereges demoravam a morrer e a cerimônia era interrompida para procurar objetos deixados pelo Demônio em suas vestes para torná-los resistentes ao fogo. A superposição dos símbolos do Cristo e do Demônio era tal que, mesmo dentro das chamas, eles continuavam lutando como expressão da psicose coletiva.

"Mas o que se há de dizer do caso que ocorreu na diocese de Ratisbon? Certos hereges foram condenados pela própria confissão, não só como impenitentes, mas como francos defensores daquela perfídia; no entanto, ao serem condenados à fogueira, aconteceu de permanecerem ilesos sob o fogo. Modificou-se-lhes a sentença: foram condenados à morte por afogamento, o que também nada adiantou. Todos ficaram atônitos, sendo que alguns, inclusive, começaram a dizer que aquela heresia era de fato verdadeira; e o bispo, ansioso com relação ao destino do seu rebanho, decretou jejum de três dias. Depois do cumprimento do decreto, em grande devoção, chegou ao conhecimento de alguns que os hereges tinham um objeto mágico costurado entre a pelve e a carne debaixo de um dos braços; depois de descoberto e removido tal objeto, foram entregues às chamas e morreram imediatamente." (*Malleus*, Parte III, Questão XV)

A importância da tradução e publicação completa desse texto em português não está só no conhecimento da história do Cristianismo, mas também na continuação da elaboração do mito cristão, cujo papel civilizatório está se reintensificando outra vez neste final de milênio.

Se muitos leitores concordarão que este livro e a Inquisição são uma aberração da mensagem cristã, é preciso saber que nem todos pensam assim. O próprio tradutor do livro do latim para o inglês, o reverendo Montague Sommers, assim se expressa sobre ele no final do prefácio que escreveu em 1946:

"O certo é que o *Malleus Maleficarum* é o mais sólido e o mais importante trabalho em toda a vasta biblioteca escrita sobre bruxaria. Voltamos a ele sempre com edificação e interesse. Do ponto de vista da psicologia, da jurisprudência e da história, ele é supremo. Podemos mesmo dizer, sem exagerar, que os escritores que o sucederam, grandes como possam ser, fizeram pouco mais do que retirar desses poços de sabedoria, aparentemente inexauríveis, que os dois dominicanos Henrique Kramer e James Sprenger nos deram no *Malleus Maleficarum*.

"O que mais surpreende é a modernidade do livro. Praticamente não existe um problema, um complexo, uma dificuldade que eles não previram, discutiram e resolveram.

"Aqui estão casos que ocorrem nas cortes de hoje, apresentados com a maior clareza, arguidos com lógica exemplar e julgados com imparcialidade escrupulosa. O *Malleus Maleficarum* é um livro escrito sob a influência da eternidade."

Com esta ilustração final, vemos que a elaboração deste livro e da Inquisição e do que representam na alma humana individual e coletiva adentrará o próximo milênio junto com a continuação da elaboração do mito cristão.

NOTAS

1. *Malleus Maleficarum* (1484). Tradução inglesa do reverendo Montague Sommers. Ed. Hogarth Press, Londres, 1928.
2. Byington, Carlos Amadeu B. (1981). "Uma Teoria Simbólica da História." *Ed. Revista de Cultura Vozes,* nº 8, ano 76, outubro/82, pp. 599-610.
3. Byington, Carlos Amadeu B. (1986). O *desenvolvimento da personalidade. Símbolos e arquétipos.* Ed. Ática, São Paulo, Série Princípios, nº 123, 1987.
4. *The Nag Hammadi Library* (1978). Harper & Row, Nova York, 1981.
5. Idem, O *evangelho de Maria.*
6. Idem, O *evangelho de Tomás.*

7. Byington, Carlos Amadeu B. (1983). "Uma Teoria Simbólica da História. O Mito Cristão como o Principal Símbolo Estruturante do Padrão de Alteridade na Cultura Ocidental." *Junguiana, Revista da Sociedade Brasileira de Psicologia Analítica,* nº 1, Vozes, Petrópolis, pp. 120-177, 1983.
8. *Nova história da igreja.* Tomo I: "Dos Primórdios a São Gregório Magno", Vozes, Petrópolis, 1973.
9. Piccini, Anna Maggi (1987) "Visão psicanalítica do imaginário dos inquisidores e das bruxas", *Rev. Bras. de Psican.* 21:367, 1987.

A BULA DE INOCÊNCIO VIII

Inocente, bispo, servo dos servos de Deus,
para a lembrança eterna

Desejando, na mais sincera apreensão, como bem requer o Nosso Apostolado, que a Fé Católica, mormente em Nossos dias, cresça e floresça por todas as partes, e que toda a depravação herética seja varrida de todas as fronteiras e de todos os recantos dos fiéis, é com enorme satisfação que proclamamos e inclusive reafirmamos os meios e métodos particulares pelos quais Nosso desejo piedoso poderá surtir os efeitos almejados, já que quando todos os erros forem erradicados pela Nossa dissuasão diligente, como pela enxada do agricultor previdente, um maior zelo e uma observância mais regular de Nossa Santa Fé venham a ficar mais firmemente impressos no coração dos fiéis.

De fato, chegou-nos recentemente aos ouvidos, não sem que nos afligíssemos na mais profunda amargura, que em certas regiões da Alemanha do Norte, e também nas províncias, nas aldeias, nos territórios e nas dioceses de Mainz, de Colônia, de Trèves, de Salzburgo e de Bremen, muitas pessoas de ambos os sexos, ao negligenciar a própria salvação e ao se desgarrarem da Fé Católica, entregaram-se a Demônios, a íncubos e a súcubos, e pelos seus encantamentos, pelos seus malefícios e pelas suas conjurações, e por outros encantos e feitiços amaldiçoados e por outras também amaldiçoadas monstruosidades e ofensas hórridas, têm assassinado crianças ainda no útero da mãe, além de novilhos, e têm arruinado os produtos da terra, as uvas das vinhas, os frutos das árvores e mais ainda: têm destruído homens, mulheres, bestas de carga, rebanhos, animais de outras espécies, parreirais, pomares, prados, pastos, trigo e muitos outros cereais; essas pessoas miseráveis ainda afligem e atormentam homens e mulheres, animais de carga, rebanhos inteiros e muitos outros animais com dores terríveis e lastimáveis e com doenças atrozes, quer internas, quer externas; e impedem os homens de realizarem o ato sexual e as mulheres de conceberem, de tal forma que os maridos não vêm a conhecer as esposas e as esposas não vêm a conhecer os maridos; porém, acima de tudo isso, renunciam de forma blasfema à fé que lhes pertence pelo Sacramento do batismo, e por instigação do Inimigo da Humanidade não se escusam de cometer e de perpetrar as mais sórdidas abominações e os excessos mais asquerosos para o mortal perigo de suas próprias almas, pelo que ultrajam a Majestade Divina e são causa de escândalo e de perigo para muitos. E não obstante Nossos queridos filhos Henry Kramer e James Sprenger, professores de teologia, da Ordem dos Monges Dominicanos, tenham sido por Cartas Apostólicas delegados como Inquisidores de tais depravações heréticas, e ainda sejam Inquisidores, o primeiro nas regiões da Alemanha do Norte, onde se incluem as mencionadas aldeias, os distritos, as dioceses e outras localidades especificadas, e o segundo em certos territórios que ficam às margens do Reno, não poucos clérigos e leigos das regiões citadas, procurando curiosamente saber mais do que lhes compete – já que as cartas mencionadas não citam nem fazem menção específica de tais províncias, aldeias, dioceses e distritos, e já que os dois delegados e as abominações que devem combater não foram mencionados de forma pormenorizada e particular –, não se acanham em afirmar, na mais despudorada desfaçatez, que tais monstruosidades não são praticadas naquelas regiões, e que, consequentemente, os supracitados Inquisidores não têm o direito legal de exercerem os poderes da Inquisição nas províncias, nas aldeias, nas dioceses e nos distritos enumerados, e também que os Inquisidores não podem proceder com a punição, com a prisão e com a penalização dos criminosos culpados das ofensas hediondas e das muitas perversidades que já se acham esclarecidas. Por conseguinte, nas supracitadas províncias, aldeias, dioceses e territórios, as abominações e atrocidades em questão permanecem sem punição, e não sem grave perigo para as almas de muitos e não sem o perigo da danação eterna.

Pelo que Nós, no cumprimento de Nossas obrigações, mostrando-Nos absolutamente desejosos de remover todos os empecilhos e obstáculos que tornam morosa e difícil a boa obra dos Inquisidores, e também desejosos de aplicar remédios potentes a fim de prevenir a doença da heresia e de outras torpezas que difundem o seu veneno para a destruição de muitas almas inocentes, já que Nosso zelo pela fé é o que Nos incita especialmente, para que as províncias, as aldeias, as dioceses e os distritos e territórios da Alemanha, que já especificamos, não se vejam privados dos benefícios do Santo Ofício para esse fim firmado, pelo teor das presentes letras, em virtude de Nossa autoridade apostólica, decretamos e estabelecemos que os mencionados Inquisidores têm o poder de proceder, para a justa correção, aprisionamento e punição de quaisquer pessoas, sem qualquer impedimento, de todas as formas cabíveis, como se as províncias, as aldeias, as dioceses, os distritos e territórios, e ademais, como se, inclusive, as pessoas e os crimes dessa espécie tivessem sido indicados e especificamente mencionados em Nossas cartas. Além disso, para maior segurança, determinamos que o poder conferido por tais Cartas se estendem a todas as mencionadas províncias, dioceses, aldeias, distritos e territórios, a todas as pessoas e a todos os crimes acima indicados, e damos permissão aos supracitados Inquisidores, a um separadamente ou a ambos, como também a Nosso filho John Gremper, pároco da diocese de Constance, mestre em ciências humanas, a seu notário, ou a qualquer outro notário público, que esteja com eles, ou com um deles, temporariamente designado para aquelas províncias, aldeias, dioceses, distritos e os supracitados territórios, para proceder conforme as normas da Inquisição contra quaisquer pessoas de qualquer classe ou condição social, corrigindo-as, multando-as, prendendo-as, punindo-as, na proporção de seus crimes – e aos que forem considerados culpados que a pena seja proporcional à ofensa. Além disso, gozarão da plena faculdade de expor e de pregar a palavra de Deus aos fiéis, tanto quanto for oportuno e quanto lhes aprouver, em cada uma das paróquias de tais províncias, e haverão de livre e licitamente realizar quaisquer ritos ou executar quaisquer atos que possam lhes parecer recomendáveis nos casos mencionados. Pela Nossa autoridade suprema, conferimos-lhes poderes plenos e irrestritos.

Ao mesmo tempo, pelas Cartas Apostólicas, solicitamos ao Nosso venerável Irmão, o bispo de Estrasburgo, que ele próprio anuncie, ou através de outra ou de outras pessoas faça anunciar, os termos de Nossa Bula, que há de publicar de forma solene quando e sempre que julgar necessário, ou quando assim for solicitado a proceder pelos Inquisidores ou por um deles. Nem haverá ele de padecer em desobediência ao teor da presente por ser molestado ou impedido por qualquer autoridade que seja: haverá de ameaçar a todos os que vierem a dificultar ou impedir a ação dos Inquisidores, a todos os que se lhes opuserem, a todos os rebeldes, de qualquer categoria, estado, posição, proeminência, dignidade ou de qualquer condição que seja – não importando o privilégio de que disponha – haverá de ameaçá-los com a excomunhão, a suspensão, a interdição e, inclusive, com as mais terríveis penas, as piores censuras e os piores castigos, como bem lhe aprouver, sem qualquer direito de apelação, e se assim o desejar poderá, pela autoridade que lhe concedemos, agravar e renovar tais penas quantas vezes for necessário, recorrendo, se assim convier, ao auxílio do braço secular.

Non obstantibus... Que ninguém portanto... Mas se alguém assim ousar agir – que Deus o proíba –, saiba que sobre si recairá a ira de Deus Todo-Poderoso e a dos bem-aventurados apóstolos Pedro e Paulo.

Roma, Basílica de São Pedro, 9 de dezembro do Ano da Encarnação de Nosso Senhor de 1484, no primeiro Ano de Nosso Pontificado.

Parte I

Das três condições necessárias para a bruxaria: o Diabo, a bruxa e a permissão de Deus Todo-Poderoso

QUESTÃO I

Se crer em bruxas é tão essencial à Fé Católica que sustentar obstinadamente opinião contrária há de ter vivo sabor de heresia.

Há quem professe que a crença fervorosa em bruxas não é doutrina católica (ver 26º capítulo, Questão V, *Episcopi*): os que acreditam ser possível transformar as criaturas em seres melhores ou piores, ou as transformar em outras, de outra espécie ou aspecto, salvo por determinação do Criador, revelam-se piores que os gentios, piores que os hereges. Dizer, portanto, que semelhantes atos são realizados por bruxas, e sustentar essa opinião, significa não ser católico e sim herege, fundamentalmente.

E há quem preconize que nenhuma operação de bruxaria pode ter efeito permanente sobre nós. Pois que, se assim o fosse, tal operação teria sido efetuada por Demônios. Mas sustentar que os Demônios têm poderes para transfigurar o corpo humano ou para lhe causar males duradouros não parece de acordo com os ensinamentos da Igreja. Porquanto, se tais poderes tivessem, haveriam de conduzir o mundo à mais absoluta confusão e destruí-lo.

E há quem defenda também que toda transformação que se dá no corpo humano – para a saúde ou para a doença, por exemplo – pode ser reduzida à questão das causas naturais, conforme Aristóteles demonstrou no sétimo livro da sua *Física*. E dessas causas a maior é a influência dos astros em cujo movimento os Demônios não têm o poder de interferir: isso só Deus pode fazer. Essa é a opinião de Dionísio em sua epístola a São Policarpo. Querem, assim, demonstrar que os Demônios são de fato incapazes de determinar qualquer transformação definitiva no corpo humano. Ou, em outras palavras, que não lhe podem causar real metamorfose. Pelo que nos vemos forçados a atribuir o aparecimento de qualquer transmutação dessa natureza a alguma outra causa sinistra e oculta.

Outros sustentam que, como o poder de Deus é superior aos poderes do Diabo, as obras divinas são, decerto, mais verdadeiras que as operações demoníacas. De sorte que, sendo o mal força poderosa neste mundo, todo o mal existente há de, obrigatoriamente, decorrer de um eterno conflito entre as obras do Diabo e as obras de Deus, sem que contudo as primeiras venham a suplantar as segundas. E, pois, assim como é ilícito sustentar que as ações maléficas do Diabo sejam aparentemente capazes de sobrepujar as ações de Deus, também ilícito é acreditar que as mais sublimes obras do Criador – os homens e os animais – possam ser prejudicadas ou destruídas pelos poderes do Diabo.

Há outros ainda que afirmam que tudo o que se acha sob a influência de certos objetos materiais não há de possuir poderes sobre outros objetos corpóreos. Como os Demônios são subservientes a certas influências dos astros – pois que os magos observam o curso celeste de alguns deles para invocá-los –, não haverão de ter poderes para causar transformações em outros objetos corpóreos, de onde conclui-se que as bruxas devem ter poderes ainda menores que os deles.

E há, enfim, quem afirme que os Demônios não têm poder algum, salvo mediante certo engenho ou arte sutil, mas que esse engenho, como todas as artes ou engenhos humanos, é incapaz de gerar formas materiais verdadeiras e permanentes. (Eis o que nos diz determinado autor: "Os que escrevem sobre alquimia sabem não haver esperança de se conseguir transmutação real.") Logo, mesmo quando os Demônios utilizam de toda a sua habilidade, não conseguem promover curas permanentes – nem infligir males permanentes. E se tais curas ou males de fato ocorrem, hão de ter, na verdade, alguma outra causa, talvez desconhecida, mas decerto independente da ação de Demônios e de bruxas.

Porém, de acordo com as Decretais do Direito Canônico (33), verdadeiros são os argumentos contrários às seis proposições apresentadas. "Se por bruxaria ou por qualquer espécie de magia, permitidas pela secreta, porém justíssima, vontade de Deus, e favorecidas pelos poderes do Diabo..." É aí feita referência a qualquer ato de bruxaria, a ação do Diabo e a permissão de Deus. Mais: o mais forte tem o poder de influir no mais fraco. E os poderes do Diabo são superiores a quaisquer poderes humanos (Jó, 41): "Não há nada igual a ele na terra, pois foi feito para não ter medo de nada."

Resposta. As proposições enunciadas encerram três erros heréticos que precisam ser refutados. E, quando o forem, há de transparecer, claramente, a verdade. Primeiro: certos autores, alegando dar esteio à sua opinião nas palavras de Santo Tomás (Parte IV, Questão XXIV) – quando este se refere a certos obstáculos provocados pelos malefícios –, procuram sustentar que feitiçaria ou magia não existem, salvo na imaginação dos que atribuem determinados fenômenos naturais, de causa desconhecida, à bruxaria ou a fórmulas mágicas. Segundo: outros autores, embora admitam a existência de bruxas, declaram que os efeitos da magia, dos feitiços e dos encantamentos são meramente imaginários ou fantásticos. Terceiro: outros ainda postulam que tal efeito é completamente ilusório, absolutamente irreal, embora reconheçam que o Diabo talvez preste ajuda a certas bruxas.

As deturpações feitas por cada um desses autores podem ser agora devidamente expostas e refutadas.

Em primeiro lugar, muitos são os doutores ortodoxos a provar que os que incidem no primeiro erro apontado são claramente hereges – especialmente Santo Tomás, ao estabelecer que tal tese é totalmente contrária à autoridade dos santos e se fundam na mais absoluta infidelidade. Porque as Sagradas Escrituras, em Sua autoridade, dizem que os Demônios têm poderes sobre o corpo e sobre a mente dos homens, quando Deus lhes permite exercê-los, ao que se faz alusão explícita em muitas passagens. Enganam-se, portanto, os que afirmam não existirem coisas como bruxaria ou feitiçaria, ou os que professam que tais coisas são imaginárias ou existam Demônios só na imaginação de ignorantes e de populares, e também os que declaram ser equívoco atribuir a Demônios certos fenômenos naturais que acontecem aos homens. Argumentam terem algumas pessoas imaginação tão extraordinariamente viva que creem ver vultos e fantasmas como se fossem aparição de espíritos maléficos ou de espectros de bruxas, embora tudo não passe de reflexos de seu próprio pensamento. Essa opinião, porém, vai de encontro à fé verdadeira. Esta ensina-nos que alguns anjos foram lançados dos Céus e hoje são Demônios. Assim, somos forçados a reconhecer que, dada a própria natureza desses anjos diabólicos, são eles capazes de realizar muitos prodígios de que nós não somos. E as pessoas que tentam induzir outras a realizarem tais prodígios perversos são chamadas bruxas. E porque a infidelidade por parte de uma pessoa batizada é tecnicamente denominada heresia, portanto, essas pessoas são claramente hereges.

Os que incidem nos outros dois erros mencionados são aqueles que, por assim dizer, não negam a existência de Demônios nem que os Demônios possuem poderes naturais, mas divergem quanto aos possíveis efeitos da magia e da ação das bruxas: de um lado, estão os que sustentam serem as bruxas realmente capazes de causar certos efeitos maléficos, embora digam tais efeitos não serem reais e sim fantásticos; de outro, estão os que julgam ser possível infligir às criaturas males verdadeiros, embora afirmem estar a bruxa completamente enganada ao atribuir tais efeitos maléficos a seus próprios poderes. Pois temos que essas opiniões parecem fundar-se em duas passagens dos Cânones onde se faz referência à condenação de certas mulheres por imaginarem que, durante a noite, saem a cavalgar em bestas com a deusa pagã Diana ou Heródias. Isso pode ser lido no Cânon. Contudo, porque semelhantes fenômenos acontecem muitas vezes por ilusão, e simplesmente se passam na imaginação, não há de ser mera ilusão todo o efeito das bruxarias, não há de se dar tão somente na imaginação, e os que assim pensam estão muitíssimo enganados. E enganados estão os que creem estar só em Deus, Criador de todas as coisas, o poder de transformar as criaturas em criaturas melhores ou piores, ou de transformá-las em outras, de outra espécie ou aspecto. Pois esses é que são os infiéis, esses sim os piores que os ímpios, porquanto professam que se tal transfiguração ocorreu, não há de ter sido por bruxaria, porque, se o fosse, dizem, não havia de ser real, e sim puramente fantástica.

De sorte que, como tais deturpações trazem em si o estigma da heresia, e contradizem o sentido evidente do Cânon, havemos de provar nossos argumentos, primeiro, através das leis divinas e, depois, através das leis eclesiásticas e civis.

Para começar, é mister considerar com cautela as expressões canônicas (não obstante o sentido de tais expressões vir a ser mais claramente elucidado na Questão seguinte). Pois as leis divinas determinam, em muitas passagens, que as bruxas não só devem ser evitadas mas também condenadas à morte, embora só devam receber essa punição extrema se tiverem de fato pactuado com o Diabo a fim de causar males e injustiças verdadeiros. Não obstante a pena de morte não ser prescrita, senão por crimes graves e notórios, o que se faz no mais das vezes é infligir a pena de morte da alma – ora pela força de alguma fantástica ilusão, ora pela força opressiva das tentações. Pois que essa é a opinião de Santo Tomás ao discutir se é ou não pecado recorrer ao auxílio de Demônios (Parte II, Questão VII). E no capítulo 18 do Deuteronômio fica estabelecido que todos os magos e feiticeiros devem ser destruídos. Da mesma forma, o capítulo 19 do Levítico diz: "Se alguma alma se dirigir aos magos e adivinhos para com eles fornicar, voltarei contra ela o meu rosto e a arrancarei do meio de meu povo." E mais adiante (Questão XX): "Todo homem e toda mulher que evocarem espíritos divinatórios ou pitônicos serão mortos, e serão apedrejados, e levarão a sua culpa." Pitônicas são as pessoas em quem o Diabo opera coisas extraordinárias.

E não se há de esquecer que em virtude desse pecado Ocosias adoeceu e morreu, 4, Reis, 1. Também ver em Saul, 1, dos Paralipômenos, 10. Ainda contamos com a opinião autorizada dos padres da Igreja que escreveram sobre as Escrituras e que extenso tratamento deram aos poderes dos Demônios e das artes mágicas. Podem também ser consultados os textos de muitos doutores a respeito do segundo livro das *Sentenças*, descobrindo-se que todos concordam com a existência de magos e de bruxas que, através dos poderes do Diabo, conseguem efeitos concretos e extraordinários – de modo algum imaginários –, e Deus permite que assim seja. Deixarei de citar muitos outros passos em que Santo Tomás analisa em pormenores operações dessa espécie. Basta mencionar, na *Summa contra Gentiles,* terceiro livro, primeiro e segundo capítulos, primeira parte, 114ª questão, quarto argumento. E na *Secunda Secundae* as 92ª e 94ª questões. Podemos ainda consultar os Comentaristas e Exegetas que escreveram a respeito dos profetas do faraó, Êxodo, 7. Podemos também nos reportar ao que diz Santo Agostinho em *De Ciuitate Dei,* 18º livro, 17º capítulo. E ao que declara em seu segundo livro, *De Doctrina Christiana.* Muitos outros doutores defendem a mesma opinião, e seria o cúmulo da estultice a todos contradizê-los: não se conseguiria ficar isento da culpa de heresia. Pois, qualquer homem que erra gravemente na interpretação das Sagradas Escrituras, é corretamente considerado herege. E quem quer que pense de outra forma a respeito de assuntos pertinentes à fé que não do modo defendido pela Santa Igreja Romana, é herege. Eis a verdadeira fé.

As leis eclesiásticas demonstram também que negar a existência de bruxas é contrário ao sentido óbvio do Cânon. Dispomos da opinião de comentaristas do Cânon que assim começam: "Se qualquer um, através de artes mágicas ou de bruxaria..." E, reafirmamos, existem autores que falam de homens impotentes e enfeitiçados que, dado o obstáculo causado pela bruxaria, ficaram incapacitados de copular e tiveram seus contratos de casamento anulados: viram-se na impossibilidade de consumar o matrimônio. Dizem, e com eles concorda Santo Tomás, que, se a bruxaria produz efeito antes da relação carnal e se tal efeito é persistente, então, o contrato de casamento fica anulado. E de modo algum há de se dizer que tal situação seja ilusória ou produto da imaginação.

A respeito desse argumento, veja-se o que São Henrique de Segusio tão magistralmente escreveu em sua *Summa*, e também o que escreveram Godofredo de Fontaines e São Raimundo de Peñafort – discutem o assunto em claríssimos pormenores, sem questionar se tal condição física poderia ser considerada imaginária, mas tomando-a como fato real e comprovado e se deve ou não ser vista como enfermidade permanente ou temporária quando persiste por mais de três anos. E não duvidam que possa ser causada por atos de bruxaria, embora seja verdade que, às vezes, venha a ter evolução intermitente. Mas, sem sombra de dúvida, o fato é que a impotência pode ser determinada pelos poderes do Diabo, seja através de uma bruxa por pacto com ele firmado, seja pelo próprio Diabo sem a participação de qualquer bruxa, embora esta última eventualidade raramente ocorra entre os fiéis da Igreja, pois que o matrimônio é, dos Santíssimos Sacramentos, um dos mais extraordinários. Entre os pagãos, porém, o fenômeno costuma na realidade acontecer com mais frequência, porque sobre eles os espíritos do mal agem como se tivessem um certo domínio legítimo, conforme nos conta Pedro de Palude em seu quarto livro, quando nos conta de um jovem que, embora tivesse assumido compromisso matrimonial com um certo ídolo, acabou desposando uma jovem e logo se viu impossibilitado de com ela manter qualquer relação, porque o Diabo sempre intervinha, aparecendo-lhe de fato sob forma humana. Na Igreja, todavia, o Diabo prefere operar por intermédio de bruxas e realizar tais prodígios em seu próprio proveito, ou seja, visando a perda das almas. E de que modo age e por que meios são questões discutidas um pouco mais adiante, quando tratarmos das sete formas de causar males aos homens por operações semelhantes. Das demais questões que teólogos e doutores em Direito Canônico levantaram, com referência a esses pontos, uma é da maior relevância: como curar aquela espécie de impotência e se, para curá-la, é permissível lançar mão de algum feitiço contrário ou neutralizante, e o que deve ser feito quando a bruxa que proferiu a maldição já morreu, circunstâncias da qual Godofredo de Fontaines trata na *Summa*. Tais questões serão amplamente elucidadas na Terceira Parte desta obra.

Eis então por que os estudiosos do Direito Canônico elaboraram um catálogo de punições tão minucioso, fazendo a distinção entre a bruxaria (feitiçaria) ou a adivinhação, feitas em público ou em sigilo, levando em conta a variedade dessas superstições hediondas em número e em grau.

De sorte que qualquer criatura que a elas se dedique há de não mais receber a santa comunhão. E quando praticadas secretamente, o culpado há de cumprir penitência durante quarenta dias. Se for clérigo, será suspenso e confinado em um mosteiro; se for leigo, será excomungado; pelo que todas essas pessoas abjetas hão de ser punidas, junto com todas as que a elas recorrerem, e não se há de permitir qualquer espécie de perdão.

As mesmas penas são também prescritas pelas leis civis. Para Portius Azo, em sua *Summa*, sobre o nono livro do Códice, a rubrica a respeito de feiticeiros – a segunda após a *Lex Cornelia*, que trata de assassinos e de homicidas – estabelece: "Saiba-se que todos os costumeiramente denominados de feiticeiros ou magos, e também os que praticam a arte da adivinhação, ficam sujeitos à pena de morte." E a mesma pena torna a ser mencionada: "Fica proibido a qualquer homem praticar a adivinhação; se a praticar, há de ter como recompensa a morte pela espada de seu carrasco." Há outros que, por seus encantamentos, se empenham em levar a vida de criaturas inocentes e que transformam a paixão das mulheres em desejos lascivos de toda sorte, pelo que tais criminosos hão de ser atirados às feras. E as leis permitem que se admita qualquer testemunha como prova. Pois isso é o que os Cânones que tratam da defesa da fé recomendam explicitamente. E o mesmo procedimento é permissível como punição por heresia. Quando se faz uma acusação dessa espécie, qualquer pessoa pode ser trazida como testemunha do crime, tal como em casos de lesa-majestade. Porque bruxaria é alta traição contra a Majestade de Deus. E assim os acusados devem ser torturados para que confessem o seu crime. Qualquer pessoa, de qualquer classe, posição ou condição social, sob acusação dessa natureza, pode ser submetida à tortura, e a que for considerada culpada, mesmo tendo confessado o seu crime, há de ser supliciada, há de sofrer todas as outras torturas prescritas pela lei, a fim de que seja punida na proporção de suas ofensas.

Observação: antigamente esses criminosos sofriam dupla punição e eram muitas vezes atirados às feras para serem devorados. Hoje, são queimados vivos na fogueira, provavelmente porque na sua maioria são mulheres.

As leis civis proíbem também qualquer participação nessas práticas ou qualquer cumplicidade com seus praticantes, porque é proibido a um adivinho até mesmo entrar na casa de outra pessoa; e muitas vezes determina-se que se queimem todas as suas posses e que não seja permitido a ninguém tratá-los com tolerância ou consultá-los, muitas vezes são deportados para alguma ilha distante e deserta e todos os seus bens são vendidos em leilão público. Além do mais, todos os que consultam ou recorrem a bruxas têm sido punidos com o exílio e têm confiscados todos os seus bens. Tais punições foram instituídas graças ao comum acordo de todas as nações e de todos os soberanos, e tal acordo muito tem contribuído para a eliminação da prática dessas artes proibidas.

Cumpre observar que a legislação muito louva os que procuram anular os feitiços das bruxas. E os que se esforçam para que o trabalho do homem não seja prejudicado pela ação de chuvas e de tempestades de granizo são merecedores de grande recompensa, nunca de punição. Será integralmente analisado adiante como os males semelhantes podem ser prevenidos legalmente. Assim, como se poderia negar ou frivolamente contradizer qualquer uma dessas proposições sem que se recebesse o estigma de alguma notável heresia? Que cada homem julgue por si, salvo, de fato, se a sua ignorância o escusar. Mas que espécie de ignorância é essa, capaz de escusá-lo, passaremos a explicar dentro em pouco. Do que já se disse, tiramos a seguinte conclusão: a opinião mais certa e mais católica é a de que existem feiticeiros e bruxas que, com a ajuda do Diabo, graças a um pacto com ele firmado, se tornam capazes, se Deus assim permitir, de causar males e flagelos autênticos e concretos, o que não torna improvável serem também capazes de produzir ilusões, visionárias e fantásticas, por algum meio extraordinário e peculiar. Entretanto, o escopo da presente investigação só abrange a bruxaria, que difere muitíssimo de todas essas outras artes ocultas. Considerá-las, portanto, seria fora de propósito, já que os que as praticam podem ser chamados com maior exatidão de adivinhos, de vaticinadores ou de profetas, e não de magos ou feiticeiros.

Cumpre perceber, particularmente, que os dois últimos erros se baseiam em completo desentendimento das palavras do Cânon (não falarei do primeiro erro, que, obviamente, a si próprio se condena, por flagrantemente contrário aos ensinamentos das Sagradas Escrituras). E, assim, passemos à interpretação correta do Cânon. Em primeiro lugar, falaremos do primeiro erro herético, que diz ser o meio pura ilusão, embora sejam realidade os dois extremos.

É preciso aqui ressaltar que existem 14 espécies ou categorias distintas englobadas pelo gênero superstição, mas é desnecessário analisá-las pormenorizadamente, por questão de brevidade, já que foram perfeitamente descritas por Santo Isidoro em sua *Etymologiae,* oitavo livro, e por Santo Tomás na *Secunda Secundae,* 92º questão. Além do mais, se fará menção explícita dessas categorias inferiores quando da análise de sua gravidade, nas últimas questões desta Primeira Parte.

A categoria das bruxas é a das Pitonisas – pessoas em quem e pelas quais o Diabo ora fala, ora realiza operações incríveis. É essa a primeira categoria. Já os feiticeiros têm categoria própria, distinta da primeira.

E como essas pessoas muito diferem entre si, seria incorreto incluí-las todas na categoria em que tantas outras o são. O Cânon, apesar de fazer menção explícita a certas mulheres, não se pronuncia de forma tão extensa a respeito de bruxas; estão, portanto, completamente enganados os que, por isso, veem no texto canônico referência apenas a viagens imaginárias e ao ir e vir no próprio corpo, e também os que reduzem toda sorte de superstições a fenômenos ilusórios: assim como aquelas mulheres são transportadas em sua imaginação, as bruxas o são de fato – corporeamente. E aos que insistem em inferir dessas passagens que os efeitos das bruxarias – certas doenças e enfermidades – são puramente imaginários, basta dizer que erram completa e notoriamente em sua interpretação.

Cumpre observar que ainda mais gravemente erram os que, embora admitam os dois extremos – ou seja, de um lado, alguma operação do Diabo, e do outro, o seu efeito –, negam a existência de um instrumento intermediário; quer dizer, negam que alguma bruxa pudesse ter participado dessa relação de causa e efeito: eis aí o seu erro herético fundamental: em filosofia, o meio há de participar sempre da natureza dos dois extremos.

Ademais, é inútil argumentar que todo efeito das bruxarias é fantástico ou irreal, pois não poderia ser realizado sem que se recorresse aos poderes do Diabo: é necessário, para tal, que se faça um pacto com ele, pelo qual a bruxa, de fato e verdadeiramente, se torna sua serva e a ele se devota – o que não é feito em estado onírico ou ilusório, mas sim concretamente: a bruxa passa a cooperar com o Diabo e a ele se une. Pois que aí reside toda a finalidade da bruxaria; se os malefícios são infligidos por mau-olhado, por fórmulas mágicas ou por algum outro encantamento, tudo se faz através do Diabo, o que há de ser esclarecido na questão seguinte.

Na verdade, o que lê com atenção as palavras do Cânon vai reparar, particularmente, em quatro pontos. O primeiro é este: é da obrigação de todas as criaturas e de todos os padres da Igreja, e de todos os que tratam da cura das almas, ensinar a seus rebanhos que há somente um único Deus verdadeiro; não há nenhum outro no Céu ou na Terra a que se deva prestar adoração.

Eis o segundo: não obstante pensarem, as mulheres mencionadas em parágrafo anterior, que cavalgam (como pensam e dizem) ao lado de Diana ou de Heródias, estão elas, na realidade, a cavalgar com o Diabo, que, tendo adotado um nome pagão, lhes faz recair todo o seu encanto.

Considere-se o terceiro ponto: o ato de cavalgar só poderia ser ilusório (segundo alguns), já que o Diabo tem poderes extraordinários sobre a mente dos que a ele se entregam, fazendo-os acreditar que o imaginário lhes aconteça de fato e concretamente.

E temos o quarto ponto: as bruxas firmam um pacto de obediência ao Diabo em tudo o que fazem, daí o absurdo de querer incluir nas palavras do Cânon todos os atos de bruxaria: as bruxas fazem muito mais do que aquelas mulheres e, na realidade, são de espécie muito diferente.

Se, através da magia, as bruxas são de fato e materialmente transportadas de um lugar a outro, ou se isso acontece apenas na imaginação – como se dá com todas as pitonisas –, é questão a ser tratada posteriormente nesta obra, onde também se discutirá de que modo são conduzidas. A essa altura, portanto, já vemos esclarecidos, pelo menos, dois erros heréticos, graças a uma compreensão mais clara do sentido do Cânon.

Ademais, há um terceiro erro – o dos que afirmam todas as artes mágicas não passarem de ilusão –, que pode ser demovido através das próprias palavras do Cânon. Referimo-nos, mais uma vez, aos que julgam piores que os ímpios os que creem na metamorfose das criaturas, para melhor ou para pior, que não pela vontade do próprio Criador de todas as coisas etc. Esses três enunciados são claramente contrários ao que é afirmado nas Sagradas Escrituras e nos comentários dos doutores da Igreja. Pois que o texto canônico diz explicitamente ser possível a realização, pelas bruxas, da metamorfose, embora as criaturas geradas devam ser muito imperfeitas e, provavelmente, de algum modo, disformes. Claro está que o sentido do Cânon não se afasta do que nos diz Santo Agostinho a respeito dos magos na corte do faraó, ao transformarem seus bastões em serpentes, conforme se acha descrito no sétimo capítulo do Êxodo, 11° versículo: "[...] e o faraó mandou chamar os sábios e os magos..." Podemos também nos reportar aos comentários de Strabo, quando diz que os Demônios percorrem rapidamente toda a Terra – ocasião em que, através da sua magia, as bruxas deles se servem em operações várias – a recolher sementes (ou forças germinativas) capazes de fazer medrar e de espalhar diversas espécies. Podemos também nos referir a São Alberto Magno em seu *De Animalibus*. E também à obra de Santo Tomás, primeira parte, 114ª questão, quarto artigo. Por brevidade, não os citaremos textualmente aqui, mas fica assentado que é possível criar seres por metamorfose.

Com referência ao segundo argumento – que as criaturas podem ser transmutadas em outras, piores ou melhores –, cumpre entender que tal fenômeno só pode ser realizado com a permissão e, de fato, pelo poder de Deus. E mais: só com a finalidade de corrigir ou de punir. Embora Deus não raro permita aos Demônios agirem como Seus ministros e Seus servos, só Ele é capaz de infligir males e só Ele é capaz de curar, porque "Eu matarei e Eu deixarei viver" (Deuteronômio, 32, 39). Assim, os anjos do mal podem realizar, e de fato realizam, a vontade de Deus. Santo Agostinho nos serve de testemunha ao dizer: "Existem, com efeito, feitiços, malefícios e encantamentos diabólicos, que não só fazem adoecer os homens como também os matam." Precisamos, ademais, nos empenhar em compreender claramente o que de fato acontece quando, hoje em dia, pelos poderes do Diabo, os magos e as bruxas são transformados em lobos e em outros animais selvagens. O Cânon fala de algumas metamorfoses duradouras e concretas, mas não trata das coisas extraordinárias que podem ser feitas através da magia, e das quais nos fala Santo Agostinho no 18º livro e no 17º capítulo de *De Ciuitati Dei*, quando relata muitas histórias estranhas: a da famosa bruxa Circe e a dos companheiros de Diomedes e do pai de Prestantius. Essas questões serão tratadas em pormenores na Parte II.

Se há de ser heresia sustentar que as bruxas existem.

Eis a segunda parte de nossa investigação: se é heresia sustentar obstinadamente que as bruxas existem. Atente-se para a questão contrária: devem as criaturas que não acreditam na existência de bruxas ser consideradas hereges ou suspeitas de heresia? *Parece* ser correta a primeira proposição. Por estar indubitavelmente de acordo com a opinião de Bernardo Moderno. E, no entanto, as pessoas que franca e obstinadamente perseveram em heresia devem ser acusadas de tal através de provas irrefutáveis. Tais provas, em geral, são de três tipos: ou o indivíduo pregou e professou abertamente doutrinas hereges; ou é considerado herege pela comprovação de testemunhas; ou, ainda, é considerado herege por sua livre e espontânea confissão. Há os que se opõem publicamente às autoridades ao declarar que bruxas não existem ou que estas são incapazes de infligir males ou de causar flagelos à humanidade. Portanto, os que, estritamente falando, estão convictos dessa doutrina diabólica devem, segundo a proposição de Bernardo, ser excomungados, por se mostrarem aberta e inconfundivelmente convictos de falsa doutrina. O leitor pode consultar as obras de Bernardo para verificar que essa sentença é justa, correta e verdadeira. Entretanto, talvez pareça condenação muito severa, sobretudo em virtude da pena que se segue à da excomunhão: o Cânon prescreve que os clérigos sejam rebaixados e que os leigos sejam entregues a tribunais seculares, advertidos para puni-los na medida das suas ofensas. Precisamos, ademais, levar em consideração o grande número de pessoas que, por mera ignorância, acabam sendo consideradas culpadas dessa heresia. E como esse erro herético é muito comum, o rigor da justiça talvez devesse ser temperado com o perdão. Com efeito, é nossa intenção formular justificativas para os acusados dessa heresia, sem os pronunciar contaminados pela malícia herética. Convém então, quando um homem se acha sob forte suspeita de desposar opinião falsa, não o condenar imediatamente pelo grave crime de heresia. (Ver a glosa de Bernardo Moderno a respeito da palavra *condenado.*) Pode-se, na verdade, instaurar processo contra pessoa sob grave suspeita, mas não se há de condená-la sem que se ouça o que tem a dizer. Não obstante, a suspeita pode ser gravíssima, e não havemos, por isso, de nos abster de levantar tal suspeita, quando suas afirmações frívolas parecem afrontar de forma indubitável a pureza da fé. Pois que existem três espécies de suspeita – a leve, a séria e a grave –, as quais são tratadas no capítulo sobre as Acusações e no capítulo Contumácia, sexto livro, *Sobre heresia.* Tais casos são da alçada da corte arquidiaconal. Pode-se também fazer menção aos comentários de Giovanni d'Andrea e, em particular, às suas glosas a respeito de *acusado;* de *gravemente suspeito;* e à sua nota a respeito da pressuposição de heresia. Certo é também que os que estabelecem a lei sobre esse assunto não percebem, muitas vezes, que estão desposando falsas doutrinas e falsas crenças, pois muitos existem que não possuem conhecimento das leis canônicas – alguns, por mal-informados e por insuficiente leitura, revelam-se por demasiado hesitantes em suas opiniões. Para uma pessoa ser acusada de heresia não basta vê-la defender simplesmente uma ideia: é preciso que a leve adiante, que a defenda obstinada e abertamente. Por isso, em casos semelhantes aos que acabamos de mencionar, os acusados não deverão ser condenados de imediato pelo crime de heresia. Mas que nenhum homem pense poder escapar alegando ignorância. Pois os que erraram o caminho por ignorância podem se achar em pecado gravíssimo. Porque, embora existam vários graus de ignorância, os responsáveis pela cura das almas não podem pleitear ignorância absoluta, nem aquela ignorância particular à qual se referem os filósofos e que os professores de Direito Canônico e os teólogos chamam de "ignorância do fato". O que há de ser censurado nessas pessoas é a ignorância universal, ou seja, a ignorância da lei divina, a qual, conforme determinou o papa Nicolau V, devem e deveriam conhecer. Pois ele nos diz: "Ministrar os ensinamentos divinos, eis o que a nós é confiado: recaia sobre nós a desgraça se não semearmos a boa semente, recaia sobre nós a desgraça se não ensinarmos bem ao nosso rebanho." Portanto, os encarregados de cuidar das almas hão de ter conhecimento sólido das Sagradas Escrituras. É verdade que segundo Raimundo de Sabunde e Santo Tomás os responsáveis pela cura das almas certamente não haverão de ser homens de um conhecimento extraordinário, mas hão de ter algum conhecimento e competência, quer dizer, um conhecimento suficiente, que lhes permita bem realizar as tarefas de sua condição.

E, no entanto, o que pode ser algum consolo para eles, a severidade teórica da lei é muitas vezes suavizada na prática; podem ficar sabendo que a ignorância da lei canônica, não obstante por vezes merecedora de culpa, é considerada de dois pontos de vista. Há, em primeiro lugar, as pessoas que não sabem, por não desejarem saber nem terem intenção de saber. Para semelhantes pessoas não há desculpa: hão de ser condenadas. E destas o salmista fala: "Ele não entendia para que não pudesse fazer o bem." Em segundo lugar, há os ignorantes involuntários, não pelo desejo de não saber, o que já diminui a gravidade do pecado. Este é o caso a que se refere São Paulo na primeira epístola a Timóteo (1, 13): "Mas alcancei a misericórdia de Deus, porque, ainda sem fé, o fazia por ignorância." Afirma-se tecnicamente que é essa a verdadeira ignorância, a qual só indiretamente é da responsabilidade da pessoa, já que pelas muitas outras ocupações deixa de cuidar de assuntos que havia de saber e não se empenhando em com eles se familiarizar: essa ignorância não desculpa o acusado inteiramente, mas o desculpa em certa medida. Eis o que nos diz Santo Ambrósio, referindo-se àquela passagem da epístola de São Paulo aos Romanos (2, 4): "Não sabíeis que a bondade de Deus havia de conduzir-vos à penitência? Se não sabíeis de vossa própria falta, então vosso pecado é muito grande e lamentável." Ainda mais nestes dias, em que as almas são assediadas por tantos perigos, é nosso dever afastar toda a ignorância e sempre ter, perante nossos olhos, a punição severa que nos há de sobrevir se não usarmos, cada um de acordo com suas possibilidades, o talento que nos foi dado. Dessa maneira nossa ignorância não irá se revestir da rudeza e da boçalidade a que metaforicamente são dados os que não veem o que se acha bem distante dos seus olhos.

E no *Flores Regularum Moralium,* o chanceler romano, ao comentar a segunda lei, diz: "A ignorância da lei divina, passível de culpa, não há de prejudicar necessariamente quem a ignora: o Espírito Santo é capaz de conceder a um homem todo o conhecimento apenas através de sua capacidade intelectual natural sem qualquer auxílio."

A resposta ao primeiro argumento se encontra, então, no entendimento claro e correto do Cânon. Ao segundo argumento Pedro de Tarentaise (Inocêncio V) responde: "Sem dúvida o Diabo, pela malevolência que nutre contra a raça humana, a destruiria, se Deus assim o permitisse." O fato de que Deus, às vezes, o deixa praticar o mal, e de que, noutras, o impede, mais lhe fomenta o ódio, mais lhe estimula o desrespeito, já que em todas as coisas, para manifestação da Sua glória, Deus está usando o Diabo, sem cuidar quem seja, como servo e como escravo. E em resposta ao terceiro argumento cumpre entender: infligir enfermidades e outros males há de ser sempre o resultado de esforços humanos, porquanto a bruxa submete sua vontade ao mal, como o faz qualquer malfeitor, e pela sua vontade passa a afligir uma outra pessoa, ou a causar males, ou a realizar atos vis. E quando se pergunta se o movimento de objetos materiais de um lugar para outro, pelos poderes do Diabo, tem paralelo no movimento das esferas celestes ou é acompanhado por tal movimento, a resposta é uma só: não. Porque os objetos materiais não são movidos por força própria, natural e inerente, mas o são por uma certa obediência aos poderes do Diabo, que, em virtude de sua própria natureza, possui domínio sobre os corpos e sobre as coisas materiais; o Diabo possui tais poderes, reafirmo, mas não é capaz de modificar a forma ou a configuração dos objetos materiais criados, seja sua forma circunstancial ou substancial, sem misturá-los com outros objetos naturais criados. Mas como, pela vontade de Deus, é capaz de realmente mover objetos materiais de um lugar para outro, é capaz então, pela conjunção de vários objetos, de produzir doenças ou coisas semelhantes, à sua vontade. Donde os malefícios e os efeitos da bruxaria não serem governados pelo movimento das esferas celestes, nem o Diabo estar subordinado a tal movimento, pois é ele que muitas vezes dele se utiliza para realizar seus propósitos.

E eis a resposta ao quarto argumento: segundo o que acabamos de afirmar com referência ao poder e aos efeitos da bruxaria, vemos que as obras de Deus podem ser destruídas por obra do Diabo. Mas como isso só é possível com a permissão de Deus, não se há de dizer que o Diabo é mais forte que Deus. Tornamos a afirmar que ele não é capaz de usar de tanta violência quanto desejaria para prejudicar as obras do Criador: se tal lhe fosse permitido, acabaria por destruí-las por completo, todas elas.

A resposta ao quinto argumento pode ser claramente enunciada da seguinte maneira: os astros e as plantas não têm o poder de coagir nem de obrigar Demônios a realizar qualquer ação contra a sua vontade, não obstante, aparentemente, se mostrarem mais dispostos a aparecer quando invocados por magos sob a influência de certos astros. Parece que assim procedem por duas razões. Primeiro, porque sabem que o poder dos astros vai contribuir para o efeito que os magos desejam. Segundo, porque pretendem iludir os homens, fazendo-os pensar que os astros têm algum poder divino, que são dotados de alguma influência divina. Sabemos que, na Antiguidade, essa veneração dos astros levou à mais infame idolatria.

Em oposição ao último argumento, que se funda na obtenção de ouro pelos alquimistas, podemos citar a opinião de Santo Tomás ao discutir os poderes do Diabo e como ele opera: não obstante certas formas com substância poderem ser produzidas pelo engenho humano e pela força de agentes naturais – do modo, por exemplo, como se produz o fogo na madeira –, nem sempre se consegue combinar os agentes apropriados nas devidas proporções para produzi-las, embora ainda assim se consiga criar algo semelhante. De sorte que os alquimistas conseguem produzir algo semelhante a ouro, isto é, no seu aspecto externo, mas não ouro genuíno, porquanto a substância áurea não é formada pelo calor do fogo que empregam, mas pelo calor do sol, ao agir e reagir em determinado lugar, onde se concentra e se acumula a força mineral. Portanto, embora o ouro produzido seja do mesmo aspecto que o natural, não é da mesma natureza deste. O mesmo argumento se aplica a todas as outras transmutações.

Eis, então, nossa proposição: os Demônios, pelo seu engenho, produzem efeitos maléficos através da bruxaria, apesar de ser verdade não conseguirem criar qualquer forma sem o auxílio de algum outro agente, seja essa forma circunstancial ou substancial, e não sustentamos que consigam infligir danos físicos sem o auxílio de certos agentes. Mas, com a devida ajuda, conseguem provocar doenças e toda sorte de sofrimento e de padecimento humanos, reais e verdadeiros. De que modo as bruxas (em cooperação com os Demônios) empregam tais agentes e os tornam eficazes é questão a ser esclarecida nos capítulos seguintes.

QUESTÃO II

Se está de acordo com a Fé Católica sustentar que os Demônios cooperam intimamente com as bruxas para realizarem certos prodígios, ou se um sem as outras – ou seja, os Demônios sem as bruxas ou vice-versa – é capaz de realizá-los.

Eis a primeira proposição: os Demônios são capazes de causar malefícios sem a cooperação de qualquer bruxa. É o que defende Santo Agostinho. Todas as coisas que acontecem no plano do visível podem ser (acredita-se) obra dos poderes inferiores do ar. Mas os males e as enfermidades do corpo não são, decerto, invisíveis: são evidentes aos sentidos e, logo, podem ser causados por Demônios. E sabemos pelas Sagradas Escrituras dos desastres que recaíram sobre Jó – de como o fogo vindo dos Céus atingiu seu rebanho e seus servos e os consumiu, e de como um violento vendaval derrubou uma casa pelos seus quatro cantos por sobre as crianças que lá dentro se encontravam, matando-as. O Diabo, por si só, sem a cooperação de qualquer bruxa, tão somente com a permissão de Deus, foi capaz de provocar todos esses desastres. Portanto, certamente é capaz de realizar certos prodígios muitas vezes atribuídos à ação de bruxas.

E isso fica evidenciado pela história dos sete maridos da donzela Sara, mortos pelo Demônio. E o que quer que determinadas forças superiores sejam capazes de fazer, o fazem sem recorrer a quaisquer outras forças superiores e, muito menos, a algumas outras forças inferiores. Não obstante, as forças inferiores são capazes de provocar tempestades, de provocar males, mesmo sem o auxílio de qualquer força superior.

Pois que Santo Alberto Magno, em sua obra *De passionibus aeris*, afirma que sálvia em putrefação, quando jogada em água corrente, da forma que o autor explica, provoca as mais tenebrosas tempestades, as mais temíveis tormentas.

E pode-se dizer que o Demônio se utiliza das bruxas não porque precisa de semelhantes agentes, mas porque visa sua perdição. Podemos reportar-nos ao que declara Aristóteles no terceiro livro de sua *Ética*. O mal é um ato voluntário comprovado pelo fato de que ninguém o pratica pelo simples prazer de o praticar: um homem que pratica o estupro, o faz por prazer, mas não pelo simples prazer de o praticar. Contudo, a lei pune os que praticam o mal como se o tivessem praticado pela simples vontade de assim proceder. Assim, se o Demônio age por meio de uma bruxa, está simplesmente a utilizá-la como instrumento; e como o uso de um instrumento depende da vontade de quem o emprega – já que instrumentos não agem por conta própria –, a culpa do ato não há de recair sobre a bruxa e, consequentemente, ela não haverá de ser punida.

Mas professam os de opinião contrária que o Diabo é incapaz de tão facilmente, tão prontamente, causar males, por si só, à humanidade, pois que só os pode causar por intermédio das bruxas, não obstante serem elas suas servas. Em primeiro lugar, havemos de considerar o ato da geração. Mas para que o ato de alguém tenha efeito sobre outrem deve haver alguma espécie de contato, e como o Diabo, por ser espírito, não pode ter essa espécie de contato com o corpo humano, pois nada há de comum entre ambos, passa a utilizar-se de outros seres humanos como instrumentos, outorgando-lhes o poder de causar o mal através do contato corporal. Para muitos essa é a opinião comprovada pelas Sagradas Escrituras, e também pela sua glosa, pois é o que nos diz o terceiro capítulo da epístola de São Paulo aos Gálatas: "Ó insensatos gálatas! Quem vos fascinou a vós para que deixásseis de obedecer à verdade?" E a glosa sobre essa passagem refere-se àqueles cujos olhos singularmente faiscantes e malignos conseguem, pelo mero olhar, causar o mal a outras criaturas, especialmente a crianças pequenas. Avicena é também da mesma opinião (*Naturalium*, terceiro livro, no final) ao dizer: "Muitíssimas vezes a alma consegue ter tanta influência sobre o corpo de outrem quanto a tem sobre o próprio corpo, pois essa é influência que qualquer pessoa tem sobre outra, ao atraí-la e ao fasciná-la pelo olhar." A mesma opinião é defendida pelo filósofo árabe Al-Gazali no quinto livro e no décimo capítulo de sua *Física*. Avicena também sugere, embora não tome a opinião como irrefutável, que o poder da imaginação é capaz de, na realidade ou na aparência, modificar os corpos de outras pessoas, quando esse poder da imaginação não é reprimido; portanto, concluímos que o poder da imaginação não há de ser distinto dos demais poderes sensíveis do homem, por ser comum a todos os demais e abranger a todos eles ao mesmo tempo. E essa é uma verdade, pois o poder da imaginação é capaz de alterar de fato os corpos adjacentes. Um homem, por exemplo, é capaz de caminhar sobre um fio estreito estendido no meio da rua; mas, quando esse mesmo fio é estendido sobre águas profundas, o mesmo homem não arriscaria caminhar sobre ele, porque sua imaginação fortemente lhe imprimiria no pensamento, a imagem da queda, e, portanto, o seu corpo e os seus membros obedeceriam à sua imaginação, e não à intenção contrária, ou seja, caminhar adiante e sem hesitação. Essa modificação pode ser comparada à influência exercida pelos olhos de uma pessoa que possua tal poder, de sorte a causar em outra uma alteração mental embora não cause alteração corpórea real.

E, de mais a mais, ao argumentar-se que semelhante alteração é causada por um corpo vivo graças à influência do pensamento sobre outro corpo vivo, pode-se aceitar essa explicação. Na presença de seu assassino, o sangue flui das feridas do cadáver da pessoa assassinada. Portanto, sem qualquer poder mental os corpos são capazes de produzir efeitos maravilhosos, e quando um outro homem passa por perto do cadáver de outro, assassinado, embora possa não perceber o morto, muitas vezes treme de medo.

Repetindo: há algumas coisas na natureza que possuem certos poderes ocultos, cuja razão o homem desconhece; esse, por exemplo, é o caso da pedra-ímã, que atrai o aço e muitas outras coisas semelhantes, e que Santo Agostinho menciona no vigésimo livro *De Ciuitate Dei*.

E assim as mulheres, a fim de causar alterações nos corpos de outras pessoas, às vezes se servem de certos elementos, que ultrapassam nossa compreensão, mas não sem a ajuda do Diabo. E porque tais remédios são misteriosos, não lhes devemos atribuir aos poderes do Diabo como havemos de atribuir às fórmulas malignas forjadas pelas bruxas.

Assim é que as bruxas usam certas imagens e outros estranhos amuletos, que costumam deixar debaixo das vergas das portas nas casas, ou nos prados onde se pastoreiam os rebanhos, ou mesmo onde se reúnem os homens, e assim lançam seu feitiço sobre a vítima, a qual, bem se sabe, acaba muitas vezes morrendo. Mas, como tais efeitos extraordinários provêm de imagens e de amuletos, parece que sua influência é proporcional à influência dos astros sobre os corpos humanos, pois que os corpos naturais são influenciados pelos corpos celestes, de modo que muitos corpos artificiais podem também ser influenciados de forma semelhante. Mas os corpos naturais podem se beneficiar de certas influências secretas, não obstante salutares. E, portanto, os corpos artificiais também podem receber tais influências. Logo, é evidente que os que se dedicam à arte da cura bem a podem exercer através dessas influências salutares, que não têm absolutamente qualquer relação com poderes malignos.

E parece que a maioria dos eventos miraculosos e extraordinários consuma-se por obra dos poderes da natureza. Pois coisas maravilhosas, terríveis e impressionantes acontecem por causa das forças naturais. É o que salienta São Gregório em seu *Segundo diálogo* (*Dialogorum Libri IV*). Os santos operam milagres, ora por meio de uma prece, ora por meio de seus poderes tão somente. Eis alguns exemplos: São Pedro, por meio da oração, trouxe de volta à vida Tabita, que já havia morrido. Ao censurar Ananias e Safira, que haviam mentido, matou ambos, sem qualquer prece. Pode assim um homem, pela sua força mental, transformar um corpo material em outro, ou o transpor da saúde para a doença e vice-versa.

Além disso, o corpo humano é mais nobre que qualquer outro corpo, mas como as paixões da mente humana se modificam e ora se inflamam, ora se esfriam – quando se sente raiva ou medo, por exemplo –, esse mesmo corpo pode sofrer modificações mais profundas, como os efeitos de doença ou da morte, os quais, pela sua força, podem muito transformar um corpo material.

Convém, porém, que se admitam certas objeções. A força da mente humana nada consegue imprimir sobre qualquer forma, exceto pela intervenção de algum agente, conforme já dissemos. E são estas as palavras de Santo Agostinho no livro já por nós citado: "É impossível crer que anjos caídos do Céu sejam obedientes a qualquer outra coisa material, porquanto hão de obedecer a Deus tão somente." E os homens, por seu poder natural, pouco conseguem realizar em termos de efeitos extraordinários e malignos. É preciso responder aos que, ainda hoje, erram fundamentalmente nesse ponto, fazendo a apologia de bruxas e atribuindo toda a culpa às habilidades do Demônio, ou atribuindo as alterações por elas provocadas a fenômenos naturais. É possível esclarecer esses erros facilmente. Primeiro, pela descrição das bruxas feita por Santo Isidoro em seu *Etymologiae,* c. 9: as bruxas são assim chamadas pela negrura de sua culpa, quer dizer, seus atos são mais malignos que os de quaisquer outros malfeitores. E o autor continua: elas incitam e confundem os elementos com a ajuda do Demônio, causando terríveis temporais de granizo e outras tempestades. E mais: enfeitiçam a mente dos homens, levando-os à loucura, ao ódio insano e à lascívia desregrada. E, prossegue o autor, pela força terrível de suas palavras mágicas, como por um gole de veneno, conseguem destruir a vida.

E as palavras de Santo Agostinho em *De Ciuitate Dei* são muito relevantes, por nos dizerem quem realmente são os magos e as bruxas. Bruxas, também chamadas de feiticeiras, são assim denominadas por causa da magnitude de seus atos maléficos. São as que, pela permissão de Deus, perturbam os elementos – as forças da natureza –, são as que confundem a mente dos homens, conduzindo-os à descrença em Deus, e que, pela força terrível de suas fórmulas malignas, sem qualquer poção ou veneno, matam seres humanos. Como diz Lucas: a mente que não foi corrompida por alguma bebida nociva acaba perecendo ao ser atingida por algum encantamento maligno. Havendo convocado Demônios em seu auxílio, na realidade se atrevem a recobrir a humanidade de desgraças e males, chegando a destruir seus inimigos através de fórmulas mágicas. E é certo que em operações dessa natureza a bruxa trabalha em íntima cooperação com o Demônio. Em segundo lugar, os castigos são de quatro tipos: os benignos, os nocivos, os forjados por bruxaria e os naturais. Os castigos benignos ou benéficos são impostos pelo ministério de anjos bons, exatamente como o são os castigos nocivos ou maléficos: pela intervenção de espíritos do mal. Moisés, pelo ministério de anjos bons, puniu o Egito com dez pragas, mas os magos, pelo auxílio do Demônio, só conseguiram realizar três desses milagres. E a peste que assolou o povo de Israel durante três dias, por causa do pecado de Davi que ordenara recensear a população, e os 72 mil homens assassinados em uma só noite nas hostes de Sennacherib foram milagres realizados por anjos do Senhor, ou seja, por anjos bons que temiam a Deus e sabiam que agiam sob o Seu comando.

Os castigos nocivos, no entanto, são executados por meio de anjos maus, cujas mãos afligiram tantas vezes as crianças de Israel no deserto. E os flagelos que não passam de atos nocivos forjados por bruxaria são realizados pelo Demônio, que opera por intermédio de adivinhos e de bruxas. Existem também os castigos naturais, que de alguma forma dependem da conjunção dos corpos celestes, como a carestia e a fome, o estio, as tempestades e fenômenos semelhantes da natureza.

É óbvio que há uma enorme diferença entre todas essas causas, todas essas circunstâncias e todos esses episódios. Pois se Jó foi afligido por um mal causado pelo Diabo não quer dizer que tenha relação com o que estamos tratando. E se alguém mais inteligente e mais curioso indagar de que modo pode Jó ser assim afligido sem a participação de alguma bruxa ou de algum adivinho, saiba que a indagação é vazia e foge à realidade dos fatos. Pois que ao tempo de Jó não havia bruxas ou feiticeiras: tais abominações ainda não eram praticadas. Porém, quis a Providência Divina que pelo exemplo de Jó os poderes do Diabo se manifestassem, mesmo sobre os bons homens, de sorte a aprendermos a nos guardar contra Satã, e que, pelo exemplo desse santo patriarca, a glória de Deus se manifestasse em seu esplendor, porquanto nada acontece sem a permissão do Todo-Poderoso.

Com relação à época em que essa superstição maligna, a bruxaria, surgiu havemos primeiro de distinguir os adoradores do Demônio dos meramente idólatras. Vincent de Beauvais, em seu *Speculum Historiale,* citando muitos autores eruditos, professa ter sido Zoroastro o primeiro a praticar as artes mágicas e a astrologia. Zoroastro, conhecido como Chem ou Cham o filho de Noé. Segundo Santo Agostinho, em sua obra *De Ciuitate Dei,* Cham, ao nascer, riu às gargalhadas, provando assim ser um servo do Diabo, e embora se tenha transformado em grande e poderoso rei, foi destronado por Ninus, o filho de Belus, que construiu Nínive e cujo reinado deu origem ao império da Assíria no tempo de Abraão.

Quando seu pai morreu e por causa da adoração insana que por ele cultuava, Ninus mandou construir-lhe uma estátua, e todo criminoso que nela se refugiasse via-se livre de qualquer pena ou castigo que tivesse contraído. Desde essa época os homens passaram a adorar ídolos e estátuas como se fossem deuses; mas isso ocorreu já mais tardiamente na história, pois no princípio não havia idolatria: nessa época, os homens ainda guardavam lembrança da criação do mundo, como afirma Santo Tomás, no segundo livro, 95ª questão, quarto artigo. Ou talvez a idolatria se tenha iniciado com Nembroth, que obrigava os homens a cultuar o fogo. Assim, na segunda era da história do mundo é que surgiu a idolatria, primeira de todas as superstições, sendo a segunda a adivinhação, e a observação do tempo e das estações a terceira.

A bruxaria se inclui no segundo tipo de superstição – no da adivinhação – porque nela se invoca o Diabo, expressamente. Aí se encontram ainda três outros tipos de superstição: a necromancia, a astrologia (ou astromancia) e a oneiromancia (a observação supersticiosa dos astros).

Explico essa questão dessa forma e nessa profundidade para que o leitor possa entender que as artes diabólicas não surgiram no mundo repentinamente: foram surgindo no decurso do tempo. Portanto, não é impertinente ressaltar que no tempo de Jó não havia bruxas. Mas, com o passar dos anos, conforme nos conta São Gregório em seu *Moralia*, a sabedoria dos santos crescia e consequentemente, na mesma proporção, cresciam as artes malignas do Demônio. Diz o profeta Isaías: "Porque a terra estará cheia da sabedoria do Senhor" (11, 9). E assim, neste crepúsculo sombrio da civilização, quando se vê o pecado florescendo por todos os lados e por todos os cantos, e a caridade desaparecendo, é que se percebe o prosperar da perversidade das bruxas e de suas iniquidades.

Como Zoroastro se dedicava integralmente às artes mágicas, era o Diabo tão somente que o inspirava a estudar e a observar os astros. Desde o princípio magos e bruxas já pactuavam com o Demônio e se tornavam seus cúmplices para infligir males sobre a humanidade. Essa afirmação é comprovada no sétimo capítulo do Êxodo, onde se diz que os magos do faraó, pelos poderes do Demônio, realizavam maravilhas extraordinárias, a imitar os flagelos que Moisés fez se abaterem sobre o Egito através dos poderes de anjos bons.

Daí provém o ensinamento católico a dizer que as bruxas, para realizarem seus malefícios, de fato cooperam com o Diabo. Quaisquer objeções a esses argumentos podem ser, portanto, refutadas.

1. Em primeiro lugar, ninguém há de negar que certos flagelos e males que de fato e visivelmente se abatem sobre os homens, os animais e os frutos da terra – e que não raro decorrem da influência dos corpos celestes – podem ser muitas vezes causados pelos Demônios, conquanto Deus o permita. Diz-nos Santo Agostinho no quarto livro *De Ciuitate Dei*: "Os Demônios poderão fazer uso do fogo e do ar, se assim Deus lhes permitir." Um comentarista ainda ressalta: "Deus pune pelo poder dos anjos do mal."

2. Daí surge, sem dúvida, a resposta a quaisquer objeções formuladas a Jó e a quaisquer objeções que se possam levantar à nossa explicação dos primórdios das artes mágicas na história do mundo.

3. Com relação ao fato de que sálvia putrefacta, ao ser lançada em água corrente, produz efeitos malignos mesmo sem o auxilio do Diabo – embora talvez tais efeitos não estejam de todo desvinculados da influência de certos corpos celestes –, gostaríamos de frisar que não é nossa intenção discutir a influência benéfica ou maléfica dos astros e sim só a da bruxaria. Por isso, essa questão não vem a propósito.

4. Com relação ao quarto argumento, decerto é verdade que o Diabo só se utiliza das bruxas para causar-lhes a sua própria destruição. Deduzir-se daí, porém, que as bruxas não devem ser punidas, por serem meros instrumentos que não agem por sua própria vontade, mas sim pela vontade e prazer do seu mandante principal, é conclusão a ser refutada: são instrumentos humanos e agentes livres: embora tenham firmado um pacto e um contrato com o Diabo, continuam a gozar de liberdade absoluta: conforme se depreende de suas próprias revelações – e estou a me referir a mulheres que foram condenadas e queimadas vivas na fogueira e que foram compelidas a dar livre curso à sua cólera e à sua maldade caso desejassem escapar dos castigos e golpes infligidos pelo Diabo –, essas mulheres cooperaram com o Demônio tendo a ele se entregado, a princípio, por sua livre e espontânea vontade.

Com relação aos demais argumentos que buscam demonstrar que certas mulheres já velhas possuidoras de um certo conhecimento oculto conseguem realizar façanhas extraordinárias e infligir males de fato, sem a ajuda do Diabo, é preciso deixar claro: chegar a essa conclusão geral, universal, a partir de argumentos particulares, é caminho contrário ao da boa lógica. Quando, como parece, na totalidade das Sagradas Escrituras não se encontra um só exemplo desses casos – salvo no que tange aos feitiços e encantamentos praticados por mulheres velhas –, não havemos de por essa exceção concluir que sempre é esse o caso. Ademais, as autoridades, ao comentarem sobre tais passagens, deixam a questão em aberto – quer dizer, se tais feitiços e encantamentos teriam ou não de fato eficácia sem a colaboração do Diabo. Tais encantamentos podem ser classificados em três tipos. Em primeiro lugar, há o da ilusão dos sentidos – que realmente pode ser produzida por magia, ou seja, pelos poderes do Diabo, se Deus assim permitir. Os sentidos podem também ser iluminados pelos poderes de anjos do bem. Em segundo lugar, há o da fascinação pelo encanto e pela sedução, a exemplo do que nos diz o apóstolo: "Ó insensatos gálatas! Quem vos fascinou a vós?" (Gálatas, 3, 1). Em terceiro lugar, há o do feitiço lançado pelo olhar sobre outra pessoa, que pode ser prejudicial e maligno.

É desse tipo de fascinação que falavam Avicena e Al-Gazali. Santo Tomás também lhe faz menção, primeira parte, 117ª questão. Diz ele que a mente de um homem pode ser influenciada pela de outra pessoa, e que a influência exercida sobre outrem muitas vezes provém do olhar, porque no olhar se pode concentrar uma certa força sutil. O olhar pode ser fixado em determinado objeto sem que se atente para os demais objetos ao redor e, embora a visão se encontre perfeitamente clara, à vista de alguma impureza o olhar a contrai – como ocorre às mulheres durante seus períodos mensais. Isso é o que nos diz Aristóteles em sua obra *Sobre o sono e a vigília*. Assim, se o espírito de qualquer pessoa se inflama e se enche de malícia e de cólera, como, muitas vezes, sói acontecer a mulheres idosas, tal espírito perturbado se deixa transparecer no olhar: sua fisionomia adquire os traços mais malignos e os mais prejudiciais e saem, muitas vezes, a aterrorizar criancinhas, que nos primeiros anos de vida são muitíssimo impressionáveis. Pode-se afirmar que, muitas vezes, esse fenômeno é natural, permitido por Deus; por outro lado, pode ser também que esses olhares malévolos sejam inspirados pela malícia do Diabo, com quem essas velhas bruxas terão firmado um pacto secreto.

A questão seguinte diz respeito à influência dos corpos celestes, onde encontramos três erros muito comuns, mas que serão refutados no decorrer da explicação sobre outros assuntos.

Com relação aos atos de bruxaria, verificamos serem alguns decorrentes da influência mental sobre outras pessoas e que, por vezes, tal influência poderia ser benéfica, mas que se torna maléfica em virtude de seu motivo.

São quatro os principais argumentos contra aqueles que negam a existência de bruxas ou de bruxaria – a qual pode ser realizada durante a conjunção de certos corpos celestes e que, pela malícia dos seres humanos, permite a concretização do mal, através da modelagem de imagens, do uso de fórmulas ou de palavras mágicas e da inscrição de sinais misteriosos. Todos os teólogos e filósofos concordam em que todos os corpos celestes são guiados ou governados por certos meios espirituais. Mas tais meios espirituais são superiores às nossas mentes e almas, da mesma forma que os corpos celestes são superiores a todos os demais corpos, e, portanto, são capazes de exercer influência sobre as mentes e os corpos dos homens – os quais são assim persuadidos e dirigidos para a realização de certos atos humanos. Porém, para que se tente elucidar em maior profundidade essa questão, devemos considerar certas dificuldades a partir de cuja discussão se há de chegar com mais clareza à verdade. Em primeiro lugar, as substâncias espirituais não podem transmutar os corpos em outras formas naturais sem a intermediação de algum agente. Portanto, por mais forte que seja a influência mental, não terá ela qualquer efeito transformador sobre a mente ou a fisionomia de um homem. Ademais, há uma história que é condenada por diversas universidades, sobretudo pela de Paris: a de que um mago é capaz de, apenas com um simples olhar, jogar um camelo no fundo de um fosso. Por isso é que se há de condenar a afirmação de que os corpos físicos obedecem às influências espirituais, obediência, vale frisar, no sentido de se modificarem ou de se transformarem de fato. Cumpre insistir: só há obediência absoluta com relação a Deus. Com esses argumentos em mente, podemos agora ver de que modo é possível exercer a fascinação pelo olhar, de que falávamos, e em que medida tal é possível. Não é possível que o homem, apenas pelo olhar e sem intermédio de seu próprio corpo ou de algum outro agente, consiga infligir mal a outro homem. Nem é possível que o homem, através dos poderes naturais da sua mente, consiga causar transformações no corpo de outro homem, por meio de um simples olhar sobre ele, apenas pela sua vontade e pelo seu prazer.

Portanto, por nenhum desses meios é capaz o homem de influenciar e dominar por encantamento seu semelhante – pois não há homem que através dos poderes naturais de sua mente consiga exercer tal extraordinária influência. Querer assim provar que os efeitos do mal podem ser gerados por alguma força natural é afirmar que essa força natural é a força do Demônio, o que se acha, de fato bem distante da verdade.

Entretanto, podemos esclarecer com maior nitidez de que modo é possível fazer mal por meio do olhar. Pode acontecer de um homem ou uma mulher olhar fixamente uma criança e esta, devido à sua suscetibilidade visual e à força de sua imaginação, sofrer impressão considerável e direta. E impressão desse tipo muitas vezes se acompanha de alteração corpórea, por serem as crianças muito propensas a tal, já que os olhos são dos mais sensíveis órgãos do corpo. Pode acontecer, assim, de os olhos receberem impressão maléfica, sofrendo grave transfiguração, pois muitíssimas vezes os pensamentos e os movimentos do corpo são influenciados e revelados pelo olhar. É possível, portanto, a certos maus-olhados, rancorosos e malévolos, deixar profunda marca na memória e na imaginação de uma criança, de forma a refletir-se em seu próprio olhar. Podem, daí, decorrer efeitos reais: a criança poderá perder o apetite, tornar-se incapaz de se alimentar e acabar adoecendo gravemente. Notamos, às vezes, que o olhar de um homem que sofre de alguma moléstia dos olhos é capaz de ofuscar e debilitar os olhos dos que o fitam, embora tal fenômeno, em grande medida, não passe do mais puro efeito da imaginação. Muitos outros exemplos semelhantes poderiam ser aqui aditados, mas, por questão de concisão, não os discutiremos em maiores detalhes.

Tudo isso é confirmado pelos comentaristas do Salmo *Qui timent te uidebunt me*. Reside nos olhos poderosa força que se manifesta até mesmo em certos fenômenos naturais. Quando um lobo vê primeiro um homem, deixa-o subitamente mudo. Quando um basilisco, o monstro em forma de serpente, vê primeiro um homem, seu olhar lhe é fatal, mas quando sói de o homem vê-lo primeiro, também é capaz de matá-lo pela vista; o basilisco é capaz de fulminar o homem pelo olhar porque, ao vê-lo, dado o seu impulso colérico, põe em movimento pelo corpo um terrível veneno que, lançado pelos olhos, impregna a atmosfera, com sua substância mortífera. O homem, ao respirar naquela atmosfera, fica entorpecido e cai fulminado. Mas quando é o homem que vai ao encontro da fera, guarnecido de espelhos – com o intuito de matá-la, por exemplo –, o resultado é diverso: o monstro, vendo-se refletido nos espelhos, lança o veneno contra seu próprio reflexo: o veneno é repelido, retorna sobre ele e o mata. Ainda não está esclarecido por que o homem que assim mata o basilisco também não morre. Há de ser por alguma razão desconhecida.

Até aqui firmamos nossas opiniões absolutamente sem preconceitos e abstendo-nos de juízos apressados ou irrefletidos, sem nos afastarmos dos ensinamentos e dos escritos dos santos. Concluímos portanto, que esta é a verdade católica: para realizar perversidades, tema de nossa discussão, as bruxas e o Diabo trabalham em conjunto e, dentro do que nos é dado conhecer, nada é feito por um sem o auxílio do outro.

Tratamos do problema do fascínio maléfico exercido pelo olhar. Passemos agora ao segundo argumento, a saber, o cadáver do assassinado sempre sangra na presença do seu assassino. Segundo o *Speculum Naturale* de Vincent de Beauvais, c. 13, a ferida no morto é, por assim dizer, influenciada pela mente do assassino: a ferida é envolta por uma certa atmosfera marcada e permeada pela sua violência e pelo seu ódio: estando próximo o assassino, o sangue passa a manar e a verter do cadáver. Parece ser essa atmosfera, causada pelo assassino, que penetra na ferida e faz persistir o sangramento no corpo do morto: em presença do assassino, tal atmosfera se perturba e adquire movimento que se transmite ao sangue do cadáver. Para alguns, a causa do fenômeno é outra: dizem que no jorro de sangue se encontra a voz do morto que, das entranhas da terra, fica a clamar contra o assassino presente – e isso por causa da maldição proferida contra o primeiro assassino, Caim. Já o pavor experimentado por uma pessoa ao passar por perto do corpo de um homem assassinado, mesmo sem ter ciência da proximidade do cadáver, é de natureza psíquica: infecta a atmosfera e transmite à mente o frêmito do medo. Todas essas explicações, cumpre ressaltar, não afetam a verdade no tocante às perversidades executadas pelas bruxas, já que são perfeitamente naturais e têm sua origem em causas naturais.

Em terceiro lugar, conforme mencionamos, estão as operações e os rituais de bruxaria – colocados na segunda categoria das superstições chamada de adivinhação. São as adivinhações de três tipos, embora os argumentos não sejam válidos no que tange ao terceiro tipo, que pertence a diferente espécie e que não se trata de uma adivinhação qualquer, mas aquela cujas operações ensejam exprimir e explicitar as invocações do Diabo, o que pode ser feito por vários meios: por necromancia, por geomancia, por hidromancia etc.

Por conseguinte, essa espécie de adivinhação, usada na elaboração de suas fórmulas mágicas, há de ser considerada o acme da iniquidade criminal, embora haja quem procure considerá-la sob outro ponto de vista. Argumentam essas pessoas que, como nós desconhecemos as forças ocultas da natureza, talvez estejam as bruxas simplesmente empregando ou tentando empregar tais forças: certamente, se estão se utilizando da força natural de elementos naturais a fim de produzir efeitos naturais, o ato é perfeitamente legítimo, por óbvio, de fato. Admitamos, até mesmo, que se utilizem de elementos naturais e que, ao inscreverem caracteres rúnicos ou enigmáticos, na sua superstição, estejam empenhadas em restabelecer a saúde de determinada pessoa, em fomentar a amizade ou em concretizar algum objetivo útil, sem que haja invocação expressa de Demônios: pois mesmo assim não há possibilidade de utilizarem tais fórmulas mágicas sem invocação diabólica tácita. Por isso, somos forçados a considerar todos esses atos de feitiçaria como absolutamente ilegítimos.

É possível, ademais, colocar esses e muitos outros encantamentos na terceira categoria das superstições – a da observação inútil e vã do tempo e das estações –, embora também aí não se tenha argumento relevante em favor das bruxas. Nessa categoria contam-se quatro espécies distintas: a das observações que visam dar ao homem um certo conhecimento; a das observações que visam lhe informar sobre os dias ou eventos afortunados ou aziagos; a das que, usadas em conjunto com palavras sagradas e orações, se prestam a algum encantamento sem referência a seu significado; e das que têm por objeto produzir alguma transformação benéfica em algum corpo. Sobre todas essas questões Santo Tomás tratou amplamente onde indaga da legitimidade de tais observações, sobretudo quando se visa algum efeito benéfico sobre o corpo, ou seja, quando se almeja restaurar a saúde de uma pessoa. Mas quando as bruxas observam o tempo e as estações, devem ter essa atividade considerada nas superstições da segunda categoria. Portanto, no que lhes diz respeito, considerar nessa terceira categoria questões dessa natureza é totalmente impertinente.

Passemos, então, a uma quarta proposição. A partir das observações a que acabamos de nos referir, são construídos certos mapas, certas cartas e certas imagens, de dois tipos completamente distintos entre si: os astronômicos e os necromânticos. Na necromancia há sempre a invocação expressa e particular de Demônios, pois é atividade que implica pacto e contrato expresso com tais criaturas. Prossigamos, portanto, considerando só a astrologia. Na astrologia não há pacto com o Diabo e, logo, não se invocam Demônios: só por acaso há algum tipo de invocação tácita, já que figuras diabólicas e seus nomes por vezes aparecem em mapas astrológicos. Por outro lado, os sinais necromânticos são escritos sob a influência de certos astros com a finalidade de se opor aos efeitos de outros corpos celestes – e tais sinais e caracteres são de fato inscritos não raro em anéis, em gemas ou em outros metais preciosos. Já os caracteres mágicos são inscritos ou gravados sem referência alguma à influência dos corpos celestes e, muitas vezes, em qualquer substância. Mais ainda: em substâncias desprezíveis e sórdidas que, quando enterradas em certos lugares, acabam por provocar males, flagelos e doenças. Estamos porém discutindo os mapas elaborados com referência aos astros. Como os mapas e as imagens necromânticos não se referem a corpos celestes, não são levados em conta em nossa análise.

Além disso, muitas das imagens construídas mediante rituais supersticiosos não têm qualquer eficácia, ou melhor, não têm eficácia alguma no tocante à sua conformação, embora talvez o material de que são feitas possua uma certa força intrínseca – o que não quer dizer que tal força decorra de sua feitura sob a influência de certos corpos celestes. Para muitos, entretanto, é ilícito, em qualquer caso, fazer uso de imagens como essas. Já as imagens feitas por bruxas não possuem qualquer força natural (nem o material de que são feitas). Mas como são construídas sob o comando do Diabo podem, por assim dizer, simular a obra do Criador, provocando-lhe Sua ira e fazendo com que Ele, a título de punição pelo seu crime, venha a lançar flagelos sobre a Terra. E ainda com a finalidade de mais aumentar a sua culpa, as bruxas experimentam especial deleite em construir tais imagens nas estações mais solenes do ano.

Com relação ao quinto argumento mencionado, cumpre frisar que São Gregório fala dos poderes da graça e não dos poderes da natureza. E como, segundo São João, somos filhos de Deus, não admira que como Seus filhos gozemos de poderes extraordinários.

Com relação ao último argumento, queremos ressaltar que a mera semelhança é irrelevante: a influência da mente sobre o próprio corpo é diversa da influência sobre o corpo de outra pessoa. Já que a mente se encontra unida ao corpo, como se este representasse sua forma material, e já que as emoções são produto do corpo, embora dele distintas, estas podem ser influenciadas pela mente sempre que ocorrer qualquer alteração corporal – seu resfriamento, seu aquecimento ou até mesmo sua morte. Mas para transfigurar o próprio corpo não basta uma ação mental, por si só, salvo quando tal ação resultar em algum efeito físico que o modifique. Portanto, as bruxas, não pelo exercício de seus poderes naturais, mas tão somente pelo intermédio do Diabo, é que são capazes de executar efeitos maléficos. E os próprios Demônios só os podem infligir por meio de objetos materiais, em forma de instrumentos – ossos, cabelos, madeira, ferro e toda sorte de objetos, sobre cuja operação trataremos com maiores detalhes um pouco mais adiante.

Passemos agora a analisar a origem das bruxas e de que modo nos últimos anos seus atos começaram a se multiplicar entre nós – questão a que se refere a bula anexa do santíssimo padre, o papa Inocêncio VIII. É preciso ter em mente que para tal acontecer concorrem três elementos: o Diabo, a bruxa e a permissão de Deus Todo-Poderoso. Diz-nos Santo

Agostinho que a abominação da bruxaria surgiu da ligação hedionda entre a humanidade e o Diabo. Portanto, está claro que a origem da disseminação dessa heresia reside nessa ligação hedionda, com o que concordam muitos autores.

É preciso observar especialmente que essa heresia – a da bruxaria – difere de todas as demais porque nela não se faz apenas um pacto tácito com o Diabo, e sim um pacto perfeitamente definido e explícito que ultraja o Criador e que tem por meta profaná-lo ao extremo e atingir Suas criaturas. Pois que em todas as demais heresias não há pacto com o Demônio, seja tácito ou explícito, embora seus erros e suas falsas doutrinas sejam diretamente atribuídos ao Pai dos erros e das mentiras. Ademais, a bruxaria difere de todas as outras artes maléficas e misteriosas pelo fato de que, de todas as superstições, é a mais vil, a mais maléfica, a mais hedionda – seu nome latino, *maleficium,* significa exatamente praticar o mal e blasfemar contra a fé verdadeira. (*Maleficae dictae a Maleficiendo, seu a male de fide sentiendo.*)

Atentemos, em particular, para o fato de que para a prática desse mal abominável são necessários quatro principais elementos. Em primeiro lugar, é necessário, do modo mais profano, renunciar à Fé Católica, ou negar de qualquer maneira certos dogmas da fé; em segundo lugar, é preciso dedicar-se de corpo e alma à prática do mal; em terceiro lugar, há de ofertar-se crianças não batizadas a Satã; em quarto, é necessário entregar-se a toda sorte de atos carnais com íncubos e súcubos e a toda sorte de prazeres obscenos.

Quisera Deus fosse tudo isso irreal e meramente fantasioso para que livrássemos nossa Santa Madre Igreja da lepra dessas abominações. Infelizmente, o julgamento da Sé Apostólica, única Soberana e Mentora de toda a verdade, expresso na bula de nosso santo padre, assegura-nos e nos torna cientes do florescimento entre nós de tais crimes e malefícios, e não haveremos de nos abster de prosseguir com a inquisição para que não ponhamos em risco nossa própria salvação. Precisamos, portanto, analisar em profundidade a origem e o crescimento dessas abominações; apesar do enorme trabalho na elaboração dessa análise, sentimo-nos confiantes de que os nossos leitores hão de levar em devida conta todos os pormenores apresentados – nada há, em nosso texto, que se oponha ao são raciocínio, nada há que se afaste das palavras das Escrituras e da tradição dos padres da Igreja.

Atualmente estão ocorrendo dois fatos comuníssimos: a relação das bruxas com íncubos e súcubos e o sacrifício hediondo de criancinhas. Havemos, portanto, de tratar em particular desses assuntos. Primeiro discutiremos a natureza desses Demônios. Segundo, analisaremos as bruxas e seus atos. Terceiro, indagaremos por que tais coisas são permitidas. Esses Demônios operam através de sua influência sobre a mente e sobre o livre-arbítrio do homem e preferem copular sob a influência de certos astros, pois parece que em determinadas ocasiões o seu sêmen é capaz de gerar e de procriar mais facilmente. Consequentemente, precisamos descobrir por que os Demônios agem durante a conjunção de certos corpos celestes, e quando isso se dá.

São três os argumento principais a serem discutidos. Primeiro, se tais heresias abomináveis podem vir a se espalhar pelo mundo por aqueles que se entregam aos íncubos e aos súcubos. Segundo, se sua ação não há de ter uma certa força extraordinária quando realizada sob a influência de certos astros. Terceiro, se essa heresia abominável não é disseminada largamente pelos que sacrificam crianças a Satã. Além disso, ao discutirmos o segundo argumento, antes de passarmos ao terceiro, vamos considerar a influência dos astros e qual o poder que exercem nos atos de bruxaria.

Com relação à primeira questão, três dificuldades requerem elucidação.

A primeira é a da consideração geral dos Demônios chamados íncubos.

A segunda é mais particular: de que modo os íncubos realizam o ato humano do coito?

A terceira também é especial: de que modo as bruxas se relacionam e copulam com tais Demônios?

QUESTÃO III

Se crianças podem ser geradas por íncubos e súcubos.

A princípio pode verdadeiramente parecer que não está de acordo com a Fé Católica dizer que crianças podem ser geradas por Demônios, ou seja, por íncubos e súcubos: o Próprio Deus, antes de surgir o pecado no mundo, instituiu a procriação humana; pois criou a mulher da costela do homem para que este tivesse companheira, e lhes disse: "Crescei e multiplicai-vos". (Gênesis, 1, 28). E a Adão diz: "E já não são mais que uma só carne." (Gênesis, 2, 24). De forma similar, já depois de ter surgido o pecado no mundo, foi dito a Noé: "Crescei e multiplicai-vos". (Gênesis, 9, 1). Na época do Novo Testamento, Cristo também confirma essa união: "Não lestes que o Criador, no começo, *fez o homem e a mulher?*" (Mateus, 19, 4). Logo, os homens só podem ser gerados dessa forma.

Mas pode-se argumentar que os Demônios participam nessa geração não como causa essencial, e sim como causa secundária e artificial, já que tratam de interferir com o processo normal de copulação e de concepção, ao obterem sêmen humano e transferirem-no.

Objeção. O Diabo é capaz de realizar tal ato não só no estado matrimonial como também no não matrimonial. Ou, então, só é capaz de realizá-lo num só desses estados. Não há de ser no primeiro, porquanto, nesse caso, o ato do Demônio seria mais poderoso que o ato de Deus, que instituiu e confirmou esse Sacramento – pois que se trata de estado de continência e de união conjugal. Mas também não há de ser no segundo: não há nas Escrituras passagem que diga que crianças podem ser criadas num estado e não em outro.

Ademais, a concepção é ato do corpo vivente, e os Demônios não são capazes de dar vida aos corpos em que se apresentam: a vida, formalmente, só procede da alma: o ato da concepção é ato dos órgãos físicos que possuem vida corpórea. Logo, as formas corpóreas dos Demônios não são capazes de conceber ou de dar à luz.

No entanto, pode-se afirmar que os Demônios adquirem determinada forma corpórea não para lhe dar vida, mas para por meio dela preservar o sêmen humano e, assim, transferi-lo a outro corpo.

Objeção. Assim como nas ações dos anjos, sejam bons ou maus, nada há de supérfluo e inútil, nada há na natureza de supérfluo e inútil. Mas o Diabo, através de seus poderes naturais, que são bem maiores do que os poderes de qualquer corpo humano, é capaz de realizar todo tipo de ação espiritual, embora não seja dado ao homem discernir quando o Diabo de tal ação participa, mesmo que seja repetida várias e várias vezes. Pois todos os elementos corpóreos e materiais se acham em escala inferior à das inteligências puras e espirituais. Porém, os anjos, sejam bons ou sejam maus, são inteligências puras e espirituais. Capazes, portanto, de controlar o que lhes é subordinado ou inferior. Logo, o Diabo é capaz de colher e de fazer o uso que bem lhe convier do sêmen humano, que pertence ao corpo.

No entanto, para colher o sêmen humano de uma pessoa e transferi-lo a outra há necessidade de certas ações locais. Os Demônios, todavia, não são capazes de transportar corpos de um lugar para outro. Eis o cerne da objeção à tese defendida. Se a alma é pura essência espiritual, também o é o Demônio: a alma não é capaz de mover corpos de um lugar para outro, exceto o corpo em que habita e ao qual dá vida: qualquer membro do corpo, ao perecer, morre e se torna imóvel. Assim, o Diabo não é capaz de transportar corpos de um lugar para outro, exceto aqueles aos quais dá vida. Foi demonstrado, contudo, e é consabido, que os Demônios não possuem o dom de dar a vida a qualquer corpo e, por isso, não são capazes de levar o sêmen humano de um lugar para outro, de transferi-lo de um corpo a outro.

Ademais, toda ação é feita por contato, entre o Demônio e os corpos humanos, pois não há ponto real de contato entre eles. Logo, o Demônio não é capaz de injetar sêmen num corpo humano, pois para tal é preciso uma certa atividade corpórea – pelo menos é isso o que parece.

A par disso, os Demônios não têm o poder de mover os corpos dos quais, numa ordem natural, estão mais próximos – como os corpos celestes –, e por isso não têm também o poder de mover aqueles dos quais se acham mais distantes e dos quais são mais distintos. A premissa maior é provada por Aristóteles em sua *Física* pois, segundo ele, a força que move e o movimento são exatamente uma mesma coisa. Logo, concluiu-se que os Demônios que movem os corpos celestes só no espaço celeste podem estar, o que é uma inverdade absoluta, não só em nossa opinião como na dos platônicos.

Além disso, Santo Agostinho, *Sobre a Trindade* (*De Trinitate*), III, afirma que, com efeito, os Demônios colhem sêmen humano, por meio do qual são capazes de produzir efeitos corpóreos. Isso, porém, não sem algum movimento local. Não obstante, os Demônios são capazes de transportar o sêmen que colheram e injetá-lo no corpo de outra pessoa. Mas, como nos conta Walafrid Strabo em seu comentário à passagem do Êxodo 7, 2: "E o faraó mandou chamar os sábios e os magos: os Demônios saem a percorrer a terra colhendo toda sorte de sementes e, modificando-as, são capazes de espalhar várias espécies." Ver também a glosa sobre as palavras "o faraó mandou chamar" e aquela a respeito da passagem do

Gênesis, 6: "E os filhos de Deus se uniam às filhas dos homens." Na glosa são feitos dois comentários. Primeiro: por filhos de Deus entendam-se os filhos de Set e por filhas dos homens, as filhas de Caim. Segundo: os gigantes foram criados não por algum ato incrível dos homens, mas por certos Demônios que não tiveram qualquer pudor com relação às mulheres. Diz a Bíblia: "Naquele tempo viviam gigantes na terra." Além do mais, mesmo depois do Dilúvio, o corpo não só dos homens mas também o das mulheres eram extraordinária e incrivelmente belos.

Resposta. Por brevidade vamos deixar de lado muitos pormenores a respeito dos poderes do Diabo e das suas obras, no tocante aos efeitos das bruxarias. Cabe ao leitor devoto ou os aceitar como comprovados ou, se assim o desejar, elucidar mais a questão consultando o *Livro das sentenças*, 5. Verá que os Demônios realizam todos os seus atos de forma consciente e voluntária: sua natureza celestial não foi modificada. Consultar Dionísio em seu quarto capítulo sobre o assunto: "sua natureza celestial permaneceu extraordinariamente preservada, embora não a possam empregar para finalidade benéfica alguma."

Quanto à sua inteligência, descobrirá o leitor que eles se destacam em três pontos de entendimento criatural: na sutileza de seu caráter, na sua experiência secular e na revelação dos espíritos superiores. Há de constatar também que aprendem, através da influência dos astros, a dominar as características dos homens, descobrindo assim que alguns têm mais propensão à prática da bruxaria que outros – que passam a ser os mais molestados para o exercício dessa atividade.

Quanto à sua vontade, há de verificar o leitor que esta envereda, invariavelmente, pelo caminho do mal e que continuamente estão a cometer os pecados do orgulho, da inveja e da cobiça desmedida; e que Deus, para Sua própria glória, permite que ajam contra a Sua vontade. Vai entender também de que modo, através dessas duas qualidades – a da inteligência e a da vontade –, os Demônios realizam prodígios de sorte a não haver poder no mundo que ao deles se compare: Jó, 41: "Não há nada igual a eles na terra, pois foram criados para não terem medo de nada." Mas sobre esse ponto diz a glosa: "Embora o Diabo nada tema, se acha, mesmo assim, subordinado às virtudes dos santos."

Verá ademais o leitor de que modo o Diabo fica sabendo dos pensamentos que emergem do fundo do nosso coração; de que modo, com o auxílio de certos agentes, é ele capaz de realizar, substancial e sinistramente, a metamorfose dos corpos; de que modo é capaz de mover, de um local para outro os corpos, e de alterar os sentimentos internos e externos com a intensidade em que bem lhe apraz; e de que modo, não obstante indiretamente, é capaz de mudar o intelecto e a vontade dos homens.

Embora tudo isso seja pertinente à nossa presente investigação, só queremos tirar daí algumas conclusões sobre a natureza dos Demônios para então prosseguirmos com a análise de nossa questão.

Os teólogos atribuem aos Demônios certas qualidades, por serem espíritos impuros, embora não impuros exatamente por sua natureza. Segundo Dionísio, há neles uma insanidade natural, uma concupiscência cega, uma imaginação devassa, que se depreende de seus pecados espirituais: o do orgulho, o da inveja e o da ira. É por isso que são inimigos da raça humana: racionais no intelecto, mas com um raciocínio sem palavras; sutis na perversidade, mas ávidos por praticar o mal; sempre hábeis na ilusão e na burla, a embaçar os sentidos e a conspurcar as emoções dos homens, a confundir o mais vigilante e a atormentá-lo durante o sono, em sonhos; causam doenças, provocam tempestades, disfarçam-se em anjos de luz, a trazer o Inferno sempre junto de si; das bruxas usurpam, para si próprios, a adoração de Deus – e é dessa forma que se elaboram as fórmulas mágicas; tentando adquirir a supremacia sobre os bons, molestam-nos com todas as suas forças; e aos eleitos se oferecem como tentação, estando sempre à espera da destruição dos homens.

E não obstante conhecerem um sem-número de formas para realizar seus atos malévolos e tentar, desde a sua queda, provocar o cisma na Igreja, desfazer a caridade, contaminar com a acridez da inveja a doçura dos atos dos santos, e de todos os modos subverter e perturbar a raça humana, mesmo assim o seu poder se confina às partes íntimas e ao útero. Ver Jó, 41. É por meio da lascívia da carne que exercem seu poder sobre os homens; e nos homens a fonte da lascívia se localiza nas partes íntimas, já que é dali que sai o sêmen, assim como nas mulheres sai do útero.

Essas coisas são dessa forma consideradas para que se possa entender devidamente a questão dos íncubos e dos súcubos. Cumpre frisar que assim como é católico sustentar que os homens podem, às vezes, ser gerados por íncubos e súcubos, é contrário às palavras dos santos e mesmo à tradição das Sagradas Escrituras defender opinião oposta. Provamos tal tese da seguinte maneira: Santo Agostinho, a certa altura, levanta essa questão, mas não com referência às bruxas, e sim com relação às obras dos Demônios e às fábulas dos poetas, deixando, no entanto, alguma dúvida a respeito; para só ser claro depois ao tratar das Sagradas Escrituras. Pois eis o que nos diz na sua obra *De Ciuitate Dei*, terceiro livro, segundo capítulo: "Deixo em aberto a questão da possibilidade de Vênus ter dado à luz Eneias através do coito com Anquises. Questão semelhante aparece nas Sagradas Escrituras, onde se pergunta se os anjos do mal, tendo copulado com as filhas dos homens, teriam assim povoado a terra de gigantes, ou seja, de homens anormalmente fortes e grandes." Santo Agostinho, entretanto, esclarece a questão no quinto livro, 23º capítulo, do seguinte modo: "É crença generalizada, cuja verdade é testemunhada por muitos através da própria experiência, ou, ao menos, pelo testemunho de terceiros de indubitável honestidade e que passaram pela experiência, que sátiros e faunos – comumente chamados de íncubos – têm aparecido a mulheres devassas, a procurá-las e a manter o coito com elas. E que certos Demônios – que os gauleses chamam de dúsios – tentam e conseguem, assiduamente, essa obscenidade, o que é testemunhado por pessoas absolutamente dignas de confiança, sendo, portanto, insolente negá-lo."

Mais adiante, no mesmo livro, Santo Agostinho esclarece a segunda controvérsia, qual seja, a da passagem do Gênesis sobre os filhos de Deus (ou de Set) e as filhas dos homens (ou de Caim), em que não se fala a respeito de íncubos, porque a existência de semelhantes criaturas não seria crível. Há, a propósito, a glosa à qual antes nos referimos. Diz-nos Santo Agostinho que não é desprovido de fundamento afirmar que os gigantes dos quais falam as Sagradas Escrituras não foram gerados por homens e sim por anjos ou por certos Demônios, que teriam copulado com aquelas mulheres. O mesmo se afirma na glosa sobre Isaías, 13, onde o profeta prevê a desolação da Babilônia, que será habitada por monstros. Diz a passagem: "As corujas aí habitarão, e os sátiros farão aí suas danças." Por sátiros designavam-se os Demônios; diz-nos a glosa: "Sátiros são criaturas selvagens e peludas que habitam as florestas e que na verdade são os Demônios chamados de íncubos." Ainda em Isaías, 34, onde se faz a profecia da desolação da terra dos idumeus por terem perseguido os judeus, ele diz: "E há de ser a habitação dos dragões e a morada das corujas. As feras reunir-se-ão também no deserto..." Na glosa, as feras são interpretadas como monstros e Demônios. E na mesma passagem São Gregório explica serem esses deuses da floresta, sob essa outra designação, não os pãs dos gregos, ou os íncubos dos latinos.

De modo semelhante, São Isidoro, no último capítulo de seu oitavo livro, afirma: "Os sátiros são chamados de pãs pelos gregos e de íncubos pelos latinos. E são chamados de íncubos por se deitarem sobre algo – a entregarem-se a orgias. Pois, não raro, anseiam lubricamente pelas mulheres e com elas copulam; e os gauleses chamam-nos de dúsios, por serem diligentes nessas bestialidades. O Demônio, porém, que a gente comum chama de íncubos, denominavam-no os romanos de fauno das figueiras, de quem nos fala Horácio: "Ó fauno, amante das ninfas fugidias, caminha suavemente pelas minhas terras e pelos meus campos ensolarados."

No que diz respeito à passagem da primeira epístola de São Paulo aos Coríntios (I Coríntios, 11), onde se diz: "Por isso a mulher deve trazer o sinal da submissão sobre sua cabeça, por causa dos anjos." Muitos católicos creem que "por causa dos anjos" se refere aos íncubos. Da mesma opinião é o venerável Bede em sua *Historia Ecclesiastica Gentis Anglorum.* E também William de Paris em seu livro *De Uniuerso,* na última parte do sexto tratado. A respeito também nos fala Santo Tomás (I. 25 e II. 8 e noutros passos; também em Isaías, 12 e 14): que é opinião irrefletida negar tais coisas. Pois o que parece verdadeiro para muitos não há de ser absolutamente falso, de acordo com Aristóteles (ao fim da sua *De somno et uigilia,* e no segundo tomo da sua *Ética*). Nada menciono das minhas histórias autênticas, narradas por católicos e pagãos, em que se afirma abertamente a existência de íncubos.

Porém, a razão, por que os Demônios se transformam em íncubos ou em súcubos, não está no prazer, já que, enquanto espíritos, não possuem nem carne, nem sangue; mas é sobretudo com essa intenção – através do vício da luxúria – que conseguem infligir aos homens duplicado mal, ou seja, ao corpo e à alma, de sorte que os homens possam se entregar mais a todos os demais vícios. E não há dúvida de que sabem qual a melhor disposição dos corpos celestes em que o sêmen é mais vigoroso, já que os homens assim concebidos serão sempre pervertidos pela bruxaria.

Quando Deus Todo-Poderoso enumerou os muitos vícios de luxúria, tão abundantes entre os descrentes e os hereges, e dos quais queria livrar o Seu povo, declarou (Levítico, 18): "Não vos contamineis com nenhuma dessas coisas, porque é assim que se contaminaram as nações que vou expulsar diante de vós. A terra está contaminada; punirei suas iniquidades e a terra vomitará seus habitantes." A glosa explica que o vocábulo "nações" se refere a Demônios que, dada a sua multiplicidade, são chamados de nações do mundo, e que se regozijam em todo pecado, especialmente na fornicação e na idolatria, porque por meio delas corrompem o corpo e a alma, ou seja, a totalidade do ser que é chamado "terra". Pois todo pecado é cometido pelo homem fora de seu corpo, mas o que se dedica à fornicação peca em seu próprio corpo. O que mais se interessar pelo estudo dos íncubos e dos súcubos deve consultar a obra do venerável Bede, já citada, a de William de Paris, também já citada, e, por fim, a de Tomás de Brabant, *Sobre as abelhas.*

Retornemos à nossa discussão inicial. O ato natural da procriação entre o homem e a mulher, instituído por Deus e legitimado pelo Sacramento do matrimônio, pode ser invalidado por obra do Diabo, por meio da bruxaria, conforme já se demonstrou. E com muito mais propriedade se pode dizer o mesmo de qualquer outro ato venéreo entre o homem e a mulher.

Mas por que o Demônio há de conjurar contra o ato venéreo e não contra qualquer outro ato humano tem muitas razões, firmadas pelos doutores da Igreja e que serão discutidas depois, na parte que trata da permissão divina. Por ora, a razão antes mencionada há de bastar, ou seja, a de que a força do Diabo se encontra nas partes íntimas dos homens. Porque, de todos os embates, é este o mais difícil, por ser constante e por ser rara a vitória. E é incorreto argumentar que nesse caso a obra do Diabo deve ser mais forte do que a obra de Deus, só porque o ato matrimonial, instituído por Deus, pode ser invalidado: o Diabo o invalida pela violência, porque não possui poder algum para tal, salvo o permitido por Deus. Logo, o melhor a concluir é que o Diabo é absolutamente impotente.

Em segundo lugar, é verdadeiro que o ato da procriação é ato do corpo vivente. E é verdade que os Demônios não podem dar à matéria vida, porque o que vivifica o corpo é a alma; mas a vida, na sua corporalidade, advém do sêmen – e os íncubos, com a permissão de Deus, são capazes de tal ato, através do coito. Mas o esperma não provém do íncubo, já que para esse fim ele o terá recebido de outro homem (ver Santo Tomás, I. 51, art. 3). Pois o Demônio é súcubo para o homem e se torna íncubo para a mulher. Exatamente da mesma forma que absorve os germes primordiais de outras coisas para gerá-las, conforme nos diz Santo Agostinho em seu *De Trinitate,* 3.

Pode-se agora perguntar de quem é filha a criança assim gerada. Está claro que não o é do Diabo, mas do homem cujo sêmen recebeu. E tem-se isso como certo ao advertir-se que, assim como nas obras da natureza, não há superfluidades, também não as há na obra dos anjos; e também é verdade que o Diabo é capaz de receber e de transmitir o sêmen, de modo invisível; embora prefira fazê-lo visivelmente, sob a forma de súcubo ou de íncubo, já que através dessa obscenidade pode contaminar o corpo e a alma de toda a humanidade, ou seja, dos homens e das mulheres, como se tivesse havido contato corpóreo real.

Ademais, os Demônios são capazes de realizar mais atos malévolos na invisibilidade do que o plano do visível, embora talvez desejassem o contrário; e permite-se-lhes que ajam na invisibilidade, seja para a provação dos bons, seja para o castigo dos iníquos. Por fim, pode acontecer que outro Demônio tome o lugar do súcubo, recebendo-lhe o sêmen e transformando-se em íncubo; e isso, talvez, por tríplice razão. Ou porque o Demônio incorporado em uma mulher deva receber o sêmen de outro Demônio incorporado em um homem, estando ambos autorizados, pelo Príncipe dos Demônios, a praticar alguma forma de bruxaria – tendo sido cada um deles escolhido dentre os piores; ou talvez por causa da obscenidade que algum outro Demônio abominaria cometer –, pois em muitas investigações inquisitórias fica claro que certos Demônios, por preservarem em seu caráter ainda alguma nobreza, relutam em praticar tais atos obscenos. Ou, talvez, para que o íncubo, em vez de introduzir o sêmen do homem, possa injetar invisivelmente o seu próprio, ou seja, aquele que recebeu, invisivelmente interpondo-se ele próprio sobre a mulher. Pois não é estranho à sua natureza nem está fora de seus poderes realizar tal interposição; já que mesmo na sua incorporalidade ele é capaz de se interpor, invisivelmente e sem contato físico, conforme demonstrado no caso do jovem que assumira compromisso de casamento com um ídolo.

Em terceiro lugar, diz-se que o poder dos anjos pertence, em grau infinito, às criaturas superiores; em outras palavras: seu poder não pode ser abrangido pelas ordens inferiores: é a elas sempre superior, não se limitando assim a um só efeito. Pois os poderes superlativos detêm influência ilimitada sobre a criação. Mas, embora sejam infinitamente superiores, não se quer com isso dizer que sejam irrestritos, que permitam aos anjos realizar qualquer ato ou ação propostos; pelo que se há de dizer que os anjos são igual e infinitamente superiores e inferiores.

Deve haver alguma relação entre o agente e o paciente – embora não exista qualquer proporcionalidade entre as substâncias puramente espirituais e as puramente materiais. Logo, nem mesmo os Demônios têm o poder de causar qualquer efeito, exceto utilizando algum meio ativo.

E é por isso que se utilizam dos germes primordiais das coisas e das criaturas para obter os efeitos almejados; consultar Santo Agostinho, *De Trinitate*, 3. Donde retornamos ao argumento precedente, embora um não reforce o outro, a não ser que alguém deseje ver na explicação de Santo Agostinho o porquê de considerar as Inteligências com poderes infinitos de grau superior e não de grau inferior, os quais lhes são dados na ordem hierárquica das coisas materiais e dos corpos celestes e que são capazes de produzir muitos e infinitos efeitos. Mas isso não se dá por causa da debilidade dos poderes inferiores. Concluímos que os Demônios, mesmo na sua imaterialidade, são capazes de produzir transmutações no sêmen; e, não obstante, tal assertiva não é objeção ao presente enunciado, a respeito de íncubos e de súcubos, que para serem capazes de realizar certos atos precisam adquirir forma material, conforme consideramos há pouco.

Tratemos do quarto argumento, que diz serem os Demônios incapazes de mover os corpos ou o sêmen de um lugar para outro, o que é consubstanciado por analogia aos poderes da alma. Cumpre ressaltar que uma coisa é falar da substância espiritual dos anjos ou dos Demônios na sua realidade e outra é falar da substância da alma. A alma só é capaz de dar movimento a um corpo se antes lhe der a vida, ou então o movimento desse corpo não vivo há de lhe ser transmitido por contato com outro corpo vivo. Eis o motivo: a alma ocupa o grau hierárquico mais inferior na ordem dos seres espirituais e, portanto, deverá existir uma relação de proporcionalidade entre ela e o corpo em questão para conseguir movê-lo por contato. Mas isso não ocorre dessa forma com os Demônios, porque os seus poderes, na totalidade, ultrapassam os poderes corpóreos.

Em quinto lugar, é preciso esclarecer que o contato de um Demônio com um corpo criatural, seja através do sêmen ou de alguma outra forma, não é um contato material e sim virtual, e se dá dentro de uma relação de proporcionalidade entre o que move e o que é movido; desde que o corpo movido não suplante, em proporção, o poder do Diabo. E esses corpos são os corpos celestes inclusive toda a terra e seus elementos, cujos poderes podemos dizê-los superiores, de acordo com o que nos fala Santo Tomás, com sua autoridade, nas questões em que trata do pecado (décima questão, *De Daemonibus*). E tal se dá ou por causa da essência de sua natureza, ou por causa da condenação do pecado. Porquanto há uma ordem reta, direta, entre os elementos materiais, segundo sua própria natureza e seu movimento. E na mesma medida em que os corpos celestes superiores são movidos pelas substâncias espirituais superiores – como os anjos do bem –, os corpos materiais inferiores são movidos pelas substâncias espirituais inferiores – como os Demônios. E se essa limitação dos poderes dos Demônios se deve à essência de sua natureza é porque, segundo alguns, os Demônios não pertencem à mesma ordem hierárquica dos anjos superiores, e sim à ordem terrestre, criada por Deus; essa era a opinião dos filósofos. E se tal se dá por causa da condenação pelo pecado, conforme é defendido pelos teólogos, é porque eles foram então lançados das regiões altas do Céu na atmosfera inferior como forma de punição, não sendo mais capazes de mover os corpos celestes e a terra.

Discutem-se essas coisas para que sejam explicados dois argumentos muito difundidos:

O primeiro diz respeito aos corpos celestes. Os Demônios seriam capazes de movê-los, caso fossem capazes de mover a matéria inferior de um lugar para outro, já que os astros lhes estão mais próximos, naturalmente, conforme também se alega no último argumento. No entanto, entendemos que esse enunciado não é válido; se a primeira opinião é de fato verdadeira, os corpos celestes superam, em proporção, os poderes do Diabo; se a segunda é verdadeira, novamente os Demônios são incapazes de movê-los, por causa do castigo pelo pecado.

O segundo argumento defende que o movimento do todo e da parte são uma mesma coisa, exatamente como fala Aristóteles no quarto livro da sua *Física* exemplificando com o caso da totalidade da terra e do pedaço de solo; assim, se os Demônios são capazes de mover uma parte da terra, são também capazes de movê-la inteira. Mas tal afirmativa também não é válida: fica claro ao que examina e faz a distinção. Pois que colher o germe primordial das coisas materiais e aplicá-lo na obtenção de certos efeitos não há de exceder os seus poderes naturais, o que se dá com a permissão de Deus. E isso é claro e demasiado óbvio.

Em conclusão, apesar da alegação de que os Demônios em forma corpórea não são capazes de procriar e de que por "filhos de Deus" se indicam os filhos de Set e não os íncubos, assim como por "filhas dos homens" se indicam as filhas de Caim; apesar disso, o contrário é claramente afirmado por muitos. E o que parece verdadeiro a muitos não há de ser absolutamente falso, de acordo com Aristóteles no sexto livro da sua *Ética* e no final do *De somno et uigilia*. E hoje, nos tempos modernos, temos perfeitamente comprovados os atos e as palavras de bruxas que, na verdade e concretamente, se dedicam a tais coisas.

Enunciaremos, por fim, três proposições.

Em primeiro lugar, que os atos venéreos mais obscenos são praticados por esses Demônios, não por mero deleite, mas para a perdição das almas e dos corpos dos que deles participam como súcubos ou íncubos. Em segundo lugar, que, por meio desses atos, as mulheres podem de fato conceber e gerar, na medida em que os Demônios sejam capazes de depositar-lhes o sêmen humano (em seu útero), onde já há uma substância correspondente. Da mesma maneira, são capazes de colher os germes primordiais de outras coisas para realizar outros efeitos. Em terceiro lugar, que na concepção dessas crianças só o movimento local há de ser atribuído aos Demônios, o qual não advém dos poderes do Diabo ou do corpo em que se instalam, e sim do homem a quem pertencia o sêmen; donde a criança gerada não é filha do Diabo, e sim de algum homem.

E aí fica clara a resposta aos que alegam que, por duas razões, os Demônios são incapazes de gerar filhos. Em primeiro lugar, sendo a concepção resultado da força germinativa existente no sêmen oriundo de um corpo vivo e sendo o corpo assumido pelo Demônio de gênero diverso, então etc. A refutação é clara: o Demônio deposita naturalmente o sêmen germinativo no local apropriado etc. Em segundo lugar, há os que argumentam que o sêmen perde a força germinativa, salvo quando nele se preserva o calor da vida, o qual, porém, é perdido quando o sêmen é transportado por longas distâncias. A resposta é que os Demônios são capazes de armazenar o sêmen com segurança, de sorte a não perder o calor vital; ou talvez porque o sêmen não se evapore tão facilmente em virtude da enorme velocidade com que se movem – e isso por causa da superioridade do que move sobre o que é movido.

QUESTÃO IV

Quais os Demônios que praticam os atos dos íncubos e dos súcubos?

Seria católico afirmar que os atos dos íncubos e dos súcubos são praticados indiferente e igualmente por todos os espíritos impuros? *Parece que sim*: sustentar o contrário implicaria afirmar que haveria entre eles uma ordem hierárquica, típica entre os espíritos bons. Postula-se que assim como na enumeração dos bons há graus e ordens diversos (ver

Santo Agostinho, no livro onde trata da natureza dos bons), há também, na enumeração dos maus, confusa hierarquia. Nada entre os anjos do bem ocorre sem uma boa ordem, enquanto entre os anjos do mal tudo é desordem e, portanto, todos, indiferentemente, praticam os atos sucúbicos. Ver Jó, 10: "Tenebroso país das sombras da morte, opaca e sombria região, reino de sombra e caos, onde a noite faz as vezes da claridade."

Então, se não praticam tais atos indiferentemente, essa sua distinção qualitativa há de vir ou da sua própria natureza, ou do pecado, ou mesmo do castigo pelo pecado. Não há de vir da sua própria natureza, já que todos, sem distinção, entregam-se ao pecado, conforme estabelecido na questão precedente. Pois, por natureza, são espíritos impuros, embora não ao ponto de pejorarem suas partes ainda boas; sutis na perversidade, ávidos por praticar o mal, inchados de orgulho etc. Logo, praticam aqueles atos ou pelo pecado ou pela punição deste. E, como quanto maior o pecado maior a punição, os anjos mais superiores terão que se submeter à prática dos atos mais obscenos. Se não é por essa razão, há outra, a ser revelada, que explica por que não praticam tais atos indiferentemente.

E, mais uma vez, argumenta-se que onde não há disciplina ou obediência todos trabalham sem qualquer distinção; alega-se que entre os Demônios não há disciplina, não há obediência nem acordo. Provérbios, 13: "Entre os orgulhosos, há sempre a discórdia."

Argumenta-se, ademais, que por causa do pecado serão eles igualmente atirados ao Inferno depois do Dia do Juízo Final, e antes, portanto, ficam aprisionados às brumas inferiores por causa dos trabalhos de que estão incumbidos. Não há referência à igualdade a propósito da emancipação, e, portanto, não há de existir igualdade na questão das tarefas e das tentações.

Porém, contra tais argumentos se pronuncia a primeira glosa sobre I Coríntios, 15: "Enquanto perdurar o mundo, anjos se sujeitarão a anjos, homens a homens, e Demônios a Demônios." Também em Jó, 60, se fala das escalas hierárquicas do Leviatã e por analogia às partes do Diabo e como se separa uma da outra. Portanto, há, entre os Demônios, diversidade, quanto à ordem hierárquica e quanto aos atos praticados.

Uma outra questão é saber se os Demônios podem ser contidos pelos anjos do bem e impedidos de se entregarem a essas práticas obscenas. Cumpre frisar que os anjos a cujo comando as influências adversas se acham subordinadas são chamados anjos de poder, como nos diz São Gregório, e também Santo Agostinho (*De Trinitate*, 3). Os espíritos vitais rebeldes e cheios de pecado estão subordinados aos espíritos vitais obedientes, piedosos e justos. E as criaturas que são mais perfeitas e que estão mais próximas de Deus têm autoridade sobre as demais: porque a ordem total das preferências começa originalmente em Deus e é partilhada pelas suas criaturas de acordo com a sua proximidade a Ele. Portanto, os anjos, que pelo seu gozo em Deus mais próximos Dele estão, têm a preferência sobre os Demônios – demovidos que estão do convívio com Deus –, e por isso os governam.

E quando se declara que os Demônios causam muitos males sem utilizarem qualquer instrumento, ou que para tal não encontram obstáculos – por não estarem subordinados aos anjos do bem, que seriam capazes de impedi-los; ou quando se diz que causam os males por negligência por parte dos anjos aos quais estão subordinados –, cumpre refutar que os anjos são ministros da sabedoria divina: a sabedoria divina permite que o mal seja praticado pelos anjos maus e pelos homens. Ora, os anjos do bem nem sempre hão de impedir os homens perversos e os Demônios de praticarem o mal.

Resposta. É católico sustentar que há uma certa ordem entre as ações ou atos interiores e exteriores e que há, em certa medida, uma hierarquia entre os Demônios. Donde se conclui que certas abominações serão cometidas pelos da ordem hierárquica mais inferior e das quais se abstêm os de ordem hierárquica superior, dada a maior nobreza de seu caráter natural. E isso, pelo geral, decorre de uma tríplice congruidade: essas coisas se harmonizam com relação à sua natureza, à sabedoria divina e à sua própria perversidade.

Tratemos mais particularmente da natureza essencial dos Demônios. Concorda-se que desde o princípio da Criação sempre existiam criaturas de superior natureza, por diferirem entre si quanto à forma: não há dois anjos iguais em forma. Essa afirmativa se coaduna com a opinião mais geral que condiz com as palavras dos filósofos. Estabelece Dionísio, no décimo capítulo da sua obra *Sobre a hierarquia celestial,* que em uma mesma ordem existem três graus distintos; havemos de concordar com tal assertiva, já que os corpos celestiais são imateriais e incorpóreos. Ver também Santo Tomás (11, 2). Pois o pecado não lhes tira a sua natureza, e os Demônios, depois da Queda, não perderam os seus dons naturais, conforme dissemos; já os atos praticados acompanham também suas condições naturais. Portanto, tanto em sua natureza quanto em seus atos, revelam variedade e multiplicidade.

E isso também se harmoniza com a sabedoria divina; pois o que é ordenado, o é por Deus (Romanos, 13). E como os Demônios foram incumbidos por Deus para tentarem os homens e castigarem os amaldiçoados, agem sobre a humanidade de muitas e várias maneiras.

E isso também se harmoniza com a sua própria perversidade. Pois como se encontram em guerra com a raça humana, combatem-na de forma ordenada; julgam assim prejudicar mais os homens e, com efeito, o conseguem. Donde se conclui que não partilham com igualdade, pelo geral, das suas abominações inomináveis.

Prova-se tal enunciado da seguinte maneira. Já que, conforme se disse, o ato ou a operação acompanha a natureza da criatura que o pratica, conclui-se que os que por natureza são subordinados, subordinados também são na prática de seus atos, exatamente como se dá entre os corpos criaturais. Pois como os corpos inferiores estão, pela hierarquia natural, abaixo dos corpos celestiais, suas ações e movimentos hão de estar subordinados às ações e aos movimentos dos corpos celestiais; e como os Demônios, conforme já se afirmou, diferem hierarquicamente entre si, também diferem entre si nas suas ações naturais, sejam extrínsecas ou intrínsecas, sobretudo na prática das abominações em questão.

Do que se conclui que como a prática de tais abominações é, em grande medida, alheia à nobreza do seu caráter angelical, assim também os atos mais obscenos e mais bestiais devem ser considerados em si próprios, e não em relação às responsabilidades inerentes à natureza humana e à procriação.

Por fim, segundo alguns acreditam, como os Demônios provêm das mais diversas ordens hierárquicas celestiais, não é fora de propósito afirmar que os oriundos das hierarquias mais inferiores sejam os incumbidos de realizar toda sorte de abominações.

Cumpre também chamar a atenção para o fato de que, embora as Escrituras falem de íncubos e súcubos copulando com mulheres, em nenhum lugar se lê que tais Demônios incidem nos vícios contra a natureza. Não falamos apenas de sodomia, mas todos os outros pecados em que o ato sexual é praticado fora do canal correto. E a enorme gravidade em pecar-se dessa maneira é demonstrada pelo fato de que todos os Demônios igualmente, de qualquer ordem hierárquica, abominam e se envergonham de cometer tais atos. Parece ser o que afirma a glosa sobre Ezequiel, 19: "Eu vos colocarei nas mãos dos habitantes da Palestina, ou seja, os Demônios, que haverão de envergonhar-se das vossas iniquidades, ou seja, os pecados contra a natureza. Pois não há pecado que Deus tenha tantas vezes punido quanto esse, por meio da morte vergonhosa pela mão das multidões."

De fato, muitos afirmam, e verdadeiramente se acredita, que ninguém há de perseverar sem risco na prática desses vícios por período superior ao da vida mortal de Cristo, que durou 33 anos, salvo por alguma graça especial do Redentor. E isso é provado pelo fato de que, muitas vezes, octogenários e macróbios são por eles seduzidos, embora até então seguissem as suas vidas dentro da disciplina de Cristo; mas tendo Dele se afastado, encontram enorme dificuldade em se libertar e renunciar a tais vícios.

Ademais, os nomes dos Demônios indicam a ordem hierárquica existente entre eles e que ofício é atribuído a cada um. Pois que, embora as Escrituras usem, em geral, uma única denominação para referir-se ao espírito do mal, ou seja, a de Diabo, dadas as suas várias qualidades, ensinam-nos também que alguns Demônios estão acima dessas ações obscenas, da mesma forma alguns vícios são mais graves do que outros. Pois é comum, nas Escrituras e nos discursos, se fazer referência a todos os espíritos impuros pela designação *Diabolus*, de *Dia*, ou seja, dois, e de *Bolus* ou seja, partes: pois que o Diabo mata duas partes: o corpo e a alma. E esse ensinamento está de acordo com a etimologia, embora *Diabolus* em grego signifique confinar na prisão, o que também é apropriado, já que não lhe é permitido infligir todo o mal que lhe aprazaria. Ou, então, *Diabolus* pode significar Queda, já que ele caiu dos Céus, específica e localmente. É também chamado Demônio, que etimologicamente indica que ele anseia por sangue, que ele procura pelo pecado com tríplice sabedoria, a do poder sutil de sua natureza, a da sua experiência secular e a demonstrada na revelação dos espíritos bons. É também denominado Belial, que significa sem jugo ou soberano, por ser capaz de lutar contra aqueles a quem devia ser submisso. Também é chamado de Belzebu, que significa senhor dos iníquos, ou seja, das almas dos pecadores que abandonaram a fé verdadeira em Cristo. E também Satã, que significa adversário; ver I Pedro, 2: "Pois o teu adversário, o Diabo" etc. É ainda denominado Beemot, ou seja, a besta, porque torna os homens bestiais.

Mas o verdadeiro Diabo da fornicação, o soberano daquela abominação, é Asmodeus, que significa a criatura do juízo e da punição: porque, em virtude desse pecado, uma terrível catástrofe abateu-se sobre Sodoma e quatro outras cidades. De forma semelhante, o Diabo de orgulho é o Leviatã, que significa condecoração; porque, quando Lúcifer tentou nossos primeiros ancestrais, prometeu condecorar-lhes, para seu orgulho, com a marca da Divindade. A seu respeito o Senhor disse, por meio de Isaías: "Hei de me impor a Leviatã, a velha e sinuosa serpente." E o Demônio que personifica a avareza e a riqueza é chamado Mammon, também mencionado por Cristo no Evangelho (Mateus, 6): "Não podeis servir a Deus e às riquezas" etc.

Passemos aos argumentos.

Em primeiro lugar, o bem pode ser encontrado sem o mal, mas o mal nunca é encontrado sem o bem; pois é próprio das criaturas possuírem em si o bem. Logo, os Demônios foram ordenados hierarquicamente por possuírem o bem em sua natureza. Para seus atos, ver Jó, 10.

Em segundo lugar, pode-se afirmar que os Demônios incumbidos de várias tarefas não se acham no Inferno, mas nas brumas inferiores. E aí apresentam entre si uma ordem hierárquica que não prevalecerá no Inferno. Donde se pode afirmar que essa ordem não havia entre eles quando ainda se achavam no limiar da bem-aventurança, surgindo só depois de terem caído dessa categoria hierárquica. Pode-se também afirmar que mesmo no Inferno haverá, entre eles, uma gradação de poderes e de castigos, já que alguns, mas não todos, serão encarregados de atormentar as almas. Mas essa gradação advirá de Deus e não deles próprios, assim como os seus tormentos.

Em terceiro lugar, quando se diz que os Demônios superiores, por terem pecado mais, são os mais castigados e, portanto, devem ser os principais responsáveis por esses atos obscenos, responde-se que o pecado guarda relação com o castigo, e não com os atos ou ações naturais; portanto, é graças à sua nobreza natural que tais Demônios se abstêm dessas obscenidades, o que nada tem a ver com seu pecado ou com sua punição. E não obstante todos serem espíritos impuros, ávidos por praticar o mal, uns são mais do que outros, na proporção em que sua natureza mais e mais é lançada nas sombras.

Em quarto lugar, diz-se que há concórdia entre os Demônios, mas não na amizade e sim na perversidade, pois que odeiam a humanidade e empenham-se ao máximo em desfazer a justiça. Pois que esse acordo se faz entre os perversos, que se unem e obrigam aqueles, cujo talento parece mais adequado, a se entregarem a certas iniquidades.

Em quinto lugar, embora o confinamento seja decretado igualmente a todos, agora na atmosfera inferior e, depois, no Inferno, não lhes são impostas punições e tarefas com a mesma equidade: pois que, quanto mais nobres são e quanto mais poderosos, mais pesados os tormentos a que são submetidos. Consultar Livro da Sabedoria, 6: "Os poderosos hão de sofrer os piores tormentos."

QUESTÃO V

Qual a causa do crescimento dos atos de bruxaria? Por que tem aumentado tanto a prática da bruxaria?

Qual a opinião verdadeiramente católica? Afirmar que a causa do crescimento dos trabalhos de bruxaria reside na influência dos corpos celestiais? Ou afirmar que vem da perversidade dos homens e não das abominações dos íncubos e dos súcubos? Parece ter sua origem na própria perversidade do homem. Pois Santo Agostinho nos diz, no 83º livro, estar a causa da depravação do homem na sua própria vontade, porque assim lhe apraz ou por sugestão de outrem. As bruxas depravam-se através do pecado, logo, a causa de sua depravação não há de residir no Diabo e sim na vontade humana. No mesmo texto o autor fala do livre-arbítrio: "todo ser humano é a causa de sua própria perversidade." Assim raciocina: o pecado do homem provém do livre-arbítrio. Mas o Diabo não é capaz de destruir o livre-arbítrio, pois tal ato militaria contra a liberdade: portanto, não reside no Diabo a causa desse ou de qualquer outro pecado. Mais uma vez, no livro do Dogma Eclesiástico, Santo Agostinho afirma: "Nem todos os nossos pensamentos malévolos são determinados pelo Diabo: alguns surgem durante a operação de nosso próprio julgamento."

E alega-se que a verdadeira fonte da bruxaria se acha na influência dos corpos celestes, e não nos Demônios. Assim como todo múltiplo é reduzido à unidade, tudo o que é multiforme é reduzido a um princípio uniforme. Mas os atos humanos, no vício ou na virtude, são vários e multiformes e, logo, talvez possam ser reduzidos a alguns princípios que uniformemente se movem e são movidos. Mas tais princípios só podem ser vinculados ao movimento dos astros – logo, os corpos celestes são a causa de tais atos.

Mas se os astros não são a causa das ações humanas boas ou más, os astrólogos não com tanta frequência conseguiriam antever corretamente o resultado das guerras e de outras ações humanas: logo, é nos astros que, de alguma forma, reside a causa.

Os astros, ademais, são capazes de influenciar os Demônios na execução de certos malefícios; e, portanto, são capazes, sem dúvida, de influenciar os homens, para o que se aditam três provas. Certos homens, chamados lunáticos, são molestados pelos Demônios mais em uma época do que em outra; mas os Demônios não teriam esse comportamento e os molestariam sempre se eles próprios não sofressem forte influência de certas fases da Lua. Como prova, se apela ao fato de que as necromantes observam certas constelações para invocar os Demônios, o que não fariam se não soubessem que os Demônios são subservientes a certos corpos celestes.

Ademais, adita-se também como prova o que diz Santo Agostinho em *De Ciuitate Dei,* X: os Demônios utilizam nas suas operações materiais inferiores – ervas, pedras, animais e mesmo certos sons, vozes e figuras. Mas como os corpos celestes têm maior poder que os corpos inferiores, têm aqueles muito maior influência do que estes. E as bruxas encontram-se em submissão de maior grau porque seus atos manam da influência daqueles corpos, e não do auxílio de espíritos malignos. O argumento acha esteio em I Reis, 16, em que Saul, ao ser exasperado por espírito mau, só se acalmava quando Davi tomava a harpa e tocava, fazendo com que o Demônio o deixasse.

Argumentos contrários. Não é possível que se tenha efeito sem causa; os atos das bruxas são de natureza tal que não podem ser realizados sem o auxílio de Demônios, conforme nos mostra Santo Isidoro ao descrever as bruxas na sua *Ética,* VIII. Bruxas são assim chamadas por causa da atrocidade de seus malefícios; perturbam os elementos e confundem a mente dos homens sem se utilizarem de qualquer poção venenosa, apenas pela força de seus encantamentos – destruindo almas e provocando toda sorte de efeitos que não podem ser causados pela influência dos corpos celestes com a mera intermediação de um homem.

Diz-nos ainda Aristóteles, em *Ética*, que é difícil conhecer a origem do pensamento humano: há de residir em algum princípio extrínseco. Pois que para tudo o que tem começo deve haver uma causa, desde o princípio. Senão vejamos: o homem faz o que lhe apraz, de acordo com a sua vontade; já a sua vontade principia em alguma pré-sugestão; mas se há essa sugestão precedente, terá de proceder ou do infinito ou de algum princípio extrínseco, que a terá transmitido ao homem. Com efeito, para alguns isso se dá por ação do acaso, donde se conclui serem fortuitas todas as ações humanas, o que é absurdo. Portanto, nos homens bons o princípio do bem está em Deus (Deus não é causa do pecado). Nos homens perversos, porém, o princípio do mal – quando o homem começa a voltar-se para o pecado e a querer praticá-lo – deve também ser encontrado em alguma causa extrínseca, que não poderia ser outra senão o Diabo; sobretudo no caso das bruxas, conforme demonstramos, já que os astros não têm ascendência sobre seus atos. Clara está, portanto, a verdade.

O que tem poder, ademais, sobre o motivo possui também poder sobre o resultado pelo motivo causado. O motivo da vontade se encontra no que é percebido, ora pelos sentidos, ora pelo intelecto, ambos subordinados aos poderes do Diabo. Pois nos diz Santo Agostinho, no 83º livro: "Este mal, que provém do Diabo, adentra-nos furtivamente por todas as portas dos sentidos: aparece em figuras, mescla-se a cores, mistura-se a sons, insinua-se pela palavra irada e injusta, reside nos perfumes – a impregnando com sabores e obstruindo com certos aromas todos os canais do entendimento." Logo, vê-se que reside no poder do Diabo o princípio influenciador da vontade, que é, diretamente, a causa do pecado.

Para que um homem se decida entre dois caminhos é sempre necessário, antes de optar por um dos dois, que exista algum fator que determine sua decisão. E o homem, pelo seu livre-arbítrio, pode escolher entre o bem e o mal. Portanto, quando se entrega ao pecado, terá necessariamente sofrido a influência de um princípio determinante que o fez enveredar por esse caminho. Parece que tal influência é exercida mormente pelo Diabo, sobretudo pelas ações das bruxas, cuja vontade está a serviço do mal. Parece, assim, que a vontade maligna do Diabo é a causa da vontade maligna no homem, e, especialmente, nas bruxas. Podemos ainda consubstanciar esse argumento: assim como os anjos do bem se voltam para os atos benévolos, os anjos do mal se voltam para os malévolos, e enquanto os primeiros conduzem o homem à maldade, os segundos conduzem-no à perversidade. "Pois", diz Dionísio, "a lei férrea e imutável da divindade determina que os inferiores têm sempre a sua causa nos superiores."

Resposta. Os que afirmam ter a bruxaria sua origem na ascendência dos corpos celestes sobre as bruxas incidem em três erros fundamentais.

Em primeiro lugar, não é possível que tal ascendência original seja encontrada em videntes, em astrólogos e em adivinhos. Quando se indaga se o vício humano da bruxaria é causado pela influência dos astros é preciso fazer uma distinção (em consideração à multiplicidade de caráter dos seres humanos e em defesa da fé verdadeira), a saber, entre os dois modos pelos quais se pode entender a influência dos corpos celestes sobre as características humanas. Ou esta se dá, completamente, por necessidade ou fatalidade, ou se dá casualmente, por contingência ou eventualidade. E diga-se que, quanto à primeira hipótese, não só é falsa como também herética e contrária à religião cristã, não sendo possível aos de fé verdadeira persistir nesse erro. Por esse motivo, o que professa que tudo provém necessariamente dos astros se exime de todo o mérito e, logo, de toda a culpabilidade – afastando-se também da graça e, portanto, da glória. Pois a probidade do caráter é prejudicada por tal erro, já que a culpa do pecador remonta aos astros, tornando lícito pecar sem culpabilidade, obrigando o homem, portanto, ao culto e à adoração dos astros.

Quanto à afirmação de que o caráter do homem é influenciado eventualmente pela disposição dos astros, tanto é verdade que não chega a opor-se à razão ou à fé verdadeira. Pois é óbvio que a disposição contingencial de um corpo causa grande variabilidade no humor e no caráter da alma; pelo geral, a alma reproduz as várias compleições do corpo, conforme dito nos Seis Princípios. Donde os coléricos revelam a ira, os cordiais, a afabilidade, os invejosos, a cobiça, e os fleugmáticos, a indolência. Não porém em termos absolutos: a alma é a soberana de seu corpo, mormente quando ajudada pela graça. Vemos, assim, a cordialidade em muitos coléricos e a bondade em muitos invejosos. Portanto, quando o poder dos astros interfere na formação e na qualidade do espírito de um homem, conclui-se que eles têm alguma influência sobre o seu caráter, não obstante muito remota; pois o poder dos elementos próximos, inferiores, tem maior efeito sobre a disposição do espírito que o poder dos astros distantes.

Daí que Santo Agostinho (*De Ciuitate Dei*, V), ao tratar de uma questão sobre a cura simultânea de dois irmãos que tinham adoecido, aprova o raciocínio de Hipócrates e desaprova o de um astrólogo. Para Hipócrates, a cura se deu em virtude da semelhança entre seus humores; para o astrólogo, em decorrência da identidade de seus horóscopos.

Mas a explicação do médico foi melhor, já que a ela aduziu a causa mais poderosa e mais imediata. Cumpre portanto dizer que a influência dos astros conduz, em certa medida, à perversidade das bruxas quando se admite existir tal ascendência sobre seus corpos, a predispô-las a essa forma de abominação e não a qualquer outra espécie de atividade perversa ou virtuosa; no entanto, não se há de dizer que tal predisposição seja necessária, imediata e suficiente, mas apenas remota e contingente.

Tampouco válida é a objeção fundada no livro dos filósofos sobre as propriedades dos elementos que diz ficarem os reinos desabitados e as terras despovoadas quando da conjunção de Júpiter com Saturno; donde argumenta-se que tais fenômenos transcendem o livre-arbítrio do homem e, por isso, a ascendência dos astros sobreleva-se ao livre-arbítrio. Não querem os filósofos dizer com isso que o homem não consiga resistir à influência dessa contingência astrológica favorável às dissensões, mas que simplesmente não se mostra disposta a tal. Pois Ptolomeu, no *Almagesto,* diz: "Os sábios dominarão os astros." E como Saturno exerce influência soturna e negativa e Júpiter influência muito positiva, a sua conjunção predispõe os homens a brigas e discórdias; no entanto, graças ao seu livre-arbítrio, são capazes de resistir a essa predisposição e, muito mais facilmente, com o auxílio da graça do Senhor!

Também não é válida a objeção baseada nas palavras de São João Damasceno quando afirma (livro II, cap. 6) que os cometas, muitas vezes, prenunciam a morte dos reis. Pois se verá que a opinião desse autor, conforme se depreende da leitura do texto, é contrária à opinião dos filósofos e não representa prova da inevitabilidade das ações humanas. São João afirma que os cometas não são criação natural, nem são astros encontrados no firmamento; donde nem seu significado nem sua influência serem naturais. Diz-nos ele que os cometas não são astros criados desde o princípio, mas sim criados para uma ocasião particular, depois se dissolvendo por ordem divina. Essa a opinião de São João Damasceno. Deus, porém, através desses sinais, prenuncia a morte de reis e não de outros homens não só porque os reis são pessoas públicas, mas também porque da sua morte pode sobrevir a confusão em seus reinos. E os anjos são mais diligentes na sua atenção para com os reis para o bem geral. Pois que os reis nascem e morrem sob o ministério dos anjos.

Não há dificuldade em entender a opinião dos filósofos. Segundo estes, os cometas são um conglomerado de vapor quente e seco, gerados na parte superior do espaço, junto ao fogo celeste: e que tal globo de vapor quente e seco adquire a semelhança de um astro. Mas as partes não incorporadas ao globo estendem-se numa longa cauda a ele ligadas como uma espécie de adjunto. Segundo esse ponto de vista, não de per si, mas por acaso, os cometas prenunciam a morte por enfermidades quentes e secas. E como, em grande medida, os ricos se alimentam de refeições da natureza quente e seca, nessas ocasiões muitos deles morrem; e, dentre os que morrem, os mais notáveis são os reis e os príncipes. Tal maneira de ver não se distancia muito da de São João Damasceno, quando cuidadosamente considerada, exceto quanto à operação e cooperação dos anjos, que nem mesmo os filósofos podem ignorar. Com efeito, mesmo que os vapores, secos e quentes, nada tenham a ver com a formação dos cometas, pelas razões já mencionadas, os cometas podem ser formados pela vontade dos anjos.

Nesse sentido, a estrela que prenunciou a morte do sábio Santo Tomás não foi uma das encontradas no firmamento, mas uma outra, formada por um anjo, de alguma substância conveniente, que, depois de realizar seu propósito, a fez dissolver-se.

Donde vemos que, não importa qual dessas opiniões sigamos, os astros não têm influência inerente sobre o livre-arbítrio e, consequentemente, sobre a malevolência e o caráter dos homens.

É preciso reparar também que os astrólogos não raro anteveem a verdade e que seus julgamentos são, pelo geral, efetivos sobre uma província ou uma nação. Porque os formulam baseados nos astros que, segundo o ponto de vista mais provável, têm maior, porém não inevitável, influência sobre as ações da humanidade em geral – ou seja, sobre a população de uma nação ou de uma província – do que sobre uma pessoa em particular; e isso porque a maior parte de uma nação obedece mais fielmente à disposição natural dos corpos que um só homem. Mencionamos esse fato, porém, incidentalmente.

E a segunda das três formas pelas quais defendemos o ponto de vista católico refutando o erro herético dos astrólogos e dos matemáticos adivinhos que rendem culto à deusa da Fortuna. Destes, São Isidoro (*Ética,* VIII, 9) diz que assim se chamam por examinarem os astros para a feitura de seus horóscopos (sendo também chamados matemáticos); e no mesmo livro, segundo capítulo, diz que a Fortuna ganha seu nome do vocábulo *fortuidade*: uma espécie de deusa que escarnece das coisas humanas de forma casual ou fortuita. Pelo que é considerada cega, já que vagueia sem levar em conta o merecimento: atinge indiferentemente aos bons e aos maus. Assim pensa São Isidoro. Mas acreditar na existência dessa deusa, ou que os flagelos que atingem os corpos criaturais, atribuídos à bruxaria, na realidade procedam daí, é notória idolatria; e afirmar também que as bruxas já nasceram com o seu destino traçado – o de realizar atos de bruxaria pelo mundo – é igualmente alheio à verdadeira fé. E mesmo ao ensinamento geral dos filósofos. Quem quiser verificar o que estamos afirmando basta consultar Santo Tomás no terceiro livro da *Summa contra Gentiles*, 87° questão etc.

No entanto, cumpre não omitir um ponto, para auxiliar os que talvez não disponham de maior biblioteca. São três os atos humanos governados pelas causas celestiais: os atos da vontade, os atos do intelecto e os atos do corpo. Os primeiros são governados direta e exclusivamente por Deus, os segundos, pelos anjos, e os terceiros, pelos corpos celestes. A escolha e a vontade são, para as boas obras, diretamente governadas por Deus, conforme nos diz a Escritura, Provérbios, 21: "O coração do rei está nas mãos do Senhor, ele o inclina para qualquer parte que quiser." "O coração do rei" é expressão usada para dizer que se os poderosos não se podem opor à Sua vontade, muito menos os despossuídos o poderão. Diz-nos também São Paulo: "Deus é Quem nos faz desejar e realizar as boas obras."

O entendimento humano é governado por Deus pela intermediação dos anjos. E os atos corpóreos, naturais ao homem, sejam exteriores, sejam interiores, são também regidos por Deus, mas pela intermediação dos anjos e dos corpos celestes. Pois nos diz São Dionísio (*De Diuin. Nom.*, IV) que os corpos celestes são a causa daquilo que acontece neste mundo, sem que isso, porém, implique fatalidade.

E como o homem é governado, enquanto corpo, pelos corpos celestes, enquanto intelecto, pelos anjos, e enquanto vontade, por Deus, pode acontecer de ele rejeitar a inspiração de Deus para a bondade, de rejeitar a orientação de seus anjos bons e de ser, assim, conduzido pelos seus atributos corporais para onde lhes aponta a influência dos astros, a enredar na malícia e no erro a sua vontade e o seu entendimento.

Não há a possibilidade, entretanto, de alguém incidir, por influência dos astros, no tipo de erro para o qual as bruxas são atraídas à carnificina, aos roubos, aos assaltos, às piores obscenidades – e isso também vale para outros fenômenos naturais.

Ademais, conforme declara William de Paris em seu *De Uniuerso*, está provado pela experiência que quando uma prostituta planta uma oliveira, esta não dá frutos, embora dê frutos quando plantada por mulher virgem. E os médicos na cura, os lavradores no plantio e os soldados na guerra podem mais conseguir quando auxiliados pela influência dos astros do que outros de mesmo ofício e com a mesma habilidade.

A terceira forma pela qual defendemos o ponto de vista católico é pela refutação da crença do destino. Há de notar-se que a crença no destino, em certo sentido, é razoavelmente católica, mas, em outro, é completamente herética. Pois o destino pode ser entendido no sentido que lhe emprestam certos gentios e certos matemáticos adivinhos ao afirmarem que os diferentes atributos naturais do homem foram inevitavelmente causados pela força da posição dos astros, de sorte a serem os magos predestinados – mesmo os de caráter bom –, porque a disposição dos astros, no momento de sua concepção ou de seu nascimento, assim preestabelecera. Dão a essa força a designação de destino.

Mas essa opinião não só é falsa como herética e absolutamente execrável, por acarretar a anulação da culpabilidade, conforme se mostrou, a refutação do primeiro erro citado. Pelo que removeria todas as justificativas por merecimento ou por culpa, por graça e por glória: Deus se transformaria em autor de todo o nosso mal, e muitas outras incongruidades. Essa concepção de destino, portanto, precisa ser rejeitada por simplesmente inexistente. E aborda essa crença São Gregório ao declarar em sua homilia sobre a epifania: "Que fique longe do coração dos fiéis achar que existe qualquer destino."

E contudo, por causa da mesma incongruência percebida em ambas, essa opinião lembra, por similar, a outra, a respeito dos astrólogos. No entanto, são divergentes no que tange à força dos astros e ao influxo dos sete planetas.

O destino, porém, pode ser considerado espécie de disposição secundária, ou uma espécie de ordenação das causas secundárias para a produção dos efeitos divinos antevistos. Nesse sentido, há, verdadeiramente, um destino. Pois que a Providência Divina realiza Suas obras através de causas intermediárias – exatamente as obras sujeitas a causas secundárias; há obras, porém, que não se acham assim subordinadas – como a criação das almas, a glorificação e a aquisição da graça.

Também os anjos podem cooperar na infusão da graça pela iluminação e pela orientação do entendimento e da capacidade da vontade, sendo, portanto, possível dizer que o arranjo final dos resultados seria, ao mesmo tempo e univocamente, determinado pela Providência e, até mesmo, pelo destino. Há em Deus uma qualidade que pode ser chamada Providência – ou se pode dizer que Ele ordenou causas intermediárias para a realização de alguns de Seus propósitos; e nessa medida o destino é um fato racional. É nesse sentido que Boécio fala do destino

(*De Consolatione*, IV): "O destino é a disposição inerente dos corpos em movimento pelo que a Providência cinge as coisas por Ela ordenadas."

E contudo os instruídos santos recusam-se a usar esse nome, por causa dos que desvirtuam o seu significado vinculando-o à força da posição dos astros. Pelo que Santo Agostinho (*De Ciuitate Dei*, V) declara: "Se alguém atribuir as coisas humanas ao destino, por destino entendendo a vontade e o poder de Deus, deixai-o ter a sua opinião, mas que bem a explique e corrija."

É certo, então, que o que foi dito esclarece suficientemente a questão antes formulada, qual seja, se os atos de bruxaria estão ou não subordinados ao destino. Pois se por destino se entende o ordenamento das causas secundárias dos resultados divinos previstos – ao desejar Deus realizar seus propósitos através de causas secundárias –, então tais atos acham-se sujeitos às causas secundárias por Ele ordenadas – sendo a força dos astros uma delas. As coisas, no entanto, que provêm diretamente de Deus – a criação dos elementos substanciais ou espirituais, a glorificação de tais elementos e outras coisas semelhantes – não se acham subordinadas ao destino. Boécio, na obra citada, sustenta esse ponto de vista ao afirmar que as coisas que se acham próximas à Deidade primal estão além da influência dos decretos do destino. Logo, as obras das bruxas, por estarem fora do curso comum e da ordem da natureza, não se acham subordinadas a tais causas secundárias. Em outras palavras: quanto à sua origem, não estão subordinadas à fatalidade do destino, mas a outros fatores.

A bruxaria não é causada pelas forças que movem os astros.

Logo, assim como a bruxaria não é causada da maneira como havia sido sugerido, não é também determinada pelas essências independentes que compõem as forças moventes dos astros. Não obstante, era essa a opinião defendida por Avicena e sua escola. Argumentavam que as essências eram de poder superior ao de nossas almas; e a própria alma é capaz, por vezes, graças à força da imaginação (ou meramente por medo), de promover mudança no seu próprio corpo e, vez ou outra, até mesmo no corpo de outra pessoa. Quando um homem, por exemplo, caminha sobre uma prancha colocada a grande altura, cai facilmente. Pelo medo que invade seu pensamento, imagina que vai cair; se, no entanto, a prancha fosse colocada no chão, não cairia, pois não teria motivo para temer a queda. Por mera apreensão da alma, portanto, o corpo se inflama, no caso do concupiscente e do colérico, e se esfria, no caso do medroso. O corpo, ademais, por recear e imaginar fortemente tais coisas, pode acabar acometido de enfermidades, como a febre e a lepra. Assim, a alma, na mesma medida em que exerce influência sobre o corpo onde habita, é capaz de exercer influência idêntica sobre o corpo de outrem, no sentido da sanidade ou da doença; e a esse fenômeno se atribui a causa do encantamento maléfico, sobre a qual já havíamos comentado.

E como, de acordo com esse ponto de vista, os feitos das bruxas têm de ser atribuídos às forças que movem os astros – se não precisamente aos próprios astros –, cumpre que aditemos ao que já havíamos falado a respeito ser isso também impossível. Pois as forças que movem os astros são as essências, boas e inteligentes, não apenas por sua própria natureza, mas também por sua própria vontade, em conformidade com as suas obras que são para o bem de todo o universo. Mas a criatura pela qual são praticados os atos de bruxaria, mesmo que benévola em essência por natureza, não há de ser benévola pela sua vontade. Logo, é impossível defender o mesmo juízo a respeito das essências independentes e dessa essência criatural das bruxas.

Prova-se que a essência criatural referida não pode ser de bondade no que tange à vontade. Pois que não faz parte da inteligência perfeitamente ordenada estender o seu domínio aos que agem contra a virtude; e contra a virtude agem as bruxas. Porque mostraremos, na Parte II deste livro, que as bruxas cometem assassinato, praticam a fornicação e fazem o sacrifício de crianças e de animais – sendo chamadas bruxas pela natureza maligna de seus atos. Logo, a inteligência por cujo auxílio se realiza a bruxaria não há de ser a que se volta a favor da virtude; embora pudesse ser benévola em sua forma original, como tudo mais, conforme fica evidente para quem medita a respeito. Também não há de estar a inteligência benévola no espírito íntimo de criminosos, estendendo a eles seu apoio em detrimento dos virtuosos. Pois são os criminosos que se servem da bruxaria e que se tornam conhecidos por tais atos.

A função natural das essências que movem os astros é a de influenciar as criaturas para o bem, embora elas, muitas vezes, se corrompam por algum acidente. As essências, portanto, não são a causa original das bruxarias.

A par disso, compete aos bons espíritos conduzir os homens para aquilo que é bom na natureza humana e para o que traz a boa reputação; instigar os homens para o mal, portanto, e abandoná-los às coisas malignas, são atitudes vinculadas a espírito com predisposição para o mal. E pela astúcia de tal espírito os homens não progridem no sentido das obras meritórias – nas ciências, nas virtudes –, mas no das obras perversas – no roubo e em milhares de outros crimes. A origem de tais atos, portanto, não se encontra nas essências, mas em alguma força do mal que se volta contra a virtude.

Além disso, não é possível conceber a invocação de espíritos benignos para ajudar na consecução de crimes. E é isso o que se faz nos atos de bruxaria, pois que as bruxas abjuram a fé e sacrificam crianças inocentes. As essências que movem os astros, pela sua bondade, não ajudam nesses atos de bruxaria.

Em conclusão: os atos de bruxaria não têm a sua origem nas forças que movem os astros nem nos próprios astros. Devem ter sua origem em alguma força aliada a alguma criatura, e tal força não há de ser boa na sua vontade, embora pudesse sê-lo originalmente. Como os próprios Demônios correspondem a essa descrição, é pela força de seus poderes que tais atos são realizados.

A menos que, de fato, alguém pudesse levantar a fútil objeção de que a bruxaria tem sua origem na malícia humana – que a realizava através de maldições ou pragas e da disposição de imagens em certos lugares, com os astros em posição favorável. Uma bruxa, por exemplo, pega a sua imagem e diz a uma mulher:

– Eu a tornarei cega e coxa.

E assim acontece.

Acontece, porém, porque a mulher desde o seu nascimento havia de estar predestinada, pela disposição dos astros, a tal desgraça; e se tais palavras tivessem sido proferidas contra qualquer outra pessoa, não teriam surtido efeito. Pois objetaremos a esses argumentos em pormenores: em primeiro lugar, esses atos de bruxaria não podem ser causados pela malícia humana; em segundo lugar, não podem ser causados por palavras mágicas ou por imagens, sejam quais forem os astros em conjunção.

Bruxaria não se faz tão só pela malícia humana.

Cumpre provar, primeiro, que os atos de bruxaria não decorrem apenas da malícia humana, por maior que esta seja. Pois que a malícia de um homem pode ser habitual – quando este, pela prática frequente, adquire um hábito que o induz ao pecado (e não por ignorância, mas por fraqueza, caso em que peca pela sua perversidade). Ou pode ser malícia real, pelo que se faz menção à opção deliberada pelo mal, que é o pecado contra o Espírito Santo. Mas em nenhuma dessas instâncias o ser humano é capaz, sem o auxílio de alguma força superior, de promover, através de fórmulas mágicas, a mutação dos elementos, ou prejudicar o corpo físico dos homens e dos animais. E provemos isso, primeiro, quanto às causas, e, segundo, quanto aos efeitos das bruxarias.

Os seres humanos não são capazes de realizar tais atos sem malícia, ou seja, sem o enfraquecimento de sua própria natureza, e muito menos quando sua natureza já se encontrava enfraquecida; o que está claro já que sua virtude ativa já se encontrava diminuída. Mas os seres humanos, através de toda sorte de pecados e de perversidades, tornam-se enfraquecidos na sua bondade natural. É declaração provada pela razão e pela autoridade. Pois que nos diz Dionísio (*De Diuin. Nom.* IV): "O pecado é o resultado natural do hábito." Fala-nos aí do pecado da culpa. Pelo que ninguém que esteja cônscio de seu pecado torne a cometê-lo, salvo por revolta deliberada.

Respondo da seguinte maneira. O pecado da culpa guarda a mesma relação com o bem natural quanto o bem da graça guarda relação com o pecado natural. Mas, pela graça, se reduz o pecado natural. Portanto, muito mais é o bem natural diminuído pela culpa. E não é válido objetar que o encantamento, às vezes, seja provocado por mau-olhado de mulheres velhas sobre crianças, enfeitiçando-as e transmutando-as. Pois, conforme já se mostrou, isso só acontece às crianças pela sua delicada compleição. Falamos aqui, entretanto, dos corpos dos seres humanos e dos animais e até mesmo dos elementos e das tempestades de granizo. Para quem quiser aprofundar o assunto, recomendamos Santo Tomás nas questões que tratam do mal: "Se o pecado é capaz de corromper o bem natural na sua totalidade" etc.

Passemos aos efeitos das bruxarias. A partir dos efeitos chegamos ao conhecimento das causas. Tais efeitos, no que nos concerne, estão fora da ordem das coisas criadas, conforme nos é dado saber, e são produzidos pela força de alguma criatura que nos é desconhecida. Não obstante, não são milagres, ou seja, fenômenos fora da ordem da totalidade da natureza criada. Os milagres são causados pelo poder de Quem se acha acima da totalidade das ordens da criação natural e que é o poder do Deus abençoado; porque foi dito: "Só a Deus cabe operar milagres." Portanto, também as ordens das bruxas são consideradas miraculosas, enquanto causadas por fatores desconhecidos de nós, e fora da ordem da natureza criada, conforme nos é dado saber. Donde se conclui que a virtude corpórea de um homem não pode se estender à causa de tais obras; pois, no caso do homem, a causa com seu efeito natural é reconhecida naturalmente e sem milagre.

E claro está que as obras das bruxas podem ser, em certo sentido, chamadas miraculosas, enquanto excedem o conhecimento humano, pela sua própria natureza; porque não são feitas naturalmente. Também é mostrado por todos os doutores da Igreja, mormente por Santo Agostinho, no 83º livro, que pelas artes mágicas muitos milagres são operados de forma semelhante aos operados pelos servos de Deus. No mesmo livro ele declara que os magos operam milagres por contratos particulares ou privados, os bons cristãos por justiça pública e os maus cristãos através de signos da justiça pública. E tudo isso é explicado da seguinte maneira. Há a justiça divina em todo o universo, assim como há a legislação pública no Estado. Mas a virtude de qualquer criatura guarda relação com o universo, assim como a da pessoa, individualmente, guarda relação com o Estado. Portanto, na mesma medida em que os bons cristãos operam milagres pela justiça divina, diz-se que os maus os operam pela justiça pública. Mas o mago, como os opera através de pacto firmado com o Diabo, o faz, diz-se, por contrato privado, pois que os opera por meio do Diabo que, pelos seus poderes naturais, é capaz de atuar fora da ordem da natureza criada que é de nós conhecida, embora por meio de uma criatura que nos é desconhecida; e, por isso, tal efeito nos parecerá um milagre, embora não o seja exatamente, já que não lhe é permitido operar fora da ordem da totalidade da natureza criada, nem através de todas as virtudes das criaturas que nos são desconhecidas. Pelo que se diz só Deus ser capaz de operar milagres. E foi dito: "Apenas Vós, Senhor Deus, sois capaz de operar milagres." Mas os maus cristãos operam-nos mediante signos da justiça pública, invocando o Nome de Cristo, ou exibindo certos Sacramentos. Ver Santo Tomás na primeira parte das questões, IH, art. 4. E também as conclusões na Parte II desta obra, capítulo VI.

Que a bruxaria não é exercida e operada por vozes e palavras proferidas sob a influência favorável dos astros.

Tampouco procede a bruxaria de palavras proferidas sobre imagens por ocasião de conjunções astrais favoráveis. Pois que o intelecto de um homem é de natureza tal que seu conhecimento advém das coisas, e os fantasmas precisam ser racionalmente examinados. Não é de sua natureza, por simples pensamento ou por operação intrínseca de seu intelecto, fazer com que coisas aconteçam pelo mero pronunciar de palavras. Se assim fosse, os homens dotados desse poder não seriam da mesma natureza que nós, e só por equívoco seriam chamados homens.

Mas diz-se que operam tais prodígios quando os astros, no horóscopo, lhes são favoráveis; do que se conclui que seriam capazes de operar maravilhas pela força de palavras tão somente, em certas condições, com o auxílio dos astros do horóscopo da sua vítima. Tem-se, porém, que esse enunciado é absolutamente falso pelo que já se considerou a propósito dos astrólogos e dos adivinhos.

Não só isso: as palavras exprimem a concepção do pensamento; e os astros não têm o poder de influenciar o entendimento humano, nem as forças que os movem, mesmo que assim desejassem, por si próprias, independentemente do movimento dos astros, no sentido de iluminar o entendimento; tal só se daria com relação às boas obras, pois que o entendimento humano se ensombrece – e não se ilumina – para a realização das obras do mal; tal é função não de espíritos benignos, mas de espíritos malignos. Fica claro, portanto, que, se há alguma eficácia em suas palavras, não há de ser por causa dos astros, e sim por causa de alguma inteligência que, embora possa ser benévola por sua própria natureza, não há de ser com relação à vontade, já que sempre atua para a consecução do mal; e tal inteligência é o próprio Diabo, conforme demonstramos.

E pode-se também dizer que os homens não são capazes de operar tais coisas através do uso de imagens influenciadas, por assim dizer, pelos astros. Pois tais imagens, marcadas por caracteres e por figuras vários, são o resultado de obra humana. Embora os astros causem efeitos naturais, tal raciocínio não se aplica aos efeitos causados pela ação de bruxas malignas, que, para desgraça das criaturas, agem em desacordo com a ordem habitual da natureza. Pelo que tal argumento é irrelevante.

Já demonstramos antes existirem dois tipos de imagens. As dos astrólogos e dos magos não se destinam à corrupção dos seres, mas à conquista de algum bem em particular. As imagens das bruxas, contudo, são bem diversas: são sempre secretamente colocadas em determinados lugares para que, pelo comando do Diabo, prejudiquem as criaturas; e, conforme nos confessam as próprias bruxas, as pessoas que caminham ou dormem sobre elas são sempre prejudicadas. Pelo que, qualquer que seja o efeito produzido, o é por meio de Demônios, e nunca pela influência dos astros.

Aos argumentos. Cumpre, primeiro, que entendamos as palavras de Santo Agostinho ao dizer que a causa da depravação do homem reside na sua própria vontade. Está nessa passagem referindo-se à causa que produz o efeito; e que, oportunamente, é assim chamada causa. Mas não quer com isso dizer que seja essa a causa que permite o efeito – ou que o condiciona, o sugere ou o fomenta; esta, nesse sentido, se encontra no Diabo, que, assim, passa a ser a causa do pecado e da depravação; só Deus permitindo que o bem possa proceder do mal. Assim diz Santo Agostinho: "O Diabo dá a sugestão interior, e persuade o homem, tanto interna quanto externamente, por estimulação mais ativa. Mas instrui os que se acham inteiramente sob seu poder, como é o caso das bruxas, para quem é desnecessário tentar pelo interior, mas tão só pelo exterior" etc.

E chegamos assim ao segundo argumento. Está em cada um de nós, pelo direto entendimento, a causa de nossa própria perversidade. Cumpre dizer que, embora fosse contrário à doutrina do livre-arbítrio sustentar que o homem pudesse ser influenciado por comando direto, não o é sustentar que possa ser influenciado pela sugestão.

Em terceiro lugar, os impulsos para o bem ou para o mal podem ser sugeridos pela influência dos astros – os impulsos seriam assim recebidos como uma inclinação para a virtude ou para os vícios humanos. Mas as obras das bruxas estão fora da ordem comum da natureza e, portanto, não estão submetidas a tais influências.

O quarto argumento é igualmente claro. Pois que, embora os astros sejam a causa dos atos humanos, a bruxaria não é propriamente um ato humano.

No quinto argumento temos que as forças que movem os astros são capazes de influenciar as almas. Quando se entende tal enunciado diretamente, tal influência se há de fazer por iluminação no sentido da bondade, nunca por bruxaria, conforme se demonstrou. Quando, porém, se entende tal enunciado mediatamente, teríamos então que é por meio dos astros que as bruxas exercem uma influência indireta e sugestiva.

Em sexto lugar, são duas as razões por que os Demônios molestam os homens em certas fases da Lua. Primeiro, são capazes de desprestigiar os corpos criados por Deus, como a Lua, conforme nos dizem São Jerônimo e São João Crisóstomo. Segundo, porque não são capazes de operar, conforme se disse antes, sem o intermédio das forças naturais. Passam, portanto, a estudar as aptidões dos corpos para receberem impressões; e portanto, conforme diz Aristóteles, o cérebro é das partes do corpo a mais úmida, é a parte mais propensa às influências da Lua, que, de per si, tem o poder de incitar humores. Não apenas isso: as forças animais são aperfeiçoadas no cérebro e, portanto, os Demônios perturbam, com certas influências, a imaginação dos homens de acordo com certas fases da Lua, quando o cérebro se acha mais propenso para recebê-las.

São também duas as razões por que os Demônios se apresentam como conselheiros durante certas conjunções astrais. Primeiro, são capazes de levar os homens a acreditar erroneamente na existência de alguma divindade nas estrelas. Segundo, porque pensam que, sob a influência de alguma constelação, a matéria corpórea seja mais propensa aos atos almejados.

Diz-nos Santo Agostinho em *De Ciuitate Dei*, XXXVI: "Os Demônios são atraídos por vários tipos de pedras, de ervas, de árvores, de animais, de canções e de instrumentos musicais, não como são atraídos os animais por alimento, mas como os espíritos por sinais, como se tais objetos lhes fossem exibidos em sinal da honra divina pela qual anseiam."

Mas, não raro, objeta-se que os Demônios são impedidos de molestar os homens através de ervas e de música; e em defesa desse ponto de vista se menciona a passagem escriturística de Saul e do efeito da música da harpa. Procura-se, destarte, argumentar que algumas pessoas são capazes de realizar bruxaria através de certas ervas e de certos fatores ocultos, sem o auxílio de Demônios, tão somente com o recurso dos astros, os quais exerceriam poder mais direto sobre os corpos materiais (para a promoção de efeitos corpóreos) do que sobre os Demônios (para a produção dos efeitos da bruxaria).

Embora convenha responder a tal objeção de forma mais abrangente, cumpre atentar que as ervas e a música não são capazes, por sua própria virtude natural, de neutralizar inteiramente os males que os Demônios infligem aos homens, com a permissão de Deus e dos anjos do bem. São capazes, todavia, de mitigar tais males, os quais podem ser de natureza tão leve que chegam a eliminá-los completamente. Mas se têm tal efeito, não há de ser por combate direto aos Demônios – já que estes são de uma substância espiritual distinta, contra a qual nada de natureza material é capaz de ter efeito –, mas por combate ao mal verdadeiro causado pelo

Diabo. Pois toda causa que tem poder limitado é capaz de produzir efeito mais intenso sobre uma substância apropriada do que sobre uma substância inapropriada. Consultar Aristóteles, em *De Anima*. As ervas e os demais elementos que se mostram eficazes, são-no em paciente predisposto a tal. Porém, o Diabo é agente de poderes limitados, e, portanto, capaz de infligir aflição mais violenta em homem predisposto do que em homem com predisposição adversa. O Diabo é capaz, por exemplo, de induzir sentimento mais profundo de inveja em homem com esse tipo de predisposição humoral do que em homem com predisposição contrária.

E mais: certo é que as ervas e a música são capazes de modificar a inclinação dos corpos criaturais e, consequentemente, de mudar as emoções. Isso é evidente no caso das ervas, já que algumas deixam os homens alegres, outras os deixam tristes e assim muitas outras. É isso evidente também no caso da música, como nos mostra Aristóteles (*Política*, VIII), ao declarar que diferentes harmonias produzem diferentes sentimentos no homem. Boécio também fala desse fenômeno em sua *Música*. E também disso nos fala o autor de o *Nascer do conhecimento*, ao mencionar a utilidade da música na cura ou no alívio de várias enfermidades. Assim sendo, embora inalterados os demais fatores, pode a música ajudar a mitigar o sofrimento.

Mas não vejo de que modo as ervas e a música seriam capazes de criar disposição tal que de nenhuma forma o homem fosse molestado por Demônios. Mesmo que isso fosse permitido, o Diabo, movendo-se apenas no vapor local do espírito, seria capaz de afligi-lo gravemente no plano do sobrenatural. As ervas e as harmonias musicais não são capazes, no entanto, por virtude natural, de criar no homem semelhante disposição, de forma a prevenir a comoção almejada pelo Diabo. Acontece porém que, às vezes, é permitido ao Diabo só infligir mal de pequena monta, de tal sorte que, graças a uma forte predisposição contrária, possa ser totalmente neutralizado; temos então que algumas ervas ou certas harmonias musicais são capazes de conferir ao corpo humano predisposição contrária, de sorte a remover por completo o mal infligido: o Diabo, por exemplo, pode exasperar o homem com a tristeza; mas de forma tão tênue que ervas e harmonias, capazes de enlevar e soerguer o espírito, num efeito contrário ao do sentimento de tristeza, consigam removê-la totalmente.

Não só isso: Santo Agostinho, em seu segundo livro *De Doctrina Christiana*, condena os amuletos e outros objetos, por atribuir sua virtude às artes mágicas, declarando não possuírem, em si próprios, qualquer poder natural. É bem claro ao dizê-lo. A essa categoria pertencem todos os amuletos e encantamentos condenados pela Escola dos Médicos, que muito claramente condena o seu uso por não terem eficácia por suas próprias virtudes.

Quanto à passagem bíblica em que Saul, exasperado por Demônios, é aliviado pela harpa de Davi (I Reis, 16), cumpre esclarecer que é verdade ter sido a aflição de Saul mitigada, em grande medida, pela virtude natural da harmonia ao soar da harpa: a música acalmou-lhe o ânimo pelo sentido da audição e, já calmo, menos propenso ficou àquela exasperação. Mas o motivo pelo qual o espírito do mal se afastou não estava no poder do som da harpa, mas no poder da cruz, o que é claramente demonstrado pela glosa onde diz: "Davi tinha instrução musical, conhecia com habilidade as diferentes notas e as modulações harmônicas. Demonstrava a unidade essencial ao tocar a cada dia em vários modos. Contudo, repeliu o espírito do mal pela harpa não porque dela emanasse tamanha virtude, mas porque o instrumento tinha a configuração de uma cruz: uma cruz de madeira por onde, transversalmente, se estendiam as cordas. Já naquele tempo os Demônios fugiam da cruz."

QUESTÃO VI

Sobre as bruxas que copulam com Demônios. Por que principalmente as mulheres se entregam às superstições diabólicas.

Há também, a respeito das bruxas que copulam com Demônios, muitas dificuldades ao considerarem-se os métodos pelos quais tal abominação é consumada. Da parte do Demônio: primeiro, de qual dos elementos que compõem o corpo ele se utiliza; segundo, se o ato é sempre acompanhado da injeção do sêmen recebido de outro homem; terceiro, quanto ao momento e ao lugar, ou seja, se pratica o ato mais frequentemente em determinado momento do que em outro; quarto, se o ato não é visível aos que estão perto. Da parte das mulheres, cumpre indagar se apenas as que foram concebidas dessa forma obscena são frequentemente visitadas pelos Demônios, ou se o são apenas aquelas oferecidas aos Demônios pelas parteiras por ocasião de seu nascimento; e, por fim, se o deleite com o ato venéreo é de algum tipo mais fraco. Não poderemos aqui responder a todas essas questões por estarmos empenhados tão somente num estudo geral e porque na Parte II desta obra todas serão explicadas separadamente (no capítulo IV da Questão I, onde se faz menção a cada método em separado). Vamos nos deter por ora, no problema das mulheres; e, em primeiro lugar, tentaremos explicar por que essa perfídia é mais encontradiça nas pessoas do sexo frágil e não em homens. Nossa primeira indagação será de caráter geral - quanto às condições gerais das mulheres; a segunda será particular - quanto ao tipo de mulher que se entrega à superstição e à bruxaria; e por fim a terceira, específica às parteiras, que superam todas as demais em perversidade.

Por que a superstição é encontrada principalmente em mulheres.

É um fato que maior número de praticantes de bruxaria é encontrado no sexo feminino. Fútil é contradizê-lo: afirmamo-lo com respaldo na experiência real, no testemunho verbal de pessoas merecedoras de crédito. E sem de modo algum aviltar o sexo a quem Deus confiou a glória magna de espalhar largamente o Seu poder, digamos que diversos homens têm identificado para esse fenômeno várias razões, que no entanto são, em princípio, consoantes. Pelo que é de bom alvitre, a título de advertência às mulheres, falar do assunto; tem-se provado pela experiência que são elas as que mais anseiam por ouvir a respeito, desde que se lhes fale com discrição.

Alguns homens instruídos propõem o seguinte motivo. Existem três coisas na natureza - as línguas, os eclesiásticos e as mulheres - que, seja na bondade, seja no vício, não conhecem moderação; e quando ultrapassam os limites de sua condição atingem as maiores alturas na bondade e as mais fundas profundezas no vício. Quando governados por espíritos do bem, atingem o acme da virtude; mas, quando governados por espíritos do mal, se comprazem nos piores vícios possíveis.

Isso está claro no caso das línguas, já que pelo seu ministério a grande maioria dos reinos foi convertida à Fé Cristã; e o Espírito Santo apareceu sobre os apóstolos de Cristo em línguas de fogo. Outros pregadores as têm como se fossem línguas de cães, a lamberem as feridas e as úlceras de Lázaro moribundo. Pois está escrito: "Com as línguas dos cães salvastes as vossas almas do inimigo."

Por essa razão São Domingos, o líder e fundador da Ordem dos Dominicanos, é representado pela figura de um cão ladrador com uma tocha acesa na boca que, pelo seu latido, é capaz mesmo ainda hoje de manter afastados os lobos hereges do rebanho das ovelhas de Cristo.

Também é experiência comum que a língua de um homem prudente é capaz de apaziguar os ânimos altercados de uma multidão. Pelo que, não injustamente, canta Salomão em louvor de graças (Provérbios, 10): "Nos lábios do sábio encontra-se a sabedoria." E, mais adiante: "A língua do justo é prata finíssima; o coração dos maus, porém, para nada serve." E ainda mais adiante: "Os lábios dos justos nutrem a muitos, mas os néscios perecem por falta de inteligência." Para essa causa adita ainda a passagem no capítulo 16: "Cabe ao homem formular projetos em seu coração, mas do Senhor vem a resposta da língua."

Mas sobre as línguas maldosas cabe mencionar a passagem do Eclesiástico, 28: "A língua de um terceiro abalou muitos deles, e os afugentou de uma nação a outra; destruiu as cidades fortes dos ricos e arrasou as casas dos poderosos." Por língua de um terceiro se faz referência a um terceiro que temerária ou maldosamente interfere na contenda entre duas partes.

Em segundo lugar, sobre os eclesiásticos, ou seja, os clérigos e religiosos de ambos os sexos, São João Crisóstomo diz: "Ele expulsou os vendilhões do templo." Do sacerdócio provém tudo de benévolo e tudo de malévolo. São Jerônimo, em sua Epístola a Nepociano, diz: "Foge de um padre comerciante como foges da peste, daquele que da pobreza chegou à riqueza, do que de baixa condição social atingiu condição social elevada." E São Bernardo, em sua 23ª homília *Sobre os salmos*, diz dos clérigos: "Se aparecer algum francamente herege, que seja expulso e posto em silêncio; se for inimigo violento, permiti que todos os bons homens dele se afastem. Mas de que modo saberemos quem expulsar e de quem fugir? Pois que são eles ambiguamente amigáveis e hostis, pacíficos e briguentos, amáveis e absolutamente egoístas."

E em outra passagem: "Nossos bispos transformaram-se em soldados e nossos pastores, em carrascos." Por bispos referia-se aos abades que impunham pesadas tarefas aos seus inferiores mas que eles próprios não moveriam um dedo para realizar. E diz-nos São Gregório sobre os pastores: "Não há quem mais mal faça à Igreja do que aqueles que, tendo recebido a ordem da santidade, vivem no pecado; porquanto ninguém se atreve a acusá-los de pecadores e, portanto, o pecado se dissemina, já que o pecador é honrado pela santidade de sua ordem." Santo Agostinho fala também dos monges a Vicente, o Donatista: "confesso-lhe livremente, perante o Senhor nosso Deus, que é testemunha de minha alma desde o tempo em que comecei a servi-lo, da enorme dificuldade que experimentei no fato de haver-me sido impossível encontrar homens piores ou melhores do que aqueles que dignificam ou desgraçam os mosteiros."

Da perversidade das mulheres fala-se no Eclesiástico, 25: "Não há veneno pior que o das serpentes; não há cólera que vença a da mulher. É melhor viver com um leão e um dragão que morar com uma mulher maldosa." E entre o muito que, nessa passagem escriturística, se diz da malícia da mulher, há uma conclusão: "Toda malícia é leve, comparada com a malícia de uma mulher." Pelo que São João Crisóstomo comenta sobre a passagem "É melhor não se casar" (Mateus, 19): "Que há de ser a mulher senão uma adversária da amizade, um castigo inevitável, um mal necessário, uma tentação natural, uma calamidade desejável, um perigo doméstico, um deleite nocivo, um mal da natureza, pintado de lindas cores! Portanto, sendo pecado dela divorciar-se, conviver com ela passa a ser tortura necessária: ou cometemos o adultério, repudiando-a, ou somos obrigados a suportar as brigas diárias." Diz Cícero no segundo livro da sua *Retórica*: "A lascívia multímoda dos homens leva-os a um só pecado, mas a lascívia unívoca das mulheres as conduz a todos os pecados; pois que a raiz de todos os vícios da mulher é a cobiça." E diz Sêneca no seu *Tragédias*: "A mulher ou ama ou odeia. Não há meio-termo. E as suas lágrimas são falazes, porque, ou brotam de verdadeiro pesar, ou não passam de embuste. A mulher que solitária medita, medita no mal."

Mas para as mulheres de boa índole são muitíssimos os louvores, e lemos que têm trazido a beatitude aos homens e têm salvado nações, terras e cidades; como claro está no caso de Judite, de Débora e de Ester. Ver também I Coríntios, 7: "Se uma mulher desposou um marido pagão e este consente em coabitar com ela, que não o repudie. Porque o marido que não tem a fé é santificado por sua mulher." E no Eclesiástico, 26: "Abençoado o homem que tem uma boa mulher, pois se duplicará o número de seus anos." E por todo o capítulo muito se louva a excelência da mulher virtuosa; o mesmo constatando-se também no último capítulo dos Provérbios.

E tudo isso fica claro também no Novo Testamento, ao tratar das mulheres, das virgens e de outras santas que converteram reinos e nações idólatras à religião cristã. Basta consultar Vicente de Beauvais (*In Spe. Histor.*, XXVI, 9) para verificar as maravilhas a respeito da conversão dos húngaros por Gisela, a cristã devota, e dos francos por Clotildes, a esposa de Clóvis. No entanto, em muitas vituperações que lemos contra as mulheres, o vocábulo mulher é usado para indicar a lascívia da carne. Conforme é dito: "Encontrei uma mulher mais amarga que a morte e uma boa mulher subordinada à concupiscência carnal."

Outros têm ainda proposto muitas outras razões para explicar o maior número de mulheres supersticiosas do que de homens. E a primeira está em sua maior credulidade; e, já que o principal objetivo do Diabo é corromper a fé, prefere então atacá-las. Ver Eclesiástico, 19: "Aquele que é crédulo demais tem um coração leviano e sofrerá prejuízo."

A segunda razão é que as mulheres são, por natureza, mais impressionáveis e mais propensas a receber a influência do espírito descorporificado; e quando se utilizam com correção dessa qualidade, tornam-se virtuosíssimas, mas quando a utilizam para o mal, tornam-se absolutamente malignas.

A terceira razão é que, possuidoras de língua traiçoeira, não se abstêm de contar às suas amigas tudo o que aprendem através das artes do mal; e por serem fracas, encontram modo fácil e secreto de se justificarem através da bruxaria. Ver a passagem do Eclesiástico, já mencionada: "É melhor viver com um leão ou um dragão que morar com uma mulher maldosa." "Toda a malícia é leve, comparada com a malícia de uma mulher." E podemos aí aditar que agem em conformidade com o fato de serem muitíssimo impressionáveis.

Há ainda quem traga à baila outras explicações. Os pregadores devem ficar muito atentos para a forma como as utilizar. É verdade que no Antigo Testamento as Escrituras têm muito a dizer sobre a malevolência das mulheres, e isso em virtude da primeira mulher sedutora, Eva, e de suas imitadoras; depois, contudo, no Novo Testamento, há uma mudança do nome de Eva para Ave (conforme nos diz São Jerônimo), e todo o pecado de Eva é expungido pela bem-aventurança de Maria. Portanto, cabe aos pregadores muito louvá-las sempre que possível.

Porém, como nos nossos tempos essa perfídia é mais encontrada em mulheres do que em homens, conforme nos ensina a experiência, para os ainda mais curiosos a respeito da razão do fenômeno, acrescentamos o que já foi mencionado: por serem mais fracas na mente e no corpo, não surpreende que se entreguem com mais frequência aos atos de bruxaria.

Pois no que tange ao intelecto, ou ao entendimento das coisas espirituais, parecem ser de natureza diversa da do homem; fato que é defendido pela lógica das autoridades respaldadas em vários exemplos das

Escrituras. Diz-nos Hecira: "As mulheres, intelectualmente, são como crianças." E declara-nos Lactâncio (*Institutiones*, III): "Nenhuma mulher chegou a compreender a filosofia, exceto Temeste." E nos Provérbios, 11 há esta passagem descrevendo uma mulher: "Um anel de ouro no focinho de um porco, tal é a mulher formosa e insensata."

Mas a razão natural está em que a mulher é mais carnal do que o homem, o que se evidencia pelas suas muitas abominações carnais. E convém observar que houve uma falha na formação da primeira mulher, por ter sido ela criada a partir de uma costela recurva, ou seja, uma costela do peito, cuja curvatura é, por assim dizer, contrária à retidão do homem. E como, em virtude dessa falha, a mulher é animal imperfeito, sempre decepciona e mente. Pois diz Cato: "Quando uma mulher chora, está urdindo uma cilada." E prossegue: "Quando uma mulher chora, trabalha para enganar um homem." O que é demonstrado pelo caso da mulher de Sansão, que o persuadiu a lhe contar o segredo de sua força para depois apresentá-lo aos filisteus, assim enganando-o. E claro está que a primeira mulher tinha pouca fé; porque, quando a serpente lhe perguntou por que não comia de todas as frutas do Paraíso, ela respondeu: "Podemos comer do fruto das árvores do jardim mas... para que não morrais." Demonstrando assim que duvidava e que pouca fé tinha na palavra de Deus. E tal é o que indica a etimologia da palavra que lhe designa o sexo, pois *Femina* vem de *Fe* e *Minus*, por ser a mulher sempre mais fraca em manter e em preservar a sua fé. E isso decorre de sua própria natureza; embora a graça e a fé natural nunca tenham faltado à Virgem Santíssima, mesmo por ocasião da Paixão de Cristo, quando carecia a todos os homens.

Portanto, a mulher perversa é, por natureza, mais propensa a hesitar na sua fé e, consequentemente, mais propensa a abjurá-la – fenômeno que conforma a raiz da bruxaria.

E a respeito de sua outra qualidade mental, qual seja, a sua vontade natural, cumpre dizer que, ao odiar alguém que antes amava, passa a agitar com ira e impaciência toda a sua alma, exatamente como a força da maré ondulando e agitando os mares. Muitas autoridades fazem alusão a essa causa. Eclesiástico, 25: "Não há cólera que vença a da mulher." E Sêneca (*Tragédias*, VIII): "Nem labaredas sinistras, nem ventos assoladores, nem armas mortíferas: nada há de mais temível que a lascívia e o ódio de uma mulher repudiada do leito matrimonial."

E isso é também comprovado pelo caso da mulher que, em falso testemunho, acusou José e causou-lhe a prisão por não ter consentido em praticar, com ela, o crime de adultério (Gênesis, 30). A causa mais poderosa a contribuir para o crescimento da bruxaria reside na rivalidade deplorável entre pessoas casadas e homens e mulheres solteiros. Se isso já ocorre entre as mulheres devotas e santas, que dizer entre as demais? Basta consultar o Gênesis, 21. Qual não foi a impaciência e a inveja de Ágar manifestada por Sara quando a primeira concebeu; como enciumada de Leia ficou Raquel porque não tivera filhos (Gênesis, 30); e a inveja de Ana, que era estéril, da fértil Fenena (I Reis, 1); e de como Míriam (Números, 12), por ter falado mal de Moisés, acabou por contrair lepra; e de como Marta tinha ciúmes de Maria Madalena, porque, enquanto trabalhava, Maria ficava sentada (Lucas, 10). Vemos sobre esse ponto o que diz o Eclesiástico, 37: "Não vás consultar uma mulher sobre sua rival." Querendo com isso dizer ser inútil consultá-la, porque sempre haverá ciúme, ou seja, inveja, na mulher perversa. E se entre si assim se comportam as mulheres, muito pior será com relação aos homens.

Valério Máximo conta-nos que quando Forônio, o rei dos gregos, estava à morte, disse a seu irmão Leôncio que nada lhe faltava para completar-lhe a felicidade, pois que nunca tivera esposa. E quando Leôncio perguntou-lhe de que modo poderia uma mulher obstar o caminho da felicidade, respondeu-lhe Forônio que todos os homens casados sabiam perfeitamente a resposta. E quando perguntaram ao filósofo Sócrates se ele se casaria, respondeu: "Se não nos casamos, tornamo-nos solitários, extinguimos nossa família, e nossa herança vai para a mão de um estranho; quando nos casamos, porém, padecemos de perpétua ansiedade, de queixas lamuriosas, da censura do cônjuge, do intenso desprazer nas relações, da garrulice da sogra, da infidelidade e da incerteza da vinda de um herdeiro." E fez essa declaração porque bem conhecia o problema. Pois como nos conta São Jerônimo em seu *Contra Iouinianum*: "Este Sócrates teve duas esposas, e embora as suportasse com muita paciência, não conseguia livrar-se de suas contumélias e de suas vituperações clamorosas. Assim, certo dia, quando ambas dele se aproximaram a queixarem-se, saiu e sentou-se diante da casa para escapar daquela amolação; mas as mulheres acabaram jogando-lhe por cima água suja. O filósofo, contudo, não se deixou abalar, dizendo: 'Eu sabia que depois do trovão viria a tempestade.'"

Há também a história de um homem que, tendo a esposa afogada num rio, começou a procurar pelo corpo para retirá-lo da água, caminhando porém em sentido contrário ao da correnteza. E quando indagado por que assim procedia, já que os corpos pesados sempre são arrastados pela correnteza, respondeu: "Quando viva, essa mulher, por palavras e por atos, sempre foi contrária às minhas ordens. Portanto, procuro-a na direção contrária porque, mesmo morta, talvez ainda conserve aquela disposição contrária à minha."

E, com efeito, assim como, em virtude da deficiência original em sua inteligência, são mais propensas a abjurarem a fé, por causa da falha secundária em seus afetos e paixões desordenados também almejam, fomentam e infligem vinganças várias, seja por bruxaria, seja por outros meios. Pelo que não surpreende que tantas bruxas sejam desse sexo.

As mulheres possuem também memória fraca; e nelas a indisciplina é um vício natural: limitam-se a seguir seus impulsos sem qualquer senso do que é devido; e sua instrução segue a medida da sua indisciplina, pois muito pouco lhes é dado guardar na memória. Assim diz Teofrasto: "Quando entregamos a tutela de nossa casa para a mulher, reservando, porém, para nossa própria decisão algum ínfimo pormenor, julga estarmos manifestando para com ela grave falta de consideração e de confiança, julga estarmos incitando briga; a menos que rapidamente nos aconselhemos, resolvendo o problema, ela nos vai preparar veneno, vai consultar videntes e feiticeiros e acabar se transformando numa bruxa."

Mas, quanto ao domínio exercido pelas mulheres, ouçamos o que nos diz Cícero nos *Paradoxos*. Pode ser chamado de homem livre aquele cuja esposa o governa, cuja esposa lhe impõe leis, lhe ordena e o proíbe de fazer o que deseja, de sorte a não poder negar qualquer coisa que ela lhe peça? Eu o chamaria não apenas de escravo, mas de o mais desprezível dos escravos, mesmo quando descendente de família nobre. E Sêneca, na descrição do caráter de Medeia, diz: "Por que deixas de seguir o teu ímpeto de felicidade? De que tamanho é a vingança em que te regozijas?" Onde adita muitas provas de que a mulher não se controlará e seguirá os seus impulsos até a própria destruição. Da mesma forma, lemos a respeito das muitas mulheres que se mataram por amor ou por pesar, por não serem capazes de elaborar a sua vingança.

São Jerônimo, escrevendo sobre Daniel, conta-nos a história de Laodiceia, esposa de Antióquio, rei da Síria: enciumada, e para que seu esposo não amasse Berenice, sua outra mulher, mais do que a si mesma, fez com que, primeiro, ele, Antióquio, assassinasse Berenice e sua filha para, depois, se envenenar. E por quê? Porque, não conseguindo refrear-se, acabou cedendo a seus próprios impulsos. Portanto, diz-nos

São João Crisóstomo, não sem razão: "Ó! Mal pior que todos os males, o da mulher perversa, seja rica ou seja pobre. Pois se é mulher de um homem rico, não cessa, noite e dia, de excitá-lo com picardias, usando de adulações maléficas e de importunações violentas. Mas se é mulher de homem pobre, não cessa de instigá-lo ao ódio e à briga. E se é uma viúva, aonde vai fica a desprezar a todos, inflamada em sua astúcia pelo espírito do orgulho."

Se perquirirmos devidamente vamos descobrir que quase todos os reinos do mundo foram derrubados por mulheres. Troia, cidade próspera, foi, pelo rapto de uma mulher, Helena, destruída e, assim, assassinados milhares de gregos. O reino dos judeus padeceu de muitos flagelos e de muita destruição por causa de Jezebel, a maldita, e de sua filha Atália, rainha de Judá, que causou a morte dos filhos de seu filho para que pudesse reinar; e cada um deles foi assassinado. O Império Romano sofreu penosamente nas mãos de Cleópatra, a rainha do Egito, a pior de todas as mulheres. E assim com muitas outras. Portanto, não admira que hoje o mundo padeça em sofrimentos pela malícia das mulheres.

Passemos a examinar agora os desejos carnais do próprio corpo, de onde provém o mal desarrazoado da vida humana. Concordamos com o que diz Cato de Utica: "Se pudéssemos livrar o mundo das mulheres, não ficaríamos afastados de Deus durante o coito. Pois que, verdadeiramente, sem a perversidade das mulheres, para não falar da bruxaria, o mundo ainda permaneceria à prova de inumeráveis perigos." Ouçamos o que diz Valério a Rufino: "Tu não sabes que a mulher é a Quimera, embora fosse bom que o soubesses, pois aquele monstro apresentava três formas: a cabeça, nobre e radiante, era a de um leão; o ventre obsceno, era o de uma cabra; e a cauda virulenta, era a de uma víbora." Queria assim dizer que a mulher, embora seja bela aos nossos olhos, deprava ao nosso tato e é fatal ao nosso convívio.

Consideremos outra de suas propriedades – a voz. Mentirosas por natureza, o seu discurso a um só tempo nos aguilhoa e nos deleita. Pelo que sua voz é como o canto das sereias, que com sua doce melodia seduzem os que se lhes aproximam e os matam. E os matam esvaziando as suas bolsas, consumindo as suas forças e fazendo-os renunciar a Deus. Torna a dizer Valério a Rufino: "A mulher, ao falar, provoca um deleite com sabor de pecado; a flor do amor é a rosa, porque sob o seu botão se escondem muitos espinhos." Ver Provérbios 5, 3-4: "Porque os lábios da mulher alheia destilam mel, seu paladar é mais oleoso que o azeite. No fim, porém, é amargo como o absinto." [Sua garganta é mais oleosa que o azeite. Mas as suas partes inferiores são mais amargas que o absinto.]

Consideremos também o seu andar, a sua postura e o seu hábito, onde reside a vaidade das vaidades. Não há homem no mundo que tanto se dedique aos seus estudos para agradar a Deus quanto uma mulher se dedica a suas vaidades para agradar os homens. Exemplo disso é encontrado na vida de Pelagia, a meretriz que se aproximou de Antióquio enfeitada e adornada da forma mais extravagante. Um santo padre, chamado Nono, viu-a e começou a chorar dizendo a seus companheiros que nunca, em toda a sua vida, se empenhara com tanta diligência em agradar a Deus; e tudo o que ainda disse dessa impressão acha-se preservado em suas orações.

É disso que se lamenta no Eclesiástico 7, e que ainda hoje a Igreja também lamenta, em virtude do grande número de bruxas. E eu encontrei uma mulher mais amarga que a morte, como a armadilha do caçador: o seu coração é uma rede e as suas mãos são algemas. Os que agradarem a Deus, dela haverão de escapar; mas os pecadores serão por ela apanhados. Mais amarga que a morte, ou seja, que o Diabo: Apocalipse 6, 8 – "e o seu cavaleiro tinha por nome Morte". Pois embora o Diabo haja tentado Eva com o pecado, foi Eva quem seduziu Adão. E como o pecado de Eva não teria trazido a morte para a nossa alma e para o nosso corpo se não tivesse sido também cometido por Adão, que foi tentado por Eva e não pelo Demônio, é ela mais amarga que a morte.

Mais amarga que a morte, mais uma vez, porque a morte é natural e destrói somente o corpo; mas o pecado que veio da mulher destrói a alma, por privá-la da graça, e entrega o corpo à punição pelo pecado.

Mais amarga que a morte, sim, porque, embora a morte corpórea seja inimigo terrível e visível, a mulher é inimigo secreto e enganador.

E ao falar-se que é mais perigosa que uma armadilha, não se está pensando na armadilha dos caçadores, mas na armadilha dos Demônios. Pois que os homens não são apanhados apenas pelo desejo carnal quando veem e ouvem as mulheres. Diz-nos São Bernardo: "O seu rosto é como vento cáustico e a sua voz como o silvo das serpentes: lançam conjuros perversos sobre um número incontável de homens e de animais." E ao falar-se que o seu coração é uma rede, se está referindo à malícia inescrutável que reina em seus corações. E suas mãos são como algemas para prender: quando botam as mãos numa criatura, conseguem enfeitiçá-la, com o auxílio do Diabo.

Em conclusão. Toda bruxaria tem origem na cobiça carnal, insaciável nas mulheres. Ver Provérbios, 30: "Há três coisas insaciáveis, quatro mesmo que nunca dizem: Basta!" A quarta é a boca do útero. Pelo que, para saciarem a sua lascívia, copulam até mesmo com Demônios. Poderíamos ainda aditar outras razões, mas já nos parece suficientemente claro que não admira ser maior o número de mulheres contaminadas pela heresia da bruxaria. E por esse motivo convém referir-se a tal heresia culposa como a heresia das bruxas e não a dos magos, dado ser maior o contingente de mulheres que se entregam a essa prática. E abençoado seja o Altíssimo, que até agora tem preservado o sexo masculino de crime tão hediondo: como Ele veio ao mundo e sofreu por nós, deu-nos, a nós homens, esse privilégio.

Qual o tipo de mulher que se entrega, mais que todas as outras, à superstição e à bruxaria.

Cumpre dizer, conforme se demonstrou na questão precedente, que três parecem ser os vícios que exercem um domínio especial sobre as mulheres perversas, quais sejam: a infidelidade, a ambição e a luxúria. São estas, portanto, mais inclinadas que as outras à bruxaria, por mais se entregarem a tais vícios. Como desses três vícios predomina o último, por serem as mulheres insaciáveis etc., conclui-se que, dentre as mulheres ambiciosas, as mais profundamente contaminadas são as que mais ardentemente tentam saciar a sua lascívia obscena: as adúlteras, as fornicadoras e as concubinas dos poderosos.

Existem, conforme se lê na Bula Papal, sete métodos pelos quais elas contaminam, através da bruxaria, o ato venéreo e a concepção; primeiro: fomentando no pensamento dos homens a paixão desregrada; segundo: obstruindo a sua força geradora; terceiro: removendo-lhes o membro que serve ao ato; quarto: transmutando-os em bestas pela sua magia; quinto: destruindo a força geradora nas mulheres; sexto: provocando o aborto; sétimo: oferecendo, em sacrifício, crianças aos Demônios, além de outros animais e frutas da terra, com o que causam enormes males. Cada um desses métodos será considerado ulteriormente; concentremo-nos por ora nos males causados aos homens.

Consideremos, primeiro, os que são enfeitiçados pelo amor ou pelo ódio desmedidos, embora seja tema de difícil análise antes de estudarmos a inteligência geral. Tomemo-lo, porém, como fato estabelecido.

Pois que Santo Tomás (IV, 34), ao tratar das obstruções causadas pelas bruxas, mostra que Deus concede ao Demônio maior poder contra o ato venéreo dos homens do que contra qualquer outro de seus atos; e dá como razão o fato de estarem as bruxas entre as mulheres com mais propensão a tais atos.

Diz-nos, ainda, que pelo fato de o primeiro pecado que tornou o homem escravo do Demônio ter sido o do ato carnal, logo maior o poder conferido por Deus ao Diabo com relação a esse ato e não com relação aos demais. Não apenas isso: o poder das bruxas é mais aparente nas serpentes do que em outros animais porque foi através da serpente que o Demônio tentou a mulher. Por essa razão também, conforme é mostrado, depois o matrimônio, embora seja obra de Deus, por ter sido por Ele instituído, é, por vezes, arruinado pelo Diabo: não por viva força – já que se poderia supô-lo mais forte que Deus –, mas, com a permissão de Deus, por algum impedimento temporário ou permanente no ato conjugal.

E podemos mencionar, a propósito, o que nos é dado saber pela experiência; tais mulheres saciam os seus desejos obscenos não apenas consigo mesmas mas com aqueles que se acham no vigor da idade, de qualquer classe ou condição; causando-lhes, através de bruxarias de toda espécie, a morte da alma, pelo fascínio desmedido do amor carnal, de tal forma a não haver persuasão ou vergonha que os faça abster-se de tais atos. E desses homens, já que as bruxas não permitem que lhes aconteça qualquer mal por se acharem sob seu domínio, surge o maior perigo de todos os tempos, qual seja, o do extermínio da fé. E assim crescem em número as bruxas, dia a dia.

Oxalá tal não fosse verdadeiro. Mas, com efeito, pela bruxaria se desperta o ódio nas pessoas unidas pelo Sacramento do matrimônio e se esfriam as forças generativas, deixando os homens impossibilitados de consumar o ato para geração da prole. E como na alma coexistem o amor e o ódio e nela nem mesmo o Demônio pode entrar, torna-se necessário perscrutar essa questão, para que tais coisas não pareçam inverossímeis para quem quer que seja; e, de argumento em argumento, tentaremos elucidar a matéria.

QUESTÃO VII

Se as bruxas são capazes de desviar o intelecto dos homens para o amor ou para o ódio.

Indaga-se se os Demônios, por intermédio das bruxas, são capazes de incitar a mente dos homens para o amor ou para o ódio desmedidos; segundo as conclusões prévias, argumenta-se não serem disso capazes. Pois que no homem existem três coisas: a vontade, o entendimento e o corpo. A primeira é governada pelo próprio Deus (pois o coração do rei está nas mãos do Senhor); a segunda é iluminada por um anjo e a terceira, o corpo, é governada pelo movimento dos astros. Mas como os Demônios não são capazes de causar mudanças no corpo, muito menos são capazes de incitarem o amor ou o ódio na alma. O corolário é evidente; apesar de terem maior poder sobre as coisas corpóreas do que sobre as espirituais, não são nem ao menos capazes de modificar o corpo, conforme se tem provado muitas vezes. Já que são incapazes de criar formas substanciais ou acidentais, exceto através do auxílio de algum outro agente, que agiria como seu artífice. Faz-se a citação, a propósito, do enunciado já mencionado: o que acredita na possibilidade de uma criatura ser transformada em outra, pior ou melhor, ou de ser transmutada em outra, de outra espécie ou aspecto, salvo por determinação do Criador, é pior que um pagão e que um herege.

Ademais, tudo o que age com desígnio conhece o seu próprio efeito. Se, portanto, o Demônio é capaz de fazer pender a mente dos homens para o ódio ou para o amor, havia de ser também capaz de ver o pensamento interior no coração do homem; mas tal enunciado é contrário ao que é dito no livro do dogma eclesiástico: "O Demônio é incapaz de ver nossos pensamentos íntimos." E adiante: "Nem todos os pensamentos maléficos têm sua origem no Demônio, por vezes nascem de nossa própria vontade."

Não só isso: o amor e o ódio dizem respeito à vontade, que se acha enraizada na alma; por conseguinte, não há maneira de serem causados pelo Diabo. Vem a conclusão (Santo Agostinho): "Só Ele, que a criou, é capaz de penetrar na alma."

Além disso, pelo fato de o Demônio ser capaz de influenciar as emoções interiores, não é válido argumentar que seja capaz de governar a vontade. Pois as emoções são mais fortes do que as forças físicas; e o Demônio nada pode fazer no plano físico, como, por exemplo, formar carne e sangue; e, logo, nada pode realizar no plano das emoções.

Mas, em contraponto a tal argumento, temos que o Diabo tenta o homem não apenas no plano visível, como também no invisível; o que, entretanto, não havia de ser verdadeiro caso não pudesse exercer alguma influência sobre a mente interior. Ademais, São João Damasceno diz: "Todo mal e toda obscenidade são concebidos pelo Demônio." E Dionísio, em *De Divin. Nom. IV,* declara: "Numa multidão de Demônios reside a causa de todo mal" etc.

Resposta. Em primeiro lugar, é preciso distinguir as causas de uma e de outra espécie; em segundo lugar, havemos de mostrar de que modo o Demônio é capaz de interferir na força interior da mente humana, vale dizer, nas emoções do homem; e, em terceiro lugar, havemos de extrair a conclusão correta.

Cumpre entender que a causa de qualquer coisa pode ser compreendida de duas maneiras: ou é causa direta ou é indireta. Pois que, quando determinado fator predispõe a algum efeito, fala-se em causa ocasional e indireta daquele efeito. Nesse sentido, é possível afirmar que no lenhador que com seu machado corta a madeira reside a causa do fogo real. De maneira análoga, podemos dizer que no Demônio reside a causa de todos os nossos pecados – já que foi ele que incitou o primeiro homem a pecar: o pecado original foi, assim, herdado por toda a raça humana, predispondo-a a todos os pecados. É nesse sentido que se deve entender as palavras de São João Damasceno e de Dionísio.

Mas a causa direta é a que determina, diretamente, o efeito. Nesse sentido, o Demônio não é a causa de todo pecado. Pois nem todos os pecados são cometidos por instigação do Demônio: alguns o são por nossa própria opção. Pois nos diz Orígenes: "Mesmo que não existisse o Diabo, o homem ainda ansiaria por alimento, por atos venéreos e por todas essas coisas. E desses vícios descomedidos muitos podem ser os resultados, salvo se se refrearem os apetites. E refrear os desejos descontrolados compete ao livre-arbítrio do homem, sobre o qual o Diabo não tem poder."

Mas como tal distinção é ainda insuficiente para explicar de que maneira o Demônio, por vezes, promove uma frenética fascinação de amor, convém atentar que, embora não lhe seja dado instigar diretamente a vontade do homem para o amor desmesurado, ele é capaz de fazê-lo por vários meios de persuasão. E isso também de duas maneiras: de forma visível e de forma invisível. De forma visível, ao aparecer para as bruxas em forma de homem: falando-lhes materialmente e persuadindo-as ao pecado. Assim tentou nossos primeiros ancestrais no Paraíso, na forma de uma serpente; e assim tentou Cristo, no deserto, aparecendo-lhe em forma visível.

Mas não se vá pensar ser essa a única maneira pela qual ele influencia o homem. Se assim fosse, nenhum pecado havia de proceder das instruções do Demônio, salvo quando por ele sugerido em forma visível. Cumpre, portanto, esclarecer que o Diabo o instiga a pecar também na invisibilidade. E o faz de duas maneiras: ora por persuasão, ora por disposição. Por persuasão instiga o pecado revelando ao entendimento humano alguma coisa como boa ou benévola. E faz isso de três formas: revelando-a ao intelecto, ou às percepções (ou sentidos) interiores, ou às percepções exteriores.

No primeiro caso, o intelecto humano pode ser ajudado por algum anjo bom a entender por iluminação, conforme diz Dionísio; e para entendermos alguma coisa, segundo Aristóteles, temos que passar por ela ou vivenciá-la. Assim sendo, o Demônio é capaz de imprimir alguma forma representativa no intelecto de sorte a desencadear o ato do entendimento.

Poder-se-ia dizer que o Demônio é capaz de tal realização por seus poderes naturais, que não se acham diminuídos, conforme já se demonstrou. *Cumpre dizer*, porém, que não o faz por iluminação, mas por persuasão. Pois que o intelecto do homem é de natureza tal que, quanto mais iluminado, mais conhece a verdade, e mais é capaz de defender-se do embuste. E como o Demônio pretende que o seu embuste seja perene, a persuasão de que se utiliza não pode ser chamada de iluminação. Poderia, no entanto, ser designada de revelação: pela persuasão invisível o Demônio planta alguma coisa nos sentidos exteriores ou interiores. E, destarte, o intelecto racional é persuadido a realizar determinada ação.

Vejamos de que modo é possível ao Demônio criar determinada impressão nos sentidos internos. *Cumpre reparar* que os corpos naturais possuem uma propriedade inata: a de serem movidos localmente pelas substâncias espirituais. Claro isso está no caso de nossos próprios corpos, que são movidos pelas nossas almas. Caso análogo é o dos astros. Os corpos naturais, porém, não possuem propriedade inata que os torne diretamente sujeitos a certas influências (e nos referimos aqui às influências externas, não às influências das quais estejamos informados). Pelo que se torna necessária a concorrência de algum agente corpóreo, conforme é provado no sétimo livro da *Metafísica*. Os corpos naturais obedecem, nos seus movimentos locais, aos anjos bons e aos anjos maus. É por causa disso que os Demônios são capazes, através de movimento localizado, de colher o sêmen e empregá-lo na produção de resultados prodigiosos. É assim que os magos do faraó produziam serpentes e animais reais, ao juntarem os correspondentes agentes ativos e passivos. Por conseguinte, nada há que impeça os Demônios de promoverem o movimento localizado dos corpos materiais (exceto quando Deus não permite).

Passemos agora a examinar de que modo o Diabo é capaz de excitar, através do movimento localizado, a fantasia e as percepções sensitivas interiores dos homens, por aparições e por ações impulsivas. Convém lembrar a que causa atribui Aristóteles (*De sommo et uigilia*) as aparições em sonhos. Quando um animal dorme, o sangue flui para a sede mais profunda dos sentidos, de onde manam impulsos moventes ou impressões, originárias das impressões pregressas retidas na mente, ou seja, na fantasia ou na imaginação, que, segundo Santo Tomás, são uma mesma coisa, como veremos.

Por fantasia ou imaginação designamos uma espécie de repositório das ideias recebidas pelos sentidos. E é através daí que os Demônios excitam ou estimulam as percepções internas, ou seja, as imagens conservadas nesse repositório, parecendo que naquele momento são percepções novas recebidas do exterior.

A verdade é que nem todos são acordes nesse ponto; a quem interessar ocupar-se com essa questão cumpre atentar para o número e a função de cada uma das percepções interiores. Segundo Avicena, em seu livro *Sobre a mente*, são em número de cinco: sentido comum, fantasia, imaginação, pensamento e memória. Mas Santo Tomás, na primeira parte da 79º questão, afirma serem apenas quatro, já que a fantasia e a imaginação são uma mesma coisa. Para evitarmos maior prolixidade, preterimos o muito que ainda se comenta a respeito desse assunto.

Basta lembrar que a fantasia é o repositório das ideias, mas a memória parece ser algo distinto. Pois que a fantasia é o repositório dos instintos, que não são recebidos através dos sentidos. Assim, quando um homem vê um lobo, foge não por causa de seu aspecto ou de sua cor ameaçadores (que são ideias recebidas pelos sentidos exteriores e conservadas em sua fantasia), mas sim porque o lobo é seu inimigo natural. E isso o homem sabe, seja por instinto, seja por medo, elementos diversos do pensamento, que reconhece o lobo como hostil e o cão como amigo. No entanto, o repositório dos instintos é a memória. E recepção e retenção são duas coisas distintas nos vivos; pois os de humor ou disposição úmido recebem prontamente, mas retêm com dificuldade; o contrário se dá nos de humor seco.

Voltando à questão. As aparições que vêm ao homem em sonhos procedem das ideias retidas no repositório da sua mente, através de um movimento local natural causado pelo fluxo de sangue para a sede primordial e mais profunda das suas faculdades perceptivas; falamos assim de um movimento local intrínseco na cabeça e nas células do cérebro.

O mesmo pode acontecer através de um movimento local similar criado pelos Demônios. E tais fenômenos podem acontecer não só a quem esteja dormindo, mas também a quem esteja desperto. Pois nestes os Demônios são também capazes de estimular e excitar as percepções e os humores internos: as ideias retidas no repositório da mente são dali retiradas e se desvelam à fantasia e à imaginação: aos homens parecem ser tais imagens verdadeiras. E a isso dá-se o nome tentação interior.

Não admira que o Diabo possa gerar esse fenômeno por sua própria força natural; já que qualquer homem, por si mesmo – estando desperto e usando de sua razão –, é capaz voluntariamente de recolher de seus repositórios as imagens lá retidas; dessa forma, é capaz de evocar qualquer imagem que desejar. E sendo esse fenômeno verdadeiro, é fácil entender a excessiva fascinação no amor.

São duas as maneiras pelas quais os Demônios, como já se disse, evocam no homem imagens dessa espécie. Por vezes, fazem-no sem subjugar a razão humana, como no caso da tentação e no exemplo da imaginação voluntária. Noutras ocasiões, porém, agrilhoam por completo o uso da razão; é o caso dos deficientes por natureza, dos loucos e dos ébrios. Não é de causar espécie, assim, serem capazes os Demônios de aprisionar, com a permissão de Deus, a razão humana; e a esses homens se lhes qualifica de delirantes, porque os sentidos lhes foram arrancados pelo Demônio, de duas formas: com ou sem o auxílio das bruxas. Pois que Aristóteles, na obra citada, declara serem eles movidos apenas por ínfima centelha, como o que ama pela imagem mais remota de seu amor e o que odeia pela imagem mais remota de seu ódio. Portanto, tendo os Demônios aprendido, pela observação dos atos humanos, a que paixões estão os homens mais propensos, incitam-nos ao amor e ao ódio desmedidos, imprimindo-lhes na imaginação o seu propósito, da forma mais forte e mais eficaz. E isso lhes é muito fácil, pois ao amante é fácil recordar a imagem de sua amada, retendo-a prazerosamente em seus pensamentos.

Mas é por bruxaria que realizam tais obras, quando para tal se utilizam de bruxas, por virtude do pacto com elas firmado. Não nos é possível, porém, tratar desse assunto em muitos pormenores, em decorrência do enorme número de casos dessa espécie entre clérigos e entre leigos. Quantos adúlteros já não repeliram a mais linda das esposas para se entregarem lascivamente à mais perversa das mulheres!

Sabemos do caso de uma velha mulher que, segundo o relato dos irmãos de um certo mosteiro, dessa forma não só enfeitiçou sucessivamente três abades como os matou e, da mesma maneira, fez enlouquecer a um quarto. Pois confessou ela publicamente e sem medo: "Assim fiz e assim faço, e não me podem resistir pelo muito que comeram do meu estrume", disse ela, pondo à mostra uma parte de seu braço. Devo admitir que, como não dispúnhamos de argumentos evidentes para processá-la ou para trazê-la a julgamento, ainda está viva até hoje.

Cumpre lembrar o que já foi dito: o Demônio, invisivelmente, induz o homem ao pecado, não só persuadindo-o, mas predispondo-o. Embora não seja muito pertinente no momento, diga-se que, por admoestação semelhante da disposição e dos humores humanos, o Demônio torna o homem mais predisposto ao ódio, à concupiscência e às paixões. Quando tais emoções são despertadas, mais facilmente a elas sucumbe. Claro está que o homem com um corpo assim predisposto mais propenso está para a elas render-se. Mas como é difícil citar precedentes, há de encontrar-se maneira mais simples de demonstrá-los para advertência aos fiéis. Na Parte II deste livro tratamos dos remédios que permitem libertar os homens enfeitiçados.

Do método de pregar às pessoas sobre o amor desvairado.

A respeito do que dissemos nos parágrafos precedentes, cabe ao pregador indagar se é ponto de vista católico sustentar serem as bruxas capazes de contaminar a mente dos homens pela paixão desenfreada por mulheres desconhecidas – inflamando de tal forma seus corações ao ponto de persistirem nesse amor, a despeito da vergonha ou do castigo, das palavras ou dos atos; cabe indagar se é católico fomentar de tal forma o ódio nos casais a ponto de não conseguirem procriar; e de, no silêncio profundo da noite, passarem a percorrer grandes distâncias na busca de amantes e de parceiras ilícitas.

O pregador vai encontrar, a propósito, alguns argumentos na questão precedente. Por outro lado, basta dizer que há certas dificuldades nessas questões a respeito do amor e do ódio. Porque essas paixões invadem a vontade, que por si só havia de agir sempre na liberdade, e de não ser coagida, por qualquer outra criatura, exceto por Deus, único capaz de governá-la. Pelo que fica claro que nem o Demônio nem a bruxa a seu serviço podem forçar a vontade do homem ao amor ou ao ódio. Pois bem: assim como a vontade, o entendimento existem subjetivamente na alma, e só Deus é capaz de nela penetrar, por tê-la criado, a questão se acha permeada de dificuldades que impedem o desvelamento da verdade.

Cumpre considerar primeiro o enfatuamento e o ódio, para depois tratarmos do encantamento dos princípios germinativos.

Embora o Demônio não seja capaz de interferir diretamente no entendimento e na vontade do homem, é capaz, segundo todos os teólogos no segundo *Livro das sentenças* (que trata dos poderes do Demônio), de atuar sobre o corpo ou sobre as faculdades, que ao corpo pertencem ou a ele estão vinculadas, sejam elas as percepções internas, sejam as externas. Tal é comprovado, com toda a razão e toda a autoridade, na questão precedente, caso se dê a devida atenção ao ponto; caso contrário, há ainda a autoridade de Jó, 2: “O Senhor disse a Satanás: Pois bem, ele está em teu poder, poupa-lhe apenas a vida.” O poder sobre Jó era exercido apenas sobre o corpo, não sobre a alma (poupa-lhe apenas a vida). Mas o poder que Deus outorgou a Satanás sobre o corpo de Jó estendia-se também a todas as faculdades ligadas ao corpo, ou seja, às quatro ou cinco percepções internas e externas: o sentido comum, a fantasia ou imaginação, o pensamento e a memória.

Tomemos o exemplo dos porcos e das ovelhas. Pois os porcos retornam por instinto à sua casa. E por instinto natural as ovelhas distinguem um lobo de um cão, vendo no primeiro o seu inimigo e no segundo, o amigo de sua natureza.

Consequentemente, como todo o nosso conhecimento racional vem dos nossos sentidos (pois que Aristóteles diz, no segundo livro *Sobre a mente,* que o homem inteligente há de estar ciente dos fantasmas que o assombram), o Demônio é capaz de interferir em nossa fantasia interior, ensombrecendo nosso entendimento. Não se quer com isso dizer, porém, que só o faça diretamente sobre o intelecto, mas também por intermédio de espectros criaturais. Porque, ademais, nada é amado até que se conheça.

Outros exemplos poderiam ser aditados: o do ouro que o avaro ama porque conhece o seu poder etc. Logo, ao ser obscurecido o entendimento, também o é a vontade nos seus afetos. Mais: o Demônio é capaz de promover esse efeito com ou sem o auxílio das bruxas; e tais coisas podem acontecer por mera falta de previsão. Havemos de dar, porém, exemplos de vários tipos. Pois que foi dito (Tiago, 1): "Todo homem é tentado quando se afasta de seu próprio desejo, e é seduzido. Quando o desejo lascivo é concebido, traz o pecado; e o pecado, quando consumado, traz a morte." Está escrito (Gênesis, 34): "Diná, a filha que Lia tinha dado a Jacó, saiu para ver as filhas da região. Tendo-a visto Siquém, filho de Hamor, o heveu, príncipe daquela terra, raptou-a e dormiu com ela, violentando-a. Seu coração prendeu-se a Diná, filha de Jacó: ele amou a jovem e soube falar-lhe ao coração." E segundo a glosa: "Quando a mente enferma renuncia a seus próprios interesses e passa a dar atenção, como Diná, aos interesses alheios, é desviada do bom caminho e torna-se una com os pecadores."

O desejo lascivo pode surgir de modo independente da bruxaria – pela simples tentação do Demônio, como se mostra a seguir. Pois lemos em II Samuel, 13 que Amnon se enamorou desesperadamente de sua própria irmã Tamar e se consumia de tal modo por ela que adoeceu de paixão. Mas ninguém havia de incidir em tamanho e em tão hediondo crime sem que fosse totalmente corrupto e gravemente tentado pelo Demônio. Pelo que diz a glosa: "Eis nesse passo uma advertência: é-nos permitido, por Deus, que sempre em guarda estejamos para não sermos dominados pelo vício e pelo príncipe do pecado que aos desatentos promete falsa tranquilidade, e da distração se aproveita para matá-los."

Faz-se menção a essa espécie de paixão no livro dos santos padres: "Por mais que se distanciem dos pecados carnais, são por vezes tentados pela paixão das mulheres mais do que seria possível imaginar." Pelo que diz o apóstolo em II Coríntios, 12: "Foi-me dado um espinho na carne, um anjo de Satanás, para me esbofetear e me livrar do perigo da vaidade." Sobre o que diz a glosa: "Foi-me dada a tentação pela luxúria. Mas o que é tentado e não cede à tentação não é pecador, apesar da provação ao exercício da virtude." E por tentação entenda-se a tentação pelo Diabo e não pela carne, que é sempre pequena e venial. O pregador há de encontrar, a propósito, muitos exemplos.

O terceiro ponto – que o amor desmedido procede das obras maléficas do Demônio – foi discutido acima; falemos dessa tentação.

Pode-se indagar da possibilidade de a paixão desenfreada ser causada não pelo Diabo mas tão somente pela bruxa. A essa indagação se pode responder de várias maneiras. Primeiro, se o homem tentado tem uma esposa bela e honesta, ou, o contrário, no caso da mulher etc. Em segundo lugar, se o juízo da razão se acha de tal forma agrilhoado que, seja por atos, seja por palavras, seja mesmo por culpa, lhe é impossível resistir ao desejo lascivo. E em terceiro lugar, sobretudo, quando não consegue conter-se e se vê forçado, apesar da dificuldade da jornada, a transpor grandes distâncias, de dia ou à noite, para consumar seu desejo lascivo (conforme se depreende das confissões desses homens). Pois, como diz São João Crisóstomo a respeito de Mateus, 20 (que trata do jumento montado por Jesus): "Quando o Demônio possui a vontade do homem pelo pecado, ele o transporta para onde quiser." Dá o exemplo do navio no mar sem timão, que o vento conduz para onde quiser; e do homem firmemente sentado num cavalo; e do rei que tem domínio sobre um tirano. E, em quarto lugar, é demonstrada pelo fato de que, às vezes, são súbita e inesperadamente levados para longe, noutras, transformados, de sorte a nada o impedir. É também demonstrada pela hediondez de seu aspecto.

Antes de prosseguir à questão seguinte – a respeito do efeito da bruxaria sobre o princípio generativo – precisamos esclarecer tais argumentos.

Resolução dos argumentos.

No primeiro diz-se que a vontade do homem é governada por Deus, assim como o entendimento o é por um anjo bom. Clara é a explicação. O intelecto é iluminado tão só por anjos bons, para o conhecimento da verdade, donde procede o amor daquilo que é bom, pois a verdade e o real são uma mesma coisa. Pode também o intelecto ser obscurecido pelos anjos do mal no conhecimento do que parece ser verdadeiro: pelo embaralhamento das ideias e imagens recebidas e armazenadas por meio das percepções – de onde vem a paixão desmedida por algo aparentemente bom, como o prazer corpóreo, pelo qual tanto se empenham os homens.

Com o segundo argumento se advoga ser o Demônio incapaz de promover alterações físicas nos corpos; e isso, em parte, é verdadeiro, em parte, não – mormente com relação a três espécies de mutação. Pois que o Diabo não consegue transfigurar os corpos na totalidade da sua forma e da sua compleição (o que seria mais bem designado como criação, e não como transfiguração), sem o recurso de algum outro agente, ou sem a permissão de Deus. Ao falarmos, porém, de transfiguração qualitativa – para a saúde ou para a doença, por exemplo –, como já se mostrou, vemos ser o Diabo capaz de infligir ao corpo diversas enfermidades, inclusive a da perda do juízo, e ser capaz, portanto, de causar amor e ódio desmesurados.

Convém aditar uma terceira espécie de mutação: a do corpo invadido por anjo do bem ou do mal – de forma análoga à penetração de Deus na alma, ou seja, na essência da vida. Quando, porém, falamos de um anjo, sobretudo de um anjo mau, penetrando no corpo, como no caso da obsessão, vemos que ele não penetra além dos limites da essência do corpo; porque nessa outra esfera só Deus o Criador é capaz de ingressar – pois foi Ele que a criou como essência intrínseca da vida. Diz-se, porém, que o Demônio penetra no corpo quando nele promove algum efeito: "porque, onde ele opera, lá se encontra", declara São João Damasceno. Assim, ele opera nos limites da matéria corpórea, mas não no interior da essência mesma do corpo criatural.

Donde se conclui que o corpo deve ter duas propriedades, a material e a espiritual, análogas às que distinguem o real do aparente. Portanto, quando o Diabo entra no corpo, se instala nas forças vinculadas aos seus órgãos, sendo capaz de nelas criar impressões. E através dessas operações e impressões projeta-se um espectro perante o entendimento – como no caso da visão de certas cores, conforme é dito no terceiro livro *De Anima*. Tais impressões penetram também na vontade. Pois que a vontade forma a sua concepção do que de bom provém do intelecto, desde que o intelecto interprete a percepção como boa, seja na realidade, seja na aparência.

No terceiro argumento diz-se que o conhecimento das ideias provindas do coração pode dar-se de duas maneiras: ora se vendo os seus efeitos, ora as lendo, realmente, no intelecto. No primeiro caso, não só podem vir a ser conhecidas por um anjo, mas também por um homem, embora se venha demonstrar que os anjos são mais habilidosos nessa questão. Pois que, vez ou outra, se tornam os pensamentos manifestos não apenas por alguma ação externa, mas também por alguma modificação do semblante. Os médicos, por exemplo, são capazes de discernir certos estados emotivos do homem tomando-lhe o pulso.

Donde nos diz Santo Agostinho (*De Diuin. Daem.*): "De vez em quando, é facílimo descobrir a disposição anímica de um homem, não só pelas suas palavras, mas pelos seus próprios pensamentos, que não passam de sinais da alma expressos pelo corpo." Não obstante nas suas *Retractationes* declare não existir uma regra definida que estabeleça de que modo isso possa ser feito, em minha opinião ele reluta em admitir ser o Demônio capaz de conhecer nossos pensamentos íntimos.

De outro ponto de vista, os pensamentos do intelecto e os pendores da vontade só podem ser conhecidos por Deus. Porque a vontade das criaturas racionais se acha subordinada a Deus tão somente: nela só Ele pode intervir: é Ele a sua causa primeira e a sua finalidade última. Portanto, o que se encontra na vontade ou o que dela depende só há de ser conhecido por Deus. Não só isso: é manifesto o que só da vontade depende, quando se consideram as coisas pelas suas ações resultantes. Pois quando o homem tem a faculdade do conhecimento, e o entendimento que daí advém, a usa conforme a sua vontade.

Provado está, por conseguinte, pelo que foi dito, que aos espíritos não é permitido penetrar na alma; logo, não lhes é dado, naturalmente, conhecer o que se passa na mente humana, mormente o que se passa nas profundezas da alma. Pelo que, quando se afirma ser o Demônio incapaz de ver o íntimo do coração dos homens e, portanto, incapaz de mover o coração dos homens para o amor ou para o ódio – e porque ele toma conhecimento dos seus pensamentos através de seus efeitos visíveis –, sendo nessa matéria mais habilidoso do que os homens. Destarte, por algum modo sutil, ele é capaz de inclinar os homens para o amor ou para o ódio, criando espectros e escurecendo-lhes o intelecto.

Cumpre, no entanto, declarar, à guisa de consolo, para atenuar as apreensões dos virtuosos: quando a alteração corpórea sensível e exterior que acompanha o pensamento humano é tão vaga e indeterminada que o Diabo não a consegue deslindar – sobretudo quando o virtuoso está desocupado do estudo e das boas obras –, passa a molestá-lo principalmente pelos sonhos, conforme nos é dado saber pela experiência. Mas quando o efeito físico do pensamento é forte e determinado, o Diabo é capaz de saber, pela fisionomia da pessoa, se os seus pensamentos se acham voltados para a inveja ou para a luxúria. Cumpre porém deixarmos a questão em aberto quanto à possibilidade de dessa forma ter o Demônio conhecimento de todas as circunstâncias etc. etc.; não obstante, o certo é ser capaz de tomar conhecimento de tais circunstâncias pelo seus resultados subsequentes.

Pelo quarto argumento temos que, embora só a Deus seja possível adentrar em nossa alma, é possível aos anjos do bem ou do mal adentrar em nosso corpo, da maneira já revelada. E, destarte, são capazes de promover em nós o ódio ou o amor.

Quanto ao outro argumento – de que os poderes do espírito são superiores aos poderes físicos, os quais não seriam modificados pelo Demônio, já que, na carne e no osso, podem ser acelerados ou retardados. Mas o Demônio promove tais fenômenos não com a finalidade de neutralizar ou de estimular percepções interiores ou exteriores, mas sim para seu próprio proveito; pelo que tira maior proveito ao enganar os sentidos e ao iludir o intelecto.

QUESTÃO VIII

Se as bruxas são capazes de obstruir as forças generativas ou de impedir o ato venéreo.

O fato de as meretrizes e as prostitutas mais se entregarem à bruxaria é consubstanciado pelas fórmulas mágicas professadas pelas bruxas contra o ato da procriação. E para melhor elucidar a verdade vamos considerar os argumentos dos que não partilham de nosso ponto de vista a respeito.

Afirma-se, em primeiro lugar, que encantamentos dessa natureza não são possíveis, pois, se o fossem, seriam igualmente aplicados às pessoas casadas; mas, como o matrimônio é obra de Deus e a bruxaria obra do Diabo, então as obras do Diabo seriam mais poderosas que as de Deus. No entanto, admitindo-se que só sejam aplicadas aos fornicadores e aos solteiros, vemo-nos confirmando o ponto de vista dos que afirmam não existir realmente a bruxaria, salvo na imaginação dos homens; opinião, aliás, refutada na Questão I. Ou, então, teremos de aventar uma outra hipótese para explicar por que os encantamentos só atingem os solteiros e não os casados; e a única explicação possível estaria em dizer que o matrimônio é obra do Senhor. E como, de acordo com os teólogos, tal explicação não é válida, persiste o argumento de que as obras do Diabo devem ser mais fortes do que as de Deus, mas como é impróprio sustentar tal afirmação, impróprio também há de ser sustentar que os atos venéreos possam ser impedidos pela bruxaria.

O Diabo, afirma-se mais uma vez, não é capaz de interferir nas ações naturais – tais como no comer, no caminhar, no ficar de pé, porque se o fosse, destruiria o mundo todo.

Não apenas isso: como o ato venéreo é comum a todas as mulheres, se fosse obstruído, haveria de sê-lo com relação a todas elas; mas isso não é verdadeiro, e, logo, bom é o primeiro argumento. Os fatos, todavia, provam que tal argumento não é verdadeiro; pois quando um homem se diz estar enfeitiçado, embora não seja capaz de copular com determinada mulher, é capaz de fazê-lo com as outras; e a razão é que não deseja com ela copular e, portanto, nada pode fazer a respeito.

Do outro lado – o lado verdadeiro – está o que declaram as Decretais (se por sortilégio etc.), assim como o que declaram teólogos e canonistas, ao tratarem do obstáculo ao matrimônio causado pelas bruxarias.

Há também uma outra razão: como o Demônio é mais poderoso que o homem e o homem é capaz de anular as forças generativas através de ervas frígidas ou de tudo mais que se possa imaginar, portanto, muito mais será o Diabo capaz de fazer, por seu maior conhecimento e sua maior astúcia.

Resposta. A verdade se torna suficientemente evidente a partir de dois pontos já discutidos, embora ainda não se tenha explicitado o método de obstrução ao ato venéreo. Pois já se demonstrou que a bruxaria não existe apenas na imaginação dos homens e sim de fato; com efeito, podem acontecer incontáveis encantamentos reais com a permissão de Deus. Demonstrou-se também que é mais notória a permissão de Deus para o encantamento do ato venéreo (ou das forças generativas), pela sua maior corruptibilidade, do que dos demais atos humanos. Mas a respeito do método que possibilita tal impedimento cumpre observar que não só interfere com as forças generativas, mas também com a força da imaginação ou da fantasia.

Pedro de Palude (III, 34) aponta cinco métodos. Diz esse autor que o Demônio, por ser espírito, tem poder sobre os corpos criaturais, promovendo ou impedindo o seu movimento local. É, portanto, capaz de impedir que os corpos se aproximem um do outro, direta ou indiretamente, interpondo-se sob alguma forma corpórea. Foi o que se deu com o jovem que embora tivesse se casado com sua jovem donzela, já havia se comprometido com um falso deus e, consequentemente, não conseguiu, depois de casado, copular com a donzela. Em segundo lugar, o Demônio é capaz de ora excitar, ora esfriar os homens no seu desejo, através de elementos secretos cujo poder ele bem conhece. Em terceiro lugar, é capaz de perturbar de tal forma a percepção e a imaginação dos homens de sorte a fazer com que as mulheres lhes pareçam repulsivas: já que ele pode, como foi dito, influenciar a imaginação. Em quarto lugar, é capaz de impedir a ereção do membro viril, adaptado à frutificação, assim como é capaz de impedir qualquer movimento local. Em quinto lugar, é capaz de impedir o fluxo da essência vital para os membros em que reside a força motriz – como ocluir os canais seminíferos, impedindo que a essência vital escoe ou seja projetada dos canais germinativos, causando-lhes uma disfunção que pode se dar de várias formas.

Pedro de Palude, ademais, continua em concordância com o que já foi mencionado e defendido por outros doutores da Igreja. Porque Deus confere ao Demônio mais amplitude de ação contra esse ato do que contra os demais, porque foi através dele que o pecado original se disseminou. De forma semelhante, as serpentes são mais subordinadas às fórmulas mágicas que os outros animais. E diz-nos um pouco mais adiante: "O mesmo se dá no caso das mulheres, pois que o Diabo é capaz de anuviar-lhes de tal forma o entendimento que chegam a considerar os seus maridos tão repugnantes que não lhes permitem, em hipótese alguma, deitar-se com elas."

Mais adiante esse autor tenta descobrir a razão por que é maior o número de homens enfeitiçados com relação a tal ato; declara então que a obstrução, pelo geral, ocorre no canal seminal, ou então o encantamento impede a ereção, o que mais facilmente acontece aos homens; por isso, maior o número de homens enfeitiçados que o de mulheres. Poder-se-ia afirmar também que, sendo as bruxas em sua maioria mulheres, procuram mais os homens do que a outras mulheres para copularem. Agem também afrontando mulheres casadas, aproveitando-se de todas as oportunidades para o adultério, quando então o homem passa a ser capaz de copular com outras mulheres mas não com a sua própria; de forma semelhante as mulheres passam a procurar outros amantes.

Adita ainda o autor que Deus permite ao Demônio afligir os pecadores mais amargamente do que aos justos. Pelo que o anjo disse a Tobias: "Ele confere poder ao Demônio sobre os que se entregam à luxúria." Embora tenha por vezes também poder sobre os justos, como no caso de Jó, mas não com relação às funções genitais. Pelo que devem se devotar à confissão e a outras boas obras, para que o ferro não permaneça na ferida e seja em vão o tratamento. Essas as ponderações de Pedro. Entretanto, o método para a eliminação de tais efeitos será indicado na Parte II desta obra.

Esclarecendo algumas dúvidas incidentais a respeito da copulação impedida pelas bruxarias.

Incidentalmente, porém, indaga-se por que há o bloqueio dessa função com relação a algumas mulheres e não com relação a outras. Damos a resposta de São Boaventura. Ou a bruxa aflige as pessoas escolhidas pelo Demônio ou é porque Deus não permite que sejam afligidas as outras pessoas. Pois que o propósito secreto de Deus nesses casos é obscuro, conforme é revelado pelo caso da esposa de Tobias. E aduz:

"Se for perguntado de que modo o Demônio promove esse efeito, há de responder-se que obstrui a força genital, não de forma intrínseca, pela lesão do órgão, mas de forma extrínseca, inutilizando-o. Logo, por ser obstrução artificial e não natural, é capaz de tornar o homem impotente face a determinada mulher mas não face às outras; ao remover a inflamação de seu desejo lascivo por ela, mas não pelas outras – seja através de seus próprios poderes, seja através de alguma erva ou pedra, ou ainda através de algum meio natural oculto. Tal assertiva está em concordância com a de Pedro de Palude.

Não apenas isso: como a impotência, vez ou outra, é causada por frieza natural, ou por alguma outra falha natural, pergunta-se de que modo seria possível distinguir entre a determinada por bruxaria e a de outra natureza. Hostiense dá a resposta em sua *Summa* (embora esta não deva ser pregada publicamente): "Quando o membro não fica ereto de forma alguma, e nunca é capaz de realizar o coito, tem-se então o sinal de impotência natural; todavia, quando se excita e fica ereto mas, mesmo assim, não consegue realizá-lo, tem-se então o sinal de impotência por bruxaria."

Cumpre atentar que a impotência do membro não é o único encantamento maléfico; às vezes, as mulheres tornam-se incapazes de conceber, ou abortam.

Reparar, ademais, que, segundo os preceitos do Cânon, todo aquele que por desejo de vingança ou por ódio faz qualquer coisa contra o homem ou a mulher que os impeça de procriar ou de conceber, é considerado homicida. Notar também que o Cânon se refere ademais aos imorais que, para poupar a sua amante da vergonha, usam de contraceptivos – ou seja, de poções ou de ervas que violam a natureza, e isso sem qualquer auxílio dos Demônios. E tais penitentes devem ser punidos como homicidas. As bruxas, porém, que realizam tais perversidades por bruxaria, são pela lei passíveis da penalidade extrema, conforme se mencionou ainda na Questão I.

Passemos à elucidação dos argumentos.

Quando se objeta que tais fenômenos não acontecem às pessoas unidas pelo matrimônio, cumpre atentar que, mesmo que se não tenha esclarecido plenamente a verdade nessa questão, tais fatos realmente ocorrem – tanto com pessoas casadas quanto com pessoas solteiras. E o leitor prudente, com biblioteca farta, há de consultar os teólogos e os doutores em Direito Canônico nos textos em que abordam o problema da impotência e da bruxaria. Verá que estão acordes ao condenarem dois erros; sobretudo o das pessoas casadas que julgam estarem imunes a esse encantamento por causa do laço do matrimônio, alegando que os Demônios não são capazes de destruir as obras de Deus.

O primeiro erro que condenam é o dos que afirmam não existir bruxaria no mundo, salvo na imaginação dos homens, os quais, pela sua ignorância das causas ocultas que ainda ninguém compreende, atribuem certos efeitos naturais à bruxaria. No entanto, tais efeitos foram, por certo, não efetuados por causas ocultas, mas por Demônios operando por conta própria ou com o auxílio das bruxas. E, não obstante, todos os doutores condenem esse erro como pura falsidade, Santo Tomás impugna-o mais vigorosamente e o estigmatiza como verdadeira heresia, ao afirmar que tal erro procede da raiz da infidelidade. E já que a infidelidade no cristão é considerada heresia, devem, portanto, ser considerados suspeitos de heresia culposa. Essa matéria foi considerada na Questão I, mas não tão claramente. Ao considerarmos outras passagens na obra de Santo Tomás veremos por que ele afirma tal erro proceder da raiz da infidelidade.

Nas questões em que trata do pecado (onde considera os Demônios) e na Questão I – se os Demônios possuem corpos que lhes pertencem naturalmente –, entre muitas outras ponderações, faz menção daqueles que atribuem aos astros todos os efeitos físicos; aos quais dizem estar subordinadas todas as causas ocultas dos fenômenos terrestres. E ele nos diz: "Cumpre considerar que os peripatéticos, os seguidores de Aristóteles, sustentavam que os Demônios não existem realmente; diziam que os fenômenos atribuídos aos Demônios decorrem da força natural dos astros e de outras forças naturais." Pelo que Santo Agostinho declara (*De Ciuitate Dei,* X): "segundo a opinião de Porfírio, a partir de ervas e de animais, de certos sons e certas vozes, e de certas figuras e de certas fantasias observadas no movimento dos astros, eram fabricadas na terra forças correspondentes a esses corpos celestes, a fim de explicar vários fenômenos naturais. E é patente o erro dos que assim pensam, já que atribuem a tudo causas ocultas nos astros, defendendo que os Demônios não passam de seres fabricados pela imaginação dos homens."

Mas essa opinião é claramente demonstrada como falsa por Santo Tomás na mesma obra; porque são observadas algumas obras dos Demônios que de forma alguma poderiam ser explicadas por causas naturais. A pessoa, por exemplo, possuída por Demônio fala uma língua desconhecida; e encontram-se muitas outras obras dos Demônios, tanto nas artes rapsódicas quanto nas necromânticas, que de forma alguma procedem de fenômenos naturais, mas tão só de alguma inteligência, que, embora possa ser benévola por natureza, outros filósofos foram obrigados a admitir a existência de Demônios. Não obstante terem depois incidido em vários erros, alguns acreditando que as almas dos homens, quando deixam o corpo, tornam-se Demônios. Por essa razão, muitos adivinhos têm matado crianças para que disponham de suas almas como colaboradoras; são também observados muitos outros erros.

Por isso, não é sem razão que o santo doutor diz estar essa opinião na raiz da infidelidade. Recomendamos a leitura de Santo Agostinho (*De Ciuitate Dei* VIII, IX) a respeito dos vários erros dos infiéis no que concerne à natureza dos Demônios. Com efeito, a opinião comum de todos os doutores, encontrada na obra citada, contra os que erram ao declararem não existirem as bruxas, é de grande peso em seu significado, mesmo quando expressa em poucas palavras. Afirmam que aqueles que professam não existir bruxaria no mundo são contrários à opinião de todos os doutores e das Sagradas Escrituras; e declaram que existem os Demônios, e que os Demônios têm poderes sobre os corpos e a imaginação das pessoas, com a permissão de Deus. Pelo que aquelas que são instrumentos nas mãos dos Demônios (a pedido de quem os Demônios, por vezes, causam injúrias às demais criaturas) são chamadas bruxas.

Na condenação do primeiro erro os doutores nada dizem a respeito dos unidos pelo laço do matrimônio; referem-se a estes só na condenação do segundo erro. Afirmam que outros incidem no erro de acreditar que, embora a bruxaria exista e esteja espalhada por todo o mundo, não há encantamento permanente, mesmo contra a copulação carnal, e, por isso, não há encanto algum que venha a anular o matrimônio depois de já contraído. Refutam essa opinião errônea professando-a contrária a todos os precedentes e a todas as leis, antigas e modernas.

Pelo que os doutores católicos distinguem a impotência causada pela bruxaria em duas formas: a temporária e a permanente. E se é temporária, não anula o casamento. Ademais, presume-se que seja temporária se for possível a cura no prazo de três anos desde a sua coabitação, havendo se submetido tais pessoas a todas as penas possíveis, seja através dos Sacramentos da Igreja, seja através de outros remédios, para serem curadas. Caso contrário, será considerada permanente. E, nesse caso, ou precede o contrato e a consumação do matrimônio, impedindo tal contrato ou anulando o ainda não contraído; ou, então, se dá depois do contrato de casamento, mas precede a sua consumação, quando então, segundo alguns, também o anula. (Porque é dito no 33º livro, primeira questão, primeiro cap., que a confirmação do matrimônio está em seu ofício carnal.) Ou é, enfim, ulterior à consumação do matrimônio, quando então o contrato matrimonial não se anula. Muito é falado a respeito da impotência por Hostiense, por Godofredo, pelos doutores e pelos teólogos.

Aos argumentos. Quanto ao primeiro, já está suficientemente esclarecido pelo que se disse. Aos que dizem que as obras de Deus podem ser destruídas pelas obras do Demônio, já que a bruxaria tem poderes contra as pessoas casadas, refutamo-los fazendo ver que seu argumento não tem força; a opinião oposta é que parece verdadeira, já que o Demônio nada pode fazer sem a permissão de Deus. Pois que ele não destrói pela força viva como um tirano, mas sim através de alguma arte extrínseca, como se demonstrou. O segundo argumento – que explica por que Deus permite maior obstáculo ao ato venéreo que aos demais atos humanos –, também está perfeitamente esclarecido. Embora o Diabo tenha poderes também sobre outros atos quando Deus assim permite. Pelo que não convém argumentar que ele conseguiria destruir o mundo todo. Pelo que se apresentou, ademais, conseguimos elucidar de forma semelhante a terceira objeção.

QUESTÃO IX

Se as bruxas são capazes de algum ilusionismo pelo qual pareça que o órgão masculino tenha sido arrancado ou esteja inteiramente separado do corpo.

Vamos aqui estabelecer a verdade a respeito das operações diabólicas relacionadas ao órgão masculino. Para que elucidemos os fatos a respeito convém indagar se as bruxas são de fato capazes de remover, com a ajuda dos Demônios, o membro viril, ou se o fazem só aparentemente, por mágica ou ilusão. Que são capazes de removê-lo realmente argumentamos *a fortiori*; pois já que os Demônios são capazes de prodígios muito maiores – como o de matar pessoas ou transportá-las de um lugar para outro (como se mostrou com os casos de Jó e de Tobias) –, são, de forma análoga, capazes de remover verdadeiramente o membro dos homens.

Toma-se aqui, outra vez, um argumento da glosa sobre as visitas dos anjos do mal nos Salmos: "Deus pune pelas mãos dos anjos do mal, pois Ele muitas vezes puniu o povo de Israel com várias doenças, através da visita em seus corpos pelos anjos." Consequentemente, o membro se acha igualmente sujeito a tais visitas.

Pode-se afirmar que tal é feito com a permissão divina. E assim como se disse que Deus confere à bruxaria maiores poderes sobre a função genital, por causa da corrupção do pecado original que se abateu sobre nós ter sido sobre o ato da procriação, Ele também confere maiores poderes sobre o órgão genital verdadeiro, permitindo, inclusive, a sua completa remoção.

Transformar a esposa de Lot em estátua de sal foi, decerto, prodígio muito maior que retirar o órgão masculino (Gênesis, 19), tendo ali ocorrido de fato uma real metamorfose, não um efeito aparente (pois diz-se que a estátua de sal ainda pode ser vista). E esse prodígio foi realizado pelo anjo do mal, assim como os anjos do bem tornaram cegos os homens de Sodoma, para que não encontrassem a porta de casa. E isso igualmente se deu com os outros castigos infligidos aos homens de Gomorra. A glosa, com efeito, afirma que a própria esposa de Lot fora contaminada por aquele vício e por isso punida.

Quem quer que seja capaz de criar alguma forma natural também é capaz de eliminá-la. E os Demônios têm criado muitas formas naturais, conforme fica patente no caso dos magos do faraó, que com o auxílio dos Demônios criaram rãs e serpentes. Ademais, Santo Agostinho, no 83º livro, diz: "Aquelas coisas que são feitas visivelmente pelas forças inferiores do ar não podem ser consideradas mera ilusão; mesmo os homens são capazes, por uma incisão habilidosa, de remover o seu órgão copulatório; já os Demônios são capazes de fazer no plano invisível o que outros só fazem no plano visível."

Mas, por outro lado, Santo Agostinho (*De Ciuitate Dei,* XVIII) diz: "Não é crível que, através da arte ou dos poderes dos Demônios, o corpo do homem possa ser transmutado no de uma fera; logo, é igualmente impossível que o órgão essencial à verdade do corpo humano possa ser removido." Diz, ademais (*De Trinitate,* III): "É preciso não crer que essa substância da matéria visível esteja sujeita à vontade dos anjos caídos; pois que só a Deus está sujeita."

Resposta. Não há dúvida de que certas bruxas são capazes de operar coisas prodigiosas nos órgãos masculinos, enunciado coerente com o que é visto e ouvido por muitos, e com o que se percebe com relação ao membro em função dos sentidos da visão e do tato. De que modo é isso possível? Afirma-se que pode ser feito de duas maneiras, ou realmente e de fato, conforme se aludiu no primeiro argumento, ou através de algum ilusionismo ou encantamento. Mas quando realizado por bruxas, não passa de ilusionismo; embora não seja ilusão na opinião do sofredor. Porque em sua imaginação é capaz de crer de fato que o membro tenha desaparecido, já que por nenhum de seus sentidos exteriores, seja o da visão, seja o do tato, consegue identificar-lhe a presença.

Portanto, pode-se dizer que tenha ocorrido uma abstração verdadeira do membro na imaginação, embora não de fato; e cumpre atentar para vários fatores quanto ao modo de esse fenômeno ocorrer. Não admira que o Demônio seja capaz de iludir nossos sentidos exteriores, já que, como se viu antes, é capaz de iludir nossos sentidos interiores, trazendo à consciência as ideias perceptivas reais armazenadas na imaginação. Não apenas isso: o Demônio consegue iludir o homem nas suas funções naturais, fazendo com que o visível se torne invisível, que o tangível se torne intangível, o audível, inaudível, assim como os demais sentidos. Tais fenômenos, porém, não são fatos reais e verdadeiros, pois são provocados por alguma falha extrínseca dos sentidos – dos olhos, dos ouvidos, do tato –, pela qual se ilude o juízo humano.

Podemos ilustrar o problema com alguns fenômenos naturais. O vinho doce parece amargo na língua do indivíduo febril: o seu paladar é comprometido não pelo fato real, mas pela sua enfermidade. Assim também, no caso em consideração, a ilusão não ocorre na realidade, pois que o membro ainda se encontra em seu devido lugar; trata-se apenas de uma ilusão dos sentidos.

Como se falou, a respeito das forças generativas, o Demônio é capaz de reprimi-las interpondo entre a visão e o tato, por sobre o corpo do sofredor, um corpo liso, de mesma cor e de mesma compleição, mas sem o relevo de qualquer órgão genital, de modo absolutamente imperceptível. Ver o que diz Santo Tomás (2 dist. 8 artic. 5) a respeito dos encantamentos e das ilusões, e também na *Secunda Secundae,* 91, e nas suas questões sobre o pecado, onde frequentemente cita Santo Agostinho no 83º livro: "O mal diabólico se insinua por todas as vias sensoriais: faz-se conhecer em formas, recobre-se de cores, manifesta-se em sons, embosca-se em perfumes, infunde-se em sabores."

Além disso, há de considerar-se que tal ilusão visual e tátil pode não apenas ser causada pela interposição de algum corpo liso e sem membro, mas também pela evocação, na fantasia ou na imaginação, de certas formas e ideias latentes - de modo a perceber-se o que é imaginado como que pela primeira vez. Pois, conforme se deixou claro na questão precedente, os Demônios são capazes, graças a seus próprios poderes, de mudar os corpos em um lugar particular; e assim como a disposição anímica e o humor podem ser modificados, da mesma forma as funções naturais. Refiro-me ao que parece natural à imaginação ou aos sentidos. Pois que nos diz Aristóteles em seu *De somno et uigilia,* ao explicar a causa das aparições espectrais em sonhos: "durante o sono, nos animais, o sangue reflui para a consciência interior e faz brotar ideias ou impressões das experiências pregressas reais retidas na memória." Já definimos de que modo certas aparições conduzem à impressão de uma nova experiência. E como esse fenômeno pode ocorrer naturalmente, muito mais consegue o Demônio: é capaz de fazer surgir, na imaginação, a impressão da existência real de um corpo liso desprovido de membro viril.

Em segundo lugar, cumpre atentar para outros métodos mais fáceis de serem entendidos e explicados. Pois, segundo Santo Isidoro (*Etym.* VIII, 9), o encantamento nada mais é que uma certa ilusão sensitiva, mormente visual. E, por essa razão, o chama prestígio, de *prestringo,* já que a visão se acha de tal forma agrilhoada que as coisas não mais parecem o que são. Alexandre de Hales, na segunda parte de sua obra *Summa Uniuersae Theologiae*, diz que os prestígios, quando perfeitamente compreendidos, são ilusões diabólicas, causadas não por alterações materiais, mas sim por alterações das percepções, quer interiores, quer exteriores, do iludido.

Por conseguinte, podemos dizer que, mesmo na arte humana da prestidigitação, os fenômenos ilusivos se dão de três modos. Em primeiro lugar, podem ser efetuados sem o auxílio dos Demônios, já que podem ser feitos por homens que, pela ligeireza de movimentos, fazem as coisas aparecer e desaparecer – como no caso dos mágicos e ventríloquos. O segundo modo também se dá sem o auxílio demoníaco: quando os homens conseguem utilizar da virtude natural de corpos naturais ou minerais de sorte a transformá-los em outros, de aspecto bem diverso do original. Pelo que, segundo Santo Tomás (I, 114, 4) e vários outros autores, os homens, pelo fumo de certas ervas queimadas em fogo lento ou flamejante, são capazes de transformar bastões em serpentes.

O terceiro método para gerar fenômenos ilusivos é efetuado com o recurso diabólico, havendo Deus permitido. É certo que os Demônios possuem, pela sua natureza, alguma força sobre determinadas coisas terrenas, e a exercem, quando Deus o permite, fazendo assim com que tais coisas deixem de parecer o que são.

A respeito deste terceiro método cumpre notar que o Diabo dispõe de cinco maneiras pelas quais é capaz de iludir as pessoas, fazendo-as pensar que certas coisas são o que não são. Em primeiro lugar, pelo truque da prestidigitação, como já se disse; pois o que um homem com habilidosa arte consegue fazer, o Demônio o faz muito melhor. Em segundo lugar, por método natural: pela aplicação e interposição de alguma substância que esconda o corpo verdadeiro, confundindo o homem em sua fantasia. Em terceiro lugar, pela incorporação em algo, apresentando-a como algo que não é. Damos como testemunho a história que São Gregório nos conta no seu *Primeiro diálogo:* “Certa monja havia comido uma alface. Esta, no entanto, conforme confessou o próprio Demônio, não era uma simples alface: era o Demônio em forma de alface” (ou o próprio Demônio incorporado). Outro exemplo é o da aparição do Demônio a Santo Antônio, como um monte de ouro por ele descoberto no deserto. Outro ainda é quando, ao tocar num homem real, o transforma em animal violento, como será resumidamente explicado. Em quarto lugar, por meio da ilusão do órgão da visão, quando o que é claro parece nebuloso, ou vice-versa; ou quando uma velha parece ser uma menina. Pois mesmo após as lágrimas a luz parece diferente do que era antes. Em quinto lugar, pela interferência no poder da imaginação, alterando os humores, transmutando a forma percebida pelos sentidos, como já se mencionou, de sorte a perceberem-se tais formas como novas ou recentes. E, consequentemente, pelos últimos três métodos, e mesmo pelo segundo, o Demônio é capaz de enfeitiçar os sentidos do homem. Pelo que não há dificuldade em ocultar-lhe o membro viril através de algum prestígio ou encantamento. E um bom exemplo disso, em nossa atividade inquisitorial, será aditado posteriormente, na Parte II deste tratado.

De como o fenômeno mágico pode ser distinguido do fenômeno natural.

Surge uma questão incidental, junto a outras dificuldades. O membro de Pedro foi arrancado e ele não sabe se por bruxaria ou por algum outro meio, pelos poderes do Demônio e com a permissão de Deus. Como distinguir entre esses dois casos? É possível responder da seguinte maneira. Em primeiro lugar, os que mais padecem desse sofrimento costumam ser os adúlteros ou os fornicadores. Porque, ao deixarem de responder à demanda de sua amante, ao tentarem abandoná-la, trocando-a por outra mulher, fazem com que ela, por vingança, através de alguma força, remova o seu membro viril. Em segundo lugar, quando o membro não desaparece por bruxaria, o desaparecimento não é permanente: o membro é restituído algum tempo depois.

Mas surge aqui uma outra dúvida: se não seria fenômeno temporário pela própria natureza temporária da bruxaria. Convém dizer que pode ser permanente, perdurando até a morte, exatamente da mesma forma que se referem os canonistas e os teólogos ao impedimento da bruxaria no matrimônio: o temporário pode se tornar permanente. Pois que Godofredo diz na sua *Summa*: "Os encantamentos nem sempre podem ser removidos por quem os causou, ora porque morreram, ora porque não sabem como removê-lo, ora ainda porque perderam a fórmula mágica." Pelo que podemos dizer, do mesmo modo, que o feitiço que se abateu sobre Pedro será permanente se a bruxa que o fez não for mais capaz de curá-lo.

Pois que existem bruxas de três categorias ou graus. Algumas curam e injuriam; outras injuriam, mas não curam; e outras ainda são capazes de curar tão somente, ou seja, de remover as injúrias físicas provocadas, como veremos mais adiante. Tivemos oportunidade de presenciar o diálogo entre duas bruxas. Enquanto altercavam e se insultavam, uma disse:

– Não sou tão perversa quanto tu, porque sei curar os que injurio.

O encantamento será permanente também se, antes de curado, a bruxa for embora, por mudança de domicílio ou por ter morrido. Pois Santo Tomás diz: "Qualquer encantamento pode ser permanente se para curá-lo não houver remédio humano; ou se, havendo tal remédio, não é conhecido pelos homens ou é ilícito; não obstante, Deus pode encontrar o remédio por meio de algum anjo santo capaz de reprimir o Demônio e talvez a bruxa."

No entanto, o principal remédio contra as bruxarias é o Sacramento da penitência. Porque os males corpóreos não raro provêm do pecado. E de que modo os feitiços diabólicos podem ser removidos será mostrado na Parte II deste tratado, e no capítulo VI da Questão II, onde se trata de outras matérias e de questões diversas.

Soluções dos argumentos.

Quanto ao primeiro, está claro que não restou dúvida: com a permissão de Deus, os Demônios não só matam os homens como também são capazes de arrancar-lhes o membro viril, além de outros órgãos. Quanto ao segundo argumento, a resposta também clara está. Cumpre ressaltar: Deus confere mais poder à bruxaria sobre as forças genitais, permitindo assim que o membro viril possa ser de fato e verdadeiramente arrancado. Mas tal fenômeno não é sempre permanente. As bruxas, muitas vezes, têm o poder de restaurá-lo, e sabem de que modo fazê-lo. Logo, claro está que o membro não é realmente removido, mas sim o é por alguma ilusão mágica. Quanto ao terceiro, a respeito da metamorfose da mulher de Lot, podemos afirmar que não se tratou de mero encantamento: foi um fato real. Quanto ao quarto, que os Demônios são capazes de criar certas formas substanciais e, portanto, também capazes de removê-las, cumpre dizer: os magos do faraó criaram serpentes verdadeiras; mas os Demônios são capazes de produzir, com o auxílio de algum outro agente, certos efeitos sobre criaturas imperfeitas, os quais não se produzem nos homens que são os protegidos de Deus. Já foi dito: "Deus dá atenção aos bois?" Os Demônios, porém, são capazes de, com a permissão do Senhor, causar aos homens injúrias reais e verdadeiras, além de criarem a ilusão da injúria. E assim se responde com clareza ao último argumento.

QUESTÃO X

Se as bruxas são capazes de transformar os homens em bestas.

Vamos aqui elucidar a verdade a respeito deste assunto: se as bruxas são de fato capazes de transformar os homens em bestas e de que modo. Argumenta-se que isso não é possível, por causa da seguinte passagem em *Episcopus* (XXVI, 5): "Quem acredita ser possível transformar uma criatura em criatura melhor ou pior, ou transformá-la em qualquer outra, de outra forma ou espécie, exceto por vontade do próprio Criador, que fez todas as coisas, é sem dúvida um infiel e pior que um pagão."

Citaremos, a propósito, os argumentos de Santo Tomás no segundo *Livro das sentenças*, VIII: "Se os Demônios são ou não capazes de interferir nos sentidos do corpo através de encantamento ou de ilusão." Primeiro ele argumenta não serem capazes. Pois, como a forma de uma besta deve estar em algum lugar, não pode só existir nos sentidos; já que os sentidos não percebem forma que não seja oriunda de matéria real, não existe a besta de fato nesses casos; adita a seguir a autoridade do Cânon. E outra vez o que parece ser, na realidade não é; como no caso da mulher que parece ser uma besta. Mas duas formas substanciais não podem coexistir numa mesma matéria. Logo, como a forma da besta não existe em lugar algum, não há de existir qualquer ilusão ou encantamento aos olhos do sofredor; porque a vista precisa se deparar com algum objeto para vê-lo.

E não é possível também a existência de alguma forma na atmosfera circundante; não apenas porque a atmosfera não é capaz de adquirir qualquer forma, mas também porque o ar ao redor de uma pessoa não é sempre constante, dada a sua natureza fluida, especialmente quando em movimento. Ademais, se isso fosse verdadeiro, a transformação seria visível a todos; mas não o é, já que os Demônios parecem incapazes de iludir a visão dos Homens Santos.

Não só isso: o sentido da visão é passivo e, como todas as faculdades passivas, é posto em movimento pelo agente ativo que a ele corresponde. Ora, o agente ativo correspondente à visão é dúplice: o primeiro está na origem do ato, ou seja, no objeto; o segundo está no elemento veiculador, ou seja, no meio. Mas a forma aparente não há de ser o objeto do sentido, nem o meio pelo qual o objeto é veiculado. Não pode ser o objeto, já que não há como segurá-lo, conforme se demonstrou no argumento precedente, pois que não existe nos estímulos recebidos de um objeto; nem está no objeto real, nem mesmo no ar, o meio veiculador, conforme se mostrou, no terceiro argumento.

Além disso, se o Demônio é capaz de mover a consciência interior, move-a projetando-se na faculdade cognitiva, ou a move alterando-a. Mas não há de movê-la projetando-se na faculdade cognitiva: para tal teria de adquirir forma corpórea e, mesmo assim, não conseguiria penetrar no órgão da imaginação; porque dois corpos não podem ocupar, ao mesmo tempo, o mesmo lugar; ou então tomaria a forma de um corpo espectral, o que também seria impossível, pois que não há corpo espectral sem qualquer substância.

De forma análoga, o Demônio também não é capaz de ativar a consciência interior alterando a faculdade cognitiva: para alterá-la, são necessárias qualidades ativas que os Demônios não possuem. No entanto, talvez pudesse alterá-la por transformação ou por movimento local; mas tal não parece exequível por dois motivos. Primeiro, por que a transformação de um órgão não é efetuada sem a participação do sentido da dor. Segundo, porque, nesse caso, o Demônio só faria aparecer coisas de forma conhecida; Santo Agostinho diz, porém, que ele é capaz de criar formas conhecidas e desconhecidas. Portanto, parece não haver maneira de os Demônios iludirem a imaginação ou os sentidos dos homens.

Mas, em contraposição a esses argumentos, diz-nos Santo Agostinho (*De Ciuitate Dei,* XVIII): a transmutação de homens em animais disformes, atribuída à arte dos Demônios, não é real, e sim apenas aparente. Isso, no entanto, não havia de ser possível sem que os Demônios fossem capazes de transmutar os sentidos humanos. A autoridade de Santo Agostinho corrobora este ponto também no 83º livro, já citado: "O mal diabólico se insinua por todas as vias sensitivas" etc.

Resposta. Se interessa ao leitor perquirir mais sobre o método da transmutação, ele deve reportar-se à Parte II desta obra, capítulo VI, que trata dos vários métodos. Prossigamos, porém, em nosso enfoque escolástico. Afirmamos, em concordância com a opinião dos doutores da Igreja, que o Diabo é capaz de iludir a fantasia humana fazendo com que um homem se pareça com um animal. De todas as opiniões, a de Santo Tomás é a mais sutil. A primeira é a de Santo Antonino, na primeira parte de sua *Summa,* V, 5, onde declara que o Diabo, por vezes, consegue iludir a fantasia humana, sobretudo pela ilusão dos sentidos; prova-o racionalmente – pela autoridade do Cânon e por um grande número de exemplos.

A princípio esse autor argumenta do seguinte modo: nossos corpos, no seu movimento, estão naturalmente subordinados à sua natureza angelical, e a ela obedecem. Os anjos do mal, porém, não obstante terem perdido a sua graça, conservaram seus poderes naturais, como já se frisou muitas vezes. Como a faculdade da fantasia ou da imaginação é corpórea – vinculada a um órgão físico –, também se acha subordinada à vontade dos Demônios, que são assim capazes de transmutá-la: provocam o aparecimento de várias fantasias, pelo fluxo de pensamentos e de percepções ligados à imagem original, antes recebida. Assim declara Santo Antonino, aditando como prova o seguinte trecho do texto canônico (*Episcopus,* XXVI, 5): "Não se há de omitir que certas mulheres perversas, pervertidas por Satanás e seduzidas pelas ilusões e aparições espectrais dos Demônios, acreditam e professam cavalgarem durante a noite em certas bestas, ao lado de Diana, a deusa pagã, ou de Heródias, e ao lado também de um número incontável de outras mulheres, e, no silêncio escuro da noite, percorrem grandes distâncias de terra." E mais adiante: "Pelo que os pregadores hão de pregar ao povo de Deus para que este saiba da falsidade desse fenômeno: quando essas visões fantásticas afligem a mente do fiel, saiba ele que não provêm de Deus, mas de um espírito do mal. Pois que o próprio Satanás adquire a forma e a aparência de distintas pessoas e, em sonhos, iludindo o pensamento cativo, o conduz a caminhos errantes."

Com efeito, o significado desse trecho canônico foi considerado na Questão I (sobre os quatro elementos a serem pregados). Mas se equivocam na sua interpretação os que sustentam não serem as bruxas transportadas, quando desejam e quando Deus não as impede; e, muitas vezes, homens normais são involuntariamente transportados por grandes distâncias, corporalmente.

Que tais transmutações podem ser efetuadas de ambas as maneiras é mostrado pela *Summa* mencionada, e no capítulo em que Santo Agostinho conta do que se lê no livro dos gentios: uma certa adivinha, chamada Circe, transformou os companheiros de Ulisses em bestas; mas o fez através de algum encantamento ou ilusão, não no plano real, mas alterando a fantasia dos homens; e isso é claramente provado por vários exemplos.

Lemos na *Vida dos padres* que uma certa menina não consentira em cometer um ato obsceno com o jovem que a cortejara. O jovem, porém, inflamando-se de raiva, pediu a uma judia que a enfeitiçasse, tendo sido a menina transformada numa potranca. Mas essa metamorfose não se deu na realidade e sim por ilusão do Demônio: ele alterou a fantasia e os sentidos da própria menina e dos que a viam, fazendo com que em vez da menina vissem a potranca. Mas quando ela foi levada a São Macário, o Demônio não conseguiu iludir-lhe os sentidos, por causa da sua santidade; e ele a via como menina e não como potranca. E ao cabo de suas orações ela viu-se liberta daquela ilusão. O santo explicou-lhe que aquilo acontecera porque ela não meditava em coisas sagradas, ou porque não cumpria os Sacramentos como devia; daí o poder do Demônio sobre ela, embora sob outros aspectos ela fosse honesta.

Portanto, o Demônio é capaz, pela alteração das percepções e dos humores interiores, de provocar mudanças nas ações e nas faculdades físicas, mentais e emocionais, operando através de qualquer órgão físico; isso segundo Santo Tomás, I, 91. Parece-nos que foram dessa espécie os atos de Simão Magus nos encantamentos por ele narrados. O Diabo, porém, nada pode fazer sem a permissão de Deus, que com os Seus anjos bons muitas vezes lhe reprime a perversidade com que nos tenta injuriar. Pelo que nos diz Santo Agostinho, ao falar de bruxas: "São as que, com a permissão de Deus, provocam os elementos e confundem o pensamento dos que não creem em Deus" (XXVI, 5).

Os Demônios são também capazes, através da bruxaria, de tornar o homem incapaz de enxergar corretamente sua mulher e vice-versa. Esse fenômeno provém da alteração da fantasia: aos seus olhos, a mulher adquire forma horrível e repugnante. O Diabo evoca também a imagem de coisas repulsivas, durante a vigília e durante o sono, para nos enganar e nos conduzir ao pecado. Mas como o pecado não parece ser fruto da imaginação e sim da vontade, não há pecado, portanto, nessas fantasias sugeridas pelo Demônio, e nessas várias transformações, salvo quando o homem, por sua própria vontade, se entrega ao pecado.

A segunda opinião dos modernos doutores da Igreja converge para a primeira ao explicarem o que são os encantamentos e de que modo o Diabo é capaz de causar ilusões. Referimo-nos aqui ao que já se disse a respeito dos argumentos de Santo Antonino, não sendo necessário repetir.

A terceira opinião é a de Santo Tomás. Está na sua resposta à pergunta: "Onde está a existência das formas bestiais observadas: nos sentidos, na realidade ou na atmosfera circundante?" E, na sua opinião, a forma criatural de uma besta só existe nas percepções interiores, que pela força da imaginação veem-na como se fosse um objeto exterior. Pois que o Demônio dispõe de duas maneiras para obter esse resultado.

Podemos primeiro dizer que, por ação do Demônio, as formas dos animais conservadas no repositório da imaginação passam para os órgãos dos sentidos interiores, de forma análoga ao que se dá nos sonhos, como já vimos. Assim, quando essas formas são impressas nos órgãos dos sentidos externos, como no da visão, apresentam-se como se fossem objetos do mundo exterior, e podem até ser tocadas.

Em segundo lugar, o Diabo é capaz de alterar os órgãos internos da percepção, pelo que confunde nosso juízo; é o caso de quem tem o paladar corrompido de sorte a tudo o que é doce parecer amargo; método, aliás, não muito diverso do primeiro. Ademais, esse fenômeno os homens normais podem obter através de certos elementos naturais, como quando, sob os vapores de um certo fumo, as vigas de uma casa parecem serpentes; são encontrados muitos outros desses casos, conforme já se mencionou.

Solução dos argumentos.

O texto apresentado como primeiro argumento é muitas vezes citado, mas sempre incorretamente compreendido. Ao falar da transformação em outra forma ou espécie, deixa claro de que modo isso pode ser feito pelas artes da prestidigitação. E quando diz que nenhuma criatura pode ser feita pelo poder do Diabo, está manifestamente correto se por feita entendermos criada. Mas se a palavra feita se refere à produção natural, é certo que os Demônios podem gerar muitas criaturas imperfeitas. E Santo Tomás revela de que modo isso pode ser feito. Diz que todas as transmutações das substâncias corpóreas capazes de serem realizadas pelas forças da natureza, cujo elemento essencial é o sêmen encontrado em todas as coisas do mundo – na terra ou na água (onde serpentes, sapos e animais semelhantes depositam o seu sêmen) –, podem também ser realizadas por obra dos Demônios que tiverem adquirido o sêmen correspondente. Assim também com tudo o que pode ser transformado em sapos e em serpentes, os quais podem ser gerados por putrefação.

Mas as transmutações das substâncias materiais que não são realizadas pelas forças da natureza não podem ser verdadeiramente realizadas pela obra dos Demônios. Quando, então, o corpo de um homem é transmutado no de uma besta, ou quando o corpo de um morto é ressuscitado, o fenômeno é só aparente: trata-se de encantamento ou de ilusão. O mesmo se pode dizer quando o Diabo aparece em forma corpórea a um homem.

Tais argumentos precisam ser consubstanciados. São Alberto, em seu livro *Sobre os animais*, ao indagar se os Demônios, ou mesmo as bruxas, são capazes de produzir animais, diz: "Às bruxas e aos Demônios é permitido por Deus criarem animais imperfeitos. Embora não os possam criar instantaneamente, como Deus é capaz, e sim através de um certo movimento, não obstante brusco, como está claro no caso das bruxas." E ao referir-se à passagem no Êxodo, em que o faraó chamou os sábios, diz: "Os Demônios saem percorrendo o mundo e colhendo sêmen, usando-o na geração de várias espécies." E prossegue a glosa: "Quando as bruxas tentam fazer qualquer malefício pela invocação dos Demônios, também saem percorrendo o mundo e coletando o sêmen das coisas que lhes interessam, e por meio dele, com a permissão de Deus, produzem novas espécies." A esse respeito, porém, já nos referimos.

Talvez haja uma outra dificuldade: a de considerar-se as obras dos Demônios miraculosas. A resposta a essa questão fica esclarecida pelos argumentos precedentes: mesmo os Demônios são capazes de operar certos milagres, para os quais se acham adaptados os seus poderes naturais. E embora tais prodígios sejam, de fato, verdadeiros, não são feitos com o fito do conhecimento da verdade; e por isso as obras do Anticristo podem ser consideradas ilusões, porque são feitas tendo em mira a sedução dos homens.

Clara está também a resposta ao outro argumento, a respeito das formas criaturais. A forma criatural de uma besta, que é por nós vista, não se encontra no ar, nem no plano concreto, conforme se demonstrou: apenas na percepção dos sentidos, como se provou através da opinião de Santo Tomás.

O certo é que todo ente passivo é posto em movimento pelo ente ativo correspondente. Considere-se esse argumento verdadeiro. Mas quando se infere que a forma observada não é o objeto original que põe o ente em movimento, ou seja, que ativa o fenômeno visual, cumpre entender: não surge dos sentidos, e sim de alguma imagem sensível conservada na imaginação, que o Demônio evoca e apresenta à percepção, conforme se demonstrou.

Quanto ao último argumento, cumpre esclarecer que o Demônio não altera, como se viu, os poderes perceptivos e imaginativos, neles se projetando: o que faz é transmutá-los. Não os altera de fato, só no que concerne ao seu movimento local. Pois não lhe é dada a faculdade de criar novas percepções, como se disse. O que altera são as imagens preexistentes, por transmutação, vale dizer, por alteração do movimento local. E faz isso sem dividir a substância do órgão da percepção, já que tal divisão causaria dor, e sim pelo movimento das percepções e dos humores.

Pode-se ainda objetar que, segundo esse ponto de vista, o Demônio não será capaz de apresentar-se a um homem com aspecto de ser criatural totalmente novo. Convém dizer que os elementos novos podem ser entendidos de duas maneiras. Em primeiro lugar, podem ser novos em si e em princípio; nesse sentido, o Diabo nada é capaz de apresentar de novo ao sentido humano da visão; pois não é capaz de fazer com que o cego por nascimento imagine cores, ou que o surdo por nascimento imagine sons. Em segundo lugar, porém, podem ser novos quanto à composição de sua totalidade; pode-se, nesse veio de raciocínio, dizer que determinada coisa é imaginariamente nova: por exemplo, quando um homem imagina visualizar montanhas de ouro que nunca viu; por já ter visto o ouro, e por já ter visto montanhas, é capaz de imaginar, através de alguma operação natural, o espectro de uma montanha de ouro. Pois é nesse sentido que o Diabo é capaz de apresentar algo novo à imaginação.

Dos lobos que atacam e devoram homens e crianças fora de seus berços: se é também magia causada por bruxas.

Há, incidentalmente, a questão dos lobos que, por vezes, apanham homens e crianças afastados de suas casas e os devoram, fugindo com tal astúcia que não há ninguém hábil ou forte o suficiente para capturá-los. Para esse fenômeno temos, vez ou outra, uma causa natural. Em outras ocasiões, porém, se deve à magia operada por bruxas. Santo Alberto, em seu livro *Sobre os animais*, diz existirem cinco causas naturais. Às vezes, atacam-nos por causa da sua fome desmesurada, quando veados e outros animais se aproximam dos homens. Em outras, por causa de sua ferocidade, como no caso dos cães selvagens nas regiões frias. Mas tais causas não vêm ao caso; para nós esse comportamento é causado por ilusão diabólica, quando Deus pune uma nação pelo pecado. Ver Levítico, 26: "Mas se não me escutardes e não guardardes os meus mandamentos, mandarei contra vós as feras do campo, que devorarão os vossos filhos, matarão vossos animais e vos reduzirão a um pequeno número." E uma vez mais, no Deuteronômio, 32: "Incitarei contra eles os dentes das feras" etc.

Já quanto à outra questão, se são ou não lobos verdadeiros, ou Demônios em forma de lobo, parece-nos serem de fato lobos verdadeiros, possuídos pelos Demônios; e são possuídos de duas maneiras.

Podem ser possuídos sem o intermédio das bruxas: é o caso dos 42 meninos devorados por dois ursos saídos da floresta, por terem escarnecido do profeta Eliseu. É também o caso do leão que matou o profeta por este não ter obedecido ao mandamento de Deus (III Reis, 13). Conta-se, ainda, que um bispo de Viena ordenou fossem entoadas as ladainhas menores, solenemente, em certos dias antes da Festa da Ascensão, porque os lobos andavam adentrando a cidade e devorando publicamente os homens.

Podem, por outro lado, ser possuídos por intermédio das bruxas. William de Paris conta-nos de um certo homem que julgava ter-se transformado em lobo, ocasião em que se escondia em cavernas. Certa vez, tendo lá se ocultado, percebeu que, apesar de ter permanecido no mesmo lugar, estacionário, via-se como um lobo que saía devorando crianças; e, apesar de ter sido o Demônio que, tendo possuído um lobo, saíra devorando crianças, ele se julgava o lobo que durante o sono saía na sua ronda, atrás de sua presa. E permaneceu durante tanto tempo fora de seu juízo normal que acabou sendo encontrado na floresta, deitado e uivando. O Diabo se deleita com essas coisas e é o responsável pela convicção ilusória dos pagãos que dizem serem os homens e as velhas transformados em lobisomens. Desse relato depreende-se que tais coisas só acontecem com a permissão de Deus e por intermédio dos Demônios – não ocorrem como fenômeno natural. Pois que não há engenho ou habilidade capazes de capturar ou ferir essas feras. Vincent de Beauvais (*In Spec. Hist.*, VI, 40) conta-nos, a propósito, que na Gália, antes da Encarnação de Cristo, e antes da Guerra Púnica, um lobo arrebatou da bainha a espada de um sentinela.

QUESTÃO XI

Que as bruxas parteiras matam o concepto ao nascer, de várias maneiras, ou provocam o aborto; ou se não fazem a oferenda de recém-nascidos aos Demônios.

Vamos aqui estabelecer a verdade a respeito de quatro crimes hediondos que os Demônios cometem contra as crianças pequenas – tanto no útero da mãe quanto depois do nascimento. E por cometerem tais crimes, pelo intermédio de mulheres, não de homens, essa espécie de homicídio acha-se mais vinculada ao sexo feminino que ao masculino. Apresentamos, a seguir, os métodos pelos quais tais crimes são praticados.

Os doutores em Direito Canônico tratam dos obstáculos ao ato venéreo com maior profundidade que os teólogos; dizem que é bruxaria não só quando alguém é impossibilitado de praticar o ato carnal, mas também quando a mulher é impossibilitada de conceber ou aborta após ter concebido. O terceiro e quarto crimes dessa espécie, praticados como bruxaria, são os de, tendo malogrado a tentativa de aborto, devorar a criança ou oferecê-la ao Diabo.

Não há dúvida a respeito dos dois primeiros métodos, pois que, sem o auxílio de Demônios, qualquer homem é capaz, por meios naturais – pelo uso de ervas como a sabina, ou de outros emenagogos –, de impedir a concepção da mulher, como já se mencionou. Mas com os outros dois métodos é diferente; são praticados por bruxas. Não há necessidade de apontar os argumentos: basta mostrar exemplos evidentíssimos que fazem aflorar mais prontamente a verdade a respeito.

A primeira dessas duas abominações é a do hábito de certas bruxas, que vai contra o instinto da natureza humana, e até mesmo contra o instinto da natureza de todas as feras, com a possível exceção dos lobos, de devorarem, como canibais, os recém-nascidos. O Inquisidor de Como, a propósito, já mencionado, nos conta: foi intimado pelos habitantes do condado de Barby a conduzir um processo inquisitório por causa de um homem que, vendo ter desaparecido seu filho do berço, saiu a procurá-lo. Acabou por encontrá-lo num congresso de mulheres durante a noite, no qual, segundo declarou em juramento, as viu matarem-no, para depois beberem-lhe o sangue e devorarem-no. Conta-nos ainda que num só ano 41 bruxas foram queimadas, e que outras debandaram, em revoada, para as terras do senhor arquiduque da Áustria, Sigismundo. Essa história é confirmada por João Nider em seu *Formicarius*, cuja lembrança, como a dos demais eventos de que nos fala, ainda se acha fresca na memória dos homens; pelo que tais fatos só podem ser verídicos. Cumpre aditar que as bruxas parteiras são as que maiores males nos trazem, pelo que nos contam outras bruxas penitentes: "Não há quem mais malefícios causem à Fé Católica do que as parteiras." Pois quando não matam as crianças, para atenderem a outros propósitos tiram-nas do recinto em que se encontram, elevam-nas nos braços e oferecem-nas aos Demônios. Mas o método de que se utilizam para a prática de crimes dessa natureza será mostrado na Parte II, à qual logo chegaremos. É preciso indagar primeiro, porém, da permissão divina. Pois dissemos no princípio que três elementos se fazem necessários à prática da bruxaria: o Diabo, a bruxa e a permissão de Deus.

QUESTÃO XII

Se a permissão de Deus Todo-Poderoso é acompanhamento constante de toda bruxaria.

Vamos considerar a permissão divina em si, formulando desde já quatro perguntas. Primeiro, se é necessário que a permissão divina acompanhe os atos de bruxaria. Segundo, se Deus, com toda a Sua justiça, permite a uma criatura naturalmente perversa perpetrar atos de bruxaria e outros crimes tenebrosos pressupondo-se os dois outros concomitantes necessários. Terceiro, se o crime de bruxaria supera em perversidade todos os demais crimes permitidos por Deus. Quarto, de que modo pregar aos fiéis sobre esse tema.

A respeito do terceiro postulado dessa Parte I, ou seja, o postulado da permissão divina, cabe perguntar: seria tão católico afirmar a existência da permissão divina nas obras de bruxaria, quanto herético seria contradizê-lo? Professa-se seu católico sustentar que Deus não confere tamanho poder ao Diabo nesse tipo de bruxaria. Pois há de ser católico, e não herético, refutar esses crimes por se afigurarem como detração ao Criador. E há de ser católico sustentar que tal poder não é conferido ao Diabo, pois que a afirmação oposta soa como menoscabo ao Criador.

Logo, nessa linha de raciocínio, nem tudo há de estar submetido à Providência Divina, já que o sapientíssimo Senhor Deus trata de manter a falha e todo o mal mais afastado possível das criaturas que protege. Assim, se as obras de bruxaria são permitidas por Deus, não são de nós afastadas pela Sua vontade: Deus não é mais, destarte, o sábio Provedor – e todas as coisas não mais estão submetidas à Sua Providência. Como falsa é essa conclusão, falso há de ser que Deus permite a bruxaria.

Afirma-se ainda que, para permitir que uma coisa aconteça, pressupõe-se que quem o permite seja capaz de preveni-la, caso queira, ou não o seja, mesmo que o queira; nenhuma dessas hipóteses aplica-se ao caso de Deus. No primeiro caso, o homem seria considerado maldoso, e no segundo, impotente. Pergunta-se então, incidentalmente: quanto ao encantamento que aconteceu a Pedro, caso Deus pudesse tê-lo prevenido, mas não o fez, não quer isso dizer que Deus é maldoso e não se importa em absoluto com a vítima? E se Ele quisesse prevenir, mas não lhe foi possível, não deixaria Ele de ser onipotente? Como não é possível sustentar a opinião que aponta para o descaso por parte de Deus e também a outra, logo a bruxaria não é praticada com a permissão de Deus.

Não só isso: quem é responsável por si mesmo e senhor de seus atos não está sujeito à permissão ou à providência de qualquer governador. Mas os homens foram tornados responsáveis por si mesmos por Deus, segundo o Eclesiástico, 15: "No princípio Deus criou o homem, e o entregou ao seu próprio juízo." Em particular, os pecados que os homens cometem são entregues a seu próprio juízo, de acordo com o texto: "Ele deu ao homem o direito de escolher o que seu coração desejar." Portanto, nem todos os males estão subordinados à permissão divina.

Diz ainda Santo Agostinho no *Enchiridion,* assim como Aristóteles no nono livro da *Metafísica:* "O melhor é desconhecer certas coisas desprezíveis do que as conhecer, não obstante todas as boas obras serem atribuídas a Deus." Logo, Deus não impede que se pratiquem as obras perversas de bruxaria, permita Ele ou não. Ver também São Paulo em I Coríntios, 9: "Acaso Deus tem dó dos bois?" A indagação é válida para os outros animais irracionais. Pelo que a Deus pouco importa se estão os animais enfeitiçados ou não, já que não se acham subordinados à Sua vontade, que advém da Sua Providência.

Ademais, o que necessariamente acontece carece de permissão da providência ou de prudência. Isso é categoricamente demonstrado por

Aristóteles na sua *Ética*, II: "Prudência é um raciocínio correto a respeito das coisas que acontecem e que dependem do juízo e da escolha." Mas diversos efeitos da bruxaria acontecem por necessidade; de forma análoga ao aparecimento das doenças, por alguma razão ou por influência dos astros, e as outras coisas consideradas fruto de bruxaria. Portanto, tais coisas nunca se acham sujeitas à permissão divina.

Mais ainda: se os homens são enfeitiçados pela permissão divina, cabe indagar: por que isso acontece mais a uns do que a outros? Se é dito ser por causa do pecado, que mais abunda em uns do que em outros, a premissa não parece válida, já que os maiores pecadores haviam de ser os mais enfeitiçados, o que, manifestamente não acontece, por serem justamente os menos punidos neste mundo. Está escrito: "E é bem que mintam os mentirosos." Mas se fosse bom esse argumento, também não seriam aqueles os enfeitiçados. E é, por fim, evidente pelo fato de se encontrarem entre os que mais padecem dos atos de bruxaria as crianças inocentes e outros homens justos.

Mas temos contra tais argumentos o seguinte. Afirma-se que Deus permite que o mal seja praticado, embora não o deseje; e procede assim para o aperfeiçoamento do universo. Ver Dionísio, *De Divin. Nom.*, III: "O mal existirá em todos os tempos, para o aperfeiçoamento do universo." E diz Santo Agostinho no *Enchiridion*: "A admirável beleza do universo está em todas as coisas, boas e más." Assim é que o mal está bem-ordenado, e o bem, louvado em alto grau, está no seu devido lugar; porquanto as boas obras são mais agradáveis e louváveis que as más. Santo Tomás também refuta a opinião dos que dizem que, embora Deus não deseje o mal (por não haver criatura que pelo mal procure – seja em seu apetite natural, animal ou intelectual, ou seja, na sua vontade, cujo objeto é bom), quer Ele que o mal exista e seja praticado. Diz-nos este autor que tal opinião é falsa: Deus não quer que o mal seja praticado, nem que não seja praticado: e isso é bom para o aperfeiçoamento do universo.

E eis a razão por que é errôneo afirmar que Deus deseja que o mal seja praticado para o bem do universo. Nada há de ser julgado bom salvo quando bom é em si e não por acidente. Pois o homem virtuoso é julgado bom pela sua natureza intelectual, não pela sua natureza animal. O mal, porém, não é de per si, ordenado para o bem: acontece por acidente. Pois contra a intenção dos que praticam o mal ressurge o bem resultante. Dessa forma, contra a intenção das bruxas, ou contra a intenção dos tiranos, viu-se resplandecer claramente a paciência dos mártires, em decorrência de sua perseguição.

Resposta. Essa questão é tão difícil de entender quanto proveitoso é elucidá-la. Há em meio aos argumentos, não só dos leigos como também dos sábios, um elemento em comum: não creem que tão pavorosa bruxaria, como se mostrou, seja permitida por Deus; a mostrarem-se ignorantes das causas da permissão divina. E por causa dessa ignorância, já que as bruxas não são esmagadas pela vingança que lhes é devida, parece que agora estão despovoando toda a cristandade. Portanto, para que o culto e o inculto sejam atendidos na sua medida, de acordo com a opinião dos teólogos, desenvolveremos nossa resposta pela discussão de duas dificuldades. Primeiro: o mundo é de tal forma subordinado à Providência Divina que é o próprio Deus quem a todos provê.

Segundo: Deus na Sua justiça permite a prevalência do pecado – que consiste na culpa, no castigo e na perda – em virtude de Suas permissões primeiras: a queda dos anjos e a dos nossos primeiros ancestrais. Pelo que há de ficar claro: desacreditar obstinadamente dessas premissas recende a heresia, pois que o descrente compromete a si próprio nos erros dos infiéis.

Quanto à primeira, é de reparar-se que devemos sustentar estarem todas as coisas subordinadas à Providência Divina e que é Deus o provedor imediato de todas as coisas – pois tudo à Providência Divina pertence (Sabedoria, 14: "Mas sois vós, Pai, que tudo governais pela vossa Providência"). Para deixarmos claro esse ponto, refutemos primeiro o erro contrário. Pois, tomando como referência a passagem em Jó, 22, "As nuvens formam um véu que o impede de ver; Ele passeia pela abóbada do céu", alguns têm achado que a doutrina de Santo Tomás, 1, 22, significa tão só que as coisas corruptíveis estão sujeitas à Providência Divina, como as essências distintas, e as estrelas, a par das coisas de espécie inferior, também incorruptíveis; advogam, porém, que os seres das espécies, sendo corruptíveis, não lhe estão subordinados. Pelo que, afirmam que todas as coisas mundanas inferiores estão sujeitas à Providência Divina no sentido universal, mas não no sentido individual ou particular. A outros, no entanto, essa opinião afigura-se indefensável, já que Deus cuida dos outros animais assim como cuida dos homens. Logo, o rabino Moisés, buscando um meio-termo, concordava com essa opinião, professando serem todas as coisas corruptíveis não de todo individualmente sujeitas ao governo divino, mas apenas no sentido universal, como se frisou antes; excluía ele, porém, homem da generalidade das coisas corruptíveis, dada a esplêndida natureza de seu intelecto, comparável à das essências distintas. Pois bem: em conformidade com sua opinião, toda bruxaria que acontece aos homens há de depender da permissão divina; não, porém, como acontece aos animais ou aos outros frutos da terra.

Ora, não obstante essa opinião estar mais próxima da verdade do que a que nega a presença da Providência de Deus nas coisas mundanas, e que advoga ter sido o mundo obra do acaso – como defendiam Demócrito e os Epicuristas –, não o faz sem uma grande falácia. Faz-se mister dizer que tudo está subordinado à Providência Divina – não só no sentido geral, como também no particular; e que o encantamento não só dos homens, mas também dos animais e dos frutos da terra, depende da permissão Divina e providente. Aí reside a verdade plena; a Providência e a ordem das coisas, para um determinado fim, estendem-se na medida em que se estende a sua própria causalidade. Tomemos como exemplo as coisas que se acham subordinadas a um ser superior: acham-se subordinadas à sua providência na medida em que se encontram sob seu controle. Mas a causalidade, que é de Deus, é o agente original, que se estende a todos os seres, não só no sentido geral mas também no particular, e não apenas às coisas incorruptíveis. Logo, como todas as coisas devem ser de Deus, todas hão de ser por Ele cuidadas, vale dizer, por Ele ordenadas para um fim.

A esse ponto se refere São Paulo em Romanos, 13: "Todas as coisas que instituídas foram por Deus, por Ele foram ordenadas." Em outras palavras: assim como todas as coisas provêm de Deus, são por Ele ordenadas e acham-se, consequentemente, à Providência Divina subordinadas. Pois se há de entender a Providência Divina como nada além da razão, ou seja, nada além da ordem das coisas para o atendimento de um propósito. Assim, na medida em que as coisas atendem a uma finalidade, atendem, de forma análoga, à Providência Divina e a ela estão subordinadas. Deus conhece todas as coisas, não só na sua generalidade mas também na sua particularidade. Pois bem: o conhecimento que Deus possui das coisas criadas é comparável ao do artesão a respeito de seu trabalho. Logo, assim como todo trabalho se acha subordinado à ordem e à providência do artesão, de forma análoga todas as coisas se acham subordinadas à ordem e à Providência do Criador.

Todavia, não se tem aí uma explicação satisfatória para a permissão de Deus, na Sua justiça, para a prática do mal e da bruxaria no mundo, não obstante ser Ele o provedor e governador de todas as coisas; pareceria, admitindo-se tal proposição, que Deus devesse afastar o mal daqueles a quem provê. Pois que observamos, entre os homens, que o provedor sábio faz tudo o que está ao seu alcance para livrar os que provê de danos e prejuízos; por que, então, não afasta Deus, de forma análoga, todo o mal dos seus protegidos? Cumpre atentar que provedor universal e provedor particular são coisas muito distintas. Ao provedor particular cabe afastar necessariamente todo o mal que puder, por não ser capaz de extrair do mal o bem. Deus, contudo, é o provedor universal do mundo inteiro e é capaz, destarte, de dos males particulares extrair um grande bem; pois que por meio da perseguição dos tiranos surgiu a paciência dos mártires, e pelo intermédio das obras das bruxas surgem a purgação e a provação da fé dos justos, conforme será demonstrado. Não é propósito de Deus, portanto, prevenir todo o mal, para que o mundo assim não careça da causa de tantos bens. Pelo que diz Santo Agostinho no *Enchiridion*: "Tão misericordioso é o Deus Todo-Poderoso que não permitiria que o mal atingisse as suas obras se não fosse tão onipotente e tão bom ao ponto de até mesmo do mal extrair o bem."

E disso encontramos exemplo nos processos das coisas naturais. Embora as corrupções e as falhas que ocorrem às coisas naturais sejam contrárias ao propósito das coisas particulares (como quando um ladrão é enforcado, ou quando animais são mortos para que se sacie a fome humana), estão ainda em conformidade com o propósito universal da natureza (para que a vida e a propriedade do homem sejam preservadas); e destarte preserva-se o bem universal. Pois que é necessário para a conservação das espécies que a morte de um ser represente a preservação de outros seres. Assim é que os leões são mantidos vivos para a carnificina de outros animais.

Da permissão divina: Deus não faria uma criatura naturalmente sem pecado.

Em segundo lugar, Deus, na Sua justiça, permite a prevalência do mal, a do pecado e a do sofrimento, mormente agora que o mundo se vai esfriando e aproximando-se do seu fim; havemos de provar tal assertiva postulando duas proposições fundamentais. Primeira: é impossível que, humanamente falando, qualquer criatura, humana ou angelical, seja de natureza tal que não cometa pecado. Segunda: é justo, e permitido pela ótica de Deus, ao homem pecar ou ser tentado. Certas são essas duas proposições. E como está de acordo com a Providência Divina que cada criatura seja entregue à sua própria natureza, cumpre declarar: de acordo com nossas premissas, é impossível que Deus não permita a prática da bruxaria com o auxílio dos Demônios.

E que não é possível outorgar a uma criatura a imunidade natural contra o pecado é mostrado por Santo Tomás (II, 23, art. I). Porque, se essa qualidade fosse transmissível a qualquer criatura, Deus a teria transmitido; pois Ele tem transmitido todas as graças e perfeições transmissíveis às Suas criaturas. Tal é a união pessoal das duas naturezas no Cristo, a Maternidade e a Virgindade de Maria Imaculada, a franca camaradagem dos viajantes, o abençoado companheirismo do eleito e muitas outras coisas. Lemos, porém, que essa qualidade não foi transmitida a nenhuma criatura, nem aos homens, nem aos anjos; pois que está escrito: "Mesmo em Seus anjos Ele encontra o pecado." Portanto, o certo é que Deus não transmite aos homens a incapacidade natural para o pecado, embora eles possam adquiri-la por intermédio da graça.

Uma vez mais cabe dizer: fosse tal qualidade transmissível, mas não transmitida, o universo não seria perfeito: a sua perfeição está no fato de todas as boas qualidades transmissíveis serem transmitidas às criaturas.

Tampouco válido é argumentar que Deus, sendo onipotente, e tendo feito os anjos e os homens à Sua imagem e semelhança, poderia tornar todas as Suas criaturas sem pecado: ou nem mesmo que poderia tornar esse estado de graça a causa da confirmação na bondade, parte essencial da natureza dos homens e dos anjos, de sorte a estarem naturalmente confirmados na bondade e serem incapazes de pecar.

O primeiro argumento não resiste às evidências. Pois que, embora Deus seja Todo-Poderoso, não nos outorga a qualidade da impecabilidade; não por alguma imperfeição de Sua força, mas sim por causa da imperfeição das criaturas; e essa imperfeição reside mormente no fato de que não há criatura, homem ou anjo, capaz de receber tal qualidade. E pela seguinte razão: os seres criaturais, para a sua existência, dependem do seu Criador, assim como o efeito depende da causa para a sua existência. E criar é do nada fazer alguma coisa; e o criado, se abandonado à sua própria sorte, perece; porém, perdura enquanto preserva a influência de sua causa. Considere-se o exemplo da vela que só queima enquanto existir a cera. Assim sendo, é de notar-se que Deus criou o homem e deixou-o entregue a seu próprio juízo (Eclesiástico, 17). E no princípio da Criação também criou os anjos. E isso foi feito por amor ao livre-arbítrio, cuja propriedade é a da livre opção: fazer ou deixar de fazer, desistir ou não desistir da sua causa. Como desistir de Deus, e do livre-arbítrio, é pecar, foi impossível aos homens e aos anjos receberem uma qualidade tal que lhes permitisse, a um só tempo, possuir o livre-arbítrio e a imunidade ao pecado.

Outra imperfeição pela qual essa qualidade não pode ser transmitida aos homens e aos anjos está em que implica uma contradição; como as contradições são, por natureza, impossíveis, dizemos que Deus não as pratica. Ou que Suas criaturas são incapazes de receber predicados contraditórios. Por exemplo, não é possível que um ser esteja ao mesmo tempo vivo e morto. Temos então a seguinte contradição: a de o homem ser dotado do livre-arbítrio – que permite que ele se afaste do Criador – e a de ser dotado também da imunidade ao pecado. Se, no entanto, ele fosse incapaz de pecar, incapaz seria de afastar-se do Criador. Eis o pecado: desdenhar do bem incomutável e apegar-se às coisas comutáveis. Desdenhar ou não desdenhar, no entanto, é opção que depende do livre-arbítrio.

O segundo argumento também não é válido. Pois que se a confirmação da graça fosse parte tão essencial da criação original a ponto de tornar a impecabilidade predicado natural das criaturas, tal qualidade não surgiria de qualquer causa exterior ou da graça, mas da própria natureza dos seres, que então passariam a ser o próprio Deus, o que é absurdo. Santo Tomás trata desse assunto na sua solução do último argumento. Diz o seguinte: sempre que a alguma criatura sucede alguma coisa que só poderia ter sido causada por influência superior, cumpre entender: não é dado à natureza inferior produzir tal efeito sem a cooperação da natureza superior. O gás entra em combustão pelo contato com o fogo: dada a sua natureza, não queimaria por conta própria sem aquele contato.

Declaro, portanto, que como a confirmação da criatura racional se dá tão só pela graça, espécie de luz espiritual ou de imagem da luz da criação, é impossível a qualquer criatura ter, por sua própria natureza, tal confirmação, a menos que seja de natureza divina; vale dizer, a menos que seja da mesma natureza de Deus, o que é absolutamente impossível. Concluímos dizendo que a incapacidade para o pecado pertence, por natureza, tão somente a Deus. Porque Ele não se afasta da sua própria natureza. Nem pode afastar-se da Sua própria Bondade. Todos os demais que possuem o predicado da impecabilidade conquistaram-no pela confirmação da bondade através da graça; pela qual os filhos de Deus e todos aqueles que de alguma forma se unem à natureza divina se livram do pecado.

QUESTÃO XIII

Das duas justíssimas permissões divinas: o Diabo, autor de todo o mal, havia de pecar, e nossos primeiros ancestrais haviam de cair – pelo que se justifica todo o sofrimento decorrente das obras das bruxas.

A segunda questão ou proposição é a de que Deus, na Sua justiça, tenha permitido a certos anjos pecarem de fato – e que não o teria permitido se não fossem capazes de pecar; e que, de forma semelhante, Ele tenha preservado certas criaturas pela graça, sem terem previamente sofrido tentação; e que Ele tenha permitido ao homem ser tentado e pecar. Tais declarações são elucidadas a seguir.

Pois que é próprio da Divina Providência deixar cada coisa entregue à sua própria natureza e não a impedir de realizar suas obras naturais. Porque, como declara Dionísio (*De Divin. Nom.*, IV), a Providência não é destruidora, e sim preservadora da natureza. Assim sendo, claro está que, na medida em que o bem de toda a raça é melhor do que o bem de um só indivíduo (Aristóteles, *Ética*, I), de forma análoga, o bem do universo há de preceder o bem de qualquer criatura em particular. Cumpre aduzir, portanto, que se fosse dos homens afastado o pecado, muitas etapas seriam suprimidas na marcha para a perfeição. Pois que se removeria destarte um predicado natural do ser humano: o poder de pecar ou de não pecar.

Passemos à resposta. Se não houvesse pecado e tão só a confirmação imediata, nunca se saberia qual a parcela de graça das boas obras que se deve a Deus e qual o potencial pecaminoso que se teria realizado, a par de muitas outras coisas sem as quais o universo sofreria grande perda. Pois que Satã havia de pecar não por alguma sugestão externa, mas por achar em si mesmo a ocasião para o pecado. E assim procedeu quando quis se igualar a Deus. É preciso que se entenda isso com alguma reserva, e não simples e diretamente, em conformidade com o que diz Isaías, 14: "Subirei sobre as nuvens mais altas e me tornarei igual ao Altíssimo." Cumpre não entender a assertiva diretamente: o Demônio, nesse caso teria uma compreensão limitada e equívoca ao almejar alguma coisa fora de seu alcance. Sabia que se tratava de ser criado por Deus e que lhe era impossível tornar-se igual ao Altíssimo, seu Criador. Não se há, também, de entendê-la indiretamente; pois que, assim como toda a bondade de um anjo e de uma criatura reside em sua sujeição a Deus, toda a transparência do ar está na sua sujeição aos raios do sol; portanto, nada que fosse contrário à bondade de sua própria natureza poderia ser almejado por um anjo. No entanto, Satã buscou a igualdade com Deus, não absoluta mas relativa, como veremos. A natureza de Deus guarda dois predicados, a da bem-aventurança e a da bondade, enquanto que toda a bem-aventurança e toda a bondade de Suas criaturas Dele emanam. Portanto, percebendo que a dignidade de sua própria natureza transcendia a de outras criaturas, desejou e suplicou que toda a bem-aventurança e toda a bondade das criaturas inferiores de si proviessem. E saiu em busca disso por conta própria, para que, assim como fora ele o primeiro a ser dotado desses predicados por natureza, também as outras criaturas os recebessem pela sua própria nobreza. E tentou conseguir isso de Deus, submetendo-se a Ele com perfeita dedicação até que lhe fosse outorgado o poder almejado. Portanto, o Demônio não quis se igualar a Deus em termos absolutos, mas tão somente em termos relativos.

Cumpre ainda observar que o Demônio, ao tentar realizar o seu desejo, repentinamente tornou-o conhecido de outros; e a compreensão dos demais anjos de seu desejo, e o seu perverso consentimento, deu-se também de modo súbito. Logo, o pecado do primeiro anjo excedeu e precedeu os pecados dos demais no que tange à magnitude da sua culpa e à causalidade, mas não no que tange à sua duração. Ver Apocalipse, 12: "Um grande dragão vermelho, com sete cabeças e dez chifres, e nas cabeças sete coroas. Varria com sua cauda uma terça parte das estrelas do céu." E esse dragão vive na forma de Leviatã e reina sobre todos os filhos do orgulho. E, segundo Aristóteles (*Metafísica*, 5), é chamado o rei dos príncipes, pois que manobra os que lhe estão subordinados de acordo com a sua vontade e o seu comando. Portanto, o seu pecado está em ocasionar o pecado em outros, porquanto, sem ser tentado por qualquer força exterior, transformou-se na tentação exterior de outros.

E que tudo isso aconteceu instantaneamente pode ser exemplificado pelos fenômenos físicos; pois que a ignição do gás, a visualização da chama e a impressão causada pelo fenômeno são elementos que acontecem a um só tempo, simultaneamente.

Expliquei o assunto com alguma profundidade: pois quando se admite aquela estupenda permissão divina no caso de as criaturas mais nobres se mostrarem ambiciosas, mais fácil será aceitar a permissão no caso da obra das bruxas, não obstante ser, em algumas circunstâncias, um pecado bem maior. Pois em certas circunstâncias os pecados das bruxas são maiores que o do primeiro anjo e o dos nossos primeiros ancestrais, como se verá na Parte II.

Claro está que a Providência Divina permitiu ao primeiro homem ser tentado a pecar – pelo que se disse a respeito da transgressão dos anjos. Tanto os homens quanto os anjos foram criados com o mesmo fim e dotados do livre-arbítrio para que, por mérito, pudessem receber a recompensa da bem-aventurança. Logo, assim como os anjos não foram preservados da queda – para que o poder do pecado, de um lado, e o poder da confirmação da graça, de outro, pudessem operar juntos para a glória do universo –, há de considerar-se da mesma forma no caso dos homens.

Pelo que Santo Tomás (II, 23, art. 2) diz: "Não se há de obstar o que vem do interior para glorificar a Deus. Deus, no entanto, é glorificado no pecado, quando perdoa na misericórdia e quando pune na justiça; portanto, não lhe cabe opor-se ao pecado." Retornemos, então, à nossa proposição, qual seja, a de que pela Providência Divina é permitido ao homem o pecado por várias razões. Primeiro: o poder de Deus pode ser demonstrado: só Ele é imutável, quando todas as demais criaturas não o são. Segundo: a sabedoria de Deus pode ser constatada: Ele é capaz de tirar do mal, bem – o que não o aconteceria se Deus não tivesse permitido o pecado do homem. Terceiro: a misericórdia de Deus pode se manifestar: Cristo, pela Sua morte, libertou os homens que se perderam. Quarto: a justiça divina pode ser mostrada: Deus não só recompensa o justo como pune o perverso. Quinto: a condição do homem não há de ser pior que a de outras criaturas: Deus a todos governa e permite que ajam segundo sua própria natureza, pelo que cabe a Ele deixar o homem entregue a seu próprio juízo. Sexto: para a glória dos justos, que poderiam transgredir as leis mas não o fazem. E sétimo: para o aperfeiçoamento do universo; pois assim como há no pecado um tríplice mal – o da culpa, o do sofrimento e o da perda –, assim é o universo aperfeiçoado pelo correspondente bem tríplice – o da honestidade, o do prazer e o da utilidade. A honestidade é aperfeiçoada pela culpa, o prazer, pelo sofrimento, e toda a utilidade, pela perda. E fica assim perfeitamente esclarecida a resposta aos argumentos apresentados.

Soluções dos argumentos.

Segundo o primeiro argumento, é heresia sustentar que o Demônio tem o poder de injuriar os homens. Mas verdadeira parece ser a proposição contrária; pois que é heresia afirmar que Deus não permite ao homem, pelo seu livre-arbítrio, pecar quando quiser. E Deus permite o pecado, por causa de Seu poder de injuriar os homens na punição dos perversos para o aperfeiçoamento do universo. Pois é dito por Santo Agostinho, no *Livro dos solilóquios*: "Vós, Senhor, decretastes que a vergonha da culpa nunca há de vir sem a glória do castigo."

O argumento do sábio legislador, que afasta de seus subordinados, na medida do possível, todos os defeitos e todo o mal, não é prova válida. Pois que Deus, no Seu cuidado universal, difere em muito dos homens nos seus cuidados particulares. Porque Deus, no Seu cuidado, é universal, é capaz de extrair do mal, bem, conforme já demonstramos.

O segundo argumento deixa claro: o poder de Deus, bem como sua bondade e justiça, manifesta-se pela Sua permissão do pecado. Quando, portanto, se diz ser Deus capaz de prevenir o mal, cumpre considerar: pelas razões já apresentadas, não Lhe cabe assim proceder.

Nem válido é objetar que, assim sendo, Deus está desejando o mal, por ser capaz de preveni-lo mas não o fazer; pois, conforme já se demonstrou, Deus não é capaz de desejar o mal. Não o deseja, nem o contrário – apenas permite que ocorra para o aperfeiçoamento do universo.

No terceiro argumento, são citados Santo Agostinho e Aristóteles. Dizem eles que o melhor é o homem abster-se de conhecer o mal e as vilanias por dois motivos: primeiro, porque terá menos oportunidade de pensar no mal, já que não é capaz de entender muitas coisas ao mesmo tempo. Segundo, porque o conhecimento do mal, por vezes, perverte a vontade para a prática do mal. Mas tais argumentos não dizem respeito a Deus, que entende todos os atos dos homens e das bruxas.

No quarto argumento se fez menção a São Paulo, que exclui os bois dos cuidados de Deus, para mostrar que, graças ao livre-arbítrio, as criaturas racionais têm o comando dos seus atos, conforme já se disse. Portanto, Deus tem um cuidado especial com os homens - a quem se pode imputar a culpa ou o mérito e a quem se pode punir ou compensar -, mas não pelas feras - não cuida delas dessa mesma maneira.

Mas argumentar com isso, que as criaturas irracionais não participam da Providência Divina, é heresia; seria o mesmo que dizer não estarem todas as coisas subordinadas a ela - ou seja, seria contrário ao louvor à sabedoria divina de que se fala nas Sagradas Escrituras -, que se estende de uma extremidade a outra e dispõe de todas as coisas sem distinção; e seria o erro do rabino Moisés, conforme demonstrado nos argumentos para a verdade.

Segundo o quinto argumento, o homem não instituiu a natureza, mas submeteu as obras da natureza ao melhor de sua habilidade e à maior das suas forças. Portanto, a Providência Divina não se estende aos fenômenos naturais inevitáveis - como o do nascer do sol toda manhã. Mas a Providência Divina não se estende a tais fenômenos porque Ele é o criador da natureza. Pelo que também os defeitos na natureza, mesmo quando surgem da evolução natural dos elementos, estão subordinados à Providência Divina. Portanto, erraram Demócrito e outros filósofos ao atribuírem ao acaso tudo o que sucedia às criaturas inferiores.

Conforme o último argumento, embora contra o pecado Deus imponha o castigo aos homens, nem sempre os maiores pecadores são afligidos pela bruxaria. E isso porque o Demônio talvez não queira afligir e tentar os que já lhe pertencem, ou talvez não queira que eles tornem a voltar-se para Deus. Está escrito: "Seus flagelos se multiplicaram e eles voltaram-se para Deus" etc. E que toda punição é infligida por Deus contra o pecado é demonstrado por São Jerônimo: "Qualquer que seja o nosso sofrimento, o merecemos por nossos pecados."

Cumpre declarar que os pecados das bruxas são mais graves que os pecados dos anjos maus e dos nossos primeiros ancestrais. Por conseguinte, assim como os inocentes são punidos pelos pecados de seus pais, muitas são as pessoas amaldiçoadas e enfeitiçadas pelos pecados das bruxas.

QUESTÃO XIV

A monstruosidade dos crimes de bruxaria, onde se mostra a necessidade de trazer a lume a verdade sobre toda a matéria.

Indaga-se se os crimes de bruxaria superam, em culpa, sofrimento e perda, todos os males por Deus permitidos, desde o princípio da criação até agora. Parece que não, mormente no que diz respeito à culpa. Porque o pecado que um homem comete, quando podia facilmente evitá-lo, é maior do que o pecado que um homem comete quando não o podia evitar. Isso é demonstrado por Santo Agostinho, em *De Ciuitate Dei*: "Há grande perversidade em pecar quando fácil é não pecar." Adão, porém, e outros que pecaram em estado de perfeição ou de graça podiam tê-lo evitado mais facilmente pelo auxílio da graça – sobretudo Adão, que foi criado em estado de graça – do que muitas bruxas que não partilharam desse dom. Portanto, o pecado original é maior do que todos os crimes de bruxaria.

E, uma vez mais, cabe declarar: o maior castigo cabe a quem tem a maior culpa. E o pecado de Adão foi o mais severamente punido: a sua culpa e a sua punição se transmitiram a toda a sua posteridade pela herança do pecado original. Portanto, seu pecado foi maior que todos os outros.

Não só isso: defende-se a perda com argumento análogo. Pois segundo Santo Agostinho "O mal é o que está afastado do bem; portanto, quanto maior a perda do bem, maior o mal realizado antes". O pecado, no entanto, de nosso primeiro ancestral foi o que maior perda causou, em termos de natureza e de graça, já que nos privou da inocência e da imortalidade; e nenhum outro pecado já acarretou tamanha perda, portanto etc.

Por outro lado, maior o mal quanto maior em número as suas causas – como no caso dos pecados das bruxas. Elas são capazes, com a permissão de Deus, de infligir todas as espécies de males aos bons por natureza e por forma, conforme foi declarado na Bula Papal. Ademais, Adão só pecou num de dois sentidos possíveis: pecou porque lhe era proibido, mas não porque seu ato continha o erro em si mesmo. As bruxas, porém, e outros pecadores pecam nos dois sentidos – porque é crime o que fazem e porque é proibido: os assassinatos, por exemplo, e outros atos proibidos. Portanto, seus pecados são maiores.

A par disso, o pecado cometido por malícia, voluntariamente, é maior que o pecado cometido por ignorância. Mas as bruxas, pela sua enorme malícia, desprezam a fé e os Sacramentos da fé, conforme muitas delas já confessaram.

Resposta. Os males perpetrados pelas bruxas modernas excedem todos os pecados já permitidos por Deus, conforme está implícito no título desta questão. Pode-se demonstrar essa assertiva de três modos, na medida em que são pecados que envolvem perversidade de caráter, não obstante seja diferente com os pecados que se contrapõem às outras virtudes teológicas. Primeiro, de um modo geral, comparando as suas obras indiferentemente com outros crimes mundanos. Segundo, de modo particular, considerando as espécies de superstição a que são dadas e o pacto que firmam com o Demônio. E, terceiro, comparando os seus pecados com os dos anjos do mal e mesmo com os dos nossos primeiros ancestrais.

Pois que o pecado é tríplice: envolve a culpa, o castigo e a perda. O bem, de forma análoga, tríplice é também: envolve a honestidade, o prazer e o uso. E a honestidade corresponde à culpa, a felicidade, ou prazer, ao castigo, e o uso, à perda.

Que a culpabilidade das bruxas ultrapassa a de todos os outros pecadores é assim demonstrado. Segundo o ensinamento de Santo Tomás (II, 22, art. 2), há no pecado muitos elementos que permitem indicar-lhe a maior ou menor gravidade; e o mesmo pecado pode ser de maior gravidade num pecador e de menor gravidade em outro. Podemos, por exemplo, dizer que ao praticar a fornicação o jovem é pecador, mas o velho é insano. Entretanto, os pecados mais graves são os que não só se acompanham das circunstâncias mais extensas e mais poderosas como também os que por sua natureza e quantidade são de uma espécie essencialmente mais séria.

E assim podemos dizer que o pecado de Adão tenha sido, em certos aspectos, mais grave que todos os outros pecados, porque cedeu à instigação de uma tentação menor, já que nasceu dentro de si; e também porque ele podia mais facilmente ter resistido, dada a justiça original em que fora criado: não obstante, na forma e na quantidade, os pecados das bruxas ultrapassam todos os demais – porque, em muitos aspectos, os pecados são a causa de outros, ainda mais graves. E isso será esclarecido de duas maneiras.

Diz-se que um pecado é maior que outro em um dos seguintes modos: na sua causalidade, como foi o caso do pecado de Lúcifer; na sua generalidade, como foi o caso do de Adão; na sua hediondez, como no caso do de Judas; na dificuldade de perdoá-lo, como é o pecado contra o Espírito Santo; na sua periculosidade, como no caso da ignorância; na sua inseparabilidade, como no caso da cobiça; na sua inclinação, como no caso do pecado da carne; na ofensa à Majestade Divina, como no caso do pecado da idolatria e da infidelidade; na dificuldade de combatê-lo, como no caso do pecado do orgulho; na cegueira do intelecto, como no caso do pecado do ódio. Consequentemente, depois do pecado de Lúcifer, as obras das bruxas excedem todos os outros pecados, em hediondez, já que negam o Cristo crucificado; na inclinação, já que cometem a obscenidade da carne com Demônios; na cegueira do intelecto, já que no mais puro espírito de malignidade fomentam o ódio e causam toda sorte de injúrias às almas e aos corpos dos homens e dos animais, conforme se demonstrou.

E tal é, com efeito, denunciado, segundo Santo Isidoro, pelo vocábulo bruxas no seu étimo latino *maleficae,* que indica a atrocidade de seus crimes, conforme já frisado.

Nossa alegação também é deduzida do seguinte. São duas as gradações do pecado: a do afastamento de Deus e a da mudança do estado anímico. Ver o que diz Santo Agostinho: "Pecar é rejeitar o bem incomutável e apegar-se às coisas mundanas perecíveis." E o afastar-se de Deus é, por assim dizer, formal, como o cambiar anímico é como que material. Portanto, quanto mais um homem de Deus se afasta, por causa do pecado, mais grave o pecado é. E como a infidelidade é a principal causa do afastamento de Deus, a infidelidade avulta como o mais grave dos pecados. E a tal infidelidade se dá a designação de heresia, que é a apostasia da fé: e, nesse sentido, as bruxas pecam por toda a sua vida.

Porque o pecado da infidelidade consiste em opor-se à fé: o que acontece de duas maneiras: por oposição à fé que ainda não se adquiriu, ou por oposição à fé que já se recebeu. Da primeira espécie temos a infidelidade dos pagãos e dos gentios. Da segunda espécie temos a dos cristãos, que negam a Fé Cristã de duas formas: ou negando as profecias a seu respeito, ou negando a verdadeira manifestação da verdade. E na primeira forma temos a infidelidade dos judeus; na segunda, a infidelidade dos hereges.

Claro está, pelo que se disse, que a heresia das bruxas é o mais abominável dos três graus de infidelidade; o que se prova pela razão e pela autoridade. Porquanto está escrito (II São Pedro, 2): "Melhor fora não terem conhecido o caminho da justiça do que, depois de o terem conhecido, tornar atrás, abandonando a lei santa que lhes foi ensinada." É razoável supor que, assim como aquele que não cumpre o que prometeu comete maior pecado do que aquele que não realiza o que nunca prometeu, de forma análoga a infidelidade dos hereges – que ao mesmo tempo em que professam a fé no Evangelho lutam contra ele, corrompendo-o – é maior pecado do que a dos judeus e a dos pagãos.

E, uma vez mais, maior é o pecado dos judeus que o dos pagãos, porque sabiam da profecia do advento de Cristo pelo Antigo Testamento, o qual corromperam – interpretando-o equivocadamente –, caso em que não se acham os pagãos. Portanto, a sua infidelidade é maior pecado que o cometido pelos gentios, que nunca receberam a fé do Evangelho. E a respeito da apostasia diz Santo Tomás na *Secunda Secundae*, 12° questão: "Apostasia significa o afastamento de Deus e da religião. O que se dá de diferentes modos, segundo os diferentes tipos de união entre o homem e Deus. Ora, o homem se une a Deus pela fé, ora pela submissão às Suas leis e à Sua vontade, ora ainda pela religião e pelas ordens religiosas." São Raimundo e Hostiense dizem que a apostasia é um afastamento temerário da fé, da obediência ou da religião. Ora, se o que precede é removido, o que se segue também o é; mas a proposição inversa não é verdadeira. Logo, a apostasia da fé é maior pecado que as outras duas formas de infidelidade, porque, no seu caso, a religião precedente foi removida.

Segundo São Raimundo, porém, não se há de julgar um homem apóstata ou desertor, não importa quão desgarrado, a menos que demonstre, pela sua vida subsequente, que não considerou a possibilidade de à fé retornar. Demonstra-se isso pelo caso do clérigo que resolve casar, ou cometer crime semelhante. Da mesma forma, é uma apostasia de desobediência quando um homem intencionalmente rejeita o ensinamento da Igreja e dos bispos. Homem dessa laia deve ser condenado pela sua infâmia e excomungado.

Quando, porém, falamos da apostasia das bruxas, referimo-nos à apostasia da perfídia; o que é muito mais hediondo porque emerge de pacto firmado com o inimigo da fé e do caminho da salvação. Pois que as bruxas são instadas a firmarem esse pacto – pelo inimigo é requerido, em parte ou no todo. Nós, Inquisidores, temos encontrado bruxas que negam todos os artigos da fé e outras que só negam um certo número deles; mas são todas obrigadas a negar a confissão verdadeira e sacramental. E assim, mesmo a apostasia de Juliano não parece ter sido tão importante, embora em outros aspectos tenha causado muitos males à Igreja; não falaremos porém aqui a esse respeito.

Poder-se-ia objetar, incidentalmente, ser possível a eles preservarem a fé em seus corações, já que lá só Deus, e nem mesmo um anjo, é capaz de ver; apenas obedecendo e reverenciando ao Demônio superficialmente. No entanto, parece existir dois graus de apostasia ou de perfídia. Um consiste nos atos externos de infidelidade, sem que se firme qualquer pacto com o Demônio, quando, por exemplo, se vive em terra pagã e quando se conforma a vida à dos povos muçulmanos. O outro consiste no pacto firmado com o Demônio, quando se vive em terras cristãs. No primeiro caso, os homens que preservam a fé em seus corações, mas a negam em seus atos, apesar de não serem apóstatas ou hereges, são culpados de pecado mortal. Foi desse modo que Salomão fez reverência aos deuses de suas esposas. E não há como desculpar os que assim procedem por medo, pois nos diz Santo Agostinho: "É melhor morrer de fome do que ser alimentado por idólatras." No entanto, é possível que muitas bruxas ainda conservem a fé em seus corações, embora a neguem com os lábios. Apesar disso, ainda serão consideradas apóstatas por terem feito um tratado com a morte e um pacto com o Inferno. Pelo que Santo Tomás (II, 4), falando das obras de bruxaria, e dos que recorrem de um modo ou de outro ao auxílio do Demônio, declara: "São todos apóstatas da fé, pelo pacto que firmaram com o Diabo, seja por palavras – quando empregam alguma invocação –, seja por atos – mesmo quando não lhe oferecem qualquer sacrifício." Pois que não há homem que possa servir a dois mestres.

De forma análoga escreve Santo Alberto Magno, ao indagar se o pecado dos magos e dos astrólogos é uma apostasia da fé. E responde: "Nestes há sempre a apostasia, ou pelas palavras ou pelos atos. Pois se são feitas invocações, se está pactuando com o Demônio, o que é manifesta apostasia. Mas se a sua mágica é simplesmente praticada por atos, nos atos é que reside a apostasia. E como em todos eles há o abuso da fé, por recorrerem ao Diabo quando deviam recorrer a Deus, serão sempre tidos como apóstatas." Vê-se assim que, claramente, os autores estabelecem dois graus de apostasia, aos quais se adita ainda um terceiro, a apostasia por pensamento. E mesmo à falta desse último, as bruxas são sempre consideradas apóstatas, pelas suas palavras e pelos seus atos. Portanto, conforme será demonstrado, precisam ser submetidas às penas impostas aos hereges e apóstatas.

E nelas há ainda um terceiro crime monstruoso, que excede todas as outras heresias. Pois Santo Agostinho (XXVIII, 1 e 2) diz-nos que a vida inteira dos infiéis é um pecado; e no comentário sobre Romanos, 14 afirma que tudo que não provém da fé, é pecado. O que dizer então de toda a vida das bruxas, de todos os seus atos que não têm por fim agradar ao Demônio – o de jejuar, de ir à igreja, de comungar? Pois em todos esses atos estão cometendo pecado mortal, como explicaremos a seguir. Foram tão longe com o seu pecado, por causa de sua homenagem prestada ao Demônio, que todas as suas obras, mesmo as que parecem boas, são de caráter essencialmente maligno, a não ser que sejam absolvidas. Pois que não perderam de todo o poder da reparação – já que o pecado não lhes corrompe toda a bondade do ser: nelas ainda permanece uma luz natural. Com os demais infiéis não parece ser esse o caso.

Pois, segundo Santo Tomás, na *Secunda Secundae*, questão 10, mesmo os bons atos dos infiéis – jejuar, dar esmolas etc. – não têm qualquer mérito em virtude de sua infidelidade, que é pecado gravíssimo. No entanto, o pecado não corrompe todo o bem existente em seu ser: nele se acha preservada ainda uma luz natural. Portanto, nem todos os seus atos constituem pecado mortal: só os que procedem de sua infidelidade, ou que a ela se relacionam. Quando, por exemplo, um sarraceno observa a lei de Maomé quanto ao jejum e um judeu observa os seus dias de guarda, estão, ambos, cometendo pecado mortal. E nesse sentido é que se deve entender o que citamos de Santo Agostinho, ou seja, que os infiéis toda sua vida cometem pecado.

Que de todos os criminosos do mundo são as bruxas os que merecem a mais severa punição.

Os crimes das bruxas, então, superam os pecados de todas as outras pessoas; e vamos declarar que punição merecem, sejam como hereges, sejam como apóstatas. Os hereges, segundo São Raimundo, são punidos de várias maneiras – pela excomunhão, pela deposição, pelo confisco de seus bens e pela morte. O leitor pode informar-se plenamente a respeito dessas penas consultando a lei relacionada à sentença de excomunhão. Com efeito, mesmo os seus seguidores, os seus protetores, seus patrões e defensores incorrem em grave crime passível da mais rigorosa punição. Pois, além da pena de excomunhão do herege, há que se afastar da Igreja os seus benfeitores, os seus protetores e defensores, e os seus filhos, até a segunda geração, por parte de pai, e a primeira, por parte de mãe. E se um herege tem filhos católicos, pela hediondez de seu crime, serão eles privados da herança paterna. E se um homem é condenado e se recusa a se converter e a abjurar a sua heresia, deve ser imediatamente queimado, se for leigo. Pois se os que falsificam dinheiro devem ser sumariamente condenados à morte, o que dizer dos que falsificam a fé? Mas se o herege é um clérigo, depois de destituído formalmente de seu cargo ou posto eclesiástico, é enviado à corte secular para receber a pena de morte. Mas se retornar à fé, será apenas condenado à prisão perpétua. Na prática, porém, são tratados com mais condescendência após a retratação do que seriam segundo o rigor do julgamento dos bispos e da Inquisição, conforme se vai mostrar na Parte III, onde se trata dos vários métodos para sentenciá-los; referimo-nos aos que foram presos, condenados e que se retrataram de seu crime.

Mas punir as bruxas dessa forma não parece suficiente, porque não são simples hereges, e sim apóstatas. Mais do que isso: na sua apostasia, elas negam a fé por qualquer prazer da carne e por qualquer receio dos homens; mas, independentemente de sua abnegação, chegam a homenagear os Demônios oferecendo-lhes o seu corpo e a sua alma. Fica claro portanto que, não importa o quanto sejam penitentes e que retornem ao caminho da fé, não se lhes pode punir como aos outros hereges, com a prisão perpétua: é preciso que sofram a penalidade extrema. E por causa das injúrias temporais que causam aos homens e aos animais, de várias maneiras, é que a lei lhes impõe tal pena. Sobre os adivinhos reza a lei: "É igualmente passível de culpa o que aprende e o que ensina tais iniquidades." E enfaticamente é afirmado que as bruxas têm como penalidade o confisco de seus bens e a decapitação. As leis também são claras a respeito dos que, por bruxaria, induzem uma mulher a praticar atos lascivos ou, ao contrário, a coabitarem com feras. Esses problemas, no entanto, foram tratados na Questão I.

QUESTÃO XV

Por causa dos pecados das bruxas, os inocentes são, muitas vezes, enfeitiçados.

É um fato que, pela permissão Divina, muitas pessoas inocentes sofrem da perda da graça e são punidas com os flagelos mencionados, não por seus próprios pecados, mas pelos das bruxas. E para que tal não se afigure como um paradoxo, cumpre atentar ao que diz Santo Tomás na *Secunda Secundae*, oitava questão – ao declarar que tal é justo em Deus. E divide os castigos dessa vida em três categorias.

Em primeiro lugar, o homem ao homem pertence; portanto, se um homem é punido em suas posses, pode ser que outro homem venha a sofrer da mesma punição. Pois que, em termos materiais, os filhos são propriedade do pai e os escravos e os animais são propriedade de seus amos; e assim os filhos são muitas vezes punidos pelos seus pais. Assim sendo, vemos que o filho de Davi, nascido por adultério, rapidamente morreu; e os animais dos amalequitas foram punidos com a morte. No entanto, a razão desses fenômenos continua a ser um mistério.

Em segundo lugar, o pecado de uma pessoa pode ser transmitido a outra de duas maneiras. Por imitação, quando as crianças imitam os pecados de seus pais e os escravos e subordinados, os de seus patrões. Nesse sentido, os filhos herdam os ganhos ilícitos e os escravos partilham dos furtos e dos feudos ilegais, onde, muitas vezes, são mortos. E os subordinados aos governantes pecam ainda mais impudentemente quando os veem pecar, mesmo que não cometam os mesmos pecados; pelo que hão de ser justamente castigados.

Os pecados são também transmitidos de uma pessoa a outra por merecimento. Como exemplo temos os do povo subordinado a um mau governante: merece o mau governante pelos pecados cometidos. Ver Jó: "Ele faz os hipócritas reinarem por causa dos pecados do povo."

O pecado, e consequentemente a punição, pode também ser transmitido por alguma espécie de consentimento ou dissimulação. Quando as autoridades negligenciam na reprovação do pecado, não raro os bons são punidos junto com os perversos, conforme diz Santo Agostinho no primeiro livro da *De Ciuitate Dei*. Chegou ao nosso conhecimento, como Inquisidores, um exemplo interessante. Algum tempo atrás, uma cidade vinha sendo quase que totalmente despovoada pela morte de seus cidadãos; e corria um rumor entre os moradores: uma certa mulher, que fora queimada, vinha comendo gradualmente o manto com o qual fora queimada, e a peste não cessaria enquanto ela não comesse todo o manto e o absorvesse em seu estômago. Reuniu-se um conselho. O potestade e o governador da cidade decidiram abrir o túmulo. E verificaram que a bruxa morta engolia o manto, o qual, passando pela boca e pela garganta, descia até o estômago, onde era absorvido. Diante do quadro pavoroso, o potestade sacou de sua espada e decapitou o cadáver, retirando a cabeça do túmulo. Pois que de imediato a peste foi debelada. Os males provocados por aquela mulher, por permissão divina, haviam se abatido sobre os inocentes do lugar em virtude da dissimulação do que antes se sucedia. Pois por ocasião da Inquisição descobriu-se que há muito tempo a mulher já vinha praticando bruxaria. Exemplo semelhante é o do flagelo que se abateu sobre o povo de Israel por causa do recenseamento feito por Davi.

Em terceiro lugar, o pecado é comunicado pela permissão divina para a condenação da unidade da sociedade humana, a fim de que o homem cuide de seu próximo para que esse se abstenha do pecado; e também a fim de que o pecado pareça ainda mais detestável, pois que o pecado de um redunda sobre todos, como se todos fossem um só corpo. Como exemplo lembramos o pecado de Acã, Josué, 7.

Podemos a esses aditar mais dois outros métodos: os perversos são, às vezes, punidos pelos homens bons, noutras, por outros homens perversos. Pois, como diz Graciano (23, 5), por vezes Deus pune os perversos pelas mãos dos que exercem o poder legítimo sob Seu comando; e esse exercício se dá de duas maneiras: ora pelo mérito por parte dos que punem – a exemplo do castigo pelos pecados do povo de Caná –, ora sem esse mérito, mas para sua própria punição – a exemplo do castigo da tribo de Benjamin, da qual sobraram apenas alguns homens. E outras vezes Ele pune através do levante das Suas nações, por Sua ordem ou permissão, mas que o fazem não com a intenção de obedecer-lhes e sim com a de atender às suas próprias ambições e, portanto, para sua própria danação; como hoje Ele castiga o Seu povo pelas mãos dos turcos, e como o fez tantas vezes pelas mãos de nações estranhas no Antigo Testamento.

É preciso, porém, observar que qualquer que seja a causa do castigo de um homem, se ele não suportar pacientemente as suas dores, o castigo será tão só de vingança e não mais de correção. Ver Deuteronômio, 32: "Sim, acendeu-se o fogo da minha cólera" [ou seja, da minha punição, porque em Deus não há outro tipo de cólera], "que arde até o mais profundo da habitação dos mortos" [ou seja, a vingança há de iniciar aqui e de arder até a última das danações, conforme explica Santo Agostinho]. Mas quando o homem pacientemente suporta o seu castigo, este adquire o caráter da correção, conforme diz Santo Tomás em seu quarto livro. E essa é a verdade, mesmo quando o castigo é infligido por causa de bruxaria, em maior ou em menor grau segundo a devoção do sofredor e a natureza de seu crime.

Mas a morte natural do corpo, sendo o último dos terrores, não é de natureza corretiva, já que, dada a sua natureza, participa do castigo pelo pecado original. Entretanto, no dizer de Escoto, quando a morte é aguardada com resignação e devoção, e oferecida na sua amargura a Deus, pode adquirir, de algum modo, um caráter corretivo. A morte violenta, porém, de quem a merece ou não, é sempre corretiva, quando suportada com paciência e na graça. Tanto mais para os castigos infligidos por causa dos pecados dos outros.

Deus, no entanto, também castiga os homens durante a vida por seus próprios pecados, mormente no caso da bruxaria. Ver Tobias, 7: "O Demônio tem poder sobre os que se entregam à sua paixão como o cavalo e o burro." O que está claro pelo que já mencionamos a respeito do membro viril e das forças genitais, que Deus permite que sejam os mais passíveis de serem enfeitiçados.

No entanto, para o propósito da pregação em público, há que se notar: apesar dos castigos citados que Deus aos homens inflige, pelos seus próprios pecados e pelos de outros, o pregador deve seguir na sua pregação, como princípio fundamental, o seguinte: "Ninguém há de ser punido sem ter culpa, salvo haja alguma outra causa para assim proceder." Esse princípio tem validade na corte celestial, ou seja, na corte do Senhor Deus, assim como nas cortes da justiça humana, sejam seculares, sejam eclesiásticas.

O pregador pode basear esse princípio no análogo da corte celestial. Pois que o castigo divino é de dois tipos: espiritual e temporal. No primeiro, nunca há punição sem culpa notória. No segundo, por vezes a punição se faz sem que haja culpa, mas nunca sem que haja uma causa. O castigo primeiro, o espiritual, é de três tipos: no primeiro tipo tem-se a privação da graça e a obstinação no pecado, que nunca é infligido exceto pela culpa do próprio sofredor; no segundo, tem-se a privação da glória, que em adultos nunca é infligida sem a culpa pessoal ou sem a culpa contraída pelas crianças em virtude do pecado de seus pais; no terceiro, tem-se o castigo da dor, ou seja, a tortura do fogo do Inferno, infligida claramente pela culpa sentida. Pelo que, quando se diz no Êxodo, 20: "Eu sou o Senhor, teu Deus, um Deus zeloso que vingo a iniquidade dos pais nos filhos, nos netos e nos bisnetos daqueles que me odeiam", subentende-se nos filhos, nos netos e nos bisnetos a imitação dos crimes de seus pais, conforme explica Graciano no primeiro livro, quarta questão; e onde também aduz outras explicações.

Já o segundo tipo de castigo divino, o temporal, ora é infligido pelo pecado de outrem, ora sem que tenha havido qualquer pecado, pessoal ou de outra pessoa, mas pela existência de uma outra causa, ora, ainda, pela existência de culpa pessoal, sem a participação do pecado de outra pessoa. Mas se o leitor quiser saber das causas por que Deus castiga, mesmo sem que haja culpa no sofredor ou em qualquer outro homem, convém consultar o mestre no quarto livro, 15º dist. , segundo cap., onde se acham expostas todas elas, cinco no total, embora só se devam considerar as três primeiras, pois que as duas últimas se referem à culpa pessoal.

Entende-se, então, que são por cinco causas que Deus castiga os homens durante a sua vida. A primeira é para a glória de Deus; percebe-se que é para Sua glória quando o castigo infligido é miraculosamente removido, como no caso do cego de nascença (João, 9) ou no da ressurreição de Lázaro (João, 11).

A segunda, não existindo a primeira, é para que se adquira o mérito pelo exercício da paciência e também para que a virtude oculta se manifeste aos outros. Exemplos temos em Jó, 1, e em Tobias, 2.

A terceira é para que a virtude possa ser preservada mediante a humilhação pelo castigo. São Paulo nos dá um exemplo em II Coríntios, 12: "Foi-me dado um espinho na carne, um anjo de Satanás, para me esbofetear e me livrar do perigo da vaidade." E segundo Remígio esse espinho era a enfermidade do desejo carnal. Eis aí as três causas que justificam o castigo sem que haja culpa.

A quarta é para que a danação eterna já comece nesta vida: para que se dê uma mostra do que se há de sofrer no Inferno. Exemplos são o de Herodes (Atos, 12) e o de Antíoco (II Macabeus, 9).

A quinta é para que o homem possa ser purificado, pela expulsão e neutralização da sua culpa por meio do castigo. Temos como exemplo o caso de Míriam, irmã de Aarão, que foi acometida de lepra, e o caso dos israelitas, vagando pelo deserto, de acordo com São Jerônimo, XXIII, 4. Ou talvez seja para a correção do pecado, conforme exemplifica o caso de Davi, que, depois de perdoado por seu adultério, foi destronado de seu reino, como se relata em II Reis, e é comentado por São Gregório no seu discurso sobre o pecado. Com efeito, é possível dizer que todo castigo que sofremos decorre de nossos pecados, ou pelo menos do pecado original em que nascemos e que, em si mesmo, é a causa de todas as causas.

Mas quanto ao castigo da privação da glória – e que se refere à danação eterna futura – não há qualquer dúvida: todos os condenados hão de ser torturados com as dores mais excruciantes. Pois assim como a graça se segue da visão bendita do Reino dos Céus, o pecado mortal se segue do castigo no Inferno. E assim como os graus de bem-aventurança nos Céus são medidos pelos graus de caridade e de graça alcançados durante a vida, o castigo do Inferno há de ser proporcional aos crimes aqui cometidos. Ver Deuteronômio, 25: "E o fará açoitar com um número de golpes proporcionais ao seu delito." E o mesmo há de dizer-se dos demais pecados, mormente os das bruxas. Ver Hebreus, 10: "Quanto pior castigo julgais que merece quem calcar aos pés o Filho de Deus, profanar o sangue da aliança, em que foi santificado, e ultrajar o Espírito Santo, autor da graça?"

Pois que dessa natureza são os pecados das bruxas, que negam a fé, e que operam inúmeros malefícios através do Santíssimo Sacramento, como há de ser mostrado na Parte II.

QUESTÃO XVI

Eis as verdades estabelecidas pela comparação das obras das bruxas com as outras superstições maléficas.

Provamos agora a atrocidade dos crimes das bruxas comparando-os com as obras maléficas dos magos e dos adivinhos.

Pois que existem 14 espécies de magia que emanam dos três tipos de adivinhação. No primeiro tipo de adivinhação está a invocação explícita dos Demônios. No segundo não se faz mais que uma consideração, em silêncio, da disposição e do movimento de certos elementos – dos astros, dos dias, das horas, entre outros. No terceiro temos a consideração de algum ato humano cuja finalidade é descobrir o que está oculto e a que se dá o nome de sortilégio.

No primeiro tipo de prática divinatória, onde se invoca abertamente o Demônio, encontram-se: a magia prestidigitatória, a oniromancia, a necromancia, a consulta oracular, a geomancia, a hidromancia, a aeromancia, a piromancia e a aruspicação (ver Santo Tomás, *Secunda Secundae,* 95º, 26º e quinta quest.). No segundo tipo estão: a astromancia, a horoscopia e a astrologia, a ornitomancia, a onomatomancia, a quiromancia e a espatulamancia.

No terceiro tipo acham-se as artes englobadas pela designação de sortilégio, onde se tenta a revelação e a descoberta do que está oculto, pela consideração de objetos para a adivinhação do futuro e pela consideração de desenhos feitos em chumbo derretido. Santo Tomás nos fala dessas artes divinatórias na passagem já citada.

Os pecados das bruxas vão além dos pecados daqueles que praticam todos esses crimes, o que havemos de provar.

Consideremos primeiro os casos de simples magia prestidigitatória ou mero encantamento. Através dessa arte os sentidos humanos são iludidos por certas aparições: os elementos materiais mostram-se diferentes à visão e ao tato do que de fato o são – de forma análoga à que aludimos quando tratamos dos métodos para iludir os seres humanos. As bruxas, pelo geral, não se satisfazem em fazer desaparecer, por prestidigitação, o membro viril (embora não se dê o seu desaparecimento na realidade); não raro removem inclusive a força procriadora, de sorte a não permitirem que a mulher conceba e que o homem não consiga consumar o ato carnal, mesmo quando ainda conserva o órgão copulatório. E, sem qualquer fenômeno ilusório, são também capazes de causar o aborto após a concepção, que muitas vezes se acompanha de muitos outros males. Chegam mesmo a aparecer aos homens sob a forma de várias feras, conforme já se mostrou.

A necromancia consiste na invocação e no diálogo com os mortos, como indica a etimologia do vocábulo: deriva da palavra grega *nekros,* cadáver, e *manteia,* que significa adivinhação. E a praticam operando algum malefício sobre o sangue de um homem ou de um animal, sabendo que o Diabo se deleita com esse pecado, pois adora o sangue e o derramamento de sangue. Pelo que, embora julguem conseguir chamar os mortos do Inferno para responder às suas perguntas, estão na realidade consultando Demônios, que tomam a forma dos mortos chamados e lhes respondem. Dessa natureza era a arte da grande pitonisa, mencionada em I de Reis, 28, que evocou Samuel a pedido de Saul.

Mas não se venha pensar que tais práticas sejam lícitas, porque as Escrituras falam da alma do justo profeta, invocado do Hades para dizer a Saul o que fazer em vista do ataque dos filisteus, pela mulher que era, na realidade, uma bruxa. Pois que, diz Santo Agostinho a Simpliciano: "Não é absurdo crer tenha sido permitido, por algum ato da Providência, e não pela força de qualquer arte mágica, mas sim por algum ato da Providência desconhecido à pitonisa ou a Saul, que ao espírito daquele homem justo aparecer perante o rei para transmitir-lhe a sentença divina." Ou então não foi invocado de fato o espírito de Samuel do seu repouso, mas sim algum outro espectro ilusório e diabólico causado pelas maquinações do Diabo; e a Escritura fala então daquele espectro como se fosse de fato Samuel, assim como as imagens das coisas são chamadas pelos nomes das coisas que representam. Santo Agostinho diz essas palavras ao responder se a adivinhação pela invocação de Demônios é ato lícito. Na mesma *Summa* o leitor vai encontrar a resposta à questão que trata da existência de graus diversos de profecia entre os santos; pode-se reportar a Santo Agostinho, XXVI, 5. Tais passagens, no entanto, guardam pouca relação com os verdadeiros atos das bruxas, que não conservam em si qualquer vestígio de piedade, o que se depreende facilmente ao apreciarmos suas obras; pois que não cessam de derramar sangue de inocentes, de trazerem coisas ocultas à luz pela orientação dos Demônios e de destruir as almas sem poupar o corpo, nem dos vivos, nem dos mortos.

A oniromancia pode ser praticada de duas maneiras. A primeira delas é quando a pessoa se utiliza dos sonhos para mergulhar no oculto, com a ajuda da revelação dos Demônios por ela invocados e com quem firmou pacto explícito. A segunda maneira é quando o homem se utiliza dos sonhos para predizer o futuro, na medida em que há uma certa virtude nos sonhos que emana da revelação divina, de uma causa natural intrínseca, ou de uma causa natural extrínseca; e tal adivinhação não seria ilícita. Assim diz Santo Tomás.

E para que os pregadores possam ter, ao menos, noção essencial desse importante assunto, precisamos primeiro falar a respeito dos anjos. Estes têm poderes limitados – são mais capazes de revelar o futuro quando o intelecto já está adaptado a tais revelações. Ora, o intelecto se mostra mais propenso para tal quando está mais distante dos movimentos exteriores e interiores – quando as noites são silenciosas e as emanações do movimento se aquietaram; e essas condições são preenchidas por volta do alvorecer, quando a digestão já se completou. Refiro-me a nós, pecadores, a quem os anjos, na sua divina piedade e na execução de seu ofício, vêm revelar certos fenômenos – assim é que, ao estudarmos por ocasião do alvorecer, adquirimos a compreensão de certos elementos ocultos através da leitura das Escrituras. Pois que, naquele momento, um anjo está presidindo nosso entendimento, assim como Deus preside a nossa vontade e os astros, nosso corpo. Aos homens mais perfeitos, porém, os anjos são capazes de revelar tais fenômenos ocultos a qualquer hora, estejam despertos ou dormindo. No entanto, segundo Aristóteles, em *De somno et uigilia*, mesmo esses homens são mais propensos a receber as revelações em certos momentos do que em outros. É esse o caso em todos os fenômenos mágicos.

Em segundo lugar, é preciso notar que, mediante os cuidados e o governo que a natureza tem para com o corpo, certos eventos futuros têm sua causa natural nos sonhos dos homens. Mas tais sonhos ou visões não são a causa, como se disse no caso dos anjos, mas tão somente sinais do que está por vir no futuro – em termos de saúde, de doença ou de perigo. Essa é a opinião de Aristóteles. Porque nos sonhos do espírito a natureza projeta a disposição do coração, pelo que se antecipa ao espírito do homem alguma enfermidade ou algum outro fenômeno que há de lhe acontecer. Pois se um homem sonha com fogo, é sinal de disposição colérica; se sonha com água ou outro líquido, é sinal de disposição fleugmática; e se sonha com assuntos terrenos, é sinal de disposição melancólica. Por isso os médicos, não raro, são ajudados pelos sonhos nos seus diagnósticos (conforme nos diz Aristóteles no mesmo livro).

Mas esses assuntos são leves quando comparados aos sonhos iníquos das bruxas. Pois que quando não querem ser transportadas de um lugar para outro, mas apenas saber o que suas companheiras estão fazendo, têm por hábito deitarem-se sobre o seu lado esquerdo em seu próprio nome e em nome do Demônio, e por sonhos ficam sabendo o que querem. E quando desejam descobrir algum segredo, para si ou para outras, descobrem-no em sonhos através de um pacto explícito, mas não tácito, com o Demônio. Não se trata de um pacto simbólico, firmado através do sacrifício de algum animal, ou de algum ato sacrílego ou entregando-se com devoção a algum culto secreto; mas sim de um pacto real: oferecem a si próprias, em corpo e em alma, ao Diabo, pela negação propositada, voluntária, blasfema e sacrílega da fé. E, não satisfeitas só com isso, acabam por matar, em oferenda aos Demônios, os seus próprios filhos e os de outras mulheres.

Outra espécie de adivinhação é aquela praticada pelas pitonisas, assim chamadas por causa do profeta (Píton), Apolo, a quem se atribui a origem dessa forma de adivinhação, segundo Santo Isidoro. Tal adivinhação não se faz através de sonhos ou da conversa com os mortos, mas por meio de homens vivos, como no caso dos que são incitados a um arrebatamento frenético pelo Demônio, voluntária ou involuntariamente, só com o fito de predizerem o futuro, e não para a perpetração de quaisquer outras atrocidades. Dessa natureza foi o que se deu com a menina mencionada em Atos, 16, que, pondo-se a seguir os apóstolos, gritava: "Estes homens são servos de Deus altíssimo." E ficou repetindo isso por vários dias:

"Ordeno-te em nome de Jesus Cristo que saias dela." E na mesma hora ele saiu. Mas está claro não haver grau de comparação entre esses fatores e os atos das bruxas, que, segundo Santo Isidoro, são assim chamados pela magnitude de seus pecados e pela monstruosidade de seus crimes.

Logo, por brevidade, não há necessidade de prosseguirmos com este argumento, relacionado às formas menores da arte divinatória, já que está comprovada a sua pouca importância perante as artes divinatórias maiores. E o pregador pode aplicar o mesmo raciocínio às demais artes divinatórias: à geomancia, que se funda na adivinhação a partir de elementos terrosos como o ferro ou as pedras polidas; à hidromancia, que se baseia na adivinhação pelos cristais e pela água; à aeromancia, que se baseia no ar; à piromancia, que consiste na adivinhação pelo fogo; e à aruspicação, que se relaciona à adivinhação pelas entranhas de animais sacrificados em altares para homenagear o Diabo. Pois que, embora todas essas artes sejam feitas pela invocação do Demônio, não podem ser comparadas aos atos das bruxas, já que não são praticadas com o propósito de prejudicar os homens e os animais ou os frutos da terra, mas apenas para o homem conhecer o futuro. Os outros tipos de arte divinatória praticados mediante invocação tácita do Demônio, mas não explícita, são a horoscopia ou astrologia, assim chamada pela necessidade da observação da posição dos astros ao nascimento; ornitomancia ou arte dos áugures, em que se utilizam o voo e o canto das aves para predizer o futuro; a onomatomancia, em que se utiliza o nome dos homens; e a quiromancia, em que se observam as linhas das mãos ou das patas dos animais para o mesmo fim. Quem estiver mais interessado pode consultar a obra de Nider, onde esse autor esclarece quando tais práticas são lícitas e quando não o são. Cumpre ressaltar que os atos de bruxaria nunca são lícitos.

QUESTÃO XVII

Uma comparação entre seus crimes e os cometidos pelos Demônios de toda espécie.

Tão hediondos são os crimes das bruxas que chegam a superar, em perversidade, os pecados e a queda dos anjos maus; e se isso é verdade, quanto à sua culpa, não haveria de ser também verdade quanto aos seus castigos no Inferno? Pois não é difícil prová-lo: vários são os argumentos a apontar para a sua culpa.

Em primeiro lugar, não obstante seja o pecado de Satanás imperdoável, não o é por causa da magnitude de seu crime, e sim por causa da natureza dos anjos que, segundo opinião de importantes mestres, foram criados tão somente em estado natural, e não em estado de graça. E como o bem da graça ultrapassa o bem natural, o pecado dos que descaíram do estado de graça – que é o das bruxas, por negarem a fé que receberam no batismo – vai além do pecado dos anjos. E mesmo que digamos que os anjos, embora não tenham sido confirmados na graça, tenham sido nela criados, o mesmo podemos dizer das bruxas: embora não tenham sido criadas na graça, por sua própria vontade afastaram-se dela – exatamente como Satanás, que pecou por sua própria vontade.

Em segundo lugar, afirma-se que o pecado de Satanás é imperdoável por várias outras razões. Pois que, diz Santo Agostinho, ele pecou sem que ninguém o instigasse, e por isso não há quem possa justamente remediar o seu pecado. E São João Damasceno diz que Satanás pecou no seu entendimento contra o caráter de Deus; e que seu pecado foi maior pela nobreza de seu entendimento. Porque o servo que conhece a vontade do mestre etc. A mesma autoridade declara que, já que Satanás é incapaz de arrependimento, é portanto incapaz de receber o perdão; e isso por causa de sua própria natureza, que, sendo espiritual, só poderia ser mudada uma vez, quando a mudou para sempre; com os homens, porém, as coisas não se passam assim, visto que a carne está sempre em guerra com o espírito. Ou, então, porque ele pecou no alto dos Céus, enquanto os homens estão a pecar na Terra.

Mas, apesar disso tudo, seu pecado é, sob muitos aspectos, pequeno em comparação aos crimes das bruxas.

Em primeiro lugar, conforme Santo Anselmo mostrou em um de seus *Sermões*, ele pecou por orgulho, posto não houvesse ainda castigo pelo pecado. No entanto, as bruxas continuam a pecar mesmo depois de severos castigos serem infligidos contra outras bruxas e mesmo depois de a Igreja lhes ter ensinado que os castigos são cominados em consequência do Diabo e de sua queda; e disso não fazem caso e apressam-se em cometer não os menos mortais dos pecados – como fazem outros pecadores, que pecam por mera enfermidade ou perversidade e não por malícia habitual – e sim os crimes mais horrorosos inspirados na malícia profunda de seus corações.

Em segundo lugar, ainda que o anjo do mal tenha descaído da inocência para a culpa – e daí para a desgraça e para o castigo –, só descaiu da inocência uma vez, de sorte a nunca mais lhe ter sido ela restituída. Ora, o pecador que tem a inocência restituída pelo batismo e torna a perdê-la incorre em pecado seriíssimo. E isso é particularmente verdadeiro no caso das bruxas, tendo em vista a gravidade de seus crimes.

Em terceiro lugar, ele pecou contra o Criador; já nós, e especialmente as bruxas, pecamos contra o Criador e contra o Redentor.

Em quarto lugar, ele renunciou a Deus, que lhe permitiu pecar mas não lhe teve misericórdia; nós, porém, e sobretudo as bruxas, afastamo-nos de Deus por nossos pecados e, a despeito de Sua permissão para pecarmos, Ele nos é Todo-Misericordioso e nos dá a oportunidade de precavermo-nos do pecado através de Seus incontáveis benefícios.

Em quinto lugar, quando ele pecou, Deus rejeitou-o sem lhe restituir o estado de graça; a nós, porém, Deus está chamando constantemente, mesmo quando desgraçadamente tornamos a nos entregar ao pecado.

Em sexto lugar, ele mantém o coração insensível para com quem o pune; nós o mantemos para com o nosso persuasor misericordioso. Ambos pecamos contra Deus; mas ele peca contra o Deus Majestade, e nós contra o Deus que também morreu por nós, Aquele que, como já dissemos, as bruxas perversas mais ofendem.

As soluções dos argumentos tornam a declarar a verdade por comparação.

A resposta ao primeiro argumento já transparece ao que dissemos no princípio dessa mesma questão. Alegamos que um pecado há de ser mais grave do que outro e que os pecados das bruxas são, de todos, os mais graves, no que tange à culpabilidade, mas não no que diz respeito à punição que acarretam. Ora, a punição de Adão, bem como a sua culpa, podem ser consideradas de duas maneiras. Ou o atingem pessoalmente, ou atingem toda a raça humana, ou seja, toda a sua posteridade. Quanto à primeira, maiores pecados foram cometidos depois do de Adão; porque ele pecou por fazer o que era tão somente proibido, não pecou por sua própria natureza; no entanto, a fornicação, o adultério e o assassinato são pecados em si, e porque são proibidos. Logo, tais pecados merecem castigo maior.

Quanto à segunda, é verdade que maior castigo resultou do pecado original; mas isso só indiretamente é verdade, porquanto por intermédio de Adão toda a sua posteridade foi contaminada pelo pecado original, que só o Filho de Deus foi capaz de reparar pelo poder que Lhe foi concedido. Não apenas isso: o próprio Adão, por intermédio da graça divina, arrependeu-se e, depois, foi salvo pelo sacrifício de Cristo. Ora, os pecados das bruxas são incomparavelmente maiores, já que, não se satisfazendo com seus próprios pecados e com a sua perdição, arrastam consigo muitos e muitos inocentes.

Em terceiro lugar, conclui-se do que se disse que só por um infeliz acidente é que o pecado de Adão adquiriu maiores proporções. Porque, àquele tempo, a natureza ainda não se corrompera. Logo, ao pecar o primeiro homem, a sua corrupção foi inevitável, e não se deu à revelia da vontade de Adão; portanto, o seu pecado não há de ser maior do que os outros. E, uma vez mais, a humanidade teria cometido o mesmo pecado se tivesse encontrado a natureza no mesmo estado de pureza. De forma análoga, o que não conquista a graça não comete pecado tão mortal quanto o que a conquista e a perde. Eis aí a solução apresentada por Santo Tomás (II, 21, art. 2), ao resolver o segundo argumento. A quem interessar um aprofundamento dessa questão recomendamos levar em conta o seguinte: mesmo que Adão tivesse conservado sua inocência original, não a teria comunicado à sua posteridade; pois, como diz Santo Anselmo, qualquer um que viesse depois dele poderia cometer o mesmo pecado. Ver também Santo Tomás, vigésimo dist., ao considerar se as crianças recém-nascidas deviam ou não ser confirmadas na graça; e no dist. 101, se os homens que hoje são salvos o seriam se Adão não tivesse pecado.

QUESTÃO XVIII

Da pregação contra os cinco argumentos dos laicos e dos lúbricos, que professam não conceder Deus ao Diabo e às bruxas os poderes necessários para operarem os milagres da bruxaria.

Enfim, que o pregador esteja muito contra certos argumentos dos laicos, e mesmo contra os de alguns letrados, que negam, até certo ponto, a existência de bruxas. Pois, embora admitam a participação da malícia e do poder do Diabo na realização de tais atos maléficos, negam que a permissão divina lhes seja outorgada: não admitem que Deus permita semelhantes abominações. E posto não terem um método na sua argumentação, tenteando às cegas, ora aqui, ora acolá, é mister, mesmo assim, reduzir suas assertivas a cinco argumentos, donde emanam todos os seus sofismas.

Em primeiro lugar, declaram que Deus não permite ao Demônio campear contra a raça humana com tamanhos poderes.

Põe-se a questão: seria necessário que cada inflição causada pelo Diabo por meio de uma bruxa se fizesse acompanhar da permissão de Deus? Trazem à baila cinco argumentos pelos quais alegam provar que Deus não o permite e, como não o permite, não há bruxaria no mundo. O primeiro argumento funda-se nos castigos naturais que Deus normalmente já impõe aos homens; o segundo funda-se nos alegados poderes do Diabo; o terceiro esteia-se na própria natureza humana; o quarto, na origem dos males atribuídos às bruxas; e o quinto, enfim, no risco de vida dos pregadores e dos juízes que têm perseguido e castigado as bruxas.

Desenvolve-se o primeiro argumento da seguinte maneira. Deus é capaz de punir os homens pelos seus pecados, e os pune pela espada, pela fome e pela peste; e também por várias outras e incontáveis enfermidades, aos quais o ser humano está sujeito. Logo, não havendo motivo para aduzir ainda outros castigos, o Todo-Poderoso não permite a existência da bruxaria.

No segundo argumento parte-se do seguinte: se o que se diz do Demônio é verdade – ou seja, que é capaz de neutralizar as forças procriadoras, impedindo as mulheres de conceberem e de fazer abortar as que concebem; de matar os filhos das que chegam a parir –, então, nesse caso, ele seria capaz de eliminar toda a humanidade. Poder-se-ia ainda acrescentar que as obras do Diabo seriam assim mais poderosas que as de Deus, visto ser o Sacramento do matrimônio uma obra de Deus.

Em terceiro lugar, há o argumento que se funda na própria natureza do homem e que diz: se houvesse bruxaria neste mundo, alguns homens seriam mais enfeitiçados que outros. Dizer que os homens são enfeitiçados para castigo de seus pecados é falso argumento, como também falso é afirmar que existe bruxaria no mundo. Eis a prova: se tal fosse verdadeiro, os maiores pecadores haviam de receber os maiores castigos, o que não é absolutamente o caso, porque, às vezes, os pecadores são menos punidos do que os justos, como é o caso das crianças inocentes consideradas, não raro, terem sido enfeitiçadas.

O quarto argumento refere-se à origem humana da bruxaria. O que o homem é capaz de prevenir mas não previne, e deixa que seja feito, há de proceder da sua vontade. Mas como Deus é Todo-Bondade, não Lhe é dado desejar o mal e, portanto, não há de permitir o mal que é capaz de prevenir.

E, prosseguindo nesse argumento, alegam que os males atribuídos às bruxas são similares aos males e enfermidades naturais, podendo, por conseguinte, ser determinados por causas naturais. Pois é possível que um homem venha a se tornar coxo, cego ou louco por alguma causa natural; e que por alguma causa natural venha até a morrer; pelo que tais males não podem ser atribuídos com segurança às bruxas.

Por fim, afirmam que certos pregadores e juízes vêm combatendo a bruxaria com tal veemência que, se existissem bruxas, suas vidas correriam grave perigo, pelo ódio que nelas já teriam fomentado.

Pois bem: os argumentos contrários podem ser extraídos de nossa resposta à Questão I. De que modo haveria Deus de permitir que o mal se concretize, se não o deseja? Ora, se o permite, há de ser para o admirável aperfeiçoamento do universo: as boas obras são mais recomendáveis, mais agradáveis e ainda mais louváveis quando se lhes comparam às más; e temos a nos apoiar nesse argumento a autoridade dos doutores da Igreja. E mais: de que outra maneira pôr à mostra a sabedoria, a justiça e a bondade divina na sua total plenitude senão dessa forma?

Para melhor esclarecimento dessa questão existem diversos tratados que consideram o assunto. Segundo essas fontes, Deus, na Sua justiça, permitiu duas quedas: a dos anjos e a dos nossos primeiros ancestrais; e como foram essas as maiores de todas as quedas, não é de admirar que outras menores tenham sido permitidas. Mas foram nas suas consequências que as duas Quedas se mostraram maiores, não nas suas circunstâncias. É nesse sentido, conforme mostramos ao fim da última questão, que os pecados das bruxas ultrapassam em perversidade os dos anjos e os dos nossos primeiros ancestrais. Essas fontes de consulta revelam também de que modo Deus permitiu aquelas duas primeiras Quedas, e nelas se podem encontrar todas as explicações que se façam necessárias a esse respeito.

É mister, contudo, que respondamos a seus argumentos. Ao primeiro, que afirma que Deus já castiga o suficiente pela espada, pela fome e pelas doenças naturais, damos uma tríplice resposta.

Em primeiro lugar, Deus não limita os seus poderes aos processos naturais ou às influências dos astros, de sorte a não poder ir além de tais limites; pois que muitas vezes os ultrapassou na punição dos pecados, enviando flagelos e pestes muito além da influência possível dos corpos celestes; como quando puniu o povo de Israel pelo pecado de Davi que, por orgulho, decidiu fazer o recenseamento de seus súditos e de seu povo.

Em segundo lugar, está de acordo com a sabedoria divina deixar às criaturas sob o Seu governo a liberdade de agir segundo sua própria vontade. Consequentemente, não é Seu propósito evitar a malícia do Diabo, mas sim permitir que ela se concretize na medida em que venha a colaborar para o bem último do universo; não obstante, é verdade que o Demônio é continuamente cerceado pelos anjos do bem, de sorte a não lhe ser permitido praticar todo o mal que gostaria. De forma similar, Deus não se propõe restringir os pecados humanos possíveis ao homem graças ao seu livre-arbítrio, como a abnegação da fé e a devoção ao Diabo. A partir dessas duas premissas, conclui-se que, quando Deus é ofendido ao extremo, permite aos Demônios exercerem os seus poderes ao extremo, donde a sua capacidade de infligir males aos homens, aos animais e aos frutos da terra.

Em terceiro lugar, Deus, na Sua justiça, permite os males que indiretamente vão causar as maiores aflições e tormentos ao Diabo; tais males são os praticados pelas bruxas por meio dos poderes dos Demônios. Pois que o Diabo é indiretamente atormentado, e muitíssimo, ao ver que, contra a sua vontade, Deus usa de todo o mal para a glória do Seu nome, para o louvor da fé, para a purgação do eleito e para aquisição do mérito. Pois é certo que nada há de mais exasperante ao orgulho do Diabo, que é sempre cultivado contra Deus – pois está escrito: "O orgulho dos que Te odeiam está sempre a crescer" –, do que ver todas as suas maquinações malignas convertidas para Sua própria glória. E, portanto, Deus permite que assim seja.

Ao seu segundo argumento já respondemos; há, no entanto, dois pontos que precisam ser esclarecidos detalhadamente.

Em primeiro lugar, longe está de ser verdade que o Diabo (ou sua obra) seja mais poderoso que Deus: seus poderes são pequenos, pois nada é capaz de fazer sem a permissão divina. Pode-se então afirmar que os poderes do Diabo são pequenos em comparação com os poderes de Deus, não obstante serem muito grandes em comparação com os poderes terrenos, aos quais naturalmente superam, em conformidade com passagem escriturística (Jó, 11): "Não há poder na Terra que ao dele se compare."

Em segundo lugar, é mister esclarecer por que Deus permite que a bruxaria venha a afetar mais as funções procriadoras que as demais funções do organismo. Disso já tratamos, sob a rubrica: "De que modo são capazes as bruxas de impedirem o ato venéreo e neutralizarem as forças procriadoras." Pois é em virtude do descaro daquele ato e do pecado original, pela culpa que nossos primeiros ancestrais herdaram (e nos comunicaram) ao praticarem aquele ato. O ato é simbolizado também pela serpente, que foi o primeiro instrumento do Diabo.

Ao terceiro argumento respondemos que ao Diabo apraz mais tentar os bons do que os perversos; embora, na realidade, venha a tentar mais os perversos do que os bons, já que aqueles têm mais propensão a responder às tentações do que os últimos. De forma análoga, embora deseje mais afligir aos bons do que aos maus, lhe é mais fácil atingir com malefícios os últimos. Ora, como são os perversos os que mais se entregam ao Diabo, as suas tentações são as mais difíceis e as mais frequentes, por não possuírem o escudo da fé para se protegerem. Desse escudo nos fala São Paulo na Epístola aos Efésios, 6: "Sobretudo, embraçai o escudo da fé com que possais apagar todos os dardos inflamados do Maligno." Por outro lado, ele assalta o bom mais amargamente que os maus. Porque já possui os maus, mas não os bons: tenta muito mais arrastar para o seu poder, pelas suas tribulações, os justos, que não são seus, do que os maus, que já o são. De forma idêntica, um príncipe terreno mais severamente castiga os que desobedecem às suas leis do que os que não se rebelam contra ele.

Em resposta ao quarto argumento, em acréscimo ao que já se escreveu sobre o assunto, cumpre esclarecer: o pregador pode expor a verdade da permissão divina para o mal, embora não o deseje, pelos cinco sinais da vontade divina: o preceito, a proibição, o conselho, a operação e a permissão. Ver Santo Tomás, sobretudo na primeira parte da *Summa Theologicae*, 19° questão, 12° artigo, onde esclarece plenamente esse ponto. Pois embora haja uma só vontade de Deus, que é o próprio Deus, e assim como só há em Deus uma essência, essa Sua vontade a nós se revela de várias maneiras, como diz o Salmo: "Os milagres do Senhor são realizados de acordo com as Suas vontades." Pelo que há de se fazer uma distinção entre a vontade essencial de Deus e os seus efeitos visíveis; pois a vontade real, propriamente, é a boa vontade do homem, mas a vontade em sentido metafórico é expressa por sinais exteriores. E é por sinais e por metáforas que Deus nos revela a Sua.

À guisa de exemplo, podemos mencionar o caso hipotético do pai que, embora seja possuidor de uma só vontade, a expressa de cinco formas diversas, ora por si mesmo, ora por meio de outra pessoa. Por si mesmo a revela de duas maneiras: direta ou indiretamente. Revela-a diretamente fazendo por si mesmo o que quer, por uma operação. Revela-a indiretamente quando não impede outrem de o fazer (ver Aristóteles *Física*, IV: Proibição é causa indireta), por uma permissão. E o pai humano revela a sua vontade pela mediação de outra pessoa de três modos. Ou a ordena fazer o que quer (por preceito) ou a proíbe de fazê-lo (por proibição) ou, ainda, a persuade e a aconselha a fazê-lo (por conselho). E assim como a vontade humana é expressa por essas cinco formas, do mesmo modo é expressa a vontade divina. Que a vontade de Deus é revelada pelo preceito, pela proibição e pelo conselho é indicado claramente pelas palavras escriturísticas em Mateus, 6: "Seja feita a vossa vontade, assim na Terra como no Céu." Em outras palavras: que na Terra sejam atendidos os Seus preceitos, sejam cumpridas as Suas proibições e sejam seguidos os Seus conselhos. De modo semelhante, Santo Agostinho mostra que a permissão e a operação são sinais da vontade de Deus, ao declarar no *Enchiridion*, 95: "Nada é feito sem que Deus queira que seja feito, seja permitindo-o, seja fazendo-o por Si mesmo."

Retornemos ao argumento. Está perfeitamente correto afirmar que, quando um homem é capaz de prevenir determinada coisa, e não o faz, está revelando a sua vontade. Como correto está dizer que Deus, sendo Todo-Bondade, não é capaz de desejar o mal, com relação à Sua boa vontade essencial e também com relação a quatro dos cinco sinais pelos quais exprime a Sua vontade; porquanto é desnecessário dizer que Ele é incapaz de operar o mal, de ordenar que seja feito o mal ou de ao mal se opor ou de aconselhá-lo; no entanto, Deus é capaz de permitir que o mal seja feito.

E quando se indaga de que modo é possível distinguir entre os males causados por bruxaria e os males de causa natural, cumpre responder que existem vários métodos para tal.

O primeiro é através do julgamento dos médicos. Ver as palavras de Santo Agostinho em *De Doctr. Christ.*: "A essa classe de superstições pertencem todos os encantamentos e todo o uso de amuletos junto ao corpo da pessoa, que a Escola de Medicina despreza. Por exemplo, os médicos podem perceber, pelas circunstâncias do caso, quer pela idade do paciente, pela sua compleição física, quer ainda pela reação de seus olhos, que a enfermidade não decorre de qualquer anormalidade no sangue, ou no estômago, ou em qualquer outro órgão; julgam-na ser causada não por algum fator natural mas por algum elemento extrínseco. E como as causas extrínsecas não são encontradas nas infecções tóxicas – que se acompanhariam de alteração dos humores do sangue e do estômago –, têm eles aí razão suficiente para atribuírem aquele mal à bruxaria."

O segundo método é quando se vê que a doença é incurável: não há remédio que a alivie; todos parecem agravá-la.

O terceiro método está na rapidez de instalação do mal, ou seja, quando é tão repentino que só pode ser atribuído à bruxaria. Chegou ao nosso conhecimento um desses casos. Um cidadão de Spires, bem-nascido, casara-se com uma mulher muito obstinada e impertinente. Embora tentasse agradá-la de todas as maneiras, quase sempre a mulher se recusava a atender-lhe as vontades, e estava sempre a afligi-lo com insultos abusivos. Certo dia, já de volta ao lar e com a mulher atormentando-o, a xingar-lhe com o seu palavreado infamante, sentiu forte desejo de sair de casa para escapar daquela amolação. Mas assim que se voltou em direção à porta a mulher correu na sua frente e trancou-a a chave; e aos gritos jurou que dali não arredava pé, só se ele a espancasse, pois que nele não havia honestidade nem fidelidade. Ao ouvir a acusação infame, estendeu a mão espalmada em direção à mulher e, sem querer machucá-la, bateu-lhe de leve nas nádegas. Mas então, subitamente, caiu ao chão e perdeu todos os sentidos, ficando de cama por muitas semanas, acometido da mais séria enfermidade. Ora, é óbvio que não se tratava de uma enfermidade natural, e sim de um mal causado por alguma bruxaria feita pela mulher. Muitos casos semelhantes têm chegado a nosso conhecimento.

Há alguns que para distinguirem essas enfermidades lançam mão do seguinte expediente. Sobre o doente seguram chumbo derretido e a seguir o derramam numa tigela com água. Se o chumbo se condensar formando alguma imagem, a enfermidade é atribuída à bruxaria. E quem quiser saber se a imagem é assim formada por obra dos Demônios ou por alguma causa natural, explicam: se deve à força de Saturno sobre o chumbo, cuja influência sobre esse metal em alguns aspectos é maléfica, de forma semelhante à influência exercida pela força do Sol sobre o ouro. Mas se essa prática é lícita ou não, é questão a ser discutida na Parte II deste tratado. Pois os doutores em Direito Canônico afirmam ser lícito destruir uma vaidade com outra vaidade; mas os teólogos defendem postura diametralmente oposta, dizendo ser incorreto praticar o mal para alcançar o bem.

No seu último argumento, trazem à baila diversas objeções. Primeiro, por que as bruxas não ficam ricas? Segundo, por que, já que contam com os favores dos príncipes, não cooperam na destruição de todos os seus inimigos? Terceiro, por que são incapazes de prejudicar os pregadores e todos os que as perseguem?

A primeira respondemos dizendo que as bruxas não ficam ricas porque os Demônios gostam de mostrar o seu desprezo pelo Criador comprando as bruxas pelo mais baixo preço possível. E também para que não se exponham pelas suas riquezas.

A segunda refutamos dizendo que se não fazem mal a príncipes há de ser porque querem contar, o mais que possam, com a sua amizade. E se se perguntar, então, por que não prejudicam os inimigos destes, devemos responder que um anjo bom, agindo do outro lado, impede os seus malefícios. Comparar com a passagem em Daniel, 10, 13: "O chefe do reino persa resistiu-me durante 21 dias." Consultar Santo Tomás no *Segundo livro das sentenças*, onde ele discute se há qualquer espécie de disputa entre os anjos do bem, e de que tipo.

A terceira basta dizer que, se elas são incapazes de fazer mal aos Inquisidores e a outros oficiais de justiça, é porque estes são os encarregados de fazer a justiça pública. Muitos exemplos podem ser aqui aditados para prová-lo, mas o tempo exíguo não nos permite.

Parte II

Dos métodos pelos quais se infligem os malefícios e de que modo podem ser curados

QUESTÃO I

Daqueles contra quem as bruxas não têm qualquer poder.

Nesta segunda parte, trataremos dos métodos de atuação das bruxas para a consecução de seus malefícios; mas, em virtude de duas dificuldades primordiais, convém separá-los em 18 categorias. A primeira dificuldade, considerada no princípio, diz respeito aos dois remédios preventivos, que tornam o homem imune às bruxarias; a segunda, considerada no final, diz respeito aos vários remédios curativos, pelos quais os amaldiçoados podem ser curados. Pois, conforme esclarece Aristóteles (*Física*, IV), a prevenção e a cura têm íntima relação entre si: ambas se vinculam, acidentalmente, à causa dos males. E assim é que havemos de elucidar os fundamentos dessa pavorosa heresia.

Nas duas primeiras subdivisões vamos insistir em alguns pontos cardinais.

Primeiro, na iniciação das bruxas e na sua confissão sacrílega de fé. Segundo, no evoluir dos seus métodos de trabalho e na ignomínia da sua prática. Terceiro, nos remédios preventivos contra as bruxarias. Cabe aqui frisar, entretanto, que os argumentos e sua análise formal relacionados a certas questões morais e de conduta não mais serão discutidos, por já o terem sido nas questões precedentes. Rogamos a Deus que o leitor não saia em busca de tais provas em todos os casos, pois que nos limitaremos agora a aditar exemplos testemunhados por indivíduos da maior credibilidade.

No primeiro dos pontos cardinais mencionados faz-se mister examinar dois elementos: primeiro, os vários métodos de sedução e tentação adotados pelo próprio Diabo; segundo, as várias maneiras pelas quais as bruxas professam a sua heresia.

No segundo dos pontos referidos, seis são os elementos a serem analisados em sucessão – e relacionados aos malefícios e à sua cura: primeiro, a conduta das bruxas com relação a si próprias e a seu corpo: segundo, a sua conduta para com os outros homens; terceiro, as questões relacionadas às feras; quarto, o mal que causam aos frutos da terra; quinto, os tipos de bruxaria que só são praticados por homens; sexto, o problema da neutralização da bruxaria e de que modo curar os enfeitiçados.

A Questão I, portanto, acha-se assim subdividida em 18 partes, em virtude da multiplicidade de práticas de bruxaria.

Pergunta-se se o homem seria capaz de precaver-se de qualquer sorte de bruxaria por alguma bênção concedida pelos anjos do bem. Parece que não, pois já foi provado que mesmo os justos e os inocentes são, muitas vezes, afligidos pelos Demônios, como no caso de Jó; e muitas crianças inocentes, a par de um número incontável de homens justos, são amaldiçoadas na mesma medida em que outros tantos pecadores; não que sejam afligidos pela perdição de sua alma: são-no apenas pela perda de seus bens mundanos e de seus corpos. No entanto, as confissões das bruxas apontam para uma versão contrária porque alegam não serem capazes de injuriar qualquer um, mas só os que persuadem e ensinam a repudiar o auxílio divino, mediante a participação dos Demônios.

Resposta. Há três classes de homens abençoados por Deus, a quem essa abominável raça não tem o poder de injuriar com suas bruxarias. Na primeira estão os que administram a justiça pública contra suas obras e as levam a julgamento pelos seus crimes. Na segunda estão os que, de acordo com rituais tradicionais e santos da Igreja, fazem o uso lícito dos poderes e das virtudes que a Igreja lhes concede, no exorcismo das bruxas: pela aspersão de água benta, pela ingestão do sal sagrado, pela condução das velas bentas no Dia da Purificação de Nossa Senhora e das folhas de palma no Domingo de Ramos. E os homens que assim agem veem diminuídos os poderes do Demônio. Na terceira categoria estão os que são de vários modos abençoados pelos anjos do Senhor.

O motivo dessa proteção, nos casos encerrados pela primeira classe, será mostrado e provado através de vários exemplos. Pois que, como diz São Paulo, se todo o poder emana de Deus e de Deus é a espada para a vingança dos injustiçados e para o castigo dos perversos, não admira que os Demônios se sintam acuados quando se faz justiça para vingar tais crimes horríveis.

A propósito disso, alertam os doutores serem cinco os modos pelos quais se sustam os poderes do Diabo, no todo ou em parte. Primeiro, pelo limite que lhes foi fixado por Deus, como se depreende de Jó, 1 e 2. Outro exemplo é o caso do homem de que lemos no *Formicarius* de Nider.

Esse homem confessou a um juiz que invocara o Demônio para que conseguisse matar um inimigo seu, ou para que lhe causasse algum mal físico ou ainda para que o fulminasse com um raio. E concluiu dizendo: "Quando invoquei o Diabo para que, com a sua ajuda, pudesse realizar meu intento, ele me respondeu não ser capaz de nada fazer do que eu lhe pedia. Porque o tal homem era pessoa de fé e se defendia diligentemente com o sinal da cruz. Não seria assim possível atingi-lo em seu corpo: o máximo que poderia fazer era destruir a undécima parte dos frutos das suas terras."

Segundo, neutralizam-se os poderes do Diabo pela aplicação de alguma força exterior, como no caso da jumenta de Balaão, Números, 22. Terceiro, pela operação de algum poderoso milagre. Há homens que são abençoados por privilégios únicos, como se verá nos que se enquadram nos casos da terceira categoria. Quarto, pela Providência Divina, que de tudo dispõe separadamente e faz com que um anjo do bem se poste no caminho do Diabo, à semelhança do caso de Asmodeus, que, embora matasse os sete maridos da virgem Sara, não matou Tobias.

Quinto, por causa, vez ou outra, do próprio Demônio, que não deseja por ora causar mal, para que depois o mal advindo seja ainda pior. Pois que podia molestar o excomungado mas não o faz para que este venha a debilitar ainda mais a fé na Igreja, dada a força dessa punição. Como o caso de um dos fiéis de Corinto que foi excomungado (I Coríntios, 5). Portanto, podemos acrescentar, de forma análoga, que, mesmo que os administradores da justiça pública não fossem protegidos pela força divina, os Demônios, muitas vezes, haviam de retirar de comum acordo o seu apoio e a sua guarda às bruxas, ora por temerem a sua conversão, ora por ansiarem pela sua condenação eterna.

Esse fenômeno é provado por fatos reais. O doutor já citado afirma darem as bruxas o seu testemunho pessoal de que pelo simples fato de serem levadas pelos oficiais de justiça já perdem, de imediato, todos os seus poderes. Um juiz chamado Pedro, do qual já falamos, ordenou a seus oficiais que prendessem um certo mago chamado Stadlin; mas quando os oficiais dele se aproximaram tal foi o tremor que se apoderou de suas mãos e tal o odor fétido que chegou às suas narinas que não ousaram tocá-lo de forma alguma. O juiz, porém, retorquiu: "Podem prendê-lo com toda a segurança, porque, quando ele for tocado pelas mãos da justiça pública, perderá todos os poderes de sua iniquidade." E assim se deu; o mago foi preso e queimado na fogueira pelos muitos malefícios que perpetrara.

Muitas outras experiências semelhantes já nos aconteceram no exercício de nosso ofício inquisitorial, e surpreenderíamos o leitor se aqui contássemos todas elas. Mas como o elogio de si mesmo é expediente indigno e sórdido, convém não o fazermos para que não nos recaia o estigma da jactância e da bazófia. No entanto, é preciso que daí excetuemos os casos que, por tão notoriamente conhecidos, não há por que não contar.

Há não muito tempo, na cidade de Ratisbon, os magistrados condenaram uma bruxa à fogueira. Indagados por que os Inquisidores nunca eram afligidos pelas bruxarias como os demais homens, responderam: "Embora muitas vezes tenham tentado, as bruxas nunca foram capazes de nos fazer mal." E esclareceram: "Apesar de não sabermos exatamente o motivo, talvez seja porque os Demônios as tenham aconselhado a não o fazer." E ainda acrescentaram: "Pois que seria impossível enumerar as muitas vezes que já nos importunaram, de dia e de noite, ora na forma de macacos, ora na de cães ou de bodes, nos perturbando com seus gritos e insultos; tirando-nos da cama com suas preces blasfemas e colocando-nos ao pé da janela de sua prisão – tão alta que só podia ser alcançada com a mais longa das escadas; e então pareciam fincar na cabeça, com violência, os alfinetes com que prendiam as suas toucas. E foi assim que as encontramos quando lá subimos – como se quisessem tê-los fincados em nossas próprias cabeças. Mas, louvado seja Deus Todo-Poderoso que na Sua piedade, e por nenhum mérito nosso, nos preservou como indignos servos públicos da justiça da fé."

A causa da proteção concedida aos homens que pertencem à segunda categoria é evidente por si. O exorcismo da Igreja atende a esse propósito precípuo e nele se tem remédio eficacíssimo para a proteção contra os malefícios das bruxas.

E a quem quiser saber de que modo deve o homem usar de tais proteções é preciso esclarecer que o são de duas maneiras: primeiro, sem pronunciar palavras sagradas; depois, com a invocação real do texto sacro. Pois que, em primeiro lugar, é lícito espargir água benta em qualquer habitação decente, de homens e de animais, para sua segurança e proteção – com a invocação da Santíssima Trindade e do Santo Pai. Pois que é dito no Ofício do Exorcismo: "Onde quer que se derrame a água benta, toda a impureza será retirada, todo o mal será repelido e lá não habitará nenhum espírito pernicioso" etc. Porque o Senhor salva a ambos, homens e animais, segundo o profeta, a cada um na sua medida.

Em segundo lugar, assim como basta espargir a água benta para a purificação das casas, basta acender uma vela benta para ter-se o mesmo efeito purificador. No entanto, a cera da vela pode também ser espargida com o mesmo propósito.

Em terceiro lugar, é útil colocar ou queimar ervas consagradas naqueles recintos onde possam ser apropriadamente consumidas.

No mesmo ano em que começávamos a escrever este livro, aconteceu na cidade de Spires de uma devota ter entabulado conversa com uma suposta bruxa. E, como sói acontecer às mulheres, acabaram por trocar insultos entre si. À noite, quando a devota ia colocar o seu filhinho pequeno no berço para dormir, lembrou-se do encontro que tivera com a suposta bruxa. Temendo que algum mal se abatesse sobre a criança, colocou ervas consagradas sob o berço do menino, espargiu-lhe água benta, colocou sal consagrado em seus lábios, fazendo nestes o sinal da cruz, e prendeu diligentemente o bercinho. Mais ou menos no meio da noite, ouviu o choro de seu filho e, como fazem as mulheres, resolveu trazer o filhinho nos braços, para que dormisse consigo, em sua cama. Mas ao suspender o berço viu que seu filhinho não se encontrava lá. Aterrorizada, a pobre mulher, chorando amarguradamente pela perda do filho, acendeu então uma vela. E encontrou seu filhinho em um canto, debaixo de uma cadeira, chorando, mas são e salvo.

É aí que se vê a virtude dos exorcismos da Igreja contra as armadilhas do Demônio. É evidente que Deus Todo-Poderoso, na Sua misericórdia e sabedoria, que se estende do princípio ao fim, vela pelos atos dos iníquos; e que conduz suavemente os malefícios dos Demônios, para que, ao tentarem diminuir e debilitar a fé, estejam, na realidade, a reforçá-la e a enraizá-la ainda mais no coração de muitos. E dos malefícios muito proveito é capaz de tirar o fiel: quando, através dos malefícios, a fé é reforçada, a misericórdia de Deus é percebida, a Sua força se manifesta e os homens são reconduzidos à veneração da Paixão de Cristo e são iluminados pelas cerimônias da Igreja.

Numa cidade de Wiesenthal vivia um certo prefeito que depois de enfeitiçado passou a sofrer das mais terríveis dores e das piores deformações corporais; mas descobriu, não por intermédio de outras bruxas, mas por si mesmo, de que modo lhe haviam enfeitiçado. Contou que tinha o hábito de se fortalecer, todos os domingos, com sal consagrado e com água benta, mas que num certo domingo, por ocasião da cerimônia de casamento de alguém, negligenciara o seu hábito tendo sido, no mesmo dia, enfeitiçado.

Em Ratisbon, um homem vinha sendo tentado pelo Demônio em forma de mulher a copular, e começou a ficar desesperado quando viu que o Demônio não desistia. Veio-lhe, porém, a ideia de comer sal consagrado para se defender, conforme já ouvira num sermão. E assim fez: ao entrar no banheiro, comeu do sal, e a mulher, olhando-o ameaçadoramente, amaldiçoou-o com todas as imprecações que o Diabo lhe ensinara e, subitamente, desapareceu. Pois, com a permissão de Deus, o Diabo é capaz de se apresentar em forma de bruxa ou de possuir o corpo de uma bruxa real.

Há também a história dos três companheiros que caminhavam por uma estrada quando dois deles foram subitamente fulminados por um raio. O terceiro ficou apavorado ao ouvir vozes no ar, dizendo: "Vamos fulminá-lo também." Em seguida, ouviu outra voz, retorquindo: "Não podemos, pois que hoje ele ouviu a sentença: 'O Verbo se fez Carne.'" Compreendeu então que fora salvo porque naquele dia assistira à missa e, ao final dela, as palavras de São João, no Evangelho: "No princípio era o Verbo" etc.

Ademais, palavras sagradas junto ao corpo conferem uma proteção maravilhosa, quando se observam as sete condições para o seu uso. Mas só serão mencionadas na última questão dessa Parte II, onde falamos das medidas curativas. Aqui só estamos tratando das medidas preventivas. No entanto, cabe dizer que as palavras sagradas servem não só para proteger como também para curar os enfeitiçados.

A proteção mais segura, contudo, para os lugares, para os homens e para os animais são as palavras que compõem o título triunfal de nosso Salvador, quando escritas em quatro lugares separados, a formar uma cruz: IESUS † NAZARENUS † REX † IUDAEORUM †. A elas também se pode aduzir o nome da Virgem Maria e o dos evangelistas, ou as palavras de São João: "O Verbo se fez Carne."

No entanto, a mais extraordinária é a terceira categoria dos que se mostram imunes aos malefícios das bruxas: são protegidos por uma tutela angelical especial, no seu interior e no seu exterior. No interior, pela infusão da graça; no exterior, pela força dos astros, ou melhor, por ação das forças que movem os astros. E essa classe ainda se subdivide em dois ramos: o dos que são protegidos contra todo tipo de bruxaria, de modo a não serem atormentados de forma alguma; e o dos que são tornados particularmente castos pelos anjos do bem; assim como os espíritos malignos inflamam o desejo de alguns homens perversos para com determinada mulher e o esfriam para com outra.

Explica-se a sua proteção interior e exterior, pela graça e pela influência dos astros, do seguinte modo. Embora seja o próprio Deus quem infunde a graça em nossas almas e nenhuma criatura tenha tanto poder para tal (pois está escrito: "O Senhor concederá a graça e a glória"), quando Deus quer conceder alguma graça especial o faz outorgando um certo pendor para tal, pela ação de um anjo bom, conforme nos ensina Santo Tomás no *Terceiro livro das sentenças.*

E é essa a doutrina defendida por Dionísio no quarto capítulo do seu *De Diuinis Nominibus*: "Eis a lei constante e imutável da divindade: o Superior chega ao Inferior por algum meio: qualquer que seja o bem que a nós emane da fonte de toda a bondade, há de vir pelo ministério dos anjos do bem." Isso é provado por alguns exemplos e por argumentação. Pois que, embora só o poder divino tenha sido a causa da concepção do verbo de Deus na Virgem Santíssima, pelo que o Deus se fez homem, o intelecto da Virgem já fora muito estimulado pelo ministério de um anjo (pela saudação) e pelo refortalecimento e pela boa informação de seu entendimento, predispondo-a assim à bondade. Essa verdade pode também ser explicada da seguinte maneira: na opinião do doutor mencionado, são três as propriedades do homem – a vontade, o entendimento e as forças internas e externas que pertencem aos membros e aos órgãos de seu corpo. A primeira, ou seja, a vontade, só pode ser influenciada por Deus: "Porque o coração de um rei está nas mãos do Senhor." A segunda, o entendimento, já pode ser influenciada por um anjo bom no sentido do mais claro conhecimento da verdade e do bem, além de o ser também iluminada pelo próprio Deus. Quanto à terceira qualidade, porém, temos o seguinte: os anjos do bem são capazes de conceder aos homens bons predicados, e os do mal, com a permissão de Deus, são capazes de afligi-los com as tentações malignas. No entanto, cabe à livre vontade humana aceitar tais influências malignas ou rejeitá-las; e isso o homem sempre há de ser capaz, desde que invoque a graça do Senhor.

Quanto à proteção exterior que advém do Senhor Deus por intermédio das forças que movem os astros, a tradição é larga e conforma igualmente com as Sagradas Escrituras e com a filosofia natural. Porque todos os corpos celestes são movidos por forças angelicais chamadas por Cristo de motrizes dos astros e pela Igreja de forças dos Céus; consequentemente, todas as substâncias corpóreas deste mundo são governadas pelas forças celestiais, conforme testemunha Aristóteles, *Metafísica*, I. Podemos afirmar, portanto, que embora a Providência Divina vigie cada um de Seus eleitos, sujeita alguns aos males desta vida para sua correção, enquanto a outros dá completa proteção. E esse dom alguns homens recebem ou dos anjos do bem delegados por Deus para sua proteção ou da influência dos corpos celestes ou das Forças que os movem.

Há de notar-se que alguns são protegidos contra todas as bruxarias, e outros o são contra apenas algumas delas. Pois alguns são particularmente purificados pelos anjos do bem nas suas funções genitais – e as bruxas jamais conseguem enfeitiçá-los nessas funções. Num certo sentido, é necessário falar a respeito desses homens: os que se veem enfeitiçados nas suas funções genitais mostram-se, por vezes, tão privados da proteção dos anjos que ou se encontram sempre em pecado mortal ou praticam as obscenidades com um deleite excessivamente lúbrico. A propósito, demonstramos já na Parte I desta obra que Deus confere maiores poderes às bruxas sobre essas funções não tanto por causa de sua obscenidade e sujeira, mas por ter sido esse o ato que corrompeu nossos primeiros ancestrais e, pelo seu contágio, legou-nos a herança do pecado original, que atinge toda a raça humana.

Vejamos porém alguns exemplos de como os anjos do bem, por vezes, abençoam os justos e os santos, mormente no que tange ao instinto genital. Transcrevemos a seguir o caso do abade São Sereno, contado por Cassiano na primeira das suas *Assembleias dos padres*. São Sereno muito lutou para conquistar a castidade interior, do coração e da alma, pelas orações durante a noite e durante o dia, pelo jejum e pela vigília. Por fim percebeu que, pela graça divina, conseguira extinguir todos os surtos da concupiscência carnal. Finalmente, movido pelo zelo ainda maior da castidade, lançou mão de todos os recursos sagrados para rogar ao Todo-Poderoso que lhe permitisse que a castidade que sentia em seu coração fosse também visivelmente concedida ao corpo. Dirigiu-se então a ele um anjo do Senhor numa visão durante a noite e pareceu abrir-lhe o ventre e retirar de suas entranhas um tumor ardente de carne, repondo-lhe depois os intestinos; e disse: "Vê! Foi extirpada a provocação da tua carne. Contas doravante com a pureza perpétua em teu corpo, de acordo com as tuas preces: nunca mais serás aguilhoado pelo desejo natural que é até mesmo despertado em crianças de peito."

De forma análoga, São Gregório, no primeiro livro dos seus *Diálogos*, conta-nos o caso do abade São Equício. Esse homem, durante a sua juventude, fora muito atormentado pelas tentações da carne; mas foi o sofrimento causado pelas tentações que o fez se aplicar ainda mais às suas orações. E enquanto rogava a Deus por um remédio contra aquela aflição, apareceu-lhe um anjo durante a noite que o tornou eunuco e, na sua visão, pareceu-lhe que extraiu todo o desejo de seus órgãos genitais; e desde então viu-se tão alheio às tentações que era como se não houvesse o sexo em seu corpo. Reparai no benefício advindo dessa purificação; pois que o abade viu-se tão pleno de virtude que, assim como antes gozava de preeminência entre os homens, passou a gozar dessa mesma preeminência entre as mulheres.

Na *Vida dos padres*, obra compilada por São Heráclides, conta-nos esse autor, no livro intitulado *Paraíso*, do caso de um santo monge chamado Helias. Esse homem, movido pela piedade, reuniu sob seu comando trinta mulheres em um mosteiro e começou a governá-las. Mas depois de dois anos, quando contava 30 anos, viu-se forçado a renunciar à tentação da carne refugiando-se num eremitério. Depois de jejuar por dois dias, rogou a Deus: "Ó, Senhor Deus, matai-me ou livrai-me dessa tentação." E ao anoitecer teve um sonho no qual três anjos dele se aproximavam e lhe perguntaram por que fugira do mosteiro das virgens. Mas como não se atrevesse a responder, por vergonha, os anjos disseram: "Se fores liberto da tentação da carne, voltarás a cuidar daquelas mulheres?" Respondeu-lhes Helias que era esse o seu desejo. Fizeram-no então jurar que cumpriria o prometido e o tornaram eunuco. Pois que, enquanto um parecia segurar-lhe as mãos e o outro, os pés, o terceiro arrancou-lhe os testículos com uma faca; não obstante, tal não se deu na realidade, mas tão só na aparência. Perguntaram-lhe então se ele se sentia curado, ao que respondeu: "Estou completamente livre da tentação." E assim, ao quinto dia, retornou ao convívio das aflitas mulheres, com quem passou os quarenta anos restantes de sua vida, sem nunca mais ter sentido um resquício que fosse da primeira tentação.

Bênção não menos importante foi concedida a Santo Tomás, doutor da nossa ordem, à qual ingressou à revelia da família. Para impedi-lo, seus irmãos chegaram a confiná-lo em cárcere. E, ademais, desejando tentá-lo, levaram até ele uma prostituta sedutora, suntuosamente vestida. Mas quando Tomás a viu, pegou de uma tocha acesa e com o fogo material expulsou de sua cela o instrumento do fogo da luxúria; e prostrando-se então em oração de graças pelo dom da castidade, acabou adormecendo. Em sonho, apareceram-lhe dois anjos do Senhor, dizendo:

"Atentai! Por ordem do Senhor Deus vamos cingi-lo com o cinturão da castidade, e nenhuma outra tentação há de desprendê-lo; pois que não pode ser adquirido pelos méritos da virtude humana, porque é dado como dom pelo Senhor Deus tão somente." E assim sentiu-se Tomás protegido, e percebendo que usava um cinto, acordou com um grito. E foi-lhe concedido um dom de castidade de tal magnitude que passou, desde então, a abominar todos os prazeres da carne, que passou a só falar com alguma mulher sob coerção, mostrando-se forte na sua castidade perfeita. Essa história encontramos no *Formicarius* de Nider.

Com a exceção, portanto, dessas três classes de homens, todas as demais não estão protegidas das bruxas. Todas as demais estão sujeitas aos malefícios ou às tentações causadas por bruxaria, por um dos 18 modos que serão agora analisados. Precisamos, pois, primeiro descrever esses métodos na sua ordem, para que depois possamos discutir com maior pormenor os remédios que permitem mitigar o sofrimento dos enfeitiçados. E para que os métodos sejam mais bem-elucidados serão apresentados em diversos capítulos. Primeiro, vamos revelar os vários métodos de iniciação das bruxas, e de que modo elas incitam meninas inocentes a engrossar as fileiras da sua pérfida hoste. Segundo, de que modo as bruxas professam o seu sacrilégio e como fazem o juramento de aliança com o Diabo. Terceiro, de que modo são transportadas de um lugar a outro, seja no corpo, seja no espírito. Quarto, de que modo copulam com os íncubos. Quinto, o seu método geral de praticar a bruxaria através dos Sacramentos da Igreja e, em particular, de que modo, com a permissão de Deus, conseguem afligir todos os seres criaturais, salvo os corpos celestes. Sexto, o seu método de obstaculizar a função procriadora. Sétimo, de que modo são capazes de arrancar o membro viril por meio de alguma arte mágica. Oitavo, de que modo transmutam os homens em feras. Nono, de que modo os Demônios penetram no intelecto dos homens sem o prejudicar. Décimo, de que modo os Demônios, através da operação das bruxas, às vezes se incorporam, substancialmente, nos homens. Décimo primeiro, de que modo são capazes de causar toda sorte de enfermidades, numa perspectiva geral. Décimo segundo, de que modo causam certas enfermidades em particular. Décimo terceiro, de que modo as bruxas parteiras causam o mal maior, ou seja, o de matar crianças ou o de oferecê-las aos Demônios. Décimo quarto, de que modo causam várias pestes que se abatem sobre os animais. Décimo quinto, de que modo provocam tormentas, tempestades, raios e trovões que se abatem sobre os homens e os animais. Décimo sexto, décimo sétimo e décimo oitavo, das três maneiras pelas quais só os homens e não as mulheres se entregam à bruxaria. Prosseguimos depois com os métodos pelos quais todos esses tipos de malefícios podem ser neutralizados.

Mas que ninguém pense que, por termos enumerado e analisado todos esses métodos, terá adquirido um conhecimento completo dessas práticas; pois que tal conhecimento teria pouca utilidade e talvez possa até ser prejudicial. Nem mesmo os livros proibidos de necromancia nos dão tal conhecimento; porque bruxaria não se ensina em livros, nem é praticada por pessoas instruídas, é ofício tão somente dos iletrados; e tem apenas o fundamento da prática, sem a qual a ninguém será dado atuar como mago ou bruxa.

Não só isso: os métodos são aqui enumerados para que não se dê a falsa impressão de que os atos de bruxaria sejam prodígios incríveis, com grande prejuízo para a verdadeira fé e aumento das bruxas. Pois que o homem que atribui tais prodígios à predestinação dos astros e que a essa predestinação atribui a imunidade ou a subordinação à bruxaria não está entendendo corretamente o verdadeiro sentido do que declaram os doutores da Igreja.

Em primeiro lugar, por serem os três predicados humanos subordinados a três fatores celestiais, quais sejam, o da volição, o do entendimento e os das ações corporais. O da volição é governado diretamente por Deus; do entendimento, por um anjo; o das ações corporais, pelos corpos celestes.

Em segundo lugar, claro está que o livre-arbítrio e a volição acham-se subordinados diretamente a Deus, como declara São Paulo: "Está em Deus a causa de nossa vontade e de nossos atos, que os fazemos segundo a Sua vontade; e o entendimento do intelecto humano é determinado por Deus pela mediação de um anjo." Consequentemente, todas as coisas corporais, sejam interiores – como os poderes e o conhecimento adquiridos pelas faculdades corpóreas internas –, sejam exteriores – como a saúde e a doença –, são governadas pelos corpos celestes, através da mediação dos anjos. Quando Dionísio, no quarto capítulo de *De Diuinis Nominibus,* diz que os corpos celestes são a causa do que ocorre no mundo, há de entender-se a que se refere: tão só à saúde e à doença. No entanto, as enfermidades que estamos considerando são de ordem sobrenatural, já que são infligidas pelos poderes do Demônio e com a permissão de Deus. Logo, não se há de dizer que é por causa da influência dos astros que os homens são enfeitiçados: embora se possa dizer, verdadeiramente, que por causa dessa mesma influência alguns homens não o podem ser.

Mas à objeção de que esses dois efeitos opostos devem emanar de uma mesma causa, e de que o pêndulo há de oscilar para um lado e para o outro, convém responder: quando, pela força dos astros, o homem é preservado desses males sobrenaturais, não há de ser tão somente pela influência celestial, mas por alguma força angelical, capaz de reforçar aquela influência de sorte a debilitar a malícia do inimigo; e a força angelical pode ser comunicada aos homens pelos corpos celestes. O homem no fim da vida, já moribundo, pode ter sua sorte alterada pela força de Deus, indiretamente, fazendo-o vencer a enfermidade que o dominava através de algum poder de preservação. Consequentemente, podemos dizer que o homem sujeito à bruxaria pode ser dela preservado por intermédio de um anjo incumbido de protegê-lo, pois que, de todos os meios de proteção, o principal está na vigília dos anjos.

E quando se diz em Jeremias, 22: "Inscrevei este homem entre os que não deixaram descendência, entre aqueles que coisa alguma lograram na vida!", cumpre entender que o passo se reportar às escolhas da vontade: há os que prosperam e há os que não prosperam, o que também se pode atribuir à influência dos astros. Por exemplo, pela influência dos astros um homem pode fazer uma escolha proveitosa e ingressar para uma ordem religiosa. E quando o seu entendimento é iluminado e ele considera esse passo a dar na vida, e, pela operação divina a sua vontade se inclina no sentido de concretizá-lo, há de dizer-se desse homem que está entre os que alguma coisa lograrão na vida. O mesmo se diria do homem que se inclinasse aos negócios, ou a qualquer atividade proveitosa. Por outro lado, ele estaria entre os que coisa alguma lograram se por ocasião da sua escolha se tivesse inclinado, por determinação das forças superiores, a coisas não lucrativas.

Santo Tomás, no terceiro livro da *Summa contra Gentiles* e em várias outras passagens, fala-nos desses pontos e de muitos outros, ao discutir onde está a diferença entre os bem-nascidos e os desafortunados, entre os de boa sorte e os de má sorte, entre os bem-orientados e os mal-orientados, entre os protegidos e os desprotegidos. Pois, segundo a disposição peculiar dos astros no momento de seu nascimento, aquele homem terá sido bem-nascido ou mal-nascido e, assim, afortunado ou desafortunado; e se ele for iluminado por um anjo e se orientar por aquela iluminação ou deixar de se orientar por ela, há de ser protegido ou desprotegido. E se receber a orientação de Deus para o bem e segui-la, será bem orientado. Mas tais escolhas fogem ao cerne do nosso assunto, que é o da preservação contra as bruxarias; e já falamos muito, por ora, sobre o tema. Prossigamos no estudo dos rituais maléficos, começando pelo modo como as bruxas seduzem inocentes e os arrastam para o seu convívio nas suas perfídias.

CAPÍTULO I

Dos métodos pelos quais os Demônios, por intermédio das bruxas, aliciam inocentes para engrossar as fileiras de suas hostes abomináveis.

São três os métodos principais pelos quais os Demônios, agenciados pelas bruxas, subvertem os inocentes e pelos quais fazem crescer aquela perfídia de modo contínuo. O primeiro é através da fadiga, do cansaço, fazendo-os sofrerem grandes perdas em seus bens temporais. Pois, como diz São Gregório: "O Diabo, por vezes, deseja que lhe cedamos pelo cansaço." E é mister entender que está ao alcance da vontade humana resistir a essa espécie de tentação. E Deus a permite para que nos sirva de aviso, para que não cedamos à preguiça. E é nesse sentido que se deve entender o trecho escriturístico Juízes, II, em que se conta que Deus não destruiu aquelas nações para a provação do povo de Israel; e faz menção também às nações vizinhas dos cananeus, dos jebuseus e de outros povos. Mais recentemente temos o caso dos hussitas e de outros povos hereges que não foram destruídos para que nos servissem de provação. Os Demônios, portanto, por meio das bruxas, assim afligem seus vizinhos inocentes com a perda de bens temporais, para que sejam, por assim dizer, compelidos a suplicarem, primeiro, pelo sufrágio das bruxas e, ao cabo, a se submeterem aos seus conselhos, como nos têm ensinado diversos episódios.

Sabemos do caso de um estrangeiro na diocese de Augsburg que antes de completar 44 anos perdeu todos os seus cavalos, sucessivamente, por causa de bruxaria. Sua esposa, fatigada e aflita com o que lhes sucedeu, decidiu consultar-se com certas bruxas e, depois de seguir os seus conselhos, como sempre perniciosos, viu que todos os cavalos desde então adquiridos (seu marido fazia o transporte de cargas) não mais foram molestados pelas bruxarias.

E quantas mulheres já vieram a nós se queixar, como Inquisidores, de que, quando suas vacas deixam de dar leite por alguma causa ou mal desconhecido, são obrigadas a consultar mulheres suspeitas, possivelmente bruxas, de quem até chegam a ganhar remédios, e quando lhes indagam o que devem lhes prometer em troca, as bruxas respondem que algo sem muita importância: basta executarem as instruções do mestre com relação a certos momentos durante os Ofícios Sagrados da Igreja ou, então, se mostrarem mais reservadas e guardarem-se de certas confissões aos padres.

Convém aqui observar um ponto a que já aludimos: no princípio, essa iniquidade se faz por atitudes esparsas sem maior importância, como, por exemplo, a de, no momento da elevação do Corpo de Cristo, cuspir no chão, fechar os olhos ou balbuciar palavras vãs. Sabemos do caso de uma mulher que ainda está viva, protegida pela lei secular, e que, quando o padre durante a celebração da missa abençoa o povo com o *Dominus uobiscum,* sempre aduz as seguintes palavras em linguagem vulgar: "*Kehr mir die Zung im Arss umb.*" Noutras ocasiões dizem algo semelhante após terem recebido a absolvição, e noutras, ainda, não confessam todos os pecados, sobretudo os mortais. Assim, passo a passo, vão sendo levadas à abnegação total da fé, e à afirmação abominável do sacrilégio.

Esse método, ou algum semelhante, é o que as bruxas utilizam contra as matronas honestas que, embora pouco dadas aos vícios carnais, se acham preocupadas com os vícios mundanos. Por outro lado, contra as jovens, mais chegadas à lascívia e aos prazeres do corpo, seguem método diverso, operando através de seus desejos sexuais e dos prazeres da carne.

Ora, o Diabo é mais ávido por tentar o bom do que o injusto, embora na realidade acabe tentando mais o último, já que a propensão para ser tentado é neste mais encontradiça do que no primeiro. Portanto, o príncipe das trevas tenta de todas as maneiras seduzir as virgens e as meninas mais puras; e há um motivo para isso, além de muitos exemplos.

Pois, como já possui o perverso, mas não o justo, esforça-se de todos os modos para seduzir a estes, os que ainda não possui. De forma análoga, todo príncipe terreno ergue armas contra os que não assentem suas ordens, nunca contra os que não se lhe opõem.

Eis aqui um exemplo. Duas bruxas, de quem falaremos depois, ao tratarmos de seus métodos para desencadearem tempestades, foram queimadas em Ratisbon. Uma delas confessou, entre outras coisas, o seguinte: padecera de muitos males de origem demoníaca em decorrência de um estranho episódio. Existia uma certa virgem devota a quem, por ordem do Diabo, deveria seduzir. Essa virgem era filha de um homem muito rico, embora seja desnecessário mencionar o seu nome, porque hoje está morta, à disposição da misericórdia divina, e também não gostaríamos que os seus pensamentos fossem pervertidos pelo mal; e a feiticeira, assim, foi instruída para convidá-la à sua casa num dia de festa, para que o próprio Demônio, na forma de um jovem, pudesse falar diretamente com ela. Embora tivesse tentado fazer-lhe o convite diversas vezes, sempre que a ela se dirigia a moça se protegia com o sinal da cruz. E não há dúvida de que assim procedia por inspiração de um santo anjo, para repelir as intenções do Diabo.

Outra virgem, que vivia na diocese de Estrasburgo, confessou a um de nós que num certo domingo, quando se achava sozinha na casa do pai, foi procurada por uma bruxa: "Em meio à sua conversa obscena, a bruxa me propôs que se eu quisesse ela poderia me levar a um lugar onde se encontravam alguns jovens desconhecidos de todos na cidade. Acabei consentindo e a acompanhei até sua casa. Lá chegando a velha mulher me disse:

"– Olhe, vamos lá para o quarto de cima onde eles estão, mas preste atenção para não fazeres o sinal da cruz ao entrar.

"Prometi-lhe que não o faria. Mas, enquanto ela me conduzia pela escada até o quarto, eu o fiz, secretamente. Ao chegarmos no alto da escada, a velha voltou-se para mim e com a fisionomia transfigurada de ódio, olhando-me bem nos olhos, vociferou:

"– Maldita! Por que fizeste o sinal da cruz? Vai-te daqui! Vai embora em nome do Diabo!

"E foi assim que consegui voltar para casa sã e salva."

Pode-se ver por esses relatos com que astúcia o maligno trabalha pela sedução das almas. Pois foi dessa maneira que a bruxa mencionada no primeiro caso confessou como fora seduzida por uma outra velha bruxa. Método diferente foi, no entanto, empregado no caso de uma companheira sua. Essa outra encontrou o Diabo em forma humana na estrada quando se dirigia à casa do amante para com ele fornicar. E quando o íncubo a viu e perguntou-lhe se o reconhecia, respondeu-lhe que não. Ao que o Demônio retorquiu:

– Eu sou o Diabo; se quiseres, estarei sempre pronto para satisfazer os teus desejos e nunca te deixarei passar por qualquer necessidade.

A moça assentiu à vontade do Demônio e com ele continuou praticando todas as obscenidades diabólicas durante 18 anos, até o fim da vida. Durante esse período, foi obrigada à mais absoluta negação da fé como condição necessária.

Mas a tentação também se faz por uma terceira forma: por meio da tristeza e da pobreza. Depois de as moças serem corrompidas e abandonadas pelos amantes – tendo com eles ousadamente copulado depois de acreditarem nas promessas de casamento –, e vendo-se na mais completa desesperança, desprezadas por todos, voltam-se para os Demônios, em busca de auxílio e proteção. Veem-se, então, forçadas ora a enfeitiçar os amantes ou as mulheres com quem se casaram, ora a se entregar a toda sorte de libidinagem. Ai de nós! A experiência mostra-nos que são incontáveis os casos dessa espécie, e, portanto, incontáveis também as bruxas que provêm dessa classe. Consideremos alguns dentre os muitos exemplos existentes.

Há um lugarejo na diocese de Brixen onde um jovem deu o seguinte depoimento a respeito do feitiço que se abateu sobre sua mulher.

"Quando eu ainda era bem jovem, tive um caso de amor com uma certa moça. Vivia insistindo para que me casasse com ela. Mas recusei e acabei me casando com uma jovem de outro país. No entanto, em consideração à amizade que restou entre nós, convidei-a para a cerimônia de nosso casamento. Ela assegurou-me que viria. Contudo, durante a cerimônia, enquanto as outras mulheres honestas nos desejavam felicidades e nos davam presentes, ela ergueu a mão em direção à minha noiva e, ali mesmo, diante de todos os convidados, avisou:

"– De hoje em diante terás poucos dias ainda com saúde.

"Minha noiva ficou muito assustada, pois não a conhecia (como disse, era de outro país). Perguntou aos circunstantes quem era a mulher que a ameaçara. Informaram-lhe tratar-se de uma vadia, de uma mulher promíscua. Pois bem, aconteceu exatamente o que a mulher vaticinara. Alguns dias depois, minha esposa viu-se inutilizada nos quatro membros e mesmo hoje, dez anos depois, os efeitos da bruxaria ainda são vistos em seu corpo."

Se fôssemos reunir todos os casos semelhantes daquela diocese, teríamos material para um livro inteiro. Tais casos foram transcritos e se acham preservados na casa do bispo de Brixen, que ainda vive para atestar-lhes a verdade, por serem inéditos e estarrecedores.

Não podemos, contudo, passar por cima de tantos episódios em silêncio. Um certo conde bem-nascido, do distrito de Westerich, da diocese de Estrasburgo, casou-se com uma nobre moça, de família igualmente rica; mas, logo depois de celebrado o matrimônio, viu-se o conde impossibilitado de conhecê-la carnalmente, e nessa condição ficou durante três anos. Provou-se depois tratar-se de um malefício que sobre ele recaíra. Muito ansioso, sem saber o que fazer, apelou esse homem em voz alta aos santos do Senhor. Aconteceu, então, de ir a negócios ao estado de Metz; numa das cidades de Metz, enquanto passeava pelas ruas e praças, acompanhado da criadagem, por acaso deu com uma mulher que, em tempos já remotos, fora sua amante. Ao vê-la, absolutamente esquecido do mal que lhe vinha acontecendo, cumprimentou-a com delicadeza, em consideração à velha amizade. Perguntou-lhe como passava. Ao vê-lo tão cordial, a mulher indagou-lhe muito particularmente como ele ia de saúde e de negócios. Ao que o conde não hesitou: tudo prosperava, tudo ia muito bem. A mulher, atônita, permaneceu calada por alguns instantes. O conde, ao perceber sua perplexidade, resolveu manter a cordialidade e a conversa. A mulher tornou a insistir:

– E como tem passado sua esposa?

– Melhor impossível – assegurou-lhe o conde.

– Vocês têm filhos?

– Temos. A cada ano de casados tivemos um. Mas por que, minha cara, me fazes todas essas perguntas? Estou certo de que te congratulas com a minha felicidade.

– Decerto que me congratulo – confirmou a mulher –, mas maldita seja aquela velha que me disse que não serias capaz de ter relações com a tua mulher! Coloquei um pote com certos objetos enfeitiçados naquele poço bem no meio do teu quintal. Lá o coloquei para que, enquanto lá permanecesse, não te fosse possível manter relações com ela. Mas vê só! Foi tudo em vão, e fico muito feliz com isso...

Ao voltar para casa, o conde ordenou sem demora que drenassem o poço e, encontrando o pote, queimou-o, junto com o que havia dentro dele. E assim recuperou imediatamente a virilidade perdida. Depois disso, tornou a convidar toda a nobreza para nova celebração do casamento, já que a condessa era agora de fato a senhora daquele castelo e daquele estado, depois de ter permanecido virgem por tanto tempo. Em consideração à reputação do conde, não convém mencionar o nome do castelo nem o do estado; no entanto, contamos a história para que a verdade sobre tal assunto seja conhecida e para que se submeta tão hediondo crime à execração pública.

Vemos, assim, que as bruxas lançam mão de vários expedientes para aumentar as suas hostes. Pois a mulher mencionada nos parágrafos anteriores, ao ver seu lugar ocupado pela esposa do conde, lançou-lhe um malefício com a ajuda de outra feiticeira; e é dessa forma que a bruxaria arrasta consigo tantas outras pessoas.

CAPÍTULO II

De como se faz um pacto normal com o Diabo.

A maneira de as bruxas proferirem o seu sacrilégio através de pacto explícito de fidelidade aos Demônios – varia segundo os diversos ritos de bruxaria. Para entendermos isso é preciso lembrar que, conforme mostramos na Parte I deste tratado, existem três tipos de feiticeiras: as que injuriam mas não curam; as que curam mas, por meio de algum estranho pacto com o Diabo, não injuriam; e as que injuriam e curam. Entre as primeiras, há uma classe particularmente proeminente: a das que são capazes de fazer toda sorte de bruxaria e de encantamento, abrangendo tudo o que todas as demais só são capazes de fazer individualmente. Pelo que, se descrevermos o método de afirmação sacrílega em seu caso, estaremos esclarecendo já suficientemente o método usado por todas as outras. E essa classe compõe-se daquelas que, agindo contra o instinto da natureza e animal, têm por hábito matar e devorar crianças de sua própria espécie.

É a classe de bruxas mais poderosa e que, ademais, se dedica à prática de muitos outros malefícios. Pois desencadeiam tempestades danosas com raios e trovões; causam a esterilidade de homens e de animais; fazem oferenda de crianças aos Demônios, as quais acabam matando e devorando. Mas só as que não renasceram pelo batismo na pia batismal:

as batizadas são incapazes de devorar crianças sem a permissão de Deus. São capazes, também, fora da vista de outras pessoas, de jogar as crianças que brincam, pelas ribanceiras, dentro d'água (mesmo à vista dos pais); de fazer cavalos enlouquecerem sob as rédeas dos próprios cavaleiros; de se transportar de um lugar a outro, em corpo físico ou na imaginação; de interferir na ação de juízes e de magistrados, impedindo-os de puni-las; de manter-se, a si próprias e a outros, em silêncio, sob tortura; de causar grande pavor nos que as capturam, os quais se veem acometidos de violentos tremores nas mãos; de revelar a outros, coisas ocultas, e de predizer eventos futuros, através do que lhes é comunicado pelos Demônios, embora tal fenômeno possa, de vez em quando, ter causa natural (ver a questão: "Se os Demônios são Capazes de Predizer o Futuro", no *Segundo livro das sentenças*); são capazes também de ver o que está ausente; de virar a cabeça dos homens para o amor ou para o ódio desmedidos; de, por vezes, atingir a quem lhes aprouver com raios; e de, até mesmo, fulminar com raios homens e animais; de deixar sem efeito os desejos procriadores, e até mesmo a força carnal da cópula, e de causar o aborto e a morte do feto no útero materno a um simples toque no ventre; de, por vezes, enfeitiçar homens e mulheres por mero olhar, sem os tocar, e de causar-lhes, dessa forma, a morte; de dedicar os próprios filhos aos Demônios e, em suma, como já foi dito, de causar todos os flagelos que as demais bruxas só conseguem provocar em certa medida, desde que a justiça divina assim o permita. Todas essas coisas tal classe de feiticeiras, de todas as classes, a mais poderosa – é capaz de fazer, mas não de desfazer.

Ora, uma prática comum a todas as bruxas é a cópula carnal com os Demônios; portanto, se mostrarmos o método usado por essa classe principal na sua afirmação sacrílega, qualquer um há de entender facilmente o método empregado pelas demais classes.

Há trinta anos existiam bruxas dessa espécie na comarca de Savoy, próxima do estado de Berna, segundo nos conta Nider em seu *Formicarius*. Hoje existem algumas na Lombardia, nos domínios do duque da Áustria – onde o Inquisidor de Como, conforme dissemos na Parte I, levou à fogueira 41 bruxas em um ano; conta ele hoje 55 anos de idade e ainda trabalha na Inquisição.

Pois bem: dúplice é o método de juramento sacrílego. Numa de suas modalidades, é feito em cerimônia solene. Na outra, é privada, e o juramento é feito ao Diabo em qualquer hora e em sigilo. A cerimônia solene é realizada em conclave, com data marcada. Nela, o Diabo aparece às bruxas em forma de homem, reclamando-lhes a fidelidade que será firmada em voto solene. Em troca, promete-lhes a prosperidade mundana e longevidade. Depois, as feiticeiras recomendam-lhe uma iniciante – uma noviça –, para seu acolhimento e aprovação, a quem o Diabo então pergunta:

– Juras repudiar a fé e renunciar à santa religião cristã e à adoração da mulher anômala? – porque assim chamam a Santíssima Virgem Maria.
– Juras nunca mais venerar os Sacramentos?

Se então parece-lhe que a nova discípula está disposta a assentir com o que lhe é pedido, estende-lhe a mão, ao que ela responde fazendo o mesmo e, de braço estendido, firma o juramento e sela o próprio destino. Feito isso, o Diabo prossegue:

– Ainda não basta.

– E o que mais há para ser feito? – indaga a discípula.

– É preciso que te entregues a mim de corpo e alma, para todo o sempre, e que te esforces ao extremo para trazer-me outros discípulos, homens e mulheres. – E assim prossegue na preleção, explicando-lhe como fazer a pomada especial dos ossos e dos membros de crianças, sobretudo de crianças batizadas; e por tudo isso, e com a sua ajuda, ela se verá atendida em todos os seus desejos.

Nós Inquisidores sabemos de um caso verossímil dessa cerimônia na cidade de Breisach, da diocese da Basileia. A história nos foi contada por uma jovem bruxa que acabou por converter-se, e cuja tia fora queimada na diocese de Estrasburgo. Confessou-nos que se tornara bruxa atraída pela tia.

Certo dia sua tia ordenou-lhe que subisse com ela ao andar de cima da casa e que entrasse no quarto onde se encontravam 15 jovens, todos vestidos de verde, como se fossem cavaleiros alemães. Disse-lhe então a tia:

– Escolhe um dentre estes jovens. Eu o darei a ti e ele te tomará como esposa.

Ao responder que não desejava nenhum deles, foi severamente espancada e teve de consentir. Foi assim iniciada na bruxaria segundo a cerimônia antes descrita. Contou-nos ainda que costumava ser transportada à noite junto com a tia por longas distâncias, até mesmo de Estrasburgo a Colônia.

Essa moça é a que nos levou a indagar, na Parte I, se as bruxas são de fato transportadas, corporeamente, pelos Demônios, de um lugar para outro. E isso em virtude das palavras do Cânon (6, q. 5, *Episcopi*), que parecem dizer que só o são na imaginação; no entanto, são às vezes realmente transportadas em corpo físico.

Pois quando indagada se voavam só na imaginação, só na fantasia, por alguma ilusão diabólica, respondeu-nos ela que o faziam de ambas as maneiras: essa é a verdade que havemos de elucidar depois, quando tratarmos do modo pelo qual são transportadas de um lugar a outro. Contou-nos ainda que os piores males eram infligidos pelas bruxas parteiras, porque eram obrigadas a matar ou a oferecer aos Demônios o maior número possível de recém-nascidos; e que certa vez fora espancada pela tia porque abrira um pote secreto onde estavam guardadas as cabeças de muitas crianças. E muito mais nos contou, tendo primeiro, como de praxe, feito o juramento de só dizer a verdade.

Seu relato de como as bruxas professam a sua fé no Diabo está indubitavelmente de acordo com o que foi dito pelo eminentíssimo doutor João Nider, cuja obra, mesmo em nossos tempos, é por demais esclarecedora. É digna de menção a história que esse autor ouviu do Inquisidor de Edua, responsável por numerosos processos inquisitoriais naquela diocese e que muitas bruxas levou à fogueira.

Contou-lhe aquele Inquisidor que no ducado de Lausanne algumas feiticeiras cozinhavam e comiam os próprios filhos pequenos, seguindo um rito, descrito a seguir, para a iniciação de novas discípulas. Depois de reunidas, convocavam, mediante palavras mágicas, o Demônio em forma de homem, a quem a noviça era obrigada, sob juramento, a negar a religião cristã, a renegar a Eucaristia e a prometer pisotear na cruz sempre que pudesse fazê-lo sem ser vista.

Damos aqui outro exemplo dessa mesma fonte. Fez-se há pouco tempo um relatório geral que chegou ao conhecimento de Pedro, o juiz de Boltingen. Nele afirmava-se que 13 recém-nascidos haviam sido devorados no estado de Berna. A justiça pública exigiu a punição dos assassinos. Quando Pedro indagou a uma das bruxas capturadas de que modo haviam devorado as crianças, ela respondeu:

– Armamos nossas armadilhas principalmente contra as crianças não batizadas, embora também contra as que já foram batizadas, especialmente quando não se acham sob a proteção do sinal da cruz e das orações.

(Repare o leitor que elas capturam principalmente as não batizadas, por mando do Diabo, para que se vejam privadas desse Sacramento.) A bruxa prosseguiu:

– São mortas por meio de nossos malefícios e de nossas palavras mágicas nos próprios berços ou quando estão dormindo junto aos pais. De sorte a parecer que morreram asfixiadas pelo próprio peso ou por alguma outra causa natural. Depois as desenterramos sigilosamente e as cozinhamos num caldeirão, até que toda a carne se desprenda dos ossos e se transforme num caldo, fácil de ser bebido. Da matéria mais sólida fazemos uma pomada, que nos é de grande valia em nossos ritos, em nossos prazeres e em nossos deslocamentos; com o líquido, enchemos um cantil ou odre. Quem dele bebe, durante certos ritos, adquire imediatamente profundo conhecimento de nossa seita e se transforma em uma de nossas líderes.

Eis aqui outro exemplo claríssimo. Um jovem e a esposa, ambos feiticeiros, foram aprisionados em Berna; ele, trancado numa torre e separado da mulher, declarou:

– Se pudesse obter o perdão dos meus pecados, contaria tudo o que sei a respeito de bruxaria; pois acho que devo morrer.

E quando os doutos que lá se encontravam disseram-lhe que poderia obter o completo perdão se se arrependesse verdadeiramente, o jovem, com grande alegria, resignou-se à morte e revelou o método pelo qual fora, a princípio, contaminado por aquela heresia.

– Fui assim seduzido. Primeiro, era necessário que num domingo antes da consagração da água benta o noviço entrasse na igreja com seus mestres. Lá então, na presença destes, tinha de negar Cristo, a fé, o batismo e toda a Igreja. Depois era obrigado a prestar homenagem ao Pequeno Mestre, pois era assim que se referiam ao Diabo.

Ora, o método condiz com os que já foram descritos por outras pessoas. Ademais, é irrelevante se o Diabo está ou não presente quando se lhe presta homenagem. Pois, astuto que é, não vai se mostrar ao noviço percebendo-lhe o temperamento: sua presença poderia assustá-lo e fazê-lo desdizer-se em seus votos; é sempre mais facilmente persuadido pelos que lhe são conhecidos. Portanto, na ausência do Diabo, chamam-no de Pequeno Mestre, para que, através de uma aparente depreciação de sua força, o noviço tenha menos receio.

E o bruxo prosseguiu:

– Bebem então do odre, já mencionado, e quem o faz imediatamente adquire o conhecimento de todas as nossas artes e um entendimento de todos os nossos ritos e de nossas cerimônias. E assim é que fui seduzido. Creio porém que minha esposa é tão obstinada que há de preferir ir direto para a fogueira do que confessar a menor parcela da verdade; mas, ai de mim!, nós dois somos culpados.

E, conforme disse o moço, assim aconteceu de fato. O jovem se confessou e foi visto morrer no mais pungente estado de contrição; a mulher, porém, embora declarada culpada por testemunhas, nada confessou da verdade, nem sob tortura, nem à própria morte; quando porém a fogueira foi preparada pelo carcereiro, insultou-o com as mais tenebrosas palavras e acabou por morrer queimada, vociferando palavrões e impropérios. Mediante tais relatos, portanto, revelamos como é feita a iniciação dos principiantes em conclave solene.

A outra forma de iniciação, a secreta, é realizada de várias maneiras. Às vezes, quando homens e mulheres são atingidos por alguma aflição corpórea ou temporal, o Diabo lhes aparece, por vezes, em pessoa, noutras lhes fala pela boca de outro indivíduo; e promete-lhes, se assentirem com seus conselhos, que por eles fará tudo o que estiver ao seu alcance. Mas nesse caso começa pedindo-lhes pequenos favores e prossegue, gradualmente, para exigências cada vez maiores. Poderíamos mencionar muitos exemplos que chegaram a nosso conhecimento na Inquisição, mas, como o assunto não apresenta dificuldades, pode ser resumidamente incluído com o tema precedente.

De alguns pormenores a respeito de seu juramento de fidelidade.

Ora, existem certos pontos a serem observados a respeito da fidelidade exigida pelo Diabo: por que motivo e de que maneira diversa há de ser conduzida? É óbvio que o principal motivo está em causar maior ofensa à Majestade Divina ao usurpar-lhe uma criatura que a Ela era devotada, garantindo destarte, mais certamente, a futura danação do discípulo, sua meta primordial. No entanto, muitas vezes descobrimos que o juramento só tem validade por um período determinado de anos, período fixado no momento da declaração da perfídia; e, às vezes, o Diabo só exige essa declaração, adiando a homenagem para algum outro dia.

Cumpre esclarecer: afirmação sacrílega consiste na negação, total ou parcial, da fé: é total quando a fé é completamente repudiada; é parcial quando o pacto original só obriga a bruxa a contrariar, em certas cerimônias, o que determina a Igreja: jejuar aos domingos, comer carne às sextas-feiras, ocultar certos crimes durante a confissão e outras coisas profanas. Entretanto, no culto de homenagem ao Diabo há necessidade de entregar-lhe o corpo e a alma.

E são quatro as razões por que o Diabo faz tal exigência. Mostramos, na Parte I de nosso tratado, ao examinarmos se os Demônios seriam ou não capazes de induzir o intelecto de um homem para o amor ou para o ódio, que não são eles capazes de penetrar no íntimo de seus corações: estes só a Deus pertencem. Mas o Diabo pode vir a saber o que pensa um homem por conjeturas, conforme mostraremos mais adiante. Portanto, se o ardiloso inimigo percebe que a principiante vai oferecer resistência à persuasão, dela se aproxima sorrateiramente, fazendo-lhe tão somente pequenas exigências, para só mais tarde impor-lhe as maiores.

Em segundo lugar, é preciso lembrar que há uma certa diversidade entre os que negam a fé, já que alguns a negam com os lábios e com o coração, enquanto outros a negam das duas maneiras: com os lábios e com o coração. Logo, o Diabo, desejoso de saber se a afirmação de fidelidade é sincera, concede-lhes um determinado prazo, ver se de fato, pelas ações e pelos pensamentos, as iniciadas lhe são fiéis.

Em terceiro lugar, se depois de transcorrido aquele lapso de tempo, ele vê que a principiante não se mostra tão disposta a fazer o que lhe foi pedido, e a ele está ligada só pela palavra, mas não pelo coração, presume que a Misericórdia Divina deu-lhe a guarda de um anjo bom, cujo poder, pelo que lhe é dado saber, é bem maior. O Diabo então a desdenha e tenta expô-la a aflições temporais, para que possa, de alguma forma, lucrar com o seu desespero.

Clara é a verdade dessas declarações. Por que algumas bruxas não confessam a verdade mesmo sob as maiores torturas, enquanto outras prontamente confessam seus crimes tão logo são interrogadas? (Algumas, após terem confessado, chegam a tentar enforcar-se.) A razão é a seguinte. Pode-se dizer, verdadeiramente, que quando não é por algum impulso divino – conduzido por um santo anjo – que a bruxa confessa a verdade e abandona o período de silêncio, há de ser, então, por causa do Diabo que ela ou vai se manter em silêncio ou vai confessar seus crimes. Ficarão em silêncio quando ele sabe que negaram a fé com seus lábios e com seu coração, e que também lhe prestaram sua homenagem; pois ele tem certeza de sua fidelidade. No último caso, ele retira a sua proteção, já que sabe que elas não lhe trarão mais nenhum lucro.

Pelo que temos ouvido nas confissões das que levamos à fogueira, sabemos não serem elas agentes voluntários da bruxaria. E dizem-nos isso não na esperança de escaparem da danação, porque a verdade é testemunhada pelos murros e açoites desferidos pelos Demônios, quando não se mostram dispostas a obedecerem às suas ordens. Não raro, temos visto os seus rostos inchados e lívidos. De modo semelhante, depois de terem confessado os seus crimes sob tortura, sempre tentam se enforcar; e isso sabemos pelo fato de que, depois da confissão de seus crimes, os guardas ficam incumbidos de vigiá-las o tempo todo, mas, mesmo assim, por alguma negligência por parte deles, acabam se enforcando com o cadarço dos sapatos ou com as próprias roupas. E é o Diabo que as leva a agir assim, para que não possam obter o perdão, pela contrição ou pela confissão sacramental; e aquelas cujo coração ele não consegue seduzir, por graça do Senhor Deus, tenta levar ao desespero, através de perdas materiais e de morte dolorosa. No entanto, através da graça do Senhor, como convém piamente acreditar, elas podem obter o perdão pela contrição verdadeira e pela confissão sincera, quando não foram participantes voluntárias dessas práticas hediondas e obscenas.

Isso é exemplificado por certos acontecimentos que ocorreram há cerca de três anos, nas dioceses de Estrasburgo e de Constância, e nas cidades de Hagenau e de Ratisbon. Na cidade de Hagenau, uma bruxa se enforcou com a própria roupa de tecido bem fino. Uma outra, chamada Walpurgis, era notável por sua capacidade de permanecer em silêncio e ensinava as outras mulheres de que modo obter aquela resistência: bastava para tal cozinhar o próprio primogênito num forno. Temos à mão muitos desses exemplos, dos quais alguns serão relatados.

Há uma quarta razão por que o Diabo exige homenagem em graus variáveis. Em alguns casos, o período de homenagem é relativamente exíguo porque, sendo ele mais habilidoso que os astrônomos, conhece a duração da vida humana e, assim, fixa o prazo que sabe que será precedido pela morte da pessoa, ou então lhe antecipa a morte natural com algum acidente.

Tudo isso pode ser demonstrado, em suma, pelas ações e pelo comportamento das bruxas. Havemos, primeiro, de deduzir a astúcia do Demônio por tais ações e comportamento. Segundo Santo Agostinho no *De Natura Daemonis*, são sete as razões por que os Demônios conseguem prever eventos futuros prováveis, embora não os saibam afirmar com certeza.

A primeira é que possuem uma certa sutileza natural em seu entendimento, pelo que chegam ao conhecimento de tais eventos sem necessidade do processo de raciocínio que nos é peculiar.

Em segundo lugar, pela sua longa experiência e pela revelação dos espíritos supernos, sabem mais do que nós. Pois nos diz São Isidoro: "Segundo os doutores da Igreja, muitas vezes os Demônios obtêm a sua extraordinária astúcia de três fontes: de seu sutil entendimento natural, de sua longa experiência e da revelação dos espíritos celestiais."

A terceira razão está na sua rapidez de movimento, pela qual são capazes de, com miraculosa velocidade, antecipar e prever no Ocidente o que está acontecendo no Oriente.

Em quarto lugar, temos que, à medida que são capazes de, com a permissão de Deus, causar doenças e flagelos, são também capazes de predizê-los.

Em quinto lugar, são capazes de, com maior sagacidade, ler os sinais da morte do que um médico quando examina a urina ou toma o pulso. Pois assim como o médico vê sinais num doente que um leigo em medicina não percebe, de forma análoga os Demônios veem aquilo que os homens naturalmente não enxergam.

Em sexto lugar, são capazes de prever mais astutamente que o mais sábio dos homens o que se passa e o que se passará no pensamento de um homem, pelos sinais que do intelecto humano procedem. Pois sabem quais os impulsos e, logo, quais as ações que daí decorrerão.

Em sétimo lugar, entendem melhor do que os homens os atos e os escritos dos profetas e, como destes muito depende o futuro, são capazes de muito mais predizer o que irá ocorrer. Não admira, portanto, que sejam capazes de saber qual há de ser a duração da vida de um homem. Embora seja diverso no caso da duração acidental quando uma bruxa é queimada. Nesse caso, o Diabo acaba por causá-la, ao descobrir que a bruxa é relutante e receia pela sua conversão; ao passo que protege até mesmo pela morte natural as outras que ele sabe serem seus agentes voluntários.

Vamos dar alguns exemplos de ambos os casos que chegaram até nosso conhecimento.

Havia na diocese da Basileia, numa cidade chamada Oberweiler, às margens do Reno, um honesto pároco que, credulamente, defendia a opinião – ou talvez o erro – de que não existiam bruxas neste mundo, que estas só existiam na imaginação dos homens que atribuíam certos fenômenos à bruxaria. Mas Deus desejou expurgá-lo de seu erro fazendo-o saber, inclusive, que os Demônios têm por hábito estipular um certo prazo para a vida das bruxas nesta Terra. Certo dia, estando muito atrasado para um compromisso, saiu de casa às pressas. Tal era a sua pressa que, ao cruzar a ponte, esbarrou numa velha que por ali passava, derrubando-a nas águas lodosas do rio. Indignada, a velha despejou-lhe uma torrente de insultos e finalizou:

– Padre! Não cruzarás a ponte com impunidade!

Embora pouca importância tenha dado àquelas palavras, na mesma noite, ao precisar levantar-se da cama, viu-se enfeitiçado da cintura para baixo e, desde então, passou a necessitar do apoio de outro homem sempre que desejava ir à Igreja; e nesse estado permaneceu durante três anos, sob os cuidados de sua própria mãe. Transcorrido esse tempo, aconteceu de a velha que jogara no rio e de quem já suspeitava que o tivesse enfeitiçado ficar muito doente. Não tardou que viessem pedir-lhe para que a ouvisse em confissão. Embora na sua primeira reação tenha vociferado para que ela fosse confessar com o Diabo, seu mestre, a mãe dele interveio e, a seu pedido, consentiu em ir visitá-la, ajudado por dois criados. Lá chegando, sentou-se à cabeceira da cama onde se encontrava deitada a velha e ouviu-a em confissão. Os dois criados a tudo escutaram do lado de fora da janela, curiosos que estavam em saber se ela iria lhe contar a verdade. E não obstante a princípio não tivesse feito menção de ter sido ela a causadora do mal, depois de terminada a confissão disse:

– Padre, o senhor sabe quem o enfeitiçou?

– Não – respondeu-lhe o padre delicadamente, ao que ela retorquiu:

– Ora, padre, o senhor suspeita de mim, com razão. Pois saiba que lhe causei esse malefício pelo seguinte motivo – e então relembrou-lhe o episódio da ponte. Depois que o pároco pediu-lhe para ser liberado, ela ainda disse:

– Olhe! O tempo estipulado acabou e eu devo morrer; morrerei dentro de alguns dias e depois de minha morte o senhor estará curado.

E assim aconteceu. A velha morreu no prazo estabelecido pelo Demônio e certa noite, 30 dias depois, o padre viu-se completamente curado. O nome do padre é Hässlin, e ele ainda vive na diocese de Estrasburgo.

Caso semelhante deu-se na diocese da Basileia, num vilarejo chamado Buchel, próximo à cidade de Gewyll. Lá existiu uma certa mulher que durante seis anos copulou com um íncubo, mesmo quando deitada ao lado do marido. Com o Demônio copulava três vezes por semana: aos domingos, às terças e às quintas. E também em certas noites mais sagradas. Mas o juramento que ela fizera ao Demônio fora o de a ele se entregar de corpo e alma para sempre, depois de um período inicial de sete anos. No entanto, Deus foi misericordioso: a mulher foi capturada no sexto ano e condenada à fogueira. E como tivesse de fato e verdadeiramente confessado o seu crime, acredita-se que tenha conseguido o perdão de Deus. Pois foi para a morte com maior alegria no coração, dizendo-se feliz em sofrer mesmo a punição mais terrível, pois que através dela havia de se livrar e de escapar do poder do Diabo.

CAPÍTULO III

De que modo são as bruxas transportadas de um lugar a outro.

Vamos agora considerar as cerimônias e de que modo realizam as operações maléficas, primeiro, com relação a si próprias, depois, com relação às outras pessoas. Entre as principais operações, duas são de maior vulto: o seu transporte de um lugar a outro e a relação carnal que mantêm com íncubos, de que trataremos separadamente, começando pelo seu traslado corpóreo. Cabe aqui, no entanto, apontar que a sua veiculação pelo ar oferece uma dificuldade, que já mencionamos e que advém de uma só autoridade ao declarar: "Não se pode admitir como verdadeiro que certas mulheres perversas – pervertidas por Satanás e seduzidas pelas ilusões e pelos fantasmas diabólicos – cavalguem pelos ares de fato, em certas bestas, ao lado de Diana (ou de Heródias), a deusa pagã, no silêncio da noite. E que, ao lado de uma multidão de mulheres, transvoem imensas distâncias, obedecendo-lhe como sua mestra" etc. Pelo que os discípulos do Senhor hão de pregar ao povo que isso é absolutamente falso e que tais fantasmas não são enviados por Deus e sim por algum espírito do mal, para confundir a mente dos fiéis. Pois que o próprio Satanás toma a forma de diversos seres criaturais e, em sonhos, aprisiona o intelecto dos homens e os conduz por caminhos sinuosos etc.

Há ainda os que, tomando o exemplo de São Germano e de outros homens que vigiam as suas filhas para ver se isso é verdade, por vezes pregam que isso é algo totalmente impossível; e que é injudicioso atribuir tais levitações às bruxas e às suas operações, tanto como é imprudente atribuir-lhes os males que se abatem sobre os homens e sobre os frutos da terra; pois assim como são vítimas da fantasia, nos seus voos noturnos, dela são também vítimas ao se acreditarem capazes de causar danos às criaturas vivas.

No entanto, essa opinião foi refutada como herética na Questão I; porque exclui a permissão divina para com os poderes do Diabo, e que abrangem fenômenos bem maiores do que esse; e porque é contrária ao significado das Sagradas Escrituras e tem causado um mal intolerável à Santa Igreja: há muitos anos, graças a essa doutrina pestífera, as bruxas têm ficado sem punição: as cortes seculares perderam o poder para puni-las. Portanto, o leitor diligente há de considerar o que foi estabelecido para eliminar tal ponto de vista e vai, por ora, atentar para o modo pelo qual as bruxas são transportadas, de que modo isso é possível, para o que aditaremos alguns exemplos.

Demonstra-se várias maneiras que elas são capazes de transvoar corporeamente; em primeiro lugar, através da operação de mágicos. Pois se não pudessem ser transportadas, ou não serviam porque Deus não permite, ou porque o Diabo é incapaz de fazê-lo, por tal ato ser contrário à sua natureza. Não há de ser pelo primeiro motivo, porquanto fenômenos maiores e menores podem ser realizados com a permissão de Deus; e fenômenos bem mais vultosos são feitos em crianças e em homens, mesmo em homens justos confirmados na graça.

Quando se indaga se a substituição de crianças pode ser feita por obra do Diabo, e se um homem pode ser transportado de um lugar a outro, contra a vontade, cabe responder que sim, quanto à primeira pergunta. Pois William de Paris nos conta na última parte do seu *De Uniuerso*: "A substituição de crianças é, com a permissão de Deus, possível: o Diabo é capaz de causar uma mudança na criança ou mesmo uma metamorfose. Tais crianças são sempre miseráveis e chorosas. Embora quatro ou cinco amas talvez conseguissem amamentá-las, nunca engordam, apesar de serem mais pesadas que as crianças comuns. Isso, no entanto, nunca há de ser afirmado ou negado às mulheres, por nelas poder incutir muito medo. Devem ser instruídas a consultar a opinião de homens instruídos. Pois que Deus assim permite por causa dos pecados dos pais, pelo que, por vezes, os homens insultam as suas mulheres, dizendo. 'Talvez carregues na barriga um Demônio!', ou frases semelhantes. Da mesma forma, algumas mulheres impacientes proferem sentenças dessa espécie. E muitos outros exemplos têm sido relatados por outros homens, alguns por homens devotos."

Pois Vincent de Beauvais (*Spec. Hist.*, XXVI, 43) relata a história contada por São Pedro Damião a respeito do filho de um nobre que pela primeira vez morava num mosteiro; o menino, de 5 anos, certa noite foi transportado do mosteiro a um moinho fechado, onde foi encontrado pela manhã. Ao ser interrogado como aquilo acontecera, disse que fora levado por alguns homens a uma grande festa onde lhe ofereceram comida; depois disso, foi pelo teto colocado dentro do moinho.

E o que dizer daqueles magos, em geral chamados necromantes, que são muitas vezes transportados no ar pelos Demônios por longas distâncias? Às vezes persuadem outros a acompanhá-los num cavalo, que não é de fato um cavalo, mas um Demônio naquela forma, e como eles mesmos contam, recomendam a seus companheiros para não fazerem o sinal da cruz.

Um de nós conheceu muito bem alguns desses homens. Havia um, antes um erudito professor, hoje pároco na diocese de Freising, que costumava contar que, certa vez, fora transportado corporalmente através do ar por um Demônio e levado às regiões mais distantes.

Há um outro padre em Oberdorf, cidade próxima a Landshut, amigo de um de nós, que contou ter visto com seus próprios olhos o voo de um homem: com os braços estendidos, foi levado a grande altura, aos gritos, mas sem chorar. E a causa, pelo seu relato, foi a seguinte: alguns amigos, entre eles o tal homem, haviam se reunido para beber cerveja. Concordaram que aquele que a fosse buscar nada pagaria. De imediato apresentou-se o primeiro disposto a trazer a cerveja. Ao abrir a porta, porém, deparou-se com espessa nuvem diante da soleira e, retornando aterrorizado, foi logo dizendo aos amigos por que desistira de trazer a bebida. Então apresentou-se um segundo, falando com raiva:

– Mesmo que o Diabo lá esteja, eu hei de buscar a bebida!

E, ao sair, foi arrastado para o alto nos ares à vista de todos os companheiros.

É preciso confessar que tais coisas não só acontecem aos que estão despertos mas também aos que estão dormindo; ou seja, podem ser transladados corporeamente pelo ar durante sono profundo.

Não há dúvida de que isso se dá com certos homens que durante o sono caminham pelos tetos das casas e pelos prédios mais altos, sem que ninguém possa barrar-lhes o caminho. E quando chamados pelos circunstantes, caem de imediato ao chão, com estrondo.

Muitos pensam, não sem razão, que isso é obra do Diabo. Pois os Demônios são de muitos tipos diferentes e alguns, que caíram do coro inferior dos anjos, são torturados por pecados menores e por castigos mais leves, a par da danação que hão de sofrer eternamente. E estes não são capazes de machucar ninguém, pelo menos não gravemente, só o que conseguem fazer são brincadeiras malévolas. Outros, os íncubos e os súcubos, punem os homens à noite, corrompendo-os com o pecado da luxúria. Não admira que sejam também dados a brincadeiras rudes como essa que acabamos de contar.

A verdade pode ser deduzida das palavras de Cassiano, *Collationes*, I, onde afirma não haver dúvida de que há tantos espíritos impuros quanto há diferentes desejos nos homens. É sabido que alguns deles, a que a gente comum chama faunos, e a que chamamos *trolls*, existentes em grande número na Noruega, são fanfarrões estranhos, verdadeiros bufões, que assombram certos lugarejos e certas estradas, sem serem capazes de infligir qualquer mal: contentam-se em escarnecer e iludir os passantes, apenas os aborrecendo, mas sem machucá-los. E alguns deles só atormentam os homens em pesadelos. Outros, porém, são furiosos e truculentos e não se contentam com a dilatação atroz dos corpos que insuflam, mas vêm ao seu encontro do alto com violência e os atingem com os mais cruéis golpes. Nosso autor quer com isso dizer que não só os Demônios possuem os homens, como também os torturam, terrivelmente, como o fizeram os descritos em São Mateus, VIII.

Donde podemos concluir que, primeiro, não se há de dizer que as bruxas não possam ser trasladadas de um lugar a outro porque Deus não permite. Pois se Ele permite, no caso do justo e do inocente, por que não haveria de permitir no caso dos que são totalmente devotados ao Diabo? E declaramos com toda a reverência: o Demônio não ergueu o Nosso Salvador, e não O levou a um lugar bem alto, conforme atesta o Evangelho?

Não há também como aceitar o segundo argumento de nossos oponentes: o de que o Demônio é incapaz de realizar tais prodígios. Porquanto já se demonstrou que ele tem tamanho poder natural, acima de todos os poderes corpóreos, que não há poder terreno que ao dele se compare. Está escrito: "Não há nada igual a ele na terra" etc. De fato, a força ou poder natural que existe em Lúcifer é tão grande que não há nada superior entre os anjos bons do Céu. Pois assim como excedeu a todos os anjos quanto à sua natureza – com a Queda só prejudicou a sua graça, e não a sua força natural, essa mesma natureza ainda preserva aquela força original, embora seja escura e confinada. Pelo que diz a glosa a respeito da passagem "Não há nada igual a Ele na Terra": "Embora exceda todas as coisas em poder, ainda se acha subordinado aos méritos dos santos."

Duas outras objeções que poderiam ser trazidas à baila também não são válidas. A primeira: a alma do homem poderia resistir-lhe, já que o texto fala de um Demônio em particular e a ele se refere no singular: Lúcifer. E como foi ele quem tentou a Cristo no deserto e também quem seduziu o primeiro homem, há de encontrar-se hoje confinado em ferros. A segunda: os outros anjos não devem ser tão poderosos, já que ele excede todos em poder. Logo, os demais espíritos não podem ser capazes de transportar homens perversos pelo ar de um lugar a outro.

Tais argumentos não têm força. Pois, para considerar primeiro o dos anjos, mesmo o mais débil dos anjos do Senhor tem poder incomparavelmente superior aos poderes corpóreos e, portanto, o poder de um anjo, e mesmo o da alma, é superior ao poder do corpo. Em segundo lugar, quanto ao argumento da alma: toda forma corpórea deve sua individualidade à matéria e, no caso dos seres humanos, ao fato de que a alma a conforma; mas as formas imateriais são inteligências absolutas e, portanto, possuem poderes absolutos e mais universais. Por essa razão, a alma, quando ligada ao corpo, não é capaz de, repentinamente, transferir o corpo de um lugar para outro ou de o suspender no ar; embora pudesse fazê-lo facilmente, com a permissão de Deus, se fosse separada do corpo. Isso é muito mais possível a um espírito absolutamente imaterial, como um anjo bom ou mau. Pois que um anjo bom transportou Habacuc (Daniel, 14) num só fôlego da Judeia à Caldeia. Por esse motivo conclui-se que aqueles que são à noite transportados durante o sono pelo alto dos prédios não o são pela força de suas almas, nem pela influência dos astros, mas por alguma força mais poderosa, como se mostrou acima.

Em terceiro lugar, faz parte da natureza do corpo o movimento de um lugar a outro, graças diretamente a uma força espiritual; pois diz Aristóteles na sua *Física*, VIII: "O movimento local é o primeiro dos movimentos: o mais perfeito dos movimentos do corpo." E prova-o dizendo que o movimento local não se acha intrinsecamente na força de qualquer corpo, mas se deve a alguma força exterior.

Pelo que se conclui, não tanto pelo que dizem os santos doutores da Igreja, mas pelo que dizem os filósofos: os corpos mais elevados, quais sejam, os astros luminosos, são movidos pelas essências espirituais, e pelas inteligências separadas que são boas, por natureza e por intenção. Conforme vemos que a alma é força motriz e causa principal do movimento local do corpo.

Cumpre declarar, portanto, que nem na sua capacidade física nem na sua capacidade anímica é capaz o corpo humano de resistir subitamente ao seu transporte de um lugar a outro, com a permissão de Deus, por alguma essência espiritual, boa por intenção e por natureza, quando, então, os bons, confirmados na graça, hão de ser transportados; nem de resistir ao transporte por alguma essência boa por natureza, mas não por intenção, quando então são os perversos os transportados. O leitor que assim o desejar pode reportar-se a Santo Tomás em três artigos, na primeira parte, questão 90, depois no *Segundo livro das sentenças*, dist. 7, a respeito dos poderes dos Demônios sobre os efeitos corporais.

Eis, enfim, o seu método de transporte pelo ar. De posse da pomada voadora, que, como dissemos, tem sua fórmula definida pelas instruções do Diabo e é feita dos membros das crianças, sobretudo daquelas mortas antes do batismo, ungem com ela uma cadeira ou um cabo de vassoura; depois do que são imediatamente elevadas aos ares, de dia ou de noite, na visibilidade ou, se desejarem, na invisibilidade; pois o Diabo é capaz de ocultar um corpo pela interposição de alguma outra substância, conforme mostramos na Parte I deste tratado, onde falávamos dos encantamentos e das ilusões diabólicas. E não obstante o Diabo realize tal prodígio em grande parte através da pomada – para que as crianças se vejam privadas da graça do batismo e da salvação –, parece que também consegue o mesmo resultado sem o seu emprego. Já que, vez ou outra, transporta as bruxas em animais, que não são de fato animais mas Demônios naquela forma; e noutras ocasiões, mesmo sem qualquer auxílio exterior, elas são visivelmente transportadas exclusivamente pela força dos Demônios.

Contamos aqui o caso de um voo visível, feito à luz do dia. Na cidade de Waldshut, às margens do Reno, na diocese de Constance, havia uma certa bruxa tão detestada pelos habitantes da cidade que não a convidaram para a celebração de um casamento, ao qual, no entanto, esperava-se o comparecimento de todos os moradores da região. Indignada e desejosa de vingança, chamou à sua presença um Demônio. Tendo-lhe explicado o motivo de seu aborrecimento, pediu-lhe que desencadeasse uma tempestade de granizo para dispersar todos os convidados da festa; o Demônio concordou e, elevando-a no ar, levou-a até uma colina, nas proximidades da cidade, à vista de alguns pastores. Pôs-se então a cavar um pequeno fosso que deveria encher de água para poder desencadear a tempestade (pois que é esse o método que usam para provocar chuvas de pedra). Como ali não dispusesse de água, encheu o fosso com a própria urina e começou a revolvê-la com o dedo – conforme manda o ritual –, com o Demônio a postos, a observá-la. Então, repentinamente, o Demônio fez todo o líquido subir pelos ares, desabando uma violenta chuva de pedras apenas sobre os convidados e os dançarinos da festa. Depois de terem se dispersado e ficarem a se perguntar qual teria sido a causa do temporal, viram que chegava a bruxa na cidade, o que levantou forte suspeita sobre ela. No entanto, depois que os pastores contaram o que viram, a sua suspeita transformou-se em certeza, pelo que a mulher foi presa. E confessou que assim procedera porque não fora convidada para o casamento. E por esse motivo, e pelas muitas outras bruxarias que já perpetrara, acabou queimada na fogueira.

E como a história do voo das bruxas é fato cada vez mais comentado e público, mesmo entre as pessoas comuns, é desnecessário aqui aditar outras provas. Esperamos que esses exemplos sejam suficientes para esclarecer os que ainda negam a existência desse fenômeno, ou os que tentam sustentar que são fenômenos meramente imaginários ou fantásticos. De fato, teria pouca importância deixar esses homens incorrerem nesse erro, não fosse a sua crença tão danosa à fé. Pois que, não contentes em sustentar o erro, ainda persistem em sustentar e publicar muitos outros, que contribuem para o aumento do número de bruxas e para o detrimento da fé. Porque afirmam que toda bruxaria só pode ser atribuída à imaginação e à ilusão de alguns homens, como se se tratasse de algo inócuo, tão inócuo quanto o seu voo, mera fantasia. Pois é por esse motivo que muitas bruxas continuam sem punição, para um desapreço cada vez maior do Criador e para o crescimento cada vez maior das suas hostes.

Não se pode aceitar os argumentos em que esteiam a sua falácia. Mencionam, primeiro, aquele capítulo do Cânon (Episcopi, 26, q. 5) onde é afirmado que as bruxas só são transportadas na imaginação dos homens. Ora, quem seria tão tolo a ponto de concluir que por isso elas não podem ser transportadas corporeamente? De forma análoga, ao fim daquele capítulo está escrito que aquele que acredita na metamorfose deve ser considerado o pior dos infiéis e dos pagãos; mas quem poderia afirmar, baseado tão só nessa passagem, que os homens não são, vez ou outra, transformados em feras por magia, ou que da saúde não são levados à doença? Os que se limitam a interpretar na superficialidade as palavras do Cânon defendem assim opinião contrária à que professam todos os santos doutores da Igreja e, de fato, à que se acha exposta nas Sagradas Escrituras.

Pois a opinião contrária é abundantemente comprovada pelo que já se frisou em várias passagens da Parte I deste tratado. É mister estudar o significado mais profundo do texto canônico. Esse exame percuciente foi realizado na Questão I da Parte I do tratado, ao refutarmos o segundo de três erros heréticos, onde os condenamos e ensinamos o que se há de pregar ao povo. As bruxas são transportadas pelo ar em corpo e em espírito, conforme se prova pelas suas confissões não só das que foram queimadas mas também das que retornaram à penitência e à fé.

Entre elas estava a mulher da cidade de Breisach, a quem perguntamos se só eram transportadas na imaginação ou só em corpo físico, e ela ajudou a esclarecer a questão. Disse-nos que são das duas maneiras. Contou-nos, ademais, que, quando não querem ser transportadas corporeamente mas desejam saber o que está se passando num encontro de bruxas, observam o seguinte procedimento. Em nome de todos os Demônios, deitam-se sobre o lado esquerdo e põem-se a dormir. Começa a sair por sua boca, então, uma espécie de vapor azulado através do qual conseguem ver exatamente o que está acontecendo. Quando, porém, querem ser até lá transportadas, precisam observar o método a que já nos referimos.

Além disso, mesmo que se entendam as palavras do Cânon literalmente, sem qualquer outra explicação, quem haveria de ser tão obtuso ao ponto de dizer que toda bruxaria e seus efeitos maléficos são puramente imaginários? Quando exatamente o contrário é evidente aos sentidos de qualquer um? Sobretudo quando se leva em conta que são várias as formas de superstição, 14 especificamente; e que, destas, as mais maléficas são as praticadas pelas bruxas e pelas pitonisas, as quais só são capazes de transporte pelo ar na imaginação.

Não aceitamos também que o erro possa ser consubstanciado pela lenda de São Germano e de outros santos. Pois que foi possível aos Demônios deitarem com as mulheres ao lado de seus maridos, que dormiam, enquanto o santo observava o comportamento das mulheres e nada aconteceu: tudo se passou como se elas estivessem dormindo de fato. Não diremos que isso tenha ocorrido por consideração para com o santo; de qualquer forma, não se há de dizer que o contrário do que se conta na lenda seja impossível.

De forma análoga se pode responder a todas as demais objeções. Algumas bruxas só são transportadas na imaginação, mas, segundo os textos de muitos doutores da Igreja, são-no também em corpo físico. O leitor interessado pode consultar o livro de Tomás de Brabante, *Sobre as abelhas,* lá encontrando muitos prodígios extraordinários a respeito do transvoo imaginário e corpóreo dos homens.

CAPÍTULO IV

De como as bruxas copulam com os Demônios conhecidos como íncubos.

Quanto à forma de as feiticeiras copularem com íncubos, cumpre ressaltar seis pontos. Primeiro: quanto ao Demônio e à forma que assume – de que elemento é composta. Segundo: quanto ao ato, se é sempre acompanhado da injeção de sêmen recebido de algum outro homem. Terceiro: quanto ao momentos e ao lugar, se há momentos mais propícios do que outros para o ato. Quarto: se o ato é visível para as mulheres ou se só as geradas dessa forma é que são visitadas pelos Demônios. Quinto: se o ato só é praticado pelas que foram oferecidas pelas parteiras aos Demônios por ocasião do nascimento. Sexto: se o prazer venéreo alcançado é mais ou menos intenso. Comecemos pela consideração da forma criatural assumida pelo Demônio e de que é composta.

Ora, não há dúvida de que o Demônio assume uma forma em parte etérea e em parte material, na medida em que possui, por condensação, uma propriedade terrosa. E isso se explica do seguinte modo. O ar não pode adquirir qualquer forma definida, exceto a de um outro corpo que o contenha. Nesse caso, ele não se acha confinado a seus próprios limites, mas aos limites de alguma outra coisa, pelo que se continua e se estende aos espaços contíguos. Portanto, o Demônio não pode se apresentar na forma de um corpo aéreo, simplesmente.

Saiba o leitor, ademais, que o ar é, de todos os elementos, o mais instável e o mais fluido. Prova disso é que não somos capazes de cortar ou perfurar o corpo assumido por um Demônio com uma espada: as partes divididas do ar tornam a se juntar de imediato. Assim sendo, vemos que o ar é elemento muito adequado a esse propósito, mas que só adquire forma definida quando a ele se agregam outros elementos terrenos. Portanto, é necessário que o ar que compõe o corpo assumido pelo Demônio seja condensado, aproximando-se da materialidade da terra, de um lado, mas, de outro, preservando a sua propriedade essencial, fluida e instável. Os Demônios e os espíritos incorpóreos conseguem tal condensação através de espessos vapores oriundos da terra, conformando-se no ser criatural que vão habitar – não com a sua força profanadora, mas com a sua força motriz, a dar àquela forma a aparência de um ser vivo. Exatamente como a alma confere a forma viva ao corpo a que se une. Passam a ser, ademais, nessas formas corpóreas que assumem, como um marinheiro num barco que o vento conduz.

De que forma, então, há de ser o corpo assumido pelos Demônios? No princípio da materialização é ar, tão somente; ao cabo, é ar condensado, partilhando de algumas das propriedades dos elementos terrenos materiais. E tudo isso conseguem fazer os Demônios por sua própria natureza, com a permissão de Deus. Pois que a natureza espiritual é superior à material ou corpórea. Portanto, a natureza corpórea há de obedecer aos Demônios com relação aos movimentos locais, embora não com relação às formas naturais – sejam acidentais ou substanciais –, exceto no caso de algumas criaturas (e mesmo assim só com a participação de algum outro agente, como ressaltamos). Quanto ao movimento local, contudo, não há forma criatural fora de seus poderes: são capazes de se mover como desejarem e em quaisquer circunstâncias.

Poder-se-ia aqui indagar, a propósito, sobre o caso dos anjos, bons ou maus, que realizam certas funções vitais através de corpos naturais verdadeiros, e não através de corpos aéreos. Como, por exemplo, no caso do jumento de Balaão, através do qual o anjo falou, ou, então, no caso dos corpos humanos possuídos por Demônios. É preciso dizer que esses corpos não foram conformados pela materialização do ar, mas sim, literalmente, ocupados pelos Demônios. Consultar Santo Tomás, 11, 8, "Se os Anjos Assumem Forma Corpórea". Voltemos, porém, à nossa argumentação.

De que modo os Demônios conversam com as bruxas, as veem, as ouvem, de que modo com elas comem e com elas copulam? Eis aí a segunda parte de nossa primeira dificuldade.

Primeiro, para falar com as bruxas são necessários três elementos: pulmões, para impelir o ar, e não apenas para produzir os sons, mas também para esfriar o coração; pois que até os mudos possuem essa qualidade necessária. Segundo, é necessária alguma percussão de um corpo no ar, pois que o som será mais ou menos intenso quando, no ar, se percute um pedaço de pau ou um sino, por exemplo. Quando um elemento sonoro é percutido pelo instrumento adequado, emite um som proporcional a seu tamanho, que chega ao ar e que é multiplicado aos ouvidos humanos: se o ouvinte está distante do elemento sonoro, o som parece provir do espaço.

Em terceiro lugar, é necessária a voz. Cumpre frisar, o que nos corpos inanimados se denomina som, nos corpos vivos se denomina voz. E aqui a língua interfere nas respirações movendo-se de encontro a um instrumento ou órgão natural, dado por Deus. O que daí emana não é um som, como o de um sino, mas a voz humana. Esclarecemos esse assunto aqui para que os pregadores disponham de elementos suficientes para expor o assunto aos fiéis.

Em quarto lugar, é necessário que a voz exprima algum conceito oriundo do intelecto a alguma outra pessoa e que aquele que fala entenda o que está dizendo. Ao articular a voz, a língua, em movimentos sucessivos, toca nos dentes e os lábios se abrem e se fecham, de sorte que os sons emitidos pelo interlocutor são ouvidos e entendidos pelo ouvinte.

Ora, os Demônios não possuem pulmões nem língua, embora possam exibi-la, além de dentes e de lábios, artificialmente feitos segundo a condição de seu corpo; portanto, não são capazes de falar no sentido próprio do termo. Mas, como possuem o entendimento e quando querem expressar o que desejam, o fazem; cumpre explicar: por alguma alteração do ar de seu corpo, emitem sons semelhantes a vozes, mas não vozes propriamente – porque o ar não entra e sai de seu corpo como no caso dos homens: tais sons são articulados no ar exterior e chegam até o ouvido dos ouvintes. Não há dúvida de que um som semelhante à voz pode ser produzido sem respiração: há animais que não respiram mas que emitem sons, assim como certos instrumentos, como explica Aristóteles em *De Anima*. Há certos peixes que, quando apanhados, antes de morrer, gritam e gemem fora d'água.

Tudo que dissemos se aplica ao que vamos desenvolver a seguir, embora só no que diz respeito à questão em que tratamos da função geradora, não no que diz respeito aos anjos do bem.

O leitor interessado em saber como falam os Demônios através dos corpos possuídos deve consultar Santo Tomás, no *Segundo livro das sentenças,* dist. 8, art. 5. No caso aí referido, os Demônios se utilizam dos órgãos do possuído. Pois ocupam tais corpos nos seus próprios limites materiais quantitativos, mas não nos limites de sua essência, seja da essência do corpo ou da alma. Cabe observar aí a distinção entre substância e quantidade, ou acidente. Mas isso já está fora de nosso propósito.

Pois bem: é preciso também que os Demônios vejam e ouçam de alguma maneira. Ora, a visão é de dois tipos: espiritual e corpórea, sendo que a primeira excede infinitamente a segunda; pois que é capaz de penetrar na matéria e não ser dificultada pela distância, dada a faculdade luminosa de que se utiliza. Portanto, os anjos, bons ou maus, nunca veem com os olhos do corpo assumido, nem se utilizam de qualquer das propriedades do corpo humano possuído, como fazem no caso da fala – quando se utilizam do ar e de sua vibração para produzir o som que chega até os ouvintes. Pelo que seus olhos são olhos pintados. E assim se mostram aos homens: embora manifestem semelhança quanto às suas propriedades naturais, conversam com eles apenas espiritualmente.

Pois que foi com esse propósito que os santos anjos têm muitas vezes aparecido aos padres, a comando de Deus e com a sua permissão. E os anjos do mal assim se manifestam aos homens perversos para que neles reconhecendo as suas qualidades possam a eles se associar, agora no pecado, depois, no castigo.

São Dionísio, ao fim da sua *Hierarquia celestial,* diz: "Em todas as partes do corpo humano os anjos nos ensinam a considerar-lhes as propriedades. Como a visão humana é uma operação do corpo vivo que se faz através de um determinado órgão, que os Demônios não possuem, nas formas criaturais que assumem, assim como lhes dão membros de forma humana, conferem-lhes a mesma semelhança em suas funções."

Podemos falar de forma análoga da audição, que é bem mais desenvolvida do que no corpo humano; já que é capaz de ouvir os pensamentos e as conversas da alma de forma mais sutil que os homens através da palavra falada. Ver Santo Tomás, *Segundo livro das sentenças,* dist. 8. Pois se os desejos secretos de um homem são lidos no seu rosto, e se os médicos são capazes de desvendar os segredos do coração pelos seus batimentos e pelo exame do pulso, muito mais há de ser conhecido pelos Demônios.

Quanto ao ato de comer, o que podemos dizer é que dele participam quatro processos: a mastigação, na boca, a deglutição até o estômago, a digestão nesse órgão e, por fim, o metabolismo dos nutrientes necessários e a ejeção dos elementos supérfluos. Todos os anjos são capazes de realizar os dois primeiros processos nos corpos assumidos, nas não o terceiro e o quarto; em vez de digerir e eliminar os restos de alimento, têm eles o poder de repentinamente dissolver esse alimento na matéria circundante. Em Cristo, o processo digestivo era completo em todos os aspectos, pois que Ele possuía os poderes nutritivo e metabólico; não é preciso que se diga nada a respeito da conversão do alimento em seu próprio corpo, pois que tal poder conversor achava-se, como todo o seu corpo, glorificado; o alimento que Cristo ingeria era repentinamente dissolvido em Seu próprio corpo; o efeito era o de quem joga água no fogo.

De como as bruxas nos tempos modernos praticam o ato carnal com íncubos, e de como se multiplicam através dele.

Ora, pelo que já explicamos, não vamos encontrar maior dificuldade em esclarecer o assunto principal, qual seja, o do ato carnal praticado pelo íncubo, na sua forma criatural, com as bruxas. Salvo se o leitor duvidar que as bruxas de nossos tempos pratiquem tal coito abominável e que sejam geradas através dessa monstruosidade.

Havemos de contar, para esclarecer essas duas dúvidas, alguma coisa a respeito da atividade das bruxas que viveram em tempos mais remotos, por volta de 1.400 anos antes da encarnação de Nosso Senhor Jesus Cristo. Não se sabe, por exemplo, se eram dadas a essas práticas obscenas como o são as bruxas modernas desde então; a história, ao que sabemos, nada revela a respeito desse assunto. Mas ninguém há de duvidar que sempre tenham existido as bruxas e que, pelas suas obras maléficas, muitos males já tenham causado aos homens, aos animais e aos frutos da terra. E mais: que tenham sempre existido os íncubos e os súcubos. Pois que a tradição canônica e a tradição dos doutores da Igreja têm-nos legado muitas informações a seu respeito, durante centenas de anos. No entanto, há uma diferença importante: nos tempos mais remotos, os íncubos costumavam molestar as mulheres contra a sua vontade, conforme nos faz saber Nider em seu *Formicarius,* e Tomás de Brabante, no seu livro sobre o *Deus universal* e no outro livro, *Sobre as abelhas.*

Mas a teoria de que as bruxas modernas se acham contaminadas por essa espécie de lascívia diabólica não está consubstanciada apenas em nossa opinião; tal crédito há que ser atribuído ao testemunho abalizado das próprias bruxas. Hoje, pelo que nos contam, entregam-se a essas práticas não mais involuntariamente, como em épocas distantes, mas sim voluntariamente, revelando a servidão mais abjeta e miserável. Quantas mulheres não deixamos de punir pelas leis seculares em várias dioceses, mormente em Constância e na cidade de Ratisbon, onde as bruxas se entregavam a tais abominações, algumas desde os 20 anos, outras desde os 12 ou 13 anos, e sempre com uma negação, total ou parcial, da fé? Todos os habitantes desses lugares são testemunhas desse fato. Pois, sem contar as que se arrependeram em sigilo e as que retornaram ao caminho da fé, não menos que 48 foram queimadas em cinco anos. E não há por que duvidar da veracidade de suas histórias, pois que livremente mostraram-se arrependidas. Todas concordam em um ponto: foram levadas a se entregar a tais práticas obscenas para engrossar as fileiras daquelas hostes perversas. Trataremos, no entanto, de cada caso, individualmente, na Parte II desta obra, descrevendo em particular cada um de seus atos. Omitiremos apenas os casos que chegaram ao conhecimento do Inquisidor de Como, no condado de Burbia, e que, no espaço de um ano – o ano da graça de 1485 – levou à fogueira 41 bruxas. Todas as bruxas afirmaram publicamente que praticavam tais abominações com Demônios. Portanto, a matéria se acha perfeitamente consubstanciada por testemunhas oculares e também por outras testemunhas, dignas de todo crédito.

Quanto à segunda dúvida – se as bruxas são geradas durante a prática dessas abominações –, podemos acompanhar o que diz Santo Agostinho: não há dúvida de que todas as artes supersticiosas tiveram sua origem no vínculo carnal pestilento entre homens e Demônios. Diz-nos esse autor textualmente em seu *De Doctrina Christiana*: "Todas as práticas dessa natureza, sejam inócuas, sejam nocivas, originaram-se da união pestífera entre homens e Demônios, como se entre eles se tivesse firmado um pacto de amizade infiel e pérfida, pelo que todos hão de ser completamente repudiados." Explicita o autor nessa passagem já a existência de várias espécies de superstições ou de artes mágicas, e várias sociedades dos que as praticam; e como dentre as 14 espécies a pior é a das bruxas – pois que têm firmado um pacto tácito e explícito com o Demônio e, mais do que isso, têm se entregado a uma espécie de adoração do Diabo ao abjurarem a fé –, conclui-se que as bruxas mantêm o vínculo da pior espécie com os Demônios, mormente pelo seu comportamento como mulheres que, como todas as outras, se deleitam com coisas fúteis e vãs.

Reparar também na passagem do *Segundo livro das sentenças* (dist. 4, art. 4), em que Santo Tomás, ao dar a solução de um argumento, indaga se as bruxas que se entregam dessa forma aos Demônios não seriam mais poderosas do que os homens. Pois responde que essa é a verdade. Esteia o seu ponto de vista no texto das Escrituras, Gênesis, VI: "Naquele tempo viviam gigantes na terra." E esteia-o também no seguinte motivo. Os Demônios sabem de que modo avaliar as virtudes do sêmen: primeiro, pelo temperamento de quem o sêmen é obtido; segundo, sabendo qual mulher é mais adequada para recebê-lo; terceiro, sabendo qual a constelação astral ideal para o efeito corpóreo almejado; e podemos acrescentar, em quarto lugar, que os gerados pelos Demônios são os de melhor disposição para as obras diabólicas. Ao concorrerem todas essas causas, concluímos que os homens assim concebidos são fortes e de corpo avantajado.

Portanto, voltando à pergunta sobre a origem das bruxas, devemos dizer que tal origem se encontra na mútua associação pestífera com os Demônios, como já ficou claro pelo que dissemos. Mas ninguém pode afirmar com certeza que não aumentam em número e se multiplicam através dessas práticas abjetas, embora os Demônios cometam tais atos não por prazer, mas para a perdição das almas. Eis como se dá tal processo, sucessivamente. Um súcubo recolhe o sêmen de um homem perverso e, se for ele o Demônio próprio daquele homem e não desejar transformar-se em íncubo para uma bruxa, passa o sêmen para outro Demônio delegado a uma mulher ou bruxa; este, então, sob os auspícios de uma constelação que favoreça os seus propósitos – de gerar um homem ou uma mulher vigorosos na prática da bruxaria –, transforma-se no íncubo para uma outra bruxa.

Dizer que os gigantes dos primeiros tempos não eram dedicados à bruxaria não se constitui objeção aos nossos argumentos: as bruxarias não eram realizadas àquela época dada a lembrança recente da criação do mundo, que não deixava margem para a idolatria. Mas, à medida que crescia a perversidade no seio da humanidade, o Diabo ia encontrando mais oportunidades para disseminar essa espécie de perfídia. No entanto, os que naquele tempo eram chamados de prodigiosos e de poderosos não necessariamente o eram por causa de suas boas virtudes.

Se as relações de um íncubo com uma bruxa sempre se acompanham da injeção de sêmen.

O Diabo dispõem de mil maneiras e de mil recursos para infligir males ao homem, e desde a época da sua primeira Queda vem tentando destruir a unidade da Igreja e subverter, de todos os meios, a raça humana. Embora não haja uma regra infalível para esclarecermos esse assunto, cumpre fazer uma distinção provável: ou a bruxa é velha e estéril, ou não o é. Sendo estéril, o Demônio com ela copula sem injetar-lhe o sêmen, pois que não teria qualquer utilidade, e o Diabo evita, ao extremo, a superfluidade nas suas operações. Não sendo estéril, o Demônio dela se aproxima para dar-lhe o prazer carnal que é conseguido pela bruxa. E caso ela esteja em momento propício para engravidar, o Demônio, convenientemente, é capaz de possuir o sêmen extraído de algum homem e, sem demora, o há de injetar para contaminar-lhe a progênie.

Mas se ele é capaz de colher o sêmen emitido pelas ejaculações noturnas, que ocorrem durante o sono, da mesma forma que recolhe o emitido durante os atos carnais, o que se sabe é que provavelmente não o faz. Não obstante, outros autores têm opinião contrária. É preciso ressaltar que os Demônios dão muita atenção à força ou virtude procriadora do sêmen, e tal virtude é mais abundante e mais bem-preservada no esperma colhido durante o ato carnal. Pois que é tal virtude desperdiçada no esperma emitido durante as ejaculações noturnas, já que este tem sua origem na superfluidade dos humores e não é emitido com grande força procriadora. Portanto, admite-se que os Demônios não façam uso desse sêmen para a geração de sua prole, a menos que saibam da existência da força necessária nessa ou naquela ejaculação.

Mas uma coisa não pode ser negada: mesmo no caso da bruxa casada e engravidada pelo marido, o Demônio é capaz, pela mistura de outro sêmen, de contaminar o concepto.

Se o íncubo opera mais em certas ocasiões do que em outras e, de forma análoga, se o faz mais em determinados lugares.

Cabe declarar que o íncubo – independentemente da observação de certas horas e de certas constelações para gerar um concepto que melhor atenda a seus propósitos – também observa certos dias quando quer apenas causar maior prazer venéreo às bruxas. E os dias em que estas se mostram mais propensas ao prazer são os mais sagrados do ano: o Natal, a Páscoa, o dia de Pentecostes e outros dias santos.

Pois que os Demônios assim procedem por três razões.

Primeiro, porque dessa forma as bruxas não só se impregnam do vício da perfídia através da apostasia da fé mas também do vício do sacrilégio, para que maior ofensa perpetrem contra o Criador e para que ainda mais penosa danação recaia sobre as suas almas.

Segundo, por que, ao ofenderem a Deus desse modo, maior poder nocivo lhes é concedido, inclusive o de causar males a homens inocentes, como castigo, seja nas suas atividades, seja nos seus corpos. Pois onde está escrito: "O filho não há de responder pelas iniquidades dos pais" etc., cumpre atentar que isso se refere apenas ao castigo eterno, pois que muito frequentemente os inocentes são punidos por aflições temporais por causa do pecado de outros. Pelo que diz Nosso Senhor em outra passagem: "Eu sou o Senhor, teu Deus, um Deus zeloso que vingo a iniquidade dos pais nos filhos, nos netos e nos bisnetos daqueles que me odeiam." Tal castigo é exemplificado pela punição dos filhos dos homens de Sodoma, que foram destruídos pelos pecados de seus pais.

Terceiro, porque têm maior oportunidade de observar várias pessoas, sobretudo as jovens, que nos dias de festa estão na ociosidade e cheias de curiosidade, revelando-se mais propensas, nessas ocasiões, à sedução pelas velhas bruxas. Contamos a seguir um fato que ocorreu no país de origem de um de nós, Inquisidores (já que há dois de nós colaborando nesta obra).

Num dia de festa, uma jovem, virgem devota, foi chamada por uma bruxa velha a acompanhá-la até sua casa. Num dos quartos do andar de cima estavam reunidos alguns belos jovens. A bruxa insistiu para que ela subisse. A virgem consentiu. E, enquanto subiam as escadas, a velha, que ia à frente, advertiu-lhe para que não fizesse o sinal da cruz. Embora a moça concordasse, benzeu-se sem que a velha visse. Pois que ao entrarem no quarto, ninguém havia: os Demônios que lá se encontravam eram incapazes de se mostrar nas suas formas criaturais. A velha voltou-se então para ela, repreendendo-a: "Vai embora em nome de todos os Demônios! Por que te benzeste?" Este foi o relato que obtive daquela boa e honesta donzela.

Poder-se-ia ainda aduzir uma quarta razão: a de assim serem mais capazes de seduzir também os homens, fazendo-os pensar da seguinte forma: se Deus permite tais atos nos dias santos, não há de ser tão grave pecado assim. Só se Ele não permitisse.

Quanto à escolha do melhor lugar, é preciso que se diga: pelas palavras e pelas ações das bruxas, elas são incapazes de cometer tais abominações em locais sagrados. E nisso é que se vê a eficácia dos anjos da guarda, pela forma como protegem tais lugares. Além do mais, as bruxas declaram que só têm sossego no momento do serviço divino, quando se encontram na igreja; logo, são as primeiras a entrar e as últimas a sair. No entanto, são obrigadas a observar outras cerimônias abomináveis por ordem dos Demônios, como cuspir no chão durante a elevação da Hóstia Consagrada, ou pronunciar, verbal ou mentalmente, toda sorte de obscenidades como: "Espero que vás para tal e tal lugar." Desse assunto ainda trataremos devidamente.

Se os íncubos e os súcubos praticam o ato venéreo à vista das próprias bruxas, ou dos circunstantes.

Se os Demônios cometem tais abominações na visibilidade ou na invisibilidade, é preciso que se diga: em todos os casos que tivemos conhecimento, eles sempre agiram de forma visível à bruxa: não há necessidade de se aproximarem dela na invisibilidade, tendo em vista o pacto de fidelidade já firmado. No entanto, com relação aos circunstantes, quase sempre operam na invisibilidade: as bruxas têm sido vistas muitas vezes deitadas de costas, nos campos e nos bosques, nuas até o umbigo; e, pela disposição de seus órgãos próprios ao ato venéreo e ao orgasmo, e também pela agitação das pernas e das coxas, é óbvio que estão copulando com um íncubo. Em raras ocasiões, ao término do ato, sobe ao ar, como a desprender-se da bruxa, um denso vapor negro, cujas dimensões equivalem à estatura de um homem. Pois que Lúcifer sabe que dessa forma é capaz de seduzir ou de perverter a mente das moças e dos homens que assistem à cena. Mas desse assunto e de como têm tais atos sido praticados em tantos lugares – na cidade de Ratisbon, no estado dos nobres de Rappolstein e ainda em outros países – trataremos na Parte II.

Certo é que têm acontecido também outros fatos. Alguns maridos têm visto íncubos copulando com suas esposas, embora por vezes julguem não ser íncubos e sim homens. Mas, ao apanharem suas armas para expulsá-los, os Demônios repentinamente desaparecem, como que se tornando invisíveis. E depois as mulheres vêm se jogar em seus braços, por vezes machucadas. Algumas, no entanto, reclamam, escarnecendo-lhes e perguntando se por acaso não enxergam ou se estão possuídos por algum Demônio.

Que o íncubo não só contamina as mulheres concebidas pelos seus atos obscenos ou as que lhes foram oferecidas pelas parteiras, mas a todas, indiferentemente, com maior ou menor deleite venéreo.

Podemos dizer, em conclusão, que os íncubos não só tentam contaminar as mulheres geradas por tais abominações, ou as que lhes foram oferecidas pelas parteiras, mas tentam a todas, ao extremo, por intermédio de prostitutas e de devassas, visando seduzir as donzelas devotas e castas em todo aquele distrito e em toda aquela cidade. O que já é consabido, pela constante experiência dos magistrados locais. Na cidade de Ratisbon, quando certas bruxas foram queimadas, as prostitutas afirmaram que haviam sido ordenadas por seus mestres a usarem de todo o seu empenho para subverter as donzelas e as viúvas piedosas.

Cabe perguntar: seria maior o prazer venéreo das mulheres ao copularem com íncubos em formas criaturais ou seria maior em circunstâncias semelhantes com homens em forma corpórea verdadeira? Embora o prazer deva ser maior quando semelhantes se divertem com semelhantes, parece que o astuto inimigo é capaz de reunir de tal forma os elementos ativos e passivos – não de forma natural, mas com uma tal qualidade de calor e de disposição – que é capaz de despertar a concupiscência em grau não menos intenso. Mas este assunto será discutido um pouco mais adiante, ao analisarmos as qualidades do sexo feminino.

CAPÍTULO V

As bruxas costumam realizar os malefícios por intermédio dos Sacramentos da Igreja. Mas de que modo comprometem as forças procriadoras e causam outros males a todas as criaturas de Deus? Excetuamos porém aqui a questão da influência dos astros.

Há várias coisas a serem observadas a respeito dos métodos por elas empregados para causar males sobre outras criaturas de ambos os sexos. Primeiro, com relação aos homens, depois, com relação aos animais e, por fim, com relação aos frutos da terra.

Quanto aos homens, primeiro, de que modo obstruem as forças procriadoras e mesmo o ato venéreo, de sorte que ora é a mulher que não consegue conceber, ora o homem que não consegue realizar o ato. Em segundo lugar, de que modo conseguem impedir a procriação ou o ato venéreo com uma mulher mas não com outra. Em terceiro lugar, de que forma conseguem retirar do homem o membro viril, como se o tivessem arrancado por completo do corpo. Em quarto lugar, se é possível saber se os males acima mencionados foram causados pelo Demônio, por conta própria, ou se o foram por intermédio das bruxas. Em quinto lugar, de que forma as bruxas transformam homens e mulheres em animais, seja através de arte prestidigitatória ou de encantamento. Em sexto lugar, de que modo as parteiras matam os conceptos ainda no útero materno e de que modo, quando não o fazem, oferecem os recém-nascidos aos Demônios. Para que tais coisas não pareçam inverossímeis, convém ao leitor consultar as provas na Parte I do livro, firmadas através de perguntas e respostas junto à refutação dos vários argumentos contrários. Recomendamos ao leitor incrédulo, se necessário, voltar àquela parte para que se esclareça a verdade.

Por ora só estamos interessados em aditar exemplos e fatos reais – sejam dos casos encontrados por nós em nosso trabalho, sejam dos casos apontados por outros à guisa de execração de tão tenebroso crime –, para consubstanciar os primeiros argumentos, caso o leitor tenha encontrado dificuldade em entendê-los, e para trazer de volta à fé e afastar do erro os que julgam não existirem bruxas e que não são feitas bruxarias neste mundo.

Com relação à primeira classe de males, é preciso notar que, não obstante a forma pela qual prejudicam as criaturas, são seis os expedientes empregados para tal fim. O primeiro está na indução do amor malévolo de um homem por uma mulher ou vice-versa. O segundo está em plantar o ódio ou o ciúme no coração das pessoas. O terceiro é enfeitiçando os homens para que não consigam realizar o ato carnal com as mulheres; ou enfeitiçando as mulheres para que não concebam ou para provocar-lhes o aborto. O quarto está em causar doenças em qualquer órgão dos seres humanos. O quinto está em tirar a vida de homens e mulheres. O sexto consiste em privá-las da razão.

Convém dizer, nesse contexto, que, à exceção da influência dos astros luminosos, os Demônios são capazes, por sua própria força natural, de causar males e enfermidades reais, pois sua força espiritual é superior a qualquer força corpórea. Porquanto não há uma enfermidade que seja igual a outra, podendo-se dizer o mesmo das anormalidades ou defeitos naturais em que não há doença física. Assim, as bruxas seguem, em cada caso, um método diferente para causar tal enfermidade ou tal defeito. Desses males daremos exemplos no corpo desta obra sempre que se fizerem necessários.

Mas primeiro é mister não deixar qualquer dúvida ao leitor: os Demônios não têm o poder de alterar a influência dos astros por três motivos.

Primeiro, porque os astros se acham acima deles, acima mesmo da região das punições, que é a região das brumas inferiores; pois aí está a razão das tarefas que lhes são atribuídas. Consultar a Parte I, Questão II, onde tratamos dos íncubos e súcubos.

Segundo, porque os astros luminosos são governados pelos anjos do bem. Há muitas referências a respeito das forças que os movem, sobretudo em Santo Tomás, primeira parte, 90° questão. Nesse ponto os filósofos concordam com os teólogos.

Terceiro, porque, se fosse permitido aos espíritos malignos alterar a influência dos corpos celestes sobre o universo, a ordem geral e o bem comum sofreriam sério prejuízo. Pelo que as alterações astrais miraculosas encontradas no Antigo e no Novo Testamento foram causadas por Deus através de anjos do bem; por exemplo, quando o sol ficou parado para Josué, ou quando retrocedeu para Ezequias, ou quando foi encoberto, de forma sobrenatural, na Paixão de Cristo. Mas, em todos os demais fenômenos, os Demônios são capazes de interferir, com a permissão de Deus, seja por conta própria, seja por intermédio das bruxas; e, com efeito, é evidente que assim o fazem.

Em segundo lugar, é preciso notar que para todos os seus atos maléficos eles quase sempre dispõem das bruxas como seus instrumentos, quer por meio dos Sacramentos, quer das coisas sacramentais da Igreja, quer ainda dos elementos consagrados a Deus. Às vezes colocam uma imagem de cera sob a toalha do altar, ou usam algum outro elemento sacro dessa forma. Há três motivos para tais procedimentos.

Por razões semelhantes, as bruxarias são praticadas nos dias mais sagrados do ano, sobretudo no dia do Advento de Nosso Senhor e no Natal. Primeiro, porque tornam os homens culpados não só de perfídia, mas de cometerem sacrilégio, por contaminarem o que possuem de mais divino; e porque assim ofendem mais profundamente ao Deus, seu Criador, mas danam as suas almas e fazem com que muitos outros caiam no pecado.

Em segundo lugar, porque Deus, assim ofendido pelos homens, pode conceder ao Diabo maiores poderes para atormentá-los. Pois assim diz São Gregório: "Em Sua ira por vezes atende aos perversos nas suas súplicas e solicitações, que misericordiosamente a outros nega atender".

Em terceiro lugar, porque, pela aparência superficial de bondade, o Diabo é mais capaz de iludir os homens simples, que julgam terem praticado um ato piedoso e obtido a graça do Senhor, quando na realidade o que fizeram foi só pecar mais gravemente.

Em quarto lugar, pode-se acrescentar também que tem por motivo as estações mais sagradas e o ano-novo. Pois, segundo Santo Agostinho, existem outros pecados mortais além do adultério pelos quais se infringem os costumes dos dias de festa. A superstição, ademais, e a bruxaria, originárias das operações mais aduladoras do Diabo, são contrárias ao respeito que, nesses dias, se deve ter para com Deus. Portanto, como já foi dito, o Diabo faz com que o pecador mais ofenda a Deus e peque ainda mais profundamente.

Do ano-novo podemos dizer que, segundo Santo Isidoro, *Etim.* VIII 2, Jano foi ídolo de duas faces (de Jano vem o nome do primeiro mês do ano, janeiro, que começa no Dia da Circuncisão) – como se a um só tempo fosse o fim do ano que passou e o princípio do ano que se inicia – e por isso protetor e autor auspicioso do ano vindouro. E em sua honra – ou em honra do Diabo na forma daquele ídolo – os pagãos faziam tumultuosas festanças, entregando-se às folias, às festas e às danças. E a respeito dessas festas o abençoado Agostinho faz menção em várias passagens, dando uma ampla descrição delas no 26º livro.

Hoje os maus cristãos imitam aqueles pagãos corruptos, entregando-se à libidinagem por ocasião do carnaval, usando máscaras, gracejando e entregando-se a toda sorte de superstições. De forma semelhante, as bruxas se utilizam dessas festas diabólicas para seu próprio proveito e, por ocasião do ano-novo, fazem as suas bruxarias em função dos ofícios e cultos divinos; e também no dia de Santo André e no Natal.

E assim vemos que operam os seus malefícios por meio dos Sacramentos e, depois, por meio dos objetos sacramentais. Vamos contar alguns casos que descobrimos na Inquisição.

Numa certa cidade, cujo nome convém não mencionar, uma bruxa, ao receber o Corpo de Nosso Senhor, repentinamente abaixou a cabeça (hábito detestável de muitas mulheres) e retirou o Corpo do Senhor de sua boca, envolvendo-o em seu lenço. Depois, por sugestão do Demônio, colocou-o num jarro, onde já colocara um sapo, e escondeu-o no chão, junto ao paiol de mantimentos, nas proximidades de sua casa. Ainda escondeu no mesmo lugar vários outros objetos, com quais faria a sua bruxaria. Mas, graças à misericórdia divina o seu crime hediondo foi descoberto e trazido à luz do dia. No dia seguinte, passava por ali um homem em direção ao trabalho e ouviu um ruído como se fosse o de uma criança chorando; ao aproximar-se da pedra sobre a qual se escondera o pote, o choro pareceu-lhe bem mais forte, fazendo-o pensar que talvez a mulher tivesse ali enterrado uma criança. Foi então, às pressas, avisar ao magistrado local o que fora feito pela suposta infanticida. O magistrado mandou de imediato que os seus subordinados fossem verificar a história contada pelo homem. Mas, em vez de logo exumarem o corpo da criança, acharam melhor ficar de tocaia para ver se do local se aproximaria alguma mulher, já que não sabiam que era o Corpo do Senhor Deus que lá estava enterrado. Pois aconteceu de a mesma bruxa voltar ao local, desenterrar o pote e escondê-lo por debaixo da roupa. Depois de capturada e interrogada, ela revelou o crime: o Corpo de Cristo fora enterrado junto com o sapo para que mediante o seu pó lhe fosse possível causar males, como bem lhe aprouvesse, aos homens e às demais criaturas.

Ademais, quando as bruxas comungam, têm por costume receber a hóstia por debaixo da língua, nunca sobre ela, para que nunca recebam qualquer remédio que possa neutralizar o seu repúdio à fé, seja pela confissão, seja pelo Sacramento da eucaristia; e para que lhes seja mais fácil retirar da boca o Corpo do Senhor a fim de usá-lo para outros fins, para maior ofensa ao Criador.

Por essa razão, todos os superiores da Igreja e todos os párocos que dão a comunhão aos fiéis são instruídos para que, ao ministrarem a comunhão às mulheres, cuidem que a recebam com a boca bem aberta e com a língua bem estendida para fora, com roupas e lenços afastados do rosto. Quanto mais cuidado se toma a esse respeito, mais bruxas são assim descobertas.

Muitíssimas outras superstições são praticadas por meio dos objetos sacramentais. Às vezes, colocam uma imagem de cera ou alguma substância aromática debaixo da toalha do altar, para depois colocá-las sob a soleira da porta, a fim de que a pessoa a quem se destina seja enfeitiçada ao passar por ali. Inúmeros outros exemplos poderiam ser aqui contados, mas estes malefícios menores ficam provados pelos de maior vulto.

CAPÍTULO VI

De como as bruxas neutralizam a força da procriação.

Para maior esclarecimento a respeito do expediente pelo qual as bruxas criam obstáculo à função procriadora em homens e em animais, recomendamos ao leitor a questão anterior, onde já tratamos do assunto, nos seus argumentos e no método, sem maiores detalhes, pelo qual, com a permissão de Deus, causam tal malefício.

Aqui cumpre ressaltar, primeiro, que tal neutralização se dá de forma ora intrínseca, ora extrínseca. São dois os modos de causá-la de forma intrínseca. Primeiro, quando as bruxas impedem, diretamente, a ereção do membro próprio à frutificação. E tal não há de parecer impossível, quando considerarmos que elas são capazes de viciar e de perverter o uso natural de qualquer membro. Segundo, quando impedem o fluxo das essências vitais aos órgãos onde reside a força motriz, ocluindo os ductos seminais de sorte a não se comunicarem com os vasos procriadores, ora impossibilitando a ejaculação, ora a tornando infrutífera.

De forma extrínseca, podem causá-la, às vezes, por meio de imagens, noutras, pelas ingestão de ervas, noutras ainda por expedientes externos – como através de testículos de galo. Mas não se vá pensar que é por causa dessas coisas que um homem se torna impotente: é através da força oculta das ilusões demoníacas que as bruxas conseguem causá-la, seja no homem – impedindo-o de copular –, seja na mulher – impedindo-a de conceber.

E a razão disso está em que Deus lhes concede maior poder sobre o ato venéreo, ato disseminador do pecado original, do que sobre qualquer outro ato humano. De forma similar, têm elas maiores poderes sobre as serpentes, que são as mais propensas à força dos encantos do que todos os outros animais. Pelo que muitas vezes verificamos, e também outros Inquisidores, que foi através de serpentes que perpetraram males dessa natureza.

Um certo mago, já capturado, confessou que durante muitos anos, por meio de bruxaria, causou ele a infertilidade de homens e de animais que habitavam uma determinada casa. Ademais, em *Formicarius*, III, Nider conta-nos de Stadlin, o mago que foi preso na diocese de Lausanne e que fez a seguinte confissão. Na casa onde moravam um homem e sua esposa, ele matara sucessivamente, através de bruxaria, sete crianças ainda no útero da mãe, de forma que durante vários anos a mulher sempre abortara. No mesmo período, de todos os animais e de todo o gado daquela casa, nunca nasceu uma só cria viva. E quando indagado como conseguira fazer tal malefício e que espécie de ônus havia de ser a ele atribuído, ele revelou o crime:

– Coloquei debaixo da soleira da porta de fora da casa uma serpente. Se de lá ela for removida, a fecundidade retornará aos moradores.

E tal foi o que aconteceu. Embora a serpente não tenha sido mais encontrada, já que depois de tanto tempo ficara reduzida a pó, após a remoção de todo um pedaço do chão do local indicado a fecundidade voltou à esposa do infeliz e a todos os animais.

Outro caso aconteceu há cerca de uns quatro anos, em Reichshofen. Lá existiu uma bruxa das mais notáveis: por um simples toque ela enfeitiçava as mulheres e causava-lhes aborto. Ora, sucedeu de a esposa de um certo nobre do lugar ficar grávida. Para dela cuidar foi contratada uma parteira. A mulher foi então aconselhada pela parteira a não mais se afastar do castelo e, acima de tudo, não entabular conversa alguma com a afamada bruxa. Depois de algumas semanas, esquecida do aviso da parteira, numa ocasião festiva, a mulher resolveu ir ao encontro de algumas amigas. No caminho, resolveu sentar-se um pouco para descansar. Dela aproximou-se então a tal bruxa, e, como que com o propósito de cumprimentá-la, colocou ambas as mãos em seu estômago. Repentinamente, ela sentiu a criança mover-se em dores. Assustada, voltou para o castelo e contou à parteira o que acontecera. Ao que a parteira exclamou:

– Ai de ti! Pois já perdestes o teu filho.

E assim aconteceu. Ao chegar a sua hora, deu à luz não uma criança morta e inteira. Mas uma criança que saiu aos pedaços: primeiro a cabeça, depois os pés, depois as mãos. E essa grande aflição foi permitida por Deus para castigo de seu marido, cuja tarefa era a de trazer bruxas à justiça e vingar-lhes as ofensas ao Criador.

Houve também o caso de um jovem na cidade de Mersburg, da diocese de Constance, bastante peculiar. Recaiu sobre ele um malefício que o impossibilitava de manter relações carnais com qualquer mulher, exceto com uma. Muitos ouviram-no dizer que, muitas vezes, quisera recusar aquela mulher e fugir para outras terras. Mas até então não conseguira: era obrigado a levantar-se na noite e a voltar para ela rapidamente, às vezes por terra, noutras pelo ar, como que voando.

CAPÍTULO VII

De como as bruxas, por assim dizer, privam um homem de seu membro viril.

Já demonstramos que elas são capazes de remover o órgão masculino, não de fato arrancando-o do corpo humano, mas ocultando-o através de algum encanto, do modo como já descrevemos. Contaremos aqui alguns exemplos desses casos.

Na cidade de Ratisbon vivia um jovem que, depois de uma briga com uma certa menina, desejando abandoná-la, ficou sem o membro. Foi-lhe, digamos, lançado algum encanto de forma que em seu corpo ele nada via ou tocava – era perfeitamente liso. Preocupado com o que lhe ocorrera, foi a uma taberna beber vinho. Depois de lá sentado por alguns momentos, entabulou conversa com uma das mulheres da taberna e acabou contando-lhe toda a sua tristeza, explicando-lhe tudo, e mostrando a ela como seu corpo ficara. A mulher, astuta, perguntou se ele não suspeitava de ninguém que o tivesse encantado. Ele então falou-lhe da tal menina, revelando à mulher toda a história, ao que ela o aconselhou:

– Se não bastar a persuasão, é melhor que uses de alguma violência para fazê-la restaurar a tua saúde.

E assim, naquela mesma noite, o jovem ficou a postos no caminho por onde a bruxa costumava passar. Quando ela se aproximou, interpôs-se-lhe no caminho e suplicou-lhe que restituísse a saúde de seu corpo. A moça sustentou que era inocente e que nada sabia a respeito. Ele então jogou-se em cima dela e, enlaçando-a pelo pescoço com uma toalha, avisou:

– A menos que me devolvas a minha saúde, hás de morrer nas minhas mãos.

A bruxa, impossibilitada de gritar, e com o rosto já inchado e lívido, balbuciou:

– Deixa-me ir que vou te curar.

O jovem afrouxou a toalha e a bruxa imediatamente tocou-o com a mão entre as coxas, dizendo:

– Agora tens de volta o que desejas.

O jovem contou depois que, mesmo antes de olhar ou palpar, sentiu que o membro lhe fora restituído pelo mero toque da bruxa.

Experiência semelhante é narrada por certo padre venerável da Casa Dominicana de Spires, muito conhecido na ordem pela honestidade de sua vida e pela sua instrução.

– Certo dia – disse ele –, estava eu no confessionário e aproximou-se um jovem que, em meio à sua confissão, pesarosamente, contou que perdera o membro. Atônito, e não querendo dar-lhe crédito com facilidade, pois que é prova de imprudência, segundo os sábios, acreditarmos em tudo o que ouvimos, pedi-lhe uma prova do que me dizia. O jovem, então, tirou as roupas e pude ver que nada havia em seu corpo. Perguntei-lhe, portanto, se suspeitava de alguém que o tivesse enfeitiçado; ao que ele respondeu: "Sim. Mas por uma moça que estava ausente e que vivia em Worms." E eu lhe disse:

– Aconselho-o então a procurá-la o mais depressa possível e tentar convencê-la, mesmo com palavras amáveis e com promessas, a desfazer esse canto.

E assim ele fez. Depois de alguns dias, retornou e me agradeceu. Estava completamente recuperado. Embora acreditasse em suas palavras, tive a prova, mais uma vez, pelos meus próprios olhos.

Ora, para maior clareza do que já relatamos a respeito desse assunto é preciso reparar em alguns pontos. Primeiro, não se há de acreditar que o membro é de fato arrancado do corpo. Ele é apenas ocultado por alguma arte prestidigitatória do Diabo de sorte a não ser visto nem sentido. O fenômeno é provado pelas autoridades e por argumentos; disso tratamos antes. Convém relembrar que Alexandre de Hales afirma que fascinação, em seu verdadeiro sentido, é uma ilusão diabólica nunca causada por qualquer alteração material: só existe na percepção do iludido, seja em seus sentidos interiores, seja em seus sentidos exteriores.

Com referência a essas palavras, é preciso ressaltar que, no caso em consideração, dois dos sentidos exteriores – o da visão e o do tato – foram iludidos. A ilusão não se deu nos sentidos interiores – no senso comum, na fantasia, na imaginação, no pensamento e na memória. (Lembre o leitor que Santo Tomás diz serem estes só quatro, ao considerar como um só a fantasia e a imaginação. E não sem razão: pois pouca diferença há entre imaginar e fantasiar. Consultar Santo Tomás, I, 79.) Os sentidos interiores são iludidos quando se quer não ocultar algo de um homem, mas fazer com que ele veja algum espectro, esteja ele dormindo ou acordado.

Quando um homem acordado vê coisas que sob outros aspectos não são o que parecem – como ver alguém devorar um cavalo e o cavaleiro, um homem transformado em fera, ou então se julgar transformado numa fera e sentir necessidade de juntar-se a elas –, os sentidos exteriores são empregados pelos sentidos interiores. Pois pelos poderes dos Demônios, com a permissão de Deus, as imagens há muito retidas nesse repositório de lembranças que é a memória são de lá retiradas e apresentadas à faculdade da imaginação. Cumpre aditar que tais imagens não são retiradas do entendimento intelectual mas sim da memória, que se situa atrás, na cabeça. São assim de tal forma revividas na imaginação que o homem recebe o impulso inevitável de imaginar, por exemplo, uma fera ou um cavalo, quando estas são as imagens de lá retiradas pelos Demônios. E se vê forçado a pensar que de fato está enxergando aquela fera ou aquele cavalo. E isso parece ocorrer por causa da força impulsiva do Diabo, que opera por meio de imagens.

Não é de admirar que os Demônios sejam capazes de tais prodígios, quando certos fenômenos naturais anormais apontam para o mesmo resultado, como no caso dos loucos desvairados, e dos maníacos e de alguns bêbados, incapazes de discernir entre o sonho e a realidade. Os loucos julgam ver coisas maravilhosas, tais como bestas e outras feras tenebrosas, quando na realidade não estão vendo nada. Consultar a questão "Se as bruxas são capazes de virar o intelecto dos homens para o amor ou para o ódio", onde muito se falou a respeito.

E, por fim, a razão é evidente por si mesma. Como o Diabo exerce o seu poder sobre as coisas inferiores, à exceção da alma, é capaz de nelas causar certas alterações, quando Deus o permite, de sorte a que pareçam o que não são. E tal efeito é por ele conseguido ao confundir ou ao iludir o órgão da visão, fazendo com que um objeto claro fique turvo – como depois do choro, quando a luminosidade, em virtude dos humores recolhidos, parece diversa de antes. Ou então ao agir sobre a faculdade da imaginação, através da transmutação das imagens mentais, conforme já se explicou. Ou ainda ao ativar vários humores de sorte a fazer com que elementos telúricos e secos pareçam ígneos e aquosos – como alguém que despe a todos dentro de casa sob a impressão de estarem nadando, dentro d'água.

Cabe ainda indagar, com referência a tais métodos demoníacos, se essa espécie de ilusão pode indiferentemente acontecer aos bons e aos maus, já que certas enfermidades do corpo, conforme se há de mostrar mais adiante, são causadas pelas bruxas mesmo nos que se encontram em estado de graça. Cumpre declarar que não, acompanhando as palavras de Cassiano na segunda *Collatione* do abade Sereno. Aonde é necessário concluir que todos assim iludidos cometem, presumivelmente, um pecado mortal. Pois que esse autor diz, conforme se depreende das palavras de Santo Antônio: "O Diabo não penetra de forma alguma no intelecto ou no corpo de qualquer homem, nem tem o poder de entrar nos pensamentos de qualquer um, salvo se esse homem já se achava despojado de todos os pensamentos santos, já completamente despido de toda e qualquer contemplação espiritual."

Tal opinião concorda com a de Boécio ao dizer, no *De Consolatione Philosophiae*: "Demos a vós armas tais que, se não as tivésseis jogado fora, estaríeis preservados da enfermidade."

Conta-nos também Cassiano, na mesma obra, de duas feiticeiras pagãs que, cada uma à sua maneira, enviaram à cela de Santo Antônio uma sucessão de Demônios, pelo ódio que cultivavam contra ele por ser muito procurado por várias pessoas todo dia. E tais Demônios o assaltaram com o esporão das mais agudas tentações. Mesmo assim o santo homem resistiu-lhes, fazendo o sinal da cruz na testa e no peito e prostrando-se na mais fervorosa das orações.

Podemos dizer, portanto, que todos os que são iludidos por Demônios, para não falar do padecimento de enfermidades físicas, carecem do dom da graça divina. Porque está escrito (Tobias, 6): "O Demônio tem poder sobre os que se submetem à luxúria."

Tal também é consubstanciado pelo que dissemos na Parte I, na questão "Se as bruxas são capazes de transformar os homens em bestas". Contamos da menina que fora transformada em égua e de que modo ela e todos os demais foram persuadidos do fenômeno, exceto São Macário. Pois o Diabo é incapaz de iludir os sentidos dos homens santos: quando a menina foi trazida até ele, o santo viu-a como mulher e não em forma de égua, enquanto todos diziam que era com uma égua que ela se parecia. E o santo, através de orações, libertou-a e aos outros daquela ilusão, dizendo que aquilo lhe acontecera porque ela não dera a devida atenção ao sagrado, nem usara como deveria da santa confissão e da eucaristia. Na verdade, fora enfeitiçada por uma judia, também feiticeira, a pedido de um jovem que lhe fizera uma proposta obscena que recusara. A bruxa, pelos poderes do Diabo, transformou-a então numa égua.

Agora podemos fazer uma súmula de nossas conclusões. Os Demônios são capazes, para o próprio proveito e provação, de prejudicar o homem bom nos bens materiais, vale dizer, na fortuna, na fama e na saúde do corpo. Límpida é essa verdade no caso de Jó, afligido por males diabólicos. Os homens bons, embora não possam ser levados ao pecado, podem ser tentados na carne, interior e exteriormente. Os Demônios, assim, não são capazes de afligir os homens bons, nem ativa, nem passivamente.

Não ativamente, como ao iludirem os que não se acham em estado de graça. E não passivamente, como ao removerem os órgãos genitais masculinos por algum encanto. Pois que nesses dois sentidos jamais teriam prejudicado a Jó, mormente por algum encanto passivo sobre o ato venéreo. Porquanto Jó era de uma tal continência que chegou a declarar: "Jurei nunca pensar numa virgem e muito menos na mulher de outro homem." No entanto, o Diabo sabe que tem grande poder sobre os pecadores (ver Lucas, 11: "Quando um homem forte guarda armado a sua casa, estão em segurança os bens que possui.").

Cabe, porém, indagar, quanto aos encantos sobre o órgão genital masculino, se o Demônio não poderia causá-los de forma ativa. Alega-se que o homem em estado de graça se acha iludido porque, em vez de enxergar o membro no seu devido lugar, não o vê, junto com os demais circunstantes; no entanto, ao admitirmos tal enunciado, parece estarmos contradizendo o que foi dito. Pode-se dizer que não há tanta força na perda ativa quanto na passiva; entenda-se por perda ativa não a de quem a sofre, mas a de quem a vê de fora, como é evidente por si mesmo. Portanto, embora o homem em estado de graça possa ver a perda sofrida por outro, sendo, nessa medida, iludido pelo Demônio, não é capaz de sofrer passivamente tal perda em seu próprio corpo, pois que não está sujeito à luxúria. De forma análoga, o inverso é verdadeiro, conforme disse o anjo a Tobias: "Sobre os que se submetem à luxúria, o Demônio tem poder."

E o que se há de pensar das bruxas que, vez por outra, reúnem membros masculinos em grande número, num total de vinte ou trinta, e os colocam em ninhos de pássaros ou em caixas, onde se movem como se estivessem vivos e comem grãos de aveia e de trigo? Cumpre entender que tudo isso é feito por obra e ilusão do Diabo: o sentido dos que veem tais coisas se acham iludidos na direção que indicamos. Pois um certo homem contou-nos que, quando perdeu o seu membro, aproximou-se de uma conhecida bruxa e pediu-lhe que o restituísse. A mulher disse-lhe então para que subisse numa determinada árvore e que, no ninho que lá se encontrava, escolhesse o membro que mais lhe agradasse dentre os muitos que havia. E quando ele tentou pegar um bem grande, a bruxa disse:

– Não deves pegar esse aí, porque era de um pároco.

Todas essas coisas são causadas pelos Demônios através de ilusões ou de encantos, que assim confundem o órgão da visão, transmutando imagens mentais na faculdade imaginativa. E é mister que se diga que tais membros são na verdade Demônios naquela forma, da mesma maneira em que aparecem a bruxas e a homens em substância aeriforme e com eles conversam. Fazem tais prodígios também de uma forma mais simples: retirando certas imagens do repositório da memória e imprimindo-as na imaginação.

E se alguém disser que poderiam operar de forma análoga à que conversam com bruxas e com outros homens em corpos criaturais, ou seja, que poderiam causar tais aparições por alteração das imagens mentais na faculdade imaginativa, de sorte a fazer as pessoas imaginarem que estão conversando com Demônios em forma humana, embora estivessem na realidade sob efeito apenas de uma ilusão causada por alguma alteração das imagens mentais nas percepções interiores.

É preciso que se diga: se o Demônio não tivesse qualquer outro propósito que não o de mostrar-se aos homens, não haveria de adquirir feição corporiforme: poderia realizar o seu propósito pela ilusão acima mencionada. Mas ele tem um outro propósito, a saber, o de falar e o de comer com as bruxas e com elas praticar outras abominações. Portanto, é necessário que esteja de fato presente, colocando-se à vista, em forma de corpo humano. Pois que, como diz Santo Tomás:

"Onde se encontra a força de um anjo, lá ele opera."

Poder-se-ia perguntar se o Demônio por si só, sem o auxílio de qualquer bruxa, consegue remover o membro viril de algum homem, ou se haveria alguma diferença entre um tipo de privação e o outro. Primeiro, o Demônio o remove de fato e o restaura quando é para ser restaurado. Segundo, como o membro não pode ser removido sem lesão, não o há de ser sem dor. Terceiro, o Demônio nunca age dessa forma sem ser obrigado por algum anjo bom, pois este, ao assim proceder, retira do Demônio grande fonte de satisfação diabólica; porque sabe ser o Demônio capaz de realizar mais bruxarias sobre o ato venéreo que sobre qualquer outro ato. Deus assim o permite. Mas nenhum desses pontos se aplica ao caso da sua ação por intermédio das bruxas, com a permissão de Deus.

E ao se indagar se o Demônio não seria capaz de causar maiores males aos homens e às criaturas por si mesmo do que pela intermediação das bruxas, cabe responder que não há termo de comparação entre os dois casos. Pois que ele é muito mais capaz de causar males por meio das bruxas. Primeiro, porque assim mais ofende a Deus, ao usurpar-Lhe criaturas que a Deus eram dedicadas. Segundo, porque quanto mais a Deus ofende, mais poder lhe é concedido para prejudicar as criaturas. E, terceiro, para o seu próprio proveito, ou seja, para a perdição das almas.

CAPÍTULO VIII

De como os homens são transformados em bestas: a metamorfose.

As bruxas, pelos poderes do Diabo, transformam os homens em feras – essa a sua principal forma de transmutação. E embora o assunto tenha sido desenvolvido pormenorizadamente na Parte I do livro, na Questão X, pode ser que ainda não esteja perfeitamente esclarecido para alguns leitores, sobretudo por não se ter aditado exemplos para provar os argumentos expostos. Nem tampouco o método usado na metamorfose foi explicado. Passemos pois ao esclarecimento das diversas dúvidas.

Para começar, tornamos a reprisar aquela passagem canônica já mencionada (26, quinta questão, *Episcopi*), que não há de ser interpretada como querem alguns. Esses doutores equivocados não hesitam em afirmar publicamente, em seus sermões, que tais transmutações prestidigitatórias não existem nem são possíveis mesmo pelos poderes do Demônio. Declaramos que tal doutrina muito contribui para a detração da fé, fortalecendo as bruxas, que muito se regozijam ao ouvirem tais palavras.

Esses pregadores, na verdade, passam por alto sobre a questão e não penetram no significado profundo e verdadeiro do Cânon. O texto diz, literalmente: "O que crê que quaisquer criaturas possam ser feitas, ou possam ser mudadas para melhor ou para pior, ou possam ser transformadas em outras, de outro aspecto ou aparência, exceto pelo poder do Criador, que a todas fez, esse é, sem dúvida, um infiel..."

Pois bem: o leitor deve atentar para dois trechos: primeiro, o que diz que criaturas possam "ser feitas"; segundo, o que diz que "possam ser transformadas em outras, de outro aspecto". "Ser feitas" é expressão que pode ser entendida de duas maneiras: ou no sentido de "ser criadas" ou no sentido da produção natural de qualquer coisa. Ora, no primeiro caso, temos que o criar pertence tão somente a Deus, como bem se sabe, pois só Deus é capaz de, na Sua onipotência, criar algo do nada.

No segundo sentido, porém, é preciso que se faça uma distinção entre as criaturas. Algumas são perfeitas, como os homens, os jumentos etc. Outras são imperfeitas, como as serpentes, as rãs, os ratos etc., porque também podem ser geradas por putrefação. Ora, o Cânon só se refere ao primeiro sentido, não ao segundo. Nesse último caso, se pode ter a prova no que diz Santo Alberto no livro *Sobre os animais,* ao indagar: "Podem os Demônios gerar animais verdadeiros?" O autor declara que sim, mas só os animais imperfeitos, e ainda com uma diferença: não conseguem gerá-los instantaneamente, como Deus é capaz, mas através de algum movimento, por mais breve que seja, como se mostrou no caso dos magos do faraó (Êxodo, 7). O leitor pode consultar os apontamentos feitos na questão já mencionada da Parte I e a solução do primeiro argumento.

Em segundo lugar, diz-se não serem eles capazes de transmutar qualquer criatura. Podemos afirmar que as transmutações são de dois tipos. Ora são substanciais, ora acidentais. As transmutações acidentais também se subdividem em dois grupos: as que se processam de forma natural e que pertencem à coisa que é vista e as que não pertencem à coisa que é vista. O Cânon fala da primeira, mormente da transmutação real e formal, em que uma substância é transmutada em outra. Trata-se de efeito que só Deus pode realizar, por ser o Criador de todas as substâncias reais. E fala também da segunda, não obstante possa o Demônio operá-las, como a permissão de Deus, já que é capaz de causar doenças e de induzir certas transformações nos corpos acidentais. Como ao fazer com que um rosto normal pareça leproso e coisas semelhantes.

Ora, na verdade não são esses temas que estão em questão e sim as aparições e os encantos através dos quais as coisas parecem ser transmutadas em outras, de outra aparência; afirmamos que as palavras do Cânon não excluem tais transmutações: sua existência é provada pela razão, pela autoridade e pela experiência. Ou seja, por certas experiências relatadas por Santo Agostinho no 18º livro, 17º capítulo, em *De Ciuitate Dei,* e pelos argumentos empregados na sua explicação. Pois, entre outras transformações prestidigitatórias, faz menção à famosa bruxa Circe, que transformou em bestas os companheiros de Ulisses, e às esposas dos estalajadeiros, que transformaram seus hóspedes em bestas de carga. Faz menção também aos companheiros de Diomedes, transformados em pássaros e que por muito tempo sobrevoaram o seu templo; e ao pai de Praestantius que, se julgando um burro de carga, passou, com outros animais, a transportar trigo.

Ora, quando os companheiros de Ulisses foram transformados em bestas, tal só se deu na aparência, por alguma ilusão. Pois que as formas dos animais foram retiradas da memória, do repositório de imagens, e impressas na faculdade da imaginação. Gerou-se assim a visão imaginária: através de forte impressão sobre os outros sentidos e órgãos, o observador pensou ver animais, do modo como contamos. Mas de que modo tais prodígios são executados pelos Demônios sem qualquer prejuízo ou lesão para a vítima será mostrado mais adiante.

Quando, no entanto, os convidados foram transformados em bestas de carga pelas mulheres dos estalajadeiros e quando o pai de Praestantius teve a impressão de estar transformado num burro de carga e de ter transportado trigo, havemos de reparar que nesses casos foram três as ilusões.

Primeiro, há de ter sido por encanto que os homens foram transformados em bestas de carga, exatamente do modo como explicamos. Segundo, os Demônios, invisivelmente, hão de ter suspendido as cargas quando muito pesadas para serem transportadas. Terceiro, hão de ter sido transformados em bestas aos olhos de todos e a seus próprios; como aconteceu a Nabucodonosor, que durante sete anos ficou pastando ervas como um boi (Daniel, 4).

Quanto aos companheiros de Diomedes, que foram transformados em pássaros e que ficaram sobrevoando o templo, cabe dizer o seguinte: Diomedes fora um dos gregos participaram do cerco de Troia. Ao desejar retornar para casa, acabou morrendo afogado, junto com seus companheiros. Depois, por sugestão de algum ídolo, foi construído um templo em sua homenagem, para que pudesse ser contado entre os deuses. E então, por muito tempo, para que se mantivesse aquele mito herege vivo, os Demônios, em forma de pássaros, ficaram sobrevoando o templo, em vez de seus companheiros. Vemos assim que se trata de uma superstição do tipo da que antes falávamos. Não era causada pela impressão de imagens mentais sobre a faculdade da imaginação, mas pelo seu voo, à vista dos homens em corpos de pássaros.

Mas ao perguntarmos se os Demônios poderiam iludir os circunstantes por mera operação sobre as imagens mentais e não por corporificação, de substância aeriforme, à semelhança de pássaros voadores, vale responder que sim.

Pois, segundo a opinião de alguns (como revela Santo Tomás no *Segundo livro das sentenças*, oitavo dist., segundo art.), nenhum anjo, bom ou mau, jamais assumiu a forma de um corpo: tudo o que lemos nas Escrituras a esse respeito ou foi causado por encanto, ou por alguma visão imaginária.

E aqui o douto santo faz notar uma diferença entre encanto e visão imaginária. No encanto, pode haver um objeto exterior para ser visto, embora pareça o que não é. Já a visão imaginária não requer a presença do objeto, pode ser causada sem ele e só pela imagem interior registrada na imaginação.

Assim, seguindo essa opinião, os companheiros de Diomedes não foram representados por Demônios nos corpos aparenciais de pássaros, mas só o foram por uma visão fantástica e imaginária na mente dos que os viam.

O douto santo, contudo, condena essa opinião como errônea, embora não realmente herética, pois que os anjos bons e maus, muitas vezes, apareceram na imaginação dos homens, sem corpo real, mas em outras apareceram de fato, em corpo assumido. E é a estes que os textos escriturísticos mais se reportam, não aos imaginários. Portanto, o melhor a presumir da história de Diomedes é que o que os circunstantes viam eram na verdade Demônios em forma de pássaros ou pássaros naturais usados pelos Demônios para representá-los.

CAPÍTULO IX

De como os Demônios penetram no corpo e na cabeça do homem sem o ferir, ao realizarem as metamorfoses por prestidigitação.

A respeito do método usado para causar tais transmutações ilusivas cabe perguntar: se os Demônios haviam de estar dentro dos corpos e das cabeças dos iludidos, e se estes haviam de estar possuídos pelos Demônios, de que modo pode ocorrer sem qualquer ferimento a transferência de certas imagens de uma faculdade interior para outra; e se tais obras devem ser consideradas miraculosas.

Primeiro é necessário distinguir entre encanto e visão imaginária. No primeiro, só a percepção exterior é afetada, mas na segunda as percepções interiores é que o são, e através delas é que se alteram as percepções externas.

No primeiro caso, o encanto pode ser causado sem que os Demônios tenham de penetrar nas percepções externas – trata-se de mera ilusão exterior. É o que ocorre quando o Demônio quer ocultar um corpo pela interposição de outro quando assume a forma de determinado corpo e se impõe ao sentido da visão.

No último caso, é necessário que ocupe, primeiro, a cabeça e as faculdades. O que se prova pela autoridade e pela razão.

Não é objeção válida afirmar que dois espíritos criados não podem estar em um mesmo lugar e que a alma impregna a totalidade do corpo. Pois que a respeito dessa questão contamos com a autoridade de São João Damasceno, ao dizer: "Onde um anjo está, lá ele opera." E Santo Tomás, no *Segundo livro das sentenças*, dist. 7, art. 5, ao declarar: "Todos os anjos, bons ou maus, pelo seu poder natural, que é superior a todos os poderes corpóreos, são capazes de transmutar os nossos corpos."

Pois que isso é preclara verdade não só por causa da excelsa nobreza de sua natureza superior, mas também por causa do fato de todos os mecanismos do mundo e todos os corpos criaturais serem administrados por anjos; como diz São Gregório no quarto diálogo: "No mundo visível nada é por ninguém disposto exceto pelas criaturas invisíveis." Portanto, todos os corpos materiais são governados pelos anjos, que são denominados, não só pelos santos doutores, mas também por todos os filósofos, de forças que movem os astros. Claro está também pelo fato de que todos os corpos humanos são movidos pelas suas almas, assim como toda matéria é movida pelos astros luminosos e pelas forças que os movem.

Do que se conclui que os Demônios hão de encontrar-se na fantasia e nas percepções internas que confundem, já que sempre operam onde se encontram.

Há de dizer-se que, uma vez mais (embora penetrar na alma seja só a Deus permitido), os Demônios são capazes, com a permissão divina, de penetrar nos corpos, onde podem causar impressões sobre as faculdades internas correspondentes aos órgãos internos. E através de tais impressões afetá-los na proporção em que as percepções o são, da forma como já demonstramos: transpondo as imagens retidas nas faculdades correspondentes a um ou mais sentidos, assim como transfere da memória, que se localiza na região posterior da cabeça, a imagem de um cavalo para o meio da cabeça, onde se encontram as células da força imaginativa, e daí, enfim, para o sentido da razão, que se situa na frente da cabeça. Causam assim uma tal alteração e confusão que tais imagens são percebidas como se fossem objetos ou coisas reais diante de nossa vista. Tal fenômeno é claramente exemplificado pelos defeitos naturais dos loucos e de outros maníacos.

É, ademais, simples explicar o modo pelo qual realizam tal prodígio sem causar dor na cabeça. Em primeiro lugar, não causam qualquer alteração física nos órgãos, o que fazem é só mover as imagens mentais. Em segundo lugar, não promovem tal fenômeno injetando qualquer princípio ativo, que causaria dor necessariamente, já que Demônios não possuem em si qualquer princípio material. Tudo o que produzem, fazem-no sem usar qualquer princípio dessa natureza. Em terceiro lugar, conforme já dissemos, os efeitos dessas transmutações são produzidos tão somente pelo movimento local de um órgão para outro, e não por outros movimentos por meio dos quais se determinam, muitas vezes, certas transformações dolorosas.

A objeção de que dois espíritos não são capazes de ocupar a um só tempo o mesmo lugar (porque, sendo a cabeça habitada pela alma, como lá caberia também o Demônio?), pode-se responder dizendo que a alma, acredita-se, reside no centro do coração, de onde se comunica com todos os membros por verdadeira efusão de vida. Exemplo é dado pela aranha que, do meio de sua teia, percebe quando qualquer parte dela é tocada.

Entretanto, Santo Agostinho diz em seu tratado *De Natura et Origine Animae* que "o todo está no todo, e o todo está em todas as partes do corpo". Mesmo considerando que a alma esteja na cabeça, o Diabo é capaz de lá operar, pois que sua operação é diversa da operação da alma. A alma atua sobre o corpo, dá-lhe a sua forma e o enche de vida. Logo, habita não só um determinado local, mas se estende ao corpo inteiro. O Diabo, sim, é que opera em determinado lugar no corpo, promovendo as alterações com relação às imagens mentais. Portanto, como não há confusão entre as suas operações respectivas, podem ambos coexistir numa mesma parte do corpo.

À questão da possessão dos homens pelo Demônio convém responder considerando-a em duas partes. Primeiro, se é possível que um homem seja possuído pelo Demônio por intermediação das bruxas. Se as bruxarias de fato fazem com que um homem seja possuído é problema a ser analisado no capítulo seguinte.

À questão de as obras das bruxas e dos Demônios serem consideradas milagres ou de natureza miraculosa convém responder que sim, na medida em que se acham além da ordem da natureza criada, conforme nos é dado conhecê-la, e na medida em que são executadas por criaturas desconhecidas por nós. Mas não são milagres no sentido daqueles feitos fora da totalidade da natureza criada. Como o são os milagres de Deus e os dos santos. (Ver o que dissemos a respeito na Parte I desta obra, na Questão V, e na refutação do terceiro erro.)

Ora, existem aqueles que objetam que essa espécie de obra não deva ser considerada milagre, e sim mera obra do Demônio; já que a finalidade dos milagres é o fortalecimento da fé, não devem ser atribuídos aos adversários desta. E também porque os sinais do Anticristo são chamados de sinais enganadores pelo apóstolo Paulo (II Tessalonicenses, 11).

O primeiro há de dizer-se que para operar milagres é mister que o dom da graça seja recebido livremente. Destarte, só podem ser feitos pelos homens bons ou maus no limite dos seus poderes.

Pelo que os milagres operados pelos bons são distinguidos dos realizados pelos perversos pelo menos em três aspectos. Primeiro, os bons operam milagres pela própria força divina, que se acha acima de sua capacidade natural – é assim que ressuscitam os mortos, e coisas semelhantes, que os Demônios só conseguem realizar por ilusão. Foi assim que o mago Simão moveu a cabeça do morto. Mas tais manifestações não duram muito tempo. Segundo, são distinguidos pela sua utilidade. Os milagres dos bons são de natureza útil, como a cura dos doentes de atos semelhantes. Mas os milagres realizados pelas bruxas relacionam-se a coisa prejudiciais e hereges, como ao voarem, ao paralisarem os membros dos homens etc. E São Pedro indica tais diferenças no *Itinerarium* de Clemente.

A terceira diferença diz respeito à fé. Pois os milagres dos bons são operados para a edificação da fé e das boas almas. Já os milagres dos perversos são manifestamente prejudiciais à fé e à retidão das almas.

São distinguidos também pelo modo pelo qual são operados. Pois que os bons fazem milagres pela invocação piedosa e reverente do nome Divino. As bruxas, porém, e os homens perversos operam-nos através de certos frenesis e pela invocação dos Demônios.

Não admira que o apóstolo tenha se referido às obras dos Demônios e do Anticristo como prodígios enganadores, pois que os portentos assim feitos com a permissão divina são verdadeiros em certos aspectos, mas falsos em outros. São verdadeiros enquanto se encontram nos limites do poder de Satanás, mas falsos quando estão além desse poder, como, por exemplo, na ressuscitação dos mortos e na cura da cegueira. Pois na ressuscitação de um morto ou Satanás penetra no corpo do morto ou remove e toma o seu lugar com outro corpo etéreo, de substância aeriforme. No outro exemplo, ele retira a visão da pessoa por algum encanto e, repentinamente, a restitui, eliminando a incapacidade que ele mesmo causara. E sempre sem trazer à luz as percepções internas, como é contado na lenda de Bartolomeu. Com efeito, todas as obras maravilhosas do Anticristo e das bruxas podem ser consideradas prodígios enganadores ou falsos, na medida em que sua única finalidade é nos enganar. Consultar Santo Tomás, dist. 8, *De Uirtute Daemonum*.

Podemos aqui também mencionar a distinção feita entre prodígio e milagre, colhida no *Compendium* da verdade teológica. Para se falar em milagre, quatro condições são necessárias: que tenha sido feito por Deus; que tenha ultrapassado a ordem natural existente; que seja manifesto; e que seja para a corroboração da fé. No entanto, como as obras das bruxas não atentam ao menos a primeira e a quarta condições, não podem ser chamadas de milagres, e sim de prodígios apenas.

Essa distinção pode ainda ser apresentada de outra forma. Embora as obras das bruxas sejam, num certo sentido, miraculosas, cumpre entender que existem milagres sobrenaturais, inaturais e preternaturais. São sobrenaturais quando a nada se comparam na natureza, ou superam as força naturais – por exemplo, a concepção numa virgem etc. São inaturais quando vão contra o curso normal da natureza, embora não ultrapassem os seus limites – por exemplo, quando um cego passa a enxergar etc. E são preternaturais quando são feitos de forma paralela à natureza – por exemplo, quando bastões são transformados em serpentes, já que tal fenômeno pode se dar naturalmente também, através de longo processo de putrefação em virtude de razões seminais. E destarte as obras dos magos podem ser consideradas miraculosas.

É oportuno trazer aqui um exemplo real e então explicá-lo passo a passo. Certo dia, numa cidade da diocese de Estrasburgo, cujo nome não convém mencionar, um trabalhador cortava lenha nas proximidades de sua casa quando, repentinamente, apareceu-lhe à frente um enorme gato e o atacou. Enquanto tentava afastar de si o animal, apareceu-lhe outro, ainda maior, e também o atacou, ainda mais furiosamente. Antes mesmo que os afugentasse, foi atacado por um terceiro. Os três, então, saltaram sobre o seu rosto, e o morderam e o arranharam nas pernas. Tomado de grande pavor, como nunca sentira antes, o homem fez o sinal da cruz e, abandonando o que fazia, atirou-se sobre os gatos que, trepados na lenha empilhada, tentavam arranhar-lhe com as unhas a garganta e o rosto. Só com muita dificuldade o homem conseguiu enxotá-los, acertando um na cabeça, outro nas pernas e outra nas costas. Depois de uma hora, ainda cortando lenha para o fogo, aproximaram-se dois funcionários da corte de justiça local e, acusando-o de malfeitor, prenderam-no e o levaram à presença do juiz. O juiz, olhando-o a distância, recusou-se a ouvi-lo e ordenou que o jogasse na mais funda das masmorras de uma das torres da prisão, onde ficavam presos os condenados à morte. Durante três dias o homem ficou reclamando e protestando junto aos guardas, perguntando-lhes que crime cometera para sofrer daquele jeito. Porém, quanto mais os guardas procuravam arranjar-lhe uma audiência, mais furioso ficava o juiz, exprimindo a sua indignação nos termos mais ásperos – como um criminoso daqueles não reconhecia o seu crime? Como ousava proclamar a sua inocência, quando a evidência dos fatos denunciava o seu horrendo crime? No entanto, embora a opinião dos guardas não pudesse prevalecer sobre a do juiz, acabaram eles por convencê-lo, graças ao conselho de outros magistrados, a conceder ao pobre homem uma audiência. Quando, ao ser conduzido ao tribunal, o juiz recusou-se a olhá-lo, o pobre homem atirou-se ao chão de joelhos diante dos outros magistrados e suplicou-lhe para saber a razão da sua desgraça. O juiz, então, explodiu:

– Como te atreves, tu, o mais perverso dos homens, a não reconhecer o teu crime? Em tal dia e a tal hora atacaste e bateste em três matronas respeitadas desta cidade, a tal ponto que hoje se acham acamadas, impossibilitadas de levantar e até mesmo de se mover.

O infeliz homem tentou lembrar-se do que acontecera naquela dia e retorquiu:

– Nunca em toda minha vida ataquei ou bati em uma mulher, e posso provar, com testemunhas de confiança, que àquela hora, no dia a que o juiz se refere, eu estava ocupado cortando lenha. Quando os oficiais de justiça lá chegaram, eu ainda estava ocupado em minha tarefa.

O juiz exclamou, furioso:

– Vejam como ele tenta ocultar o seu crime! As mulheres lastimam-se dos socos, mostram as marcas e publicamente atestam que foram atacadas.

O pobre homem, então, considerando com mais atenção o que lhe acontecera, relembrou:

– De fato, naquele dia, cheguei a atacar certas criaturas mas que, com certeza, não eram mulheres. – Os magistrados, estarrecidos, pediram-lhe para explicar que espécie de criaturas ele agredira. Narrou-lhes então o homem, para seu assombro, o que lhe acontecera. Assim, compreendendo que tudo aquilo fora obra de Satanás, libertaram-no e o deixaram sair ileso, pedindo-lhe para que não comentasse o assunto com ninguém. Não obstante, o assunto ficou conhecido dos devotos zelosos da fé.

Ora, cabe agora perguntar se os Demônios lhe apareceram naquelas formas criaturais sem a presença das bruxas ou se elas estiveram de fato presentes, convertidas, por algum encanto, na forma daqueles animais. Cabe ressaltar que, embora os Demônios possam ter agido dos dois modos, há de presumir-se que, nesse caso, tenham optado pelo segundo deles. Pois ao atacarem o homem em forma de gatos podiam, repentinamente, por algum movimento local através do ar, transportar as mulheres de volta para suas casas quando a vítima revidasse ao seu ataque (como gatos). Ninguém duvida que isso seja possível pelo mútuo pacto firmado entre ambos. De forma análoga, seriam capazes de ferir a vítima perfurando com agulhas a sua imagem, pintada ou esculpida em chumbo derretido. Muitos exemplos aqui poderiam ser aduzidos.

Não há de ser objeção válida o argumento de que talvez as mulheres fossem inocentes, pois, segundo os exemplos antes mencionados, os malefícios podem recair mesmo sobre pessoas inocentes, quando alguém é sem saber ferido por uma bruxa por meio de uma imagem artificial. O exemplo não é conveniente. Pois uma coisa é o indivíduo ser molestado por algum Demônio através de uma bruxa, outra coisa é ser molestado sem a participação desta. O Diabo recebe golpes na forma de um animal e os transfere a quem a ele está unido por pacto, quando age na forma daquele animal com o consentimento da pessoa envolvida. Dessa forma, portanto, ele é capaz de ferir só o culpado que com ele pactua, e não o inocente. Mas quando os Demônios visam causar males por meio de bruxas, são capazes então de, com a permissão de Deus, infligir tais crimes mesmo contra inocentes.

Entretanto, os Demônios, às vezes, com a permissão de Deus, em sua própria pessoa, atacam mesmo os inocentes. E chegaram a atacar Jó, embora não estivessem, no caso, presentes. No exemplo que mencionamos, usaram do espectro de gatos, animal que, segundo as Escrituras, é símbolo apropriado da perfídia, assim como o cão é o símbolo dos pregadores. Pois os gatos ficam sempre engordando uns aos outros. E a Ordem dos Freis Pregadores foi representada, pelo seu primeiro fundador, por um cão ladrando contra a heresia.

Logo, há de presumir-se que aquelas três bruxas atacaram o trabalhador do segundo modo, seja porque não lhes agradasse atacá-lo do primeiro, seja porque o segundo fosse mais adequado à sua curiosidade.

E eis a ordem que observaram. Primeiro, foram instadas pelos Demônios a assim proceder, não o contrário. Porquanto muitas vezes assim nos têm revelado em suas confissões, que são pelos Demônios incitadas a perpetrarem o mal, às vezes mais do que deveriam. É provável que as bruxas por sua própria vontade não teriam atacado o pobre homem.

Não há dúvida de que o motivo para os Demônios instarem-nas a agir daquela forma foi porque sabiam perfeitamente bem que, quando um crime manifesto fica sem punição, Deus é ainda mais ofendido, a Fé Católica é detratada e o número de bruxas mais cresce. Em segundo lugar, tendo recebido o seu consentimento, os Demônios transportaram os seus corpos com muita facilidade, revelando o seu poder espiritual sobre os poderes corporais. Em terceiro lugar, transformadas em gatos por algum encanto, foram obrigadas a atacar o trabalhador. Veja-se que os Demônios não as defenderam dos golpes do pobre homem, embora pudessem tê-lo feito com a mesma facilidade com que as transportaram. E permitiram que elas apanhassem e que o seu agressor fosse conhecido para que tais crimes, pelas razões já mencionadas, continuassem o castigo devido que deveria ter sido ministrado pelos pusilânimes que mostraram não ter o menor zelo pela fé.

Sabemos também do caso de um santo homem que, certa vez, deparou com o Diabo na forma de um devoto sacerdote pregando numa igreja. Sabendo em seu espírito que se tratava do Demônio, prestou atenção em suas palavras para verificar se bem ensinava aos fiéis. E vendo que sua atitude era irrepreensível e que combatia o pecado com o seu discurso, dele aproximou-se ao término do sermão e perguntou-lhe por que agia assim. Ao que o Diabo respondeu:

– Prego a verdade porque sei que os meus ouvintes só ouvem as minhas palavras mas não as seguem. Assim, mais ofendem a Deus e mais cresce o meu regozijo.

CAPÍTULO X

Do método pelo qual os Demônios, por intermédio das operações de bruxaria, às vezes possuem os homens.

Já demonstramos no capítulo precedente de que modo os Demônios conseguem penetrar no corpo humano e de que modo transportam as imagens mentais de um lugar para outro. Alguém, no entanto, poderá duvidar da sua capacidade de, à solicitação das bruxas, obsediar os homens inteiramente; ou desconhecer os vários modos de que dispõem para causar tal obsessão sem a interferência das bruxas. Para dirimir tais dúvidas, cabe-nos dar três explicações. Primeiro, quanto aos vários modos de possessão. Segundo, quanto às solicitações das bruxas e à permissão de Deus para tal. Terceiro, quanto à comprovação dos argumentos com fatos e exemplos.

Para começar, devemos lembrar de uma forma de possessão diabólica geral, que deve ser excluída das nossas considerações e que é a do pecado mortal. Santo Tomás, no terceiro livro, terceira questão, fala desse modo de possessão demoníaca ao tentar esclarecer se o Diabo sempre possui o homem substancialmente através dessa espécie de pecado. Pois que no homem sempre habita o Espírito Santo, que lhe confere a graça conforme se diz em I Coríntios, 3: "Não sabeis que sois o templo de Deus, e que o Espírito de Deus habita em vós?" E, como a culpa se opõe à graça, pareceria que forças opostas estão habitando o mesmo lugar.

Nessa passagem de Santo Tomás fica provado que a possessão diabólica de um homem pode se dar de duas formas; ora com relação à alma, ora com relação ao corpo. Mas não é possível ao Demônio possuir a alma, porque nela só Deus pode entrar. Logo, o Diabo não é a causa do pecado que o Espírito Santo permite que a alma cometa. Destarte, não há similitude entre os dois métodos de possessão.

Quanto ao corpo, porém, vemos que o Diabo é capaz de possuir o homem de dois modos, na medida em que existem duas classes de homens: a dos que se encontram no pecado e a dos que se encontram na graça. Primeiro, que o homem que se acha em pecado mortal se vê a serviço do Demônio. Este, a seu turno, na medida em que sugere o pecado, seja através dos sentidos, seja através da imaginação, habita o caráter do homem, que erra ao sabor das tentações, qual barco no mar sem timão.

O Diabo, ademais, é capaz de possuir o homem na sua essência corpórea, como fica claro no caso dos loucos. Essa questão, entretanto, pertence mais ao âmbito do castigo que do pecado propriamente. Os castigos corpóreos nem sempre são consequência do pecado, e sim são infligidos ora sobre pecadores, ora sobre inocentes. Portanto, tanto os que não se encontram no estado de graça, quanto os que nele se encontram, podem ser essencialmente possuídos pelo Demônio, de acordo com o julgamento incompreensível de Deus. E embora tal modo de possessão fuja um pouco a nossos propósitos, trataremos dele aqui para que fique a todos esclarecido que, com a permissão de Deus, os homens, por vezes, são substancialmente possuídos por Demônios a pedido das bruxas.

Seja por solicitação das bruxas ou não, os Demônios são capazes de possuir e ferir os homens de cinco modos diferentes. Quando o fazem por insistência das bruxas, maior a ofensa a Deus e maior seu poder para molestar os homens. Excetuando o fato de, por vezes, molestarem os homens através de seus haveres materiais, temos os cinco seguintes métodos de possessão: pelos seus próprios corpos; pelos seus corpos e pelas suas faculdades interiores; por tentação interior e exterior tão somente; por privar-lhes do uso da razão; por metamorfose, transformando-os em bestas irracionais. Devemos considerar cada um desses métodos separadamente.

Antes, no entanto, convém enumerarmos as cinco razões por que Deus permite que os homens sejam possuídos, por mera questão de ordem expositiva. Às vezes, os homens são possuídos em seu próprio interesse; outras o são por algum pecado menor de outro homem; em algumas, por causa de algum pecado venial que tenham cometido; às vezes, ainda, por causa de grave pecado de outro homem; em outras, enfim, por causa de seus próprios pecados graves. Por todas as razões, que ninguém duvide que Deus permite a possessão pelos Demônios a pedido das bruxas. Convém provarmos cada uma dessas razões pelas Escrituras, e não por exemplos recentes, já que os fatos novos são sempre reforçados pelos exemplos antigos.

Exemplo da primeira razão temos no *Dialogue* de Sulpício Severo, grande discípulo de São Martinho, onde nos conta do padre cujo dom da graça era tão imenso e cujo poder de exorcizar Demônios era tão grande que os afastava não só com as suas palavras mas, por vezes, com suas cartas, e até com seu cilício. E por ter ficado mundialmente famoso, sentia-se tentado pela vanglória, embora virilmente resistisse àquele vício. Mas, para que pudesse ser mais humilhado, rogou a Deus com todo o seu coração que durante cinco meses fosse possuído por um Demônio. E assim aconteceu. Ele foi de imediato possuído e teve de ser colocado a ferros, e tudo que se aplica a endemoniados lhe foi aplicado. Mas, ao final do quinto mês, viu-se imediatamente livre do espírito maligno e também da vanglória. Mas não sabemos de nenhum caso de alguém que tenha sido possuído, por esse motivo, através de bruxaria humana, embora, como dissemos antes, os critérios de Deus sejam, por vezes, incompreensíveis.

Como exemplo da segunda razão, quando alguém é possuído por algum pecado venial cometido por outra pessoa, temos o caso relatado por São Gregório. O abençoado abade Eleutério, homem devotíssimo, passava uma noite próximo a um convento de virgens. Sem que ele soubesse, foi dormir em sua cela também um menino que todas as noites costumava ser perturbado pelo Demônio. Pois naquela mesma noite o menino viu-se livre do espírito demoníaco só pela presença do padre. Quando o abade soube da história, levou o menino para um mosteiro de homens santos. Depois de alguns dias, começou a regozijar-se um tanto exageradamente da libertação do menino, dizendo a seus irmãos monges:

– O Diabo estava fazendo das suas com aquelas irmãs, mas não se atreveu a aproximar-se do menino desde que ele se aproximou dos servos de Deus! – Pois eis que de imediato o Diabo voltou a atormentar o menino. E pelas lágrimas e pelo jejum do santo homem e de seus companheiros é que conseguiram, com dificuldade, livrar o menino do Demônio, ainda no mesmo dia. E embora surpreenda que um inocente seja possuído por causa de uma leve falta cometida por outra pessoa, não admira quando homens são possuídos por seus próprios pecados veniais, ou por causa de grave pecado de outra pessoa, ou de seu próprio pecado grave, às vezes também a pedido de bruxas.

Cassia, na primeira *Collatione* do abade Sereno, dá um exemplo de como um tal Moisés foi possuído por causa de seu próprio pecado venial. Esse Moisés era um eremita de vida reta e piedosa. Mas por ter em certa ocasião discutido com o abade Macário e por ter ido longe demais ao expressar certa opinião, foi de imediato atacado por um Demônio terrível que o fez expelir seus próprios excrementos pela boca. Pois esse castigo foi infligido por Deus para sua purgação, para que nenhuma mácula de sua momentânea falta nele permanecesse. Tratou-se de uma cura miraculosa. Pois através de orações contínuas e pela submissão ao abade Macário o espírito maligno foi rapidamente afastado e nunca mais o atormentou.

Caso semelhante é relatado por São Gregório no seu *Primeiro diálogo* – o da freira que comeu alface sem ter feito o sinal da cruz e que foi livrada do espírito do mal pelo bem-aventurado padre Equício.

No mesmo *Diálogo*, São Gregório conta o caso de alguém possuído por grave pecado de outra pessoa. O bispo Fortunato afastou o Demônio de um possuído e o Demônio passou a perambular pelas ruas da cidade, sob o disfarce de peregrino, reclamando:

– Ó! Santo bispo Fortunato! Vejam o que me fez: expulsou-me da minha morada, a mim, um peregrino, e agora não encontro descanso em lugar algum.

Um homem sentado ali perto com sua mulher e filho a tudo ouviu e acabou convidando o peregrino a ir morar com eles. Ao perguntar-lhe por que fora posto na rua, o peregrino contou-lhe uma história sobre o bispo absolutamente caluniosa, na qual o homem acreditou. E, logo a seguir, o Demônio possuiu o seu filho, e, fazendo-o jogar-se no fogo, matou-o. E assim o infeliz pai entendeu a quem recebera como hóspede.

E por fim, em quinto lugar, muitos são também os exemplos de homens possuídos por causa de seus próprios pecados graves, encontrados não só nas Sagradas Escrituras como também nas paixões dos santos. Pois que em I Reis, 15, Saul foi possuído por desobediência a Deus. E, como dissemos, mencionamos todos esses exemplos para que a ninguém pareça impossível que homens sejam possuídos por causa dos crimes das bruxas, ou por sua vontade. Havemos de explicar os vários métodos dessa possessão apresentando exemplos reais.

Na época do papa Pio II, eu próprio, que agora escrevo estas linhas, antes de ingressar no Santo Ofício da Inquisição, passei pela seguinte experiência. Um certo boêmio da cidade de Dachov trouxe seu único filho, sacerdote do clero secular, a Roma para ser exorcizado, pois o rapaz estava possuído por um Demônio. Foi-me ele apresentado no refeitório. Ali nos sentamos os três; ele rogava a Deus que a viagem empreendida não fosse esforço em vão. Compadecido, perguntei-lhe qual o motivo da viagem e de sua tristeza. E ele então explicou-me o que se passava, às vistas do próprio filho, sentado ao seu lado:

– Ai de mim! Tenho um filho possuído pelo Demônio. Foi com muita dificuldade e com muitos gastos que consegui trazê-lo até aqui para ser curado.

– E onde está o teu filho possuído?

– Aqui ao meu lado.

Assustei-me um pouco. Olhei-o com atenção. O rapaz comia com recato e respondia diligentemente a todas as minhas perguntas. Comecei a duvidar que estivesse possuído: talvez estivesse acometido de alguma outra enfermidade. Contou-me então de que modo e desde quando ele fora possuído.

– Foi uma feiticeira que lançou esse mal sobre mim. Havia eu discutido com ela a respeito de um problema de disciplina da Igreja. E a repreendi com veemência pela sua obstinação. Respondeu-me ela então antecipando o que iria acontecer comigo dentro de alguns dias. E de fato aconteceu. O Demônio que me possuiu contou-me que o feitiço foi por ela escondido em uma árvore. Enquanto de lá não for removido, não me verei livre do mal. Mas não soube me dizer onde fica a tal árvore.

Não teria eu acreditado numa só palavra se o rapaz não me tivesse contado os pormenores do caso. Ao mostrar-lhe que os possuídos em geral não conseguem fazer uso de seu juízo normal por tanto tempo como ele o fazia, explicou-me:

– Vejo-me privado do uso da razão só ao contemplar coisas sagradas ou ao visitar lugares santos. Disse-me o Demônio, através de minha própria boca, que não mais me permitiria pregar aos fiéis, por tê-lo ofendido muito com meus sermões.

Segundo o pai, o rapaz era um pregador cheio de fé e querido de todos. Eu, no entanto, como Inquisidor à busca de provas, levei-o a percorrer comigo, por mais de 15 dias, vários lugares santos. Um dia fomos à igreja de Santa Praxedes, a Virgem, onde se acha um fragmento do pilar de mármore no qual ficou preso o Nosso Salvador, durante a Paixão, e também ao local onde São Pedro foi crucificado. Nesses dois lugares o padre soltava gritos horríveis enquanto era exorcizado, ora dizendo que queria sair dali, ora dizendo o contrário. Pelo resto do tempo, porém, seu comportamento era o mais sóbrio possível, sem qualquer excentricidade. Ao cabo de cada exorcismo, quando lhe era retirada a estola do pescoço, não apresentava qualquer sinal de loucura nem agia com despropósito. Porém, sempre que passava por qualquer igreja e se ajoelhava em honra da Gloriosa Virgem, o Demônio o fazia botar a língua de fora, bem-estendida. Perguntando se não seria capaz de refrear tal atitude, respondeu:

– Não consigo de jeito algum. Ele se utiliza de todos os meus membros e de todos os meus órgãos como bem lhe apraz, do meu pescoço, da minha língua, dos meus pulmões. Obriga-me a falar e a reclamar. Ouço as palavras que saem de minha boca mas não posso impedi-las. E sempre que procuro entregar-me às orações, ele me ataca ainda com mais violência e me bota de língua de fora.

Pois bem: havia na igreja de São Pedro uma coluna trazida do Templo de Salomão, por virtude da qual muitos obcecados por Demônios eram livrados do mal, porque Cristo, ao pregar naquele templo, postou-se junto à coluna. Mesmo ali, porém, o nosso pregador não pôde ser livrado do mal, pois que Deus já lhe reservara um outro expediente para a libertação. Depois de, junto à coluna, ter permanecido calado por um dia e uma noite, já com uma pequena multidão reunida à sua volta, foi-lhe perguntado de que lado da coluna Cristo pregara. Ele então, mordendo a coluna com os dentes e esbravejando, acabou indicando o lugar.

– Foi aqui! Foi aqui que Ele pregou! – ao fim acrescentou: – Não posso prosseguir.

– Por que não? – perguntei-lhe.

– Por causa dos lombardos.

– Por causa dos lombardos?

– Sim... – E prosseguiu com uma explicação em italiano, embora nunca tivesse falado essa língua. Ao cabo da explicação, me perguntou: – Padre, que significam as palavras que acabaram de sair da minha boca?

Expliquei-lhe que dissera terem os lombardos praticado tais e tais coisas, todas as piores obscenidades.

– Eu ouvia o que falava, padre, mas não compreendia.

Por fim, acabou-se provando que a sua possessão demoníaca era daquela espécie mencionada pelos Salvador do Evangelho: "Ele só será livrado por oração e por jejum." Foi então que um venerável bispo, que fora privado da visão pelos turcos, compadeceu-se do pobre rapaz e, jejuando a pão e água durante quarenta dias e quarenta noites, conseguiu livrá-lo do espírito mau com muitas orações e exorcismos, pela graça de Deus. E foi em grande regozijo que o padre voltou para casa.

Ora, seria um verdadeiro milagre se alguém nessa vida conseguisse explicar as formas variadíssimas pelas quais Satanás possui ou se incorpora nos homens. No entanto, deixando de lado o prejuízo que lhes causa nas suas fortunas temporais, pode-se considerar tais expedientes em cinco tipos principais. Alguns são atingidos no próprio corpo; outros, nos corpos e nas percepções interiores; outros ainda só nas percepções interiores; alguns só o são temporariamente, na razão; e, por fim, há os que são transformados em animais irracionais. O tipo de possessão que se abateu sobre o padre há pouco mencionado foi o quarto. Ele não foi prejudicado nos seus haveres, nem em seu corpo, como aconteceu a Jó, a respeito de quem declaram as Escrituras claramente que Deus concedeu poderes a Satanás, dizendo-lhe: "Pois bem! Tudo o que ele tem está em teu poder; mas não estendas a tua mão contra a sua pessoa." Deus referia-se às coisas exteriores. Mas depois Deus concedeu a Satanás o poder sobre o seu corpo: "Pois bem, ele está em teu poder, poupa-lhe apenas a vida."

Jó foi ainda atormentado de outra forma, qual seja, pelas percepções interiores de sua alma e pelo seu corpo (Jó, 12): "Se é dito ao Senhor, meu leito me consolará e eu me confortarei na minha cama, então vós me aterrareis com sonhos, e me sacudireis com o horror das visões." Não obstante, tais sonhos eram causados pelo Demônio, segundo Nicolas de Lira e Santo Tomás: "Vós me aterrareis com sonhos", que a mim aparecem durante o sono e com visões que a mim me ocorrem durante a vigília, por distorções de minhas percepções interiores. Porquanto os espectros que invadem os pensamentos durante o dia podem se transformar no terror dos que dormem, à semelhança dos que visitaram Jó por meio da enfermidade em seu corpo. Porquanto, ao dizer que fora sacudido pelo terror, o fez por sentir-se de tal modo afastado de qualquer consolo que não via remédio ou forma de escapar daquela desgraça, salvo pela morte, com o que se viu tremendo de pavor. E ninguém duvida serem as bruxas capazes de afligir os homens dessa forma através de Demônios, como se há de mostrar a seguir. Veremos de que modo são capazes de prejudicar os bens materiais dos homens, além de prejudicar os próprios homens e os animais através de tempestades.

Há ainda uma terceira forma de afligir o corpo e as percepções interiores, sem privar o indivíduo de seu juízo, que é quando as bruxas inflamam de tal modo o intelecto humano pelas tentações das obscenidades ilícitas que a vítima se vê compelida a percorrer grandes distâncias à noite para ir ao encontro de sua amante, tal o seu aprisionamento na rede do desejo carnal.

Podemos contar o caso que parece ter acontecido em Hesse, na diocese de Marburg.

Um padre fora possuído por Satanás. Durante uma sessão de exorcismo, perguntou-se ao Demônio:

– Há quanto tempo habitas este corpo?

– Há sete anos – respondeu.

– Como é possível se nele só te manifestas há menos de três anos?

– Porque nele me achava escondido – explicou o Demônio.

– Mas como te escondias durante a celebração do Sagrado Sacramento?

– Debaixo da sua língua – esclareceu.

– Desgraçado! – exclamou outro. – Como te atreveste a não fugir da presença do Criador?

Ao que ele respondeu:

– Qualquer um pode se esconder debaixo de uma ponte enquanto um santo homem a cruza, desde que ele não faça uma pausa em sua marcha.

Todavia, com o auxílio da graça divina, o padre foi livrado do espírito do mal, tenha ou não contado a verdade. Pois sabemos que tanto ele quanto seu pai eram mentirosos.

O quarto tipo de possessão mencionada aplica-se ao caso do padre que foi livrado do espírito maligno em Roma, sob o pressuposto de que o Diabo só pode penetrar no corpo, mas não na alma: nela só Deus pode ingressar. Quando, porém, digo que o Diabo é capaz de penetrar no corpo não quero afirmar que o ocupe em seus limites essenciais.

Explicarei esse problema adiante. Vou mostrar de que modo um Demônio consegue ocupar substancialmente o corpo de um homem e de que modo é capaz de privá-lo de seu juízo. Havemos de considerar os limites do corpo de duas maneiras: os limites físicos e os essenciais. Sempre que um anjo, seja bom ou mau, opera nos limites físicos do corpo, penetra-o de tal sorte a influenciar-lhe as capacidades físicas. E dessa forma os anjos do bem provocam visões imaginárias nos homens bons. Mas nunca se há de dizer que penetrem na essência do corpo, por não serem capazes disso, em nenhuma de suas partes, nem de suas qualidades. Em nenhuma de suas partes porque a essência humana e a angelical são absolutamente distintas. Em nenhuma de suas qualidades, como a determinar-lhe o caráter anímico, porque estas são obra de Deus. E só a Deus cabe exercer qualquer influência em sua essência profunda. E a preservá-la, quando em Sua misericórdia se vê inclinado a preservá-la.

Sejam quais forem as perfeições dos homens justos ou as falhas dos injustos, quando são causadas por operação de algum espírito na cabeça ou em seus atributos, tal espírito invade a cabeça em seus limites físicos – nos limites físicos das capacidades físicas do corpo.

Mas quando o espírito opera sobre a alma, há de fazê-lo pelo seu exterior, e de várias maneiras. Diz-se que tais espíritos atuam sobre a alma quando imprimem no intelecto representações ou formas fantasmagóricas, não só ao entendimento comum como também às percepções exteriores. E quando assim operam os anjos do mal, surgem tentações e pensamentos maléficos causados pela sua influência indireta sobre o intelecto. No entanto, os anjos do bem fazem surgir representações fantásticas da revelação, que iluminam o entendimento. E essa é a diferença entre ambos. Os anjos do bem são capazes de imprimir até fantasias iluminadoras no intelecto, ao passo que os anjos do mal ensombrecem, com os seus espectros e fantasmas, o entendimento humano, embora só o façam indiretamente, na medida em que o intelecto se vê forçado a levar em conta tais representações fantasmagóricas.

Mesmo que os anjos do bem não sejam capazes de penetrar na alma, são capazes de iluminá-la. De forma semelhante, diz-se que um anjo superior não há de penetrar num anjo inferior: o que faz é iluminá-lo. Contudo, é da esfera exterior que operam, contribuindo para o clareamento do espírito. Já os anjos do mal bem menos conseguem fazer.

Destarte o Diabo veio a ocupar o corpo do sacerdote de três modos. Primeiro, como era capaz de ocupar-lhe o corpo em seus limites físicos, passou a habitar, de fato, substancialmente, a sua cabeça. Segundo, por ser capaz de atuar por caminhos extrínsecos sobre a sua alma, passou a denegrir o seu entendimento e a privá-lo do uso da razão. Era, em princípio, capaz até de assim atormentá-lo ininterruptamente, mas, como vimos, por uma dádiva de Deus, o sacerdote só era incomodado de espaço a espaço. Terceiro, embora o sacerdote ainda tivesse consciência de proferir palavras, privou-o do poder de fazer bom uso delas, impedindo-o de compreender o seu significado. Eis aí uma diferença dos demais métodos de obsessão. Em geral, os possuídos por espíritos diabólicos são-no ininterruptamente, como é o caso do lunático referido no Evangelho (São Mateus, 17) cujo pai diz a Jesus: "Senhor, tende piedade de meu filho, porque é lunático e sofre muito: ora cai no fogo, ora na água..." E também o da mulher que, havia 18 anos, era possuída por um espírito que a detinha doente: andava curvada e não podia absolutamente erguer-se (Lucas, 8). E dessa forma os Demônios são, sem dúvida, capazes de, a pedido das bruxas e com a permissão de Deus, infligir tormentos.

CAPÍTULO XI

De como são capazes de infligir toda sorte de enfermidades, em geral males da maior gravidade.

Ora, não há enfermidade do corpo, nem mesmo qualquer forma de lepra ou de epilepsia, que não possa ser causada pelas bruxas, com a permissão de Deus. Prova-o o fato de que não há uma enfermidade que seja, nesse aspecto, isentada pelos médicos. Basta a consideração diligente do que já dissemos a respeito dos poderes diabólicos e da perversidade das bruxas para que não encontremos qualquer dificuldade neste enunciado. Nider também trata do assunto tanto em seu *Praeceptorum Diuinae Legis Liber* quanto em seu *Formicarius*. Indaga nessas obras se as bruxas seriam de fato capazes de prejudicar os homens através de bruxarias. Pois o autor não exclui nenhuma das enfermidades, mesmo as incuráveis. E explica, depois, de que modo e por que meios são capazes de causar tais males.

O que esse autor diz já foi mostrado na Questão I da Parte I deste tratado. Outros autores atestam essa sua capacidade mórbida. Santo Isidoro, ao descrever as operações de bruxaria (Etym, 8, cap. 9), afirma serem chamadas bruxas por causa da magnitude de seus crimes: com a ajuda dos Demônios, conseguem perturbar os elementos e causar tempestades, conseguem confundir o pensamento humano da forma já explicada, seja obstruindo inteiramente, seja impedindo seriamente o uso do seu juízo. E acrescenta que sem fazer uso de qualquer peçonha, pela mera virulência de seus encantos, conseguem tirar dos homens sua própria vida.

Santo Tomás, no *Segundo livro das sentenças*, dist. 7 e 8, e no quarto livro, dist. 34, junto com quase todos os outros teólogos, declara serem as bruxas capazes de, com o auxílio diabólico, prejudicar os homens em todas as suas atividades, de todas as formas imagináveis, como se o próprio Satanás estivesse agindo: desgraçando-os em seus ofícios, em sua reputação, em seu corpo, em sua razão e em suas vidas. Noutras palavras: todos os males causados tão só pelos Demônios podem também ser causados pelas bruxas. E com muito mais facilidade, por muito maior ser a ofensa assim praticada contra a Majestade Divina, conforme mostramos.

Em Jó 1 e 2 encontramos exemplo da desgraça causada por meio de bens temporais. O prejuízo da reputação é encontrado na história de São Jerônimo. O Diabo transfigurou-lhe as feições, tornando-o muito parecido a São Silvano, bispo de Nazaré, amigo seu. Durante a noite, assim endemoniado, aproximou-se da cama de uma dama de boa casta. Primeiro, provocou-a e instigou-a com palavras obscenas, depois, convidou-a a praticar o ato pecaminoso. Quando a mulher gritou, o Demônio com os traços do santo bispo escondeu-se debaixo de sua cama e, com a voz lúbrica, declarou mentirosamente que era o bispo Silvano. No dia seguinte, tendo o Demônio desaparecido, o santo homem viu-se escandalosamente difamado. Seu nome só foi clarificado quando o próprio Demônio confessou, no túmulo de São Jerônimo, que fizera aquilo em um corpo possuído.

A desgraça por intermédio do corpo é exemplificada pelo caso de Jó, que por alguma força diabólica foi acometido de terríveis feridas, que eram lepra em uma de suas formas. Sigisberto e Vicente de Beauvais (*Spec. Hist.* XXV, 37) contam-nos que no tempo do imperador Luís XI, na diocese de Mainz, um Demônio passou a jogar pedras e a bater nas casas como se tivesse um martelo. Depois, através de declarações públicas e de insinuações sigilosas, passou a disseminar a discórdia e a criar muitos problemas entre os moradores do lugar. Por fim, instigou todos contra um único homem. Sempre que o homem se encontrava repousando, ateava fogo em sua casa, alegando que todos ali sofriam por causa de seus pecados. O homem acabou tendo de se mudar para o campo. Reuniram-se os sacerdotes para rezar uma ladainha pelo pobre homem. Enquanto rezavam, o Demônio começou a atirar pedras contra os fiéis, ferindo-os até sangrar. E ora se acalmando, ora se encolerizando, continuou a perseguir os moradores durante três anos, até que todas as casas tivessem sido queimadas.

Exemplo de malefício contra o uso da razão e das percepções interiores nos são dados pelos possuídos e loucos de que nos fala o Evangelho. Exemplos de malefício mortal são dados também pelo Evangelho,

Tobias, 6, onde é relatado o caso dos sete maridos da virgem Sara, que foram mortos pelo desmedido desejo lúbrico que por ela cultivavam, revelando-se indignos daquele matrimônio. Concluímos, portanto, que, seja por conta própria, seja com o auxílio das bruxas, os Demônios são capazes de prejudicar os homens de todas as formas, sem nenhuma exceção.

Mas a quem atribuir tais desgraças? Mais aos Demônios do que às bruxas? Ora, decerto, quando os Demônios causam males por sua ação direta, se lhes há de atribuir os resultados. Mas quando operam por intermediação de bruxas, para detração do Senhor Deus e para a perdição das almas, sabendo que assim estão levantando ainda mais a ira de Deus e adquirindo maior poder para perpetrar o mal, as desgraças hão de ser atribuídas justamente às bruxas, por causa de sua perfídia e abjuração da Fé Católica, embora muitas vezes o Diabo possa ser o ator principal.

Logo, quando uma mulher mergulha um ramo de folhas na água e depois borrifa a água no ar para fazer chover, não se há de culpá-la pelo ato em si, já que é o Demônio quem faz chover: se há de culpá-la por firmar um pacto com ele, por ser uma infiel, por fazer o trabalho do Demônio e por colocar-se a seu serviço.

De forma análoga, há de culpar-se uma bruxa por enfeitiçar alguém através de uma imagem de cera; ou quando a imagem de alguém aparece ao derramar-se chumbo derretido na água e sobre ela se faz o malefício, perfurando-a, ou ferindo-a de algum outro modo. Pois embora o mal tenha sido perpetrado pela bruxa sobre a imagem, se a pessoa a quem se destinava for assim lesada, há de atribuir-se à bruxa a causa do mal. Pois sem a sua presença nunca Deus teria permitido a sua concretização, tão somente por obra e graça do Diabo.

Surge aqui, porém, uma séria dúvida. Como são os Demônios capazes de perpetrar os maiores males aos homens por contra própria, sem a cooperação das bruxas, não seriam também capazes de difamar mulheres honestas para que fossem castigadas como bruxas, sem o serem na realidade?

Antes de responder à pergunta é mister atentar para alguns pontos. Primeiro, o Diabo nada poder fazer sem a permissão divina, conforme demonstramos na Parte I desta obra, na última Questão. Mostramos também que Deus não confere tanto poder aos anjos do mal contra os justos e os que vivem na graça como concede contra os pecadores. Ademais, segundo as Sagradas Escrituras, os Demônios (Lucas, 11) têm poderes maiores sobre os pecadores, e Deus lhes permite mais afligirem a estes do que aos justos. Por fim, embora sejam capazes de afligir os justos, nas suas atividades, na sua reputação e no seu corpo, sabem que esse poder lhes é concedido, sobretudo, para fomentar os méritos destes. Assim, mostram-se menos ávidos de os molestar.

Há ainda outras dificuldades a serem ponderadas para podermos responder à pergunta. Primeiro, a permissão divina. Segundo, a consideração do hipócrita e do mentiroso, que fingem viver em estado de graça, o que nem sempre é verdade. Terceiro, é preciso também levar em conta o crime de que é suspeito o homem inocente. Já que o crime de bruxaria excede em perversidade todos nas suas atividades ou na sua reputação (pelo qual citamos Santo Isidoro afirmando que elas são chamadas bruxas devido à magnitude de seus crimes). No entanto, com relação ao crime de bruxaria em particular, dada a gravidade da acusação, não parece realmente possível que o Diabo consiga difamar o inocente da forma indicada. E por várias razões.

Em primeiro lugar, uma coisa é a pessoa ser difamada pela prática dos vícios cometidos sem que tenha feito qualquer pacto tácito ou explícito com os Demônios – entre esses crimes estão os furtos, os assaltos, a fornicação. Outra coisa é difamar uma pessoa por crimes que jamais poderia cometer sem que tivesse firmado pacto com o Demônio – e aí estão os crimes das bruxas: os encantamentos perpetrados contra os homens, contra os animais e contra os frutos da terra. Portanto, embora os Demônios possam denegrir a reputação de uma pessoa por causa de vários vícios aos quais seja dada, não parece possível difamá-la por crimes que não poderiam ter sido praticados sem a sua cooperação.

A par disso, até o momento não sabemos de um só caso de pessoa que tenha sido difamada pelo Diabo em tal medida que fosse condenada à morte por qualquer crime em particular. Ademais, quando a pessoa se acha sob suspeita, não sofre qualquer punição, salvo a que o Cânon prescreve para a sua purgação como ainda mostraremos na Parte III desta obra, no segundo método de condenação das bruxas.

Lá fica estabelecido que, se o homem acusado falhar na sua purgação, há de ser considerado culpado, mas antes de prosseguir-se na sua condenação e de lhe ser imposto o castigo, para que seja solenemente adjurado. Ora, estamos aqui nos referindo a fatos reais: não é de nosso conhecimento que alguma pessoa inocente já tenha sido punida por mera suspeita de bruxaria: Deus nunca há de permitir que isso aconteça.

Ademais, Deus não permite que os inocentes, sob proteção angelical, sejam considerados suspeitos de crimes menores como furtos e que tais. Por isso, há de preservar com muito maior zelo os que se acham sob Sua proteção da suspeita do crime de bruxaria.

Não é válido aqui recorrer à lenda de São Germano, à guisa de objeção (segundo tal lenda os Demônios, assumindo os corpos de outras mulheres, sentaram-se à mesa com os maridos e com eles dormiram, iludindo-os, pois pensavam que estavam comendo e bebendo com as próprias mulheres). As mulheres desse caso não devem ser consideradas sem culpa. Porquanto o Cânon (Episcopi 26, q. 2) as condena, já que se julgavam de fato terem sido transportadas, quando na realidade só o foram na imaginação. Contudo, conforme já explicamos, elas são, às vezes, transportadas corporalmente por Demônios.

Nossa atual proposição, porém, é a de que são capazes, com a permissão divina, de causar toda sorte de enfermidades, sem qualquer exceção. Do que dissemos é essa a conclusão a ser tirada. Os médicos não apontam nenhuma exceção e não há razão para que tal exceção houvesse, pois, como afirmamos, o poder natural dos Demônios é superior a todos os poderes corpóreos. Constatamos, em nossa experiência, que isso é verdade. Pois que, embora se possa duvidar de que bruxas sejam capazes de causar lepra ou epilepsia, já que tais doenças, pelo comum, surgem de alguma predisposição física crônica ou de algum defeito físico prolongado, há de ficar claro que, por vezes, alguns desses casos são causados por bruxaria.

Vivia na diocese da Basileia, mais precisamente entre os distritos de Alsácia e Lorena, um honesto trabalhador. Certo dia, travou o homem forte discussão com uma mulher intrigante e desbocada. Envilecida pelas ásperas palavras que ouvira, a mulher advertiu-o que sua vingança não tardaria. Pouca importância deu o homem àquela ameaça. Na mesma noite, porém, viu brotar uma pústula em seu pescoço que, pelo simples coçar, acabou alastrando-se ao rosto, deixando-o inchado e deformado, e daí para o resto do corpo, configurando uma pavorosa forma de lepra. Estarrecido, foi imediatamente procurar o conselho de amigos. Contou-lhes então da ameaça da mulher e apostou a vida como aquilo era uma bruxaria que ela lhe lançara. A mulher, logo capturada e interrogada, acabou confessando o crime. O juiz indagou-lhe então da razão por que o cometera e de que modo.

– Depois daquela discussão – explicou a mulher –, fiquei muito aborrecida e fui para casa. Lá chegando, meu mestre perguntou-me qual o motivo de meu mau humor. Contei-lhe e supliquei para que se vingasse por mim daquelas ofensas. Perguntou-me então o que eu queria que fizesse, ao que eu disse querer ver o homem com o rosto inchado. Mas o Demônio saiu e o atingiu com mal bem maior do que o que eu pedi. Não imaginava que ele fosse contaminá-lo com aquela forma tão horrível de lepra.

E assim a mulher foi queimada.

Na diocese de Constance, entre Breisach e Freiburg, há uma leprosa (a menos que tenha pago toda a sua dívida na carne nesses últimos dois anos) que costumava contar a muitas pessoas o que lhe acontecera por ter travado discussão semelhante com uma outra mulher. Certa noite, após a discussão, teve de ir à frente da casa por algum motivo. No mesmo instante, veio da casa da tal mulher, oposta à sua, um vento quente que a atingiu no rosto e a contaminou com lepra, mal de que padece desde então.

Por fim, na mesma diocese, no território da Floresta Negra, uma bruxa estava sendo suspensa pelo carcereiro sobre a pilha de lenha da fogueira onde seria queimada quando então lhe disse:

– Você pagará! – E em seguida soprou no rosto do homem. Instantaneamente, viu-se o miserável afligido por horrível forma de lepra que lhe cobriu o corpo e não o deixou viver por muitos dias. Por brevidade, os muitos e tenebrosos crimes dessa bruxa e muitos outros casos semelhantes são aqui omitidos. Basta mencionar os muitos casos que ouvimos de pessoas acometidas de epilepsia ou de mal caduco que o foram por meio de ritos mágicos: por meio de ovos enterrados junto a certos cadáveres, normalmente com os cadáveres de bruxas, a par de outras cerimônias das quais não podemos falar, em que tais ovos eram dados às vítimas junto com alimento ou bebida.

CAPÍTULO XII

Do modo particular, pelo qual afligem os homens com outras enfermidades semelhantes.

Ora, quem seria capaz de enumerar todos os outros males que as bruxas infligem aos homens – cegueira, dores excruciantes, deformidades corporais? Havemos, porém, de citar alguns exemplos que testemunhamos com nossos próprios olhos ou que nos foram relatados, a nós como Inquisidores.

Há algum tempo era instituída uma Inquisição na cidade de Innsbruck. Àquela época veio à luz, entre outros, o seguinte caso.

Uma mulher honesta, casada legalmente com um membro da família do arquiduque, prestou formalmente o seguinte depoimento:

"Antes de me casar, quando ainda virgem, fiquei a serviço de certo cidadão cuja esposa veio a ser afligida por terríveis dores na cabeça. Apareceu então uma mulher dizendo-se capaz de curá-la, dando início a uma série de ritos e de encantamentos que, segundo ela, haveriam de mitigar-lhe as dores. Eu a tudo observava com muita atenção. Vi, entre outras cerimônias, a mulher fazer a água ascender de um vaso, fenômeno contrário ao movimento da água natural. Vendo que as dores na cabeça de minha patroa não estavam sendo aplacadas, senti-me indignada e disse à bruxa:

"– Não sei o que estás fazendo, mas, seja o que for, é bruxaria, e parece-me que fazes só em teu próprio benefício e não no de minha patroa. – Ao que a bruxa retrucou:

"– Saberás em três dias se sou ou se não sou uma bruxa. – E assim se sucedeu. No terceiro dia, sentada junto à roda de fiar, fui repentinamente acometida por uma dor terrível pelo corpo. Primeiro, era dentro de mim: não havia parte de meu corpo onde não sentisse horríveis picadas; depois, era como se estivessem sendo amontoadas brasas vivas sobre a minha cabeça; a seguir, me vi coberta da cabeça aos pés de pústulas brancas. E assim fiquei até o dia seguinte, gritando e só desejando a morte. Por fim, o marido de minha patroa recomendou que fosse até certa taverna. Fui, com grande dificuldade, levada por ele. Lá chegando, ele me disse:

"– Olhe! Veja aquele pão de farinha branca sobre a mesa. Tente comê-lo. Vai lhe fazer bem.

"Segurando-me com uma das mãos à porta, peguei o pão com a outra.

"– Abra-o, disse-me o meu patrão. – Veja com atenção o que há dentro dele. – E assim, ao abrir o pão, reparei que nele havia muitas coisas. Chamaram-me atenção uns grãos brancos muito semelhantes às pústulas que recobriam meu corpo. Além disso, ali se viam sementes, ervas, ossos de serpentes e de outros animais. Não conseguia nem olhar para aquilo, e muito menos comê-lo. Estarrecida, perguntei a meu amo o que devia fazer:

"– Jogue tudo no fogo – disse-me ele.

"Assim o fiz e, para meu espanto, subitamente, não em uma hora ou em alguns minutos, mas no exato momento em que atirei aquilo tudo no fogo, readquiri toda a minha saúde."

Muito maior foi o depoimento contra a mulher a cujos serviços estava a depoente. Dada a familiaridade que tinha com bruxas conhecidas, recaiu sobre si forte suspeita de bruxaria. Presume-se que, sabendo do feitiço colocado naquele pão, tenha contado tudo ao marido. De qualquer forma, foi assim que a criada se recuperou.

Para que se traga tão hediondo crime à execração pública convém contar outro caso, também de uma mulher, que se deu na mesma cidade. Essa mulher, casada, honesta, deu o seguinte depoimento:

"Atrás da minha casa tenho uma estufa de plantas, e o jardim de minha vizinha é pegado ao meu. Certo dia percebi que fora feita uma passagem do jardim da casa dela para a minha estufa, não sem estragos. Postei-me então à porta da estufa e a lamentei o estrago feito às minhas plantas. Apareceu-me de repente uma vizinha e me perguntou se eu suspeitava dela. Receosa porém de sua má reputação, limitei-me a responder:

"– As pegadas na grama são a prova do estrago. – A mulher ficou indignada por eu não a ter xingado como ela esperava e se afastou resmungando. Embora tivesse ouvido o que ela dizia, não pude entender o que era. Depois de alguns dias adoeci, com dores no estômago. Ferroadas terríveis me atravessavam de um lado a outro, como se duas facas tivessem sido enfiadas em meu peito. E fiquei dia e noite perturbando os vizinhos com meus gritos. Entre os que me acudiram havia um oleiro que estava envolvido com aquela bruxa, a minha vizinha, num caso de adultério. Visitou-me, compadeceu-se de minha enfermidade e, depois de algumas palavras de conforto, foi-se embora. Mas no dia seguinte retornou apressado e, depois de me consolar, acrescentou:

"– Vou verificar se a sua doença se deve à bruxaria. Se o for, hei de restituir-lhe a saúde. – Colocou então sobre o meu corpo, estirado à cama, um jarro d'água. E no jarro despejou um pouco de chumbo derretido. Quando viu-se que o chumbo se solidificou numa certa imagem em várias formas, exclamou:

"– Vê, tua enfermidade é causada por bruxaria, e um dos instrumentos desse malefício acha-se escondido debaixo da soleira da porta da tua casa. Vamos retirá-lo de lá. Vais te sentir melhor. – Fomos, assim, meu marido e eu, remover o feitiço. O oleiro, erguendo a soleira, pediu a meu marido que metesse a mão ali e tirasse tudo que fosse encontrado. E assim ele o fez. Retirou, primeiro, uma imagem de cera, de cerca de um palmo de comprimento, toda perfurada e atravessada de um lado a outro por duas agulhas, no mesmo local onde eu sentira as dores agudas e terebrantes. Depois, dali recolheu dois saquinhos com vários objetos, grãos, sementes e ossos. Tudo queimamos. Eu melhorei, mas não fiquei inteiramente boa. Embora tenham acabado as pontadas de dor e eu tenha recuperado quase todo o meu apetite, não me acho ainda completamente restabelecida."

Perguntamos a ela por que não se curara de todo, e ela respondeu:

"– Há ainda outros objetos de bruxaria escondidos que não sei como encontrá-los. Perguntei ao homem como ele descobrira os primeiros instrumentos e ele explicou:

"– Soube de tudo por meio do amor que faz um amigo tudo contar a outro amigo. A tua vizinha tudo me revelou enquanto me persuadia a cometer adultério com ela."

E essa é a história de nossa mulher doente.

Mas se fôssemos contar os casos que descobrimos, semelhantes a esse, naquela cidade, teríamos de escrever outro livro. Um número incontável de homens e mulheres – cegos, coxos, debilitados, acometidos dos mais variados males – não raro chegam a jurar que têm forte suspeita de que sua doença, em geral, ou em particular, foi causada por bruxaria e que deverão suportar aquele sofrimento, ora por um prazo de tempo definido, ora até a morte. E tudo o que disseram e testemunharam foi verdade, quer a respeito dessa ou daquela doença, quer a respeito da morte de outras pessoas. Pois naquele país há um grande número de cavaleiros e seus homens de confiança que tem tempo para o vício e que seduz mulheres e depois as repudiam para casar com mulheres honestas. E tais mulheres, vendo-se rejeitadas, persistem em atormentar não tanto os homens, mas as suas esposas, na esperança de que, morrendo estas, eles retornem às antigas amantes.

Houve o caso de um cozinheiro do arquiduque que desposou uma jovem honesta de um país distante. A mulher que fora sua amante, contudo, conhecida bruxa, encontrou-os certa vez na estrada e estendendo a mão em direção à jovem, vaticinou-lhe a morte:

– Não te hás de regozijar ao lado de teu marido por muito tempo! – disse, à frente de várias pessoas honestas que por ali passavam.

No dia seguinte, a jovem caiu de cama e, dias depois, pagou o seu tributo à natureza, exclamando enquanto expirava:

– Vejam, estou morrendo porque aquela mulher, com a permissão de Deus, matou-me com a sua bruxaria. Mas logo logo vou para outro e melhor casamento: vou me casar com Deus.

De forma similar, segundo o relatório público, um soldado foi assassinado por bruxaria, e também muitas outras pessoas que deixo aqui de mencionar.

Há entre esses casos o de um bem-sucedido cavalheiro cuja amante desejava ardentemente que ele passasse a noite com ela. O homem aquela noite não podia e mandou a um de seus serviçais avisar à mulher que não iria visitá-la. A mulher enraiveceu-se imediatamente e disse ao servo:

– Vai e diz a teu amo que ele não mais me importunará por muito tempo.

No dia seguinte, o homem adoeceu. Na semana seguinte, estava enterrado.

Há bruxas que são capazes de enfeitiçar os seus juízes por mau-olhado: gabam-se publicamente de que não podem ser condenadas. Quando certos malfeitores são aprisionados por seus crimes e submetidos às mais severas torturas para confessá-los, essas bruxas são capazes de dotá-los de tal obstinação que preservam o mais absoluto silêncio e não revelam seus crimes.

E há bruxas que, para realizar malefícios, batem e apunhalam o crucifixo e pronunciam as piores palavras contra a pureza da gloriosíssima Virgem Maria, lançando as mais torpes injúrias sobre a natividade de Nosso Salvador em Seu útero inviolado. Não convém aqui transcrever tais palavras nem descrever os seus crimes detestáveis para não ofender os ouvidos do leitor piedoso. Não obstante, todos esses casos se acham devidamente arquivados. Entre eles há o de uma judia batizada que dava instruções a outras meninas. Uma delas, chamada Walpurgis, condenada no mesmo ano à morte, foi exortada pelos que se achavam reunidos à sua volta a confessar seus pecados. Então ela exclamou:

– Entreguei-me de corpo e alma ao Demônio. Não há possibilidade de perdão para mim.

E, dizendo isso, morreu.

Esses pormenores não foram aqui transcritos para vergonha do arquiduque, mas para sua honra e glória. O ilustríssimo arquiduque era um verdadeiro príncipe católico e laboriou zelosamente junto à Igreja, em Brixen, a fim de exterminar as bruxas. São aqui transcritos também para que se venha a odiar e a abominar tão execráveis crimes e para que os homens não cessem de vingar os insultos e as ofensas dessas miseráveis ao Criador e à Santa Fé. Sem falarmos da vingança pelas perdas temporais que causam, não obstante resida na abjuração da fé o seu mais grave e mais terrível crime.

CAPÍTULO XIII

De que modo as parteiras cometem o mais hórrido dos crimes: o de matar e oferecer crianças aos Demônios da forma mais execrável.

Não podemos deixar de mencionar os males infligidos a crianças recém-nascidas pelas bruxas parteiras que primeiro as matam e depois as oferecem, em blasfemo rito, aos Demônios. Na diocese de Estrasburgo e na cidade de Zabern vive uma boa mulher, muito devota da Abençoada Virgem Maria, que conta a todos os que frequentam a sua taverna – conhecida pelo sinal da Águia Negra – o caso que lhe sucedeu.

"Estava grávida – conta ela – de meu marido legítimo, hoje falecido, e, ao chegar a minha hora, fui procurada insistentemente por uma parteira que queria me ajudar no parto. Eu conhecia sua má reputação, e, embora já tivesse decidido contratar outra parteira, fingi concordar com o seu pedido. Mas quando as dores começaram recorri à parteira que de fato iria me ajudar. A primeira, vendo ao chegar que eu já estava sendo atendida por outra, saiu dali profundamente irritada. Uma semana depois veio ao meu quarto, à noite, acompanhada de outras duas mulheres. Aproximaram-se as três de minha cama e quando tentei me levantar e chamar por meu marido, que dormia em outro quarto, percebi que não conseguia mover nem minha língua nem meu corpo: não conseguia mover um músculo sequer, só via e ouvia o que falavam. A bruxa, então, de pé entre as outras duas, disse:

"– Vejam! Já que esta vil mulher não me quis como parteira, não há de ficar sem castigo. – As outras duas então tentaram me defender.

"– Pois ela nunca nos fez qualquer mal.

"– Mas a mim ofendeu – disse a bruxa parteira —, e por isso vou colocar uma coisa nas suas entranhas. Contudo, em consideração ao seu pedido, ela não há de sentir qualquer dor durante seis meses. Só a partir de então será torturada o suficiente.

"Aproximou-se de mim, a seguir, e tocou em meu ventre com as duas mãos. Pareceu-me que ela arrancara as minhas entranhas e nelas colocara alguma coisa que não consegui ver o que era. No que as bruxas se foram, recuperei a força da minha voz e chamei logo por meu marido. Contei-lhe o que se passara, mas ele atribuiu tudo à gravidez recente:

"– Ora, as mulheres grávidas! Estão sempre sofrendo de fantasias e ilusões – disse-me, sem acreditar na verdade do que eu lhe contara. E retruquei:

"– Pois bem, me foi dada a graça de seis meses. Se, depois desse tempo, não me acontecer nenhum tormento, hei de acreditar em ti.

"Naquele mesmo dia fui visitada por meu outro filho, um clérigo que se encontrava então na arquidiocese do distrito, a quem tudo contei também. E o que aconteceu? Passados exatamente seis meses fui acometida repentinamente por dores excruciantes na barriga que me faziam gritar e atormentar os vizinhos dia e noite. Mas, como sou devota da Virgem Santíssima, a Rainha da Misericórdia, pedi a ela que intercedesse em meu favor, e passei todo sábado a jejuar só a pão e água. Certo dia, ao fazer minhas necessidades, vi todas aquelas coisas impuras saírem do meu corpo. Chamei logo meu marido e meu filho e lhes disse:

"– São essas as minhas fantasias? Ou alguém aqui já me viu comer espinhos, ossos e até pedaços de madeira? – Pois ali se encontravam sarças com um palmo de comprimento e uma série de outros objetos."

Ora, conforme afirmamos na Parte I desta obra, os maiores males são perpetrados pelas parteiras, são elas as que mais ofendem a fé na sua heresia diabólica. Essa verdade foi confirmada pela confissão do servo que veio a julgamento em Breisach e pelas confissões de algumas das bruxas que acabaram na fogueira.

Na diocese da Basileia, na cidade de Dann, foi queimada uma bruxa que confessou ter matado mais de quarenta crianças enfiando uma agulha em seu cérebro pelo alto de suas cabeças ao saírem do útero, durante o parto.

Enfim, uma outra mulher da diocese de Estrasburgo o confessou que já perdera a conta de quantas crianças matara. Foi ela capturada da seguinte forma. Chamada por uma mulher de outra cidade para atuar como parteira, decidiu acudir ao pedido. Depois de praticar o crime, retornou para casa. Mas ao atravessar o portão da cidade, o braço do recém-nascido caiu do manto que ela usava para ocultá-lo. Os que se achavam sentados junto ao portão viram o que acontecera e, no que a mulher se afastou, foram até lá para pegar o que julgaram ser um pedaço de carne. Mas ao reconhecerem pelos dedos que era o braço de uma criança, foram correndo avisar as autoridades. Verificou-se então que uma criança sem um braço morrera antes do batismo. Logo a bruxa foi capturada e interrogada, confessando o crime, e numerosos outros semelhantes, dos quais já perdera a conta.

Ora, qual o motivo desse crimes infames? Presume-se que as bruxas sejam compelidas a cometê-los a comando de espíritos do mal, às vezes contra a sua vontade. Pois o Demônio sabe que, por causa do sofrimento da perda – *poena damni* –, ou do pecado original, essas crianças são privadas de entrar no Reino dos Céus. E dessa forma é adiado o Juízo Final, quando os Demônios serão condenados à tortura eterna, porquanto o número dos eleitos é mais lentamente completado (quando este número for atingido, o mundo há de ser consumido). Ademais, conforme já dissemos, dos membros dessas crianças as bruxas fazem um unguento cuja fórmula lhes foi dada pelos Demônios, que lhes é de grande utilidade em seus malefícios.

Mas para que coloquemos tais pecados hediondos na devida perspectiva (para execração pública), não podemos deixar de mencionar o seguinte crime. Quando as bruxas parteiras não matam o recém-nascido, oferecem-no ao Diabo em blasfemo ritual. Assim que a criança nasce, a parteira, quando a mãe não é ela própria uma bruxa, pega a criança e, sob o pretexto de aquecê-la, leva-a até junto ao fogo da cozinha. Lá então, erguendo-a nos braços, oferece-a a Lúcifer, o Príncipe dos Demônios, e a todos os outros Demônios.

Contou-nos um homem a seguinte história. Quando se aproximou a hora de sua mulher dar à luz, ele percebeu que ela não deixou nenhuma outra mulher se aproximar da cama, exceto a própria filha, que atuaria como parteira. Por ser atitude contrária ao costume habitual das mulheres na hora do parto, resolveu descobrir por si mesmo qual o motivo. Ficou assim escondido na casa e teve a oportunidade de ver com os próprios olhos toda a cerimônia sacrílega, tal como a descrevemos. Mas viu também que, sem qualquer apoio de outro ser humano, só pela força do Diabo, o recém-nascido conseguiu subir pelos ferros que sustentavam as panelas da cozinha. Em grande consternação, não só pelas palavras terríveis usadas para invocar os Demônios mas também pelas cerimônias iníquas, insistiu o homem em que a criança fosse batizada imediatamente. A igreja mais próxima ficava num vilarejo vizinho. Para lá chegar, porém, tinham de atravessar uma ponte. Quando nela chegaram, o homem sacou de sua espada e voltando-se para a filha, que carregava a criança, lhe disse, na frente de outras pessoas que os acompanhavam:

– Tu não vais atravessar a ponte com a criança no colo. Ou a deixas atravessar esta ponte sozinha ou te afogo no rio.

– Ficastes louco, meu pai? – perguntou-lhe a filha, aterrorizada, mas o homem retorquiu:

– Criatura miserável! Com a tua magia fizeste a criança galgar os suportes de ferro da cozinha. Pois agora trata de fazer com que ela atravesse esta ponte sem a ajuda de ninguém ou eu te afogo neste rio!

Restou à moça obedecer à ordem. Colocou a criança sobre a ponte e, num rito mágico, invocou os Demônios. Subitamente, a criança já era vista do outro lado da ponte. Depois de batizada, retornaram à casa. Embora o homem não pudesse provar o primeiro crime de adoração ao Diabo, pois que fora a única testemunha do ritual sacrílego, conseguiu, com o auxílio das duas testemunhas que o acompanharam, acusar a mãe e a filha de bruxaria perante o juiz, após o seu período de purgação. Foram, depois, ambas queimadas. E assim descobriu-se o crime sacrílego das parteiras: o de oferenda de recém-nascidos ao Diabo.

Surge porém uma dúvida a essa altura: qual a finalidade de tal hedionda oferenda e de que modo beneficia os Demônios? Pode-se dizer que os Demônios assim procedem por três razões, que servem a três propósitos, os mais perversos. A primeira razão é que assim aumentam o seu orgulho. Está escrito: "Porque eis que se tumultuam vossos inimigos, levantam a cabeça aqueles que vos odeiam." (Salmos, 82, 2) Pois que os Demônios tentam, ao extremo, harmonizar-se com os ritos e cerimônias divinos. A segunda razão é que, sob a máscara de uma ação aparentemente piedosa, lhes é mais fácil enganar os homens. De forma análoga, enfeitiçam as virgens e os jovens castos com o seu poder. Embora possam fazê-lo através do mal e da corrupção dos homens, preferem enganá-los através de espelhos mágicos e de seus reflexos nas unhas das bruxas, seduzindo-os ao fingirem que adoram a castidade, quando na realidade a odeiam. Pois que o Diabo odeia, acima de tudo, a Virgem Maria, "porque esta te ferirá a cabeça". (Gênesis, 3, 15) Assim, nessa oblação de crianças, iludem as bruxas, no vício da infidelidade, sob a aparência de um ato virtuoso. E a terceira razão é que fazem assim crescer a perfídia das bruxas, para seu próprio proveito, já que passam a contar com bruxas que lhes são dedicadas desde o berço.

Esse sacrilégio, por outro lado, afeta a criança de três formas. Primeiro, é preciso notar que as oferendas visíveis a Deus se fazem de forma visível – através do vinho, do pão, das frutas da terra – como sinal de submissão e de honra a Ele, conforme está escrito (Eclesiástico, 25): "Não te apresentarás diante do Senhor com as mãos vazias." Tais oferendas não devem ser, pois, destinadas a usos profanos. O santo padre São João Damasceno esclareceu: "As oblações oferecidas na Igreja pertencem aos sacerdotes, mas não para uso próprio: hão de distribuí-las fielmente, em parte na observação da adoração divina, em parte para o uso dos pobres." Pelo que se conclui: à criança oferecida ao Diabo, em sinal de submissão e de adoração a ele, não mais é permitida a vida fora do pecado, com dedicação católica, a serviço de Deus para o benefício de si própria e dos outros.

Quem pode afirmar que os pecados das mães e dos outros não redundam sobre os seus filhos? Poder-se-ia objetar citando a passagem escriturística em que diz o profeta: "O filho não há de pagar pela iniquidade do pai." Mas há aquela outra passagem do Êxodo, 20, que diz: "Eu sou o Senhor, teu Deus, um Deus zeloso que vingo a iniquidade dos pais nos filhos, nos netos e nos bisnetos daqueles que me odeiam." O significado dessas duas passagens é o seguinte. A primeira fala do castigo espiritual no julgamento dos Céus ou de Deus: não no julgamento dos homens. Esse é o castigo da alma, ou seja, do afastamento da glória, ou o castigo do sofrimento, vale dizer, do tormento no fogo eterno. E com tais punições ninguém há de ser castigado exceto pelos seus próprios pecados, sejam os herdados, pelo pecado original, sejam os cometidos, pelos pecados reais.

A segunda passagem fala dos que imitam os pecados de seus pais, conforme explicou Graciano (*Decretum Gratiani*, I, q. 4 etc.); aí explica o autor de que modo Deus permite o castigo de um homem, não pelos seus próprios pecados – que tenha cometido ou que venha a cometer (sendo, neste último caso, impedido pelo castigo de cometê-lo) – mas sim pelo pecado de outros.

Não se há de dizer, porém, que um homem é castigado sem causa e sem pecado. Pois segundo diz a lei nenhum homem há de ser castigado sem que tenha pecado: só o é quando há uma causa para o castigo. Podemos afirmar que há sempre uma causa justíssima, embora possa ser desconhecida por nós: ver Santo Agostinho, XXIV, 4. E se não conseguimos penetrar na profundidade do julgamento de Deus, mesmo assim sabemos que o que Ele sentenciou é verdadeiro e o que Ele fez é justo.

Mas há uma distinção a ser observada. Algumas crianças inocentes são oferecidas aos Demônios não pelas suas mães, mas pelas parteiras, que secretamente as tiram do abraço materno, depois de as haverem retirado do útero da mãe honesta. Tais crianças não são por completo afastadas da graça e talvez nem venham a ter propensão para tais crimes. Talvez, isso sim, possam vir a cultivar as virtudes de suas mães.

A segunda forma pela qual esse ato sacrílego afeta as crianças é diversa. Quando um homem se entrega a Deus, em sacrifício, reconhece no Criador o seu princípio e o seu fim. Este é o sacrifício mais digno de todos os sacrifícios que faz, tendo o seu princípio na sua criação e o seu fim na sua glorificação, conforme está escrito (Salmos, 50): "Meu sacrifício, ó, Senhor, é um espírito contrito; um coração arrependido e humilhado, ó, Deus, não haveis de desprezar." Da mesma maneira, quando uma bruxa oferece um recém-nascido ao Diabo, confia a sua alma e o seu corpo a ele, como seu princípio e seu fim na danação eterna; pelo que, não sem algum milagre, será capaz a criança de livrar-se do pagamento de débito tão pesado.

Não raro, sabemos dos casos de crianças cujas mães, por causa de algum distúrbio passional ou mental, oferecem o filho irrefletidamente desde o útero ao Diabo. E que só com extrema dificuldade é que conseguem livrar-se daquele elo, depois de já terem chegado à maturidade, que o Diabo, com a permissão de Deus, usurpou para si. A respeito disso o *Livro dos exemplos, Santíssima Virgem Maria,* dá muitas ilustrações. Caso notável é o de um homem que o sumo pontífice foi incapaz de livrar dos tormentos diabólicos. Acabou sendo encaminhado a um santo homem que vivia no Oriente e, enfim, com enorme dificuldade, foi libertado daquele laço demoníaco, por intercessão da Gloriosíssima Virgem.

E se Deus já pune tão severamente a, digamos, condenação irrefletida de certas mães (quando o marido, depois de copular com ela, diz: "Oxalá tenhamos conseguido um filho" – ao que ela responde: "Pois que a criança vá para o Diabo!"), muito maior há de ser o castigo quando a Majestade Divina é ofendida da forma como descrevemos!

O terceiro efeito dessa oblação sacrílega está em inculcar na criança, e depois no adulto, uma inclinação habitual para a bruxaria, a ser infligida sobre os homens, sobre os animais e os frutos da terra. Isso é mostrado por Santo Tomás no segundo livro, q. 108, onde fala do castigo temporal, de como alguns são castigados pelo pecado de outros. Afirma que, do prisma corpóreo, são os filhos parte das posses dos pais, assim como os servos e os animais pertencem a seus amos e donos; portanto, quando um homem é punido em todos os seus bens, sói acontecer que, não raro, os filhos também sofram pelos pais.

Isso, porém, é bem diverso do que se acha declarado na passagem em que o Deus zeloso diz que há de vingar-se das iniquidades dos pais nos netos e nos bisnetos. Reside aí a questão dos que imitam os pais no pecado. Falamos aqui, porém, dos que sofrem em vez dos pais: não os imitam no pecado, cometendo-o de fato, apenas herdam as consequências dos pecados daqueles. Por esse motivo o filho de Davi, nascido de um adultério, morreu cedo. E por isso os animais dos amalecitas vieram a morrer também. No entanto, grande é o mistério em tudo isso.

Levando em conta tudo o que dissemos, havemos de concluir que tais crianças são sempre, até o fim de suas vidas, predispostas à perpetração de bruxaria. Pois assim como Deus santifica o que Lhe é dedicado, conforme se prova pelos atos dos santos, pelos pais que oferecem a Deus o fruto que geraram; assim também o Diabo não cessa de contaminar com o mal os que lhe foram oferendados. Muitos são os exemplos encontrados no Antigo e no Novo Testamentos. Assim se deu com muitos dos patriarcas e dos profetas, como Isaías, Samuel e Sansão; assim se deu com Santo Alexis, o Confessor, com São Nicolas de Tolentino e com muitos mais, guiados pela graça divina a uma vida santificada.

Por fim, sabemos dos casos das filhas das bruxas que sempre são suspeitas de práticas semelhantes, como imitadoras dos crimes de suas mães; de fato, toda a prole de uma bruxa já é contaminada. A razão disso e de tudo o que se disse antes é que, em virtude do pacto firmado com o Diabo, sempre têm elas que deixar atrás de si um sobrevivente, que será devidamente instruído para que preencha as condições impostas pelo seu voto de que farão tudo o que estiver ao seu alcance para aumentar o número de bruxas. De que outro modo seria possível, como se tem constatado tantas vezes, meninas de 8 ou 10 anos causarem tempestades e chuvas violentas de granizo, sem que tivessem sido dedicadas ao Diabo através de pacto dessa natureza pelas suas mães? Tais crianças não teriam a capacidade de fazer operar tais prodígios por terem abjurado a fé, já que não conhecem um só artigo de nossa fé. Vejamos um exemplo de um desses casos.

No ducado da Suábia um agricultor foi até o campo com sua filhinha, que mal completara 8 anos, olhar as plantações. Lá chegando, começou a queixar-se da seca, dizendo:

– Pobres de nós! Quando será que vai chover?

A menina, ouvindo aquilo, falou ao pai com toda a simplicidade de seu coração:

– Pai, se quiseres eu posso fazer chover agora mesmo.

– Que dizes? Sabes como fazer chover?

– Não só fazer chover. Sei causar chuvas de granizo e tempestades.

– E quem te ensinou isso, minha filha?

– Minha mãe me ensinou, mas me disse para não contar a ninguém.

– Mas de que modo ela te ensinou? – insistiu o pai.

– Ela me levou a um mestre que é capaz de fazer tudo o que eu quiser na hora em que eu pedir.

– Tu já o viste, filha?

– Bom, de vez em quando eu vejo homens que vêm até minha mãe e depois vão embora. Quando eu lhe perguntei quem eram, ela me disse que eram os mestres a quem ela me dera. Disse que era patrões poderosos e ricos.

O pai, aterrado com o que ouvira, pediu à filha para causar uma chuva de granizo, se pudesse, ao que a filha respondeu:

– Posso meu pai, mas preciso de um pouco d'água.

Levou-a então, pela mão, até um córrego próximo e disse:

– Faça chover agora, filhinha, mas só na nossa terra.

E então a menina colocou a mão dentro d'água e, invocando o nome de seu mestre, começou a revolvê-la, da forma como a mãe a ensinara. E para espanto do pobre homem desabou uma chuva de granizo só nas suas terras. Ainda não totalmente convencido, pediu à filha que fizesse então chover só num de seus campos. E a menina o fez. Diante das evidências, viu-se o homem obrigado a levar sua mulher perante o juiz, sob a acusação de bruxaria. A mulher foi presa, condenada e queimada na fogueira. A filha, porém, foi absolvida e, em solene cerimônia, oferecida a Deus. Desde então nunca mais foi capaz de operar prodígios e de fazer bruxarias.

CAPÍTULO XIV

Eis aqui as várias maneiras pelas quais as bruxas infligem males ao gado.

Quando diz São Paulo (I Coríntios, 9, 9) "Acaso Deus tem dó dos bois?" está indicando que, embora tudo se ache subordinado à Providência Divina, os homens e os animais o são cada um na sua medida. Como se lê em Salmos, 35, 7-8: "Vós protegeis, Senhor, os homens como os animais." "Como é preciosa a vossa bondade ó, Deus; à sombra de vossas asas se refugiam os filhos dos homens." Ora, se os homens, pela permissão de Deus, são prejudicados pelas bruxas, sejam inocentes e justos, sejam pecadores, e se os pais são enfeitiçados em seus filhos por serem parte de suas possessões, quem haveria de duvidar que vários males não são causados pelas bruxas aos animais – sobretudo ao gado – e aos frutos da terra, que também são parte dos bens da humanidade? Veja o leitor: Jó, por obra do Diabo, perdeu todo o seu gado. Pois de modo semelhante não há uma só casa de lavradores, por menor que seja, em que as mulheres não fiquem a prejudicar as vacas umas das outras, ora as deixando sem leite, ora as matando.

Mas consideremos, primeiro, o menor desses males, que é o de secar o leite das vacas. De que modo fazem isso? Segundo Santo Alberto em seu *Livro sobre os animais*, em qualquer animal o leite é naturalmente menstrual. E como qualquer outro fluxo das mulheres, quando não cessa por alguma enfermidade natural, cessa por causa de bruxaria. Ora, o fluxo de leite cessa naturalmente quando o animal come alguma erva cuja propriedade seja a de secar-lhe o leite e de deixá-lo doente.

Por bruxaria, contudo, são várias as maneiras de perpetrar esse mal. Nas noites mais sagradas, seguindo as instruções do Diabo, e para maior ofensa da Divina Majestade de Deus, a bruxa, sentada a um canto de sua casa, com um balde entre as pernas, finca uma faca, na parede ou numa estaca, e a ordenha com as mãos. Reúne então os familiares, que com ela em tudo colaboram, e diz que deseja o leite em abundância. Repentinamente, o Diabo retira o leite do úbere daquela vaca e o faz sair pela faca que a bruxa está ordenhando.

Não há por que temer a pregação de tais prodígios em público. Embora quem quiser possa invocar o Diabo e achar que procedendo da forma descrita vai obter o mesmo resultado há de ficar muito desapontado. Há necessidade de para tal render homenagem ao Diabo ou de abjurar a fé, dentro da prática da bruxaria. Esclareço esse particular aqui porque alguns acham que o que estou escrevendo não deveria ser usado na pregação aos fiéis, pelo risco de lhes conferir um certo conhecimento maléfico. No entanto, é impossível a qualquer um aprender bruxaria através das palavras de um pregador. Conto aqui tais casos para trazer esse crime à execração pública e para que sejam usados na pregação feita ao púlpito, para que os juízes sejam motivados a punir esse crime horrendo que é o da negação da fé. Contudo, nem sempre tal se há de pregar dessa forma. Pois que a mente secular presta mais atenção às perdas temporais, está mais preocupada com os assuntos terrenos que com os espirituais. Portanto, quando as bruxas são acusadas de perdas temporais, vemos os juízes mais zelosos em puni-las. Mas quem há de ser capaz de entender a astúcia do Diabo?

Fiquei sabendo da história de uns homens de certa cidade que, chegada a primavera, ficaram desejosos de comer da manteiga especial produzida àquela época. Passeavam pelo prado quando se aproximaram de um córrego. Um deles, então, que fizera formalmente um pacto com o Demônio, disse:

– Vou conseguir para nós a melhor manteiga de maio.

Tirando as roupas, foi até o córrego, sentando-se de costas para a água. Enquanto os outros o observavam, murmurou algumas palavras e, com as mãos às costas, pôs-se a revolver a água do riacho. Em pouco tempo trouxe uma grande quantidade de manteiga, dessa que as mulheres do campo vendem no mercado no mês de maio. Os outros a provaram e disseram ser a melhor manteiga que já haviam comido.

Desses episódios podemos tirar algumas conclusões a respeito dessa prática. Ou são essas pessoas bruxas verdadeiras, por pacto expresso com o Diabo, ou através de algum entendimento tácito entre si e o Diabo conseguem fazer o que querem. No primeiro caso, não há necessidade de maior argumentação: trata-se da operação de bruxas verdadeiras. No segundo, porém, obtêm o auxílio do Diabo porque a ele foram oferecidas, ou pela parteira que lhes atendeu ao nascimento, ou pela própria mãe.

Poder-se-ia objetar que talvez o Demônio tenha trazido a manteiga sem que antes houvesse sido firmado qualquer pacto, expresso ou tácito, e mesmo sem que o indivíduo tivesse, ao nascer, sido a ele oferecido.

Cumpre entender que ninguém é capaz de recorrer à ajuda do Demônio sem o invocar. E que pelo simples fato de pedir ajuda ao Diabo a pessoa já se torna um apóstata da fé. Esta é a decisão de Santo Tomás no *Segundo livro das sentenças,* dist. 8, sobre a questão: "Se é apostasia recorrer ao auxílio do Diabo." E não obstante Santo Alberto, o Grande, concorde com os demais doutores da Igreja, mesmo assim afirma que, nesses casos, sempre há apostasia, ou nas palavras, ou nos atos. Pois se se empregavam invocações, conjurações, fumigações ou adorações, então está formalizado o pacto com o Diabo, mesmo que a pessoa não se tenha a ele entregue de corpo e alma, junto com a abjuração explícita da fé, seja no todo, seja em parte. Pois pela simples invocação do Diabo o homem comete o crime da apostasia verbal. Se, porém, não houver invocação proferida verbalmente, mas tão somente o ato do qual decorre alguma coisa que não poderia ser conseguida sem o auxílio do Diabo, se o homem o faz começando por dizer as palavras "em nome do Diabo", ou dizendo palavras desconhecidas, ou mesmo sem nada dizer mas só com aquela intenção, nesse caso, diz Santo Alberto, temos a apostasia pelo ato, pois que o ato é realizado sob os auspícios do Demônio. Trata-se, contudo, de apostasia de fato, pois tudo o que se recebe por obra do Demônio acarreta na detratação da fé.

Concluímos, portanto, dizendo que não importa como aquele feiticeiro fez para conseguir a manteiga, o que fez ou foi através de pacto explícito com o Diabo, ou foi através de algum pacto tácito. Não há de ter sido explícito por que sua conduta foi diversa da conduta das bruxas quando assim procedem. Logo, o pacto era tácito, secreto, feito em sigilo por ele próprio, ou por sua mãe, ou por sua parteira. Ouso afirmar que o fez por si próprio, já que agiu só através de movimentos, e esperou que o Diabo produzisse o efeito.

Uma segunda conclusão pode ser tirada desse exemplo e de outros semelhantes. O Diabo não é capaz de criar elementos ou coisas de espécie nova. Portanto, quando a manteiga natural repentinamente saiu da água, não ocorreu ter o Diabo transformado a água em leite: o que fez foi trazer a manteiga de algum lugar onde estivesse guardada e colocá-la na mão do homem. Ou, então, tomou o leite natural de alguma vaca e repentinamente o bateu e dele fez a manteiga. Pois que, embora essa arte praticada pelas mulheres leve algum tempo para gerar a manteiga, o Diabo é capaz de fazê-lo em mais exíguo espaço de tempo e de trazê-la para o homem.

Da mesma forma que fazem certos taverneiros: quando se veem com necessidade de vinho ou de algum outro produto, simplesmente saem para a vila à noite com seus frascos ou vasos e o trazem cheio de vinho ou de produto de que necessitavam, o Diabo retira o vinho de outro lugar e enche os recipientes.

Resta-nos explicar que as bruxas matam animais, principalmente gado, da mesma forma que matam seres humanos. São capazes de enfeitiçá-los com o toque de suas mãos ou com seu olhar. Ou colocando sob a soleira da porta do estábulo, ou junto à cocheira onde bebem água, algum feitiço ou amuleto de bruxaria.

Era essa a maneira que as bruxas queimadas em Ratisbon usavam, por influência do Diabo, para matar os melhores cavalos e as vacas mais gordas. Uma delas, Agnes, explicou-nos como procedia.

– Colocamos debaixo da soleira do estábulo diferentes tipos de ossos de animais e assim procedemos em nome de Satanás e de todos os outros Demônios.

Uma outra, chamada Anna, chegou a matar sucessivamente 23 cavalos de um cidadão que deles dependia para transportar carga. Ao comprar o 24º cavalo, já reduzido à mais extrema pobreza, aproximou-se da bruxa postada à frente de sua casa e lhe disse:

– Presta atenção! Acabo de adquirir mais um cavalo. Juro por Deus e pela Sua Santa Mãe que se este cavalo morrer eu hei de te matar com as minhas próprias mãos. – A bruxa ficou assustada e deixou o cavalo em paz. Mas quando capturada perguntamos a ela como fizera aquilo, ao que ela respondeu:

– Não fiz nada de mais. Apenas cavei um buraco e nele o Demônio colocou uns objetos que eu não sei quais foram.

Por aí depreende-se que basta tocar ou olhar para que a bruxa já tenha cooperado suficientemente com o Diabo. Ao Diabo não é permitido infligir males às criaturas sem alguma cooperação por parte das bruxas, conforme já se mostrou. E isso para maior ofensa à Majestade Divina.

Pastores já viram animais nos pastos darem três ou quatro saltos no ar e depois caírem repentinamente mortos no chão. Esse fenômeno é causado pelo poder das bruxas à solicitação dos Demônios.

Na diocese de Estrasburgo, entre a cidade de Fiessen e de Monte Ferrer, um homem muito rico afirmou que mais de quarenta cabeças de gado que lhe pertenciam e a outros amigos seus foram enfeitiçadas nos Alpes, no espaço de um ano. Não ocorreu nenhuma peste ou doença natural que pudesse explicar o fenômeno. Para prová-lo, declarou que quando o gado morre por causa natural, em geral, não é de repente: a morte se dá gradualmente. O que lá ocorreu, porém, foi bem diverso: o gado, repentinamente, via-se privado de toda a sua força, e por isso todos começaram a achar que era por causa de bruxaria. Eu mencionei quarenta cabeças de gado, mas acho que ele citou cifra mais elevada. Contudo, é bem verdade que muitas cabeças de gado têm sido perdidas por bruxaria em alguns distritos, sobretudo nos Alpes. Sabe-se ser essa uma das formas de bruxaria mais generalizadas. Havemos de, ulteriormente, considerar alguns casos semelhantes, no capítulo onde discutimos os remédios para o gado que tem sido enfeitiçado.

CAPÍTULO XV

De como as bruxas desencadeiam tempestades comuns e de granizo e de como fulminam homens e animais com raios.

Que os Demônios e seus discípulos são capazes de, por bruxaria, provocar raios, tempestades comuns e tempestades de granizo e que com a permissão de Deus têm poder para tal está provado pelas Sagradas Escrituras em Jó, 1 e 2. Pois que o Diabo recebeu de Deus o poder e imediatamente fez com que viessem os sabeus e levassem de Jó cinquenta cabeças de gado e quinhentos jumentos. Depois fez vir o fogo dos Céus e consumir 7 mil camelos e um vendaval que lhe derrubou a casa e matou seus sete filhos e suas três filhas e todos os servos mais jovens, exceto o que lhe trouxe a notícia. Por fim, o Diabo acabou por afligir o santo homem com as mais terríveis feridas e fez com que sua esposa e seus três amigos lhe causassem o mais profundo sofrimento.

Santo Tomás, em seu comentário sobre essa passagem de Jó, afirma: "É preciso confessar que, com a permissão de Deus, os Demônios são capazes de perturbar o elemento ar, provocar ventos e fazer o fogo cair dos Céus. Pois, embora no que tange à sua forma, a natureza corpórea se acha fora do comando de qualquer anjo, seja bom ou mau, a natureza corpórea do movimento localizado se encontra subordinada às forças espirituais. E essa verdade é claramente exemplificada no próprio homem. Pois ao mero comando de sua vontade, que existe subjetivamente em sua alma, os seus membros se movem. Portanto, tudo o que pode ser conseguido pelo movimento local pode também ser feito pelos bons e pelos maus espíritos, graças aos seus poderes naturais, salvo se Deus o proibir. Mas os ventos, as chuvas e outras perturbações atmosféricas semelhantes podem ser causados pelos simples movimento dos vapores oriundos da terra ou da água. Portanto, o poder natural desses elementos dos Demônios é suficiente para provocar tais fenômenos."

Assim diz Santo Tomás.

Porque Deus, na Sua justiça, usando os Demônios como Seus agentes para punição dos homens, faz recair sobre nós muitos males. Assim é que, naquela passagem dos Salmos: "Ele fez vir a fome sobre a terra, e fez desaparecer toda a substância do pão." A referência, segundo a glosa, é feita aos anjos. "Deus encarregou os anjos do mal de infligirem a fome sobre a terra." A fome se refere ao anjo encarregado de provocá-la.

Remetemos o leitor, aqui, ao que escrevemos antes sobre a questão de as bruxas sempre contarem com o auxílio do Demônio em suas operações e dos três tipos de males que os Demônios, vez ou outra, infligem sem a agência das bruxas. Não obstante, são eles mais ávidos por prejudicar os homens com o auxílio das bruxas já que, dessa forma, a ofensa a Deus é mais grave e maior poder lhes é conferido para atormentá-los e castigá-los.

É relevante a esse respeito o que dizem os doutores no *Segundo livro das sentenças,* dist. 6, na questão que trata da existência ou não de um lugar especial destinado aos anjos do mal nas nuvens do ar. Nos Demônios existem três propriedades a serem consideradas – a sua natureza, a sua tarefa e o seu pecado. Pela sua natureza, pertencem ao empíreo, nos Céus; pelo seu pecado, pertencem ao mais profundo dos Infernos; mas pela tarefa que lhes é outorgada – como ministros do castigo para os perversos e da tentação para os bons – o seu devido lugar está nas nuvens do Céu. Não habitam conosco a terra para que não nos aflijam em demasia. Contudo, no Céu e ao redor da esfera de fogo são capazes de congregar os agentes passivos e ativos, quando Deus o permite, para lançarem o fogo e os raios dos Céus.

No *Formicarius* conta-se a história de um homem que, depois de capturado, já no tribunal, revelou de que modo eram capazes de causar tempestades e chuvas de granizo.

– Embora nos seja fácil causar tempestades de granizo, não somos capazes de causar toda a destruição que gostaríamos pela intervenção dos anjos do bem. Só nos é dado afligir os que se acham privados da ajuda de Deus. Não somos capazes de prejudicar os que fazem o sinal da cruz. Fazemos nossos trabalhos nos campos. Primeiro invocamos o grande chefe dos Demônios e pedimos-lhe que nos envie um de seus servos para que, através dele, possamos prejudicar a pessoa por nós indicada pelo nome. Então, ao chegar o Demônio, fazemos o sacrifício de um galo negro, em sua homenagem, em duas encruzilhadas, atirando-o para o alto. Tendo recebido nossa oferenda, o Demônio atende o nosso pedido e passa a revolver os ares, embora nem sempre nos lugares em que indicamos. E assim, com a permissão de Deus, desencadeia tempestades comuns e de granizo.

Na mesma obra encontra-se a história de um grande heresiarca das bruxas, chamado Staufer, que ora vivia em Berna, ora em um país vizinho, e que, publicamente, gabava-se de ser capaz de, sempre que quisesse, transformar-se em um camundongo na frente de seus inimigos e deles escapar por entre as mãos. Dizia que sempre assim escapara de seus adversários de morte. Mas a justiça divina resolveu pôr fim à sua perversidade. Alguns de seus inimigos armaram-lhe uma emboscada e pegaram-no sentado numa cesta junto a uma janela: trespassaram-no com suas lanças e espadas, fazendo-o pagar com a morte por todos os seus crimes. Entretanto, o líder das bruxas deixou um discípulo, chamado Hoppo, que teve por mestre o bruxo Stadlin, de quem falamos no sexto capítulo.

Esses dois feiticeiros conseguiam, sempre que quisessem, passar invisivelmente para os seus campos um terço de todo o estrume, de toda a palha ou de todo o trigo de seus vizinhos. Eram, ademais, capazes de provocar as mais violentas tempestades de granizo, de desencadear os mais destrutivos vendavais e de atingir o que bem desejassem com raios de fogo. Mais ainda: eram capazes de jogar na água, à vista dos pais, crianças que caminhavam pelas ribanceiras; de causar a esterilidade em homens e em animais; de revelar segredos a outras pessoas; de prejudicar, das mais variadas formas, os homens nos negócios ou no próprio corpo; de fulminar a quem quisessem com raios e de provocar muitos outros flagelos, quando e onde a justiça divina o permitisse.

Convém aqui relatar um caso que chegou aos nossos ouvidos. Na diocese de Constance, a 28 milhas alemãs da cidade de Ratisbon, na direção de Salzburgo, uma violenta tempestade de granizo destruiu todas as plantações e parreiras num cinturão com raio de 1, 6 quilômetro, a tal ponto que as vinhas deixaram de dar uvas durante três anos. O fato chegou ao conhecimento da Inquisição, já que o povo exigia que se investigasse o ocorrido. Muitos dos moradores do local eram da opinião de que a tempestade fora causada por bruxaria. Consequentemente, depois de 15 dias de deliberação formal, chegamos à conclusão de que era um caso de bruxaria a ser investigado. Entre um grande número de suspeitos, examinamos com particular atenção duas mulheres, uma de nome Agnes, mulher de Bath, e outra de nome Anna von Mindelheim. As duas foram capturadas e trancafiadas em prisões separadas, para que uma não tivesse a menor idéia do que à outra acontecia. No dia seguinte, Agnes foi interrogada pelo magistrado principal, um juiz chamado Gelre, muito zeloso da fé, e por outros magistrados também. Todo o interrogatório foi conduzido na presença de um tabelião. No primeiro julgamento, a moça afirmou ser inocente de qualquer crime contra homem ou mulher, embora tivesse indubitavelmente o dom maligno do silêncio, a maldição constante dos juízes. Contudo, graças à Misericórdia Divina, para que tão monstruoso crime não ficasse sem punição, Agnes, depois de uma sessão na câmara de tortura e de haver sido retirada dos ferros, repentinamente confessou todos os crimes que cometera. Embora não houvesse testemunha para provar que ela abjurara a fé ou praticara o coito com algum íncubo – dado o extremo sigilo em que cometera tais crimes –, depois de ter admitido que causara mal a homens e a animais, também confirmou que praticara esses dois outros crimes. Contou que há 18 anos se entregava em corpo a um íncubo, na mais completa negação da fé.

Quando perguntada sobre o que sabia a respeito da tempestade de granizo que ocorrera na região, ela confessou então tudo o que fizera.

– Eu estava em minha casa, e ao meio-dia veio até a mim um Demônio. Disse-me para acompanhá-lo até a planície de Kuppel, trazendo comigo um pouco d'água. E quando lhe perguntei o que ele queria que eu fizesse, disse-me que queria fazer chover. Fui, então, assim até os portões da cidade e encontrei o Demônio postado de pé debaixo de uma árvore.

– Debaixo de que árvore? – indagou-lhe o juiz.

– Daquela ali, defronte da torre – respondeu-lhe, apontando para a árvore.

– E o que fizeste lá? – prosseguiu o juiz.

– O Demônio me disse para cavar um buraco pequeno e despejar a água dentro dele.

– Sentaram-se tu e ele juntos para cavar?

– Não. Só eu. Ele permaneceu de pé.

– E depois? – insistiu o magistrado.

– Depois, eu despejei a água no buraco e comecei a revolvê-la com o dedo enquanto invocava o próprio Satanás e todos os outros Demônios.

– E o que aconteceu à água?

– O Demônio a fez subir pelos ares e desaparecer.

Interrogada a seguir se tinha alguma companheira em suas atividades, respondeu:

– Na outra árvore, oposta à que eu me encontrava, ficou a minha companheira Anna (Anna von Mindelheim, a outra prisioneira), mas não sei o que ela fez.

Por fim perguntou-se a Agnes quanto tempo decorrera da ascensão da água ao cair da tempestade, e ela explicou:

– Tempo suficiente para eu voltar para casa.

Porém, quando no dia seguinte a outra bruxa foi exposta às questões mais delicadas, mal tendo sido suspensa do chão pelos polegares, após ter sido livrada dos ferros que a prendiam, ocorreu algo extraordinário: contou-nos história idêntica à de Agnes, sem a menor discrepância em qualquer aspecto: quanto às árvores em que cada uma delas ficou; quanto à hora do ocorrido; quanto ao método, ou seja, quanto ao revolver da água com o dedo em nome de Satanás e de todos os Demônios; quanto ao intervalo de tempo transcorrido entre o desaparecimento da água, por obra do Demônio, e o desencadeamento da tempestade, tendo tido também ela tempo de voltar para casa. Assim sendo, no terceiro dia, ambas foram queimadas. Agnes, contrita e confessa, com a alma confiada a Deus, dizendo que morreria com o coração elevado se pudesse escapar das torturas do Inferno, beijava a cruz que trazia em suas mãos. Anna von Mindelheim, todavia, viu no comportamento de Agnes objeto de escárnio, pois há mais de vinte anos mantinha relações com um íncubo, na mais completa abjuração da fé. Os males que já perpetrara contra os homens, os animais e os frutos da terra eram bem piores que os de Agnes, conforme se depreende da leitura dos autos do processo.

Devem bastar estes exemplos a nosso propósito, embora houvesse muitos e muitos outros casos dessa espécie de maldade ainda por serem narrados. Ora, muitos são os homens, os animais e os depósitos de víveres atingidos por raios por obra dos Demônios, não obstante a sua causa seja, não raro, oculta e ambígua, já que parecem ocorrer amiúde pela permissão divina mas sem a cooperação de qualquer bruxa. Contudo, as bruxas têm confessado espontaneamente que fazem tais coisas. E são vários os exemplos que poderiam ser aditados aos que já mencionamos. É razoável concluir, portanto, que com a mesma facilidade com que causam tempestades de granizo são também capazes de causar tempestades com raios e trovões no mar. E assim parece já não pairar qualquer dúvida a respeito dessa questão.

CAPITULO XVI

Dos três modos pelos quais se descobre que os homens, e não as mulheres, são dados à bruxaria: sob três rubricas, sendo a primeira a que trata da bruxaria dos arqueiros.

Interessa-nos agora considerar a última categoria da bruxaria: a que, de três formas, é praticada por homens. E havemos de levar em conta, primeiramente, os sete mortais e horríveis crimes cometidos pelos bruxos arqueiros. O primeiro é o que praticam no dia consagrado à Paixão de Nosso Senhor – a Sexta-Feira Santa. Nesse dia, durante a solenização da Missa dos Pré-Santificados, atiram flechas tendo por alvo a santíssima imagem do Crucifixo. Ó, que crueldade para com o Salvador! Que terrível ofensa! O segundo advém da sua detração à Fé Católica. Embora persista a dúvida quanto à forma de apostasia perpetrada, se por palavras, se tão somente por atos, não há ofensa maior à fé que possa ser praticada por um cristão. Pois é certo que se tais coisas fossem praticadas por um infiel não haviam de surtir qualquer efeito maior, já que não lhe é outorgado método fácil de gratificação da sua hostilidade para com a Fé Cristã. Portanto, aqueles miseráveis deveriam considerar a verdade e o poder da Fé Católica, pois que é para a confirmação mesma desta fé que Deus, na Sua justiça, permite tais crimes.

O terceiro crime está em que o arqueiro não lança apenas uma flecha sobre o Crucifixo: tem que atirar três ou quatro para que no mesmo dia seja capaz de matar um mesmo número de homens. O seu quarto crime advém da garantia que recebem do Diabo para a consecução de seus objetivos: não obstante precisarem fixar com o olhar a sua vítima e de concentrar-se, num supremo esforço de vontade, para matá-la, não importa onde se esconda: não há como se proteger: a flecha desferida será até ela conduzida pelo Demônio e a atingirá mortalmente.

O quinto crime está em que atiram flechas com tal precisão que são capazes de acertar uma moeda colocada sobre a cabeça de uma pessoa sem feri-la, ademais, são capazes de repetir esse prodígio indefinidamente. O sexto crime decorre de que, para adquirirem esse poder, são obrigados a prestar homenagem de corpo e alma ao Diabo. Damos a seguir alguns exemplos de práticas dessa espécie.

Um príncipe da Renânia, chamado Eberhard, o Barbudo, antes de completar 60 anos, adquiriu boa parte do território imperial. Porém, como passasse a sofrer ataques de surpresa dos homens de um certo castelo da região, o castelo de Lendenbrunnen, resolveu sitiá-lo e tomá-lo. Contava em sua companhia com um arqueiro, também bruxo, chamado Puncker, arqueiro tão prodigioso que foi capaz de matar todos os homens do castelo, sucessivamente, exceto um. Seu proceder foi muito simples. Bastava-lhe apontar para a vítima e desferir a flechada: não importa onde o alvo visado se escondesse: acabava sempre ferido mortalmente. Mas como só atirasse três flechas contra o Salvador num mesmo dia, só lhe era permitido matar com tal precisão três homens naquele dia. É bem provável que talvez o Diabo favoreça o número três mais do que qualquer outro número por representar, destarte, efetiva negação da Santíssima Trindade. Assim é que, depois de ter lançado aquelas três flechas, Puncker só conseguia acertar as suas vítimas com a mesma incerteza dos outros arqueiros. Por fim, um dos homens do castelo gritou-lhe, em tom de zombaria:

– Puncker! Não vais ao menos poupar o anel que se acha pendurado no portão do castelo?

– Decerto que não! – retorquiu-lhe Puncker da escuridão da noite. – Eu o levarei comigo no dia em que tomarmos o castelo!

E o arqueiro cumpriu sua promessa. Pois quando só restava um homem no interior do castelo, a companhia de Eberhard o invadiu e Puncker tomou para si o tal anel e o pendurou na porta de sua casa, em Rorbach, na diocese de Worms, onde se encontra até hoje. Numa certa noite, contudo, algum tempo depois, foi morto a golpes de pás por uns camponeses que molestara. E assim sucumbiu em seus pecados.

Conta-se também desse homem uma outra história. O príncipe, desejando provar a sua habilidade, propôs-lhe usar o seu próprio filhinho como alvo. Ordenou-lhe então que tentasse acertar numa moeda colocada sobre a cabeça do menino, mas sem lhe arrancar o capuz.

Embora a princípio relutasse, acabou acedendo. Não sabia se o Diabo não estava assim tentando seduzi-lo para levá-lo à morte. Contudo, cedendo à insistência do príncipe, assim procedeu: deixando uma flecha de prontidão na aljava pendente ao ombro, colocou outra no arco e lançou-a, acertando na moeda sobre o capuz sem ferir o menino. O príncipe perguntou-lhe então por que preparara uma flecha a mais. Puncker explicou:

– Se o Diabo me tivesse enganado e eu houvesse matado meu filho, também eu teria de morrer. Assim, rapidamente, eu o matava também, príncipe Eberhard, para vingar antecipadamente a minha morte.

E embora tais perversidades sejam permitidas por Deus para provação e castigo dos fiéis, mesmo assim milagres mais grandiosos são operados pela misericórdia do Salvador, para o fortalecimento e glória da Fé Católica.

Na diocese de Constance, próximo ao castelo de Hohenzorn e de um convento de freiras, há uma igreja recém-construída em que se pode ver a imagem de Nosso Salvador transpassada por uma flecha e sangrando. A verdade desse milagre é assim atestada: um pobre miserável queria ter a garantia diabólica de poder matar com três ou quatro flechadas igual número de homens. Para tal desferiu uma flechada contra um Crucifixo numa determinada encruzilhada. Milagrosamente, porém, começou a verter sangue da imagem atingida, e o bruxo viu-se paralisado repentinamente pelo poder divino. Indagado por uma pessoa que por lá passava por que ali estava assim parado, sem se mover, balançou indefinidamente a cabeça e com o corpo tremendo nada conseguiu responder. Outro curioso dele se aproximou, porém, e, vendo o sangue e o Crucifixo atravessado pela flecha, exclamou:

– Seu vilão infame! Perfuraste a imagem do Nosso Senhor!

E chamando outras pessoas para que não o deixassem fugir, embora não pudesse se mover realmente, foi correndo até o castelo mais próximo e contou o que acontecera. Os homens do castelo vieram e encontraram o bruxo ainda parado no mesmo lugar. Mais tarde, depois de interrogado no tribunal, confessou o crime, e depois de removido daquele distrito pela justiça pública sofreu uma morte miserável por merecida expiação de seu ato.

Mas como é horrível pensar que a perversidade humana não hesita em aprovar tais crimes. Pois diz-se que nos salões dos poderosos transitam esses homens, para a glória de seus crimes, em franca detração da fé, para grave ofensa da Majestade Divina e em desprezo de nosso Redentor; e ali se lhes permite vangloriarem-se de seus feitos.

Por conseguinte tais protetores, defensores e patronos hão de ser julgados não só como hereges mas também como apóstatas da fé, e hão de ser punidos da maneira como explicaremos adiante. É este o sétimo pecado mortal desses bruxos. Pois que primeiro hão de ser, dentro da lei, excomungados; e se tais protetores forem clérigos hão de ser rebaixados e destituídos de todas as suas funções e privados de todos os privilégios legais, o que não lhes poderá ser restituído, salvo por alguma indulgência especial da Sé Apostólica. Ademais, se após a proscrição persistirem obstinadamente a defender suas ideias durante o período de um ano após a excomunhão, hão de ser condenados como hereges.

Assim prescreve a Lei Canônica; no sexto livro, aborda a questão da interferência direta ou indireta nos processos de diocesanos e de Inquisidores à causa da fé e faz menção da pena aludida acima, a ser cominada depois de um ano. Porque está escrito: fica vedada qualquer interferência de potentados, de senhores e de legisladores temporais, e de seus subordinados etc. Qualquer leitor pode consultar o capítulo em pauta.

E que os bruxos e seus protetores hão de ser excomungados segundo os ditames da lei é indicado pelo Cânon onde trata da repressão da heresia de bruxaria; sobretudo no passo: "Havemos de excomungar e de anatematizar todos os hereges, os cátaros, os cismáticos... e outros, seja qual for a sua denominação..." afirmando, mais adiante: "E havemos de excomungar também todos os seus seguidores, protetores, defensores e patronos."

A Lei Canônica prescreve também várias penas a que se acham sujeitos todos os hereges, sejam leigos ou clérigos, pelo prazo de um ano. Assim reza o Cânon: "Submetemos à pena da excomunhão todos os seus protetores, os seus patronos e defensores, de forma que os assim sentenciados e que não se dignarem retratar-se de uma heresia no espaço de um ano hão de ser considerados criminosos, não serão admitidos nos ofícios e nos concílios, perderão o direito a voto em qualquer assembleia eclesiástica, nem poderão prestar testemunho, ou servir de testemunha, e não lhe será dada oportunidade de darem livre testemunho; hão de perder o direito de herança e não ficarão livres de responsabilidade os que com eles realizarem transações comerciais. No caso de o acusado ser juiz, o seu julgamento não terá validade: caso algum poderá julgar; no caso de ser advogado, não poderá advogar. Em caso de ser notário, nenhum documento por ele redigido há de ter qualquer valor, e há de ser condenado junto com o autor do documento; penas semelhantes são decretadas para os que ocupam os demais cargos. Mas, no caso do clérigo, há este de ser rebaixado de posto, sendo afastado de todos os ofícios e perdendo todos os privilégios; pois, sendo maior a sua culpa, maior há de ser a sua pena. E se qualquer um desses acusados, depois de banido da Igreja, ignorar insolentemente sua punição, se lhe há de aplicar a sentença da excomunhão nos limites extremos da vingança. E o clero não lhe há de ministrar os Sacramentos da Igreja nem há de tentar lhe dar sepultamento cristão, nem tampouco aceitar suas almas e oblações, sob pena de serem também excomungados. Pois que a restituição de sua função só poderá ser feita por indulgência especial da Sé Apostólica.

Por fim, tais hereges incorrem em muitas outras penas, mesmo quando não persistem na sua obstinação durante um ano, e às quais ficam sujeitos também seus filhos e netos: podem ser destituídos de sua função por bispo ou por Inquisidor e privados de todos os seus títulos, bens, privilégios honoríficos e eclesiásticos e, enfim, de todos os seus cargos públicos. Seus filhos e netos poderão também ser considerados desqualificados e impossibilitados de obter nomeação eclesiástica ou pública; embora tal se deva entender só para os filhos e netos por parte de pai, não por parte de mãe, e só para os impenitentes. Também a todos os seus seguidores, protetores, fautores e patronos será negado o direito de apelação ou de rogo; isso significa que, depois de confirmado o veredicto pelo qual são considerados hereges, não mais poderão apelar de sua sentença, mesmo que lhes tenha sido mal-aplicada ou que tenham sido tratados com demasiada severidade. Muito mais poderíamos aditar em apoio a nosso ponto de vista, mas por ora isso é suficiente.

No entanto, para melhor entendimento do que dissemos, convém analisar alguns pontos. Em primeiro lugar, quando um príncipe ou potentado secular emprega um tal bruxo para a destruição de algum castelo numa guerra justa, e com a sua ajuda esmaga a tirania de homens perversos, haveria de se considerar todo o seu exército como protetor ou fautor do feiticeiro, devendo ser submetido, na sua totalidade, às penas mencionadas? A resposta parece estar na temperança: o rigor da justiça deve levar em conta o seu número. Considerar-se-á que o líder e seus conselheiros acumpliciaram-se com tal bruxaria e a favoreceram e, por isso, estão implicados legalmente nas penas mencionadas quando, depois de terem sido admoestados por seus conselheiros espirituais, tiverem persistido no mau caminho; nesse caso, serão julgados como protetores ou patronos e assim punidos. Mas o restante do exército, como não toma parte do conselho deliberativo dos líderes, como simplesmente é preparado para arriscar suas vidas em defesa de seu país, embora possa ver com aprovação os feitos do bruxo, escapa mesmo assim da sentença da excomunhão; entretanto, em confissão, deverá admitir a culpabilidade do bruxo e para a sua absolvição pelo confessor deverá aceitar o solene aviso de que deve abominar tais atos e afastar de suas terras tais bruxos.

Cabe perguntar quem há de dar a absolvição para tais príncipes quando caem em si: seus próprios conselheiros espirituais ou os Inquisidores? Caso se mostrem arrependidos, podem ser absolvidos quer pelos seus conselheiros, quer pelos Inquisidores. Isso é assegurado pela Lei Canônica ao tratar dos procedimentos cabíveis a serem tomados contra os hereges e seus seguidores, protetores, patronos e fautores, no temor de Deus e como advertência aos homens. Mas se qualquer um desses, renegando seu lapso herético, desejar retornar à unidade da Igreja, poderá receber o privilégio da absolvição, que será dado pela Santa Igreja.

Um príncipe, ou qualquer outro líder, pode ser considerado arrependido se entregar o bruxo para ser punido pelas ofensas contra o Criador; quando tiver banido de seus domínios todos os considerados culpados de bruxaria ou de heresia; quando tiver revelado, pelo seu passado, ser verdadeiro penitente; e quando, ao tornar-se príncipe católico, demonstrar ter firme vontade de não mais favorecer qualquer outro bruxo.

Mas pode-se perguntar ainda a quem se deve entregar para julgamento esse homem. Em que corte deve ser julgado e se deve ser considerado franco suspeito de heresia. A primeira pergunta é respondida diretamente no início da Parte III: se cabe a um juiz secular ou eclesiástico julgar e punir esse homem. Segundo a Lei Canônica, nenhum magistrado ou juiz secular é competente para julgar um caso de heresia sem permissão dos bispos e dos Inquisidores, ou pelo menos de alguém que tenha por um destes sido autorizado a tal. Mas quando o Cânon afirma que as cortes seculares não têm jurisdição nesse assunto em virtude de o crime de heresia ser exclusivamente eclesiástico, parece que tal assertiva não se aplica ao caso das bruxas. Os crimes das bruxas não são exclusivamente eclesiásticos, são também civis, em decorrência do prejuízo temporal que causam. Entretanto, como será mostrado adiante, embora o juiz eclesiástico deva submeter a processo e julgar o caso, cabe ao juiz secular executar a sentença e cominar a pena, segundo mostrado nos capítulos do Cânon sobre a anulação da heresia e sobre a excomunhão. Pelo que, mesmo que o bruxo tenha sido julgado pelo ordinário, o juiz secular ainda terá o poder de puni-lo depois de a ele entregue pelo bispo; entretanto, com o consentimento do bispo, o juiz secular pode ainda atuar em ambas as instâncias, ou seja, pode julgá-lo e puni-lo.

E não é objeção válida alegar que tais bruxos são muito mais apóstatas que hereges; porque tanto uns quanto outros são detratores da fé; no entanto, embora o herege apenas duvide parcial ou completamente da fé, o bruxo, na sua mais profunda essência, é um apóstata que intencionalmente se afasta da fé. E o pecado mais grave está em corromper a fé, que é o sustentáculo da alma, do que falsificar dinheiro, que é o arrimo da vida material, do corpo. E se os falsários e outros malfeitores são imediatamente condenados à morte pelos tribunais seculares, muito mais hão de merecer os hereges e apóstatas: deverão ser imediatamente punidos com a morte tão logo sejam considerados culpados.

Assim acabamos de resolver a segunda dificuldade, qual seja, a quem entregar para punição esses homens, vale dizer, a que tribunal e que juiz. De qualquer modo, a questão ainda será considerada com maiores detalhes na Parte III desta obra, onde tratamos dos métodos de condenação desses detratores e de que modo a pessoa capturada em franca heresia deve ser julgada (ver, entre os métodos, sobretudo o oitavo e o décimo segundo) e da questão dos penitentes, ou seja, se os que se arrependem devem ainda ser condenados à morte.

Pois se um herege reincide constantemente em seu crime, tanto quanto se arrepende, há de ser condenado à morte segundo a Lei Canônica. Porque, para a felicidade geral, segundo Santo Tomás, essa é uma conduta razoável. Ora, se os hereges reincidentes repetidas vezes voltam às barras do tribunal – permitindo-se-lhes viver e conservar seus bens temporais –, eles poderão prejudicar a salvação de outras pessoas, não só por serem capazes de contaminá-las ao reincidirem em seus crimes, mas também por darem mau exemplo a outros – ao escaparem sem punição estariam mitigando o medo das pessoas de se contaminarem pelo crime da heresia. Além do mais, exatamente a sua reincidência denuncia a sua inconstância na fé, e, portanto, devem merecidamente ser condenados à morte. E cumpre declararmos aqui: se a mera suspeita de inconstância é justificativa suficiente para um juiz eclesiástico entregar o reincidente à corte secular – para condenação à morte –, muito mais há de fazer no caso do que se recusa provar sua penitência e demonstrar seu arrependimento: deverá entregá-lo à corte secular para que investigue a sua culpabilidade nos crimes perpetrados contra vítimas em seus bens temporais e para que o condene à morte. Contudo, se o bruxo é penitente, o juiz eclesiástico deve, primeiro, absolvê-lo, livrando-o da pena de excomunhão em que incorreu pelo crime herético de bruxaria. Além disso, quando o herege é penitente, lhe é permitido retornar ao recesso da Igreja para salvação de sua alma. Esse assunto é discutido na Questão I da Parte III, sendo demasiadamente amplo para ser aqui analisado. Basta que todos os soberanos saibam das contas que terão de prestar ao terrível juiz; porque, de fato, será muito severo o julgamento das autoridades que permitem que os bruxos vivam e perpetrem seus crimes contra o Criador.

As outras duas classes de bruxos pertencem à categoria geral dos que são capazes de usar de certos encantamentos sacrílegos que tornam determinadas armas inócuas contra si próprios; dividem-se em dois tipos. A primeira categoria lembra a dos bruxos arqueiros de quem acabamos de falar, porque também mutilam a imagem do Cristo crucificado. Por exemplo, se desejam a imunidade contra qualquer ferimento em sua cabeça, por qualquer arma ou por qualquer golpe pessoal, arrancam fora a cabeça de Cristo do Crucifixo; se desejam tornar invulnerável o seu pescoço, arrancam fora o pescoço; se o braço, arrancam fora o braço e assim por diante. Às vezes, arrancam metade do corpo, ora da cintura para cima, ora da cintura para baixo. A prova disso é que, dos Crucifixos encontrados nas encruzilhadas ou nos campos, apenas um em dez se acha completamente preservado. Há quem carregue consigo os membros assim arrancados. Já outros procuram a invulnerabilidade através de palavras sagradas ou desconhecidas: portanto, há essa diferença entre eles. Os primeiros lembram os arqueiros bruxos na detração da fé e na mutilação da imagem do Salvador e, por isso, devem ser considerados verdadeiros apóstatas, sendo julgados pelo crime de apostasia quando capturados; embora não na mesma medida em que os arqueiros, pois que a estes não se igualam em perversidade. Pois só agem assim para a proteção de seus corpos, na totalidade ou em parte, seja acima, seja abaixo da cintura. Por conseguinte, hão de ser julgados como hereges penitentes, não reincidentes quando condenados como bruxos se demonstram arrependimento; a pena merecida é a do oitavo tipo: com adjuração solene e encarceramento, conforme mostrado na Parte III deste livro.

Os segundos são capazes de encantar com a sua magia as armas, mostrando-se capazes de caminhar sobre elas de pés descalços: estranhas proezas são capazes de fazer (pois que, segundo São Isidoro, *Etim.* VIII, os encantadores são os que possuem a habilidade de realizar prodígios mediante palavras). Há de fazer-se uma distinção entre eles: alguns realizam encantamentos por meio de palavras sagradas, ou de fórmulas mágicas que inscrevem sobre os enfermos, práticas tidas como ilícitas desde que se observem sete condições, conforme havemos de revelar mais adiante ao tratar dos métodos de cura dos enfeitiçados. Por outro lado, os encantamentos lançados sobre armas através de palavras secretas, ou no caso de os encantamentos prescritos aos doentes serem anotados por escrito, cumpre chamar sua atenção para o juiz. Pois quando usam palavras que nem mesmo eles sabem os significados, ou quando usam sinais ou caracteres que não representam o sinal da cruz, cumpre repudiá-los nessas práticas: os homens de bem precisam ter ciência da arte cruel desses feiticeiros. E caso não desistam de tais atos, devem ser considerados suspeitos e sentenciados de acordo com a pena do segundo tipo, conforme mostraremos depois. Pois não se acham livres do pecado de heresia; feitos dessa espécie só podem ser realizados com a assistência do Demônio e, conforme demonstramos, o que faz uso dessa assistência há de ser condenado como apóstata da fé. No entanto, sob a alegação de ignorância ou pela retratação de sua conduta, podem ser tratados de forma mais condescendente do que os magos-arqueiros.

É comum ver que comerciantes e mercadores têm por hábito fazerem-se acompanhar de amuletos e runas; como tais elementos partilham da natureza dos encantamentos maléficos, é preciso que se despojem de tais objetos e de tais sinais, seja por intermédio do confessor no confessionário, seja por intermédio do juiz eclesiástico no tribunal público. Pois que tais palavras e letras desconhecidas implicam pacto tácito com o Demônio, que faz uso desses expedientes em sigilo para seu próprio benefício, atendendo os usuários nos seus desejos para que depois possa induzi-los a cometer os piores crimes. Logo, no tribunal, esses homens devem ser julgados e advertidos conforme se indica no segundo método. No confessionário, cabe ao confessor examinar o amuleto e, se não desejar jogá-lo fora, há o penitente de apagar as palavras e sinais ali inscritos, embora possa preservar palavras do Evangelho ou o sinal da cruz.

Ora, com relação a todas essas classes de magos, e sobretudo a dos arqueiros, cumpre notar que, conforme declaramos antes, hão de ser julgados como hereges capturados em flagrante crime de heresia; e tocamos nesse assunto ainda antes, na Questão I da Parte I. Lá mostramos o que diz São Bernardo a respeito: três são as maneiras pelas quais um homem pode ser acusado de heresia: ou pela evidência dos fatos quando publicamente professa o seu erro, pela evidência crível de testemunhas ou pela própria confissão. São Bernardo também explica o significado de algumas das palavras da Lei Canônica a esse propósito, conforme revelamos na Questão I da Parte I desta obra.

Claro está, portanto, que os magos-arqueiros, e os magos que enfeitiçam outras armas, hão de ser considerados manifestamente culpados de flagrante heresia, através de pacto explícito com o Diabo, porquanto óbvio está que os prodígios que realizam só poderiam ser concretizados com a ajuda de Demônios.

Em segundo lugar, está igualmente claro que os patronos, os protetores e os defensores desses homens hão de ser acusados do mesmo crime e de ser submetidos aos castigos prescritos. Pois não há no seu caso, como pode haver no de diversos outros criminosos, qualquer dúvida quanto à suspeita que lhes sobrecai: se leve, se forte ou se grave; são, não há dúvida, graves detratores da fé, e hão de receber como castigo de Deus uma morte miserável.

Conta-se que certo príncipe costumava proteger tais magos e, com o seu auxílio, passou a oprimir desmedidamente uma determinada cidade em questões de comércio. E quando um de seus dependentes advertiu-lhe a conduta, ele rejeitou todo o temor a Deus e exclamou:

– Que Deus me fulmine agora se os estou oprimindo injustamente!

Pois às suas palavras seguiu-se a vingança divina: o príncipe imediatamente caiu no chão, vítima de morte súbita. E a vingança divina ocorreu não tanto por causa de sua injusta opressão, mas sim por causa de sua cobertura à heresia.

Em terceiro lugar, claro está que todos os bispos e soberanos que não se empenhem ao extremo em reprimir os crimes dessa natureza hão de ser julgados como professos defensores desses mesmos crimes, e hão de ser punidos da maneira prescrita.

QUESTÃO II

Dos métodos para destruir e amaldiçoar a bruxaria. Introdução, onde se estabelece a dificuldade desta questão.

Será lícito remover a bruxaria através de outra bruxaria, ou através de outros meios proibidos?

Professa-se que não; já mostramos que no *Segundo livro das sentenças*, e na oitava distinção, é consensual a opinião de todos os doutores: é ilícito usar da ajuda de Demônios, porque por esse expediente se incorre em crime de apostasia. Mas, defende-se, não há bruxaria que possa ser removida sem tal auxílio diabólico. Alega-se que poderia ser o malefício curado ou pelo poder humano, ou pelo poder diabólico, ou ainda pelo poder divino. Não há de ser pelo primeiro: os poderes inferiores não se contrapõem aos superiores, não exercem controle sobre os que se acham fora de sua própria capacidade natural. Nem há de ser pelo poder divino, pois que assim se configuraria um milagre, que Deus só opera por Sua própria vontade, e não por solicitação dos homens. Pois quando a Virgem Maria implorou a Cristo que operasse um milagre para atender à necessidade de vinho, Ele respondeu: "Mulher, que tenho Eu de fazer contigo?" E os doutores elucidam o significado da passagem: "Que vínculo há entre nós dois para a operação de um milagre?" Parece também que só muito raramente são os homens libertos de encantamentos pelas orações aos santos ou pelas súplicas ao Senhor. Logo, só lhes resta serem livrados pela ajuda dos Demônios; mas é ilícito recorrer a tal expediente.

Cabe ressaltar, uma vez mais, que método comum para desenfeitiçar as pessoas, embora manifestamente ilícito, está em recorrer à ajuda de mulheres sábias, pelas quais são amiúde curadas, e não a padres ou exorcistas. Assim, revelamos a experiência de que tais curas só são efetuadas pela ajuda dos Demônios, a quem é ilícito recorrer. Portanto, não há de ser lícito curar dessa forma a pessoa enfeitiçada, que deverá suportar pacientemente o malefício.

Alega-se ainda que Santo Tomás e São Boaventura, no quarto livro, 34º distinção, afirmam que os encantamentos devem ser permanentes por não existir contra eles remédio humano; e se houver algum remédio, ou é desconhecido ou é ilícito. E essas palavras significam que a enfermidade dessa espécie é incurável e deve ser considerada permanente; e aduzem ainda que, mesmo quando Deus providenciasse um remédio, por ação coercitiva sobre o Diabo, e viesse este a remover o mal do homem atingido, e o curasse, tal cura não poderia ser considerada humana. Portanto, salvo que Deus o cure, não é lícito ao homem tentar, de qualquer forma, encontrar uma cura.

Na mesma obra esses dois doutores acrescentam também que é ilícito até mesmo procurar remédio através da superposição de outro encantamento. Pois afirmam que, para que tal seja possível, e para que se remova o feitiço original, a outra bruxaria também há de ser considerada de efeito permanente; já que não é de forma alguma lícito evocar o auxílio do Diabo através da bruxaria.

E mais, alega-se que os exorcismos da Igreja nem sempre se revelam eficazes na repressão dos Demônios no caso das aflições corporais, porque estas só são curadas pelo arbítrio de Deus; mas sempre são eficazes contra as molestações diabólicas para as quais foram instituídos, como, por exemplo, no caso de homens possuídos pelo Diabo, ou no caso do exorcismo de crianças.

Uma vez mais não se há de concluir que, porque o Diabo recebeu poderes sobre determinada pessoa, por causa de seus pecados, deixará de ter tais poderes com a cessação desses mesmos pecados. Pois muitas vezes um homem deixa de pecar mas seus pecados ainda permanecem. Parece, portanto, pelo que declaram esses dois doutores, que é ilícito remover encantamentos e sim que estes deverão ser suportados, na medida em que só a Deus cabe eliminá-los, quando Lhe aprouver.

Contra essa opinião argumenta-se que, assim como Deus e a natureza não abundam em superfluidades, também não carecem em termos de necessidades; e é uma necessidade que se dê aos fiéis contra as obras do Diabo não só algum meio de proteção (de que tratamos no começo desta Parte II) mas também remédios curativos. Caso contrário, ver-se-ia o fiel desatendido plenamente por Deus, e as obras do Diabo pareceriam mais fortes que as do próprio Criador.

Contra tal opinião há também a glosa sobre aquela passagem de Jó: "Não há poder maior que o Dele na terra..." Diz a glosa que, embora o Diabo tenha poderes sobre todas as coisas humanas, acha-se sujeito aos méritos dos santos e mesmo aos méritos dos santos homens nesta vida.

Mais uma vez, diz Santo Agostinho (*De Moribus Ecclesiae*): "Não há anjo mais poderoso do que nosso intelecto, quando nos prendemos firmemente a Deus. Pois, se neste mundo o poder está na virtude, então o intelecto que se mantém junto a Deus é mais sublime do que o mundo inteiro. Portanto, esse intelecto é capaz de desfazer as obras do Diabo."

Resposta. Acham-se expostas duas opiniões poderosas que, parece, são absolutamente contrárias entre si.

Pois que há teólogos e doutores em Direito Canônico que concordam ser lícito remover as bruxarias por meios vãos e supersticiosos. São dessa opinião Duns Scoto, Henrique de Segúsio, Godofredo e todos os canonistas. Mas, na opinião de outros teólogos, especialmente a dos mais antigos, e na de alguns dos modernos, como Santo Tomás, São Boaventura, Santo Alberto e Pedro de Palude, além de na de muitos outros, em nenhum caso se há de fazer o mal para que dele resulte o bem, e que é preferível o homem morrer a consentir em ser curado por meios vãos e supersticiosos.

Examinemos agora suas opiniões, com vistas a trazê-las, na medida do possível, a um ponto consensual. Scoto, em seu quarto livro, 34º dist., sobre as obstruções e a impotência causada pelas bruxarias, diz ser tolice defender que é ilícito remover os encantamentos mesmo por superstições e por meios inúteis, e que assim proceder não é contrário à fé; pois aquele que destrói a obra do Diabo não há de ser partícipe dessa mesma obra, e crê que o Diabo tem o poder de ajudar (e o pendor para tal) a infligir males enquanto o sinal ou símbolo dos males persistir: uma vez destruído o símbolo, põe fim ao mal que infligiu. Aduz esse autor ainda que é meritório destruir as obras do Demônio. Mas, falando em sinais e em símbolos, ocorre-nos um exemplo.

Há mulheres que descobrem bruxas através de certos sinais. Quando o suprimento de leite de uma vaca é reduzido por bruxaria, penduram um balde de leite sobre o fogo e, pronunciando palavras mágicas, batem no balde com uma vara. E embora as mulheres batam no balde, o Demônio transfere os golpes de vara para as costas da bruxa. E dessa forma tanto a bruxa quanto o Demônio são fatigados. No entanto, o Diabo assim procede para que consiga conduzir as mulheres que batem no balde a práticas mais perversas. Assim sendo, não fosse o risco que acarreta, não haveria qualquer dificuldade em aceitar a opinião do conceituado doutor. Poderíamos aqui acrescentar muitos outros exemplos.

Henrique de Segúsio, em sua eloquente *Summa* sobre a impotência genital causada pela bruxaria, diz que nesses casos pode-se recorrer aos remédios dos médicos; e não obstante alguns desses remédios não se pareçam mais do que poções inúteis e mágicas, mesmo assim deve-se dar um crédito de confiança a cada pessoa na sua profissão, e a Igreja pode perfeitamente tolerar a supressão de futilidades através de outras futilidades.

Ubertino também, em seu quarto livro, usa estas palavras: "Os encantamentos podem ser neutralizados ou por oração ou pela mesma arte pela qual foram infligidos."

Godofredo afirma na sua *Summa*: os encantamentos nem sempre podem ser neutralizados por quem os causou, ora porque quem os causou morreu, ora porque não sabe como neutralizá-lo, ora, ainda, porque foi perdida a fórmula mágica neutralizadora. Mas se souber como promover o alívio, é lícito que o promova. O autor se refere aos que afirmam que o impedimento ao ato carnal não poderia ser causado por bruxaria e que nunca poderia ser permanente e que, assim, não poderia anular casamento já consumado. O autor está defendendo posição contrária.

Ademais, os que defendem não haver magia maléfica de efeito permanente são movidos a assim afirmar por duas razões: julgam ser possível remover qualquer encantamento por outras fórmulas mágicas ou por exorcismos da Igreja ordenados para a supressão do poder do Diabo, ou por penitência verdadeira, já que o Diabo só tem o poder sobre pecadores. Assim, na primeira questão, concordam com os que afirmam ser possível eliminar o efeito da magia maléfica por meios supersticiosos.

Mas Santo Tomás é de opinião contrária ao declarar: "Se o encantamento não puder ser removido, salvo por algum meio ilícito, seja mediante o auxílio do Diabo, seja mediante qualquer outro expediente, mesmo quando se sabe ser neutralizado daquela forma, há de ser considerado permanente, pois que o seu remédio não é considerado lícito."

Mesma opinião defendem São Boaventura, Pedro de Palude, Santo Alberto e todos os teólogos. Pois, aludindo brevemente à questão da evocação do auxílio diabólico, tácita ou explicitamente, parecem sustentar que tais fórmulas mágicas só podem ser neutralizadas pelo exorcismo lícito ou pela verdadeira penitência (conforme estabelecido pela Lei Canônica a respeito do sortilégio), movidos, ao que parece, pelas considerações feitas ao princípio dessa questão.

Mas convém trazer essas várias opiniões dos doutores da Igreja a um consenso. Isso se consegue num certo aspecto. Convém reparar que os métodos pelos quais se removem os efeitos da magia maléfica são os seguintes: ou pela mediação de outra bruxa e de outra magia; ou sem a mediação de outra bruxa, mas através de magia e de outras cerimônias ilícitas. E este último método pode ser subdividido em outros dois: o emprego de cerimônias que são ilícitas e vãs, ou o emprego de cerimônias que são vãs, mas não ilícitas.

O primeiro remédio é absolutamente ilícito, quanto ao agente e quanto à sua natureza em si. Pode ser realizado de duas formas. Ou por meio de algum malefício sobre quem operou a primeira bruxaria, ou sem qualquer malefício, mas através de cerimônias mágicas e ilícitas. No último caso, pode ser incluído o segundo método, qual seja, aquele através do qual o malefício é neutralizado não pela mediação de uma bruxa, mas apenas por magia e por cerimônias ilícitas; e nesse caso continuará sendo considerado ilícito, embora não na mesma proporção que o primeiro método.

Podemos sintetizar a posição exposta do seguinte modo. Existem três condições pelas quais um remédio se torna ilícito. Primeira, quando o feitiço é removido pela mediação de outra bruxa e por outra bruxaria, ou seja, pelo poder de algum Demônio. Segunda, quando, embora não seja removido por outra bruxa, é transferido de uma pessoa a outra, por algum indivíduo honesto, mediante alguma espécie de remédio mágico. Nesse caso também é ilícito. Terceira, quando o malefício, embora não seja transferido a outra pessoa, é removido pela invocação tácita ou explícita de Demônios. Também aí é considerado ilícito.

E é com referência a esses métodos que os teólogos dizem ser melhor morrer do que consenti-los. Mas existem outros dois métodos que, de acordo com os canonistas, permitem remover malefícios de forma lícita. E tais remédios podem ser usados quando todos os remédios da Igreja – como os exorcismos, as orações dos santos e a penitência genuína – foram tentados e falharam. Mas para que os entendamos com maior clareza convém contar alguns exemplos de que tivemos conhecimento.

No tempo do papa Nicolas veio a Roma, a negócios, certo bispo da Germânia cujo nome não convém mencionar, embora já tenha pago o seu tributo com a própria vida. Em Roma, apaixonou-se por uma menina e a enviou para a sua diocese por meio de dois de seus servos. Com eles seguiu uma parte de seus bens, na qual se incluíam joias de grande valor. Durante a viagem, a menina, manifestando a cupidez própria das mulheres, começou a pensar consigo mesma que se o bispo morresse por causa de alguma bruxaria ela poderia ficar com os anéis, os colares e os brincos, todos muito valiosos. Pois na noite seguinte o bispo adoeceu. Os médicos e os criados logo suspeitaram de que fora envenenado. Pois que em seu peito ardia um fogo que o obrigava a tomar contínuos goles de água fria para aliviá-lo. No terceiro dia, quando já não mais parecia haver qualquer esperança para o pobre homem, foi ter até ele uma anciã pedindo para vê-lo, pois que ali estava para curá-lo. Deixaram-na entrar e a velha prometeu-lhe que o curaria se ele concordasse com o que ela lhe propusesse. Quando o bispo perguntou-lhe com o que havia de concordar para que tivesse restituída a saúde que tanto desejava, a anciã respondeu-lhe:

– Sua doença foi causada por um ato de bruxaria. Vossa Excelência Reverendíssima só será curada por outro ato de bruxaria, que irá transferir a enfermidade para a bruxa que a causou, para que então ela morra.

O bispo ficou estarrecido. Vendo que não poderia ser curado de outra forma e precisando tomar uma decisão rápida, resolveu consultar o papa. Ora, o sumo pontífice tinha-o como dileto irmão, e quando soube que aquela seria a única maneira de o pobre homem ser curado concordou em permitir dos males o menor e deu-lhe o consentimento. Tornaram a chamar a velha bruxa e disseram-lhe que tanto o bispo quanto o papa haviam consentido e concordado com a morte da bruxa, sob a condição de que o bispo haveria de ter a saúde plenamente restituída. A bruxa foi-se embora, assegurando-lhe que estaria curado na noite seguinte. Dito e feito. No meio da noite seguinte, vendo-se completamente curado, enviou um mensageiro até a sua terra para saber o que acontecera à menina. O mensageiro, ao retornar, contou-lhe que, no meio daquela noite, a menina caíra doente enquanto dormia ao lado da mãe.

Convém entender que exatamente na mesma hora, no mesmo momento, a enfermidade foi transferida do bispo para a menina bruxa, pela mediação de uma velha bruxa; assim o espírito maligno, ao deixar de molestar o bispo, pareceu restaurar-lhe a saúde como que por acaso, embora tenha sido Deus que o permitisse, e foi Deus quem na verdade lhe restituiu a saúde. O Diabo, em vista do pacto com a segunda bruxa, que invejava a fortuna conseguida pela menina, passou a afligir então a amante do bispo. É preciso entender que esses dois males causados por bruxaria não foram determinados por um mesmo Demônio, que serviu a duas pessoas, mas por dois Demônios, que serviram a duas bruxas diversas. Pois que os Demônios não operam contra si próprios, mas trabalham o quanto podem em conjunto para a perdição das almas.

Por fim, tomado de compaixão, o bispo foi visitar a menina; mas, ao entrar no recinto em que ela se encontrava, foi recebido com as maiores execrações por parte da menina:

– Que tu e aquela que te curou tenham a danação eterna!

– Mas o bispo tentou exortá-la à penitência e disse-lhe que a perdoava pelos seus erros. A menina no entanto virou-lhe o rosto e disse:

– Não tenho qualquer esperança de perdão. E encomendo minha alma para todos os Demônios no Inferno. – E, assim, morreu miseravelmente. O bispo, porém, retornou para casa cheio de alegria e de gratidão.

Cumpre aqui ressaltar que o privilégio recebido por um não constitui precedente para todos, e a decisão do papa, nesse caso, não significa que servirá para todos os casos, tornando-os lícitos.

Nider, em seu *Formicarius*, refere-se ao mesmo assunto ao declarar: "O seguinte método é, por vezes, empregado para remover ou vingar os efeitos da magia maléfica. A pessoa prejudicada, em seu corpo ou em seus bens, recorre a uma bruxa para saber quem lhe fez a bruxaria. A bruxa, então, derrama chumbo derretido numa vasilha com água até que, por obra do Diabo, alguma imagem se forma ao solidificar-se o metal. A seguir, pergunta-lhe a bruxa que parte do inimigo a pessoa deseja que sofra dano físico. Escolhida a região, imediatamente perfura naquela parte a imagem com uma faca e lhe mostra o lugar que vai permitir identificar o culpado. E verifica-se que da mesma forma que se feriu a imagem de chumbo, assim também é ferida a bruxa que causou o malefício."

Mas cabe declarar que essa espécie de remédio, bem como outros semelhantes, é, pelo geral, ilícita; embora a perversidade humana, na esperança de obter o perdão de Deus, seja apanhada em armadilha através dessas práticas, ao dar mais atenção à saúde do corpo que à da alma.

O segundo tipo de cura proporcionada pelas bruxas também requer pacto explícito com o Diabo, mas não se acompanha de lesão corporal noutra pessoa. E em que contexto se deve considerar tais bruxas e de que modo podem ser identificadas são temas tratados no décimo quinto método de condenação, mais adiante. São muitíssimo numerosas as bruxas dessa espécie, sendo sempre encontradas num raio de 1,5 a 3 quilômetros de qualquer distrito, sempre prontas para desenfeitiçar qualquer pessoa que a elas recorra. Algumas alegam ser capazes de realizar curas a qualquer momento; outras só o são nas senhorias vizinhas; outras ainda só o fazem com o consentimento da bruxa que causou o dano físico original.

E é consabido que essas mulheres firmaram pacto explícito com o Diabo por serem capazes de revelar segredos aos que as procuram. Pois que subitamente põem a descoberto a causa de seu sofrimento, dizendo-lhes que foram atingidos pela magia em seu corpo ou em suas posses por causa de alguma discussão travada com um vizinho ou com outro homem ou mulher. E, às vezes, a fim de manter a prática criminosa em sigilo, impõem a seus clientes uma romaria ou outra ação devota. Mas recorrer a essas mulheres para ser curado parece causar maior detração à fé do que recorrer a outras que fazem curas mediante apenas um pacto tácito com o Diabo. Pois os que a elas recorrem estão pensando mais em seus corpos do que em Deus e, além disso, Deus há de encurtar as suas vidas para puni-los por tomarem nas próprias mãos a vingança de seus males. Pois foi assim que a vingança divina surpreendeu Saul, porque primeiro ele expulsou da terra todos os magos e adivinhos, mas depois consultou-se com uma bruxa; pelo que foi assassinado em batalha junto com seus filhos, I Samuel, 28, e I Paralipômenos, 10. E pela mesma razão Ocosias, doente, teve de morrer, IV Reis 1 (II Reis, 1).

Também os que consultam tais bruxas são considerados difamados e não lhes é permitido fazer acusação, conforme se mostrará na Parte III; e, segundo a lei, devem ser punidos com a pena capital, conforme estabelecido na Questão I desta obra.

Mas, ó, Senhor Deus!, que sois justo em todos os Vossos julgamentos, quem haverá de livrar essas pobres criaturas do malefício e de suas dores intermináveis? Pois os nossos pecados são tão grandes, e o inimigo é tão forte; onde estão os capazes de desfazer as obras diabólicas por intermédio de exorcismos lícitos? Esse remédio parece ser deixado de lado; pois os juízes, mediante penas várias, deveriam averiguar na medida do possível tal perversidade, punindo as bruxas que a causam; para que privem os enfermos da oportunidade de consultá-las. Porque, ai de nós!, ninguém entende isso do fundo do coração; todos procuram alívio por conta própria e se esquecem de recorrer a Jesus Cristo.

Muitas pessoas costumavam procurar, para serem libertas da magia, aquela bruxa de Reichshofen, que já mencionamos. Tantas na verdade que o conde do castelo resolveu colocar uma cabine de posto de portagem, e todos os que a ela recorriam tinham, para ir até a sua casa, de pagar uma pequena quantia; e gabava-se ele de haver conseguido lucro substancial dessa forma.

Sabemos da existência de muitas bruxas na diocese de Constance. Não que essa diocese esteja mais contaminada do que as demais, mas é uma das que mais foi esquadrinhada. Sabemos que essa forma de infidelidade é geral em todas as dioceses. Descobriu-se lá que diariamente um homem chamado Hengst vinha sendo consultado por um grande contingente de pessoas vítimas de malefício, e vimos com nossos próprios olhos essa multidão na vila de Eningen. Pois que nunca tanta gente iria assim a um santuário da Santíssima Virgem, ou a uma fonte santa ou a um eremitério, nunca na mesma proporção que recorreria a um bruxo. Pois que no mais rigoroso frio do inverno, com todas as passagens e caminhos recobertos de neve, vinham procurá-lo, mesmo os que moravam mais distante, num raio de 3 a 5 quilômetros, apesar de todas as dificuldades; alguns eram curados, outros, não. Suponho que os malefícios não sejam removidos igualmente com a mesma facilidade, em virtude de vários obstáculos, conforme se disse antes. E tais bruxas e bruxos os neutralizam mediante invocação explícita de Demônios, como fazem os que se utilizam dos remédios do segundo tipo mencionado, que são ilícitos, mas não na mesma medida do primeiro.

O terceiro tipo de remédio é o conquistado através de certas cerimônias mágicas, sem que se cause dano físico a qualquer pessoa e também sem a participação de uma bruxa declarada. Damos um exemplo desse expediente.

Na cidade de Spire um mercador deu o seguinte depoimento:

"Encontrava-me na Suábia, no castelo de um conhecido nobre. Certo dia, depois do jantar, saí perambulando despreocupadamente com dois dos servos pelos campos, quando avistamos uma mulher. Embora ainda estivéssemos a uma boa distância dela, meus companheiros a reconheceram, e um deles me disse:

"– Benze-te, depressa – e outro me exortou a fazer o mesmo.

"– Mas por quê? O que receiam? – perguntei-lhes.

"– Vamos encontrar a mais perigosa bruxa da província. Ela é capaz de enfeitiçar um homem só pelo olhar.

"Disse-lhes, então, vangloriando-me, que nunca tivera medo dessas coisas. Pois que mal acabara de pronunciar essas palavras senti que machucara seriamente o pé esquerdo, não conseguia levantá-lo do chão ou dar um passo sem sentir imensa dor. Foram os dois então rapidamente até o castelo e trouxeram-me um cavalo para que eu pudesse retornar. As dores, porém, continuaram a se agravar nos três dias seguintes.

"As pessoas do castelo, percebendo que eu fora enfeitiçado, contaram o acontecido a um camponês que vivia a 1,6 quilômetro dali e, segundo se contava, tinha o poder de curar malefícios. O homem veio me ver logo e, depois de examinar o meu pé, disse:

"– Vamos ver se as dores são por causa natural. Se forem por causa de bruxaria, hei de curá-lo com a ajuda de Deus; se não forem, deverás recorrer a remédios naturais.

"– Se eu puder ser curado sem qualquer magia, mas com a ajuda de Deus, estou de pleno acordo; mas com o Diabo nada quero, nem mesmo a sua ajuda – retruquei. E o camponês prometeu-me que só usaria de meios lícitos e que me curaria com a ajuda de Deus, desde que tivesse certeza serem as minhas dores causadas por bruxaria. Assim, consenti. O homem então encheu uma concha com chumbo derretido (da mesma forma que outra bruxa que já mencionamos) e segurando-a sobre o meu pé derramou-o numa tigela com água. De imediato apareceram imagens de formas variadas, como se espinhos, cabelos e ossos tivessem sido colocados na tigela.

"– Vejo – falou ele – que essa enfermidade não é natural, e sim causada por bruxaria.

"– Como podes saber? – indaguei-lhe.

"– Há sete metais. Cada um deles pertence a um dos sete planetas; e como Saturno é o senhor do chumbo, quando se derrama chumbo sobre qualquer pessoa que tenha sido enfeitiçada, é por esta propriedade que, com o seu poder, se descobre a bruxaria. Que é bruxaria fica assim plenamente provado. Logo estarás curado. Mas preciso vir visitá-lo por tantos dias quantos tens estado doente.

"Disse-lhe então que estava doente já há três dias. Assim, ele veio me visitar durante os três dias seguintes. A cada visita examinava meu pé, tocava-o e murmurava certas palavras. Pois foi assim que dissolveu o malefício e restituiu-me a saúde plena."

Está claro, nesse caso, que o curandeiro não era um mago, embora o seu método fosse um tanto supersticioso. Pois prometeu curá-lo com a ajuda de Deus e não por obra do Diabo. Ademais, alegou a influência de Saturno sobre o chumbo e por isso teve conduta irrepreensível e até bastante recomendável. Mas permanece alguma dúvida quanto ao poder usado para a remoção do malefício e quanto às figuras que apareceram no chumbo. Pois nenhuma bruxaria pode ser removida por forças naturais, embora possa ser mitigada, como ficará provado mais adiante ao falarmos dos remédios para os possuídos; portanto, parece que o homem efetuou a cura mediante um pacto tácito com o Diabo. E chamamos pacto tácito aquele em que a pessoa concorda, implicitamente, em qualquer medida, em contar com a ajuda do Diabo. Dessa forma, muitas obras de bruxaria são realizadas, mas com ofensa ao Criador em grau variável, pois que pode ser bem maior essa ofensa numa operação do que em outra.

Contudo, esse camponês estava certo de realizar uma cura e, tendo visitado o paciente por tantos dias quantos ele estivera doente, e mesmo sem usar remédios naturais, conseguiu curá-lo, cumprindo a promessa feita; por essas razões, embora não tenha firmado pacto explícito com o Diabo, ele há de ser julgado não apenas como suspeito, mas também como plenamente culpado de heresia e terá de ser condenado e submetido, pelo menos, às penas estabelecidas adiante, no segundo método de condenação das bruxas; sua punição, no entanto, há de acompanhar-se de uma adjuração solene, salvo se ele estiver protegido por outras leis que parecem ser de intenção contrária; e o que o ordinário há de fazer nesses casos é mostrado mais adiante, na solução dos argumentos.

A quarta classe de remédios, a cujo respeito vê-se que há consenso parcial entre os canonistas e alguns dos teólogos, não é considerada fútil ou vã. Por ser tão somente de natureza supersticiosa e por não haver pacto explícito ou tácito com o Demônio, no propósito ou na intenção de quem a executa. E digo que se há de tolerar essa classe de remédios desde que haja consenso parcial entre canonistas e teólogos a respeito. Pois o seu consenso ou dissenso vai depender de como classificam essa categoria de remédios, se junto com a terceira, a anterior, ou não. Essa espécie de remédio está exemplificada anteriormente no caso das mulheres que batem no balde pendurado sobre o fogo para que seja espancada assim a bruxa que fez com que a sua vaca leiteira deixasse de dar leite em abundância. No entanto, esse ritual pode ser feito em nome do Diabo ou sem qualquer referência a ele.

Podemos aduzir outros exemplos do mesmo tipo. No caso das vacas atingidas por esse malefício, às vezes, quando se quer descobrir quem o causou, faz-se o seguinte: coloca-se sobre a cabeça da vaca, ou sobre o seu dorso, as calças de um homem, ou algum outro objeto impuro. Conduz-se assim a vaca até o pasto. Isso é feito, sobretudo, em dias santos ou de festa de guarda, possivelmente com a invocação do Diabo. A seguir, bate-se na vaca com uma vara e ela é solta. Pois a vaca vai a galope diretamente em direção à casa da bruxa que proferiu o malefício, e, mugindo incessantemente, dá violentamente com os chifres na porta da casa. E o Diabo faz com que ela não pare de dar com os chifres na casa e de mugir enquanto não for acalmada por alguma bruxaria.

Na realidade, segundo os doutores mencionados, esses remédios podem ser tolerados, embora não sejam meritórios, como alguns tentam professar. Pois São Paulo diz que tudo o que fazemos, em palavras ou em atos, deve ser feito em nome de Nosso Senhor Jesus Cristo. Ora, nessa espécie de remédio pode não haver invocação direta do Diabo, mas o seu nome pode ser mencionado: e pode não haver qualquer intenção nesse sentido, seja através de pacto explícito ou tácito com o Diabo. Mesmo assim, alguém pode dizer: "Desejo fazer isso e mais isso, participe ou não o Diabo." E essa temeridade, por desprezar o temor de Deus, a Ele ofende, pois é Ele quem confere ao Diabo o poder de realizar tais curas. Portanto, os que usam de tais práticas devem ser conduzidos aos caminhos da penitência e exortados a abandonar tais práticas e a se voltar para os remédios dos quais havemos de falar depois, quais sejam, a água benta, o sal consagrado, os exorcismos etc.

Sob a mesma luz devem ser considerados os que fazem uso do seguinte expediente: quando um animal foi morto por bruxaria, e desejam saber qual foi a bruxa que o matou, ou quando querem ter certeza de que a morte foi natural e não causada por bruxaria, vão até o lugar onde se arranca o couro dos animais, pegam os intestinos do animal morto e o levam para casa. Evidentemente, não o trazem para dentro de casa pela porta da frente. Fazem o seu ritual junto à soleira da porta dos fundos. Acendem uma fogueira e, com os intestinos colocados numa armação sobre a fogueira, queimam-no. E, segundo o que muitas vezes já nos contaram, assim como os intestinos se aquecem e queimam, de forma análoga os intestinos da bruxa que perpetrou o malefício padece de dores urentes. Mas ao assim proceder é preciso ter certeza de que a porta esteja bem trancada. Pois a bruxa é compelida pelas dores a tentar entrar na casa e, se conseguir pegar uma brasa que seja do fogo, todas as dores desaparecerão. Muitas vezes já contaram que, quando não consegue entrar no domicílio, envolve-o por dentro e por fora na mais densa bruma, com gritos tão agudos e com uma agitação tão violenta que todos os que se acham dentro da casa acabam achando que o teto vai desabar e esmagá-los, a menos que abram a porta.

Outros expedientes semelhantes são também dignos de nota. Às vezes, as pessoas distinguem as bruxas entre numerosas mulheres na igreja e deixam-nas impossibilitadas de saírem do local sem a sua permissão, mesmo depois de terminado o ofício divino. Eis como conseguem fazer isso: num domingo, untam os sapatos dos jovens com graxa ou com banha de porco antes de irem à igreja – exatamente como se faz quando se quer restaurar o brilho do couro dos sapatos –, pelo que impedem qualquer bruxa de sair da igreja, até que os que quiseram descobri-las tenham ido embora ou as tenham deixado ir.

O mesmo se dá com certas palavras, que não convém aqui mencionar, para que a ninguém o Diabo seduza e as faça empregar. Os juízes e magistrados não devem dar muita relevância às provas dos que fingem assim descobrir bruxas, para que o Diabo, esse astuto inimigo, não os induza, portanto, a difamar mulheres inocentes. Essas pessoas, portanto, devem ser exortadas a buscar o remédio da penitência. Contudo, práticas dessa espécie são, por vezes, toleradas e permitidas.

Pois bem: respondemos por meio de nossos argumentos que nenhum malefício deve ser removido dessa forma. Os dois primeiros remédios são absolutamente ilícitos. O terceiro é tolerado pela lei, mas merece o mais cuidadoso exame por parte do juiz eclesiástico. E o que a lei civil tolera é indicado no capítulo sobre as bruxas, onde se diz que aquelas que têm a habilidade de evitar que o labor do homem seja destruído por tempestades comuns ou de granizo são merecedoras de recompensa, e não de castigo. Santo Antonino também salienta, na sua *Summa,* a discrepância nesse ponto entre a Lei Canônica e a lei civil. Parece, portanto, que a legislação civil concede a legalidade às práticas mágicas para a preservação das colheitas e do gado e que, em certos casos, as pessoas que operam essas artes não só devem ser toleradas mas recompensadas. Por conseguinte, o juiz eclesiástico deve particularmente atentar para os métodos empregados no combate de tempestades comuns ou de granizo, a fim de verificar se acham-se dentro do espírito da lei, ou se são, de alguma forma, de natureza meramente supersticiosa; e, então, se não houver envolvimento de qualquer detração à fé, hão de ser toleradas. Na realidade, porém, tais práticas não pertencem ao terceiro método, mas ao quarto e também ao quinto, dos quais falaremos nos capítulos seguintes, onde tratamos dos remédios lícitos e eclesiásticos, com os quais por vezes se incluem certas práticas supersticiosas pertencentes ao quarto método.

CAPÍTULO I

Dos remédios prescritos pela Santa Igreja contra os íncubos e súcubos.

Nos capítulos precedentes, incluídos sob a Questão I, tratamos dos métodos de causar malefícios aos homens, aos animais e aos frutos da terra, e, especialmente, do comportamento pessoal das bruxas; de que modo seduzem meninas para engrossar as suas hostes; do seu método de afirmação sacrílega e para render homenagem ao Diabo; e de que modo oferecem ao Diabo os seus filhos e os filhos de outras pessoas; e de que modo são transportadas de um lugar a outro. Afirmamos, agora, que não há remédio contra tais práticas, a menos que os juízes erradiquem todas as bruxas ou, pelo menos, as castiguem como exemplo para todas as outras que, porventura, desejem imitá-las; mas não trataremos imediatamente desse ponto, deixando-o para a última parte da obra, onde descrevemos as vinte maneiras pelas quais se processam e se condenam as bruxas.

Por ora, estamos preocupados tão só com os remédios contra os danos por elas infligidos; em primeiro lugar, de que forma podem os homens enfeitiçados ser curados da bruxaria; em segundo lugar, de que modo curar os animais; em terceiro, de que modo proteger os frutos da terra das pragas e das filoxeras.

Com relação ao encantamento dos seres humanos por meio de íncubos e de súcubos, convém notar que tal pode ocorrer de três modos. Primeiro, como no caso das próprias bruxas, quando as mulheres se prostituem voluntariamente e se entregam aos íncubos. Segundo, quando os homens mantêm relações com súcubos; embora não pareça que os homens forniquem assim diabolicamente com o mesmo grau de culpabilidade; porque, sendo intelectualmente mais fortes que as mulheres, são mais capazes de abominar tais atos. Terceiro, pode acontecer de homens e mulheres, através de bruxaria, verem-se envolvidos com íncubos e súcubos contra a sua vontade. Isso acontece, principalmente, com certas virgens que são molestadas por íncubos inteiramente contra a vontade; parece que são enfeitiçadas por bruxas que, assim como muitas vezes causam outros males, fazem com que os Demônios as molestem, sob a forma de íncubos, a fim de seduzi-las e de fazê-las juntarem-se à sua companhia vil. Vejamos um exemplo.

Vive na cidade de Coblenz um pobre homem que foi enfeitiçado dessa forma. Na presença da esposa, tem o hábito de agir como os homens agem com as mulheres, ou seja, de praticar o coito, mas só que contínua e repetidamente, não desistindo nem com os gritos e apelos insistentes da mulher. E depois de ter fornicado dessa forma duas ou três vezes, proclama em altas vozes: "Vamos começar outra vez", e na realidade não há nenhum mortal visível deitado junto a ele. Então, depois de um incrível número de surtos semelhantes, o pobre homem enfim estira-se no assoalho, completamente exausto. Depois de ter recuperado um pouco as forças, pergunta-se-lhe se tinha qualquer mulher junto com ele, ao que explica que nada viu, mas que foi de alguma forma possuído e que não consegue de modo algum conter tal priapismo. De fato, alimenta forte suspeita de que certa mulher o tenha enfeitiçado, pois que ela o amaldiçoou com palavras terríveis, dizendo-lhe o que gostaria que lhe acontecesse.

Mas não há leis ou ministros da justiça que possam processar alguém por tão enorme crime sem que haja base num vago gravame ou numa grave suspeita; pois defende-se que ninguém há de ser condenado salvo pela própria confissão, ou pela evidência fornecida por três testemunhas dignas de fé; pois que o mero fato do crime acoplado a uma suspeita, por mais grave que seja, contra determinada pessoa, não é suficiente para justificar-lhe a punição. Essa questão, porém, será tratada mais adiante.

Exemplos de jovens donzelas molestadas por íncubos dessa forma existem em grande número e bem documentados, mas levaríamos muito tempo contando mesmo os que sabidamente têm acontecido em nossa época. Entretanto, a enorme dificuldade para encontrarmos remédio contra essas aflições pode ser bem ilustrada pelo caso contado por Tomás de Brabante em seu livro *Sobre as abelhas.*

Vi e ouvi, conta ele, "a confissão de uma virgem que vestia hábito religioso, em que me disse que nunca consentira em fornicação, mas ao mesmo tempo deu-me a entender que a conhecera de certa forma. Não pude acreditar de que modo conhecia a fornicação se dela nunca participara. Assim, exortei-a a contar-me a verdade com as mais solenes adjurações, tendo em vista o risco que corria em sua alma. Por fim, chorando amargamente, contou-me que fora corrompida mais na mente que no corpo; e que embora se entristecesse e se mortificasse com isso, e se confessasse quase que diariamente às lágrimas, mesmo assim, não havia meio ou recurso ou arte que a livrasse de um íncubo, nem pelo sinal da cruz, nem por água benta, que é especialmente recomendada para a expulsão de Demônios, nem mesmo pelo Sacramento do Corpo de Nosso Senhor, que até mesmo os anjos temem. Só ao cabo de muitos anos de oração e de jejum foi que ela se viu livre do íncubo."

Pode-se acreditar que (com o devido respeito a um melhor julgamento), depois de haver se arrependido e confessado o seu pecado, o íncubo deva ser considerado mais à luz de uma punição do que de um pecado propriamente.

Uma freira devota, chamada Christina, no País Baixo do ducado de Brabante, contou a seguinte história a respeito dessa mesma mulher: na vigília de Pentecostes, a pobre mulher queixou a ela de que não ousaria receber o Sacramento por causa da importuna molestação do Demônio. Christina, compadecida, lhe disse:

– Vai-te e descansa tranquila, pois que amanhã hás de receber o Corpo do Senhor; eu mesma hei de receber em teu lugar o castigo.

Assim a mulher afastou-se mais aliviada e, depois de rezar aquela noite, conseguiu dormir em paz. Pela manhã, levantou-se e comungou, com a alma tranquila. Christina, porém, sem pensar no castigo que tomara para si, ao chegar a noite, recolheu-se; ao deitar, viu-se, por assim dizer, violentamente atacada; e, agarrando fosse o que aquilo fosse pela garganta, tentou se desvencilhar. Tornou a se deitar, mas foi molestada novamente, e levantou-se aterrorizada; e o fenômeno repetiu-se várias vezes, fazendo com que toda a palha do colchão de seu catre fosse revirada, ficando espalhada por todo o quarto. Ao cabo, ela percebeu que estava sendo perseguida pela malícia do Diabo. Finalmente, decidiu sair do catre e passou a noite inteira sem dormir. E sempre que desejava rezar era tão atormentada pelo Demônio que disse nunca ter sofrido tanto antes. Na manhã seguinte, aproximou-se da outra freira e disse:

– Renuncio ao teu castigo, mal estou viva para poder renunciar a ele.

E foi assim que escapou da violência daquela perversa tentação. Por aí se vê como é difícil curar essa espécie de mal, seja ou não causado por bruxaria.

No entanto, há alguns meios pelos quais esses Demônios podem ser afastados, a respeito de que nos fala Nider em seu *Formicarius*. Afirma esse autor que são cinco os modos pelos quais as moças ou os homens podem ser livrados desse mal: primeiro, pela confissão sacramental; segundo, pelo sagrado sinal da cruz ou pela recitação da Saudação

Angelical; terceiro, pelo uso de exorcismos; quarto, pela mudança de residência; e quinto, por intermédio da excomunhão, prudentemente empregada pelos santos homens. É evidente pelo nosso relato que os dois primeiros expedientes não aliviaram a freira; embora não devam ser negligenciados, pois o que cura uma pessoa não necessariamente cura outra e vice-versa. E é fato registrado que os íncubos não raro são afastados pela Oração do Senhor, ou pela aspersão de água benta e, sobretudo, pela Saudação Angelical.

Pois São Cesário afirma em seu *Dialogus* que, depois de um certo sacerdote ter-se enforcado, a sua concubina entrou para um convento, onde foi carnalmente solicitada por um íncubo. Afastou-o com o sinal da cruz e com água benta, embora ele retornasse imediatamente. Ela então recitou a Saudação Angelical e ele desapareceu como a flecha disparada de um arco; mas voltou, embora não ousasse aproximar-se dela, por causa daquela Ave-Maria.

São Cesário também faz menção do remédio que é a confissão sacramental. Pois conta que a concubina foi completamente abandonada pelo íncubo depois de ter-se confessado. Conta-nos também de um homem de Leyden que era atormentado por um súcubo mas que se viu inteiramente livre do Demônio depois da confissão sacramental.

Aduz ainda um outro exemplo: o de uma freira enclausurada, contemplativa, cujo íncubo não deixava em paz apesar das orações, da confissão e de outros exercícios religiosos. Ele insistia em procurá-la na cama. Porém, seguindo o conselho de um homem muito religioso, viu-se completamente livre do Demônio ao pronunciar a palavra *Benedicite.*

Do quarto método, o de mudar de residência, conta-nos São Cesário da filha de um sacerdote que era atormentada insistentemente por um íncubo que a estava deixando desvairada de pesar; só se viu livre quando se mudou para bem longe, do outro lado do Reno. Seu pai, contudo, por tê-la mandado embora, foi de tal forma afligido pelo Demônio que morreu em três dias.

Faz também menção a uma mulher que era muitas vezes molestada por um íncubo na própria cama. Assim, resolveu pedir a uma amiga devota que passasse a noite com ela. A amiga consentiu e foi perturbada a noite inteira pela inquietação mais extrema, pelo maior desassossego. Mas a mulher conseguiu assim ser deixada em paz. William de Paris ressalta que os íncubos parecem molestar, sobretudo, as mulheres e meninas de lindos cabelos; ou porque muito se dedicam ao cuidado dos cabelos, ou porque assim pretendem excitar e instigar os homens, ou, ainda, porque gostam de se vangloriar futilmente a respeito, ou mesmo porque Deus, na Sua bondade, permite que assim seja para que as mulheres passem a ter medo de instigar os homens exatamente pelo meio que os Demônios gostariam que elas os instigassem.

O quinto método, o da excomunhão, talvez o mesmo do exorcismo, é exemplificado pela história de São Bernardo. Na Aquitânia, uma mulher já era molestada há seis anos por um íncubo com incrível abuso carnal e devassidão; e ouviu o íncubo ameaçá-la para não se aproximar do homem santo que seguia pelo mesmo caminho:

– De nada te adiantará: quando ele se for, eu, que até agora tenho sido o teu amante, me tornarei o teu pior tirano, o tirano mais cruel.

Mesmo assim a mulher foi falar com São Bernardo e ele lhe disse:

– Toma o meu báculo, coloca-o na tua cama e deixa o Demônio fazer o que quiser.

Ao fazer o que o santo lhe indicou, o Demônio nem sequer ousou entrar no quarto, mas do lado de fora ficou, a ameaçá-la, dizendo que a perseguiria quando São Bernardo se fosse. Quando São Bernardo soube do ocorrido, reuniu diversas pessoas que nas mãos traziam velas acesas e, depois de todos reunidos em assembleia, exorcizou o Demônio, proibindo-o de se aproximar da mulher ou de qualquer outra. E assim a mulher viu-se livre daquele tormento.

Cabe aqui salientar que o poder das chaves dado a São Pedro e a seus sucessores, que repercute por toda a Terra, é realmente um poder de cura concedido à Igreja em benefício dos viajantes que se acham subordinados à jurisdição do poder papal; portanto, é extraordinário que mesmo os poderes do ar possam ser afastados por essa virtude. Mas deve ser lembrado que as pessoas molestadas por Demônios acham-se sob a jurisdição do papa e de suas chaves; logo, não surpreende que tais poderes sejam indiretamente afastados pela virtude das chaves, exatamente como, pela mesma virtude, as almas no purgatório podem indiretamente ser livradas das dores do fogo eterno; assim como esse poder é válido sobre a terra, também é válido para o alívio das almas que estão sob ela.

Mas não parece conveniente discutir aqui o poder das chaves conferido ao sumo pontífice como vigário de Cristo; como se sabe, para o uso da Igreja, Cristo outorgou a ela e a seu vigário tanto poder quanto é possível dar a um simples mortal.

E se há de acreditar piamente que, quando as enfermidades infligidas pelas bruxas, através do poder dos Demônios, quando estas, junto com as bruxas e com os próprios Demônios, são exorcizadas, os afligidos deixam de ser atormentados; e, ademais, serão livrados bem mais rapidamente quanto se lança mão de alguns outros exorcismos.

Há uma história conhecida que ocorreu nos distritos do rio Etsch, e também em outros lugares. Por permissão de Deus, um enxame de gafanhotos atacou e destruiu todas as vinhas, todas as verduras e todas as colheitas da região. No entanto, graças a essa espécie de excomunhão ou exorcismo, a nuvem foi repentinamente dispersa e afastou-se das plantações. Ora, se alguém desejar atribuir o fenômeno a algum santo homem, e não às chaves da Igreja, que o faça, em nome do Senhor; mas de uma coisa temos certeza, tanto o poder para operar milagres quanto o poder das chaves, necessariamente, pressupõem uma condição de graça em quem executa tal ato (ato de graça), já que ambos os poderes são outorgados ao homem em estado de graça e da graça promanam.

Uma vez mais, se há de reparar que se nenhum dos remédios mencionados é de benefício, se há de recorrer, então, aos exorcismos habituais, dos quais trataremos mais adiante. E mesmo quando estes não são suficientes para banir a iniquidade do Demônio, se há de considerar aquela aflição como punição expiatória do pecado, que deve ser suportada com humildade, assim como a outros males dessa espécie que nos oprimem para que possamos, por assim dizer, tornar a procurar por Deus.

Mas também deve ser ressaltado que, às vezes, pensam tão somente que estão sendo molestados por íncubos quando na realidade não o estão; e isso é mais frequente com mulheres do que com homens, por serem mais tímidas e propensas a imaginar coisas extraordinárias.

A esse propósito William de Paris é muitas vezes citado. Afirma-nos esse autor: "Muitas aparições fantásticas ocorrem a pessoas que padecem do mal da melancolia, especialmente mulheres, conforme é demonstrado por seus sonhos e por suas visões. A razão disso, como sabem os médicos, é que a alma da mulher é, por natureza, muito mais fácil e rapidamente impressionável que a do homem." E acrescenta: "Conheci uma mulher que acreditava que um Demônio copulava com ela pelo seu lado de dentro e me disse que era fisicamente consciente dessa façanha inacreditável."

Às vezes, as mulheres acham que ficaram grávidas por haverem copulado com um íncubo, e seus ventres crescem e ficam de um tamanho enorme; mas ao chegar a hora do parto o seu inchaço é aliviado por não mais do que a expulsão de uma enorme quantidade de vento. Pois colocando ovos de formiga na bebida (ou semente de eufórbia ou de pinho negro), forma-se no estômago humano um volume impressionante de vento ou de flatulência. E para o Diabo é muito fácil provocar esse fenômeno e mesmo outras perturbações maiores do estômago.

Tratamos desse assunto aqui para que não se dê crédito com muita facilidade às mulheres, só às que por nossa experiência vemos que são dignas de confiança e àquelas que, por dormirmos em suas camas ou próximo delas, sabem de fato que tais coisas de que falamos são mesmo verdadeiras.

CAPÍTULO II

Dos remédios prescritos pelos que são enfeitiçados com a limitação da força procriadora.

Não obstante seja muito maior o número de mulheres bruxas do que o de homens, como chegamos a mostrar na Parte I deste livro, são os homens os que mais padecem com os malefícios, bem mais que as mulheres. E o porquê se há de encontrar no fato de que Deus outorga ao Diabo poderes muito maiores sobre o ato venéreo – pelo qual se transmite o pecado original – do que sobre os outros atos humanos. De forma análoga, permite Ele que um número muito maior de atos de bruxaria seja praticado por intermédio de serpentes – que se sujeitam mais aos encantamentos do que os outros animais –, por terem se constituído no primeiro instrumento do Diabo. Assim é que o ato venéreo se vê, pelas bruxarias, muito mais comprometido nos homens que nas mulheres, conforme deixamos bem claro. E são cinco as maneiras pelas quais o Diabo consegue impedir o ato procriativo, todas perpetradas mais facilmente contra os homens.

Na medida do possível, havemos de especificar os remédios a serem aplicados contra cada tipo de malefício obstrutor; e que o enfeitiçado em suas faculdades procriadoras aponte a que classe de obstrução pertence. Pois são em número de cinco, de acordo com Pedro de Palude em seu quarto livro, dist. 34, que trata do julgamento dessa espécie de bruxaria.

Por ser o Diabo um espírito, possui, por sua própria natureza e com a permissão de Deus, poderes sobre as criaturas corpóreas, sobretudo o de promover ou impedir o movimento local. Mediante esse poder é capaz, juntamente com todos os Demônios, de impedir a aproximação dos corpos de homens e mulheres entre si, ora direta, ora indiretamente. Diretamente, quando afastam um corpo do outro e não lhes permitem aproximarem-se. Indiretamente, quando causam alguma espécie de obstrução, ou quando, ao assumirem determinada forma corpórea, se interpõem entre os corpos humanos. Foi o que ocorreu àquele jovem pagão que, embora já casado com um ídolo, veio a contrair casamento com uma jovem, com quem, por esse motivo, não conseguia copular, conforme mostramos anteriormente.

Em segundo lugar, o Diabo é capaz de inflamar os desejos de um homem para com uma mulher e de torná-lo impotente para com outra; e isso é capaz de fazer sigilosamente, pela aplicação de certas ervas ou de outras substâncias cujas propriedades, para atingir esse propósito, ele conhece perfeitamente bem.

Em terceiro lugar, é capaz de perturbar a percepção de um homem ou de uma mulher fazendo com que um pareça repelente ou horrendo ao outro, graças, conforme demonstramos, ao seu poder de influenciar a imaginação.

Em quarto lugar, é capaz de suprimir o vigor do membro viril tão necessário à procriação, exatamente como é capaz de privar qualquer órgão do poder de moção local.

Em quinto e último lugar, é capaz de impedir o fluxo de sêmen para o membro (onde age como força motriz), ocluindo, por assim dizer, o ducto seminal, impedindo que tal fluxo desça aos vasos genitais, ou impedindo que deles não torne a refluir, ou que não possa ser expelido, ou que o seja em vão.

Mas ao homem que diz não saber por qual dessas formas foi enfeitiçado, a não ser que nada consegue fazer com sua esposa, esse há de responder da seguinte maneira. Se for ativo e capaz com relação a outras mulheres mas não o for apenas com a esposa, há de estar padecendo de mal do segundo tipo; pois pode ter certeza (quanto ao primeiro) que está sendo iludido por Demônios súcubos ou íncubos. Além do mais, se não achar repelente a própria mulher e, mesmo assim, não conseguir manter relação carnal com ela, salvo com outras mulheres, uma vez mais o malefício que sobre ele se abate é do segundo tipo; no entanto, se além de não conseguir copular com sua mulher ainda a considerar repelente, tratar-se-á de malefício do segundo e do terceiro tipos. Se não a julgar repelente e desejar com ela copular, mas não tiver potência no membro, teremos um malefício do quarto tipo. Mas se, embora potente, não conseguir a emissão de sêmen, tratar-se-á de bruxaria do quinto tipo. Para curar-lhes todos esses malefícios são vários os recursos, que serão indicados ao considerarmos se os que vivem em estado e os que não vivem nesse estado são igualmente propensos a essas bruxarias. Havemos de responder que não são, com exceção feita ao quarto tipo, mas mesmo assim muito raramente. Pois uma aflição dessa natureza pode ocorrer ao que vive na graça e na probidade, embora seja mister que o leitor entenda estarmos falando do ato conjugal entre pessoas casadas; já que em qualquer outra situação todos estão igualmente sujeitos a essas bruxarias; pois o ato venéreo fora do matrimônio é pecado mortal, cometido apenas pelos que não se encontram em estado de graça.

Temos, na realidade, a apoiar nossa opinião, a autoridade de todo o texto escriturístico, onde se ensina que Deus permite ao Diabo mais afligir aos pecadores do que aos justos. Pois que, embora Jó, homem justíssimo, tenha sido atingido pelo malefício, não o foi direta ou particularmente com relação à função procriadora. É possível afirmar que, quando um casal é afligido por esse mal, um dos cônjuges, ou ambos, não deve estar vivendo em estado de graça; opinião, aliás, consubstanciada nas Escrituras pela autoridade e pela razão. Pois que o anjo disse a Tobias: "Ouve-me, e eu te mostrarei sobre quem o Demônio tem poder: são os que se casam, banindo Deus de seu coração e de seu pensamento, se entregam à sua paixão..." O que foi provado pelo assassínio dos sete maridos da virgem Sara.

Cassiano, em seu *Colação dos padres,* cita Santo Antônio, que diz não ser o Demônio capaz de adentrar em nosso intelecto ou em nosso corpo se estes não se acharem privados de todos os pensamentos virtuosos e despidos da contemplação espiritual. Tais palavras não devem ser aplicadas às aflições demoníacas sobre a totalidade do corpo, pois quando Jó foi afligido pelo mal não se havia despido da graça divina. Tais palavras dizem respeito, sobretudo, a certas enfermidades particulares que se abatem sobre o corpo por causa de algum pecado. E a enfermidade que estamos considerando só pode ser atribuída ao pecado da incontinência. Porque, como dissemos, Deus concede mais poderes ao Diabo sobre esse ato humano, o venéreo, do que sobre quaisquer outros, em virtude de sua obscenidade inerente e de ter sido através dele que se transmitiu o pecado original à posteridade. Portanto, quando as pessoas unidas pelo matrimônio são, por algum pecado, privadas do amparo divino, Deus permite que sejam enfeitiçadas, mormente em suas atividades de procriação.

Mas a quem indagar de que espécie são esses pecados há de se responder, com São Jerônimo, que mesmo dentro do estado matrimonial é possível cometer o pecado da incontinência, de várias maneiras. Vide o texto: "O que ama em excesso a sua esposa é adúltero." E os que assim amam, mais propensos estão às bruxarias de que falamos.

Pois bem, os remédios oferecidos pela Igreja são de natureza dúplice: há os que se aplicam aos tribunais públicos e há os que se aplicam aos tribunais eclesiásticos.

Sob o primeiro aspecto, quando se descobriu publicamente ser a impotência causada por bruxaria, cabe fazer distinção entre a impotência temporária e a permanente. Em sendo apenas temporária, não anula o contrato matrimonial. É considerada temporária quando, no prazo de três anos, mediante todos os expedientes possíveis dos Sacramentos da Igreja e mediante outros remédios, se consegue a cura. Se, no entanto, transcorrido esse tempo, a cura não for conseguida, presume-se que seja permanente.

Ora, essa incapacidade pode ser precedente ao contrato e à consumação do matrimônio – caso em que impossibilita o contrato –, ou pode ser ulterior ao contrato matrimonial, mas lhe precedendo a consumação – caso em que o anula. Não raro são os homens enfeitiçados dessa forma por terem repudiado as antigas amantes. Frustradas em seu desejo de casamento, fazem alguma bruxaria para que não consigam copular com outra mulher. E nessa eventualidade, segundo a opinião de muitos, o matrimônio já contraído é anulado, salvo quando, a exemplo da Virgem Santíssima e de São José, os cônjuges se mostrem dispostos a conviver em sagrada continência. Tal opinião é corroborada pelo texto canônico (23, q. 1), onde se diz ser o matrimônio confirmado pelo ato carnal. Em passagem mais à frente é declarado que a impotência antes da confirmação dissolve os laços matrimoniais.

Ou, então, a incapacidade se segue à consumação do matrimônio, caso em que não lhe dissolve os laços. A esse respeito muito mais falam os doutores da Igreja nos vários textos em que tratam da obstrução matrimonial por bruxaria; como, porém, tais observações não são precisamente relevantes à nossa exposição, serão aqui omitidas.

No entanto, algumas pessoas podem não entender bem de que modo é possível a um homem ser impotente com relação a uma mulher e não com relação a outra. Pois bem, São Boaventura esclarece que isso se dá talvez porque alguma bruxa tenha persuadido o Demônio a só causar impotência para com determinada mulher, ou talvez porque Deus tenha permitido que assim o fosse. O julgamento de Deus a esse respeito é um mistério, como no caso da esposa de Tobias. Mas o modo pelo qual o Diabo consegue causar esse mal está perfeitamente demonstrado pelo que já dissemos. Acrescenta ainda São Boaventura que ele impede a função procriadora não intrinsecamente, lesando o órgão, mas extrinsecamente, impedindo o seu uso; trata-se de um impedimento artificial, não de uma obstrução natural; e dessa forma lhe é possível fazer com que ocorra no desempenho com uma mulher mas não com outra. Ou então o Diabo neutraliza todo o desejo por essa ou por aquela mulher; o que faz por seus próprios poderes, ou por meio de alguma erva, ou de alguma pedra, ou de alguma criatura oculta. Nesse ponto São Boaventura concorda substancialmente com o que diz Pedro de Palude.

Sob o aspecto eclesiástico, vê-se que o remédio no tribunal de Deus se acha estabelecido no Cânon: "Se com a permissão do julgamento secreto e justo de Deus, mediante as artes mágicas dos feiticeiros e das bruxas, forem os homens enfeitiçados em sua função procriadora, hão de ser advertidos para fazerem uma completa confissão a Deus e Seu confessor de todos os seus pecados, com contrição em seu coração, e com humildade em seu espírito; e que prestem satisfação a Deus mediante muitas lágrimas, grandes oferendas, repetidas orações e prolongado jejum."

Depois de ouvirmos essas palavras é evidente que tais aflições promanam tão somente do pecado e só ocorrem aos que não vivem em estado de graça. O texto canônico prossegue explicando como os ministros da Igreja podem realizar a cura por meio de exorcismos e como se garantem as outras proteções oferecidas pela Igreja. Foi desse modo que, com a ajuda de Deus, Abraão curou, com suas orações, Abimelec, sua mulher e suas servas (Gênesis, 20).

Podemos dizer, em conclusão, que são em número de cinco os remédios lícitos a serem aplicados aos que padecem dessa espécie de malefício: o da peregrinação ou romaria a algum lugar sagrado, a algum santuário; o da confissão sincera, de todos os pecados, em contrição; o do uso em abundância do sinal da cruz e da oração com devoção; o do exorcismo lícito mediante palavras solenes, cuja natureza será explicada adiante; e, por fim, o da aproximação prudente da bruxa que perpetrou o mal, como mostramos no caso do conde que durante três anos viu-se privado da coabitação carnal com a virgem a quem desposara.

CAPÍTULO III

Dos remédios prescritos aos que, por bruxaria, são inflamados pelo amor desregrado ou pelo ódio insano.

Na mesma medida em que a faculdade procriadora pode ser vítima de magia maléfica, a faculdade anímica do ser humano pode se ver dominada pelo amor ou pelo ódio desmesurados. Havemos, primeiro, de considerar a causa desse mal, para depois, na medida do possível, passar aos remédios.

A *Philocaption*, ou o amor desmedido de uma pessoa por outra, pode ser causada de três maneiras. Por vezes se deve simplesmente à falta de controle sobre os olhos; outras, se deve à tentação do Demônio; ainda em outras, se deve à magia maléfica de necromantes e de bruxas, ajudadas pelos Demônios.

Da primeira causa nos fala I São Tiago, 14, 15: "Todo homem é tentado por sua própria concupiscência, sendo por ela carregado e seduzido. Depois de concebida, gera o pecado; mas o pecado, depois de consumado, gera a morte." E foi assim que ocorreu a Siquém: vendo Diná, que saía para ver as filhas da região, raptou-a e dormiu com ela, violentando-a. E seu coração a ela prendeu-se..." (Gênesis, 34). Nesse ponto diz a glosa que tal aconteceu a um espírito enfermo porque ela abandonou suas próprias preocupações para ir tratar da de outras pessoas; e alma que assim se porta é seduzida por maus hábitos e levada a consentir em práticas ilícitas.

A segunda causa se acha na tentação dos Demônios. Foi assim que Amnon viu-se tomado de amor por sua linda irmã Tamar, e por ela se consumia de tal modo que acabou doente (II Samuel, 13). Ora, Siquém não haveria de ter um intelecto tão corrupto a ponto de cometer crime de incesto tão hediondo sem que não tivesse sido violentamente tentado pelo Diabo. O livro dos santos padres faz referência a esse tipo de amor na passagem em que declaram estar expostos a toda sorte de tentação, inclusive a do desejo carnal, mesmo nos eremitérios. Alguns foram tentados com o amor passional das mulheres mais do que seria possível imaginar. Afirma São Paulo em II Coríntios, 12: "Foi-me dado um espinho na carne, um anjo de Satanás, para me esbofetear." A passagem refere-se, segundo a glosa, à tentação pela lascívia.

Pois bem, diz-se que quando um homem não cede à tentação, não comete pecado, só faz exercitar a sua virtude; mas que se entenda tal assertiva com respeito à tentação do Demônio, não à da carne; pois que esta é pecado venial, mesmo quando o homem a ela não cede. Existem muitos exemplos a esse respeito.

Da terceira causa – quando a *Philocaption* é causada por bruxaria – tratamos exaustivamente nas Questões da Parte I e mostramos, mediante vários exemplos, que isso é possível. Na realidade, essa é a forma mais geral e mais conhecida de bruxaria.

Mas cabe aqui levantar uma determinada questão. Pedro foi acometido por uma paixão desenfreada, que corresponde à por nós descrita, mas não sabe a que atribuí-la: se à primeira, à segunda ou à terceira causa. É mister que se diga que, por obra do Diabo, o ódio pode ser insuflado entre os cônjuges, levando ao crime de adultério. Mas de que nos serviria passar a tratar dos remédios para aqueles cujo desejo lascivo não tem remédio? Para os que se acham tão afeitos à luxúria e ao desejo carnal que nada os faz desistir do pecado? Nem a vergonha, nem as palavras, nem a repreensão violenta? Para os que repudiam a linda esposa e se entregam à mais repelente das mulheres, e que por esta não dormem à noite e vão, por caminhos distantes e tortuosos, na sua demência, à sua procura? E que remédio haveria para os nobres, para os governantes, para os poderosos, que são de todos os miseráveis os que mais miseravelmente se entregam a essa espécie de pecado? (Pois vivemos numa era dominada pelas mulheres, como foi vaticinado por São Hildegardo, conforme nos lembra Vicente de Beauvais em seu *Espelho da história* – embora tenha dito que não haveria de perdurar tanto tempo quanto vem perdurando.) E quando vemos o mundo mergulhado no adultério que tem sua hegemonia sobretudo entre os de berço nobre, quando tudo isso é levado em conta, de que nos havia de ajudar falar em remédio para o que não tem remédio? Mesmo assim, para satisfação do leitor piedoso, havemos de descrever, brevemente, alguns dos remédios contra a *Philocaption* quando não causada por bruxaria.

Avicena faz menção a sete remédios que podem ser usados quando um homem adoece fisicamente por causa dessa espécie de amor; embora não sejam diretamente relevantes à nossa investigação, podem ter utilidade contra essa doença da alma. Diz esse autor, no livro III, que a raiz da doença pode ser descoberta pelo exame do pulso enquanto se pronuncia o nome do objeto do amor ou da paixão do paciente; e então, se a lei permitir, poderá casar-se com ela e assim ser curado, cedendo à natureza. Outra possibilidade está em fazê-lo usar certos medicamentos, sobre os quais o autor dá várias instruções. Uma terceira possibilidade está em desviar o doente, por meios lícitos, de seu objeto de amor para outro objeto, de maior valia. Ou, ainda, se pode fazê-lo evitar a presença do ente, objeto de amor, afastando-o assim de seus pensamentos. Pode também, se estiver disposto a corrigir-se, ser advertido e admoestado de que o efeito daquele amor será sua maior desgraça. Pode, ademais, ser orientado por alguém que, dentro da verdade de Deus, venha a difamar o corpo e a índole da pessoa amada, ensombrecendo-lhe o caráter de tal sorte que lhe pareça criatura desprezível e disforme. Ou, por fim, pode-se levá-lo à execução de árduas tarefas que venham distrair seus pensamentos.

De fato, da mesma maneira que a natureza animal do homem pode ser curada por tais remédios, o seu espírito interior pode ser corrigido por eles. Que o homem obedeça às leis de seu intelecto e não às de sua natureza, que volte o seu sentimento amoroso para os prazeres com prudência, que não se esqueça de quão fugaz é a fruição da luxúria e de quão perene é o castigo, que busque pelo prazer naquele tipo de vida em que as alegrias hão de perdurar para sempre, e que pondere, ao afeiçoar-se a algum amor terreno, tão só nele estará sua recompensa, pois que perderá a bem-aventurança dos Céus e será condenado ao fogo eterno: que não se esqueça jamais das três perdas irreparáveis que promanam da lascívia desenfreada.

Com relação à *Philocaption* causada por bruxaria, os remédios especificados no capítulo precedente podem também ser utilizados convenientemente; sobretudo os exorcismos através das palavras sagradas que o paciente pode empregar por si próprio. Que invoque diariamente o anjo da guarda, o qual lhe é oferecido por Deus, que use da confissão e que frequente os santuários, dos santos e, sobretudo, os da Virgem Santíssima, pois, sem dúvida, há de ser livrado do mal.

Mas quão abjetos são aqueles homens vigorosos que, desprezando seus dons naturais e a couraça da virtude, abrem ao mal a guarda, enquanto as moças, na sua invencível fragilidade, fazem uso das armas por eles desprezadas para repelir essa espécie de bruxaria. Contaremos em seu louvor um de muitos exemplos existentes.

Havia num lugarejo do interior, perto de Lindau, na diocese de Constance, uma linda donzela cuja beleza dos traços era ainda mais realçada pela elegância dos gestos, e por quem certo libertino, na verdade um clérigo, embora não sacerdote, viu-se acometido de violentas dores de amor. Não conseguindo mais aplacar o sofrimento causado pela ferida aberta em seu coração, resolveu o homem procurá-la onde trabalhava. Com palavras ternas, acabou por confessar-lhe que caíra numa armadilha do Demônio, logo ousando um pouco mais, para ver se ela lhe corresponderia ao arroubo da paixão. Mas a moça, de alma e corpo imaculados, percebendo pelo instinto divino as suas intenções, respondeu-lhe com firmeza:

– Senhor, não me venhas procurar, em minha casa, com tais palavras, pois que o decoro o proíbe de falar assim.

Ao que o homem replicou:

– Pois saibas que se as minhas palavras não te convencem a me entregares o teu amor, juro-te que logo os meus atos te convencerão.

Ora, sobre aquele homem pairava uma suspeita: a de ser um mago, um encantador. Contudo, a donzela não deu a menor importância às suas palavras e durante algum tempo não sentiu sequer uma centelha de desejo por ele. Porém, num determinado dia, começou a ter pensamentos de amor carnal. Percebendo o que ocorria, e inspirada por Deus, buscou a proteção da Mãe de Misericórdia e, piedosamente, implorou-lhe que intercedesse a Seu Filho em seu socorro. Ansiosa, ademais, por desfrutar da sociedade dos devotos, juntou-se a uma romaria que se dirigia a um eremitério, onde, naquela diocese, havia uma igreja miraculosamente consagrada à Mãe de Deus. Lá chegando, tratou de confessar os pecados para que nenhum espírito do mal a afligisse. E eis que, depois de muitas orações à Mãe de Piedade, todas as maquinações contra ela articuladas pelo Diabo acabaram por cessar e, desde então, nunca mais viu-se afligida pelas artimanhas demoníacas.

No entanto, há também homens fortes que são cruelmente enfeitiçados por bruxas com essa espécie de amor, a tal ponto que lhes parece nunca mais serem capazes de se livrar do desejo lascivo por elas manifestado. Apesar disso, vê-se que virilmente resistem à tentação das seduções lúbricas e obscenas e, mediante as defesas já citadas, suplantam todos os ardis malévolos do Diabo.

Temos um exemplo notável desse tipo de luta no caso de um homem, jovem e rico, da cidade de Innsbruck. Era de tal forma importunado pelas bruxas que é praticamente impossível descrever com a pena suas dificuldades, mas que, perseverando sempre com bravura em seu coração, escapou do mal graças aos remédios de que já falamos. Há de se concluir, portanto, e com justeza, que esses remédios são mesmo infalíveis contra essa doença, e aqueles que os utilizam como armas hão de ser, certamente, curados.

Ademais, é mister compreender que aquilo que acabamos de dizer sobre o amor desregrado também se aplica ao ódio insano, pois a mesma disciplina é benéfica contra esses dois polos opostos. No entanto, embora a bruxaria seja de igual magnitude nos dois casos, há uma diferença: a pessoa que odeia há de buscar também um outro remédio. Porque o homem que odeia a sua mulher e a expulsa de seu coração não retornará para ela, se for um adúltero, com tanta facilidade, mesmo que a muitos se junte numa romaria.

Ora, contam-nos as bruxas que causam esse malefício do ódio por meio de serpentes; pois a serpente foi o primeiro instrumento do Diabo e devido à sua maldição é a herdeira do ódio das mulheres. Portanto, as bruxas causam tais malefícios colocando a pele ou a cabeça de serpentes debaixo da soleira da porta dos quartos ou das casas. Por essa razão, todos os cantos e escaninhos da casa onde vive tal mulher hão de ser minuciosamente examinados e reconstruídos, na medida do possível; ou, em vez disso, a pessoa deverá ser acomodada na casa de outros.

E quando é dito que os homens enfeitiçados podem exorcizar a si mesmos, referimo-nos aos amuletos e talismãs, com palavras sagradas, bênçãos ou fórmulas mágicas, que podem usar pendurados ao pescoço, quando não as sabem ler ou pronunciar; mas havemos de mostrar mais adiante como isso deve ser feito.

CAPÍTULO IV

Dos remédios prescritos aos que, por arte prestidigitatória, perderam o membro viril ou aos que, aparentemente, foram transformados em bestas.

Em páginas precedentes já mostramos claramente os remédios existentes para o alívio dos que julgam ter perdido o membro viril e dos que foram transmutados em animais. Pois esses homens veem-se totalmente destituídos da graça divina e por isso, em conformidade com a condição essencial dos assim enfeitiçados, não é possível aplicar-lhes o bálsamo curativo enquanto o instrumento que fere ainda persistir na ferida. Portanto, antes de mais nada, hão de se reconciliarem com Deus mediante salutar confissão. Tornamos a frisar, conforme demonstramos no capítulo VII, da Questão I, da Parte II, que o membro nunca é de fato removido do corpo, e sim apenas ocultado dos sentidos da visão e do tato. Os que vivem na graça, claro está também, não são assim tão facilmente enganados, seja ativa, seja passivamente – em outras palavras: iludidos de que perderam o próprio membro ou de que outro homem o perdeu. E naquele capítulo explicamos a doença e o seu tratamento, qual seja, que devem entrar em acordo amigável com a própria bruxa para que lhes restitua o membro.

Aos que se julgam transformados em animais, vale ressaltar que é malefício mais praticado nos países orientais que nos ocidentais; ou seja, as bruxas orientais enfeitiçam as pessoas dessa forma mais frequentemente, enquanto que aqui, no lado ocidental do mundo, parecem ser as próprias bruxas as que assim se transformam com maior frequência; quer dizer, transformam-se à vista das pessoas em vários animais, conforme relatamos no capítulo VIII. Portanto, nesses casos, os remédios a serem usados são indicados na Parte III desta obra, onde tratamos do extermínio das bruxas pelo braço secular da lei.

Contra essa espécie de ilusão, porém, os orientais usam o seguinte remédio. Muito aprendemos a esse respeito com os Cavaleiros da Ordem de São João de Jerusalém, em Rodes; especialmente com o caso ocorrido na cidade de Salamis, no reino de Chipre, e que passaremos a contar.

Salamis é um porto marítimo. De lá costumam partir embarcações abarrotadas de mercadorias para terras longínquas. Antes de zarpar, as tripulações tratam de prover-se de todos os víveres e mantimentos necessários para as longas viagens. Aconteceu, então, de um dos homens da companhia, de porte robusto e vigoroso, antes de embarcar com seus companheiros, ir comprar ovos de uma mulher cuja casa ficava bastante afastada do litoral. Lá chegando, foi logo indagando à mulher se não teria a mercadoria que tanto desejava. A mulher, vendo que se tratava de um jovem e forte mercador vindo de uma terra distante, começou a maquinar um plano diabólico: os moradores da cidade não haveriam de nada suspeitar se, por algum malefício, o levasse à perdição e ao mau caminho.

– Espera um pouco que vou arranjar o que queres – disse-lhe então.

E, fechando a porta, deixou-o ali postado, esperando. O homem, com receio de perder o navio, gritou-lhe, lá de fora, para que se apressasse. Então, retornou a mulher com os ovos, e ao entregá-los a ele ainda acrescentou:

– Vai depressa, para não te perderes de teus companheiros.

O mercador voltou rapidamente ao porto, mas, ao lá chegar, viu que a tripulação ainda não retornara. Parando para descansar, decidiu comer alguns dos ovos frescos que comprara da mulher. Mas eis que, uma hora depois de comê-los, percebeu que já não tinha mais forças para falar: ficara completamente mudo. Pôs-se a imaginar, então, o que lhe teria acontecido, sem atinar no que era. Contudo, ao tentar subir a bordo, foi rechaçado a varadas pelos tripulantes que ainda ali se achavam e que o repeliam aos gritos:

– Vejam o que esse asno está fazendo! Maldito animal! Não o deixem subir a bordo!

Foi então que o pobre homem entendeu que o tomavam por um asno. Depois de muito refletir, suspeitou ter sido enfeitiçado pela mulher, sobretudo porque não conseguia dizer palavra, embora compreendesse tudo o que os outros falavam. E quando, ao tentar subir a bordo mais uma vez, viu-se repelido a varadas ainda mais violentas, percebeu, com profunda amargura, que teria de ficar ali, vendo o navio que, já com as velas enfunadas, se afastava da costa. Depois de vagar aqui e acolá, pois todos viam nele um asno, foi tomado pela compulsão de voltar à casa da mulher, onde, para manter-ser vivo, viu-se forçado a atender aos seus desejos por três anos, sem trabalhar a não ser transportando a lenha e o trigo para casa e que a tudo conduzia como besta de carga. Seu único consolo era que, embora todas as pessoas o julgassem um asno, as próprias bruxas que frequentavam a casa, separadamente e em grupos, reconheciam-no como homem e com elas podia conversar e se comportar como um homem.

Cabe perguntar agora de que modo eram as cargas colocadas sobre ele como se de fato fosse uma besta. É preciso dizer que o caso é análogo ao contado por Santo Agostinho em *De Ciuitate Dei*, oitavo livro, 17º capítulo, onde fala de uma taverneira que transformou os hóspedes em bestas de carga; e àquele do pai de Prestantius, que também se julgava um burro de carga e transportava trigo junto com outros animais. Pois que é tríplice a ilusão causada por esse encantamento.

Primeiro, por seu efeito sobre os homens, que veem a pessoa não como homem mas como asno; mostramos no capítulo VIII de que forma são capazes os Demônios de provocar esse fenômeno. Segundo, porque as cargas carregadas não eram ilusão e, quando em peso ultrapassavam a capacidade do homem, o Diabo, invisivelmente, as carregava. Terceiro, porque, quando se relacionava com outros, o jovem se julgava um asno, ao menos nas suas faculdades imaginativas e perceptivas, que pertencem a órgãos do corpo, mas não na sua razão, sabia que era um homem, embora por magia se imaginasse uma besta. Nabucodonosor dá um exemplo do mesmo delírio.

Depois de passar três anos dessa forma, já no transcorrer do quarto ano, aconteceu, certa manhã, de o jovem ir até a cidade, seguido de longe pela mulher; ao passar defronte a uma igreja, onde estava sendo celebrada a Santa Missa, ouviu o tocar da sineta à elevação da hóstia (pois naquele reino a missa é celebrada segundo a tradição latina, e não segundo a tradição grega). Voltou-se em direção à igreja e, não ousando nela entrar por receio de ser enxotado a pancadas, ajoelhou-se dobrando suas patas traseiras. Ergueu então, unidas, as patas dianteiras por sobre a cabeça de asno, por assim dizer, e ficou contemplando a elevação do Sacramento. Dois mercadores genoveses viram o prodígio e, atônitos, resolveram seguir o asno, comentando, admirados, aquela maravilha. E, vejam!, surgiu a bruxa e tratou de espancar o asno com a sua vara. Como dissemos, essa espécie de bruxaria é mais bem conhecida naquelas regiões. Assim, à insistência dos mercadores, o asno e a bruxa foram levados à presença do juiz. No tribunal, depois de interrogada e torturada, a bruxa confessou o crime e prometeu restituir ao jovem a sua verdadeira forma, desde que a deixassem voltar para casa. Foi, por fim, mandada embora para que restituísse ao jovem a sua antiga forma. Mais tarde, tornou a ser capturada e pagou o débito merecido pelos seus crimes. Só então pôde o jovem retornar, feliz, para o seu país de origem.

CAPÍTULO V

Dos remédios prescritos para os obcecados por algum malefício.

Mostramos no capítulo X da Questão precedente que, às vezes, os Demônios, mediante bruxaria, passam a habitar, em substância, o corpo de alguns homens. Por que assim procedem? Ora por algum crime cometido pela própria vítima e para o seu derradeiro benefício; ora por alguma falta leve de algum outro homem; ora por algum pecado venial cometido pela vítima; ora ainda pelo pecado grave cometido por outro homem. Por qualquer dessas razões pode o homem ser possuído, em grau variável, por algum Demônio. Nider, em seu *Formicarius,* afirma não haver motivo de espanto quando os Demônios, à solicitação de bruxas e com a permissão de Deus, se apossam de um homem.

Clara está também, pelos pormenores apontados naquele capítulo, qual a espécie de remédios a serem usados para livrar esses homens: os exorcismos da Igreja junto com a confissão e a contrição sinceras quando um homem é possuído por algum pecado mortal que tenha cometido. O exemplo dado foi o da libertação do padre da Boêmia. Mas há também três outros remédios que são de grande valia: a santa comunhão da Eucaristia, a visita a santuários com a oração de homens santos e a prescrição da sentença de excomunhão. Desses remédios havemos de falar, pois que, embora estejam perfeitamente estabelecidos nos livros dos doutores, muitos não têm fácil acesso aos tratados necessários.

Cassiano, na sua *Colação dos abades,* fala nesses termos da Eucaristia: "Não temos lembrança de que nossos antepassados tenham proibido a administração da santa comunhão aos possuídos por espíritos do mal; convém ministrar-lhes a comunhão todo dia, se possível. Pois se há de acreditar que é de grande poder na purgação e proteção da alma e do corpo; e o homem que a recebe vê afastado de si, como se fosse queimado pelo fogo, o espírito maligno que aflige seus membros ou neles se esconde. Vemos, por fim, que o abade Andrônico foi curado dessa forma; e o Diabo esbravejará com insana fúria ao sentir-se barrado pelo medicamento celestial e tentará com mais veemência e com mais frequência infligir suas torturas ao sentir-se repelido por esse remédio espiritual. Assim diz São João Cassiano.

E acrescenta ainda: "Em duas coisas se deve acreditar firmemente. Primeiro, que sem a permissão de Deus ninguém é possuído por esses espíritos. Segundo, que tudo o que Deus permite acontecer a nós, pareça-nos motivo de pesar ou de alegria, nos é enviado para nosso próprio bem, como se fosse o gesto de um pai piedoso, ou de um médico misericordioso. Pois os Demônios são, por assim dizer, professores da humildade, de sorte que os que neste mundo decaem possam ser ou purgados para a vida eterna ou sentenciados com o sofrimento para seu castigo, e esses, segundo São Paulo, são entregues a Satanás na vida presente para que seu espírito possa ser salvo no dia do Advento de Nosso Senhor Jesus Cristo.

Mas surge então uma dúvida, pois diz São Paulo: "Que um homem se examine para que possa comer do Pão." Assim sendo, como pode um homem possuído comungar, já que não está no uso de sua razão? Santo Tomás responde a essa pergunta ao afirmar que existem três tipos de loucura. Porquanto declara que quando um homem não faz uso de seu juízo pode significar duas coisas: ou apresenta alguma debilidade em seu juízo intelectual, como ocorre quando alguém se julga cego quando, no entanto, é capaz de enxergar perfeitamente (e como esse homem é capaz, em certa medida, de se juntar aos demais na devoção aos Sacramentos, não se há de negá-los a ele); ou é louco desde o nascimento, caso em que não poderá receber o Sacramento, já que não há como o preparar para tal. Pode ocorrer, no entanto, que a pessoa não tenha estado sempre fora de seu juízo. Nessa eventualidade, se, quando sã, demonstrava gostar da devoção ao Sacramento, poderá recebê-lo na hora da morte, salvo se houver receio de que venha a vomitá-lo ou cuspi-lo.

A seguinte decisão foi adotada pelo Concílio de Cartago (26, q. 6). Quando um doente desejar se confessar, e à chegada do sacerdote já estiver mudo em virtude de sua enfermidade, ou entrar em frenesi, os que o ouviram antes devem dar seu testemunho. Se estiver à beira da morte, que seja o moribundo reconciliado com Deus, juntando-se-lhe as mãos estendidas e colocando-se o Sacramento em sua boca. Santo Tomás diz também que o mesmo procedimento pode ser usado em pessoas batizadas que se veem corporalmente atormentadas por espíritos impuros, e também em pessoas mentalmente desequilibradas. Acrescenta, ainda, no quarto livro, dist. 9, que a comunhão não deve ser negada aos possuídos, a menos que se tenha certeza de que estejam sendo torturados pelo Demônio por algum crime cometido.

A isso aduz Pedro de Palude: "Nesse caso, são pessoas que merecem ser excomungadas e entregues a Satanás."

De que forma os possuídos podem ser livrados do mal pelas intercessões e orações dos santos é mostrado nas lendas dos santos. Pois que, pelos méritos dos santos, dos mártires, dos confessores e das virgens, os espíritos do mal são subjugados pelas orações na região em que habitam, assim como os santos em sua jornada terrena os subjugaram.

Do mesmo modo, lemos que as orações piedosas dos viajantes, não raro, conseguem livrar do mal os possuídos. Pois Cassiano exorta-os a orar por eles, dizendo: "Se acreditarmos ou, ainda melhor, se tivermos fé no que acabei de declarar – que tudo nos é enviado pelo Senhor para o bem de nossas almas e o aperfeiçoamento do universo –, havemos de não desdenhar dos possuídos; pelo contrário, por eles havemos de orar incessantemente, como se o fizéssemos por nós próprios, e de apiedarmo-nos deles com todo o nosso coração."

Quanto ao último recurso, o de livrar o sofredor por meio da excomunhão, cumpre fazer saber que se trata de condição rara, e só há de ser praticada pelos que têm autoridade para tal e que estejam informados, pela revelação, de que o homem está possuído em virtude da excomunhão da Igreja: tal foi o caso do fornicador em I Coríntios, 5, excomungado por São Paulo e pela Igreja e entregue a Satanás para destruição de sua carne, para que seu espírito pudesse ser salvo no dia de Nosso Senhor Jesus Cristo; como diz a glosa, seja para a iluminação da graça pela contrição, seja para julgamento.

E ele entregou a Satanás falsos mestres que haviam perdido a fé, como Himeneu e Alexandre, para que aprendessem a não blasfemar (I Timóteo, 1). Pois tão grandiosos eram o poder e a graça de São Paulo, diz a glosa, que por meras palavras conseguia entregar a Satanás os que decaíam da fé.

Santo Tomás (IV, 18), a respeito dos três efeitos da excomunhão, dá a seguinte explicação. Se um homem, diz ele, é privado das orações da Igreja, sofre de uma tríplice perda que corresponde aos benefícios que advêm da comunhão com a Igreja.

Os excomungados são despojados da fonte de onde mana um fluxo crescente de graça para os que a possuem, e de um meio para obter a graça para os que não a possuem; e, despojados da graça, perdem também o poder de preservar a honestidade; embora não se vá afirmar que estejam absolutamente proibidos de se aproximarem da Providência Divina; veem-se privados apenas daquela Providência especial que tão somente zela pelos filhos da Igreja; perdem, ademais, um manancial poderoso de proteção contra o inimigo, pois que este recebe maiores poderes para afligir esses homens, em corpo e em alma.

Pois na Igreja primitiva, quando os homens tinham de ser trazidos à fé por sinais, o Espírito Santo se fez manifestar mediante um sinal visível, da mesma forma que a aflição corporal era o sinal visível do homem que fora excomungado. E não é sem propósito que um homem cujo caso não seja dos mais desesperadores deva ser entregue a Satanás; pois que é ao Demônio entregue não para a danação eterna, mas para a sua correção, já que está nas mãos da Igreja o poder de, quando lhe aprouver, tornar a livrá-lo das mãos do Diabo. É isso o que diz Santo Tomás. Portanto, a excomunhão, quando usada como exorcismo à parte, é excelente remédio para os possuídos.

Mas Nider insiste em que o exorcista deve ter particular cuidado para não usar de seus poderes com excessiva presunção e para não misturar com a séria obra de Deus certas irreverências ou certos gestos, ou quaisquer elementos de superstição ou de bruxaria; caso contrário, dificilmente escapará da punição, conforme nos mostra o seguinte exemplo.

O abençoado São Gregório conta, no seu primeiro diálogo, o caso de uma mulher que, contra a sua consciência, cedeu a persuasões do marido para participar das cerimônias da vigília da consagração da igreja de São Sebastião. E por ter se juntado à procissão da Igreja contra a sua consciência, ficou possuída e começou a esbravejar em público. Quando o sacerdote a viu naquele estado, tomou da toalha do altar e com ela cobriu-a; então, repentinamente, viu-se o sacerdote apossado pelo Demônio. E por ter se atrevido a ir além de suas forças, foi constrangido pelos seus tormentos para que revelasse quem era de fato. Assim diz São Gregório.

E para mostrar que nenhum espírito obsedado se há de permitir ingressar no Santo Ofício do exorcismo, Nider conta ter visto, em um mosteiro de Colônia, um irmão que era dado à galhofa, mas que era um famoso exorcista. Achava-se o frade a expulsando o espírito demoníaco de um possuído, no mosteiro, quando o Demônio pediu-lhe que indicasse um lugar para onde ir. O irmão, divertido com a pergunta, respondeu-lhe, brincando:

– Vai para a minha latrina.

E assim o Demônio saiu. Mas quando, à noite, quis o irmão ir à latrina aliviar a barriga, o Diabo o atacou tão violentamente que foi com dificuldade que escapou com vida.

Ora, os obsedados hão de ter o devido cuidado para não recorrerem às bruxas para que os curem. São Gregório prossegue contando da mulher de quem há pouco falávamos: "Seus parentes e os que a amavam na carne levaram-na a certas bruxas para que fosse curada. As bruxas levaram-na a um rio e a mergulharam na água com muitos encantamentos; ao fazerem isso, viu-se a mulher violentamente sacudida e, em vez da expulsão de um Demônio, foi tomada por grande legião deles, ao mesmo tempo em que gritava com suas diversas vozes. Depois, seus parentes contaram o que haviam feito e, desolados, trouxeram-na para o santo bispo Fortunato, que, mediante orações diárias e jejum, restituiu-lhe completamente a saúde."

Mas, como já foi dito que os exorcistas devem cuidar para não fazerem uso de nada que tenha ressaibo de superstição ou de bruxaria, talvez o leitor possa ter dúvida quanto à licitude do uso de certas ervas ou de certas pedras consagradas. Em resposta, afirmamos que há de ser tanto melhor se forem as ervas consagradas; caso contrário, no entanto, não é conduta supersticiosa usar uma determinada erva chamada demonífuga, nem tampouco usar das propriedades naturais das pedras. Mas não há de pensar que esteja expulsando Demônios graças aos poderes desses elementos; pois assim incorreria no erro de achar que talvez pudesse usar outras ervas e outros encantamentos de forma idêntica; este é o erro das necromantes, que se julgam capazes de realizar essa espécie de obra mediante as virtudes naturais e desconhecidas desses objetos.

Portanto, Santo Tomás declara, no quarto livro, sétimo dist., último artigo: "Não se há de acreditar que os Demônios estejam subordinados a quaisquer poderes corpóreos; por isso mesmo não sofrem qualquer influência de invocações ou de quaisquer atos de feitiçaria, salvo quando entraram em pacto com alguma bruxa." Disso fala Isaías, 28: "Fizemos um pacto com a morte, dizeis vós, uma convenção com a morada dos mortos." E ao explicar a passagem em Jó, 11: "Poderás tu fisgar Leviatã com um anzol?" E as palavras seguintes. Diz o autor: "Se tomarmos como certo tudo o que foi dito antes, vai parecer que cabe à presunção herética das necromantes tentar um pacto com Demônios, ou submetê-los de qualquer forma à sua vontade."

Tendo, portanto, mostrado que o homem nada pode fazer, pelos seus próprios poderes, para suplantar o Diabo, conclui dizendo: "Coloca a tua mão sobre ele; mas entende: não é através de teus poderes que o vences, mas sim pela virtude divina." E aduz: "Lembra-te da batalha que travei contra ela; ou seja, colocando no futuro o presente, hei de lutar contra ele sobre a cruz, onde Leviatã há de ser fisgado com um anzol, ou seja, pela divindade oculta sob a isca da humanidade, pois que pensará [ele] ser o nosso Salvador apenas um homem." E acrescenta depois: "Não há poder na Terra que ao dele se equipare." Quer dizer, não há poder corpóreo que possa ser igualado ao poder do Diabo. Assim diz Santo Tomás.

Ora, um homem possuído por um Demônio pode ser indiretamente aliviado pelo poder da música, como foi Saul pela harpa de Davi, ou pelo poder de uma erva, ou pelo de qualquer outra substância material em que exista alguma virtude natural. Portanto, tais remédios podem ser usados, a favor do que se pode argumentar com esteio na autoridade e na razão. Pois Santo Tomás, XXVI, 7, diz que as pedras e as ervas podem ser usadas para o alívio do homem possuído por um Demônio. E há as palavras de São Jerônimo.

E sobre a passagem em Tobias, 6, onde o anjo diz: "Abre-o, e guarda o coração, o fel e o fígado, que servirão para remédios mui eficazes. (...) Se puseres um pedaço do coração (do peixe que fisgastes) sobre brasas, a sua fumaça expulsará toda espécie de mau espírito, tanto do homem como da mulher, e impedirá que eles voltem de novo a eles." Diz Santo Tomás: "Não nos devemos surpreender com isso, pois a fumaça de uma certa árvore, ao ser queimada, possui a mesma virtude, como se em si possuísse algum senso espiritual, ou o poder da oração espiritual para o futuro."

São Alberto, em seu comentário sobre Lucas, 9, Nicolas de Lira e Paulo de Burgos, ao comentarem sobre I Samuel, 16, têm a mesma opinião. O último homiliasta chega à seguinte conclusão: que seja permitido aos possuídos pelo Diabo que possam não só serem livrados, mas completamente libertados através de elementos materiais, entendendo que no último caso não estejam molestados com muita fúria. E prova o que diz pelo seguinte raciocínio: "Os Demônios não são capazes de alterar as substâncias materiais de acordo com a sua vontade, apenas congregando agentes complementares ativos e passivos, como diz Nicolas. De forma análoga, certos objetos materiais são capazes de causar no corpo humano uma disposição que os torna suscetíveis à operação dos Demônios. Segundo a opinião dos médicos, por exemplo, a mania amiúde predispõe o homem à demência, e, consequentemente, à obsessão demoníaca. Portanto, se, nesse caso, for removido o agente passivo predisponente, será eliminada a aflição diabólica ativa."

Sob esse ângulo, podemos considerar o fígado do peixe; e a música de Davi pela qual Saul foi, primeiramente, aliviado de seu sofrimento e, depois, totalmente livrado do espírito mau; pois está escrito: "e o espírito mau o deixou." Mas não está consoante ao significado das Escrituras dizer que tal tenha ocorrido pelos méritos ou pelas orações de Davi; as Escrituras nada falam a esse respeito e, sem dúvida, falariam caso o fenômeno tivesse ocorrido por esse motivo. Esse raciocínio tomamos de Paulo de Burgos. Há também o motivo que alegamos na Questão V, da Parte I: que Saul foi libertado porque a harpa configurava a virtude da Cruz em que se achavam estendidos os Membros Sagrados do Corpo de Cristo. E lá está escrito mais ainda a esse respeito e que pode ser considerado com a presente indagação. Concluiremos, porém, dizendo que o uso de objetos materiais nos exorcismos lícitos não é prática supersticiosa. E convém agora que passemos a falar dos próprios exorcismos.

CAPÍTULO VI

Dos remédios prescritos, ou seja, dos exorcismos lícitos da Igreja, para todos os tipos de enfermidades e males causados por bruxaria; e do método de exorcizar os obsedados.

Já foi dito que as bruxas são capazes de afligir os homens com toda sorte de enfermidades físicas; por conseguinte, pode-se considerar como regra geral que os vários remédios verbais ou práticos a serem aplicados contra essas enfermidades são igualmente aplicáveis a todas as demais, como contra a epilepsia, a lepra, entre outras. E como os exorcismos lícitos são contados junto com os remédios verbais e os que mais consideramos, na maioria dos casos, podem ser tomados como um tipo geral dessa espécie de remédios; a esse respeito há três elementos a serem ponderados.

Em primeiro lugar, devemos julgar se a pessoa que não foi ordenada como exorcista – um leigo, um clérigo secular – pode exorcizar licitamente os Demônios e as suas obras. Vinculadas a essa questão acham-se outras três: primeira, em que constitui a legalidade ou licitude dessa prática; segunda, quais as sete condições a serem observadas quando se deseja fazer uso em particular, privado, de encantamentos e de bênçãos; terceira, de que modo há de ser a doença exorcizada e o Demônio conjurado.

Em segundo lugar, devemos considerar o que há para fazer quando pelo exorcismo não se obtém qualquer graça salutar que cure o mal.

Em terceiro lugar, devemos considerar os remédios práticos e não os verbais; a par da solução de certos argumentos.

Tratemos do primeiro elemento a ser ponderado. Contamos com a opinião de Santo Tomás no quarto livro, 23° dist. Afirma: "Quando um homem é ordenado exorcista, ou em qualquer outra das ordens menores, tem em si outorgado o poder do exorcismo em sua capacidade oficial; e esse poder pode, inclusive, ser usado licitamente pelos que não o exercem na ordem, embora não o exerçam em sua capacidade oficial. Da mesma forma, a missa pode ser rezada numa casa não consagrada, embora o exato propósito da consagração de uma igreja seja o de que a missa possa ser lá realizada; mas isso é mais em virtude da graça existente na honestidade dos homens do que a do Sacramento."

Por essas palavras havemos de concluir que, embora seja bom que na libertação de uma pessoa enfeitiçada tenha havido recurso a fim de que um exorcista oficial a executasse, em certas ocasiões, outros devotos podem, com ou sem qualquer espécie de exorcismo, livrar a pessoa da enfermidade.

Sabemos da história de uma virgem pobre e muito devota que tinha um amigo que foi gravemente enfeitiçado no pé, de modo que ficou claro para os médicos que o rapaz não poderia ser curado através de medicamentos. Contudo, a virgem foi visitar o amigo doente, e imediatamente ele pediu-lhe que benzesse o pé enfermo. Ela consentiu e, silenciosamente, rezou um Pai-Nosso e o Credo, ao mesmo tempo em que fazia o vivificante sinal da cruz. O homem viu-se curado de imediato e, para que tivesse um remédio no futuro, perguntou à virgem qual o encantamento que usara. Ela, contudo, respondeu:

– Tu tens pouca fé e não segues as práticas santas e lícitas da Igreja e muitas vezes fazes uso de encantamentos e de remédios proibidos contra tuas doenças; por esse motivo é que raramente tens saúde em teu corpo: porque está sempre doente da alma. Mas se depositares tua confiança nas orações e na eficácia dos símbolos lícitos, verás que a cura te chegará com facilidade. Pois eu nada fiz senão repetir o Pai-Nosso e o Credo Apostólico, e agora estás curado.

Esse exemplo traz à baila a questão da existência de eficácia em outras bênçãos e em outros encantamentos, e mesmo em conjuros por meio de exorcismo; pois que, por essa história, parecem condenados. Cabe explicar que a virgem condenou apenas os encantamentos ilícitos e os conjuros e exorcismos proibidos.

Para entendermos essa última questão é preciso considerar de que modo os exorcismos se originaram e de que forma passou-se ao seu abuso. Em sua origem, eram absolutamente sagrados; porém, assim como todas as coisas podem ser profanadas por intermédio de Demônios e de homens perversos, também são profanadas as palavras sagradas. Pois está escrito, Marcos, 15: "Expulsarão os Demônios em Meu nome, falarão novas línguas, manusearão serpentes e, se beberem algum veneno mortal, não lhes fará mal; imporão as mãos aos enfermos, e eles ficarão curados." E, em épocas ulteriores, os padres passaram a usar de ritos semelhantes; portanto, são encontrados hoje em dia em antigas igrejas orações piedosas e exorcismos santos que os homens podem usar e a eles se submeter, quando tais homens se mostrarem piedosos como costumavam ser em época remota, sem qualquer superstição; e hoje existem homens instruídos e doutores em teologia que visitam os doentes e usam tais palavras para curar não só as enfermidades demoníacas mas outras doenças também.

Mas, meu Deus! Vejam que certas pessoas supersticiosas, inspiradas nesses exemplos, descobriram, por si próprias, muitos remédios vãos e ilícitos que atualmente empregam a fim de tratar dos homens e dos animais doentes; os clérigos têm se mostrado muito indolentes no uso das palavras lícitas ao visitarem os doentes. A esse respeito, Gulielmus Durandus, o comentarista de São Raimundo, declara que tais exorcismos lícitos podem ser usados por padres religiosos e judiciosos, ou por leigos, ou até mesmo por mulheres de vida correta e de comprovado juízo ou circunspecção; pelo oferecimento das orações lícitas aos doentes; não as pregando sobre as frutas ou os animais, mas sobre os doentes. Porque diz o Evangelho: "Imporão as mãos aos enfermos (...)", a menos que se tenha receio de que, seguindo o seu exemplo, outras pessoas não tão circunspectas e supersticiosas resolvam fazer uso indevido de encantamentos com o mesmo fim. São esses adivinhos supersticiosos que a virgem de quem falávamos condenou, ao afirmar que os que a eles recorriam revelavam a debilidade de sua fé.

Ora, para elucidação dessa matéria pergunta-se de que modo é possível saber se as palavras usadas nesses encantamentos e nessas bênçãos são lícitas ou supersticiosas, de que modo devem ser usadas e, também, se o Diabo pode ser conjurado e as doenças exorcizadas.

Pois bem: em primeiro lugar, o que é lícito na religião cristã é o que não é supersticioso; e o que é supersticioso é o que está além da forma prescrita de religião. Basta ver o texto escriturístico Colossenses, 11: "Elas podem, sem dúvida, dar a impressão de sabedoria, mas só servem para satisfazer a carne [na superstição]." Sobre o que diz a glosa: "A superstição é a religião sem disciplina, ou seja, a religião observada por intermédio de métodos falhos, em circunstâncias malévolas."

Tudo o que a tradição humana, sem qualquer autoridade, usurpa, com o nome de religião, não passa de superstição – como a interpolação dos hinos na Santa Missa, a alteração do Prefácio dos Réquiens, a abreviação do Credo que é cantado na missa, o maior apoio no órgão que no coro para a execução da música, a negligência com relação à presença de um sacristão no altar e outras atitudes. Mas, voltando a nosso ponto, quando um trabalho é realizado por intermédio da religião cristã, como quando alguém deseja curar um doente por meio de orações, de bênçãos e de palavras sagradas (que compõem o assunto que estamos tratando), essa pessoa deve observar sete condições pelas quais essas bênçãos são tornadas lícitas. E mesmo que faça uso de súplicas, por meio do Nome de Deus, e por meio das obras de Cristo, de Seu nascimento, de Sua Paixão e de Sua preciosa morte, pela qual o Demônio foi derrotado e expulso; tais bênçãos, encantamentos e exorcismos hão de ser considerados lícitos, e aqueles que os praticam são exorcistas que agem dentro da maior licitude. Ver São Isidoro, Etym., VIII: "Encantadores são os indivíduos cuja arte e cuja habilidade são encontradas no uso das palavras."

E a primeira dessas condições, conforme nos ensina Santo Tomás, é que nada há nas palavras que insinue qualquer invocação tácita ou explícita de Demônios. Se tal invocação se manifestasse, obviamente o exorcismo seria ilícito. Se fosse tácita, ou implícita, poderia ser considerada ou sob o ângulo da intenção, ou sob o ângulo de fato; sob o primeiro, quando o operador não cuida se é a Deus ou ao Demônio que o esteja ajudando, conquanto atinja o seu objetivo; sob o segundo, quando a pessoa não tem aptidão natural para tal operação, mas a cria por algum meio artificial. E desses não só os médicos e os astrônomos devem ser os juízes, mas sobretudo os teólogos. Pois desse modo os necromantes trabalham, construindo imagens, anéis e pedras por meios artificiais; que não possuem qualquer virtude natural para operar os resultados esperados: portanto, o Demônio há de estar envolvido nessas operações.

Em segundo lugar, as bênçãos ou os encantamentos não devem conter nomes desconhecidos; pois segundo São João Crisóstomo tais nomes devem ser olhados com desconfiança, para que não estejam ocultando alguma crença supersticiosa.

Em terceiro lugar, nada deve haver nas palavras que não seja verdadeiro; pois, se houver, o seu efeito não há de proceder de Deus, Que não é testemunha de mentiras. Mas algumas velhas bruxas nos seus encantamentos usam alguns desses versos mancos, burlescos, como o seguinte:

Santa Maria vai a andar
Sobre o rio Jordão.
Ao dar com Estêvão, põe-se a falar...

Em quarto lugar, não deve haver futilidades ou outros caracteres e sinais além do sinal da cruz. Portanto, os amuletos que os soldados costumam trazer consigo devem ser condenados.

Em quinto lugar, não se há de pôr fé no método de escrever ou de ler ou de prender o amuleto à pessoa que o vai usar, nem em qualquer dessas futilidades, que nada têm a ver com a reverência ao Senhor Deus, sem a qual o encantamento se revela absolutamente supersticioso.

Em sexto lugar, ao citar e ao pronunciar as palavras divinas e as Sagradas Escrituras, se há de prestar atenção ao seu significado próprio, e à reverência a Deus; busquem-se os efeitos pela virtude divina ou pelas relíquias dos santos, que são de poder secundário, já que todas as virtudes promanam originalmente de Deus.

Em sétimo lugar, o efeito almejado deve ser entregue à vontade de Deus; porque Ele sabe se é melhor para o homem ser curado ou ser atribulado, ou mesmo se lhe convém morrer. Essa questão é esclarecida por Santo Tomás.

Podemos assim concluir que, se nenhuma dessas condições for rompida, o encantamento há de ser lícito. E Santo Tomás escreve a esse respeito, ao tratar do último capítulo de Marcos (Marcos, 15): "Estes milagres acompanharão os que crerem: expulsarão os Demônios em meu nome, falarão novas línguas, manusearão serpentes..." Dessa passagem fica claro que, conquanto sejam observadas as condições acima, é lícito por meio de palavras sagradas afastar as serpentes.

Diz ainda Santo Tomás: "As palavras de Deus não são menos sagradas que os despojos dos santos." Como diz santo Agostinho: "A palavra de Deus não é menos do que o próprio Corpo de Cristo." Mas todos concordam ser lícito reverenciar os despojos dos santos: portanto, invoquemos de todos os modos o nome do Senhor mediante o uso devido do Pai-Nosso e da Saudação Angelical, pelo de Seu nascimento e de Sua Paixão, e pelas Suas Cinco Chagas, e pelas Sete Palavras que proferiu na cruz, pela Inscrição Triunfante, e pelos três pregos, e pelas outras armas do exército de Cristo contra o Diabo e suas obras. Por todos esses meios é lícito operar exorcismos, e neles havemos de depositar nossa confiança, entregando a questão à vontade de Deus.

E o que dissemos a respeito de afastar as serpentes também se aplica a outros animais, conquanto a atenção se fixe tão somente nas sagradas palavras e na virtude divina. Mas maior cautela há de se ter ao empregar-se tais palavras em encantamentos dessa natureza. Pois nos diz Santo Tomás: "Esses adivinhos, muitas vezes, fazem uso de observações ilícitas, e obtêm efeitos mágicos por meio de Demônios, sobretudo no caso das serpentes; porque a serpente foi o primeiro instrumento do Diabo, pelo qual ele enganou a humanidade.

Na cidade de Salzburgo havia um mago que certo dia, à vista de todos, resolveu encantar as cobras numa cova particular e matou todas em um raio de 1,6 quilômetro. Então, reuniu-as, e encontrava-se o próprio diante da cova quando a última delas, uma serpente enorme e pavorosa, negou-se a entrar nela. A serpente ficava fazendo sinais com a finalidade de que ele a deixasse ir embora, rastejar para onde desejasse; mas o mago não desistiu de seu encantamento, e insistiu que ela entrasse na cova, assim como todas as outras que ali entravam e morriam. Mas a serpente postou-se do lado oposto ao do feiticeiro e subitamente saltou sobre a cova e caiu sobre o homem, enrolando-se ao redor de seu ventre, arrastando-o consigo para dentro da cova, onde os dois morreram. Desse relato se pode ver que só para uma finalidade útil, como a de afastá-las das casas dos homens, tais encantamentos devem ser praticados e ademais, ser feitos pela virtude divina, no temor de Deus, e com reverência.

Em segundo lugar, devemos considerar de que modo os exorcismos ou encantamentos dessa espécie devem ser usados e se os amuletos devem ser pendurados ao pescoço ou costurados à roupa. Talvez pareça que tais práticas sejam ilícitas; pois Santo Agostinho diz, no segundo livro da sua *De Doctrina Christiana*: "Há milhares de amuletos, de objetos mágicos e de encantamentos que são, todos, de natureza supersticiosa, e a Escola de Medicina os condena a todos, sejam de que tipo forem – encantamentos, marcas (chamadas caracteres), amuletos com inscrições (para serem usados ao pescoço)."

Também diz São João Crisóstomo, ao comentar certa passagem em Mateus: "Algumas pessoas usam no pescoço, como amuleto, algum trecho do Evangelho; mas não é o Evangelho lido diariamente à igreja e ouvido por todos? Como, então, há de ser um homem ajudado por usar em seu pescoço um fragmento das Sagradas Escrituras quando não obteve qualquer benefício ao escutá-lo com seus ouvidos? Pois em que consiste a virtude do Evangelho: nos caracteres de suas letras ou no significado de suas palavras? Se nos caracteres, faz bem o que o usa pendurado ao pescoço; mas se, em seu significado, decerto muito maior benefício há de provir quando a palavra se achar implantada em seu coração e não pendurada ao redor do pescoço."

Por outro lado, se é ilícito ou não pendurar palavras sagradas ao pescoço, respondem os doutores da Igreja – especialmente Santo Tomás: que em todos os encantamentos e inscrições assim usados há duas coisas a serem evitadas.

Em primeiro lugar, seja o que for que esteja escrito, não deve ter o menor ressaibo de invocação diabólica; pois, então, será manifestamente supersticiosa e ilícita, e deverá ser julgada como prova de apostasia da fé, conforme tantas vezes já dissemos.

De forma análoga, de acordo com as sete condições acima, não deve conter qualquer nome ou palavra desconhecidos. Mas para que sejam evitadas essas duas armadilhas, é lícito colocar tais encantamentos nos lábios do doente, para que o doente os carregue consigo. No entanto, os doutores condenam o seu uso num aspecto, qual seja, quando o homem dá mais atenção e tem mais confiança em meros sinais de palavras escritas do que em seu significado.

Pode ser dito que o leigo que não entende as palavras não pode prestar atenção ao seu significado. Basta porém que esse homem fixe seus pensamentos na virtude divina e que deixe que Ela faça o que parecer bom para a Sua misericórdia.

Em terceiro lugar, devemos considerar se o Diabo deve ser conjurado e a doença exorcizada ao mesmo tempo, ou se deve observar uma ordem diversa, ou se uma dessas operações pode ocorrer sem a outra. Existem aqui diversos pontos a serem considerados. Primeiro, se o Diabo está sempre presente quando o doente é afligido. Segundo, que tipo de coisas podem ser exorcizadas ou remediadas. Terceiro, qual o método do exorcismo.

Parece, quanto ao primeiro ponto, segundo o pronunciamento de São João Damasceno, que onde o Diabo opera, lá ele está, sendo assim que o Diabo há de estar sempre presente no doente quando o aflige. Ademais, na história de São Bartolomeu parece que um homem só é livrado do Demônio quando é curado de sua enfermidade.

Mas isso pode ser respondido da seguinte maneira. Quando se afirma que o Diabo está presente num doente, há de se entender isso de duas maneiras: ou ele está pessoalmente presente ou está presente no efeito que provocou. No primeiro sentido, o Demônio está presente quando primeiro causou a doença; no segundo, diz-se que está presente não em pessoa, mas no efeito. Dessa forma, quando os doutores indagam se o Demônio substancialmente habita um homem que comete pecado mortal, dizem que não está presente em pessoa, mas só em efeito; assim como o amo se diz habitar em seus servos com relação a seu domínio. Mas bem diverso é o caso de homens possuídos pelo Diabo.

Quanto ao segundo ponto, a respeito de que espécie de coisas podem ser exorcizadas, temos a opinião de Santo Tomás, quarto livro, dist. 6, que deve ser observada: por causa do pecado do homem o Demônio recebe poderes sobre ele e sobre tudo que ele usa, para com tais objetos feri-lo; e como não pode haver qualquer compromisso entre Cristo e o Belial, portanto, sempre que qualquer coisa for santificada para adoração divina, há de, primeiro, ser exorcizada, para que possa ser consagrada a Deus já livre dos poderes do Diabo, pelos quais poderia se voltar contra os homens, ferindo-os. Isso é demonstrado pela bênção da água, pela consagração de uma igreja e por todos os atos dessa natureza. Portanto, como o primeiro ato de reconciliação de um homem com Deus é o do batismo, é preciso que o homem seja exorcizado antes do batizado; de fato, o exorcismo nessa circunstância é mais imperioso do que em qualquer outra. Porque no próprio homem se acha a causa pela qual o Diabo recebe seus poderes sobre os elementos que vão recair sobre os homens, ou seja, sobre o pecado, seja o original, sejam os atuais. Esse, então, o significado das palavras usadas no exorcismo, como ao se dizer: “Afastai-vos desse homem, Ó! Satanás.” E esse o significado de tantas outras coisas assim feitas.

Voltando, porém, ao nosso ponto principal. Quando se indaga se a doença deve ser exorcizada e o Demônio adjurado, e qual dessas duas operações se deve realizar primeiro, cumpre declarar que não é a doença e sim o homem doente que se acha possuído que deve ser exorcizado; exatamente como no caso da criança em que não é a contaminação *da fomes* que é exorcizada, mas a própria criança. Ademais, assim como a criança é primeiro exorcizada, só depois é o Demônio adjurado a afastar-se dela, também é a pessoa possuída a primeira a ser exorcizada, para depois o Demônio e as suas obras serem afastados. Uma vez mais, assim como o sal e a água são exorcizados, também todas as coisas que podem ser usadas pelo homem doente devem sê-lo, de sorte que convém exorcizar e abençoar, sobretudo, seu alimento e sua bebida. No caso do batismo, a seguinte cerimônia de exorcismo é observada: a exsuflação em direção ao Ocidente e a renúncia ao Demônio; em segundo lugar, o soerguimento das mãos junto à confissão solene da fé na religião cristã; em terceiro lugar, a oração, a bênção e o abaixar das mãos; em quarto lugar, a unção e a sagração com os Santos Óleos; e por fim o batismo, a comunhão e a colocação na mortalha. Mas tudo isso não é necessário no exorcismo de um possuído; primeiro, basta que faça uma boa confissão, e, se possível, deverá segurar uma vela acesa, e receber a santa comunhão; em vez de vestir a mortalha branca, deverá permanecer nu, amarrado a uma Santa Vela, do comprimento do Corpo de Cristo ou da cruz. Então, se poderá dizer-lhe o seguinte:

Eu te exorcizo, Pedro, ou a ti, Bárbara, que te achas debilitado mas renovado no Santo Batismo, pelo Deus vivo, pelo Deus verdadeiro, pelo Deus que te redimiu com o Seu Sangue Precioso, para que sejas exorcizado, para que todas as ilusões e perversidades das falácias do Demônio possam de ti se afastar e desaparecer, junto com todos os espíritos impuros, adjurados por Ele, que há de vir para julgar os vivos e os mortos, e que há de purgar a terra com o fogo. Amém.

Oremos.

Ó, Deus de misericórdia e piedade, que peja Vossa zelosa benevolência purificais os por Vós acalentados, e que conduzis os por Vós acolhidos a uma transformação em seus corações, é a Vós que invocamos, Ó,

Senhor, para que concedais a graça aos Vossos servos que padecem de uma fraqueza nos membros de seu corpo, para que tudo o que tiver sido corrompido pela fragilidade terrena, tudo o que tiver sido violado pelo caráter falacioso do Demônio, possa encontrar a redenção na unidade do corpo da Igreja. Tende misericórdia, Ó, Senhor, de seu sofrimento, tende misericórdia de suas lágrimas, pois que estão depositando toda a sua confiança na Vossa misericórdia. Acolhei-os, pois, no Sacramento da Vossa reconciliação, por Jesus Cristo, Nosso Senhor. Amém.

E assim, Demônio amaldiçoado, atentai para a vossa sina, e honrai o Deus vivo e verdadeiro, honrai o Senhor Jesus Cristo, para que vos afasteis com as vossas obras deste servo que Nosso Senhor Jesus Cristo redimiu com o Seu precioso sangue.

Prossegue-se então com o exorcismo repetindo-se as orações acima mais uma vez e uma terceira vez.

Oremos.

Deus, que governais misericordiosamente todas as coisas por Vós criadas, inclinai Vosso ouvido para as nossas preces e olhai com misericórdia para o Vosso servo que padece pela enfermidade em seu corpo; visitai-o e concedei-lhe a salvação e a virtude curativa de Vossa graça celestial, por Cristo nosso Senhor. Amém.

Portanto, Demônio amaldiçoado etc.

Eis a oração para o terceiro exorcismo.

Ó, Deus, única proteção da fragilidade humana, mostrai a força poderosa de Vosso auxílio revigorante em nosso irmão (ou irmã) doente, para que, ajudado(a) pela Vossa misericórdia, possa ser digno(a) de entrar em Vossa Santa Igreja em segurança, por Cristo Nosso Senhor. Amém.

E que o exorcista fique a aspergir, continuamente, a água benta. Cumpre atentar que esse método é recomendado não porque deva ser rigidamente observado ou porque os outros não tenham a mesma eficácia, mas para que haja um sistema regular de exorcismo e de adjuração. Pois na Antiguidade e nos livros da Igreja encontram-se, por vezes, exorcismos mais consagrados e mais poderosos. Mas, como antes de tudo se faz mister a reverência a Deus, que cada um proceda da forma que julgar melhor.

Em conclusão, e para maior clareza, podemos recomendar essa forma de exorcismo para a pessoa possuída. Que ela primeiro faça uma boa confissão (de acordo com a passagem canônica, tantas vezes citada: "Se por sortilégio" etc.). Então, que uma busca diligente seja feita em todos os cantos, em todas as camas, em todos os escaninhos, até sob a soleira da porta, para que se encontre, talvez, algum instrumento de bruxaria. Os corpos dos animais enfeitiçados e mortos devem ser queimados de imediato. E convém trocar todas as roupas de cama e todas as roupas, e conviria, inclusive, que a pessoa mudasse de casa. Mas no caso de nada se encontrar, o que vai ser exorcizado deverá ir à igreja, se possível na parte da manhã, de preferência num dia santo, como nas festas de Nossa Senhora ou em alguma vigília; e o melhor é que o padre também se confesse e esteja em estado de graça, para que mais força adquira. A pessoa exorcizada há de segurar, então, uma vela benta nas mãos, sentada ou de joelhos, como for possível. E que os presentes ofereçam a Deus orações para a sua libertação. E que ela comece a ladainha dizendo: "Nossa ajuda é em nome do Senhor", e que alguém seja indicado para recitar as respostas: asperge-se-lhe então a água benta, envolve-se-lhe o pescoço numa estola e recita-se o salmo: "Vinde logo, Ó, Deus, livrar-me." Continue-se então a ladainha pelo doente, dizendo à invocação dos santos: "Orai por ele e sede favorável; livrai-o, Ó, Senhor." Prossegue-se assim até o final. Mas no momento em que as preces devem ser proferidas, em seu lugar deve ter início o exorcismo, que prosseguirá da forma como indicamos, ou de alguma outra forma, como melhor convier ao caso. Esse tipo de exorcismo pode ser continuado, ao menos, três vezes por semana, para que muitas intercessões mediante a graça da saúde possam ser conseguidas.

Por fim, o possuído deverá receber o Sacramento da eucaristia; embora alguns achem que este deva ser ministrado antes do exorcismo. E à confissão o confessor deve perguntar se a pessoa se acha em vias de excomunhão. Em caso afirmativo, se apressadamente omitiu a tentativa de absolvição pelo seu juiz; embora possa o exorcista absolvê-la, deverá ao readquirir sua saúde procurar o juiz que a excomungou para obter a absolvição.

Convém observar que, quando o exorcista não foi ordenado pela Ordem dos Exorcistas, poderá exorcizar mediante orações; e se for capaz de ler as Escrituras, que leia o princípio do texto escriturístico dos primeiros quatro evangelistas, começando por "Eis que envio o meu anjo diante de ti..."

Prosseguirá com a Paixão de Cristo, que tem enorme valor em expulsar as obras do Demônio.

Convém, ademais, que o Evangelho segundo São João, "No princípio era o Verbo", seja escrito e pendurado ao pescoço do doente, para que a graça da cura promane do Senhor.

Ora, se alguém indagar qual a diferença entre a aspersão de água benta e o exorcismo, já que ambos se destinam a combater os males causados pelo Diabo, convém explicar-lhe, segundo Santo Tomás: "O Demônio nos ataca por dentro e por fora. Logo, a água benta é prescrita contra os seus ataques vindos de fora; e o exorcismo o é contra os vindos de dentro." Por essa razão, os possessos, para quem os exorcismos são necessários, são chamados de *Energoumenoi,* de *En* que significa dentro, e de *Ergon,* que significa trabalho, já que trabalham (operam) no seu interior. Mas ao exorcizar um possesso ambos os métodos devem ser usados, porque ele é atormentado por dentro e por fora.

Nossa segunda consideração principal é quanto ao que deve ser feito quando os exorcismos não conferem a graça almejada. Isso pode ocorrer por seis razões: embora haja uma sétima sobre a qual suspendemos qualquer julgamento definitivo.

Quando a pessoa não é curada, ou se deve à falta de fé pelos que assistem ao exorcismo ou pelos que trazem o possesso, ou pela falta de maior confiança nos poderes de outro exorcista, ou, ainda, pela necessidade de purgação e para maior mérito do possuído.

A respeito das quatro primeiras, o Evangelho nos ensina naquele incidente do filho único, que era louco, em que estavam presentes os discípulos de Cristo (Mateus, 17, e Marcos, 9). Em primeiro lugar, ele disse que a multidão não tinha fé; com o que o pai suplicou-lhe, dizendo: "Creio! Vem em socorro à minha falta de fé!" Pois Jesus dissera à multidão: "Ó, geração incrédula, até quando estarei convosco?"

Em segundo lugar, com relação ao possesso, Jesus o repreendeu, ou seja, ao filho; pois, como diz São Jerônimo, ele foi atormentado pelo Demônio por causa de seus pecados.

Em terceiro lugar, o caso ilustra a negligência para com os remédios corretos, porque homens bons e perfeitos não se achavam, a princípio, presentes. Porque diz São João Crisóstomo: "Os pilares da fé, quais sejam, Pedro, Tiago e João, não estavam presentes, porque estiveram na Transfiguração de Cristo: nem lá se faziam presentes a oração e o jejum, sem o que Cristo declarou que essa espécie de Demônio não é expulsa." Assim é que Orígenes, ao escrever a respeito, afirma: "Se em qualquer época o homem não for curado depois da oração, não fiquem imaginando o que teria acontecido, ou falando e fazendo perguntas, como se o espírito impuro estivesse os escutando; expulsemos os espíritos do mal por meio do jejum e da oração." Diz a glosa: "Esse tipo de Demônio, ou seja, a variabilidade dos desejos carnais induzidos por aquele espírito, não há de ser derrotado, salvo pelo revigoramento da alma por meio da oração e da subjugação da carne pelo jejum."

Em quarto lugar, a falta de fé do exorcista é exemplificada pelos discípulos de Cristo que se achavam presentes. Pois quando Lhe perguntaram, depois, da causa de seu fracasso em exorcizar o menino, Jesus lhes respondeu: "Por causa da vossa falta de fé. Em verdade vos digo, se tiverdes fé, como um grão de mostarda, direis a esta montanha: transporta-te daqui para lá, e ela irá, e nada vos será impossível."

Pois que nos diz Santo Hilário: "Embora cressem, os apóstolos ainda não eram perfeitos na sua fé: enquanto o Senhor se achava distante, na montanha, com os outros três, eles ficaram com a multidão, e sua fé revelou-se tíbia."

A quinta razão é ilustrada pela *Vida dos padres*, onde lemos que certos possessos não puderam ser livrados por Santo Antônio, embora o fossem por um seu discípulo, Paulo.

A sexta razão já foi elucidada: porque nem sempre que o homem é livrado do pecado é também livrado do castigo: às vezes, este permanece como punição e expiação pelo pecado prévio.

Há ainda outro remédio pelo qual muitos têm sido livrados, qual seja, o do rebatismo do possuído. Mas a esse respeito, como dissemos, não é possível que nos pronunciemos em definitivo. Contudo, é bem verdade que quando uma pessoa não foi devidamente exorcizada antes do batismo, o Diabo, com a permissão de Deus, terá sempre maiores poderes contra ela. E fica patentemente demonstrado, sem sombra de dúvida, que muita negligência é cometida por padres indevidamente instruídos (caso em que o problema se reporta à quarta causa mencionada, qual seja, a falha está no exorcista). Ou então a causa estará na atitude de mulheres velhas que não observam no momento oportuno o método apropriado do batismo.

No entanto, me é proibido por Deus sustentar que os Sacramentos não possam ser administrados por homens perversos, ou que quando o batismo é ministrado por um tal homem não tem validade, conquanto observe o rito e as palavras corretas. De forma análoga, que o homem proceda ao exorcismo com a mesma diligência, sem timidez e sem pressa. E que ninguém interfira nesses santos ofícios por omissão acidental ou habitual; eis, portanto, quatro elementos a serem observados para a execução correta do exorcismo, a saber: a matéria, a forma, a intenção e a ordem, conforme estabelecemos acima; e quando for omitido um desses elementos, o exorcismo não terá sido completo.

Não é válido objetar que na Igreja primitiva as pessoas eram batizadas sem exorcismo, e que mesmo hoje em dia uma pessoa possa ser batizada sem ele; pois, nesse caso, São Gregório teria instituído o exorcismo em vão, e a Igreja estaria cometendo um erro no que tange às suas cerimônias. Portanto, não ouso condenar o rebatismo em certas condições de possessão, para que tais pessoas possam recuperar o que foi a princípio omitido.

Diz-se também que aqueles que caminham durante o sono sobre prédios altos sem que nada lhes aconteça o fazem por obra de espíritos maus que os conduzem; e muitos afirmam que quando essas pessoas são rebatizadas, muito se beneficiam. É de causar espanto que, quando são chamadas pelo nome, caem repentinamente ao solo, como se aquele nome não lhes tivesse sido confirmado de forma apropriada no batismo.

Que o leitor preste atenção aos seis impedimentos mencionados acima, embora se refiram a energúmenos, ou a possessos, e não a homens meramente enfeitiçados; porque, embora igual virtude se faça necessária em ambos os casos, pode-se dizer que é mais difícil curar um enfeitiçado que um possuído. Portanto, tais impedimentos aplicam-se de modo ainda mais pertinente ao caso dos enfeitiçados; conforme é provado pelo seguinte raciocínio.

Foi demonstrado no capítulo X, da Questão I, da Parte II, que alguns homens são, por vezes, possuídos não por seus próprios pecados, mas pelo pecado venial cometido por outro homem, e também por várias outras causas. Mas, na bruxaria, quando os adultos são enfeitiçados, em geral acontece de o Demônio os possuir violentamente, em seu próprio interior, para a destruição das suas almas. Logo, duplo é o trabalho necessário nesses casos de bruxaria, ao contrário do exigido nos casos de possessão diabólica. A respeito dessa gravíssima possessão nos fala João Cassiano na sua *Colação* do abade Sereno. Hão de ser verdadeiramente julgados desgraçados e miseráveis os que, embora se enegreçam em toda sorte de crimes e perversidades, não revelam qualquer sinal exterior de estarem tomados pelo Demônio, nem pareçam sofrer de qualquer tentação proporcional a seus atos, nem de qualquer punição suficiente para os coibir. Pois que não merecem nem mesmo o bálsamo salutar do purgatório, já que na rigidez de seus corações e na sua impenitência se acham além do alcance de qualquer correção terrena, e guardam para si o ódio e a vingança que há de vir da ira e da revelação no Juízo Final, quando suas misérias hão de permanecer.

E um pouco antes, ao comparar a possessão do corpo com a amalgamação da alma no pecado, diz: "Bem mais tenebroso e violento é o tormento dos que não mostram sinais de possessão corporal pelos Demônios, embora sejam ainda mais horrorosamente possuídos em sua alma, achando-se atados em seus pecados e seus vícios. Pois, segundo o apóstolo, o homem se torna escravo de quem o derrota. E nesse sentido o seu caso é o mais desesperador, já que se revelam nos servos do Diabo nem resistem nem toleram aquela dominação. Claro está então que não são os possuídos externamente pelo Demônio, mas aqueles possuídos em seus corpos e no seu interior, para perdição da sua alma, os que, por causa dos muitos impedimentos, são os de mais difícil cura."

Nossa terceira consideração principal é quanto aos encantamentos curativos que, cumpre reparar, são de dois tipos.

São absolutamente lícitos e livres de suspeita, ou, pelo contrário, hão de ser considerados suspeitos e totalmente ilícitos. Do primeiro tipo tratamos no capítulo V, ao fim, onde consideramos as dúvidas a respeito da legitimidade do uso de ervas e de pedras para afastar os malefícios.

Vamos agora tratar da segunda espécie: daqueles que se suspeita não serem lícitos. Precisamos para tal chamar a atenção para a introdução da Questão II, da Parte II, deste livro, a respeito dos quatro remédios, dos quais três foram considerados ilícitos, e o quarto, embora não completamente ilícito, foi tido como inútil – por ser do tipo que os canonistas consideram lícito, quando uma futilidade é combatida com outra futilidade. Mas nós, Inquisidores somos da mesma opinião dos santos doutores: quando, devido aos seis ou sete impedimentos que já particularizamos, os remédios propiciados pelas palavras sagradas e pelos exorcismos lícitos não se revelam suficientes, então o possuído deve ser exortado a suportar com paciência os males de que está padecendo, nesta vida terrena, para purgação de seus crimes, sem recorrer mais a qualquer forma de crença supersticiosa ou de remédios inúteis. Portanto, se não forem suficientes os exorcismos lícitos arrolados, e houver desejo de recorrer aos remédios que acabamos de mencionar, saiba o sofredor que não faz isso com nosso consentimento ou com nossa permissão. O motivo por que explicamos tão detalhadamente tais remédios é para que cheguemos a uma espécie de consenso no que diz respeito às opiniões de doutores como Duns Scotus e Henrique de Segúsio, por um lado, e a dos outros teólogos, por outro. Contudo, estamos de acordo com Santo Agostinho em seu *Sermão contra os vaticinadores e adivinhos,* chamado *De Auguriis,* onde afirma: "Irmãos, sabeis que vos tenho suplicado para que não sigais o costume dos pagãos e dos feiticeiros, embora minhas súplicas tenham surtido pouco efeito em alguns de vós. Contudo, se não vos falo, haverei de responder por vós no Dia do Juízo, e eu e vós sofreremos a danação eterna. Assim, absolvo-me, a mim, perante Deus, e exorto-vos e vos conclamo, uma vez mais, para que não busqueis por vaticinadores e adivinhos, e para que não consulteis com eles por causa alguma, ou por qualquer que seja a enfermidade; pois aquele que comete esse pecado se vê imediatamente despojado do Sacramento do batismo, e de imediato se torna sacrílego e pagão, e, caso não venha a se arrepender, há de perecer na eternidade."

E depois acrescenta: "Que a ninguém seja permitido observar certos dias para ir e retornar; pois Deus fez a tudo com justiça e se ordenou um dia, há de ter ordenado também o seguinte. Porém, sempre que tiverdes de sair para fazer qualquer coisa, fazei o sinal da cruz, em nome de Cristo, e rezando fervorosamente o Credo ou o Pai-Nosso podereis então ir fazer os vossos afazeres, na segurança do Senhor Deus."

Mas certos filhos supersticiosos da nossa época, não satisfeitos com os preceitos seguros traçados acima, acumulando erro sobre erro, e transgredindo o significado da intenção de Scotus e dos canonistas, tentam se justificar com os seguintes argumentos: que os objetos naturais possuem certas virtudes ocultas cuja causa não pode ser explicada pelos homens; pois a pedra-ímã atrai o ferro, e muitas outras coisas que poderiam aqui ser arroladas (e que não são explicadas). Como o faz Santo Agostinho em *De Ciuitate Dei,* XXI. Portanto, dizem, buscar pela recuperação da saúde através desses elementos, quando os exorcismos e os medicamentos falharam, não há de ser ilícito, mesmo que possa parecer inútil. Seria esse o caso do homem que tenta restabelecer a própria saúde mediante imagens, não de natureza necromântica ou astrológica, ou mediante anéis e outros expedientes. Argumentam também que assim como a substância natural é sujeita à influência dos astros, de idêntica forma o são os objetos artificiais como as imagens, que recebem certas virtudes ocultas das estrelas pelo que são capazes de causar certos efeitos: portanto, não há de ser ilícito fazer uso dessas coisas.

A par disso, os Demônios são capazes de transformar os corpos, de várias maneiras, como declara Santo Agostinho, *De Trinitate*, 3, e como é evidente no caso dos que são enfeitiçados: portanto, é lícito usar as virtudes desses corpos para remoção dos malefícios.

Na realidade, porém, os santos doutores são de opinião inteiramente diversa, como mostramos aqui e acolá durante esta obra.

Assim sendo, podemos responder ao seu primeiro argumento da seguinte forma: que se usem os objetos naturais de forma singela para que produzam certos efeitos para os quais parecem possuir algum poder natural não é conduta ilícita. Mas se a eles se juntam certos caracteres e sinais desconhecidos e certas observações inúteis e vãs, que manifestamente não haverão de ter qualquer eficácia natural, tem-se com tal conduta uma atitude ilícita e supersticiosa. Pelo que Santo Tomás II, q. 96, art. 2, falando desse assunto, diz que quando qualquer objeto é usado com o propósito de causar algum efeito corporal – como o de curar um doente –, há de atentar-se para ver se tais objetos parecem ter qualquer qualidade natural que pudesse gerar o efeito esperado; em caso afirmativo, não há de ser ilícito, já que é lícito fazer uso de causas naturais para que produzam os seus efeitos (naturais). Mas se parecer que o efeito não poderá ser causado naturalmente, segue-se que não estão sendo aplicados para causá-los: estão apenas sendo usados como sinais ou símbolos; e pertencem assim ao âmbito diabólico: há de ter sido firmado algum pacto com o Demônio para que agissem dessa forma. Diz também Santo Agostinho em *De Ciuitate Dei:* os Demônios armam-nos armadilhas mediante criaturas que foram criadas não por eles, mas por Deus, e com vários encantos consoante a sua própria versatilidade; não como animais com alimento, mas como espíritos com sinais, por vários tipos de pedras, de ervas e de árvores, de animais, de encantamentos e de cerimônias.

Em segundo lugar, declara Santo Tomás: "As virtudes naturais dos objetos naturais acompanham-lhes as formas materiais obtidas pela influência dos astros – e pela mesma influência adquirem certos princípios ativos." As formas dos objetos artificiais, contudo, promanam da concepção dos artífices; e, pois, conforme diz Aristóteles na sua

Física, I, nada mais são do que uma composição artificial, por isso não possuem qualquer virtude natural capaz de determinar qualquer efeito. Conclui-se então que a virtude recebida pela influência dos astros só há de residir nos objetos naturais, e não nos artificiais. Assim, conforme assevera Santo Agostinho em *De Ciuitate Dei,* X, Porfírio errava ao julgar que das ervas, das pedras e dos animais, e de certos sons, de certas vozes e de certas figuras, e de determinadas configurações na revolução dos astros e seu movimento, os homens conseguissem fabricar, na terra, alguns poderes ou forças correspondentes aos vários efeitos dos astros; como se os efeitos da magia proviessem da força das estrelas. Ora, conforme aduz Santo Agostinho, tudo isso pertence aos Demônios, os enganadores das almas que a eles se submetem. De forma análoga, assim são as imagens ditas astronômicas, obra de Demônios, cuja indicação é que sobre elas inscreveram certos caracteres que não possuem o poder para promover qualquer efeito; porque uma figura ou um sinal não é causa de qualquer efeito ou ação naturais. Mas há uma diferença entre as imagens dos astrônomos e as dos necromantes: nas imagens destes há uma invocação explícita e, portanto, um pacto aberto e explícito com os Demônios; ao passo que os sinais e os caracteres nas imagens astronômicas só denunciam um pacto tácito ou implícito.

Em terceiro lugar, não há qualquer poder, por parte dos homens, sobre os Demônios, de sorte a que seja possível a um homem usar de tal poder, licitamente, para seus próprios propósitos; o que há é uma guerra declarada entre os homens e os Demônios, impedindo que os primeiros usem do auxílio dos segundos, seja por pacto tácito, seja por pacto explícito. Assim diz Santo Tomás.

Retornando, porém, ao cerne da questão, diz esse autor: "De forma alguma"; portanto, nem mesmo por meio de qualquer elemento vão poderá ser envolvido o Diabo. No entanto, se vãos parecem ser tais expedientes, e se o homem na sua fragilidade a eles recorrer para recuperar a saúde, que se arrependa do passado e se volte para o futuro, e que ore a fim de que seus pecados sejam perdoados e ele não mais seja levado à tentação; conforme diz Santo Agostinho ao fim das suas regras.

CAPÍTULO VII

Dos remédios prescritos contra as tempestades e para os animais possessos.

Com relação aos remédios para os animais possessos, e aos encantamentos contra as tempestades, havemos de notar, primeiro, alguns dos remédios ilícitos de que fazem uso certas pessoas. Esse tratamento ilícito é feito através de palavras ou de atos supersticiosos; como quando o homem cura o seu sofrimento nos dedos ou nos membros mediante certas palavras ou encantamentos, cujo método para decidir-se a legalidade foi explicado no capítulo precedente. Há também os que não aspergem a água benta sobre o gado enfeitiçado, e sim derramam-na na boca dos animais.

A par das provas que já trouxemos à baila sobre a ilegitimidade do remédio das palavras, William de Paris, que muito já citamos, aponta uma outra razão. Se qualquer virtude houvesse nas palavras enquanto palavras, teria ela de ser decorrência de um de três motivos: da matéria que as compõe, qual seja, o ar; da sua forma, qual seja, o som; do seu significado, ou, então, dos três motivos juntos. Pois bem: não há de ser por causa do ar, que não tem o poder de matar, salvo quando é venenoso; nem há de ser por causa do som, cujo poder é destruído pelo de objetos mais sólidos; nem há de ser por seu significado, pois nesse caso as palavras Diabo, morte ou Inferno seriam sempre prejudiciais e as palavras saúde e bondade seriam sempre benéficas. Não há de ser, ademais, por causa dos três juntos; porque, quando as partes do todo não são válidas, o todo também não o é.

Não há de ser válido também objetar que Deus outorga às palavras certas virtudes como o faz com as ervas e as pedras. Pois qualquer que seja a virtude existente em certas palavras sacramentais e em certas bênçãos, e nos encantamentos lícitos, há de ser não por causa das palavras em si, mas por causa de uma instituição divina e por desígnio de um compromisso divino. É, por assim dizer, por promessa de Deus que tal e tal coisa há de receber tal e tal graça. E logo as palavras sacramentais são eficazes em virtude de seu significado; embora alguns defendam não possuir virtude intrínseca; mas essas opiniões não são mutuamente excludentes. O caso das demais palavras e encantamentos, contudo, é elucidado pelo que já dissemos; a mera inscrição ou o simples pronunciar dessas palavras, como tais, não podem ter qualquer efeito; no entanto, a invocação do Nome de Deus e a oração pública, que consistem na afirmação solene da confiança em Deus para que Ele promova o efeito almejado, são benéficas.

Tratamos antes dos remédios obtidos pelas ações que parecem ilícitas. Consideremos uma prática comum em certas partes da Suábia. No dia 1° de maio, antes do nascer do sol, as mulheres da região saem aos bosques para juntar folhas e ramos de salgueiro. Formam com esse material uma espécie de coroa que penduram à porta dos estábulos, afirmando que o gado fica assim a salvo de qualquer bruxaria durante um ano. Na opinião dos que defendem que uma futilidade pode ser combatida com outra, tal remédio não há de ser considerado ilícito; nem seria afastar as doenças por feitiços e por encantos desconhecidos. Mas sem pretendermos a ninguém ofender, afirmamos que uma mulher ou qualquer outra pessoa pode sair no dia 1° ou em qualquer outro dia do mês, sem levar em consideração o nascer ou o morrer do sol, e juntar ervas, folhas ou ramos, rezando o Pai-Nosso ou o Credo, e pendurá-las sobre a porta do estábulo com toda a fé, confiando na vontade de Deus para que adquiram a eficácia protetora; mesmo assim, a prática não se acha isenta de reprovação, conforme foi mostrado no capítulo precedente pelas palavras de São Jerônimo; porque, mesmo quando não é invocado, o Diabo desempenha algum papel na eficácia de ervas e de pedras.

O mesmo se dá com os que fazem o sinal da cruz com folhas e com flores consagradas no Domingo de Ramos, e as colocam entre as vinhas ou nas próprias colheitas, afirmando que, mesmo que todas as demais vinhas ou plantações venham a ser destruídas na região, a sua não será atingida pelas tempestades. Essas questões devem ser decididas segundo a distinção de que já tratamos.

De forma similar, há mulheres que, para a preservação do leite e para que as vacas não sejam privadas de leite por bruxaria, dão aos pobres todo o leite tirado num dia de domingo, em nome do Senhor; e declaram que, através dessa espécie de donativo, as vacas dão ainda mais leite e são preservadas das bruxarias. Essa prática não há de ser considerada supersticiosa, conquanto seja praticada por piedade para com os pobres, e conquanto implorem pela misericórdia divina para a proteção de seu gado, entregando o resultado à boa vontade da Providência Divina.

Uma vez mais, Nider, no primeiro capítulo de seu *Praeceptorium*, diz que é lícito benzer o gado, da mesma forma que o é aos homens doentes, por meio de fórmulas inscritas e de palavras sagradas, mesmo que tenham o aspecto de encantamentos, desde que sejam observadas as sete condições que mencionamos. Pois diz que quando uma pessoa ou uma virgem devota benze uma vaca com o sinal da cruz, rezando um Pai-Nosso e a Saudação Angelical, toda a obra demoníaca que sobre ela se abate é afastada, se tiver sido causada por bruxaria.

E em seu *Formicarius* relata que as bruxas confessam que as bruxarias são dificultadas pelas cerimônias solenes da Igreja; como pela aspersão de água benta, ou pelo consumo de sal consagrado, pelo uso lícito de velas no Dia da Purificação e de ramos bentos, entre outras coisas. Por essa razão a Igreja faz uso desses elementos em seus exorcismos, para que possam arrefecer o poder do Diabo.

Além disso, como as bruxas, para privar uma vaca de seu leite, têm o hábito de pedir um pouco de leite ou da manteiga oriundos daquela vaca, para que depois sejam capazes de enfeitiçá-la, é preciso que as mulheres tenham cuidado, quando são solicitadas por pessoas suspeitas desse crime, de nada lhes cederem.

Ademais, há mulheres que, depois de ficarem batendo manteiga por algum tempo, sem nenhum propósito, e se suspeitam que isso se deve a alguma bruxaria, tentam arranjar um pouco de manteiga da casa da bruxa de que desconfiam. Dividem, então, a manteiga em três pedaços e os jogam na batedeira, invocando a Santíssima Trindade, o Pai, o Filho e o Espírito Santo; e assim afastam toda e qualquer bruxaria. Uma vez mais é o caso de estarem combatendo uma futilidade com outra futilidade, pela simples razão de que a manteiga tem de ser tomada da bruxa suspeita. Mas se fosse feita sem ela, se a mulher só invocasse a Santíssima Trindade, rezasse um Pai-Nosso e jogasse na batedeira três pedaços da sua própria manteiga ou da manteiga de outra pessoa que lhe é desconhecida, e entregasse o efeito à Providência Divina, não haveria de merecer qualquer reprovação. Contudo, não é recomendável jogar os três pedaços de manteiga; melhor seria eliminar a bruxaria pela aspersão de água benta ou colocando uma porção de sal exorcizado, sempre recitando as orações que mencionamos.

Ora, como muitas vezes todo o gado de determinado indivíduo é destruído por bruxaria, os que sofrem desse problema devem ter o cuidado de remover a terra debaixo da soleira da porta do estábulo ou da cocheira, substituindo-a por terra fresca, aspergida com água benta. Pois as bruxas, muitas vezes, confessam ter colocado aí certos instrumentos de bruxaria; e que, às vezes, por solicitação dos Demônios, só têm de cavar um buraco no qual eles colocam os instrumentos de bruxaria; tais instrumentos são, em geral, um objeto visível – uma pedra, um pedaço de madeira, um camundongo, uma serpente. Pois se sabe ser o Demônio capaz de realizar essas coisas por si próprio, sem qualquer ajuda; mas, via de regra, para a perdição da sua alma, o Diabo compele a bruxa a cooperar com ele.

Além da execução do sinal da cruz, o seguinte procedimento é praticado contra tempestades comuns e de granizo. Três granizos são lançados ao fogo com a invocação da Santíssima Trindade, rezando-se um Pai-Nosso e a Saudação Angelical, por duas ou três vezes. Ademais, lê-se o Evangelho de São João: *No princípio era* o *Verbo*. Em seguida, o sinal da cruz é feito em direção aos quatro cantos do mundo. Por fim, repete-se três vezes a sentença o *Verbo se fez carne*, e três vezes "Que pelas palavras do Evangelho seja dispersada esta tempestade". Se a tempestade tiver sido causada por bruxaria, cessará repentinamente. Essa é a mais absoluta verdade, e não há de ser considerada com a menor suspeita. Porque, se os granizos fossem atirados ao fogo sem a invocação do nome de Deus, então, sim, seria um ato supersticioso.

Caberia indagar se a tempestade não poderia ser dispersada sem que se lançasse ao fogo os granizos. Afirmamos que o elemento eficaz acha-se, sobretudo, nas palavras sagradas; mas ao lançar os granizos o homem pretende atormentar o Demônio e tenta destruir a sua obra pela invocação da Santíssima Trindade. E as lança no fogo e não na água porque, quanto mais rapidamente se dissolverem, mais rapidamente será destruída a obra do Demônio. Apesar disso, devemos entregar à vontade de Deus o efeito almejado.

É relevante a esse respeito a resposta dada por uma bruxa a um juiz que lhe perguntou se havia algum meio de deter uma tempestade causada por bruxaria. Ela respondeu: "Sim. Basta proferir o seguinte: eu vos adjuro, ventos e tempestades, pelas Cinco Chagas de Cristo, e pelos três pregos que Lhe perfuraram as mãos e os pés, e pelos quatro santos evangelistas, Mateus, Marcos, Lucas e João, que os vossos granizos se dissolverão e transformar-se-ão em chuva."

Muitas outras confessam, algumas espontaneamente, outras sob a força da tortura, existirem cinco elementos que as atrapalham nas suas bruxarias, às vezes inteiramente, às vezes parcialmente, em algumas de modo que não conseguem ferir o homem visado, em outras, não conseguem atingir seus amigos. E em que consistiriam tais elementos? Primeiro, quando o homem tem a mais pura fé e segue os mandamentos de Deus; segundo, quando se protege com o sinal da cruz e com oração; terceiro, quando presta reverência aos ritos e cerimônias da Igreja; quarto, quando é diligente no desempenho da justiça pública; e, quinto, quando medita, em voz alta ou no seu coração, sobre a Paixão de Cristo. E disso tudo também nos fala Nider. Por esse motivo é prática geral da Igreja tocar sinos como forma de proteção contra as tempestades, para que os Demônios se afastem dali, porque os sinos são consagrados a Deus e refreiam a sua perversidade e para que as pessoas sejam despertadas e invoquem a Deus para que Ele aplaque a tempestade. E pela mesma razão é comum proferir o Sacramento do altar e as palavras sagradas contra as tempestades, seguindo um costume muito antigo da Igreja na França e na Germânia.

Mas como esse método de realizar o Sacramento para deter uma tempestade parece a muitos prática supersticiosa, por não entenderem as regras pelas quais é possível distinguir o que é supersticioso do que não é, faz-se mister considerar as cinco normas pelas quais é dado à pessoa saber se determinado ato é ou não supersticioso, ou seja, se está fora ou não da observância da religião cristã, ou se está de acordo com a devida adoração e honra do Senhor Deus, promanando da verdadeira virtude da religião, tanto nos pensamentos do coração quanto nas ações do corpo. Essas normas são explicadas na glosa sobre Colossenses, 2, onde São Paulo diz: "Elas podem, sem dúvida, dar a impressão de sabedoria..."; e a glosa diz: a impressão de sabedoria na superstição que é a religião observada sem a devida disciplina; conforme já dissemos.

A primeira dessas normas, portanto, é a de que em todas as nossas obras a glória de Deus deve ser nossa principal meta; porque está escrito (I Coríntios, 10): "Portanto, quer comais, quer bebais ou façais qualquer outra coisa, fazei tudo para a glória de Deus." Assim sendo, em todas as obras relacionadas à religião cristã, que se cuide para que sejam feitas para a glória de Deus, e para que nelas o homem glorifique sobretudo a Deus, para que em todas as obras o intelecto humano seja posto a serviço de Deus. E não obstante, segundo esse preceito, as cerimônias e os procedimentos legais prescritos no Antigo Testamento não sejam de todo observados, por serem entendidos em sentindo figurado, enquanto que a verdade seja dada a conhecer pelo Novo Testamento; apesar disso, a realização do Sacramento e o uso das Sagradas Relíquias para deter uma tempestade não militam contra tal norma.

A segunda norma é a de que se deve cuidar para que a obra seja feita com disciplina para restringir a concupiscência ou para fomentar a abstinência carnal, a fim de fomentar a virtude, ou seja, segundo os ritos da Igreja e a doutrina moral. Pois São Paulo diz, Romanos, 12: "Não relaxeis o vosso zelo. Servi ao Senhor." E por causa dessa norma tolos são os que fazem o voto de não pentear o cabelo no sábado, ou que jejuam no domingo dizendo o seguinte: "Quanto melhor o dia, melhor o ato", entre outras coisas. Mas uma vez mais não parece que seja supersticioso executar o Sacramento etc.

A terceira norma é a de ter certeza de que o que é feito o seja de acordo com os estatutos da Igreja Católica, ou com o testemunho das Sagradas Escrituras, ou, pelo menos, de acordo com os ritos de alguma Igreja determinada, ou segundo o preceito universal, que, de acordo com Santo Agostinho, pode ser considerado lei. Consequentemente, quando os bispos ingleses estavam em dúvida porque a missa era celebrada de maneira diferente, em diferentes Igrejas, São Gregório escreveu-lhes dizendo que poderiam usar do método que melhor julgassem que fosse do agrado de Deus, seguissem os ritos da Igreja Romana, da Galicana ou de qualquer outra Igreja. Porque o fato de diferentes Igrejas terem diferentes ritos para a adoração de Deus não milita contra a verdade, e, portanto, esses costumes devem ser preservados, sendo ilícito negligenciá-los. Assim, conforme dissemos no começo, é um costume muito antigo nas Igrejas da França e de algumas partes da Alemanha, depois da consagração da Eucaristia, levar o Corpo de Cristo para a rua, a céu aberto; não se trata de ato ilícito, conquanto as hóstias não sejam expostas ao ar e sim guardadas numa píxide.

A quarta norma é a de zelar para que o que seja feito guarde alguma relação natural com o efeito a ser esperado; pois, caso contrário, é julgada supersticiosa. A esse respeito, caracteres desconhecidos e nomes suspeitos, e as imagens ou os mapas de necromantes e de astrônomos, devem ser, todos, condenados como suspeitos. Mas não havemos de dizer, a esse respeito, que sejam supersticiosas as Santas Relíquias ou a eucaristia como proteção contra as tribulações do Diabo, porque é prática das mais religiosas e salutares, já que naquele Sacramento encontra-se todo o auxílio contra o adversário.

A quinta regra é a de ter cautela para que o que for feito não o seja como ocasião para deslizes ou escândalos; pois nesse caso, embora não seja supersticioso, em virtude do escândalo, deveria ser adiada ou feita em sigilo, sem qualquer escândalo. Portanto, se a celebração do Sacramento puder ser feita sem escândalo, ou em sigilo, não há por que deixar de ser celebrada. Porque, em virtude dessa norma, muitos frades seculares negligenciam o uso de bênçãos por intermédio de palavras de devoção, sejam elas pronunciadas sobre os doentes, sejam penduradas aos seus pescoços. Afirmo que nada há de ser feito, ao menos em público, se criar oportunidade para escandalizar as outras pessoas mais simples.

Que isso baste a respeito dos remédios contra as tempestades de granizo, seja por intermédio de palavras, seja por intermédio de atos lícitos.

CAPÍTULO VIII

Dos remédios prescritos contra os males sombrios e tenebrosos com que os Demônios afligem os homens.

Outrossim reservamos nosso julgamento ao discutir os remédios contra certos males que atingem os frutos da terra, causados por lagartas daninhas, ou por enormes nuvens de gafanhotos e por outros insetos que vêm recobrir vastas extensões de terra, parecendo encobrir a superfície do solo, devorando até as raízes das vinhas e de outras plantações já maduradas. Sob o mesmo ângulo consideramos os remédios contra o rapto de crianças por obra dos Demônios.

Com relação ao primeiro tipo de malefício, contudo, podemos citar Santo Tomás, na *Secunda Secundae,* questão 90, onde indaga se é lícito adjurar as criaturas irracionais. Responde que sim, mas só de forma coercitiva, para que o malefício volte para o Demônio que se serve das criaturas irracionais para nos prejudicar. Tal é o método de adjuração nos exorcismos da Igreja, pelos quais o poder do Diabo é afastado das criaturas irracionais. Ora, se a adjuração é endereçada à criatura irracional, que nada entende, então seria inoperante e vã. Donde é possível entender que podem tais malefícios ser afastados por exorcismos lícitos e por lícitas adjurações, contando-se para tal com o auxílio divino. Porém, primeiramente, se deveria exortar as pessoas a jejuar e a sair em procissão, e a praticar outros atos de devoção. Porque essa espécie de malefício nos é mandada em virtude dos adultérios e da multiplicação dos crimes; pelo que os homens devem ser advertidos a confessar os seus pecados.

Em algumas províncias são pronunciadas até mesmo excomunhões em cerimônias solenes para que através delas se obtenha o poder de adjuração sobre os Demônios.

Outra coisa terrível que Deus permite acontecer aos homens é o roubo de seus filhos, que são tomados de suas mulheres, e estranhas crianças são colocadas em seu lugar pelos Demônios. E essas crianças, que em alemão são chamadas de *Wechselkinder*, são de três tipos. Algumas estão sempre doentes e choram muito, sendo que até mesmo o leite de quatro mulheres não é suficiente para satisfazê-las. Outras são geradas pela operação de Demônios íncubos, dos quais, contudo, não são filhas, e sim do homem de quem o Demônio recebeu o sêmen, sob a forma de súcubo, ou do homem cujo sêmen foi colhido durante o sono, durante alguma polução noturna. E os filhos verdadeiros desses pais são, às vezes, trocados, mediante permissão divina, por essas crianças.

Há, ainda, um outro tipo, quando os Demônios se mostram às vezes na forma de crianças pequenas e se apegam à ama de leite. Mas os três tipos de criança apresentam um traço em comum: embora sejam muito pesadas, estão sempre adoentadas e não crescem, não há leite suficiente que as satisfaça, e muitas vezes desaparecem de fato.

Pode-se dizer que a piedade divina permite essas coisas por dois motivos. Primeiro, quando os pais idolatram e anseiam demais pelos seus filhos, como castigo, para seu próprio bem. Segundo, presume-se serem as mulheres a que tais coisas acontecem muito supersticiosas e assim são em muitos outros aspectos seduzidas pelos Demônios. Deus, porém, é verdadeiramente ciumento no exato sentido da palavra, que significa forte amor pela própria esposa. E como um marido ciumento não suportará a ameaça ou a suspeita de adultério, Deus, ciumento da mesma maneira, só que com relação à alma, que foi comprada através de seu Precioso Sangue e desposada na fé, não suporta que se aproxime, ou que se converta ou que tenha relações com o Diabo, o inimigo e adversário da salvação. E se um marido ciumento não suporte nem mesmo a suspeita de adultério, muito mais será perturbado quando o adultério for de fato cometido! Portanto, não é de causar espécie se os seus próprios filhos forem levados e trocados por crianças geradas no adultério.

E de fato pode-se ter uma impressão mais vívida do modo pelo qual Deus revela o Seu ciúme da alma, e de como não suportará nem mesmo a mais leve suspeita, em certas passagens do Antigo Testamento onde, para que pudesse demover o Seu povo da idolatria, não só a proibiu como também proibiu a tudo o que desse ensejo para a adoração dessa natureza, parecendo que tal adoração não teria utilidade em si mesma, embora de algum modo fantástico conservasse uma certa utilidade num sentido místico. Pois Ele declara em Êxodo, 12: "Não deixarás viver uma feiticeira." E depois acrescenta: "Eles não residirão na tua terra, para que não te façam pecar contra mim." De forma semelhante, prostitutas e outras mulheres são levadas à morte para que não gozem da companhia dos homens.

Reparar no ciúme de Deus ao dizer o seguinte em Deuteronômio, 22: "Se encontrares no caminho, sobre uma árvore ou na terra, o ninho de uma ave, e a mãe posta sobre os filhotes ou sobre os ovos, não a apanharás com os filhotes. Deixarás partir a mãe e só tomarás os filhotes, para que se prolonguem os teus dias felizes." Porque os gentios os usavam para tentar conseguir a esterilidade. O Deus ciumento não suportará em seu povo este sinal de adultério. De forma semelhante, em nossos dias, quando certas anciãs encontram uma moedinha, acreditam ter esbarrado com um sinal de sorte e de grande fortuna; ao contrário, quando sonham com dinheiro, veem o sonho como sinal de desgraça. Também Deus ensinou que todos os vasos devem ser cobertos e que quando um vaso não tiver sido coberto deve ser considerado impuro.

Havia uma crença errônea de que quando os Demônios vinham à noite (ou quando vinham as "boas fadas", como as anciãs as chamavam, embora fossem bruxas, ou Demônios naquelas formas), devoravam tudo o que viam pela frente, para que depois tivessem víveres em grande abundância de reserva. Algumas pessoas gostam de dar colorido à história e chamam-nas de Corujas das Torres; mas tal versão é contrária à opinião dos doutores, que afirmam não existir outras criaturas racionais exceto homens e anjos; portanto, só podem ser Demônios.

E assim está escrito em Levítico, 19: "Não corteis o cabelo em redondo, nem repareis a barba pelos lados." Porque é costume impregnado de superstições e usado para a adoração de ídolos.

E também em Deuteronômio, 22: "A mulher não se vestirá de homem, nem o homem se vestirá de mulher." Porque assim procedem em louvor da deusa Vênus, e outros em louvor de Marte ou de Príapo.

E pela mesma razão ordenou que os altares erguidos aos ídolos fossem destruídos. Assim, Ezequias destruiu a Serpente de Bronze quando o povo queria sacrificá-la, dizendo: "É de bronze." Pela mesma razão Deus proibiu a observância de visões e de augúrios, e ordenou que os homens e as mulheres em quem havia um espírito atrevido fossem levados à morte. E esses são hoje chamados os videntes. Todas essas coisas, por darem margem à suspeita de adultério espiritual, em virtude do ciúme que Deus manifesta para com as almas que desposa, foram por Ele proibidas.

E assim nós, pregadores, devemos também ter em mente que não há sacrifício mais aceitável a Deus do que o ciúme das almas, conforme diz São Jerônimo em seus comentários sobre Ezequiel.

Portanto, na Parte III desta obra havemos de tratar do extermínio das bruxas, que é o remédio derradeiro. Por ser este o último recurso da Igreja a que se acha amalgamada pela determinação divina. Pois está escrito: "Não deixarás viver uma feiticeira." E entre elas havemos de incluir os magos-arqueiros; já que estes só podem ser exterminados pelas leis seculares.

Um remédio. Quando certas pessoas para a preservação de certos ganhos temporais se devotaram inteiramente ao Demônio, verificou-se muitas vezes que, embora pudessem ser livradas da possessão diabólica pela confissão sincera, continuaram a ser atormentadas por muito tempo e seriamente, sobretudo à noite. E Deus assim permite para o seu próprio castigo. Mas um sinal de que foram livradas é que, depois da confissão, todo o dinheiro de seus bolsos e de seus cofres desaparece. Muitos exemplos dessa natureza poderiam ser aqui relatados, mas, por brevidade, os omitiremos e daremos prosseguimento aos nossos objetivos.

Parte III

Que trata das medidas judiciais no Tribunal Eclesiástico e no Civil a serem tomadas contra as bruxas e também contra todos os hereges

Que contém 35 questões em que são clarissimamente definidas as normas para instauração dos processos e são explicados os modos pelos quais devem ser conduzidos, e os métodos para lavrar as sentenças

CONSIDERAÇÕES GERAIS: À GUISA DE INTRODUÇÃO

Dos juízes justa e propriamente indicados para o julgamento das bruxas.

A questão é saber se as bruxas, junto aos patronos, aos defensores e aos protetores, se acham completamente subordinadas à jurisdição do Tribunal Eclesiástico Diocesano e do Tribunal Civil, de modo tal que os Inquisidores do crime de heresia pudessem se livrar da responsabilidade de prosseguir com os julgamentos. Professa-se que sim. Pois diz o Cânon (c. *accusatus, § sane, lib.*, VI): "Decerto aqueles cujo sumo privilégio é o de julgar as questões de fé não devem ser distraídos por outros afazeres; e os Inquisidores designados pela Sé Apostólica para investigar a peste da heresia não devem ter, manifestamente, qualquer outra preocupação com videntes e adivinhos, salvo quando estes forem também hereges, nem há de ser sua tarefa a de puni-los, podendo entregá-los para punição a seus próprios juízes."

Nem parece surgir qualquer dificuldade pelo fato de a heresia das bruxas não ser mencionada no texto canônico. Porque estas estão sujeitas ao mesmo castigo que os outros no tribunal da consciência, como prossegue o Cânon a dizer (dist. I, *pro dilectione*). Se o pecado dos videntes e das bruxas é secreto, se há de lhes impor uma pena de quarenta dias; se for notório, se há de lhes recusar a Eucaristia. E aqueles cuja punição é idêntica devem recebê-la da mesma corte. Assim, uma vez mais, sendo a mesma a culpa de ambos, já que assim como as videntes obtêm seus resultados por meios curiosos, as bruxas os conseguem por meio dos Demônios; tais resultados consistem nos males que causam às criaturas, ilicitamente solicitando das suas criaturas aquilo que só deveria ser procurado em Deus, assim, ambas são culpadas do pecado da idolatria.

Esse é o sentido de Ezequiel, 21: "Porque o rei da Babilônia se detém na encruzilhada do caminho, à frente dos dois caminhos, para consultar a sorte: ele agita as flechas, interroga os ídolos domésticos, examina o fígado das vítimas."

Também pode ser dito que, quando diz o Cânon, "salvo se forem também hereges", implica serem hereges alguns adivinhos e videntes, e por isso devem ser submetidos a julgamento pelos Inquisidores; mas, nesse caso, os falsos adivinhos também estariam sujeitos à pena, e nenhuma autoridade erudita se manifesta a respeito.

Ademais, se as bruxas devem ser julgadas pelos Inquisidores, hão de ser pelo crime de heresia, embora claro esteja que os seus atos podem ser cometidos sem que haja heresia. Pois quando no lodo pisoteiam o Corpo de Cristo, embora seja crime tenebroso, pode ser cometido sem qualquer erro no entendimento e, portanto, sem que haja heresia. É perfeitamente verossímil que uma pessoa julgue que tal imagem seja o Corpo de Cristo e, contudo, o jogue no lodo para satisfazer ao Diabo – em virtude de um pacto com ele firmado –, para que assim venha a encontrar um tesouro ou algo semelhante. Os atos das bruxas, portanto, não envolvem necessariamente o erro herético, por mais vultoso que seja o pecado; e nesse caso não estão sujeitos ao Tribunal da Inquisição: devem ser entregues a seus próprios juízes.

Salomão revelou atitude reverente para com os deuses de suas esposas sem condescendência e nem por isso foi culpado de apostasia da fé; porque em seu coração era fervoroso e preservava a fé verdadeira. Assim como quando as bruxas homenageiam o Diabo por causa do pacto com ele firmado, mas preservam a fé em seus corações, não devem ser nesse caso consideradas hereges.

Mas pode-se dizer que todas as bruxas devem negar a fé e, portanto, devem ser julgadas como hereges. Ao contrário, mesmo que negassem a fé em seus corações, não poderiam ser consideradas hereges, mas sim como apóstatas. Contudo, o herege é diferente do apóstata, sendo só os hereges submetidos ao Tribunal da Inquisição. Portanto, as bruxas não devem ser submetidas a esse tribunal.

Também está escrito, no c. 26, quest. 5: "Que os bispos e seus representantes se empenhem ao extremo para livrar as suas paróquias, por completo, da arte da vidência e da magia oriunda de Zoroastro; e se encontrarem qualquer homem ou mulher entregue a esse crime, que os expulse de suas paróquias, por indignos e para a sua desgraça. Assim, quando se diz ao fim do c. 348: "Que sejam entregues a seus próprios juízes", vê-se que o termo juízes está no plural, e devem, portanto, ser entregues não só ao Tribunal Diocesano, mas também ao Tribunal Civil, ou seja, devem ser entregues a ambos.

Mas se, exatamente como esses argumentos parecem mostrar no caso dos Inquisidores, os diocesanos também desejarem ser livrados da responsabilidade, e deixarem o castigo das bruxas para os tribunais seculares, tal reivindicação poderá ser aceita mediante os seguintes argumentos. Diz o Cânon, c. *ut inquisitionis:* "Proibimos especificamente os senhores e legisladores seculares e seus oficiais de julgarem, seja de que modo for, as pessoas por esse crime, já que é da esfera puramente eclesiástica." Refere-se aí ao crime de heresia. Conclui-se, portanto, que quando o crime não é puramente eclesiástico, como é o caso das bruxas, em virtude das tribulações de ordem temporal que causam, deve ser punido por Tribunal Civil, e não pelo Tribunal Eclesiástico.

Ademais, na última Lei Canônica sobre os judeus está escrito: "Os seus bens hão de ser confiscados, e eles hão de ser condenados à morte, em virtude da perversa doutrina com que fazem oposição à fé de Cristo." Ora, caso venha a dizer-se que essa lei se refere aos judeus convertidos e que, depois da conversão, retornaram à religião judaica, não se tem aí uma objeção válida. Pelo contrário, o argumento é por ela reforçado, porque os juízes civis terão de punir esses judeus como apóstatas; e, portanto, as bruxas que abjuram a fé devem ser tratadas da mesma maneira; porque a abjuração da fé, seja em todo ou em parte, é o princípio essencial da bruxaria.

E embora o texto declare que a apostasia e a heresia devem ser julgadas da mesma maneira, não cabe ao Tribunal Eclesiástico e sim ao Civil processar as bruxas. Porque ninguém deve causar uma comoção entre as pessoas por causa de um julgamento por heresia: o próprio governante deve tomar as providências cabíveis nesses casos.

O *Autênticos* de Justiniano, que fala dos príncipes legisladores, diz: "Não permitireis que ninguém venha a instigar o povo de vossas províncias em virtude de processos judiciais por motivo de natureza religiosa ou herética, nem permitireis que nenhuma injunção seja imposta às vossas províncias. Haveis de providenciar todos os meios e recursos cabíveis para a investigação do caso e não permitireis que nada seja feito em assuntos religiosos que não esteja de acordo com os vossos preceitos."

Segundo essa declaração, claro está que ninguém deve interferir numa rebelião contra a fé, salvo o próprio governante.

Ademais, se o julgamento e a punição dessas bruxas não fossem da alçada do juiz civil, qual seria a finalidade das leis que prescrevem a pena de morte para todas as pessoas consideradas bruxas? Ou a da que prescreve que todos aqueles que prejudicam a vida de inocentes sejam lançados às feras? Pois se acha estabelecido que devem ser submetidos a interrogatório e a tortura. E que nenhum dos fiéis se deve a tais pessoas associar, sob pena de exílio e de confisco de todos os seus bens. A par de muitas outras penas que podem ser lidas a quem aprouver no código penal.

Mas, em contraposição a tais argumentos, a verdade é que as bruxas podem ser julgadas e punidas conjuntamente pelos Tribunais Eclesiástico e Civil. Porque o crime canônico deve ser julgado pelo governante e pelo bispo metropolitano; não só pelos últimos, mas em conjunto com o primeiro. Claro fica essa questão no *Autênticos*, onde se determina aos príncipes legisladores: "Se o crime a ser julgado é de natureza canônica, haveis de proceder à sua investigação junto com o metropolitano da província." E para dirimir qualquer dúvida a respeito, diz a glosa: "Se o caso é de simples observância da fé, tão somente o governante poderá julgá-lo; mas se for mais complicado, então há de ser julgado pelo bispo e pelo governante; e o caso haverá de ser mantido dentro de limites toleráveis por alguém que tenha recebido os favores de Deus, e que há de proteger a fé ortodoxa, e há de impor indenizações convenientes em dinheiro, e há de preservar da violação os nossos súditos, ou seja, não se há de corromper-lhes a fé."

Embora um príncipe secular possa lavrar a sentença capital, não por isso fica excluído o julgamento da Igreja, cuja responsabilidade é a de submeter à prova e julgar o caso. Essa questão é perfeitamente elucidada pela Lei Canônica nos capítulos *de summa trin.* e *fid. cath.*, e também na lei sobre a heresia, c. *ad abolendam* e c. *uergentis* e no c. *excommunicamus*, 1 e 2. Pois as mesmas penas são prescritas pelas Leis Civil e Canônica, conforme se mostra nas Leis Canônicas sobre as heresias dos maniqueus e dos arianos. Portanto, a punição das bruxas é da competência de ambos os tribunais, e não de um deles separadamente.

A lei prescreve que os clérigos sejam punidos pelos seus próprios juízes, e não pelos tribunais temporais ou seculares, porque os seus crimes são considerados puramente eclesiásticos. Mas o crime de bruxaria é em parte civil e em parte eclesiástico, porque perpetram por ele males temporais e porque viola a fé; portanto, cabe aos juízes de ambas as cortes julgar, sentenciar e punir as bruxas.

Essa opinião é consubstanciada pelo *Autênticos*, onde está escrito: "Se é crime eclesiástico o que está reclamando punição e multa, há de ser julgado por um bispo que se poste em favor de Deus, e nem mesmo pelo mais ilustre prelado da província. E não queremos que os juízes civis tenham qualquer conhecimento desses processos, porque tais assuntos são da esfera eclesiástica, e as almas dos detratores devem ser corrigidas por penas eclesiásticas, segundo a legislação sagrada e divina que as nossas leis seguem com todo o rigor. " Assim está escrito. Portanto, um crime que é de natureza mista deve ser julgado e punido por ambos os tribunais.

De tudo o que dissemos, concluímos da seguinte maneira: nosso principal objetivo aqui é o de mostrar de que modo, com o prazer de Deus, nós Inquisidores da Alta Germânia podemos ser aliviados da obrigação de julgar as bruxas e deixá-las para serem punidas pelos seus próprios juízes provinciais; e isso em virtude da extrema dificuldade da tarefa, desde que nesse percurso não se ponha em risco a preservação da fé e a salvação das almas. Portanto, desenvolvemos essa obra para que possa ficar a cargo dos juízes os métodos de processar, julgar e sentenciar nesses casos.

Portanto, para mostrar que os bispos podem, em muitos casos, instaurar processos contra as bruxas sem a presença dos Inquisidores (embora não o possam sem a presença dos juízes civis e temporais nos casos que envolvem a sentença capital), convém que estabeleçamos a opinião de alguns outros Inquisidores de certas regiões da Espanha e que a refutemos (sem que faltemos em nossa consideração por eles), já que pertencemos a uma mesma ordem eclesiástica, para que assim se elucidem todos os detalhes pertinentes.

Na opinião deles, todas as bruxas, todas as videntes, todas as necromantes e todos os que praticam qualquer espécie de arte divinatória, desde que uma vez tenham abraçado e professado a Santa Fé, devem ser submetidos ao Tribunal da Inquisição, como nos três casos anotados ao princípio do capítulo *Multorum querela*, nas decretais do papa Clemente sobre a heresia; onde afirma que nem o Inquisidor deve processar sem o bispo, e nem o bispo sem o Inquisidor, embora existam cinco outros casos em que um pode agir sem a presença do outro. Porém, em um caso é afirmado categoricamente que um não deve agir sem o outro, ou seja, quando os adivinhos acima devem ser considerados hereges.

Na mesma categoria colocam os blasfemadores e aqueles que de uma forma ou de outra invocam Demônios, e aqueles que de forma contumaz permanecem sob a pena de excomunhão durante todo um ano, seja por caso referente à fé, seja, em certas circunstâncias, por outro motivo; e ainda incluem aí diversas outras ofensas. Por essa razão a autoridade do bispo é enfraquecida, já que muitas outras responsabilidades vão recair sobre nós, Inquisidores, que não podemos suportar, à vista do terrível juiz, que irá cobrar de nós a estrita prestação de contas das tarefas que nos foram impostas.

E como a sua opinião não pode ser refutada a menos que a tese fundamental em que se esteia seja demonstrada inconsistente, cumpre ressaltar que se baseia nos comentaristas do Cânon, especialmente no capítulo *accusatus,* e no § *sane,* e nas palavras "sabor de heresia". Também se baseiam nos textos dos teólogos, de Santo Tomás, de Santo Alberto e de São Boaventura, no *Segundo livro das sentenças,* dist. 7.

Convém considerarmos alguns desses argumentos pormenorizadamente.

Quando o Cânon afirma, como foi mostrado no primeiro argumento, que os Inquisidores de heresia não devem se preocupar com as videntes e com os adivinhos salvo se exibem manifestamente um ressaibo de heresia, entenda-se que essas pessoas são de dois tipos: algumas são artificiais, outras, hereges. Os primeiros são chamados de adivinhos pura e simplesmente, já que operam tão somente pela sua própria habilidade; são mencionados no capítulo *de sortilegiis,* onde está escrito que o presbítero Udalricus foi a um lugar secreto com uma certa pessoa abominável – uma vidente –, não com a intenção de invocar o Diabo, o que teria sido uma heresia, mas com a intenção de apenas consultar o astrolábio, por meio do qual é capaz de descobrir coisas ocultas. A isso designam pura adivinhação ou sortilégio.

Mas no segundo tipo temos as videntes hereges, cuja arte envolve alguma forma de adoração ou de sujeição aos Demônios, e que buscam, por adivinhação, predizer o futuro ou algum fenômeno da natureza, que manifestamente guarda o ressaibo de heresia; essas são, como os demais hereges, sujeitas ao Tribunal da Inquisição.

E este é o significado do Cânon, conforme se depreende dos comentários dos canonistas sobre a palavra "sabor" ou "ressaibo". Porque Giovanni d'Andrea, ao escrever sobre o Cânon *accusatus,* e sobre a palavra "sabor", declara: "O ressaibo de heresia assoma ao proferirem orações nefandas e ao oferecerem sacrifícios em altares de ídolos, ou ao consultarem Demônios e ao receberem seus conselhos; ou ainda ao se reunirem para a prática de atos hereges, ou ao fazerem predições por meio do sangue ou do Corpo do Senhor; ou, nas suas bruxarias, ao rebatizarem uma criança, para que assim obtenham alguma resposta, e ao praticarem outros atos semelhantes."

Muitos outros citam, ademais, em suporte à sua opinião, a João Modestus; São Raimundo e Guilherme de Laudun, O.P. E reportam-se à decisão da Igreja no Concílio da Aquitânia, c. 26, q. 5, *Episcopi*, onde tais mulheres supersticiosas são chamadas de infiéis, dizendo: "Que venham a perecer sozinhas na sua perfídia." Porque perfídia na linguagem cristã significa heresia; portanto, tais mulheres devem ser submetidas ao Tribunal dos Inquisidores de heresia.

Citam também os teólogos, sobretudo Santo Tomás, no *Segundo livro das sentenças*, dist. 7, onde considera se é pecado usar do auxílio de Demônios. Por falar daquela passagem em Isaías, 8: "Porventura um povo não deve consultar os seus deuses?" Diz ele, entre outras coisas: "Em tudo aquilo que para o atendimento se procura o poder do Demônio, por pacto com ele firmado, há apostasia da fé, seja em palavras, se tiver sido feita uma invocação, seja em atos, mesmo quando não se ofereça sacrifício."

Com a mesma finalidade citam Alberto e Pedro de Tarentaise, e Giovanni Bonaventura, que mais tarde foi canonizado, não sob o nome de Giovanni, embora fosse este o seu verdadeiro nome. Citam também Alexandre de Hales e Guido, o Carmelita. Todos afirmam que aqueles que invocam Demônios são apóstatas e, portanto, hereges a serem submetidos à Corte Inquisitorial da heresia.

Mas os ditos Inquisidores espanhóis não deram a devida importância nos seus argumentos para provar que as videntes etc. não podem ser julgadas pelos arcebispos ou pelos bispos sem a presença dos Inquisidores e que os Inquisidores não podem ser isentados da responsabilidade de julgar tais videntes, necromantes e até mesmo bruxas. Não que os Inquisidores venham a sentir-se mais orgulhosos do que envergonhados quando os bispos falham. E essa é a razão por que não provaram a sua causa. Os Inquisidores só devem preocupar-se com os assuntos de heresia ou de heresia manifesta, conforme demonstrado pelo frequentemente citado Cânon *accusatus, § sane.*

Sendo essa circunstância, conclui-se que, embora grave possa ser o pecado que a pessoa comete, se não implicar necessariamente heresia, não há de ser julgada como herege, não obstante deva ser punida.

Consequentemente, o Inquisidor não há de interferir no caso do homem que deve ser punido como malfeitor, mas no do herege, não obstante possa entregá-lo aos juízes de sua própria província.

Segue-se que todos os crimes de invocação dos Demônios e de sacrifícios a eles oferecidos, dos quais falam os comentaristas, os canonistas e os teólogos, não são preocupação para os Inquisidores, e podem ser deixados para os tribunais seculares ou episcopais, salvo quando houver crime implícito de heresia. Assim sendo, e no caso de os crimes que estamos comentando serem, muitas vezes, cometidos sem qualquer heresia, os culpados desses crimes não devem ser julgados ou condenados como hereges, conforme provado pelas seguintes autoridades e argumentos.

Pois para que uma pessoa seja corretamente julgada como herege há de preencher cinco condições. Primeiro, há de estar em erro de julgamento ou de raciocínio. Segundo, o erro há de tratar de assuntos pertinentes à fé, seja contrário ao ensinamento da Igreja como a fé verdadeira, ou contrário à sã moralidade e, portanto, não conduzindo a alma do indivíduo à vida eterna. Terceiro, o erro há de encontrar-se naquele que professou a Fé Católica, caso contrário seria um judeu ou pagão, e não um herege. Quarto, o erro há de ser de tal natureza que aquele que o defenda ainda preserve alguma da verdade no Cristo, no que tange à Sua Majestade ou à Sua Humanidade; porque, se um homem nega inteiramente a fé, é na verdade um apóstata. Quinto, há de ser pertinaz e obstinado na defesa de seu erro. Pois que esse sentido do Cânon onde trata da heresia e dos hereges é provado da seguinte maneira (não com o pretexto de refutação, mas com o de consubstanciar a glosa dos canonistas).

É de todos consabido, através do conhecimento comum, que o primeiro erro essencial do herege é o do entendimento; mas duas são as condições necessárias antes de chamar-se uma pessoa de herege. A primeira é material, ou seja, deverá ter ocorrido um erro de raciocínio; a segunda é formal, ou seja, o intelecto deverá revelar obstinação. Santo Agostinho mostra isso ao declarar: "Herege é o que ora dá origem a novas opiniões, ora as segue."

Pode-se também provar pelo seguinte raciocínio: a heresia é uma forma de infidelidade, e a infidelidade existe subjetivamente no intelecto, de tal forma que o homem acredita em algo absolutamente contrário à fé verdadeira.

Sendo assim, qualquer que seja o crime cometido por algum homem, se tiver agido sem erro de entendimento, não será considerado herege. Se o homem cometer fornicação ou adultério, por exemplo, não obstante esteja desobedecendo ao mandamento *Não cometerás adultério,* não é herege, salvo se sustentar a opinião de que é lícito cometer adultério. A questão pode ser colocada da seguinte forma: quando a natureza de uma determinada coisa é tal que as duas partes constituintes são necessárias para a sua existência, se estiver faltando uma das partes, a coisa em si não poderá existir; pois, se pudesse, não seria verdade que aquela parte, se faz necessária para a sua existência. Porque, para a constituição de uma casa, é necessário que haja as fundações, que se ergam as paredes e o teto; se uma dessas partes faltar, não se terá uma casa. De forma análoga, como o erro no entendimento é condição necessária para a heresia, qualquer ato feito inteiramente sem a presença dessa espécie de erro não tornará um homem herege.

Portanto, nós, Inquisidores da Germânia, concordamos com Santo Antonino ao tratar dessa matéria na segunda parte de sua *Summa;* lá declara que batizar imagens, adorar Demônios, sacrificar-se por eles, pisar o Corpo de Cristo e todos os demais crimes semelhantes e horrendos não tornam um homem um herege, salvo se houver erro em seu entendimento. Portanto, não é herege aquele que, por exemplo, batiza imagens, desde que não professe nenhuma crença errônea a respeito do Sacramento do batismo ou de seu efeito, nem que julgue que o batismo da imagem possa ter qualquer efeito por virtude própria; e que assim procedem para que possam obter com maior facilidade a satisfação de algum desejo pelo Demônio, a quem, dessa forma, procuram agradar, agindo quer por pacto implícito ou explícito de que o Demônio atenderá ao pedido, próprio ou de alguma outra pessoa. Dessa forma, os homens que, mediante pacto implícito ou expresso, invocam os Demônios com sinais ou figuras cabalísticas de acordo com as regras da magia para alcançar os seus desejos não são necessariamente hereges. Mas não podem solicitar ao Demônio qualquer coisa que esteja além dos poderes ou do conhecimento diabólicos, revelando um falso entendimento de seus poderes e de seu conhecimento. Seria esse o caso de quem acreditasse ser o Demônio capaz de coagir o livre-arbítrio do homem; ou que por causa do pacto firmado o Diabo fosse capaz de realizar qualquer coisa desejada, não obstante proibida por Deus; ou que o Demônio fosse capaz de conhecer todo o futuro; ou que fosse capaz de realizar o que só Deus pode fazer. Pois não há dúvida que os homens que sustentam essas crenças apresentam um erro em seu entendimento; e, portanto, presentes as demais condições necessárias para a heresia, seriam hereges e estariam sujeitos imediatamente ao ordinário e à Corte Inquisitorial.

Mas se agirem pelas razões que apontamos, não por qualquer crença errada a respeito do batismo ou dos demais assuntos mencionados – já que as bruxas e as necromantes sabem que o Demônio é o inimigo da fé e o adversário da salvação, conclui-se que são compelidas a acreditar em seus corações que há grande poder na fé e que não há falsa doutrina cuja origem não esteja consabidamente no pai das mentiras –, embora pequem da forma mais grave, não são, apesar disso, hereges. O motivo é que não abrigam falsas crenças a respeito dos Sacramentos, não obstante utilizem-nos de forma equivocada e sacrílega. Portanto, são meras feiticeiras e não hereges, e classificadas junto às que o Cânon *accusatus* declara não estarem propriamente sujeitas à Corte Inquisitorial, por não manifestarem indícios de heresia; a sua heresia se acha oculta, se é que de fato existe.

O mesmo se dá com aqueles que adoram o Demônio e lhe prestam sacrifícios. Pois se assim procedem, na crença de que haja qualquer divindade nos Demônios, ou que devem ser adorados e que, em virtude da adoração, podem deles obter o que desejarem não obstante a proibição ou a permissão de Deus, estes, sim, são hereges. Mas se assim agirem, não por qualquer crença a respeito do Diabo, mas só para que consigam mais prontamente realizar os desejos, em virtude de algum pacto firmado com ele, não são necessariamente hereges, embora estejam em pecado gravíssimo.

Para maior clareza cumpre colocar e refutar algumas objeções. Parece que contra o nosso argumento, segundo as leis, os simoníacos não são hereges (I. q. I: "Quem quer que mediante dinheiro, mas sem erro no entendimento"). O simoníaco não se mostra no sentido estrito e exato da palavra herege; entretanto, em sentido amplo e por comparação, é de fato herege, segundo Santo Tomás, ao comprar ou vender objetos sagrados na crença de que a dádiva da graça possa ser obtida por dinheiro. Mas se, como é muitas vezes o caso, não agir nessa crença, não é herege. Só o seria se acreditasse que o dom da graça pode ser comprado com dinheiro.

Uma vez mais estamos aparentemente em contradição com o que é dito a respeito dos hereges no Cânon, a saber, que aquele que presta reverência a um herege também o é, mas aquele que adora o Demônio peca ainda mais do que o que presta reverência ao herege, portanto etc.

Ademais, um homem precisa obviamente ser herege a fim de ser julgado como tal. À Igreja cabe julgar tão somente aquelas coisas que são óbvias, só Deus tendo o conhecimento e sendo o juiz daquilo que se acha oculto (dist. 33, *erubescent*). Mas a compreensão interior só se torna aparente pelas ações intrínsecas, sejam observadas, sejam provadas; portanto, o homem que comete tais ações, conforme as consideramos, há de ser julgado como herege.

Ademais, parece impossível que alguém deva cometer um ato como o de pisotear o Corpo de Cristo, salvo se abrigasse opinião errônea a respeito; pois é impossível que o mal exista na vontade, a menos que haja erro de entendimento. Segundo Aristóteles, todo homem perverso ou é ignorante ou se acha em erro. Portanto, como os que praticam tais atos apresentam o mal na própria vontade, ou no próprio arbítrio, hão de ter um erro de entendimento.

A essas três objeções respondemos do seguinte modo, considerando-se conjuntamente a primeira e a terceira. Há duas espécies de julgamento, o de Deus e o dos homens. Deus julga o homem interiormente; ao passo que o homem só é capaz de julgar os pensamentos interiores à medida que se reflitam nos atos exteriores, conforme é admitido pelo terceiro desses argumentos. Ora, aquele que é herege no julgamento de Deus é de fato e verdadeiramente um herege; pois Deus a ninguém julga como herege, a menos que a pessoa abrigue alguma crença errônea a respeito da fé em seu entendimento. Quando, porém, um homem é considerado herege pelo julgamento dos homens, não necessariamente é na realidade um herege; mas como seus atos lhe conferem a aparência de entendimento equivocado da fé, ele há de ser, pela premissa legal, considerado herege.

E ao se indagar se a Igreja deve estigmatizar de pronto como hereges os que adoram Demônios ou que batizam imagens, cumpre atentar para tais respostas.

Em primeiro lugar, cabe mais aos canonistas do que aos teólogos discriminar essa questão. Os canonistas dirão que pela premissa legal tais pessoas devem ser consideradas hereges, e punidas como tal. O teólogo dirá que, em primeira instância, é assunto pertinente à Sé Apostólica julgar se existe realmente heresia ou se esta só é presumida pela lei. E isso porque, sempre que um efeito pode decorrer de uma dupla causa, não se pode formular um julgamento preciso da natureza real da causa simplesmente com base no efeito.

Portanto, em virtude de efeitos tais como o da adoração do Diabo ou o de solicitar-lhe auxílio nos trabalhos de bruxaria, ou o de batizar imagens, de oferecer-lhe uma criança viva, ou, ainda, o de matar um recém-nascido e outras questões dessa natureza poderem proceder de duas causas distintas – quer a da crença de que está correto adorar e oferecer sacrifícios ao Demônio e de que as imagens podem receber os Sacramentos, quer a de que um homem, mediante pacto com o Demônio, pode obter mais facilmente o que deseja em questões que não se acham além da capacidade do próprio Demônio, conforme antes explicamos –, conclui-se que ninguém deve apressadamente formular um julgamento definitivo com base em seu efeito quanto à sua causa, qual seja, de que o homem praticou tais atos por abrigar opinião contrária no concernente à fé. Assim, quando não há dúvida quanto ao efeito, ainda é mister investigar mais profundamente a causa; e caso se descubra que o homem agiu por sustentar opinião perversa e contrária à fé, aí, sim, há de ser julgado como herege e estará sujeito a julgamento e processo pelos Inquisidores junto com o ordinário. Mas caso não tenha agido por tais motivos, há de ser considerado simples feiticeiro, e um pecador muito vil.

Uma outra resposta que tangencia a questão é que, seja o que for dito e alegado, concorda-se que todos os adivinhos e todas as bruxas julgados como hereges pela premissa legal e não por fato real estão sujeitos à Corte do Ordinário, não à dos Inquisidores. E os já mencionados Inquisidores de outros países não podem defender as próprias opiniões citando o Cânon e seus comentadores, porque os que perpetram sacrifícios e adoram Demônios são julgados hereges pela premissa legal, e não porque os fatos demonstram claramente que o sejam. Pois o texto afirma que precisam exprimir o sabor da heresia manifestamente, ou seja, intrinsecamente e pela sua própria natureza. E basta a nós, Inquisidores, nos preocuparmos com os que são manifestamente hereges pela natureza intrínseca do caso, entregando os outros aos seus próprios juízes.

Foi dito que a causa deve ser perquirida para sabermos se um homem está agindo por erro ou não nas questões da fé; o que é fácil. Pois se conhece o espírito da fé pelo ato de fé, que consiste em acreditar e professar a fé; assim como o espírito da castidade é revelado pela vida casta de forma análoga a Igreja deve julgar um homem como herege se suas ações mostram que ele detrata qualquer artigo da fé. Dessa forma até mesmo uma bruxa, que completa ou parcialmente negou a fé, ou se utilizou de forma vil do Corpo de Cristo, e prestou homenagem ao

Demônio, pode ter assim procedido simplesmente para agradar ao Diabo; e mesmo que tenha negado completamente a fé em seu coração, há de ser julgada como apóstata, em virtude de a quarta condição, que é necessária para que se afirme ser uma pessoa corretamente considerada herege, estar ausente.

Mas se contra essa conclusão for mencionada a bula e a incumbência que a nós foi conferida pelo santo padre Inocêncio VIII, de que as bruxas sejam julgadas pelos Inquisidores, cumpre responder da seguinte maneira. Não quer isso dizer que os diocesanos não possam também lavrar uma sentença definida contra as bruxas, de acordo com as antigas leis, conforme se disse. A bula nos foi dada em virtude da grande diligência com que temos trabalhado – nos limites de nossa capacidade e com a ajuda de Deus.

Portanto, não podemos concordar com os outros Inquisidores em seu primeiro argumento: a verdadeira é a conclusão contrária; os simoníacos são considerados hereges tão somente pela premissa legal, e os próprios ordinários, sem a participação dos Inquisidores, podem julgá-los. A rigor, os Inquisidores não precisam se preocupar com os vários simoníacos, ou, de forma similar, com quaisquer outros considerados heréticos apenas pelas premissas legais. Pois não podem julgar os bispos e outros altos dignitários cismáticos, conforme é demonstrado pelo capítulo da Inquisição *Sobre os hereges*, sexto livro, onde está escrito: "Os Inquisidores do pecado de heresia delegados pela Sé Apostólica ou por qualquer outra autoridade não têm poder para julgar os ofensores nessa espécie de responsabilidade, ou de agir contra eles com o pretexto do ofício, a menos que expressamente afirmado nas cartas da Sé Apostólica para que assim procedam."

Mas se os Inquisidores souberem ou descobrirem que bispos ou outros altos dignitários estão envolvidos em crime de heresia, ou foram delatados ou se acham sob suspeita de heresia, é sua tarefa denunciar o fato à Sé Apostólica.

De forma semelhante, a resposta a seu segundo argumento fica clara pelo que se disse. Pois aquele que acata e que conforta o herege é em si um herege caso assim proceda, na crença de que vale a pena acatá-lo ou honrá-lo em virtude de sua doutrina ou opinião. Mas se o honrar por alguma razão temporal, sem erro de fé em seu entendimento, não se trata corretamente falando de um herege, embora o seja por premissa ou por comparação legal, já que age como se defendesse crença errônea a respeito da fé como o outro a quem rende homenagem; destarte, nesse caso, ele não se acha sujeito à Corte Inquisitorial.

Ao terceiro argumento responde-se de forma semelhante. Pois embora um homem deva ser julgado como herege em virtude de suas ações exteriores, visíveis e provadas, nem sempre se pode concluir que seja de fato um herege, salvo pelas premissas legais. Portanto, nesse caso, ele não está sujeito ao julgamento e ao processo pela Corte Inquisitorial, por não exibir manifestamente indícios de doutrina herética.

Quanto ao quarto argumento, vale dizer que é premissa falsa afirmar que não é possível que alguém pise no Corpo de Cristo a não ser que abrigue alguma crença perversa e errônea a respeito do Corpo de Cristo. Um homem pode assim proceder com pleno conhecimento de seu pecado e com a firme crença de que ali verdadeiramente se encontre o Corpo de Cristo. Mas o faz para agradar ao Demônio, e para que dele mais facilmente consiga o que deseja. E não obstante em todo pecado se encontre erro, tal erro pode não se encontrar no entendimento, o que seria heresia ou crença errônea a respeito da fé; pois pode tratar-se do emprego errôneo de alguma força que se volta para propósitos viciosos; assim, só se constituirá a primeira daquelas cinco condições necessárias para configurar uma heresia, segundo as quais um herege está corretamente sujeito à Corte Inquisitorial.

E não é objeção válida dizer que um Inquisidor pode, todavia, julgar os que são denunciados como hereges, ou os que se acham sob leve, forte ou grave suspeita de heresia, embora não manifestem abertamente indícios de tal. Respondemos que os Inquisidores podem julgar tais pessoas na medida em que forem denunciadas ou que sobre elas paire suspeita de heresia corretamente assim chamada; e esta é a espécie de heresia de que estamos falando (conforme tantas vezes já dissemos), em que há erro no entendimento, a que se aduzem as outras quatro condições. E a segunda destas condições é a que diz que tal erro há de consistir em assuntos que dizem respeito à fé, ou caso se mostrem contrário às decisões verdadeiras da Igreja nas matérias de fé e de bom comportamento e naquilo que é necessário para a conquista da vida eterna. Pois se o erro se encontrar em algum tema que não diga respeito à fé, como, por exemplo, a crença de que o Sol não é maior do que a Terra, ou alguma coisa dessa espécie, então não é erro perigoso. Mas erro contra as Sagradas Escrituras, contra os artigos da fé ou contra as decisões da Igreja, como se disse antes, são erros heréticos (art. 24, q. I, *haec est fides*).

Uma vez mais o esclarecimento das dúvidas a respeito da fé pertence, sobretudo, à Igreja, e especialmente ao sumo pontífice, o vigário de Cristo, o sucessor de São Pedro, como se acha declarado expressamente (art. 24, q. I, *quotiens*). E contra a determinação da Igreja, como diz Santo Tomás, art. 2, q. 2, nenhum doutor ou santo mantém a opinião própria; nem São Jerônimo, nem Santo Agostinho, nem qualquer outro. Pois assim como aquele que obstinadamente professa contra a fé é herege, também o é aquele que persistentemente defende a própria opinião contra a determinação da Igreja em questões de fé e noutras que são necessárias para a salvação. Pois que a Igreja nunca cometeu erros em questões de fé (como está dito no art. 24, q. I, *a recta*, e noutros capítulos). E está expressamente declarado que aquele que sustenta qualquer argumento contra a determinação da Igreja, não de forma franca e honesta, mas em questões que dizem respeito à fé e à salvação, é herege. Pois não necessariamente será herege se discordar noutras questões, como a separabilidade da lei do uso em questões que sofrem interferência do uso: essa questão foi assentada pelo papa João XXII, em seu *Extrauagantes*, onde declara que os que contradizem essa opinião são obstinados e rebeldes contra a Igreja, mas não hereges.

A terceira condição necessária é que aquele que professe o erro seja alguém que tenha professado a Fé Católica. Pois se um homem nunca professou a Fé Cristã não é um herege, mas um mero infiel, como os judeus ou os gentios, que se encontram excluídos da fé. Portanto, diz Santo Agostinho na *Ciuitate Dei:* "O Diabo, vendo que a raça humana se livra da adoração de ídolos e de Demônios, instigou hereges que, sob a falsa aparência de cristãos, deveriam se opor à doutrina cristã. Assim, para que um homem seja considerado herege é necessário que tenha recebido a Fé Cristã no batismo."

Em quarto lugar, é necessário que o homem que assim erra deve conservar alguma da crença verdadeira em Cristo, seja pertencendo à Sua divindade ou à Sua humanidade. Pois se não conservar nenhuma parcela de fé, deverá ser considerado mais corretamente apóstata, e não herege. Nesse sentido, Juliano era um apóstata. Pois as duas coisas são perfeitamente distintas, embora às vezes se confundam. Assim, são encontrados homens que, pressionados pela pobreza e por várias situações aflitivas, entregam-se de corpo e alma ao Diabo, e negam a fé, na condição de que o Demônio os auxilie em suas necessidades de conquistar riquezas e honrarias.

Nós Inquisidores conhecemos várias pessoas, das quais algumas depois se arrependeram, que se comportaram dessa forma simplesmente para obter lucros temporais, e não através de qualquer erro em seu entendimento; por isso não são chamados corretamente de hereges, como foi Juliano, embora devam ser taxados de apóstatas.

Os apóstatas de coração e que se recusam a retornar à fé devem ser entregues, como os hereges impenitentes, à corte secular. Mas, caso se mostrem desejosos de reconciliação, são recebidos de volta pela Igreja, como os hereges penitentes. Ver o capítulo *ad abolendam, § praesenti, de haeretic.*, lib. 6. Da mesma opinião é São Raimundo em sua obra *de Apostolica, cap. reuertentes,* onde diz que os que retornam da perfídia da apostasia, embora fossem heréticos, devem ser recebidos novamente como hereges penitentes. E aí os dois são confundidos, conforme dissemos. E então o autor acrescenta: "Os que negam a fé por receio da morte (ou seja, os que negam a fé para obter lucros temporais mediante o Demônio, mas não creem no erro cometido) são hereges às vistas da lei, embora não sejam, propriamente falando, hereges." E prossegue: "Embora não professem crença errônea, como a Igreja precisa julgar pelos sinais externos, há de considerá-los hereges (repare-se nessa ficção da lei); e, se retornarem, serão recebidos como hereges penitentes. Pois o medo da morte, ou o desejo de ganhos temporais, basta para fazer com que um homem negue a fé de Cristo. Por conseguinte, ele conclui que é mais santo morrer do que negar a fé ou ser alimentado por meios idolátricos, como diz Santo Agostinho."

O julgamento das bruxas que negam a fé deveria ser o mesmo; quando desejam retornar, devem ser recebidas como penitentes, caso contrário devem ser entregues à corte secular. Mas quando arrependidas, devem ser de todas as formas recebidas no seio da Igreja, só sendo entregues à corte secular se não retornarem; e isso em virtude das ofensas temporais que perpetram, como se há de mostrar nos métodos para se lavrar a sentença. E tudo isso pode ser feito pelo ordinário, de forma que o Inquisidor possa entregar-lhe as próprias incumbências, ao menos no caso da apostasia; pois se dá o contrário nos outros casos de feitiçaria.

A quinta condição necessária para que um homem seja corretamente considerado herege é que ele há de persistir obstinadamente no erro. Daí que, segundo São Jerônimo, o significado etimológico de heresia é escolha. E uma vez mais nos diz Santo Agostinho: "Não o que se inicia em falsas doutrinas ou as segue, mas o que obstinadamente as defende é que deve ser considerado herege." Portanto, se qualquer pessoa sem malevolência persistir na crença de falsas doutrinas, mas errar por ignorância e estiver preparada para ser corrigida e passar a considerar tal opinião falsa e contrária à das Sagradas Escrituras e às determinações da Igreja, não será um herege. São Paulo também confirma essa opinião. E o próprio Santo Agostinho costumava dizer: "Posso errar, mas não hei de ser um herege." Pois mostrava-se pronto para ser corrigido quando se lhe apontassem os erros. E há consenso quanto ao fato de que os doutores todos os dias têm opiniões diversas sobre as questões Divinas, e às vezes se mostram contraditórios, de forma que uma dessas opiniões há de ser falsa; mas nenhuma delas há de ser assim considerada até que a Igreja chegue a uma decisão a respeito. Ver art. 24, q. 3, *qui in ecclesia.*

De tudo isso se conclui que as afirmações dos canonistas acerca das palavras "com manifesto sabor de heresia" no capítulo *accusatus* não provam de forma suficiente que as bruxas e outros que, de uma forma ou outra, invocam Demônios estejam sujeitos a julgamento pela Corte Inquisitorial; pois só por uma ficção de direito que se os julga como hereges. Nem está isso provado, pelas palavras dos teólogos; porque chamam a tais pessoas apóstatas, por palavras ou por atos, mas não em seus pensamentos ou em seus corações; e é a respeito desse erro que se referem as palavras "sabor de heresia".

E não obstante tais pessoas devam ser julgadas como hereges, não se há de concluir que um bispo não as possa julgar sem a presença de um Inquisidor para definir a sentença, ou puni-las com a prisão ou com a tortura. Mais do que isso, mesmo quando essa decisão não parece suficiente para justificar a isenção de nós Inquisidores da incumbência de julgá-las, ainda podemos isentarmo-nos pessoalmente da execução de tal tarefa, delegando-a para diocesanos, pelo menos com relação à conclusão de um julgamento.

Essa medida se acha explícita na Lei Canônica (c. *multorum in prin. de haeret. in Clem.*). Lá está escrito: "Em decorrência de uma queixa geral, e para que essa espécie de inquisição possa prosseguir mais facilmente e a investigação do crime seja conduzida de forma mais hábil, mais diligente e mais atenta, declaramos que esse tipo de caso pode ser julgado pelos bispos diocesanos assim como pelos Inquisidores comissionados pela Sé Apostólica, deixando-se de lado todo e qualquer ódio ou receio carnal ou qualquer afecção temporal; e assim qualquer um dos acima indicados poderá agir sem a presença do outro, e aprisionar ou eliminar a bruxa, colocando-a sob custódia segura em grilhões e em ferros, se lhe parecer por bem; e nessa questão deixamos a conduta ao critério de sua consciência; embora não deva haver negligência na investigação desses assuntos quanto aos modos de proceder, que hão de ser concordes com Deus e com a justiça; embora tais bruxas devam ser colocadas na prisão mais como forma de punição do que de custódia, ou devam ser submetidas a tortura, ou sentenciadas a alguma outra punição. E um bispo pode agir sem a presença de um Inquisidor, e o Inquisidor sem a presença de um bispo; ou, na impossibilidade de um e de outro, os seus delegados podem agir independentemente entre si, conquanto lhes seja impossível reunirem-se para uma ação conjunta no prazo de oito dias quando o inquérito deverá ter início; mas se não houver justificativa válida para que não se reúnam, a ação há de ser considerada nula e vaga perante a lei.

O capítulo continua a apoiar nossa observação da seguinte maneira: "Mas se o bispo ou o Inquisidor, ou qualquer de seus delegados, se virem impossibilitados ou pouco dispostos a dar prosseguimento ao julgamento, por qualquer das razões que já mencionamos, a se encontrarem pessoalmente, podem delegar as suas obrigações de um para outro, ou expressar o seu conselho e aprovação por carta."

Dessa passagem fica claro que mesmo nos casos em que o bispo não se acha totalmente independente do Inquisidor, o Inquisidor pode designar o bispo para que aja em seu lugar, especialmente na questão de lavrar a sentença: portanto, nós mesmos decidimos agir de acordo com essa opção, deixando aos demais Inquisidores de outros distritos que ajam de acordo com o que lhes parecer conveniente.

Assim, em resposta aos argumentos, claro está que as bruxas e os magos e feiticeiros não necessariamente precisam ser julgados pelos Inquisidores. Mas quanto ao outro argumento, que busca tornar possível aos bispos por seu turno se desincumbirem do julgamento de bruxas, deixando-o a cargo da Corte Civil, já evidente está que isso não é tão simples quanto no caso dos Inquisidores. Pois a Lei Canônica (c. *ad abolendam*, c. *uergentis* e c. *excommunicamus utrumque*) diz que num caso de heresia cabe ao juiz eclesiástico proceder ao inquérito e julgar, mas ao juiz secular executar a sentença e punir; ou seja, quando uma pena capital está em questão, embora seja ao contrário com as outras punições penitenciais.

Parece também que na heresia das bruxas, embora não no caso das outras heresias, os diocesanos podem entregar à Corte Civil a incumbência de processar e julgar, e isso por duas razões: em primeiro lugar porque, conforme já mencionamos em nossos argumentos, o crime de bruxaria não é puramente eclesiástico, sendo também de natureza civil, em virtude dos danos temporais cometidos por meio deles. Em segundo lugar, porque existem leis especiais destinadas especificamente a eles.

Por fim, parece que dessa forma é mais fácil proceder ao extermínio das bruxas, e que o maior auxílio seja dado ao ordinário à vista daquele terrível juiz que, como atestam as Escrituras, vai exigir a mais estrita prestação de contas por parte daqueles colocados em posição de autoridade e os julgará com o maior rigor. Consequentemente, prosseguiremos nessa linha de raciocínio, qual seja, que o juiz secular pode processar e julgar tais casos, ele próprio lavrando a pena capital, mas deixando a imposição de qualquer outra punição penitencial para o ordinário.

Súmula ou classificação das matérias tratadas nesta Parte III.

Então, a fim de que possam os juízes eclesiásticos e civis ter o imediato conhecimento dos métodos de processar, julgar e sentenciar esses casos, havemos de proceder mediante três rubricas ou tópicos principais.

Em primeiro lugar, o método de dar início a um processo a respeito das questões de fé; em segundo lugar, o método de proceder ao julgamento; em terceiro lugar, o método de concluí-lo e de lavrar a sentença às bruxas.

A primeira rubrica trata de cinco dificuldades.

Na primeira são abordados os três métodos de procedimento prescritos pela lei e qual o mais adequado. Na segunda, são consideradas as testemunhas, em número. Na terceira, se estas podem prestar juramento. Na quarta, da condição das testemunhas. Na quinta, se inimigos mortais podem fornecer provas para o crime.

A segunda rubrica contém 11 questões.

I. De como se deve examinar as testemunhas, quando deverão estar presentes sempre cinco pessoas. E também como as bruxas devem ser interrogadas, em geral e em particular. (Esta será a Questão VI de toda a Parte III, embora tenhamos alterado a numeração aqui para facilitar a referência pelo leitor.)

II. Várias dúvidas são esclarecidas quanto às respostas negativas, e quando uma bruxa deve ser presa, e quando deve ser considerada manifestamente culpada da heresia de bruxaria.

III. Do método de prender as bruxas.

IV. Das duas obrigações do juiz depois da prisão e se os nomes dos depoentes devem ser revelados aos acusados.

V. Das condições sob as quais se há de permitir a presença de um advogado para a defesa.

VI. Quais as medidas que o advogado deve tomar quando os nomes das testemunhas não lhe são dados a conhecer, ou quando deseja informar o juiz de que as testemunhas são inimigas mortais do prisioneiro.

VII. De que modo o juiz deve investigar a suspeita desses inimigos mortais.

VIII. Dos pontos que o juiz deve considerar antes de consignar a prisioneira à tortura.

IX. Do método para condenar a prisioneira à tortura.

X. Do método para proceder com a tortura, e de como devem ser torturadas; e das provisões contra o silêncio por parte da bruxa.

XI. Do interrogatório final e das precauções a serem observadas pelo juiz.

A terceira rubrica contém a primeira de todas as três questões que tratam dos assuntos que o juiz deve levar em consideração, sobre o que depende todo o método de lavrar a sentença. Primeiro, se a prisioneira pode ser condenada pelo julgamento do ferro em brasa. Segundo, do método pelo qual todas as sentenças devem ser prescritas. Terceiro, quais os graus de suspeita que podem justificar o julgamento e que espécie de sentença deve ser prescrita com relação a cada grau de suspeita. Por fim, tratamos dos vinte métodos de pronunciar as sentenças, dos quais 13 são comuns a todos os tipos de heresia, e o restante, próprio à heresia das bruxas. Mas estes aparecerão em seus devidos lugares, e por brevidade não são aqui esmiuçados.

O PRIMEIRO TÓPICO

QUESTÃO I

Do método para dar início a um processo.

A primeira questão, pois, consiste em saber qual o método correto para a instauração de um processo contra o crime de bruxaria, em nome da fé. Para respondê-la é mister entender que, segundo o texto canônico, três são os métodos permitidos.

No primeiro tem-se a acusação de uma pessoa por outra perante o juiz, seja do crime de heresia, seja do de dar proteção a algum outro herege, sendo que o acusador se oferece para prová-lo e se submete à Lei de Talião caso não o consiga.

No segundo tem-se a denúncia de uma pessoa por outra que não se propõe, contudo, a prová-lo e se recusa a envolver-se diretamente na acusação; mas alega que presta informação para o zelo da fé, ou em virtude de uma sentença de excomunhão prescrita pelo ordinário ou pelo vigário; ou em virtude do castigo temporal requerido pelo juiz secular para aqueles que deixam de prestar tal informação.

No terceiro tem-se a inquisição propriamente, ou seja, não se tem a presença de um acusador ou de um informante – apenas uma denúncia geral de que há bruxas em determinado lugar ou em determinada cidade. O juiz, portanto, deverá proceder não por solicitação de qualquer das partes, mas apenas pela obrigação que lhe é imposta pelo seu ofício.

Insista-se aqui que o juiz não deverá aceitar de pronto o procedimento do primeiro tipo. Em primeiro lugar, o procedimento não é acionado por razão de fé, nem é aplicável no caso das bruxas, por cometerem seus crimes em segredo. Mais ainda: é procedimento cheio de riscos para o acusador, em virtude da pena de talião em que incorrerá se não vier a provar a causa. Uma vez mais, portanto, o primeiro procedimento é muito litigioso.

Que o processo legal tenha início com uma citação geral afixada às paredes da igreja paroquial ou da entrada da cidade, nos seguintes termos:

Porquanto nós, o vigário de tal paróquia (ou o juiz de tal condado), empenhamo-nos com toda a nossa força e poder e com todo o nosso coração em preservar o povo cristão a nós confiado na unidade e na felicidade da Fé Católica e em mantê-lo afastado da peste de heresia abominável, viemos por intermédio deste aviso, para a glória e a honra do venerável nome de Jesus Cristo e para a exaltação da Santa Fé Ortodoxa, e para a eliminação da abominação da heresia, especialmente da professada por todas as bruxas em geral e por cada uma de qualquer condição ou estado (e aqui, em se tratando de juiz eclesiástico, deverá conclamar todos os sacerdotes e dignitários da Igreja daquela cidade e de um raio de 3,2 quilômetros, que porventura venham a ter conhecimento dessa notificação, para então prosseguir) pela autoridade que exercemos neste distrito, e em virtude da santa obediência e sob pena de excomunhão, viemos avisar, advertir, requerer e ordenar que no prazo de 12 dias (aqui o juiz secular deverá ordenar de acordo com as penalidades prescritas na sua localidade), dos quais os primeiros quatro corresponderão ao primeiro aviso, os segundos, ao segundo, e os terceiros, ao terceiro, e damos este tríplice aviso canônico para que, se alguém souber, tiver visto ou ouvido a respeito de pessoas consideradas hereges ou bruxas, ou de pessoas de que se suspeite terem causado males a homens, ao gado ou aos frutos da terra, em prejuízo do Estado, que nos venha revelar o caso. E aquele que não obedecer a essa ordem e a esse aviso revelando os casos no prazo mencionado fique sabendo (e aqui o juiz eclesiástico deve acrescentar) que será banido pela espada da excomunhão (e o juiz secular deverá acrescentar as penas temporais). Porquanto impomos doravante, por este documento, a sentença de excomunhão para todos aqueles que obstinadamente ignorarem o aviso canônico mencionado, e a nossa ordem de obediência, reservando-nos o direito, a nós tão somente, da absolvição da sentença (o juiz secular deverá concluir à sua maneira). Considerando etc.

Reparar também que no caso do segundo método há de se observar a seguinte precaução. Foi dito que o segundo procedimento de instauração de processo em nome da fé é por meio da denúncia em que o informante não se oferece para provar a sua declaração e não se dispõe a envolver-se na causa, só delatando por receio da excomunhão ou para o zelo da fé ou para o bem do Estado. O juiz secular, portanto, no aviso geral indicado, deverá especificar que ninguém incorrerá no risco de ser penalizado se não puder provar a denúncia feita, já que se apresenta como informante e não como acusador.

Assim, como diversas pessoas se apresentarão ao juiz, cumpre que tenha cautela e que proceda da seguinte maneira. Primeiro, que disponha de um tabelião e de duas testemunhas honestas, clérigos ou leigos; se não houver tabelião, que coloque os dois homens em seu lugar. Este assunto é tratado no c. *ut officium*, § *uerum*, lib. 6, onde está escrito: "Como convém proceder com grande cautela no julgamento de um crime de maior gravidade, a fim de que não se cometa erro na severidade da pena prescrita ao réu, desejamos e ordenamos que, no exame das testemunhas necessárias a esta empresa, sejam incluídas duas pessoas religiosas e prudentes, clérigos ou leigos."

E prossegue: "Na presença dessas pessoas, os depoimentos das testemunhas hão de ser fielmente anotados pelo oficial da justiça pública se disponível ou, caso contrário, por dois homens de bem. Reparar, portanto, que, contando com essas duas pessoas, o juiz deverá ordenar ao informante que preste as informações por escrito, ou que as dê ao menos verbalmente, com toda a clareza. E então o tabelião, ou o juiz, dá início ao processo da seguinte maneira:

Em Nome do Senhor. Amém.

No ano de Nosso Senhor de..........., no........ dia do................ mês, em minha presença, como tabelião, e na das testemunhas abaixo assinadas, à cidade de................., da diocese de.............., como acima, apresentaram-se às.............. perante o meritíssimo juiz e ofereceram-lhe um depoimento para os seguintes fins.

(E aqui entra o depoimento na sua totalidade. Mas se não tiver sido redigido por extenso e sim apenas verbalmente, há de prosseguir da maneira indicada adiante.)

Declarou o depoente, perante o juiz da cidade de..............., ou da paróquia de.........., na diocese de..............., saber de que modo a acusada realiza ou na realidade já causou prejuízos a si ou a outras pessoas.

Depois disso, há de fazer-se o depoente prestar juramento, da forma habitual, seja sobre os quatro Evangelhos do Senhor, seja sobre a cruz, elevando três dedos e abaixando outros dois em confirmação da Santíssima Trindade e da danação de seu corpo e de sua alma de que falará a verdade em seus depoimentos. Feito o juramento, será interrogado para esclarecer de que modo sabe serem verdadeiras as suas declarações, e se viu ou ouviu tudo aquilo que jura. E se disser que viu alguma coisa, como, por exemplo, que a acusada estava presente em determinado momento de uma tempestade, ou que tocou um animal, ou que entrou no estábulo, o juiz deverá indagar quando a viu, e onde, e quantas vezes e em presença de quem, compondo artigos separados para cada um desses itens. E o tabelião ou tabelião há de anotar a denúncia imediatamente, da seguinte maneira:

Esta denúncia foi feita, e foi feita sob juramento perante o Inquisidor, sobre os quatro Evangelhos etc., para que o depoente estivesse falando somente a verdade, havendo sido a ele perguntado de que modo soube ser verdade aquilo que declarou. Pode ter respondido que viu ou que ouviu. O Inquisidor então perguntou-lhe onde viu ou ouviu o que declarara; e o depoente declarou que no........... dia do mês.........., no ano........... na cidade ou na paróquia de.................. Indagado a respeito do número de vezes em que a acusada foi vista etc. E serão redigidos artigos separados para cada item. Há de ser indagado particularmente quem partilhou ou partilha do conhecimento do caso.

Depois disso, há de ser indagado se presta o depoimento por ódio, por rancor, ou por malevolência; ou se omitiu qualquer fato por favor ou por amor; ou se foi solicitado ou subornado para prestar as informações.

Por fim, há de ser avisado, por força de seu juramento, de manter sigilo de tudo o que lá declarou ou de tudo o que o juiz lhe disse; e todo o processo será formulado por escrito. Completado esse estágio, deverá seguir-se a seguinte conclusão. Isto foi feito no..............., aos........... dias do........... mês do ano de, na minha presença, como tabelião, ou na dos que a mim se associam na tarefa de redigir o processo, e na de tais testemunhas intimadas e interrogadas.

O terceiro método para dar início ao processo é o mais comum e o mais usual, por ser secreto, e nenhum acusador ou informante precisa aparecer. Mas quando há um relatório geral de bruxaria em alguma cidade ou paróquia, o juiz poderá proceder sem a citação ou o aviso geral antes mencionado, já que o rumor do aviso chega muitas vezes aos ouvidos das pessoas; e então, uma vez mais, ele pode dar início ao processo na presença das pessoas conforme antes indicamos.

Em Nome do Senhor. Amém.

No ano de Nosso Senhor de.........., no........... dia do........... mês, ou aos........... meses, chegou ao conhecimento do oficial ou juiz........... o boato persistente, de conhecimento público, de que..........., da cidade ou da paróquia de..........., fez ou disse .... que guarda o ressaibo de bruxaria, que vai de encontro à fé e ao bem comum do Estado.

O caso é então desenvolvido e redigido da forma já indicada. Ao final acrescentar:

Esse caso foi ouvido no........... dia do .... mês do ano..........., em minha presença, o tabelião da, ou o escrivão do..........., e na presença das testemunhas, que foram chamadas e interrogadas.

Antes, porém, de adentrarmos o artigo segundo, que trata do método para a condução dessa espécie de processo, cumpre dizer alguma coisa das testemunhas a serem examinadas, quantas devem ser e qual há de ser a sua condição.

QUESTÃO II

Do número de testemunhas.

Já que dissemos que no segundo método se há de registrar, por escrito, a evidência das testemunhas, é mister saber quantas devem ser e de que condição. A questão é saber se o juiz pode condenar licitamente qualquer pessoa por crime de heresia (por bruxaria) com base no depoimento absolutamente concordante de duas testemunhas apenas, ou se são necessárias mais de duas. Cumpre dizer não ser concordante o depoimento das testemunhas quando só o é parcialmente, ou seja, quando as testemunhas divergem no seu relato, mas concordam na sua substância ou no seu efeito. Noutras palavras: uma diz, por exemplo, que a ré "enfeitiçou minha vaca" e a outra diz que "enfeitiçou o meu filho" – a concordância se dá quanto ao fato da bruxaria.

Aqui, contudo, estamos interessados no caso de as duas testemunhas revelarem-se totalmente concordantes em seus depoimentos. E nesse caso a resposta é que, não obstante duas testemunhas pareçam ser suficientes para satisfazer o rigor da lei – pois a regra é que aquilo que for deposto sob juramento por duas ou três pessoas será considerado a verdade –, apesar disso, numa acusação desse tipo, duas testemunhas não parecem suficientes para assegurar o julgamento imparcial, levando em conta a atrocidade do crime em questão. Pois que a prova de uma acusação há de ser mais clara que a luz do dia; e assim há de ser, mormente no caso da grave acusação de heresia.

Por outro lado, é possível asseverar que muito pouca evidência se faz necessária numa acusação dessa natureza, visto que com pouquíssimos argumentos já se expõe a culpabilidade da pessoa acusada. No Cânon *de Haereticis*, 11º livro, diz-se que o homem se faz herege quando na mais insignificante das suas opiniões se desvia dos ensinamentos e do caminho da religião católica. Cumpre responder que tal é suficientemente verdadeiro no caso da presunção de uma pessoa ser herege, mas não no que tange à sua condenação. Porque, numa acusação dessa espécie, a ordem habitual do procedimento judicial é objetiva, já que a ré não vê as testemunhas prestarem juramento, nem sabe quem são, porque estariam assim expostas a grande perigo. Portanto, segundo a lei, não é permitido à prisioneira saber quem são os seus acusadores. Cumpre porém ao juiz, por força do cargo, inquirir sobre qualquer inimizade pessoal manifestada ou sentida pelas testemunhas para com a prisioneira: e tais testemunhas não poderão ser admitidas ou levadas em conta, como demonstraremos mais adiante. E quando as testemunhas prestam um depoimento confuso por algo que dependa de sua consciência, o juiz poderá submetê-las a um segundo interrogatório. Porque, quanto menor a oportunidade que a prisioneira tem de se defender, com maior diligência e critério há de conduzir o juiz o julgamento.

Portanto, embora haja duas testemunhas legítimas e concordantes em seus depoimentos contra determinada pessoa, mesmo assim não creio haver aí justificativa suficiente para que um juiz a condene por tão grave acusação. No entanto, se a prisioneira é acusada, por rumores, de malefício, há de ser estabelecido um período para a sua purgação. E se a ré se acha sob forte suspeita por causa do depoimento de duas testemunhas, o juiz deve fazê-la retratar-se da heresia, ou interrogá-la ou procrastinar a sentença. Pois não parece justo condenar uma pessoa de boa reputação por uma acusação tão grave com base no depoimento de apenas duas testemunhas, embora seja o contrário no caso de uma pessoa com má reputação. Esse assunto é tratado plenamente na Lei Canônica sobre os hereges, onde se estabelece que o bispo deve fazer com que três ou mais homens de boa reputação prestem o seu depoimento, sob juramento, a respeito da verdade sobre o caso, ou seja, se eles têm ou não conhecimento da existência de hereges em determinada paróquia.

Convém tornar a assinalar se o juiz pode condenar, imparcialmente, uma pessoa pelo crime de heresia com base no depoimento de testemunhas que divergem entre si, ou que simplesmente reforçam uma acusação geral. Cumpre responder que não, em qualquer dessas situações. Mormente porque, como dissemos, as provas, nesses casos, devem ser mais claras do que a luz do dia. Portanto, nessa causa em particular, ninguém pode ser condenado com base em evidências meramente de presunção. Logo, no caso da prisioneira que sofre de uma acusação geral, deve-se-lhe conceder um período de purgação. E no caso da que se acha sob forte suspeita de heresia, com base no depoimento das testemunhas, deve-se-lhe permitir a retratação do crime cometido. Todavia, quando os depoimentos são acordes em muitos fatos, apesar de certas discrepâncias, a matéria deverá ser submetida ao arbítrio do juiz, surgindo aí, de forma indireta, a questão de quantas vezes devem ser inquiridas as testemunhas.

QUESTÃO III

Do juramento solene e dos interrogatórios subsequentes das testemunhas.

Pois bem, cabe perguntar se o juiz pode obrigar as testemunhas a declarar a verdade sob juramento num caso relacionado à fé ou à bruxaria, ou se lhe é permitido interrogá-las várias vezes. A resposta é afirmativa, mormente no caso de juiz eclesiástico. Mais ainda: nos casos eclesiásticos, as testemunhas são obrigadas a prestar seus depoimentos sob juramento, caso contrário, sua declaração não terá qualquer validade. Prescreve a Lei Canônica: "O arcebispo ou o bispo podem fazer a circunscrição da paróquia onde há rumores sobre a existência de hereges e obrigar três ou mais homens de boa reputação, ou até mesmo, se bem lhe parecer, obrigar todos os moradores, a prestar depoimento. Se porventura qualquer pessoa, por obstinação condenável e infame, se recusar a depor sob juramento, há de, por esse motivo, ser considerada herege."

E o fato de que as testemunhas podem ser ouvidas várias vezes está indicado pelo texto canônico onde diz que, quando as testemunhas prestam depoimentos confusos ou contraditórios, ou quando parecem ter ocultado parte do que sabem por alguma razão, o juiz deverá ter o cuidado de examiná-las novamente. Portanto, trata-se de um procedimento legal.

QUESTÃO IV

Da qualidade e da condição das testemunhas.

Reparar que as pessoas sob sentença de excomunhão, os sócios e os cúmplices no mesmo crime, notórios malfeitores e criminosos, ou servos que prestam depoimento contra os seus amos são aceitos como testemunhas em causas relacionadas à fé. Assim como um herege pode depor contra outro herege, uma bruxa pode depor contra outra bruxa. Isso, porém, só em falta de outras provas, e mais: tais evidências só podem ser usadas pela promotoria, nunca pela defesa. O mesmo se há de dizer do depoimento da esposa, dos filhos e dos parentes da pessoa acusada. Pois que evidência dessa natureza tem mais valia em provar uma acusação do que em refutá-la.

Clara fica essa questão na passagem canônica, *in fidei de haer.*, onde está escrito: "Para a proteção da fé permitimos que, nos casos de inquirição sobre o pecado da heresia, pessoas sob a pena da excomunhão e parceiros e cúmplices dos acusados sejam admitidos como testemunhas, na ausência de outras provas contra os hereges e seus defensores, protetores e patronos; conquanto pareça provável não só pelo número de testemunhas, como por aquelas contra as quais dão depoimento, e por outras circunstâncias que não estejam prestando falso testemunho."

No caso do depoimento prestado por perjuros, quando se presume estejam falando por zelo da fé, cumpre considerar o que diz o Cânon, c. *accusatus* § *licet:* "a evidência de perjuros, depois de seu arrependimento, é admissível." Acrescenta em seguida: "Parece de fato que não falam por leviandade, nem por inimizade, tampouco por suborno, e sim pelo mais puro zelo da fé ortodoxa, no desejo de corrigir o que haviam declarado, ou no de revelar alguma coisa que haviam omitido, em defesa da fé, e se há de considerar válido o seu testemunho, tão válido como o de qualquer outra pessoa, conquanto não se criem objeções para tal."

E claro está, segundo o mesmo capítulo do Cânon, que se há de admitir o testemunho de homens de má reputação e de criminosos, e o de servos contra os seus amos. Pois está escrito: "Tamanho é o flagelo da heresia que, nas causas judiciais que envolvem esse crime, mesmo os servos são admitidos para depor contra seus amos, e qualquer criminoso poderá prestar depoimento contra qualquer pessoa."

QUESTÃO V

Se inimigos mortais podem ser admitidos como testemunhas.

Ora, caso se indague se o juiz pode aceitar inimigos mortais da pessoa acusada para prestar depoimento no caso, cumpre responder que não. No mesmo capítulo acima citado do Cânon está dito: "Nessa questão de acusação, entendei, nenhum inimigo mortal do acusado poderá ser admitido para depor." Henrique de Segúsio também ajuda a esclarecer a questão. Mas só se refere a inimigos mortais. Não se há de desqualificar uma testemunha por qualquer outra espécie de inimizade. Os inimigos mortais são caracterizados pelas circunstâncias seguintes: em caso de haver hostilidade mortal ou vendeta entre as partes, ou quando houve tentativa de homicídio, ou quando uma lesão ou ferimento de maior gravidade denota manifestamente a existência de ódio mortal por parte da testemunha contra a pessoa acusada. Nesses casos presume-se que, assim como a testemunha tentou causar a morte temporal do prisioneiro, ferindo-o, também tentará conseguir o seu intento acusando-o de heresia. E assim como desejou tirar-lhe a vida, deseja tirar-lhe a boa reputação. Portanto, o testemunho de inimigos mortais dessa natureza é desqualificado com justeza.

Mas existem outros graus sérios de inimizade – porque as mulheres são facilmente impelidas ao ódio – que não desqualificam totalmente uma testemunha, embora tornem o seu depoimento muito duvidoso, de sorte que não se há de dar crédito a suas palavras, salvo quando consubstanciadas por provas independentes e quando outras testemunhas dão provas indubitáveis sobre o caso. Cabe ao juiz indagar à ré se ela julga ter qualquer inimigo que seria capaz de acusá-la daquele crime por ódio, para que venha a ser condenada à morte. Em caso afirmativo, é mister que a acusada indique a pessoa. Caberá então ao juiz saber se a pessoa denunciada pela acusada assim já procedeu. Em caso afirmativo, o juiz deverá tomar conhecimento, mediante testemunhas válidas, da causa daquela inimizade e, se a evidência em questão não for consubstanciada por outras provas e pelos depoimentos de outras testemunhas, poderá então rejeitar a evidência. No entanto, se a acusada diz que espera não ter inimigos dessa espécie mas que andou envolvida em intrigas com outras mulheres, ou se diz que tem inimigos mas dá o nome de alguém que, talvez, nem tenha deposto naquele caso, mesmo que outras testemunhas declarem ter aquela pessoa prestado depoimento por motivo de inimizade, o juiz não rejeitará a evidência e a incluirá junto com outras provas.

Há alguns que não são suficientemente cuidadosos e prudentes e consideram que os depoimentos de mulheres briguentas devem ser rejeitados, já que quase sempre os prestam por ódio contra a acusada. Tais homens revelam-se ignorantes da sutileza e das precauções dos magistrados, falando e julgando como daltônicos. Tais precauções, no entanto, serão tratadas nas Questões XI e XII.

O SEGUNDO TÓPICO

QUESTÃO VI

De como se há de proceder ao julgamento e dar-lhe prosseguimento. De como são interrogadas as testemunhas (em presença de outras quatro pessoas). E dos dois modos de interrogar a acusada.

No que tange ao método para proceder ao julgamento de bruxas em causas de fé, cumpre observar, primeiro: são causas a serem conduzidas da maneira mais simples e mais sumária, sem os argumentos e as contenções dos advogados de defesa.

Essa questão é explicada no Cânon da seguinte maneira: "Acontece amiúde de instaurarmos um processo criminal a ser conduzido de maneira simples e direta, sem os impedimentos e as obstruções legais como sói acontecer com outras causas."

Ora, é grande a dúvida quanto à correta interpretação dessas palavras, e quanto ao modo de serem conduzidas tais causas. Nós, porém, com o intuito de dirimir quaisquer dúvidas, sancionamos, de uma vez e por todas, o seguinte procedimento como válido:

O juiz encarregado de tais causas não necessitará, para proceder ao julgamento, de nenhuma ordem judicial por escrito, nem exigirá que a causa seja contestada. Poderá, ainda, conduzir a causa nos feriados para conveniência do público. E deverá dar prosseguimento ao julgamento da forma mais sumária possível, desautorizando quaisquer exceções, apelos ou obstruções, quaisquer contenções impertinentes de defensores ou advogados e discussões entre as testemunhas, e por restrição na superfluidade no número de testemunhas. Mas sem que com isso venha a negligenciar das provas necessárias. Nem deve omitir a citação das testemunhas e o seu juramento para que digam e para que não ocultem a verdade.

E conforme dissemos, o processo, que há de ser conduzido de maneira simples, é iniciado à instância do acusador, ou de um informante motivado pelo zelo à fé, ou por causa de um boato ou rumor de conhecimento geral. O juiz, portanto, tentará evitar o primeiro método, qual seja, o da solicitação por parte do acusador. Pois que os atos criminosos das bruxas em conjunto com os Demônios são praticados em segredo, e o acusador, por esse motivo, não pode ter provas conclusivas da veracidade de seu depoimento. Caberá ao juiz, portanto, orientar a testemunha de acusação para que se manifeste e deponha apenas na qualidade de informante, já que em caso contrário corre grande risco de passar de acusador a acusado. Pode, portanto, proceder da segunda maneira, que é a comumente empregada, e também da terceira maneira, caso em que o processo é iniciado sem que haja solicitação de qualquer parte.

Cumpre reparar que já afirmamos que o juiz deve perguntar ao informante a respeito dos que partilham ou que talvez pudessem partilhar do conhecimento do caso. Assim o juiz poderá chamar para depor como testemunhas as pessoas apontadas pelo denunciante, as que pareçam ter maior conhecimento do problema, e seus nomes devem ser anotados pelo tabelião. Após isso o juiz – ciente do fato de que a supracitada denúncia de heresia acarreta, por sua própria natureza, gravíssima acusação que não pode ser ignorada, já que essa atitude implicaria ofensa à Majestade Divina e detração da Fé Católica e do Estado – há de tratar de informar-se e de interrogar as testemunhas da seguinte maneira.

Foi chamado o Sr. (Sra.), da cidade de..........., na condição de testemunha, para depor sob juramento. Interrogado se conhecia a acusada, respondeu afirmativamente. Interrogado de que modo a conhecera, declarou que a vira e com ela conversara em diversas ocasiões, ou que eram amigos (justificando destarte por que a conhece). Indagado há quantos anos a conhecia, respondeu que há dez ou mais anos. Ao ser perguntado a respeito da reputação da acusada, sobretudo em assuntos de fé, declarou tratar-se de pessoa de bons (ou de maus) princípios morais, mas que no que concerne à fé ouviu-se em determinado lugar um boato de que ela fazia uso de certas práticas contrárias à fé, como feiticeira (ou como bruxa). Indagado sobre qual era esse boato, esclareceu. E se tinha ouvido ou visto a pessoa praticar tais atos, respondeu que sim. Perguntado onde a acusada faz uso de tais práticas, respondeu ter sido em tal lugar. E perguntado na presença de quem, disse que na presença de tais e tais pessoas.

Foi, ademais, interrogado se parentes da acusada já foram queimados como bruxas, ou se eram considerados suspeitos, respondeu............ Indagado se a acusada se associava a bruxas suspeitas, respondeu que........... Indagado sobre a forma de a acusada praticar tais atos e dos motivos para tal, explicou........... Indagado se achava ter a prisioneira usado de tais e tais palavras impensadamente, irrefletidamente, despropositadamente ou, pelo contrário, com deliberada intenção, respondeu que................

Perguntado, ainda, de que modo conseguiu identificar o motivo da acusada, respondeu que o descobriu por ter ela falado rindo.

Essa é uma matéria que precisa ser inquirida muito diligentemente, pois, não raro, as pessoas usam palavras citando uma outra pessoa, ou por simples irritação, ou para verificar a opinião de outras pessoas. Embora, em outras ocasiões, as utilizem com intenção deliberada.

Foi perguntado, ainda, se prestava esse depoimento por ódio ou por rancor, ou se omitiu qualquer informação por favor ou por amor, tendo respondido que........... Após depor, foi ao depoente ordenado que guardasse sigilo. O depoimento foi tomado em tal lugar, no dia tal e na presença das seguintes testemunhas, convocadas e interrogadas, e da minha presença, tabelião ou escrivão.

Aqui é preciso frisar que nesse interrogatório faz-se mister a presença de pelo menos cinco pessoas: o juiz que o preside, a testemunha ou informante, a ré ou acusada, que será trazida depois, e o tabelião ou escrivão. Quando não houver tabelião, o escrivão deverá admitir um outro homem honesto, e estes dois farão as vezes do tabelião. Tal é a conduta prescrita pela autoridade apostólica, conforme já indicamos, ou seja, que nessa espécie de causa dois homens de boa reputação devem desempenhar, por assim dizer, o papel de testemunhas dos depoentes.

Também é preciso atentar que ao chamar a testemunha para depor esta deverá prestar juramento da forma antes mencionada, caso contrário seu depoimento não será válido.

Da mesma forma as demais testemunhas serão interrogadas. Posto o quê, o juiz haverá de decidir se o crime se encontra devidamente provado. E se não completamente, se há grande indicação e forte suspeita de sua veracidade. Observe-se que não falamos de suspeita leve, oriunda de conjeturas superficiais, mas de um boato persistente de que a acusada tem praticado bruxaria contra crianças, animais etc. Então, se o juiz recear pela não condenação da acusada, há de colocá-la sob custódia, caso contrário poderá chamá-la para o interrogatório. Mas, coloque-a ou não sob custódia, deve primeiro ordenar que o domicílio da ré seja vasculhado, em todos os seus recessos, e todos os instrumentos de bruxaria encontrados devem ser afastados. Feito isso, o juiz há de confrontar todas as acusações sobre a acusada bem como todas as provas oferecidas pelas testemunhas e, em presença do tabelião, conforme antes, fará a ré jurar pelos Quatro Evangelhos do Senhor que há de falar a verdade a seu próprio respeito e a respeito dos outros. E seu depoimento será tomado e anotado da seguinte maneira.

O exame geral de uma bruxa ou feiticeira: a primeira ação ou etapa.

A ré..........., da cidade de..........., jura pelos quatro Evangelhos de Deus falar a verdade a seu respeito e a respeito de outros, e dizer a verdade ao declarar a sua procedência e origem. (De tal cidade da diocese de...........) Indagada a respeito de seus pais, declara estarem vivos (ou mortos) e que podem ser encontrados em tal lugar.

Perguntada a respeito da morte dos pais, se por causa natural ou pelo fogo, respondeu que........... (Essa questão é aqui formulada porque, conforme indicamos na Parte II desta obra, as bruxas, em geral, oferecem os filhos aos Demônios e amiúde toda a prole é contaminada; e quando o informante em seu depoimento faz menção a esse fato e a própria bruxa o nega, faz levantar mais as suspeitas a seu respeito.)

Perguntada onde nasceu e onde viveu a maior parte de sua vida, respondeu ter sido em........... E se parecer que mudou de domicílio por que, talvez, sua mãe ou qualquer de seus parentes não era suspeito, e que viveu em distritos distantes, especialmente naqueles mais frequentados por bruxas, deverá ser apropriadamente indagada.

Perguntada por que se mudou de sua terra natal e foi viver em tal e tal lugar respondeu que........... Perguntada se nos mencionados lugares ouviu qualquer conversa de bruxas, tais como o desencadeamento de tempestades, ou o enfeitiçamento do gado, ou a privação das vacas de seu leite, ou de qualquer dos atos de que é acusada, respondeu que sim (ou que não). Em caso afirmativo, indagar sobre o que ouviu, sendo anotada toda a sua resposta. Em caso negativo, deve ser perguntada se acredita na existência de bruxas, e se as coisas mencionadas julga poderem ser realizadas, tais como se tempestades podem ser provocadas ou se homens ou animais podem ser enfeitiçados.

Reparar que, na maioria das vezes, as bruxas negam tais coisas a princípio. Portanto, a negativa gera maior suspeita do que se responderem que preferem deixar para um julgamento superior responder pela existência ou não de tais coisas. Assim, se negarem, deve-se-lhes indagar: "Então, ao serem queimadas, são as bruxas inocentemente condenadas?" Ao que a acusada deverá responder necessariamente.

Do exame particular da acusada.

Cuide o juiz para não protelar o interrogatório seguinte, que o faça de imediato. Que pergunte à bruxa por que as pessoas a temem, ou se sabe que é difamada ou odiada, e por que ameaçou determinada pessoa dizendo: "Não hás de cruzar por mim com impunidade." E que se transcreva a sua resposta.

Pergunte-se-lhe, então, que mal aquela pessoa lhe fez para que ela a ameaçasse com malefícios. Cumpre atentar que essa pergunta é importante para chegar-se à determinação da causa da inimizade, porque, ao cabo, a acusada alegará que o informante a denunciou por inimizade; no entanto, quando esta não for de natureza mortal, só uma intriga entre mulheres, não invalida a acusação. Por ser esse um costume comum entre bruxas, o de fomentar a inimizade entre si por palavras e por atos, como, por exemplo, quando uma pede emprestado determinada coisa a outra e se não lhe der, destruirá o seu jardim, ou coisa semelhante, a fim de criar uma ocasião para os atos de bruxaria; e se manifestam ora por palavras, ora por atos; já que são compelidas a assim proceder pela solicitação dos Demônios, para que assim os pecados dos juízes sejam agravados enquanto a bruxa continua sem punição.

Pois repare-se que não fazem tais coisas na presença de outras pessoas, de sorte que se o informante desejar contar com outras testemunhas, não poderá. Reparar também que elas são instigadas pelos Demônios, conforme descobrimos pelos depoimentos de muitas bruxas que depois foram queimadas. De sorte que, não raro, se veem obrigadas a operar bruxarias contra a própria vontade.

Além disso, cumpre indagar à acusada de que modo se pode produzir o efeito a partir daquelas ameaças, de forma que a vítima, uma criança ou um animal, seja rapidamente enfeitiçada. E a essa pergunta a acusada há de responder. Perguntar em seguida: "Por que disseste que ele nunca mais teria um dia sequer com saúde? Foi isso o que ocorreu?" Se a resposta for negativa, que se lhe pergunte a respeito de outros feitiços, alegados por outras testemunhas a respeito do gado ou de crianças. Indagada por que foi vista nos campos ou no estábulo junto ao gado, tocando-os, como às vezes é o seu costume, respondeu.......

Indagada por que tocou numa criança, que depois adoeceu, respondeu........... Foi também perguntada o que fazia nos campos por ocasião de tal tempestade, e assim também no que concerne a outros assuntos. Por que, tendo uma ou duas vacas, obteve mais leite do que seus vizinhos, que tinham quatro ou seis. Uma vez mais, que lhe seja perguntado por que persiste no estado de adultério ou de concubinato. Pois que, embora tal questão não seja pertinente à causa, tais matérias engendram mais suspeita do que no caso de uma mulher casta e honesta que veio ao banco dos réus.

E repare-se que há de ser continuamente interrogada a respeito dos depoimentos contra ela prestados, para ver se sempre retorna às mesmas respostas ou não. E depois de terminado esse interrogatório, que sejam suas respostas, negativas, afirmativas ou ambíguas, registradas da forma antes indicada.

QUESTÃO VII

Onde são dirimidas várias dúvidas a respeito das questões precedentes e das respostas negativas. Se a acusada deve ficar presa e quando há de ser considerada manifestamente indiciada no crime hediondo de bruxaria e de heresia. A segunda etapa ou ação.

Cumpre indagar primeiro o que se há de fazer quando, como sói acontecer, a acusada nega todas as acusações. O juiz, nessa eventualidade, tem três pontos a considerar, quais sejam, a sua má reputação, a evidência dos fatos e o depoimento das testemunhas. Cumpre verificar se esses três elementos são concordantes entre si. E, como muitas vezes é o caso, se não o são – já que as bruxas são diversamente acusadas de atos diferentes cometidos em algum povoado ou cidade –, mas as provas são por demais notórias, como quando uma criança foi prejudicada por bruxaria, ou quando um animal foi lesado ou privado de seu leite e as testemunhas prestaram depoimentos essencialmente coerentes – embora guardassem algumas discrepâncias (quando uma declara que ela enfeitiçou o seu filho, outra, a sua vaca, uma terceira meramente atesta a sua má reputação, e assim por diante) – quanto ao fato da bruxaria, e, demais, a acusada é suspeita de ser uma bruxa, não obstante tais testemunhas não serem suficientes para justificar a condenação sem o boato da má reputação ou mesmo com ele, conforme foi demonstrado ao fim da Questão III, mesmo assim, levando em conta as provas tangíveis e visíveis dos fatos, o juiz pode, em consideração a esses três pontos em conjunto, decidir que a acusada incidiu, não sob forte ou grave suspeita (a ser elucidada mais adiante) manifestamente na heresia de bruxaria. Conquanto as testemunhas sejam válidas e não tenham prestado depoimento por inimizade, e um número suficiente delas, digamos seis, oito ou dez, tenham prestado depoimentos concordantes sob juramento. Assim, de acordo com a Lei Canônica, o juiz deverá submeter a acusada ao castigo, tenha ou não confessado o crime, o que é provado da seguinte maneira.

Conforme dissemos, quando todos os três elementos são concordantes entre si, se há de considerar a acusada culpada do crime de heresia, embora para tal não haja necessidade de absoluta concordância entre os três, apenas que nesse caso a prova será mais evidente. Pois basta uma instância das duas circunstâncias seguintes para reputar uma pessoa como herética, quais sejam, a evidência dos fatos e o depoimento de testemunhas legítimas. E muito mais quando essas duas circunstâncias são concordantes.

Quando os juristas perguntam de quantas maneiras pode uma pessoa ser considerada manifestamente herética, respondemos que de três maneiras, conforme explicou São Bernardo. Esse assunto foi anteriormente tratado, na Questão I, ao início desta obra, qual seja, ao tratarmos da prova do fato quando o indivíduo prega publicamente a heresia. Mas aqui consideramos a prova concreta quando o acusado declara publicamente: "Hás de perder a saúde", ou frase semelhante, a que se segue o efeito vaticinado. Os outros dois modos são o da prova legítima do caso por testemunhas e, o terceiro, o da própria confissão. Portanto, se cada uma dessas provar for suficiente para tornar a pessoa manifestamente suspeita, muito mais há de ser quando a reputação do acusado, a prova concreta e os depoimentos das testemunhas apontam, todos, para a mesma conclusão. Cumpre ressaltar que São Bernardo fala de um fato evidente, enquanto nós aqui falamos da prova do fato. Isso se dá, no entanto, porque o Diabo não opera abertamente, mas sim em sigilo. Logo, os males e os instrumentos da bruxaria identificados constituem a prova do fato. Enquanto que noutras heresias basta um fato evidente para provar a culpabilidade do acusado, aqui reunimos as três provas.

Em segundo lugar, fica dessa forma provado que a pessoa assim incriminada há de ser punida de acordo com a lei, mesmo que negue a acusação. Porque o indivíduo indiciado pela prova do fato, ou pelo depoimento de testemunhas, confessará ou não o seu crime. Se o confessar e se revelar impenitente, será encaminhado ao braço secular para sofrer da penalidade capital de acordo com o capítulo *ad abolendam*, ou será condenado à prisão perpétua, segundo prescreve o capítulo *excommunicamus*. Mas se não o confessar, e se o negar obstinadamente, será entregue ao Tribunal Civil para que seja punido de forma adequada, conforme mostra Henrique de Segúsio na sua *Summa*, ao tratar da forma de proceder legalmente com hereges.

Portanto, conclui-se que o mais justo é quando o juiz procede da maneira indicada, através dos interrogatórios e dos depoimentos das testemunhas, já que, conforme dissemos, lhe é permitido nessa espécie de causa conduzir o processo de forma abreviada e sumária. E convém confinar a acusada na prisão por algum tempo, ou por alguns anos, caso em que, talvez, depois de padecer por um ano das misérias do cárcere, venha a confessar os crimes cometidos.

Porém, para que não pareça que o juiz decretou a sentença precipitadamente, e para demonstrar que procedeu com equidade, indaguemos a respeito do que deve ser feito a seguir.

QUESTÃO VIII

Que decorre da questão precedente. Se deve a bruxa ser aprisionada e do método para capturá-la. Eis a terceira ação do juiz.

O que se pergunta é se, depois de negar a acusação, a bruxa deve ser mantida sob custódia na prisão quando as três condições supracitadas, a saber, sua reputação, a prova do fato e os depoimentos das testemunhas, são concordantes; ou se deve ser dispensada sob custódia para que possa ser novamente chamada e interrogada. Sobre tal questão colocam-se três opiniões.

Em primeiro lugar, segundo alguns, a bruxa deveria ser mandada para a prisão e não deveria de forma alguma ser dispensada sob fiança. Esteia-se esta opinião no raciocínio desenvolvido na questão precedente, a saber, que ela deve ser considerada manifestamente culpada quando os três elementos que a condenam estão em acordo.

Outros são da opinião de que antes de ser aprisionada ela pode ser dispensada sob fiança, de sorte que se vier a fugir poderá ser considerada culpada. No entanto, depois de ser aprisionada em virtude das respostas negativas, não poderá ser mais dispensada sob qualquer condição ou sob fiança, ou seja, quando as três condições antes mencionadas forem concordantes, porque, naquele caso, não poderia subsequentemente ser sentenciada e punida com a morte. Isso, declaram, é o costume geral.

A terceira opinião é a de que não se pode estabelecer nenhuma regra rígida, e sim se há de deixar ao juiz que aja de acordo com a gravidade da matéria, conforme mostrado pelo depoimento das testemunhas, pela reputação da ré, pela evidência dos fatos e pelo grau de concordância desses três elementos entre si; ademais, o juiz há de seguir os costumes do país. E os que sustentam essa opinião concluem dizendo que se não se conseguir fiadores de boa reputação e confiáveis e se se suspeitar de que a acusada contempla a fuga, há de ser colocada no cárcere. Essa terceira opinião parece ser a mais razoável, desde que para tal se observe o procedimento correto, o qual consiste em três etapas.

Primeiro, a sua casa há de ser vasculhada do modo mais detalhado possível, em todos os buracos, cantos e arcas, em cima e embaixo; e se for bruxa conhecida, então, sem dúvida, a menos que os tenha previamente escondido, serão encontrados vários instrumentos de bruxaria, conforme demonstramos anteriormente.

Segundo, se ela tiver serva, criada ou damas de companhia que permaneçam caladas, pois, embora não sejam acusadas, presume-se que nenhum dos segredos da acusada lhes tenha sido ocultado.

Terceiro, ao ser capturada, se o for em casa, que não se lhe dê tempo para ir ao próprio quarto; pois as bruxas têm o hábito de se proteger dessa forma, trazendo consigo algum objeto ou força de magia que lhes confere a faculdade de se manter em silêncio durante o interrogatório.

Surge aí a questão do método empregado por alguns para capturar bruxas – se é lícito ou não mantê-la suspensa do chão (o que é feito pelos oficiais de justiça) e carregá-la numa cesta ou numa tábua para que não possa mais pisar no chão. A isso pode-se responder mediante a opinião dos canonistas e de certos ideólogos que afirmam ser lícito por três motivos. Primeiro, porque, conforme se demonstrou nas considerações gerais desta Parte III, claro fica segundo pensam muitas autoridades, sobretudo certos doutores de quem ninguém ousaria duvidar, como Duns Scotus, Henrique de Segúsio e Godofredo de Fontaines, que é lícito combater a futilidade com a futilidade. Também ficamos sabendo pela experiência e pela confissão das bruxas que quando são assim carregadas perdem o poder de guardar o silêncio sob exame com mais frequência: de fato muitas que estavam prestes a serem queimadas pediam para que pudessem ao menos encostar um dos pés no chão; e quando isso lhes era negado e lhes indagava por que queriam fazê-lo, respondiam que se pudessem tocar no chão conseguiriam se libertar, fulminando muitas outras pessoas com raios.

Segundo, demonstrou-se claramente na Parte II desta obra que as bruxas perdem todo o seu poder quando caem nas mãos da justiça pública, ou seja, com relação ao passado; mas com relação ao futuro, a menos que recebam do Demônio renovados poderes para manter-se caladas, confessarão todos os crimes cometidos. Portanto, digamos com São Paulo: "O que quer que façamos mediante palavras ou atos, que tudo façamos em nome do Senhor Jesus Cristo." E se a bruxa for inocente, essa forma de captura não a prejudicará.

Terceiro, segundo os Doutores, é lícito combater a bruxaria com meios vãos; pois que todos concordam nesse ponto, embora divirjam quanto à questão de quando tais meios vãos podem também ser ilícitos. Portanto, quando Henrique de Segúsio afirma ser lícito opor uma futilidade com outra futilidade, está se referindo aos meios vãos, não aos meios ilícitos. Logo, lícito há de ser combater as bruxarias, obstruindo-as; e é a essa obstrução a que a passagem se refere, não a qualquer prática ilícita.

Deixe o juiz atentar também para o fato de haver duas espécies de aprisionamento: um consiste na punição infligida aos criminosos, mas o outro consiste tão somente na custódia em casa de detenção. E essas duas modalidades são citadas no capítulo *multorum querela*; portanto, a bruxa deverá ficar ao menos sob custódia na prisão. Mas se estiver sendo acusada de crime de menor gravidade, e se não tiver má reputação, e não há prova de obras suas contra crianças ou animais, então poderá ser mandada de volta para casa. Entretanto, como certamente se associava a bruxas e conhece os seus segredos, deverá conseguir testemunhas da verdade; e se assim não proceder, estará obrigada por juramentos e por penas a permanecer em casa, salvo se intimada ao contrário. Entretanto, os ou as serviçais a que nos referimos acima deverão ficar sob custódia, não obstante sem punição.

QUESTÃO IX

Que trata do que há de ser feito depois da captura e se a acusada deve ter conhecimento do nome das testemunhas. Eis a quarta ação.

Há duas questões a serem consideradas depois da captura, embora caiba ao juiz decidir qual deverá ser conduzida em primeira instância: quais sejam, a questão de permitir-se à acusada ser defendida e se deve ser examinada na câmara de tortura, embora não necessariamente para que seja torturada. Só se permite a defesa quando é feita solicitação direta; quanto à segunda questão, apenas quando a criadagem e as damas de companhia, caso as tenha, tiverem sido, primeiro, examinadas na própria casa.

Mas prossigamos na ordem acima mencionada. Se a acusada alegar inocência e acusação falsa, e se desejar ver e ouvir os acusadores, é então sinal de que está solicitando defesa. Mas fica em aberto se o juiz é obrigado a apresentar-lhe os depoentes e colocá-los em confronto face a face. Saiba o juiz que não é obrigado seja a tornar conhecidos os nomes dos depoentes, seja a trazê-los perante a acusada, a menos que os mesmos, por livre e espontânea vontade, se ofereçam para prestar depoimento em presença da acusada. E é por causa do perigo incorrido pelos depoentes que o juiz não está obrigado a assim proceder. Pois que, embora os papas tenham tido diversas opiniões a respeito do assunto, nenhum deles declarou que em caso dessa natureza o juiz é obrigado a tornar conhecido da acusada o nome dos acusadores (embora aqui não estejamos tratando do caso de um acusador). Pelo contrário, alguns têm defendido que em nenhum caso ele assim deva proceder, enquanto outros já considerem que assim deveria ser, em determinadas circunstâncias.

Mas, por fim, Bonifácio VIII decretou o seguinte: se, em caso de heresia, parecer ao bispo ou ao Inquisidor que as testemunhas ou os informantes incorreriam em grave perigo em virtude dos poderes das pessoas contra as quais prestam depoimento, caso o seu nome viesse a se tornar público, não deverá publicá-lo. Mas se não houver perigo, os nomes devem ser tornados públicos exatamente como em outros casos.

Cumpre aqui observar que tal não se refere só a um bispo ou a um Inquisidor, mas a qualquer juiz que conduza um julgamento de bruxas com o consentimento do Inquisidor ou do bispo; pois, conforme se mostrou na questão introdutória, podem esses delegar essa responsabilidade a um juiz. De forma que qualquer juiz que tenha recebido o encargo, mesmo que seja secular, tem a autoridade do papa, e não apenas do imperador.

Ademais, o juiz diligente atentará para os poderes dos acusados, os quais são de três tipos, a saber, o poder do berço e da família, o poder das riquezas e o poder da malícia. O último há de ser mais temido que os outros dois, já que acarreta maior perigo para os acusadores caso o seu nome se torne conhecido. A razão para isso ser mais perigoso é tornar conhecidos da acusada os nomes das testemunhas quando a acusada é pobre, porque é alguém com muitos cúmplices malignos, como bandidos e homicidas, a ela associados, que nada têm a perder, além da própria vida, o que não é o caso com os que são de berço nobre ou ricos, com abundância de posses temporais. E a espécie de perigo que se há de temer é explicada pelo papa João XXII, é o da morte ou supressão, própria ou da prole, ou da família, ou o consumo da própria substância, ou alguma coisa dessa natureza.

Ademais, que o juiz saiba que, ao agir nessas matérias com a autoridade do supremo pontífice e com a permissão do ordinário, tanto ele quanto os que participam dos depoimentos, ou, depois, por ocasião da decretação da sentença, devem manter o nome das testemunhas em sigilo, sob pena de excomunhão. E cabe ao bispo assim puni-los caso procedam ao contrário. Portanto, há este de avisá-los, de forma implícita, para que não sejam revelados os nomes desde o princípio do processo.

E o decreto acima mencionado do papa Bonifácio VIII prossegue dizendo: "E para que o perigo aos acusadores e às testemunhas possa ser controlado de forma mais eficaz, e para que o inquérito seja conduzido com maior cautela, permitimos, pelas autoridades desse estatuto, que o bispo ou os Inquisidores (ou, como já dissemos, o juiz) devem proibir todos os envolvidos no processo de revelar sem sua permissão quaisquer segredos que tiverem sabido pela boca dos bispos ou dos Inquisidores, sob pena de excomunhão em que incorrerão caso violem tais sigilos."

Cumpre ainda notar que assim como é ofensa passível de punição tornar públicos os nomes das testemunhas de acusação, também o é ocultá-los sem um bom motivo, por exemplo, das pessoas que têm o direito de conhecê-los, como os advogados e os assessores cuja opinião há de ser ouvida para que se chegue a uma sentença; da mesma forma os nomes não devem ser ocultados quando é possível publicá-los sem risco ou sem qualquer perigo para as testemunhas. A esse respeito, o decreto mencionado diz o seguinte, mais ao final: "Determinamos que em todos os casos o bispo ou os Inquisidores hão de tomar cuidado especial a fim de não suprimirem os nomes das testemunhas como se estivessem em grande perigo quando na verdade estão em perfeita segurança, nem de proceder ao contrário, tornando-os públicos quando há tal ameaça, ficando a decisão a respeito a cargo de sua consciência e juízo." E foi escrito em comentário a estas palavras: "Quem quer que seja o juiz nesses casos, que grave bem estas palavras, pois não se referem a pequenos riscos mas a graves perigos; portanto, que não prive um prisioneiro de seus direitos legais sem causa justa, pois aí estar-se-ia incorrendo em nada mais que numa ofensa ao Todo-Poderoso."

O leitor precisa reparar que todo o processo que já descrevemos, e tudo o que ainda temos para descrever, até os métodos de lavrar a sentença (salvo a pena de morte), que se acha na província do juiz eclesiástico, pode também, com o consentimento dos diocesanos, ser conduzido por um juiz secular. Portanto o leitor não tem por que encontrar dificuldade no fato de que o decreto acima fale de um juiz eclesiástico e não de um juiz secular, pois o último pode adotar o seu método de infligir a sentença de morte daquele do ordinário ao lavrar a sentença penal.

QUESTÃO X

Que trata da espécie de defesa que se pode permitir e da indicação de um advogado. Eis a quinta ação.

Se, portanto, a acusada solicitar defesa, como se poderá assim proceder quando os nomes das testemunhas são mantidos em completo sigilo? Cabe declarar que três considerações devem ser observadas ao admitir-se a defesa. Primeiro, que se indique um advogado para a acusada. Segundo, que os nomes das testemunhas não venham a ser conhecidos pelo advogado, mesmo sob juramento de sigilo, mas que este saiba de tudo o que se acha contido nos depoimentos. Terceiro, a acusada há de receber, na medida do possível, o benefício da dúvida, desde que isso não envolva um escândalo à fé, ou seja prejudicial à justiça, conforme se mostrará. E de forma semelhante o procurador judicial do prisioneiro terá pleno acesso a todo o processo, só sendo suprimidos os nomes das testemunhas e dos depoentes; e o advogado poderá também agir em nome do procurador.

Quanto ao primeiro desses pontos: deve ser observado que o advogado não é indicado segundo a vontade da acusada de sorte a poder escolher qual o que melhor lhe conviria; o juiz há de ter grande cautela ao indicá-lo: que não seja um homem litigioso ou malévolo, nem que seja facilmente subornado (como muitos o são), mas homem honrado que não se vincule a qualquer tipo de suspeita.

E o juiz há de atentar para quatro pontos, e se o advogado atender a eles lhe será permitido defender, mas não em caso contrário. Em primeiro lugar, o advogado deve examinar a natureza do caso, e então, se achar que é conveniente e justo, poderá aceitá-lo, mas se o achar injusto deverá recusá-lo e deverá ter muita cautela para não aceitar um caso injusto ou desesperado. Mas se, inadvertidamente, aceitou a causa, e também os honorários, e descobre durante o processo que o caso está perdido, deverá então informar à acusada (ou seja, à cliente) que vai abandonar a causa, e há de devolver os honorários que recebeu. Essa é a opinião de Godofredo de Fontaines, que se acha em absoluta conformidade com o Cânon *de jud.* I, *rem non novam.* No entanto, Henrique de Segúsio defende ponto de vista oposto a respeito da restituição dos honorários nos casos em que o advogado já tenha trabalhado duramente. Consequentemente, se o advogado aceitou deliberadamente defender prisioneira que sabe ser culpada, estará sujeito a pagar os custos e as despesas (*de admin. tut.* I, *non tamen est ignotum*).

O segundo ponto a ser observado é que na defesa da acusada deverá conduzir-se convenientemente em três aspectos. Primeiro, seu comportamento deverá ser reservado e desprovido de prolixidades e de oratória pretensiosa. Segundo, deverá ser fiel à verdade, evitando trazer à baila quaisquer argumentos ou raciocínios falaciosos, ou chamando falsas testemunhas ou apresentando sofismas e evasivas legais se for advogado habilidoso, ou trazendo contra-acusações; especialmente nos casos dessa espécie, que hão de ser conduzidos da forma mais simples e mais sumária possível. Terceiro, seus honorários serão determinados pelos costumes do distrito.

Mas retornemos ao ponto. O juiz precisa deixar claras tais condições ao advogado, e por fim adverti-lo para não incorrer na incumbência da defesa de heresia, que o deixaria sujeito à excomunhão.

E não é argumento válido declarar ao juiz que não está defendendo o erro, mas a pessoa. Pois lhe é vedado, seja de que forma for, conduzir a defesa e impedir a condução simples e sumária do caso, pois assim estará procedendo se introduzir quaisquer complicações ou apelos dessa natureza: todas são atitudes terminantemente proibidas. Pois é notório que ele não está defendendo o erro; porque, nesse caso, seria mais gravemente culpado que as próprias bruxas, e mais um heresiarca que um mago herético. Todavia, se indevidamente defende uma pessoa já suspeita de heresia, torna a si próprio um defensor daquela heresia, e lança sobre si mesmo não uma suspeita leve, mas uma grave suspeita, segundo a modalidade de sua defesa; e deverá abjurar publicamente a heresia defendida perante o bispo.

Desenvolvemos o assunto com certa extensão, o que não deve ser esquecido pelo juiz, em virtude do grande perigo que pode surgir da condução indevida da defesa por um advogado ou procurador. Portanto, quando houver qualquer objeção ao advogado, o juiz deverá dele prescindir e proceder de acordo com os fatos e as provas. Mas quando o advogado não manifestar qualquer objeção, e for homem zeloso e devoto da justiça, então o juiz poderá revelar-lhe os nomes das testemunhas, sob juramento de sigilo.

QUESTÃO XI

Que procedimentos o advogado deverá adotar quando os nomes das testemunhas não lhe forem revelados. A sexta ação.

Cabe indagar: o que, então, há de fazer o advogado, como procurador da acusada, quando nem um, nem outro tem acesso aos nomes das testemunhas, embora a acusada queira saber quem são? Respondemos que ele deve obter informações do juiz sobre todos os aspectos da acusação, que terão de lhe ser dadas à sua solicitação, só sendo omitidos os nomes das testemunhas; e com essas informações deverá procurar a acusada e, se a matéria envolver ônus de grande gravidade, deverá exortá-la a ter o máximo de paciência.

E se a acusada tornar a insistir em saber os nomes das testemunhas, ele poderá responder-lhe da seguinte maneira: "Podes adivinhar pelas acusações que lhe são feitas quem são as testemunhas." Pois uma criança ou um animal assim e assim foram enfeitiçados; ou a tal mulher ou a tal homem, por lhe terem recusado dar o que lhes foi pedido, disseste: "Saberão que teria sido melhor atenderem a meu pedido", e alegam que, em consequência de tais palavras, um deles repentinamente adoeceu; e fatos são provas mais fortes que palavras. E sabes que tens má reputação, e que por muito tempo suspeita-se que venhas fazendo bruxaria contra muitos homens. E, ao falar dessa maneira, poderá por fim induzi-la a entrar por uma linha de defesa em que alega que fizeram tal acusação por motivo de ódio; ou então poderá dizer: "Confesso que disse isso, mas não com a intenção de prejudicar ninguém."

Portanto, o advogado deverá, primeiro, colocar perante o juiz e seus assessores essa alegação de inimizade pessoal, e o juiz há de investigá-la.

E se descobrir ser caso de inimizade mortal, por já ter havido tentativa de assassinato ou assassinato de fato pelos maridos ou parentes das partes, ou por alguém de uma das partes já ter sido acusado de crime pela outra parte, fazendo-o cair nas mãos da justiça pública, ou que sérios ferimentos já resultaram de brigas e querelas entre ambas; então o juiz correto e prudente consultará com seus assessores quem era das partes a agressora, se a acusada ou os depoentes. Pois se, por exemplo, o marido ou os amigos da acusada denunciaram injustamente os amigos do depoente, se não houver provas do fato de terem sido enfeitiçados crianças ou animais ou homens, e se não houver outras testemunhas, e a acusada nem mesmo é costumeiramente suspeita de bruxaria, nesse caso presume-se que os depoimentos lhe foram lançados por motivo de vingança, e ela deverá ser considerada inocente e dispensada livremente, depois de ser devidamente advertida para não tentar vingança, da forma que habitualmente procedem os juízes.

O seguinte caso pode ser relatado. O filho de Catarina, ou ela própria, é enfeitiçado, ou então ela sofre grande perda de cabeças de gado; e ela suspeita da acusada porque o marido ou os irmãos previamente haviam feito uma acusação injusta contra ela ou seu próprio marido ou irmão. Aqui dupla é a causa da inimizade por parte da depoente, tendo a sua raiz em seu próprio enfeitiçamento e na acusação injusta contra o marido ou o irmão. Seu depoimento deve ou não ser rejeitado? De certo ponto de vista parece que deveria, pois que a denúncia é feita por inimizade; de outro ponto de vista, não, por haver provas do fato de bruxaria.

Respondemos que se nesse caso não existem outros depoentes, e a acusada nem sequer se acha sob suspeita pública, então não se deve aceitar os depoimentos, que deverão ser rejeitados; mas se a acusada é suspeita, e se o mal não decorre de causas naturais e sim de bruxaria (e mostraremos depois como se faz essa distinção), a acusada estará sujeita à purgação canônica.

Outra pergunta cabível: se os outros depoentes devem prestar testemunho de provas do fato na condição de o terem experimentado em si próprios ou em outros, ou se basta a reputação pública da acusada. Respondemos que se derem provas do fato, tanto melhor. Mas se derem provas tão somente de sua reputação geral, e nada mais, então, embora o juiz deva rejeitar aquele depoente com base em inimizade pessoal, deverá considerar as evidências do fato, e de sua reputação prestada por outras testemunhas, como prova de que a acusada se acha sob forte suspeita, e assim poderá condená-la a uma tríplice punição, a saber: a uma purgação canônica pela má reputação; ou a uma abjuração, em virtude da suspeita que sobre ela recai (existindo várias formas de abjuração para vários graus de suspeita, conforme se mostrará no quarto método de lavrar a sentença); ou, em virtude da evidência do fato, e se confessar o crime e for penitente, à sentença de não ser entregue ao braço secular para a pena capital, mas à de ser condenada pelo juiz eclesiástico à prisão perpétua. Não obstante o fato de ter sido condenada à prisão perpétua pelo juiz eclesiástico, o juiz secular pode, em virtude dos prejuízos materiais que causou, condená-la também à vivicombustão. Entretanto, todos esses temas serão esclarecidos mais adiante, quando tratarmos do sexto método para lavrar a sentença.

Em suma: que o juiz primeiro cuide para não se deixar persuadir com facilidade pelo advogado quando este alega inimizade mortal em benefício da acusada; pois nestes casos dificilmente alguém presta depoimento sem que haja inimizade, já que as bruxas são sempre odiadas por todos. Em segundo lugar, que saiba serem quatro as formas pelas quais se pode condenar uma bruxa, a saber: pelo depoimento de testemunhas, pelas evidências diretas do fato, pelas provas indiretas do fato e pela sua própria confissão. E se ela for detida por causa de difamação pública, pode ser condenada pela evidência das testemunhas; se por causa de suspeita definida, as provas diretas ou indiretas dos fatos permitem condená-la, e por isso a suspeita há de ser julgada como leve, forte ou grave. Tudo isso quando a bruxa não confessa o crime: quando o confessa, o caso pode ser conduzido como já se explicou.

Em terceiro lugar, que o juiz se utilize de todas as circunstâncias precedentes para rebater o apelo do advogado, esteja a acusada implicada só por causa de boatos, esteja implicada também por certas evidências em apoio à causa que a faz incorrer em suspeita leve ou forte; e então será capaz de responder à alegação pelo advogado de inimizade pessoal, que é a primeira linha de defesa que este poderá adotar.

Mas quando o advogado adota a segunda linha de defesa, admitindo que a acusada usou de palavras contra o depoente do tipo: "Logo saberás o que te vai acontecer" ou "Logo desejarás ter me emprestado ou vendido o que te pedi", ou semelhantes; e alega que, embora o depoente depois tenha experimentado prejuízos seja em sua própria pessoa, seja em sua propriedade, não se há de concluir que a acusada tenha sido a causa por uso de bruxaria, pois doenças podem ter várias origens; e também alega que é hábito comum entre as mulheres discutirem com tal palavreado etc.

Nessa eventualidade, o juiz deverá responder da seguinte maneira: se a enfermidade se deve a causas naturais, então a alegação é boa. Mas se as provas indicam o contrário – pois não pode ser curada por qualquer remédio natural; e na opinião dos médicos a enfermidade se deve a bruxaria, ou é o que em linguagem vulgar se chama de "dano noturno"; ademais, talvez outras encantadoras sejam da opinião de que se deva a bruxaria; ou porque se manifestou repentinamente, sem qualquer sintoma prévio, ao passo que as doenças em geral se desenvolvem gradualmente; ou talvez porque o querelante tenha encontrado certos instrumentos de bruxaria sob a cama ou nas suas roupas ou em outro lugar, e quando tais instrumentos foram removidos a saúde foi repentinamente recuperada, como sói acontecer, conforme mostramos na Parte II desta obra, onde tratamos dos remédios – nesse caso, mediante algumas respostas desse jaez, o juiz poderá facilmente refutar a defesa e demonstrar que a enfermidade foi de fato decorrente de bruxaria, e não de qualquer causa natural, e que a acusada se acha implicada em suspeita de bruxaria, em virtude das palavras ameaçadoras proferidas. Da mesma maneira, se alguém disse: "Tomara que o teu celeiro pegue fogo", e isso depois acontece, engendra-se uma grave suspeita de que a pessoa que pronunciou a ameaça tenha causado o incêndio do celeiro, mesmo que outra pessoa, e não ela própria, lhe tenha ateado fogo.

QUESTÃO XII

Que trata do mesmo assunto, onde se especifica de que modo a questão da inimizade pessoal deve ser investigada. A sétima ação.

Cumpre reparar que só os inimigos mortais são impedidos de prestar depoimento, conforme mostrado na Questão V. Mas o juiz pode achar que para chegar a uma decisão sobre tal inimizade pelos meios que acabamos de explicar talvez fique um tanto dúbio e insatisfatório; e a acusada ou seu procurador podem não estar dispostos a aceitar a decisão apoiada em tais fundamentos, ou seja, em função de possível inimizade mortal ou não. Portanto, o juiz precisa utilizar-se de outros recursos para decidir a respeito da alegada inimizade, de sorte a que não venha a punir uma inocente, e sim arrancar a plena justiça do culpado. E não obstante tais meios possam guardar certo ressaibo de artimanha ou mesmo de malícia, o juiz pode empregá-los para o bem da fé e do Estado, pois inclusive São Paulo diz: "Mas sendo ardiloso, eu vos apanhei pela malícia." E tais meios são particularmente úteis nos casos de uma prisioneira que não tenha sido publicamente difamada, e não lhe recai suspeita por evidência de qualquer fato; e o juiz também pode empregá-lo contra as prisioneiras que alegam inimizade por parte dos depoentes, e desejam saber todos os nomes das testemunhas.

Eis o primeiro método. A acusada ou o advogado recebe uma cópia do processo com os nomes dos depoentes ou dos informantes, mas não na ordem em que prestaram tais depoimentos; nesse caso, porém, que o nome da testemunha a aparecer primeiro na cópia seja o da sexta ou da sétima a depor e que o que venha em segundo seja o último ou penúltimo. Dessa forma a acusada será enganada e não descobrirá qual a testemunha que declarou isso ou aquilo. Então dirá que são todos seus inimigos, ou não; e se disser que são, será mais facilmente descoberta numa mentira quando a causa da inimizade for investigada pelo juiz; e se indicar só alguns como inimigos, ainda assim a causa da inimizade será mais facilmente investigada.

O segundo método é semelhante. Dá-se ao advogado uma cópia do processo e separadamente uma lista dos nomes dos depoentes; mas são acrescidas outras declarações perpetradas alhures por outras bruxas, mas não declaradas por escrito pelas testemunhas ou pelos depoentes. E assim a acusada não será capaz de dizer definitivamente que esse ou essa ou aquela são seus inimigos mortais, porque não vai saber o que declararam contra ela.

O terceiro método foi mencionado na Questão V, acima. Quando a acusada é interrogada ao fim do segundo exame, antes de solicitar defesa ou de lhe ser designado um advogado, que lhe seja perguntado se supõe ter inimigos mortais que, deixando de lado todo o temor de Deus, falsamente a acusariam do crime de heresia ou de bruxaria. Então, talvez sem pensar, e sem ter visto os depoimentos das testemunhas, responderá que não acha que tenha inimigos dessa espécie. Ou, se disser: "Acho que tenho", e der os nomes de quaisquer testemunhas que tenham dado depoimento, e que o motivo para aquela inimizade é conhecido, então o juiz terá mais facilidade em investigá-la depois, quando a acusada tiver recebido uma cópia do processo e uma cópia dos nomes das testemunhas separadamente, da maneira que antes explicamos.

Eis o quarto método. Ao fim do segundo exame e da segunda confissão (conforme mostramos na Questão VI), antes de lhe ser concedida qualquer forma de defesa, que seja interrogada a respeito das testemunhas que lhe imputaram o gravame mais sério, da seguinte maneira: "Conhece fulano de tal?", dizendo-se o nome da testemunha. A acusada terá de responder sim ou não. Se disser não, não será capaz, depois de receber os meios de defesa e um advogado, de alegar que tal ou qual pessoa seja seu inimigo mortal, já que declarou sob juramento que não a conhece. Mas se disser sim, pergunte-se-lhe se ele ou ela já agiu de forma contrária à Fé Cristã feito uma feiticeira. Então, se disser que sim, por causa disso e daquilo, pergunte-se-lhe se eram amigos ou amigas, ou inimigos; ela então responderá imediatamente que eram amigos, porque o testemunho de amigos não é levado em grande conta; e, consequentemente, não será capaz através do advogado de alegar que eram inimigos por já ter dito que eram amigos. Mas se responder que nada sabe sobre aquela pessoa, pergunte-se-lhe novamente se seria sua amiga ou inimiga, e ela responderá mais uma vez que eram amigos. Pois seria fútil alegar inimizade da parte de alguém que não se conhece. Portanto, dirá: "Sou sua amiga, mas se soubesse de qualquer coisa a seu respeito não deixaria de revelar." Portanto, não será mais capaz, posteriormente, de alegar inimizade daquela parte. Talvez, porém, alegue desde o princípio razões para inimizade mortal, e nesse caso algum crédito há de ser colocado na apelação do advogado.

Um quinto método consiste em dar ao advogado ou à acusada uma cópia do processo, com os nomes dos informantes suprimidos. Então a acusada descobrirá, e muitas vezes com acerto, quem depôs isso ou aquilo contra ela. E se então declarar: "Fulano e sicrano são meus inimigos mortais e gostaria de provar o que digo mediante testemunhas." O juiz deverá considerar se a pessoa indicada é a mesma pessoa que prestou o depoimento; e como ela disse que gostaria de provar mediante testemunhas, ele examinará tais testemunhas e averiguará as causas da inimizade, havendo sigilosamente chamado para consulta homens doutos e de mais idade de reconhecida prudência. E se encontrar razões suficientes para inimizade mortal, há de rejeitar as evidências e dispensar a prisioneira, a menos que haja outros gravames contra ela, atestados por outras testemunhas.

E esse quinto método é o habitualmente empregado. Descobre-se, na prática, que as bruxas rapidamente adivinham, pela cópia do processo, quem prestou informações sobre elas. E como nesses casos a inimizade mortal é raramente encontrada, a menos que advenha dos atos perversos da bruxa, o juiz poderá chegar facilmente a uma conclusão pelos meios acima. Também convém notar que muitas vezes os informantes desejam confrontar a bruxa pessoalmente, e denunciá-la frente a frente do feitiço que recai sobre eles.

Há ainda um outro método, no qual o juiz pode enfim encontrar apoio, quando talvez os outros métodos, sobretudo os quatro primeiros, lhe pareçam demasiadamente ardilosos e enganadores. Consequentemente, a fim de satisfazer e contentar o mais escrupuloso, e para que em nenhuma falha incorra o juiz, que cuide – depois de ter descoberto pelos métodos acima que não existiu inimizade mortal entre a acusada e os depoentes – para agir da seguinte forma, se desejar remover todas as bases para a queixa esclarecendo a questão finalmente em consulta com outros assessores. Que dê à acusada ou a seu advogado uma cópia do processo, sem os nomes dos depoentes ou das testemunhas. Como a sua defesa é a alegação de ter inimigos mortais, já tendo talvez indicado várias razões para a inimizade, estejam ou não os outros fatos de acordo com as suas alegações, que o juiz chame para consulta homens letrados de várias categorias (se contar com ajuda desse tipo) ou pelo menos pessoas honestas e respeitáveis (pois esse é o propósito do estatuto que tanto mencionamos) e que faça com que todo o processo seja lido para eles, do princípio ao fim, pelo tabelião ou escrivão, e que os nomes das testemunhas lhes sejam mencionados, mas sob juramento de sigilo; e cumpre saber se estão de acordo em fazer tal juramento, caso contrário os nomes não serão mencionados.

Então que lhes diga de que modo investigou a alegada inimizade, não tendo sido capaz de encontrar nenhuma testemunha de fato. Mas deverá acrescentar que, se quiserem, será adotado um dos seguintes métodos: ou decidirão ali mesmo durante a consulta se a prova de qualquer das testemunhas deverá ser rejeitada em função de inimizade pessoal mortal; ou escolherão três, quatro ou cinco pessoas que naquela comunidade têm maior conhecimento de qualquer amizade ou inimizade entre a acusada e os informantes, que não se acham presentes à consulta, e que sejam informados apenas do nome da acusada e da testemunha, mas não do conteúdo dos depoimentos, e que toda a questão fique a critério de tais pessoas. Se seguirem o primeiro método, não poderão rejeitar com muita correção qualquer das testemunhas, pois o juiz já terá empregado os seus próprios métodos de investigação; mas se adotarem o segundo, o juiz se acha perfeitamente protegido, e se livra de toda e qualquer suspeita. E há de observar esse último método quando a acusada tiver sido capturada em cidade ou em país estrangeiro. Bastam esses métodos para examinar a questão da inimizade pessoal.

QUESTÃO XIII

Dos pontos a serem observados pelo juiz antes do exame formal no local de detenção e de tortura. Eis a oitava ação.

A ação seguinte do juiz é bastante clara. Pois a justiça comum exige que a bruxa não seja condenada à morte a menos que tenha sido declarada culpada por própria confissão. Mas aqui estamos considerando o caso de alguém que é capturado em manifesta heresia por uma das duas razões firmadas na Questão I, a saber: por prova direta ou indireta do fato, ou pela declaração legítima de testemunhas; e nesse caso há de ser exposta a interrogatórios e a tortura para que seja exortada à confissão do crime.

E para tornar mais claro o assunto citaremos um caso que ocorreu em Spires e chegou ao conhecimento de muitos. Certo homem honesto barganhava com uma mulher e não conseguia chegar a acordo com ela a respeito do preço de determinado artigo; não tardou muito para que ela, irritada, o ameaçasse:

– Logo desejarás teres concordado.

As bruxas em geral usam essa forma de falar, ou alguma semelhante, quando desejam enfeitiçar uma pessoa pelo olhar. O homem então, não sem razão também irritado com a mulher, olhou por sobre os ombros para ver com que intenção ela havia pronunciado aquelas palavras. E, pasmem os leitores, viu-se repentinamente enfeitiçado: a sua boca estirou-se para os lados até as orelhas, numa deformidade monstruosa. Não conseguia trazê-la de volta ao normal, e assim ficou, deformado, por muito tempo.

Essa ocorrência, assim a colocamos, foi trazida ao juiz como prova direta do fato; e cabe indagar se a mulher deve ser considerada como incorrendo em crime manifesto de heresia por bruxaria. A isso se deve responder com as palavras de São Bernardo que citamos. Pois existem três formas pelas quais uma pessoa pode ser julgada dessa maneira, não sendo necessário que as três se conjuguem numa só conclusão: cada uma em si mesma – ou seja, a prova do fato, o depoimento legítimo de testemunhas, ou a própria confissão – é suficiente para provar que uma bruxa foi flagrada em manifesto crime de heresia.

Mas a prova indireta do fato é diferente da prova direta. Embora não seja tão conclusiva, esta última, decorre ainda das palavras e obras das bruxas, conforme demonstramos na Questão VII, e promana da bruxaria que não é tão imediata em seu efeito: transcorre certo lapso de tempo entre o efeito e o pronunciar das palavras ameaçadoras. Pelo que podemos concluir que esse é o caso com bruxas que foram acusadas e não conseguiram uma boa defesa (ou que não se defenderam por não terem recebido esse privilégio, ou este não lhes foi dado porque não o pediram). Mas o que estamos para considerar agora é qual a conduta a ser adotada pelo juiz, e como proceder ao interrogatório da acusada para que professe a verdade por si mesma a fim de que a sentença de morte lhe possa ser prescrita.

E aí, em virtude do grande problema causado pelo silêncio obstinado das bruxas, surgem várias questões que o juiz precisa considerar, as quais serão tratadas em diversos tópicos.

A primeira é que o juiz não deve se apressar em submeter a bruxa a exame, embora deva prestar atenção a certos sinais importantes. Não deve se apressar pela seguinte razão: a menos que Deus, através de um santo anjo, obrigue o Demônio a não auxiliar a bruxa, ela se mostrará tão insensível às dores da tortura que logo será dilacerada membro a membro sem confessar a menor parcela da verdade.

Mas a tortura não pode ser negligenciada por esse motivo, pois nem todas elas têm esse poder, e também o Diabo, às vezes por conta própria, permitirá que confessem os crimes sem ser compelido por qualquer santo anjo. E para o entendimento disso o leitor deve consultar a Parte II desta obra, a respeito da homenagem que oferecem ao Diabo.

Pois algumas conseguem obter do Demônio uma trégua de seis, oito ou dez anos antes de terem de lhe prestar homenagem, ou seja, antes de a ele se devotarem de corpo e alma; ao passo que outras, ao professarem pela primeira vez a abjuração da fé, ao mesmo tempo lhe rendem homenagens. E a razão por que o Demônio permite o intervalo de tempo estipulado é que, durante aquele período, talvez tenha descoberto que a bruxa só tenha negado a fé com os lábios, mas não com o coração, e portanto lhe renderia homenagem do mesmo modo.

Pois o Demônio não pode conhecer os pensamentos interiores do coração exceto por conjeturas e por indicações externas, conforme mostramos na Parte I desta obra, onde tratamos da questão da capacidade dos Demônios de voltarem o pensamento dos homens para o amor ou para o ódio. E muitas têm sido encontradas que, por necessidade ou pobreza, foram induzidas por outras bruxas, na esperança do perdão derradeiro na confissão, transformando-se em apóstatas, afastando-se total ou parcialmente da fé. E são essas as que o Diabo abandona, sem que tenha sido coagido por qualquer santo anjo; portanto, prontamente confessam os crimes, enquanto outras, que têm o coração voltado para o Demônio, são protegidas pela sua força e guardam obstinado silêncio.

E isso nos dá uma clara resposta à questão de como acontece de algumas bruxas prontamente confessarem, e outras, não, de forma alguma. No caso das primeiras, quando o Diabo não é compelido por Deus, ele as abandona por sua própria vontade, a fim de que pela infelicidade temporal e por uma morte tenebrosa seja capaz de levar ao desespero aquelas sobre cujos corações ele não conseguiria o domínio. Pois é evidente de suas confissões sacramentais que nunca voluntariamente obedeceram ao Demônio, embora tenham sido compelidas por ele a realizar bruxarias.

E algumas são distinguidas pelo fato de que, após terem admitido os crimes, tentam cometer suicídio, estrangulando-se ou se enforcando. E são a isso induzidas pelo inimigo, para que não possam obter o perdão de Deus pela confissão sacramental. Isso acontece sobretudo no caso daquelas que não foram agentes voluntárias do Demônio; embora possa ocorrer também no caso das voluntárias, após terem confessado os crimes: mas nesse caso, foi porque o Diabo foi compelido a abandonar a bruxa.

Em conclusão podemos dizer que é tão ou mais difícil obrigar uma bruxa a dizer a verdade do que o é exorcizar uma pessoa possuída pelo Demônio. Portanto, o juiz não deve se mostrar muito disposto ou pronto para proceder a tal exame, salvo, conforme já dissemos, esteja envolvida pena de morte. E, nesse caso, há de exercer grande cautela, conforme mostraremos; e, primeiramente, falaremos do método de sentenciar as bruxas à tortura.

QUESTÃO XIV

Do método de sentenciar a acusada ao interrogatório: e como deve ser interrogada no primeiro dia; e se lhe pode prometer a vida. A nona ação.

Em segundo lugar, o juiz deve ter grande cautela em formular a sentença, que deve ser nos moldes seguintes.

Nós, o juiz e os assessores, tendo acompanhado e considerado os pormenores do processo promulgado por nós contra N., de tal lugar e de tal diocese, e tendo diligentemente examinado toda a questão, verificamos estar a acusada equivocada em suas confissões; por exemplo, ao declarar que fazia uso de tais ameaças sem a intenção de prejudicar ninguém, pois que existem várias provas que são suficientes para justificar-lhe a exposição ao interrogatório e à tortura. Assim, para que seja a verdade conhecida pela sua própria boca, e que doravante a acusada não mais ofenda os ouvidos dos juízes, declaramos, julgamos e sentenciamos que no presente dia, a tal hora, a acusada seja submetida ao interrogatório e à tortura. Esta sentença foi lavrada etc.

Por outro lado, conforme se disse, o juiz pode não estar disposto a entregar a acusada para interrogatório, e pode puni-la com a prisão tendo o seguinte objeto em vista. Que lhe reúna os amigos e lhes diga que ela poderá escapar da pena de morte, embora será punida de outra forma, se confessar a verdade, exortando-os a persuadi-la a que assim proceda. Pois muitas vezes a meditação e a miséria da prisão, e o conselho repetido de homens honestos, fazem a acusada ficar disposta a revelar a verdade.

E encontramos bruxas que foram tão motivadas por esse tipo de conselho que, em sinal de sua rebelião, cuspiam no chão como se o fizessem na cara do Demônio, dizendo: "Afaste-se, maldito Diabo; hei de fazer o que é justo"; depois confessando os crimes.

Mas se, depois de manter a acusada em estado de suspense, e de adiar continuamente o dia do exame, a par de frequentes persuasões verbais, o juiz verdadeiramente acreditar que ela esteja negando a verdade, que proceda ao interrogatório, mas sem derramamento de sangue; sabendo que tal interrogatório será falacioso e muitas vezes, como já se disse, ineficaz.

E deve começar da seguinte forma: enquanto os oficiais se preparam para o interrogatório, que a acusada seja despida; se for mulher, que primeiro seja levada a uma das células penais e que seja lá despida por mulher honesta de boa reputação. Eis o motivo: cumpre vasculhar-lhe as roupas em busca de instrumentos de bruxaria a elas costurados; pois muitas vezes portam tais instrumentos, por instrução dos Demônios, de membros de crianças não batizadas, cuja finalidade é a de que tais crianças se vejam privadas da visão beatífica. E depois de os instrumentos terem sido retirados, o juiz deverá usar de sua capacidade de persuasão e da de outros homens honestos e zelosos da fé para induzi-la a contar a verdade voluntariamente; caso contrário, que ordene aos oficiais que a amarrem com cordas e a coloquem em algum aparelho de tortura; então, que o obedeçam de imediato mas sem que demonstrem satisfação, antes mostrando-se aparentemente perturbados pela tarefa. Em seguida, que ela seja tirada dali por solicitação de algum dos presentes, e levada a um canto, para que seja persuadida novamente; ao persuadi-la, convém dizer-lhe que poderá escapar da pena de morte.

Em caso de prisioneira condenada por má reputação, por testemunhas e pela evidência do fato, só carecendo-se de uma confissão do crime pela própria acusada, cabe indagar se o juiz pode licitamente prometer-lhe a vida, pois, caso viesse a confessar o crime, só lhe restaria sofrer a pena capital.

Vemos que diferentes pessoas têm várias opiniões sobre essa questão. Algumas sustentam que se a acusada é de má reputação notória, e paira sobre ela grave suspeita em virtude de evidência e inequívoca do crime, e se ela própria é em si grande fonte de perigo, por ser líder de outras bruxas, então pode-se prometer-lhe a vida sob as condições seguintes: que seja condenada à prisão perpétua, a pão e água, desde que forneça prova que leve à condenação de outras bruxas. E não se lhe dirá, ao prometer-se-lhe a vida, que será aprisionada dessa forma; que se deixe a acusada imaginar que alguma outra pena, como o exílio, lhe será imposta como castigo. E sem dúvida bruxas notórias, especialmente as que fazem uso de remédios de bruxaria e as que curam os enfeitiçados por meios supersticiosos, devem ser mantidas dessa forma, para que possam ajudar os enfeitiçados, e para que possam delatar outras bruxas. Mas tal delação não deve ser considerada em si suficiente para uma condenação, porque o Demônio é mentiroso, salvo se consubstanciada pela prova do fato, e por testemunhas.

Outros pensam que, depois de ter sido condenada à prisão perpétua, a promessa de poupar-lhe a vida deverá ser mantida por algum tempo, mas que depois seja queimada.

Uma terceira opinião é a de que o juiz pode com segurança prometer a vida à acusada, mas de tal forma que depois se descarte da incumbência de prescrever-lhe a sentença, delegando-a a outro juiz.

Parece haver alguma vantagem em seguir a primeira dessas condutas em virtude dos benefícios que possam daí advir aos que se acham enfeitiçados; embora não seja lícito usar bruxaria para curar bruxaria, não obstante (conforme se mostrou na Questão I e nas considerações gerais desta Parte III) a opinião geral seja a de que é lícito usar de meios supersticiosos e vãos para remover malefícios. Mas o emprego, a experiência e a variedade desses casos serão de maior valia para os juízes do que qualquer arte ou tratado; portanto, essa é questão a ser deixada a seu próprio critério. Mas se verifica muitas vezes que muitas confessam a verdade quando não são contidas pelo temor da morte.

No entanto, se nem as ameaças nem as promessas a levam a confessar a verdade, então os oficiais devem prosseguir com a sentença, e a bruxa deverá ser examinada, não de alguma forma nova ou estranha, mas da maneira habitual, com pouca ou muita violência, de acordo com a natureza dos crimes cometidos. E enquanto estiver sendo interrogada a respeito de cada um dos pontos, que seja submetida à tortura com a devida frequência, começando-se com os meios mais brandos; o juiz não deve se apressar em usar dos meios mais violentos. E enquanto isso é feito, que o tabelião tudo anote: de que modo é torturada, quais as perguntas feitas e quais as respostas obtidas.

E notar que, se confessar sob tortura, deverá ser então levada para outro local e interrogada novamente, para que não confesse tão somente sob a pressão da tortura.

Se após a devida sessão de tortura a acusada se recusar a confessar a verdade, caberá ao juiz colocar diante dela outros aparelhos de tortura e dizer-lhe que terá de suportá-los se não confessar. Se, então, não for induzida pelo terror a confessar, a tortura deverá prosseguir no segundo ou no terceiro dia, mas não naquele mesmo momento, salvo se houver boas indicações de seu provável êxito.

Que a sentença seja pronunciada em presença da acusada da seguinte maneira: Nós, o supracitado juiz, conforme acima, determinamos que N., em tal dia, será submetida à continuação do interrogatório, para que confesse a verdade pelas próprias palavras. E o tabelião colocará tudo nos autos do processo.

Durante o intervalo, antes da sessão de tortura seguinte, o próprio juiz ou outros homens honestos deverão tentar persuadi-la, por todos os meios que estiverem a seu alcance, para que confesse a verdade da forma que dissemos, dando-lhe, se lhes parecer conveniente, a promessa de que sua vida será poupada.

O juiz deverá cuidar para que durante esse período guardas permaneçam com ela – que em momento algum fique sozinha –, para evitar que o Demônio faça com que ela se mate. Embora o Demônio saiba melhor do que ninguém se a deixará ou se será compelido a tal por Deus.

QUESTÃO XV

Do prosseguimento da tortura e dos meios e sinais pelos quais o juiz é capaz de identificar uma bruxa; e da maneira pela qual poderá se proteger de seus malefícios. E também de que modo devem ser raspados os pelos daquelas partes nas quais costumam ocultar as máscaras e os símbolos do Demônio, além do devido estabelecimento dos vários meios de vencer-lhes a obstinação em manter o silêncio e a recusa da confissão. Eis a décima ação.

No prosseguimento da tortura o juiz deverá agir da seguinte maneira: primeiro, há de ter em mente que, assim como o mesmo remédio não se aplica a todos os membros, os hereges e os acusados de heresia não deverão ser submetidos ao mesmo método de interrogatório, de exame e de tortura quanto aos gravames que pairam sobre eles; meios variados e diversos hão de ser empregados, segundo as pessoas e sua variada natureza. Ora, um cirurgião amputa membros em putrefação; ovelhas sarnentas são afastadas do rebanho; mas o juiz prudente não há de considerar seguro ater-se a uma só norma invariável no seu método de lidar com uma prisioneira dotada de poderes maléficos taciturnos, e cujo silêncio não consegue superar. Pois se os filhos das trevas se acostumassem a uma só norma geral, descobririam meios de fugir da bem-conhecida armadilha preparada para a sua destruição.

Portanto, o juiz prudente e zeloso há de aproveitar essa oportunidade e escolher o método de conduzir o exame de acordo com as respostas ou com os depoimentos das testemunhas, ou conforme a sua própria experiência ou sabedoria lhe aponta, usando das seguintes precauções.

Se deseja saber se a acusada possui o poder maléfico de preservar o silêncio, que repare se ela é capaz de soltar lágrimas ao ficar em sua presença, ou quando estiver sendo torturada. Pois aprendemos tanto pelas palavras de velhos sábios quanto pela própria experiência que este é sinal quase inequívoco: verifica-se que mesmo quando a acusada é premida e exortada por conjurações solenes a derramar lágrimas, se for de fato uma bruxa, não vai chorar, não obstante assuma um aspecto choroso e molhe as bochechas e os olhos com saliva para dar a impressão de lacrimejamento; pelo que deve ser diligentemente observada pelos presentes.

Ao declarar a sentença, o juiz ou o pároco pode usar de alguns meios, como o apontado a seguir, ao conjurá-la para que derrame lágrimas verdadeiras se for inocente, ou para que contenha as lágrimas falsas. Que coloque a mão na cabeça da acusada e diga: Eu te conjuro pelas lágrimas amargas derramadas na cruz por Nosso Salvador, o Senhor Deus Jesus Cristo para a salvação do mundo, e pelas lágrimas ardentes derramadas na hora derradeira sobre as Suas chagas pela gloriosíssima Virgem Maria, Sua Mãe, e por todas as lágrimas que foram derramadas neste mundo pelos santos e pelos eleitos de Deus, de cujos olhos Ele enxugou todas as lágrimas. E se fores inocente hás de agora derramar lágrimas, mas se fores culpada não hás de derramá-las, sob forma alguma. Em nome do Pai, do Filho e do Espírito Santo, Amém.

E verifica-se que quanto mais conjuradas são, menos são capazes de chorar, por mais que tentem, ou por mais que molhem as bochechas com saliva. Todavia, é possível que depois, na ausência do juiz e não no momento ou no local da tortura, possam ser capazes de chorar na presença dos carrascos.

O motivo da incapacidade de derramar lágrimas talvez esteja no fato de que a graça das lágrimas é um dos principais dons concedidos ao penitente; pois São Bernardo nos diz que as lágrimas dos humildes podem penetrar nos Céus e conquistar o inconquistável. Portanto, não há dúvida de que estejam desagradando ao Demônio, e que ele usa de todos os seus poderes para contê-las, para impedir que a bruxa por fim atinja o estado de penitência.

Mas poderia objetar-se que é possível que convenha à astúcia do Demônio, com a permissão de Deus, permitir que uma bruxa chore; já que o luto, as tramas e os engodos chorosos são notoriamente próprios das mulheres. Responderíamos que nesse caso, como os julgamentos de Deus são um mistério – se não houver outra forma de condenar a acusada, pelos testemunhos legítimos ou pelas evidências do fato, e se ela não estiver sob forte ou grave suspeita –, a acusada poderá ser dispensada; mas como se acha sob leve suspeita em virtude da reputação alegada pelas testemunhas, se há de exigir-lhe que abjure a heresia da bruxaria, conforme mostraremos ao tratar do segundo método de pronunciar a sentença.

Uma segunda precaução deverá ser observada, não só nesse momento mas durante todo o processo, pelo juiz e por todos os seus assessores; a saber, que não devem se deixar tocar fisicamente pela bruxa. Devem evitar, sobretudo, qualquer contato com os braços nus ou com as mãos; devem, ademais, sempre trazer consigo um pouco de sal consagrado no Domingo de Ramos e algumas ervas consagradas. Podem ser estes incluídos em cera abençoada e usada em torno do pescoço, conforme mostramos na Parte II, quando discutimos as enfermidades e as doenças causadas por bruxaria; e que estes têm uma virtude protetora extraordinária é sabido não só pelo testemunho de bruxas mas pelo uso e pela prática da Igreja, que exorciza e abençoa tais objetos para esse exato propósito, conforme mostramos na cerimônia de exorcismo quando foi dito: “Para a erradicação de todos os poderes do Demônio” etc.

Mas que não se pense que o contato físico com as juntas e com os membros seja a única coisa a ser evitada; às vezes, com a permissão de Deus, e com o auxílio do Demônio, elas são capazes de enfeitiçar o juiz ao mero som das palavras que dizem, especialmente no momento em que são submetidas à tortura.

E sabemos pela experiência que algumas bruxas, quando detidas na prisão, têm insistentemente suplicado aos carrascos que lhes seja permitido olhar para o juiz antes que este as olhe; assim, conseguindo lançar primeiro o seu olhar sobre ele, são capazes de modificar-lhe o pensamento (e também o pensamento dos assessores) a ponto de fazer com que este perca todo o ódio que alimenta contra elas, deixando-as sair em liberdade. Aquele que sabe e que por isso já passou que dê o próprio testemunho da verdade; e que elas não sejam capazes de realizar tais coisas!

Que os juízes não desconsiderem tais precauções e proteções, pois, se não as levarem na devida conta depois dessa advertência, correm o risco da danação eterna. Pois que o nosso Salvador falou: "Se Eu não viesse e não lhes tivesse falado, não teriam pecado; mas agora não há desculpa para o seu pecado." Portanto, que os juízes se protejam da maneira indicada, segundo as providências da Igreja.

E se puder ser convenientemente feito, que a bruxa seja conduzida de costas à presença do juiz e de seus assessores. E não só no presente momento, mas em todos os que o precederam ou que o sucederão que o juiz faça o sinal da cruz e que dela se aproxime corajosamente, pois que com o auxílio de Deus o poder da velha serpente será destruído. E que ninguém considere atitude supersticiosa conduzi-la de costas à presença do juiz; pois, conforme dissemos muitas vezes, os canonistas permitem até mais do que isso para proteção contra as bruxarias, afirmando sempre que é lícito opor futilidade contra futilidade.

A terceira precaução a ser observada nesta décima etapa é que os pelos e cabelos devem ser raspados de todo o seu corpo. A razão para isso é a mesma porque se deve tirar-lhes as roupas, que já mencionamos; pois para conservarem o poder do silêncio têm o hábito de esconder objetos supersticiosos nas roupas e nos cabelos, até mesmo nas partes mais secretas do corpo, cujo nome não nos atrevemos a mencionar.

Mas caberia objetar que o Demônio poderia, sem o uso de tais objetos, endurecer de tal modo o coração de uma bruxa que ela seria incapaz de confessar os crimes, como sói acontecer no caso de outros criminosos, não importa a tortura a que sejam submetidos, ou a gravidade da condenação pela evidência dos fatos e das testemunhas. Respondemos ser verdade que o Demônio é capaz de assim proceder, ou seja, sem o uso de objetos maléficos; mas prefere usá-los para a perdição das almas e para maior ofensa à divina Majestade de Deus.

O assunto pode ser elucidado pelo exemplo de uma bruxa na cidade de Hagenau, a que nos referimos na Parte II desta obra. Ela costumava obter o dom do silêncio da seguinte forma: depois de ter matado um primogênito recém-nascido que não fora batizado, assava-o num forno junto com outras substâncias que não convém aqui mencionar, triturando-o a pó e cinzas; qualquer criminoso ou bruxa que portasse uma pequena parcela dessa substância final seria incapaz de confessar seus crimes.

Fica claro aí que centenas de milhares de crianças assim utilizadas não poderiam por sua própria virtude dotar uma pessoa do poder de ficar em silêncio; mas qualquer indivíduo inteligente há de compreender que tais recursos são utilizados pelo Demônio para a perdição das almas e para ofender a divina Majestade.

Uma vez mais, pode-se objetar que muitas vezes os criminosos que não são feiticeiros exibem o mesmo poder de guardar silêncio. Para responder a essa objeção cumpre dizer que esse poder maléfico pode advir de três causas. Primeiro, da dureza natural do coração; pois alguns, de coração mole ou mesmo com debilidade mental, à menor tortura tudo admitem, até coisas que não são verdadeiras; ao passo que outros são tão duros que por mais que se os torture não se consegue deles arrancar a verdade; o que costuma acontecer sobretudo com os que já foram uma vez torturados, mesmo quando seus braços são repentinamente estirados e torcidos.

Em segundo lugar, pode advir de algum instrumento de bruxaria trazido pela pessoa, conforme já se disse, seja nas roupas, seja nos pelos do corpo. Em terceiro lugar, mesmo que o prisioneiro não tenha tal objeto escondido no corpo, é, às vezes, dotado desse poder por outras bruxas, por mais afastado que delas esteja. Certa bruxa em Issbrug costumava gabar-se de que, se ela tivesse apenas um fiapo da indumentária de qualquer prisioneira, era capaz de fazer um malefício que por mais que se torturasse a pessoa, mesmo até a morte, ela seria incapaz de confessar qualquer coisa. Logo, clara está a resposta à questão levantada.

Mas o que se há de dizer do caso que ocorreu na diocese de Ratisbon? Certos hereges foram condenados pela própria confissão, não só como impenitentes, mas como francos defensores daquela perfídia; no entanto, ao serem condenados à fogueira, aconteceu de permanecerem ilesos sob o fogo. Modificou-se-lhes a sentença: foram condenados à morte por afogamento, o que também de nada adiantou. Todos ficaram atônitos, sendo que alguns inclusive começaram a dizer que aquela heresia era de fato verdadeira; e o bispo, ansioso com relação ao destino de seu rebanho, decretou jejum de três dias. Depois do cumprimento do decreto, em grande devoção, chegou ao conhecimento de alguns que os hereges tinham um objeto mágico costurado entre a pele e a carne debaixo de um dos braços; depois de descoberto e removido tal objeto, foram entregues às chamas e morreram imediatamente. Alguns dizem que uma certa necromante aprendera esse segredo durante uma consulta com o Diabo, mas que depois confessou a verdade; entretanto, não importa como se tenha ficado sabendo do fato, é provável que o Demônio, sempre ardiloso para subverter a fé, tenha sido de alguma forma compelido pela força divina a revelar o mistério.

Daí se pode perceber o que o juiz deve fazer quando um caso semelhante lhe cair nas mãos: a saber, deve confiar na proteção de Deus e, mediante orações e jejuns de devotos, remover essa espécie de obra maléfica operada pelas bruxas, nos casos em que não são levadas a confessar os crimes sob tortura, mesmo depois de despidas e de terem todos os pelos e cabelos raspados.

Ora, nos domínios da Germânia, a raspagem dos pelos, sobretudo das partes íntimas, é conduta considerada indecorosa, e, portanto, nós Inquisidores não a empregamos, mas costumamos raspar-lhes os cabelos e também, depois de colocar um pedaço de cera consagrada numa xícara com água benta, invocando a Santíssima Trindade, damos-lhes dessa água para beber três vezes, de estômago vazio, e pela graça de Deus temos conseguido que muitas rompam o silêncio. Mas em outros países os Inquisidores ordenam a raspagem de todos os pelos do corpo. O Inquisidor de Como nos informou que no ano passado, ou seja, 1485, mandou 41 bruxas para a fogueira, depois de terem tido todos os pelos completamente raspados. Isso se deu no distrito e condado de Burbia, conhecido em geral por Wormserbad, no território do arquiduque da Áustria, em direção a Milão.

Mas caberia indagar se, numa hora de necessidade, quando todos os demais meios para romper o silêncio da bruxa falharam, seria lícito recorrer ao auxílio de feiticeiras capazes de curar os enfeitiçados. Respondemos que, o que quer que possa ter sido feito a esse respeito em Ratisbon, é nossa mais firme convicção no Senhor de que ninguém, por maior que possa ser a necessidade, deve recorrer a feiticeiras em favor do Estado; e isso em virtude da grande ofensa que é assim causada à Divina Majestade, quando existem muitos outros meios a nosso alcance que podemos usar, seja na sua própria forma ou em forma equivalente, para que a verdade seja extraída de suas próprias bocas e para que possam ser condenadas às chamas; pois que, mesmo que tais recursos venham a falhar, Deus há de permitir que a bruxa morra de alguma outra maneira.

Ainda nos restam os seguintes remédios contra o poder de guardar silêncio. Primeiro, que um homem faça tudo o que estiver a seu alcance nos limites de suas próprias qualidades, persistindo muitas vezes com os métodos que já mencionamos, especialmente em certos dias, conforme mostraremos na questão seguinte. Ver II Coríntios, 9: "Que vos sobre ainda muito para toda espécie de boas obras."

Segundo, se isso falhar, que consulte outras pessoas; talvez possam descobrir algum meio que ainda não lhe ocorreu, já que existem vários métodos para combater a bruxaria.

Terceiro, se tudo falhar, que recorra a pessoas devotas, como está escrito no Eclesiástico, 37: "Sê, porém, assíduo junto a um santo homem, quando conheceres um que seja fiel ao temor de Deus." Que também sejam invocados os santos padroeiros do país. Mas se tudo isso falhar, que o juiz e todo o povo a um só tempo depositem sua confiança em Deus com orações e jejum, para que a bruxaria possa ser removida graças à piedade. Pois assim Josafá orou em II Paralopômenos, 20: "Não sabemos o que fazer e nossos olhos se voltam para vós." E sem dúvida Deus não nos falhará em nossa necessidade.

Santo Agostinho também se refere a essa questão (26, q. 7, *non obseruabitis*): "Quem quer que observe quaisquer adivinhos ou áugures ou os presencia ou consente em observá-los, ou lhes dê crédito, seguindo-lhes as obras, ou vá a suas casas, os traga para a própria casa, ou lhes faça perguntas, que saiba estar pervertendo a Fé Cristã e o batismo e é um pagão, um apóstata e um inimigo de Deus, e corre grave perigo da ira eterna de Deus, salvo se for corrigido por penas eclesiásticas e se reconciliar com Deus." Portanto, que o juiz cuide para sempre usar de todos os remédios lícitos, conforme indicamos, ao lado das seguintes precauções finais.

QUESTÃO XVI

Do momento oportuno e do método para o segundo exame. E essa é a décima primeira ação, que trata das precauções finais a serem observadas pelo juiz.

Há um ou dois pontos a serem observados em relação ao que acabamos de escrever. Primeiro, que as bruxas devem ser interrogadas nos dias mais santos e durante a celebração da missa, e que o povo deve ser exortado a orar, implorando o auxílio divino, não de alguma maneira específica, mas invocando as orações dos santos contra todas as pragas do Diabo.

Segundo, conforme declaramos antes, o juiz deverá usar em volta do pescoço sal consagrado e outras substâncias, junto às sete palavras que Cristo pronunciou na Cruz escritas num quadro, todas unidas. E deve, se puder convenientemente, fazê-las do tamanho da estatura de Cristo, usá-las junto a seu corpo nu, trazendo consigo, também junto ao corpo, outras coisas sagradas. Pois está demonstrado pela experiência que as bruxas encontram grande dificuldade perante tais elementos, e dificilmente deixarão de confessar a verdade. As Relíquias dos Santos, também, são de particular virtude.

Tendo tomado tais precauções, e depois de dar à bruxa água benta para beber, que torne a interrogá-la, exortando-a a confessar a verdade o tempo todo, como no interrogatório anterior. E enquanto ela estiver sendo suspensa do chão, caso seja torturada dessa forma, que o juiz leia ou faça ler para ela os depoimentos das testemunhas com os seus nomes, dizendo: "Vê! Foste condenada pelas testemunhas." Além disso, se as testemunhas se mostrarem dispostas a confrontá-la face a face, o juiz deverá perguntar-lhe se irá confessar os crimes caso coloque as testemunhas perante ela. Se consentir, que sejam trazidas as testemunhas e que se postem diante dela, para que seja coagida a confessar alguns dos crimes.

Por fim, se o juiz perceber que a bruxa não vai admitir os crimes, há de perguntar-lhe se, para provar-lhe a inocência, ela está disposta a submeter-se ao ordálio pelo ferro incandescente. E todas vão desejar isso, sabendo que o Demônio impedirá os ferimentos; portanto, assim se expõe uma bruxa verdadeira. O juiz há de perguntar-lhe como pode ela ser tão ousada a ponto de correr tão grande risco, e tudo há de ficar registrado nos autos; mas demonstraremos mais adiante que nunca se deve permitir sejam submetidas ao ordálio pelo ferro em brasa.

Que o juiz observe que quando as bruxas são interrogadas numa sexta-feira, enquanto as pessoas se acham reunidas na Santa Missa à espera de Nosso Salvador, elas muitas vezes confessam.

Mas devemos prosseguir para o caso extremo, quando depois de todos esses expedientes a bruxa ainda se mantém em silêncio. O juiz deverá então soltá-la e, usando das seguintes precauções, tirá-la do local de tortura e conduzi-la a outro local, sob forte vigilância; mas que cuide para não a deixar sem qualquer espécie de segurança; pois, nesse caso, nunca confessam a verdade: sempre se tornam mais obstinadas.

Em primeiro lugar, que permita que seja bem tratada em termos de alimentação e de bebida. Enquanto isso, que também permita a pessoas honestas – que não se acham sob suspeita – aproximarem-se dela e com ela conversar sobre assuntos indiferentes, para que ao fim a aconselhem, em confidência, a confessar a verdade, assegurando-lhe que o juiz será misericordioso e que intercederá em seu favor. E que, por fim, venha o juiz e lhe prometa ser misericordioso, mas com reserva espiritual, o que significa que será misericordioso para consigo ou para com o Estado; pois, o que quer que seja feito para a segurança do Estado, é misericordioso.

Mas se prometer-lhe a vida, conforme demonstramos na Questão XIV, o que poderá fazer de três formas, que tudo seja anotado pelo tabelião nas devidas palavras e com que intenção a misericórdia foi prometida. E se a acusada suplicar por misericórdia nesses termos, e revelar o crime, que lhe seja prometido em termos vagos e gerais que receberá ainda mais do que solicitou, para que possa falar com maior confiança.

Como uma segunda precaução nesse caso, quando se recusar definitivamente a revelar a verdade, o juiz deverá, conforme dissemos antes, examinar-lhe os amigos e próximos sem o seu conhecimento; e se estes vierem a depor qualquer coisa que possa levá-la à condenação, cumpre investigar diligentemente o caso de novo. Ademais, se qualquer instrumento, pomada ou unguento, ou caixas, forem encontrados na sua casa, devem ser a ela mostrados, perguntando-se-lhe para que finalidade eram usados.

Uma terceira precaução pode ainda ser tomada quando, apesar de tudo, a bruxa persistir na obstinação, mesmo depois de amigos e conhecidos terem sido examinados e terem deposto contra ela, e não a seu favor. Se não tiver amigos, que algum outro homem de confiança, que tenha intimidade com a acusada e que em certa medida tenha sido seu protetor, entre numa noite em sua cela e entabule com ela uma conversa demorada. Então, se não for seu cúmplice, que finja ser muito tarde para retornar, e que permaneça na prisão com ela, para que continuem a conversar durante a noite. E se for cúmplice, que comam e bebam juntos, e que conversem entre si a respeito de tudo o que já fizeram. Mas que do lado de fora da cela, em local propício, sejam colocados observadores, que a tudo escutem e que tomem notas de suas palavras, colocando-se junto a eles um tabelião se necessário.

Como quarta precaução, se então ela começar a contar a verdade, que o juiz não adie por qualquer motivo ouvir-lhe a confissão, mesmo no meio da noite, mas que continue ao extremo de sua capacidade. Se for durante o dia, que cuide para protelar o almoço ou jantar e que persista até que ela tenha revelado a verdade, ao menos em linhas gerais. Pois se verifica em geral que retornarão à sua obstinação depois de adiamentos e interrupções e não revelarão a verdade que começaram a confessar, mudando de ideia a respeito.

E que o juiz observe: depois de ter confessado todos os males causados a homens e animais, há de perguntar-lhe durante quantos anos tem se entregado a um íncubo, e por quanto tempo desde que abjurou a fé. Pois nunca confessam esses assuntos, salvo quando primeiro já confessaram outros atos; portanto. cumpre indagar-lhes a esse respeito só no final da confissão.

Como quinta precaução, quando tudo o que mencionamos tiver falhado, que ela, se possível, seja levada a um castelo; depois de lá mantida sob custódia por alguns dias, que o castelão simule sair para uma longa viagem. Então, que alguns de sua família, ou mesmo algumas mulheres honestas, a visitem e prometam deixá-la sair em plena liberdade se ela lhes ensinar como realizar certas práticas maléficas. E que o juiz saiba que mediante esse recurso muitas vezes as bruxas confessaram e foram condenadas.

Há pouco tempo uma bruxa foi detida no castelo de Königsheim, perto da cidade de Schlettstadt, na diocese de Estrasburgo, mas que não confessou os crimes nem por interrogatório, nem por tortura. O castelão usou do método que acabamos de descrever. Embora ele próprio estivesse presente no castelo, a bruxa pensara que tivesse se ausentado. Aproximaram-se dela então três dos familiares e prometeram-lhe a liberdade se ela lhes contasse como eram feitos certos prodígios. A princípio recusou, dizendo que estavam tentando enganá-la. Mas, por fim, perguntou o que eles queriam saber. Uma perguntou a respeito de como provocar tempestades, outra perguntou a respeito de certos assuntos carnais. Quando por fim concordou em mostrar-lhes como se causava uma tempestade, foi-lhe trazida uma tigela com água. A bruxa ensinou-lhes a revolver um pouco a água com o dedo, enquanto ela própria pronunciava algumas palavras; e subitamente, no lugar que indicara – um bosque perto do castelo –, desabou uma tempestade violenta como há muito não se via.

Resta ainda mostrar como o juiz há de proceder para prescrever a sentença caso todos os meios indicados tenham falhado, ou o que ainda se tem de fazer, mesmo quando ela já confessou os crimes, para que o processo chegue ao fim; completaremos esta última parte da obra com a consideração desses assuntos.

O TERCEIRO TÓPICO

A última parte da obra: de como o processo há de ser concluído com o pronunciamento de uma sentença definitiva e justa.

Tendo, pela graça de Deus, examinado os meios próprios de chegar a um conhecimento da heresia dos malefícios, e tendo demonstrado como o processo em prol da fé deve ser iniciado e conduzido, resta por discutir como tal processo é levado a bom termo com uma sentença apropriada.

Cumpre aqui notar que essa heresia, conforme mostrado no começo desta última parte, não há de ser confundida com outras heresias simples, já que é notório não se tratar de crime puro e simples, mas de crime parcialmente eclesiástico e parcialmente civil. Portanto, ao tratarmos dos métodos para lavrar a sentença, devemos primeiro considerar certa espécie de sentença a que as bruxas têm por hábito recorrer, caso em que o juiz secular pode agir por conta própria, independentemente do ordinário. Em segundo lugar, havemos de considerar aquelas sentenças nas quais o juiz secular não pode agir sem a participação do ordinário. Por fim, em terceiro lugar, veremos como os ordinários podem se desincumbir de suas obrigações.

QUESTÃO XVII

Da purgação comum, e sobretudo da prova pelo ferro em brasa a que as bruxas apelam.

A questão é agora saber se o juiz secular pode permitir que a bruxa seja submetida a uma purgação comum (a cujo respeito consultar o Cânon 2, q. 4, *consuluisti,* e cap. *monomachiam*) da mesma forma que se permite ao réu civil a prova pelo ordálio, como, por exemplo, pelo ferro incandescente. Pois que parece que pode ser assim.

Pois a prova pelo combate é permissível num caso criminal para a proteção da vida e num caso civil para a proteção da propriedade; então, por que não a prova pelo ferro em brasa ou pela água fervendo? Santo

Tomás admite que o primeiro seja permissível em alguns casos, ao declarar no último artigo da *Secunda Secundae,* q. 95, que um duelo é lícito quando se mostra consoante o bom senso. Portanto, a prova pelo ferro em brasa também haveria de ser lícita em alguns casos.

Também tem sido empregada por muitos príncipes de vida santa que têm se aproveitado da advertência e do conselho de bons homens; como, por exemplo, o imperador Henrique Santificado no caso da virgem Cunegundes, com quem se casara e que depois foi suspeita de adultério.

Uma vez mais, o juiz, que é responsável pela segurança da comunidade, pode licitamente permitir um mal menor para que um maior seja evitado; como ao permitir a existência de prostitutas nas cidades a fim de evitar a confusão geral da luxúria. Pois Santo Agostinho, em *De Gratia et libero Arbitrio,* declara: "Afastai as prostitutas e estareis criando um caos e uma confusão geral pela luxúria." Portanto, quando uma pessoa tiver sido agravada com insultos e ofensas por uma comunidade, poderá livrar o seu nome de qualquer ônus criminal ou civil por meio da provação pelo ordálio.

Ademais, como menos mal é causado às mãos pelo ferro em brasa do que o que é causado à vida pelo duelo, se um duelo é permitido onde é costume, muito mais há de ser permitida a prova por meio do ferro em brasa.

Mas o ponto de vista contrário avulta no seguinte argumento (2, q. 5, *monomachiam*): "Aquele que pratica tais coisas e coisas semelhantes parece estar desafiando a Deus." E aqui os doutores afirmam ser mister observar que, segundo São Paulo (I Tessalonicenses, 5), precisamos nos abster não só do mal, mas de todas as aparências do mal. Portanto, diz o Cânon naquele capítulo, não é que os que fazem uso de tais práticas estejam desafiando a Deus, mas que parecem desafiá-Lo, podendo-se assim entender que, mesmo quando um homem participa de prova dessa natureza apenas com boas intenções, por apresentar ela uma aparência malévola, deve ser evitada.

Respondo que tais provas são ilícitas por duas razões. Em primeiro lugar, porque o seu propósito é o de julgar coisas ocultas cujo julgamento só cabe a Deus. Em segundo lugar, por não haver uma autoridade divina para tais provas nem serem elas sancionadas nos escritos dos santos padres. E diz o capítulo *consuluisti,* 2, q. 5: "O que não se acha sancionado nos textos dos santos padres há de ser considerado supersticioso." E diz o papa Estêvão no mesmo capítulo: "Fica a vosso critério submeter a prova os prisioneiros condenados pela própria confissão ou por provas ou por evidência; mas deixai o oculto e o desconhecido ao julgamento Dele, o Único a conhecer o coração dos homens."

Todavia, há uma diferença entre um duelo e o ordálio pelo ferro em brasa ou por água fervendo. O duelo se afigura mais humanamente razoável – por serem os combatentes de força e de habilidade semelhante – do que a prova pelo ferro em brasa. Pois embora o propósito de ambos seja o de descobrir alguma coisa oculta através de um ato humano, no caso do ordálio pelo ferro em brasa busca-se um efeito miraculoso, o que não acontece no caso de um duelo, em que o máximo que pode acontecer é a morte de um ou de ambos os combatentes. Portanto, a prova do ferro incandescente é absolutamente ilícita; não obstante o duelo não o seja no mesmo grau. E muito tem sido incidentalmente admitido em relação a duelos, pelos príncipes e pelos juízes seculares.

Há de reparar-se que, em virtude das palavras de Santo Tomás ao fazer a distinção mencionada, Nicolas de Lira, em seu comentário sobre o duelo ou o combate entre Davi e Golias (I Reis, 17), tenta provar que em alguns casos o duelo é lícito. Mas Paulo de Burgos prova que não foi isso, e sim o contrário, que Santo Tomás quis dizer; e todos os príncipes e juízes seculares devem prestar atenção particular a essa prova.

Seu primeiro argumento é de que o duelo, como as demais provas pelo ordálio, tem por finalidade o julgamento de algo oculto, que há de ser confiado ao juízo de Deus, como já dissemos. E não se pode dizer que aquele combate de Davi autoriza os duelos; pois lhe foi revelado pelo Senhor, mediante algum instinto interior, que ele deveria combater o filisteu e dele se vingar das ofensas contra Deus, como é provado pelas próprias palavras de Davi: "Eu, porém, vou contra ti em nome do Senhor dos exércitos, do Deus das fileiras de Israel, que tu insultaste." Assim, não falava propriamente como quem vai a um simples duelo, mas como um executor da justiça divina.

Seu segundo argumento é de que os juízes devem especialmente observar que num duelo o poder, ou pelo menos uma licença, é dada a cada uma das partes para se matarem. Mas como um dos dois é inocente, tal poder ou licença é dado para que se mate um inocente; e isso é ilícito por ser contrário ao que ditam a lei natural e os ensinamentos de Deus. Portanto, o duelo é absolutamente ilícito, não só por parte de quem a ele apela e por parte de quem lhe responde, mas também por parte do juiz e de seus conselheiros, que passam a ser todos considerados igualmente homicidas culposos.

Em terceiro lugar, acrescenta que o duelo é o combate único entre dois homens, cujo propósito é o de que a justiça do caso se elucide pela vitória de uma das partes, como se fosse por juízo divino, não obstante uma dessas partes lutar por causa injusta; e é nesse sentido que se desafia a Deus. Portanto, é ilícito pela parte do apelante e do respondente. Mas ao considerarmos o fato de que o juiz não possui outro meio de chegar a um bom termo na disputa, justo e equânime, caso não se faça uso desse recurso, e recomenda ou mesmo permite o duelo, está consentindo a morte de uma pessoa inocente.

No entanto, por ser improvável que Nicolas, o Comentador, não soubesse ou ignorasse o raciocínio acima, conclui-se que, ao dizer que em alguns casos o duelo pode ser disputado sem que se incorra em pecado mortal, está se referindo no que tange aos juízes ou conselheiros, a saber, nos casos em que o duelo não é de sua responsabilidade ou conhecimento, mas se faz só por iniciativa do apelante e do próprio respondente.

Mas como não é nosso propósito arrastar o debate a respeito de tais considerações, e sim retornar à questão das bruxas, claro está que, se essa espécie de prova é proibida no caso de outras causas criminais, como nos casos de roubo ou assalto, deve ser ainda mais proibida no caso das bruxas, que, se concorda, obtêm todo o seu poder dos Demônios, seja para causar males, seja para remover ou prevenir os efeitos das bruxarias.

E não admira que as bruxas sejam capazes de transpor ilesas a prova pelo ordálio com o auxílio dos Demônios; pois aprendemos através dos naturalistas que, se as mãos forem ungidas com o sumo de certas ervas, ficam protegidas de queimaduras. Ora, o Demônio possui um conhecimento exato das virtudes de tais ervas; portanto, embora seja capaz de proteger a mão da acusada do ferro em brasa, interpondo entre este e a mão outra substância invisível, é capaz de obter o mesmo efeito pelo uso de objetos naturais. Portanto, não se deve permitir que as bruxas sejam submetidas ao ordálio, e ainda menos que outros criminosos, em virtude de sua íntima familiaridade com o Demônio; e pelo próprio fato de apelarem a essa prova deve-se aumentar a suspeita de que sejam bruxas.

Um incidente ilustrativo de nosso argumento ocorreu há mais ou menos três anos na diocese de Constance. Nos territórios do conde de Fürstenberg e na Floresta Negra vivia uma bruxa motivo de várias queixas públicas. Por fim, em decorrência de diversas exigências judiciais, foi capturada pelo conde e acusada de vários malefícios. Quando estava sendo torturada e interrogada, desejando escapar-lhes das mãos, apelou para o ordálio pelo ferro em brasa; e o conde, jovem e inexperiente, assim permitiu. Foi quando ela conseguiu carregar o ferro incandescente não apenas pelos três passos estipulados, mas por seis, e ainda se ofereceu para segurá-lo por maior distância. Então, embora devessem ter considerado o fenômeno prova manifesta de que era uma bruxa (já que nenhum dos santos ousaria desafiar a ajuda de Deus dessa forma), foi ela libertada dos grilhões e ainda vive até hoje, não sem grave escândalo para a fé naquelas regiões.

QUESTÃO XVIII

Da maneira de pronunciar a sentença final e definitiva.

Em continuidade ao que dissemos a respeito daqueles casos em que o juiz secular pode sozinho julgar e estipular a sentença, sem a cooperação do diocesano e ordinários, necessariamente pressupomos não ser só compatível com a proteção da fé e da justiça que nós Inquisidores devamos ser desincumbidos da tarefa de lavrar a sentença nesses casos, como também, com mesma sinceridade de espírito, queremos aliviar os diocesanos de tal incumbência. Não no desejo de tirar-lhes a autoridade e jurisdição, pois, se for sua escolha exercitar a autoridade que lhes é conferida, só nos restaria, a nós Inquisidores, concorrer para tal.

Cumpre lembrar, também, que o crime de bruxaria não é meramente eclesiástico. Portanto, os potentados e os castelães não estão impedidos de processar as bruxas e de julgá-las. Ao mesmo tempo, mostraremos que em alguns casos não devem eles chegar a uma sentença definitiva sem autorização dos diocesanos.

Primeiro, contudo, devemos considerar a sentença em si; em segundo lugar, a natureza de seu pronunciamento; e em terceiro, as várias maneiras de ser pronunciada.

Em relação à primeira dessas questões, Santo Agostinho diz que não devemos pronunciar a sentença contra qualquer pessoa, salvo que tenha sido comprovada a culpa, ou que a tenha confessado. Ora, existem três espécies de sentença – a interlocutória, a definitiva e a preceptiva. Assim são explicadas por São Raimundo. A sentença interlocutória é a que é prescrita não com relação à causa judicial principal, e sim a respeito de questões marginais referentes ao caso, embora sobre assuntos que emerjam durante as audiências; como, por exemplo, sobre a rejeição ou não de alguma testemunha, ou se será admitida ou não alguma digressão, e outras questões afins. Ou talvez possa ser chamada de interlocutória por ser decretada por pronunciamento oral e não mediante a formalidade da sentença lavrada em papel.

A sentença definitiva é aquela em que se pronuncia a decisão final referente à causa judicial principal.

A sentença preceptiva é aquela pronunciada por autoridade inferior à instrução de autoridade superior. Mas só nos ocuparemos das duas primeiras, sobretudo da sentença definitiva.

Pois bem, acha-se agora estabelecido por lei que a sentença definitiva a que se chegou sem a devida observação dos próprios procedimentos legais durante o processo é destituída de validade ou legalmente nula. A conduta legal de determinado caso compõe-se de dois elementos. Um diz respeito aos fundamentos do julgamento. Pois deverão ser tomadas as devidas providências para que se ouçam os argumentos tanto da promotoria quanto da defesa: sentença promulgada sem a devida audiência é improcedente. O outro elemento não diz respeito a tais fundamentos, mas determina que a sentença não seja condicional: por exemplo, a reivindicação de posse não deve ser decidida condicionalmente em função de uma ulterior reivindicação de propriedade; não obstante, quando não houver dúvida a respeito de possível objeção dessa natureza, a sentença será válida.

Entretanto, no caso que estamos considerando, que é o processo em benefício da fé e contra o gravame da heresia (embora este seja de natureza mista), o procedimento é direto e sumário. Vale dizer: o juiz não precisa requerer ordem judicial ou mandado, ou exigir que o caso seja contestado. Há, contudo, de dar oportunidade para que se anexem as provas necessárias, emitir a sua intimação, requerer a declaração solene do juramento sobre a calúnia etc. Pois que surgiu recentemente nova lei que trata especificamente do método de procedimento em tais casos.

Para prosseguirmos com a nossa segunda consideração, a saber, da natureza do pronunciamento da sentença, cumpre atentar que só deverá ser pronunciada pelo juiz e por ninguém mais, caso contrário, não será válida. Também o juiz deverá ficar sentado em local público e respeitável e há de pronunciá-la durante o dia e não à noite; ademais, existem outras condições a serem observadas. Por exemplo, a sentença não pode ser promulgada em dias santos, quando nem poderá ser lavrada.

Todavia, é mister observar que, conforme já dissemos, como tais casos são conduzidos de maneira simples e sumária, poderão ser licitamente realizados em dias santos para conveniência do público, e o juiz poderá eliminar quaisquer digressões. Portanto, o juiz pode, se quiser, agir dessa forma e inclusive emitir a sentença, sem a colocar por escrito. Pois fomos informados por certas autoridades de que há casos em que a sentença é válida sem que seja lavrada, como por exemplo quando esse é o costume de qualquer localidade particular ou da corte. Também há excelente precedente para que um bispo, quando este é o juiz, permita que a sentença seja pronunciada por alguma outra pessoa.

Convém notar uma vez mais que, embora nas ações criminais a execução da sentença não deva ser protelada, essa norma não serve para quatro casos, dois dos quais nos interessam. Primeiro, quando a prisioneira é mulher grávida; quando então há de ser postergada até que dê à luz. Segundo, quando a prisioneira confessou o crime, mas depois tornou a negá-lo; ou seja, quando a confissão não foi repetida conforme explicamos na Questão XIV.

Pois bem, antes que continuemos em nossa terceira consideração, ou seja, os diferentes métodos de protelar a sentença que nos ocupará até o final desta obra, precisamos insistir a respeito dos vários modos pelos quais uma prisioneira se torna suspeita, donde os vários métodos de declarar a sentença se seguem como corolário.

QUESTÃO XIX

Dos vários graus de suspeita manifesta que tornam a acusada sujeita a pena.

Tanto a legislação antiga quanto a atual ajudam a elucidar as seguintes questões: de quantos e de quais modos pode uma pessoa ser considerada suspeita de heresia e se pode ser julgada e condenada por causa de tal suspeita. A glosa sobre o capítulo *nos in quemquam,* que citamos na última questão, diz serem quatro os meios para se condenar uma prisioneira: ora pelo depoimento de testemunhas no tribunal, ora pela prova dos fatos, ora em virtude de prévias condenações, ora ainda em virtude de grave suspeita.

E os canonistas ressaltam existir três espécies de suspeita. A primeira, a leve, de que o Cânon declara: "Não haveis de julgar ninguém por ser suspeito segundo vossa própria opinião." A segunda, a provável, que, contrariamente à primeira, conduz à purgação. E a terceira, ou grave, que leva à condenação. E São Jerônimo bem compreende essa espécie de suspeita ao dizer que a esposa poderá ter o divórcio seja por fornicação, seja por forte suspeita de fornicação.

É preciso ainda observar que a segunda suspeita, altamente provável e circunstancial, é aceita como espécie de semiprova ou prova intermediária; ou seja, como elemento que ajuda a consubstanciar as demais provas. Portanto, é capaz também de levar a acusada a julgamento, e não só à purgação. E quanto à suspeita grave, que é suficiente para a condenação, cumpre reparar que é de dois tipos. Um é da lei e pela lei, quando esta prescreve e determina algum ponto contra o qual não se há de admitir qualquer prova. Por exemplo, quando um homem promete casar-se com uma mulher e daí sobrevém a cópula, então presume-se ter havido o matrimônio e não se aceita prova em contrário. O segundo é da lei mas não pela lei, como acontece quando a lei presume ou pressupõe mas não determina o fato. Por exemplo, se um homem viveu muito tempo com uma mulher, presume-se que ela tenha mantido relações carnais com ele, embora se aceitem provas em contrário.

Aplicando tais considerações à nossa discussão relativa à heresia das bruxas e às leis modernas, afirmamos que nas leis identificam-se três graus de suspeita: a primeira, a suspeita leve; a segunda, a grande suspeita; e a terceira, a grave ou gravíssima.

A primeira é chamada pela lei de suspeita leve. Desta se diz na capítula *Accusatus, de Haeret,* sexto livro: "Se a acusada ou a acusada incorreu só em suspeita de pequena monta ou leve, e se reincidir nessa suspeita, embora deva ser severamente castigada por isso, não há de padecer dos castigos destinadas aos que reincidem em heresia." E esta suspeita é designada leve ou de pequena monta, seja porque pode ser removida por defesa leve e de pequena monta, seja porque promana de conjecturas do mesmo jaez. Portanto, é chamada de leve, em virtude das tênues provas; e leve, em virtude das tênues conjecturas.

Como exemplo de heresia simples, vale mencionar aquela em que incorrem pessoas que se reúnem sigilosamente para fins de adoração; ou as que diferem da maneira de viver e do comportamento habituais dos fiéis; ou aquelas que se reúnem em abrigos, alpendres ou celeiros, ou nas estações mais sagradas em campos ou em bosques remotos, de dia ou de noite, ou que são sempre vistas juntas e não comparecem à missa nos horários habituais e da maneira habitual, ou fazem amizade sigilosa com pessoas suspeitas de bruxaria. Tais pessoas incorrem pelo menos em suspeita leve de heresia, porque se prova que os hereges agem muitas vezes dessa forma. E a respeito dessa espécie de suspeita diz o Cânon: aqueles que pelo menor argumento mostram-se desviados dos ensinamentos e dos caminhos da religião católica não devem ser considerados hereges, nem se lhes dá de pronunciar qualquer sentença.

Henrique de Segúsio concorda com isso em sua *Summa; de Praesumptione,* onde diz: "Há de notar-se que, embora o herege esteja condenado pelo mais tênue argumento daquilo de que é suspeito, nem por isso há de ser considerado herege." E prova-o pelo raciocínio acima exposto.

A segunda espécie de suspeita, ou suspeita grave, também é designada pela lei de veemente, e desta o Cânon já mencionado (*Accusatus*) também fala: "Aquele que é acusado ou suspeito de heresia, contra quem paira grave ou veemente suspeita desse crime." etc. E prossegue: "Pois que estas não compõem duas espécies de suspeita, mas uma só." Giovanni d'Andrea também diz: "Veemente é o mesmo que forte, como o arcediago a ela se refere ao falar a respeito desse trecho canônico." Da mesma forma Bernardus Papiensis e Huguccio declaram que veemente é o mesmo que forte ou grande. Diz também São Gregório, no primeiro livro de seu *Sobre a moral:* "Uma veemente ventania surgiu de repente." Portanto, dizemos que qualquer pessoa tem um caso veemente quando ele é de grande vulto. Basta quanto a isso.

Portanto, à grande suspeita se dá o nome veemente ou forte; e assim é chamada por só ser considerada em função de veementes e fortes indícios, e por decorrer de grandes, veementes e fortes conjecturas, argumentos e evidências. Como costuma acontecer, para tomar um exemplo de heresia simples, quando pessoas dão guarida a hereges notórios e demonstram favorecê-los, ou os visitam, lhes dão presentes, ou com eles convivem, recebendo-os em casa e protegendo-os e assim por diante tais indivíduos são veementemente suspeitos de heresia. E de forma análoga quanto à heresia das bruxas: passam a ser suspeitos quando compartilham dos crimes de bruxaria.

E cumpre aqui insistir particularmente naqueles homens e mulheres que nutrem paixões desregradas ou ódios violentos, mesmo quando não perpetram malefícios contra homens e animais de outras formas. Pois, conforme já declaramos, os que assim se comportam são sempre suspeitos, seja qual for a sua heresia. Isso é revelada pelo Cânon, onde diz não haver dúvida de que tais pessoas assim procedem por simpatizarem com alguma heresia.

A terceira e maior suspeita é pela lei chamada de grave ou extrema (violenta): pois o Cânon e as glosas do arcediago e de Giovanni d'Andrea explicam que o vocábulo veemente não tem o mesmo significado que violento ou extremo. E a respeito dessa suspeita diz o Cânon (dist. 34): "Essa presunção ou suspeita é chamada violenta porque violentamente coage e compele o juiz a nela acreditar; e também por manar de conjecturas violentas e convincentes."

Por exemplo, na heresia simples, se certas pessoas revelam uma adoração ou amor reverente por hereges, se deles recebem consolo e com eles confraternizam ou deles recebem a comunhão, ou perpetram qualquer outra blasfêmia segundo seus ritos e cerimônias, são pessoas que incidem em violenta suspeita de heresia e de crenças heréticas, e por isso hão de ser condenadas. (Consultar os muitos capítulos do livro VI do Cânon dedicadas ao tema.) Pois que não há dúvida de que tais pessoas ajam dessa forma em virtude da crença em alguma heresia.

O mesmo se dá, no que tange à heresia das bruxas, com os que realizam e insistem em realizar ações que pertencem ao âmbito dos ritos de bruxaria. Atualmente, são estes de vários tipos. Por vezes é apenas na forma de palavras ameaçadoras, como: "Logo verás o que vai te acontecer", ou algo semelhante. Noutras ocasiões, o gesto maléfico consiste no toque: colocam curiosamente as mãos num homem ou num animal. Noutras, ainda, é só questão de serem vistos, ao se mostrarem a outras pessoas que se acham na cama, dormindo, seja de dia, seja à noite; e assim procedem quando desejam enfeitiçar homens ou bestas. No entanto, para desencadear tempestades, observam vários outros métodos e cerimônias, executando rituais diversos perto de rios, conforme mostramos antes ao discutir os vários métodos de operar bruxarias. Quando tais pessoas são descobertas e se tornam conhecidas publicamente, são incriminadas por suspeita violenta e heresia maléfica; sobretudo quando algum efeito maligno seguiu-se a seus atos, seja imediatamente, seja depois de transcorrido algum tempo. Há, nessa eventualidade, evidência direta do fato, ou evidência indireta, quando alguns instrumentos de bruxaria são encontrados em determinado lugar. E embora quando após um intervalo de tempo mais prolongado a evidência do fato não seja tão forte, essa pessoa ainda se acha sob forte suspeita de bruxaria, e, logo, muito mais, suspeita de simples heresia.

Quando se pergunta se o Demônio não seria capaz de infligir males sobre homens e animais sem o auxílio de uma mulher que vissem numa visão ou que os tocasse, respondemos que sim, desde que Deus permita. Mas a permissão de Deus é mais facilmente concedida no caso de uma criatura que a Ele era dedicada, embora negando a fé tenha consentido em praticar crimes tenebrosos; é por isso que o Demônio se utiliza desses meios para prejudicar as criaturas. Além disso, podemos dizer que, embora o Demônio seja capaz de operar sem a ajuda da bruxa, prefere muitíssimo trabalhar ao lado de uma, pelas várias razões que já revelamos antes neste trabalho.

A fim de resumir nossas conclusões sobre o assunto, cumpre dizer que, seguindo as distinções feitas anteriormente, aquelas pessoas que são suspeitas de heresia maléfica dividem-se em três categorias, já que algumas são levemente suspeitas, outras o são fortemente, e outras ainda gravemente. Sobre as que recai leve suspeita vê-se que agem de forma a levantar contra elas uma pequena ou tênue suspeita dessa heresia. E não obstante, como já se disse, a estas não se há de rotular de hereges, embora devam ser submetidas à purgação canônica, ou deverão pronunciar uma abjuração solene no caso de serem condenadas de heresia leve.

Pois o Cânon (cap. *excommunicamus*) declara: as pessoas que se acham sob suspeita provável (que, conforme Henrique de Segúsio, é uma suspeita leve), respeitando-se a natureza da suspeita e a qualidade das pessoas, devem provar sua inocência mediante a devida purgação, caso contrário deverão ser estocadas com a espada do anátema como reparação válida à vista de todos os homens. E se persistirem obstinadamente em sua excomunhão pelo período de um ano, deverão ser completamente condenadas como hereges.

Repare-se que, na purgação a que são expostas, consintam-na ou não, e nela falhem ou não, são, em todos os aspectos, consideradas notórias hereges sobre as quais se há de impor a purgação canônica.

O fato de que a pessoa sob leve suspeita pode e deve pronunciar uma abjuração solene é demonstrado no capítulo *Accusatus*, onde diz: a pessoa acusada ou suspeita de heresia, contra quem há forte suspeita desse crime, se abjurar a heresia perante o juiz e depois tornar a incidir no mesmo erro, por um tipo de ficção legal, há de ser julgada herege recidivante, embora não se tivesse provado sê-lo antes da abjuração. No entanto, se a suspeita era, em primeiro lugar, leve ou pequena, não obstante a reincidência torne o acusado sujeito a severa punição, não deverá sofrer o castigo dos que reincidem em heresia.

Mas as pessoas que são fortemente suspeitas, ou seja, as que agiram de tal forma a fazerem recair sobre si grande e forte suspeita, também não deverão necessariamente ser consideradas hereges ou condenadas como tal. Pois no Cânon afirma-se expressamente que ninguém deverá ser condenado por crime tão grave com base em forte suspeita. E diz:

Determinamos, portanto, que, quando o acusado se acha apenas sob suspeita, mesmo forte, não seja condenado por tão grave crime; não obstante, nesses casos estará obrigado a abjurar todas as heresias em geral, e em particular a de que se acha sob forte suspeita.

Mas se depois a pessoa reincidir nessa ou noutra forma de heresia, ou se vier a se associar a bruxas ou a hereges, ou se os visitar, os receber, ou os consultar, ou os perdoar, ou os favorecer, não há de escapar da punição dos reincidentes, segundo o capítulo *Accusatus*. Pois lá está escrito: a pessoa que estiver envolvida numa espécie ou numa seita de heresia, ou que errou num dos artigos da fé ou num dos Sacramentos da Igreja, tendo, depois de abjurado essa forma de heresia e todas as demais, voltado a incidir em outra espécie de heresia, ou voltado a errar em outro artigo ou Sacramento da Igreja, será considerada por nós reincidente. Aquele que, portanto, antes da abjuração, enveredara por seita herética e depois dela recebe hereges, visita-os, ou lhes dá presentes, ou os favorece etc., é válida e verdadeiramente considerada reincidente. Porquanto mediante essa prova não há dúvida de que era culpado em primeira instância. Esse é o teor do Cânon.

Dessas palavras depreende-se claramente existirem três casos em que a pessoa sob forte suspeita de heresia deverá, depois da abjuração, ser punida como reincidente. O primeiro é quando reincide na mesma heresia da qual era considerada fortemente suspeita. O segundo é quando, depois de ter abjurado todas as formas de heresia em geral, torna a incidir noutro tipo de heresia, mesmo que desta nunca tivesse sido acusada ou estado sob suspeita. O terceiro é quando torna a receber e a favorecer outros hereges. Esta última categoria abrange muitíssimos casos.

Mas se pergunta o que deveria ser feito quando a pessoa sob forte suspeita se recusa a atender a ordem judicial para abjurar a heresia: deverá ser de uma vez entregue à corte secular para ser punida? Respondemos que de forma alguma isso deve ser feito. O Cânon (*ad abolendam*) fala expressamente que tal conduta não serve para os suspeitos de heresia, mas para os manifestos adeptos de heresia. A ação mais rigorosa será empregada contra tais adeptos, e não com os meramente suspeitos.

Cabe perguntar então como se deve proceder nesses casos. Respondemos que o juiz deverá proceder de acordo com o capítulo *excommunicamus*, e tais pessoas deverão ser excomungadas. E se persistirem na heresia depois de um ano de excomunhão, aí, sim, serão condenadas como hereges.

Há ainda outras pessoas que são violenta ou gravemente suspeitas, ou seja, cujos atos levantam contra si grave suspeita. Tais pessoas deverão ser consideradas hereges e serão completamente tratadas como se fossem adeptas manifestas de heresia, de acordo com a Lei Canônica. Pois que estas ora confessam o crime, ora não o confessam. Se o confessarem, e desejarem retornar à fé e abjurar a heresia, serão recebidas de volta à penitência. Mas caso recusem abjurar o crime, serão entregues à corte secular para punição.

Mas se não confessarem o crime depois de serem condenadas, e não consentirem em abjurar a heresia, serão condenadas como hereges impenitentes. Pois que a suspeita violenta é suficiente para justificar a condenação, não se admitindo provas em contrário.

Pois bem: essa discussão trata das heresias simples, em que não há evidências diretas ou indiretas do fato, como se mostrará no sexto método de prolatar a sentença, em que um homem vai ser condenado como herege, embora possa na realidade não o ser: logo, muito mais se aplicará tal diretriz aos casos de heresia por bruxaria, onde há sempre, além da violenta suspeita, as evidências diretas de crianças, homens ou animais enfeitiçados, ou as evidências indiretas configuradas pelos instrumentos de bruxaria encontrados.

E embora no caso da heresia simples os que se mostram penitentes e que a abjuram são, como já se disse, readmitidos à penitência e condenados à prisão perpétua, na heresia das bruxas, não obstante o juiz eclesiástico possa receber a prisioneira de volta à penitência, o juiz civil pode, em virtude dos danos temporais – ou seja, dos males causados a homens, ao gado e aos bens e propriedades –, puni-la com a morte. E isso nem o juiz eclesiástico poderá evitar, pois, mesmo que não queira entregar a acusada ao braço secular da justiça, será obrigado a fazê-lo por solicitação do juiz civil.

QUESTÃO XX

Do primeiro método de pronunciar a sentença.

Portanto, eis as possibilidades: ou se descobre ser a acusada inocente e deverá ser completamente absolvida, ou se descobre estar difamada, em termos gerais, como herege, ou é pessoa adequada para o interrogatório e para a tortura, em virtude da má reputação, ou se descobre que sobre ela paira apenas leve suspeita de heresia, ou então forte ou grave suspeita de heresia; ou, ainda, a um só tempo, possui má reputação e é suspeita de heresia, ou confessou a heresia e é penitente e não reincidiu verdadeiramente, ou confessou e é penitente, mas provavelmente reincidiu, ou confessou a heresia e é impenitente, mas não reincidiu, ou a confessou, é impenitente e certamente reincidiu, ou se descobre que, embora não a tenha confessado, mediante testemunhas e por outros meios foi condenada de heresia, ou se descobre ter sido condenada de heresia mas que escapou ou se ausentou desafiadoramente, ou então não causou males mediante bruxarias, mas eliminou malefícios por meios impróprios e ilícitos, ou se descobre ser uma enfeitiçadora de arqueiros ou de armas com o propósito de causar a morte, ou se verifica ser uma bruxa-parteira que oferece recém-nascidos ao Demônio como inimigo, ou ainda se descobre fazer apelações frívolas e fraudulentas em prol da própria salvação de sua vida.

Portanto, caso se verifique ser absolutamente inocente, a sentença final há de ser pronunciada da seguinte maneira:

Cumpre aqui notar que se verifica ser a acusada inteiramente inocente quando, depois de os fatos do processo terem sido diligentemente discutidos em consulta com advogados experientes, ela não poderá ser condenada seja pela própria confissão, seja pela evidência dos fatos, seja pelos depoimentos de testemunhas legítimas (já que discordaram em relação à causa principal); e quando a acusada nunca fora antes considerada suspeita ou publicamente difamada em relação ao crime (embora o caso seja diverso se já tiver sido difamada pelo cometimento de outros crimes); e quando não houver evidência do fato contra ela. Nesse caso, observa-se o seguinte procedimento: ela será absolvida pelo bispo ou pelo juiz mediante sentença lavrada nos seguintes termos:

Nós N., pela misericórdia de Deus, bispo de tal cidade (ou juiz etc.), considerando que N. de tal lugar e de tal diocese foi acusada perante nós do crime de heresia e também de bruxaria; e considerando que a acusação era de tal teor que não poderíamos passar-lhe por cima com olhos coniventes, condescendemos em averiguar se a citada acusação poderia ser consubstanciada como verdadeira, chamando testemunhas, examinando a ré e usando de outros meios que são justos segundo as sanções canônicas. Pelo que, tendo visto e examinado tudo o que foi feito e dito nesse caso, e tendo ouvido o conselho de doutos advogados e de doutos teólogos, e tendo repetidamente a tudo examinado e perquirido; sentados como juízes neste tribunal e tendo somente Deus perante nossos olhos e a verdade do caso, e com os Sagrados Evangelhos colocados diante de nós para que nosso julgamento seja como que a expressão da vontade de Deus, e para que nossos olhos conservem a equidade, prosseguimos com a sentença definitiva desta forma, invocando o nome de Cristo. Pelo que vimos e ouvimos, e pelo que se produziu, se ofereceu, se fez e se executou perante nós no presente caso, nada descobrimos que legalmente provasse a culpa da acusada (ou do acusado) naquilo em que foi acusada. Assim sendo, pronunciamos, declaramos e damos como nossa sentença final que nenhum ato foi legalmente provado contra a acusada pelo qual pudesse ser julgada e considerada herege ou bruxa ou feiticeira ou considerada de qualquer modo suspeita do pecado de heresia. Pelo que pela presente declaração, pelo presente inquérito, e pelo presente julgamento dispensamos a acusada, em liberdade. Esta sentença foi lavrada etc.

Cuide-se para que não seja declarado em qualquer trecho da sentença que a acusada é inocente ou imune, apenas que nada contra ela foi provado; pois se depois de algum tempo for trazida de novo a julgamento, e a acusação venha a ser legalmente provada, poderá ser condenada, não obstante a prévia sentença de absolvição.

Reparar também que o mesmo método de absolvição pode ser usado no caso de alguém que seja acusado de receber, proteger ou amparar e favorecer hereges, quando nada se prova legalmente contra o indivíduo.

O juiz secular comissionado pelo bispo usará de seus próprios métodos de pronunciamento.

QUESTÃO XXI

Do segundo método de pronunciar a sentença, quando a acusada só é difamada.

O segundo método de pronunciar o julgamento deve ser empregado quando a acusada, depois de uma discussão diligente dos méritos do caso em consulta com advogados instruídos, se revela não mais do que uma herege por difamação em algum lugarejo, em alguma cidade ou alguma província. E isso se dá quando a acusada não é condenada pela própria confissão, ou pela evidência dos fatos, ou pelo depoimento de testemunhas legítimas; nem nada foi provado contra ela, exceto ser objeto de difamação pública. Destarte, nenhum ato de bruxaria pode ser provado e que a fizesse incidir em forte ou em grave suspeita, como ocorreria se tivesse pronunciado palavras ameaçadoras, como, por exemplo: "Logo verás o que vai te acontecer", ou algo semelhante, para que, em seguida, algum mal se abatesse sobre a pessoa ou os animais assim ameaçados.

Portanto, o procedimento seguinte deve ser empregado nesses casos em que nada se prova, salvo a difamação pública. Nesse caso, não se pode emitir julgamento condenatório, nem se pode absolver a ré como no primeiro caso. No entanto, há de se lhe impor a purgação canônica. Portanto, que o bispo ou seu representante, ou o juiz, repare primeiro que, em caso de heresia, a difamação não necessariamente deverá provir de pessoas honestas e respeitáveis; o peso é igual quando a calúnia advém de gente simples e comum.

Eis o motivo: as mesmas pessoas que são admitidas como acusadoras num caso de heresia também o são como detratoras. Ora, qualquer herege pode ser acusado por qualquer pessoa, exceto por seus inimigos mortais; portanto, pode também esta ser difamada por qualquer um.

Portanto, que o bispo ou o juiz pronunciem a sentença de purgação canônica dessa maneira ou de alguma outra maneira semelhante.

Nós (nome), pela misericórdia de Deus, bispo de tal cidade, ou do juiz de tal condado, tendo examinado diligentemente os méritos do processo conduzido por nós contra a acusada (nome) de tal diocese, acusada do crime de heresia etc., descobrimos que a acusada confessou ou que foi condenada pelo supracitado pecado ou que é apenas levemente suspeita de tal crime, salvo que verificamos ser a acusada verdadeira e legitimamente difamada por pessoas boas e más de tal cidade ou diocese; e para que a acusada readquira boa fama entre os fiéis, impomos-lhe, nos ditames da lei, uma purgação canônica, ficando estabelecido que no dia tal, de tal mês, e a tal hora, a acusada deverá comparecer a este tribunal com tantas pessoas de condição igual à sua para que seja purgada da comprovada difamação. Que os responsáveis sejam homens fiéis à Fé Católica e de vida salutar e que conheceram os hábitos e as maneiras de viver da acusada, não só em passado recente mas também em passado remoto. E se a acusada falhar nesta purgação, continuará sendo considerada culpada, e será condenada segundo as sanções canônicas.

Aqui cumpre considerar que quando uma pessoa é de fato publicamente difamada como herege, e nada contra ela se prova, exceto a difamação, ela há de ser condenada à purgação canônica. Ou seja, deverá retornar ao tribunal com sete, dez, vinte ou trinta homens, de acordo com a magnitude da difamação e o tamanho e importância do lugar, e tais homens deverão ser de sua mesma posição e condição. Por exemplo, se a pessoa difamada é religiosa, os responsáveis por ela deverão ser religiosos; se for secular, deverão ser seculares; se for um soldado, deverão ser soldados os que a purgam do crime pelo qual foi difamada. E tais responsáveis deverão ser homens que professam a Fé Católica e que levam vida regrada, e que conhecem os hábitos e a vida do acusado não só em passado recente mas em passado remoto.

No entanto, se a pessoa acusada recusar-se a essa purgação, deverá ser excomungada; e se persistir obstinadamente na excomunhão por um ano, deverá ser condenada como herege.

E se aceitar a purgação e nela falhar, ou seja, se não conseguir encontrar os responsáveis em número e nas condições exigidas, também será condenada como herege.

Deve aqui ser ressaltado que, quando se diz que deve ser purgada por tantos homens de sua própria posição, significa que estamos falando em termos gerais, e não específicos. Assim, se um bispo deve ser purgado, não há necessidade que todos os responsáveis sejam bispos;

abades e outros religiosos também são aceitos; o mesmo serve para os demais casos.

E a pessoa difamada deverá ser purgada da seguinte maneira: na época em que for indicada a purgação canônica, deverá comparecer perante o bispo ou o juiz acompanhada dos afiançadores, no lugar onde foi difamada; e, apoiando a mão sobre o Livro dos Evangelhos colocado à sua frente, dirá as seguintes palavras:

Juro, pelos Quatro Sagrados Evangelhos de Deus, que nunca defendi, acreditei ou ensinei, nem defendo ou creio na heresia (nomeando-a) pela qual fui difamada.

Vale dizer, deverá negar sob juramento o motivo pelo qual, seja o que for, viu-se difamada.

Depois disso, todos os fiadores colocarão as mãos nos Evangelhos; e cada um deverá declarar: E eu juro sobre este Santo Evangelho de Deus que acredito ter ele jurado a verdade. E então o acusado (ou acusada) estará canonicamente purgado.

Cumpre também observar que a pessoa difamada por heresia deve ser purgada no lugar onde o foi. E se o foi em muitos lugares, lhe será exigido e terá de professar a Fé Católica e terá de negar a heresia em todos os lugares em que o foi.

E que tal pessoa não leve em baixa conta essa purgação canônica. Pois está provado pela Lei Canônica que, se tornar a incidir na heresia de que foi purgada, será entregue à corte secular como reincidente. Mas o caso é um tanto diverso se incidir noutra forma de heresia de que não tenha sido antes purgada.

QUESTÃO XXII

Da terceira espécie de sentença, a ser pronunciada contra quem foi difamado, e que deverá ser submetido a interrogatório.

O terceiro método para conduzir um processo em prol da fé ao seu desfecho é quando a pessoa acusada de heresia, após diligente consideração dos méritos da causa pelo juiz (ou pelo bispo) junto a advogados cultos, revela inconsistência nos argumentos apresentados, ou quando surgem bases suficientes para que seja encaminhada a interrogatório e tortura, de tal sorte que, depois de assim interrogada, se nada confessar, poderá ser considerada inocente. Tal método é utilizado quando a prisioneira não foi capturada em flagrante crime de heresia, nem foi condenada pela própria confissão, nem por evidência dos fatos, nem por delação legítima de testemunhas, e quando não há indicações de que se encontre sob tal suspeita a ponto de justificar a abjuração de qualquer heresia. Todavia revela respostas inconsistentes durante o interrogatório. Ou então há outras boas razões para expô-la à tortura. Nesses casos, cumpre observar o procedimento seguinte.

Como esses casos envolvem uma sentença interlocutória que deverá ser pronunciada contra e não a favor da prisioneira, o Inquisidor não deverá separá-la em duas sentenças e sim colocá-las numa só. Em primeiro lugar, se a acusada persistir com firmeza em suas negativas e não puder ser induzida por homens honestos a confessar a verdade, uma sentença nos seguintes moldes deverá ser lavrada, e que em certos aspectos é definitiva.

Nós (nome), bispo pela misericórdia de Deus de tal cidade, ou o juiz do território governado por tal príncipe, tendo considerado os méritos do processo por nós conduzido contra (nome da pessoa acusada), de tal lugar, em tal diocese, e após cuidadoso exame, constatamos ter a acusada dado respostas inconsistentes, havendo indicações suficientes, ademais, para que seja submetida a interrogatório e tortura. Por conseguinte, para que a verdade venha a lume pela sua própria boca e para que não mais venha a ofender os ouvidos dos juízes com tais equívocos, declaramos, pronunciamos e lavramos a seguinte sentença: neste mesmo dia, a tal hora, a acusada seja encaminhada a interrogatório sob tortura. Esta sentença foi lavrada a etc.

Se a pessoa a ser interrogada apresentou argumentos inconsistentes e ao mesmo tempo tem contra si indicações suficientes para justificar a tortura, que ambos os elementos de prova sejam incluídos na sentença, conforme indicado acima. Mas se tão somente um desses elementos se fizer presente, que só ele seja na sentença apontado. Mas que esta seja logo posta em execução ou que logo se deixe os torturadores executá-la. Todavia, que o juiz não se mostre muito disposto a submeter a pessoa a tortura, pois a ela só se deverá recorrer na falta de outras provas. Portanto, que procure por outras provas. Se não as encontrar, e considerar que, provavelmente, a acusada é culpada mas nega a verdade por medo, que use de outros métodos aprovados pela lei, sempre com as devidas precauções, e fazendo uso de persuasões dos amigos da acusada para que façam tudo o que estiver a seu alcance para extrair-lhe a verdade dos lábios. E que não apresse o andamento do processo. Pois muitas vezes a meditação e o ordálio que é a prisão, a par da repetida persuasão de homens probos, farão com que a ré desvele a verdade.

No entanto, se depois de mantida a acusada em suspense, e depois dos devidos adiamentos, e das muitas exortações, o bispo e o juiz se sentirem persuadidos de que, consideradas todas as circunstâncias, a ré está negando a verdade, que seja submetida a tortura leve, sem derramamento de sangue, lembrando que a tortura é muitas vezes falaciosa e ineficaz. Pois algumas são tão pouco resistentes e espiritualmente fracas que à menor tortura tudo confessarão, seja ou não a verdade. Outras são tão obstinadas que por mais que sejam torturadas nunca se lhes arranca a verdade. Outras ainda, já tendo sido antes torturadas, são mais capazes de suportá-la pela segunda vez, já que seus braços se adaptaram aos estiramentos e às torções. Algumas das que já foram torturadas, porém, numa segunda vez sentem-se debilitadas, revelando menor resistência durante a sessão. Outras se acham enfeitiçadas, e disso se utilizam durante a tortura, vindo a morrer antes de confessar a verdade: pois que se tornaram, por assim dizer, insensíveis à dor. Logo, faz-se mister muita prudência na questão da tortura, e há de se dar maior atenção à condição da pessoa que está sendo torturada.

Depois, então, de pronunciada a sentença, os oficiais de justiça devem sem demora preparar a acusada para a sessão de tortura. Durante essa preparação, o bispo e o juiz deverão usar de todo o seu poder de persuasão e dos de outros homens honestos e zelosos da fé para induzirem a acusada a confessar espontaneamente a verdade, se necessário prometendo-lhe poupar a vida, conforme já indicamos antes.

Mas se dessa forma a acusada não puder ser aterrorizada para confessar a verdade, poder-se-á indicar um segundo ou um terceiro dia para o prosseguimento da tortura; esta não deve ser repetida sem mais demora. Pois esta repetição não é permitida, salvo quando transpirarem outras indicações contra a acusada. Contudo, nada impede o prosseguimento da tortura em outro dia.

Que então se declare:

Nós (nome) bispo e (nome) juiz (quando presente), supracitados, determinamos que a tortura de (nome) terá continuação em tal dia, para que venhamos a conhecer a verdade pelos seus próprios lábios. E que tudo seja lavrado no processo. Durante aquele intervalo, cabe ao juiz e ao bispo fazer uso de todo o seu poder de persuasão, bem como do de outros homens zelosos da fé, para exortarem a acusada a confessar a verdade.

Caso se recuse a confessá-la, a tortura será continuada na data marcada, com maior ou menor intensidade segundo a gravidade das ofensas em pauta. E os juízes serão capazes de observar muitas precauções lícitas, seja por palavras, seja por atos, mediante as quais poderão chegar à verdade; no entanto, tais precauções são mais facilmente aprendidas pelo uso e pela experiência numa variedade de diferentes casos do que pelos ensinamentos ou pela arte de qualquer um.

Mas se, após a devida tortura e o devido interrogatório, ainda não tiverem trazido à baila a verdade, que a acusada não seja mais molestada, e que seja colocada em liberdade. Se, contudo, confessar, mantiver-se fiel à confissão e revelar a verdade, admitindo a culpa e pedindo o perdão da Igreja, então, segundo o Cânon *ad abolendam*, será tratada como pessoa culpada de heresia pela própria confissão, mas penitente, e deverá abjurar a heresia, e a sentença lhe será pronunciada como no caso dos condenados por confissão própria. Esta é explicada no oitavo método de sentenciamento, a que o leitor deve se reportar.

Se, por outro lado, confessar a verdade, mas não for penitente e persistir obstinadamente na heresia, embora não seja nela reincidente, então, de acordo com o Cânon, depois de um intervalo de tempo razoável e da devida advertência, será condenada como herege e entregue à corte secular para sofrer a pena capital, conforme mostraremos no décimo método. Se, no entanto, for herege reincidente, há de ser condenada de outra forma, também descrita no décimo método, ao qual o leitor deve se reportar.

Cumpre todavia aqui observar que em alguns casos a pessoa a ser interrogada nada confessa contra si antes da tortura, nem nada se prova contra ela para que se possa impor a pena de abjurar a heresia ou de ser condenada como herege. Nesses casos, o procedimento acima deve ser adotado, conforme já dissemos, imediatamente. Noutros casos, porém, a acusada é capturada em crime flagrante de heresia, ou há outras provas pelas quais deverá abjurar a heresia, ou por elas será considerada leve ou fortemente suspeita; a essa pessoa não se há de torturar por tais motivos. Contudo, se além de tais provas negar alguns pontos que não foram provados, mas dos quais há indicações suficientes para justificar a tortura, e se, tendo sido interrogada quanto a tais questões sob tortura, nada confessar a respeito, não será por esse motivo absolvida de acordo com o primeiro método. Deverá ser condenada de acordo com as provas que tem contra si, deverá abjurar a heresia como se se achasse sob suspeita ou tivesse sido capturada em crime flagrante, de acordo com os méritos exigidos ou requeridos pelo processo. E se, depois da tortura, confessar os motivos pelos quais está sendo torturada, no todo ou em parte, então terá de abjurar esses mesmos motivos e também a heresia de que antes fora acusada: a sentença que lhe caberá há de englobar esses dois elementos.

QUESTÃO XXIII

Do quarto método de pronunciar a sentença, no caso de acusação por leve suspeita.

O quarto método para concluir-se o processo em benefício da fé é utilizado quando, depois de todos os méritos do processo terem sido diligentemente examinados em consulta com advogados experientes, paira ainda sobre a acusada leve suspeita de heresia. Trata-se de caso em que a acusada não foi apanhada em flagrante crime de heresia, nem foi condenada pela própria confissão ou pela evidência dos fatos ou pela denúncia feita por testemunhas legítimas, nem há outros indícios fortes ou veementes de heresia contra ela. Tais indícios são leves, de pequena monta, como costumava acontecer quando, na opinião da corte, levantam tão somente leve suspeita. Essa pessoa terá de abjurar a heresia de que é acusada. Se tornar a incidir no crime, não estará sujeita à punição como reincidente: embora deva ser mais severamente punida se não tivesse previamente abjurado a heresia (ver o Cânon c. *accusatus*). Nesses casos se deverá adotar o seguinte procedimento: a acusada, se a questão for de natureza pública, fará a seguinte abjuração em público e na Igreja:

Eu (nome), de tal diocese, cidadã de tal cidade, ou tal lugar, presente a meu julgamento, juro perante vós, senhor e bispo de tal cidade, e sobre os Sagrados Evangelhos, que se acham diante de mim e sobre os quais coloco minha mão, que creio, com todo o meu coração, e professo com os meus lábios, na Santa Fé Católica e Apostólica na qual crê a Santa Igreja Romana, e a qual confessa, prega e observa. Juro também crer, com todo o meu coração, professando com os meus lábios, que o Senhor

Jesus Cristo, em companhia de todos os santos, abomina a perversa heresia de bruxaria; e que todos os que a seguem ou que a ela aderem serão, juntamente com o Diabo e todos os seus anjos, punidos no fogo eterno, salvo se modificarem seus corações e se reconciliarem pela penitência com a Santa Igreja. E portanto abjuro, renuncio e nego a heresia de que vós, bispo e senhor, e vossos oficiais, me acusais como suspeita: a saber, de que mantenho contatos íntimos e familiares com bruxas, de que por ignorância defendo-lhes os erros, de que tenho abominado seus Inquisidores e perseguidores, e de que falhei em trazer-lhes os crimes à luz. Juro também nunca ter acreditado na mencionada heresia, nem nela acredito, nem a ela aderi, nem sou dela adepto, nem nela acreditarei, nem dela me tornarei adepta, nem a ensinarei, nem pretenderei ensiná-la. E se doravante for culpada de qualquer uma das acusações supracitadas (que Deus me impeça), estarei disposta a me submeter ao castigo prescrito pela lei para aqueles que assim procedem; e estou pronta a me submeter a qualquer pena que vós vedes como justa para o meu caso, pelas minhas palavras ou pelos meus atos em virtude dos quais vós me considerais merecidamente suspeita; e juro cumprir a pena com todas as minhas forças, sem mostrar omissão em qualquer de suas partes, para o que rogo o auxílio de Deus e destes Sagrados Evangelhos.

A abjuração acima há de ser pronunciada em discurso em voz alta, normal, para que todos o compreendam. Feito isso, o juiz, quando presente, ou seu substituto, fará a seguinte declaração, também em voz alta:

Meu filho (ou minha filha), não foi em vão que abjuraste a suspeita que lançamos sobre ti, nem em vão foi que te purgaste ao fazeres tal abjuração. Cuida pois para que doravante não venhas a incidir na heresia que abjuraste. Pois, embora, caso te mostrasses arrependido, não serias entregue à corte secular, já que fizeste a abjuração sob suspeita leve, e não por suspeita forte, serias mesmo assim mais severamente punido caso não a tivesse abjurado, quando então te encontrarias sob forte suspeita e não sob suspeita leve. Se depois de abjurares tal suspeita tornasses a nela incidir, sofrerias a devida punição como reincidente, e sem misericórdia serias entregue à corte secular para que sofresse a pena capital.

Quando a abjuração é feita em sigilo perante o bispo ou o juiz, sempre que o caso não é de conhecimento público, terá de ser feita da mesma maneira. Depois a sentença será pronunciada da seguinte maneira:

Nós, bispo de tal cidade, pela misericórdia de Deus, ou (quando presente) juiz do território domínio de tal príncipe, tendo examinado diligentemente os méritos do processo por nós conduzidos contra ti (nome), acusada perante nós de heresia, descobrimos teres cometido isso e aquilo (indicando-lhe os crimes), que a tornam levemente suspeita de heresia, pelo que julgamos que lhe convém abjurar tal heresia por pairar sobre ti leve suspeita. Mas não para que sejas dispensada sem outra punição. E para que possas ser mais cuidadosa no futuro, depois de consultarmos muitas pessoas instruídas e eminentes e vários religiosos, e tendo diligentemente ponderado e considerado toda a questão, com Deus perante nossos olhos, e a irrefragável verdade dos Sagrados Evangelhos colocados diante de nós para que nossa sentença represente a expressão da vontade de Deus e para que nossos olhos possam ver com equidade, e sentados neste tribunal na condição de juiz, te condenamos, te sentenciamos e impomos a seguinte pena contra ti, que aqui te encontras de pé, em nossa presença, nos seguintes termos: que doravante nunca mais venhas a professar, a defender em teu discurso, ou a ler (caso o saiba) etc. E que fique claro o crime que cometeu, pelo que lhe recai a suspeita de crime de heresia. Esta sentença e pena foram pronunciadas etc.

E que o tabelião cuide para colocar no processo que essa abjuração foi feita por alguém sob leve, e não forte, suspeita de heresia; caso contrário, em grande perigo poderia incorrer.

QUESTÃO XXIV

Da quinta maneira de pronunciar a sentença, no caso de forte suspeita de crime de heresia.

O quinto método de concluir o processo em benefício da fé é usado quando aquela que é acusada de heresia, depois de minucioso exame dos méritos da questão junto a advogados experientes, é encontrada sob forte suspeita de heresia. E isso se dá quando a acusada não é legalmente apanhada em heresia, nem foi condenada pela própria confissão ou pela evidência dos fatos ou pelo depoimento legítimo de testemunhas; no entanto, fortes e marcados indícios se veem comprovados contra a acusada que incidiu em forte suspeita de heresia.

O procedimento nesse caso é o seguinte: a pessoa a que se imputa forte suspeita de heresia deverá abjurá-la de tal forma a, caso posteriormente reincida no crime, ser entregue para a corte secular a fim de receber a pena máxima. E fará a abjuração pública ou sigilosamente, sob as mesmas condições especificadas para os casos de suspeita leve, devendo abjurar a heresia específica de que é acusada.

Os preparativos para essa modalidade de abjuração consistem no seguinte: ao chegar o domingo da abjuração e da promulgação da sentença ou da imposição da pena, o pregador deverá pronunciar um sermão geral. Após isso, o tabelião ou o clérigo lerão em voz alta e publicamente os crimes pelos quais a acusada foi condenada, e aqueles pelos quais se encontra sob forte suspeita de heresia.

Então o juiz ou seu substituto lhe dirão:

Veja! Segundo o que foi lido para ti podes ver que suspeitamos fortemente de que tenhas incorrido no crime de heresia; pelo que cabe a ti purgar a ti mesma e abjurar a mencionada heresia.

Em seguida, o Livro dos Evangelhos será colocado diante da ré, que estenderá a mão sobre ele; e se souber ler corretamente, lhe será dada a seguinte abjuração por escrito, que deverá ler na presença de toda a congregação.

Mas se não souber ler corretamente, o tabelião a lerá, frase por frase, e a acusada deverá repetir em voz alta e clara da seguinte maneira. O tabelião dirá: Eu (nome), de tal lugar, e a acusada há de repetir em seguida as mesmas palavras, embora sempre na linguagem vulgar. E assim por diante até o fim da abjuração, que será nos seguintes termos:

Eu (nome), de tal lugar, de tal diocese, presente pessoalmente a meu julgamento e diante de vós, reverendos senhores, do bispo de tal cidade e do juiz de tal território, sobre os Sagrados Evangelhos colocados diante de mim e com a minha mão sobre eles, juro acreditar com o meu coração e professar com os meus lábios a Santa Fé Católica e Apostólica que a Santa Igreja Romana ensina, professa, prega e sustenta. Juro também crer em meu coração e professar com os meus lábios que etc. E que ela pronuncie o artigo católico da fé contra a heresia de que é fortemente suspeita.

Por exemplo, se a heresia em questão é a de bruxaria, que diga o seguinte:

Juro crer que não somente os simples hereges e cismáticos serão torturados pelo fogo eterno, como também serão assim punidos todos aqueles que se acham contaminados pela heresia das bruxas, que perante o Demônio negam a fé recebida através do Sagrado Batismo na pia batismal, e que praticam obscenidades demoníacas para atender a seus desejos maléficos, a infligir toda sorte de males sobre os homens, os animais e os frutos da terra. E por isso abjuro, renuncio e renego tal heresia, ou melhor, tal infidelidade, que falsa e mentirosamente sustenta não existirem bruxas no mundo, e que não se deve acreditar que aqueles males possam ser causados pela ajuda dos Demônios; pois tal infidelidade é, e agora eu admito, expressamente contrária à decisão da Santa Madre Igreja e à de todos os doutores católicos, como também contrária é às leis imperiais que decretam que as bruxas devem ser queimadas.

Também juro que nunca acreditei de forma obstinada na supracitada heresia, nem nela creio nem lhe sou adepta no presente momento, nem a ensinei, nem a pretendo ensinar, nem tampouco a ensinarei no futuro. E também juro e prometo que nunca farei ou provocarei tais e tais coisas (citando-as), pelas quais sou considerada por esse tribunal fortemente suspeita do crime de heresia. E se doravante (porque Deus proibiu) eu não cumprir o juramento feito, estou pronta a sofrer o castigo prescrito pela lei para os reincidentes; e estou pronta a me submeter a qualquer pena que os senhores decidam me imputar pelos atos e palavras em virtude dos quais incide sobre mim forte suspeita de heresia. Juro, ainda, e prometo que a tal pena me submeterei com todas as minhas forças, e a cumprirei na íntegra, sem qualquer omissão, portanto, que Deus e este Sagrado Evangelho me ajudem.

Essa abjuração deverá ser dita na linguagem vulgar para que possa ser entendida por todos, salvo se for prestada só na presença de clérigos com competentes conhecimento de latim. Entretanto, se a abjuração for feita sigilosamente no palácio do bispo, por não ser de interesse público, deverá ser proferida de forma semelhante. Depois o bispo terá de adverti-la como acima se explicou para que não reincida e para que não incorra na pena como reincidente. E que o tabelião cuide para anotar de que modo foi feita a abjuração, ou seja, por pessoas sob forte suspeita de heresia, para que, caso se torne reincidente, possa ser punida então como tal.

Depois de feito isso, que a sentença ou a pena seja pronunciada da seguinte maneira:

Nós, bispo de tal cidade, e irmão tal (nome, quando presente), Inquisidor do pecado de heresia nos domínios de tal príncipe, especialmente designados pela Santa Sé Apostólica, levando em conta que tu (nome), de tal lugar, em tal diocese, fizeste tais e tais coisas (citando-as), conforme legalmente se depreende dos méritos do processo criteriosamente analisados, consideramos a ti pessoa fortemente suspeita de tal heresia, e determinamos que a abjure, na condição de pessoa sob forte suspeita, pois fomos persuadidos para assim proceder ao considerarmos a justiça e o conselho de experientes homens da lei. Mas para que sejas mais cuidadosa no futuro e para que não mais te inclines a tais atos, e para que os teus crimes não permaneçam sem punição, e também para que possas servir de exemplo a outros pecadores, depois de termos consultado muitos e ilustres mestres ou doutores da faculdade de teologia, depois de termos cuidadosamente assimilado toda a questão, e tendo perante nossos olhos Deus tão somente e a verdade da Fé Católica e Apostólica, tendo à nossa frente o Sagrado Evangelho para que nosso julgamento possa proceder como se da própria vontade de Deus, e para que nossos olhos vejam com equidade, nós, sentados no tribunal na condição de juízes, te condenamos, impondo a ti, de pé diante de nós, a seguinte pena nos termos seguintes: que doravante nunca mais ouses fazer, dizer ou ensinar tais e tais coisas (especificá-las).

E que fique estabelecido quais as coisas pelas quais a acusada foi condenada, e também por que foi considerada fortemente suspeita da mencionada heresia, além daquelas que, se viesse a cometê-las, a tornariam culpada de leve reincidência na heresia; no entanto, isso deve ser feito de acordo com as necessidades e exigências de cada caso. Por exemplo, que não deverá seguir tais e tais práticas, ou que não deverá receber em casa pessoas que sabidamente negaram a fé etc.

Cumpre observar, entretanto, que aquelas que são suspeitas, mas não apanhadas em heresia, sejam forte ou levemente suspeitas, não devem ser aprisionadas ou confinadas na prisão pelo resto da vida. Essa punição é para os hereges que foram condenados e que depois se arrependeram. Podem, no entanto, em virtude dos atos que as fizeram ficar sob suspeita, ser mandadas para a prisão durante algum tempo, e depois, conforme se verá, libertadas.

Nem deverão ser marcadas com o sinal da cruz (pelo ferro em brasa) por ser este o sinal do herege penitente; e não serão condenadas como hereges, mas sim como suspeitas de heresia, não sendo por isso marcadas dessa forma. Pode-se-lhes ordenar, contudo, que em determinados dias solenes permaneçam dentro das portas da Igreja, ou perto do altar, durante a celebração da Santa Missa, segurando nas mãos uma vela acesa de um certo peso; ou que façam alguma peregrinação, ou algo semelhante, de acordo com a natureza e as exigências do caso.

QUESTÃO XXV

Do sexto tipo de sentença, nos casos de grave suspeita de heresia.

O sexto método para concluir-se um processo em nome da fé é empregado quando se constata que a pessoa acusada de heresia, depois de minucioso exame da causa, em consulta com doutos advogados, incidiu em grave suspeita de heresia. O que se dá quando ela não é condenada de heresia por confissão espontânea ou pela evidência dos fatos ou pelo depoimento legítimo de testemunhas, mas há indícios muito fortes e graves (não apenas leves ou mesmo fortes) que a tornam gravemente suspeita de tal heresia, pelo que deverá ser julgada.

Para melhor entendimento dessa questão havemos de dar exemplos não só de casos de heresia simples, mas de casos de heresia de bruxaria. Pois o caso incidiria sob esse tópico na heresia simples se a acusada não fosse legalmente condenada pela própria confissão etc., conforme acima, mas por algo que disse ou fez. Por exemplo, pode ter se envolvido em caso que não diga respeito à fé e ter sido sentenciada de excomunhão; e se permanecesse obstinadamente na excomunhão por um ano ou mais, incidiria em leve suspeita de heresia; pois tal comportamento não se dá sem alguma suspeita de heresia. Mas se tivesse sido intimada por questão referente à fé, e não comparecesse e se recusasse de forma contumaz a não comparecer, sendo portanto excomungada, seria então pessoa fortemente suspeita de heresia; nesse caso, da leve suspeita passaria a forte suspeita. E se permanecesse obstinadamente em excomunhão por um ano ou mais, então incidiria em grave suspeita de heresia; logo, da forte suspeita passaria à grave, contra a qual não se admite defesa. A partir de então, a pessoa seria condenada como herege, conforme é mostrado pelo Cânon, c. *cum contumacia*, lib. 6.

Como exemplo de grave suspeita de heresia de bruxaria temos o caso da acusada que declarou ou fez algo próprio do que fazem ou dizem as bruxas quando querem enfeitiçar alguém. Costuma acontecer de serem compelidas a se manifestar mediante palavras ameaçadoras, mediante atos maléficos ou mediante um olhar ou um toque, por três razões. Primeiro, para que seus pecados possam ser agravados e mais manifestos para seus juízes; segundo, para que possam mais facilmente seduzir os simples; e, terceiro, para que maior ofensa seja perpetrada contra Deus e assim aumentem os seus poderes maléficos para prejudicar os homens. Portanto, uma bruxa incide em suspeita grave quando, após ter usado expressões como "Logo, logo te farei sentir", ou outras semelhantes, algum mal ocorre à pessoa ou aos animais ameaçados. Nesse caso, a suspeita não é leve, como o é o das pessoas familiarizadas com bruxas, ou o das que desejam provocar em alguma pessoa uma paixão desregrada. Ver acima onde tratamos dos três graus de suspeita: a leve, a forte e a grave.

Pois bem, precisamos considerar qual o procedimento a ser adotado nesses casos. Na eventualidade de alguém incidir em grave suspeita de heresia simples, o procedimento é o seguinte: embora possa a pessoa não ser verdadeiramente um herege, já que pode não haver qualquer erro em seu entendimento, ou se houver, talvez não se atenha a ele obstinadamente em sua vontade ou em seu arbítrio, deverá ser condenada como herege em virtude de a dita suspeita grave não admitir prova ou defesa.

Assim é condenado o herege dessa espécie. Se se recusar a abjurar a heresia, caso se recuse a voltar atrás e prestar as contas devidas, será entregue à corte secular para ser punido. Mas se se mostrar disposto e consentir em abjurar a heresia, será condenado à prisão perpétua. O mesmo se dá no caso de suspeita grave de heresia de bruxaria.

Contudo, embora o mesmo método principal deva ser observado no último caso (de bruxaria), há algumas diferenças. Cumpre notar que se a bruxa insiste em negar o crime, ou alega ter pronunciado tais palavras não com aquela intenção, mas por impulso próprio da impetuosidade feminina, então o juiz não dispõe de justificativa suficiente para condená-la às chamas, não obstante a grave suspeita. Portanto, deverá colocá-la na prisão, e levá-la a interrogatório a fim de que se saiba se já agiu ou não daquela forma antes. Em caso afirmativo, há de lhe ser inquirido se já houve difamação pública a seu respeito por causa daquela heresia. A partir daí estará em condições de prosseguir e, antes de mais nada, sentenciá-la ao interrogatório e à tortura. Então, se ela revelar sinais de tal heresia ou da taciturnidade das bruxas, ou seja, se é capaz de derramar lágrimas, ou se permanece insensível sob tortura e depois rapidamente recupera as forças; então ele terá de proceder com as várias precauções que já explicamos onde tratamos desses casos.

E em caso de tudo falhar, que ele cuide para, se ela tiver perpetrado o mesmo crime antes, que não seja de forma alguma libertada e sim seja mantida na imundície da prisão por um ano, e que seja torturada, e que seja examinada muitas vezes, especialmente nos dias mais santos. Mas se, além disso, ela tiver sido difamada, então o juiz poderá proceder da forma já indicada no caso da heresia simples e condená-la ao fogo, especialmente se houver uma multidão de testemunhas e ela tiver sido sempre encontrada em atos semelhantes ou em outros atos de bruxaria. Mas se o juiz quiser ser misericordioso, poderá enviá-la para uma purgação canônica: ela deverá conseguir vinte ou trinta fiadores, promulgando-lhe uma sentença de tal forma que, se ela falhar na sua purgação, há de ser condenada às chamas por ser culpada. O juiz poderá proceder da seguinte maneira.

Caso ela aceite a purgação, o juiz deverá decretar-lhe que abjure toda a heresia, por causa do castigo para os reincidentes, além de uma pena perpétua, da seguinte maneira. Os preparativos para a abjuração são idênticos aos explicados nas sentenças do quarto e do quinto tipo.

Reparar que em todos os métodos seguintes de condenação, quando o juiz desejar ser misericordioso, poderá agir da forma como já explicamos. Entretanto, como os juízes seculares têm os seus próprios métodos, procedendo com rigor mas nem sempre com equidade, não há método, ou norma definitiva, que lhes possa ser recomendado como para um juiz eclesiástico, que pode receber a abjuração e impor a pena perpétua da seguinte maneira:

Eu (nome), de tal lugar, em tal diocese, de pé e em pessoa perante vós, meus veneráveis senhores, o bispo de tal cidade e os juízes, tendo tocado com as minhas mãos o Sagrado Evangelho colocado à minha frente, juro crer, no fundo de meu coração, e professar, com os meus lábios, a Santa Fé Católica e Apostólica que a Santa Igreja Romana detém, professa, crê, prega e ensina. Portanto, abjuro toda a heresia, e renuncio e renego a todos os que se levantam contra a Santa Igreja Apostólica e Romana, qualquer que seja o seu erro ou a sua seita. Também juro e prometo que doravante nunca mais hei de fazer ou de dizer, ou de fazer com que sejam feitas tais e tais coisas (especificá-las), que fiz e disse, e pelas quais, por minha culpa, vós me declarastes gravemente suspeita de tal heresia. Juro também e prometo que cumprirei todas as penas que vós julgueis por bem me imputar, com todas as minhas forças, pelos mencionados crimes, e não hei de ser omissa em seu cumprimento. Que me ajudem Deus e o Sagrado Evangelho. E se doravante (pois que Deus proibiu) agir em contravenção a essa abjuração, aqui e agora obrigo-me a suportar as devidas punições para os reincidentes, por mais severas que sejam.

Que o tabelião cuide para a tudo anotar: a abjuração decorreu de grave suspeita de heresia. Assim, caso a bruxa torne a incidir no mesmo erro, será julgada de acordo e entregue à corte secular.

Depois disso feito, que o bispo a absolva da sentença de excomunhão em que incorreu como gravemente suspeita de heresia. Pois quando um herege retorna à fé e abjura a heresia, há de ser livrado da sentença de excomunhão que é prescrita para todos os hereges. De forma similar, aquela que for condenada como herege, conforme indicamos, e que abjurar a heresia se vê livre da pena de excomunhão. Depois da absolvição é então sentenciada da seguinte maneira:

Nós, bispo (nome) de tal cidade, e, quando presente, juiz do território de tal senhor, vendo que tu (nome), de tal lugar e de tal diocese, foste acusada perante nós de tais e tais (especificar) crimes atinentes à fé, e já bem nos informamos a esse respeito conforme determina a lei pelo exame atento dos méritos do processo e de tudo o que foi feito e dito no presente caso, verificamos que tu cometeste tais e tais coisas (indicá-las). Por conseguinte, e não sem razão apontando-te como gravemente suspeita de tal heresia (citá-la), determinamos que por esse motivo terás de abjurar publicamente todas as heresias em geral, conforme nos prescrevem as sanções canônicas. E como segundo tais instituições canônicas todas as pessoas que assim procedem hão de ser condenadas como hereges, não obstante tu ouviste os conselhos mais sábios e retornaste ao seio de nossa Santa Madre Igreja e abjuraste, conforme declaramos, toda a heresia vil, portanto, te absolvemos da sentença de excomunhão pela qual eras considerada pessoa odiosa para a Igreja de Deus. E se com a verdade no coração e com fé retornaste para a unidade da Igreja, hás de ser contada doravante entre os penitentes, e desde já és recebida de volta ao seio misericordioso da Santa Igreja. Mas como seria um gravíssimo escândalo deixar tudo passar com olhos coniventes e deixar sem punição as ofensas que perpetraste contra Deus e os males que fizeste recair sobre os homens, pois que é mais grave ofender a Majestade Divina do que a um monarca humano, e para que os teus crimes não sejam um incentivo para outras pecadoras, e para que no futuro tenhas mais cautela e não te mostres tão propensa a cometer os mesmos crimes, e para que possas sofrer menor punição no outro mundo, nós, os supracitados bispo e juiz, tendo-nos valido dos conselhos sábios de doutores no assunto, sentados no tribunal na condição de juízes, tendo perante nossos olhos só a Deus e a irrefragável verdade da Santa Fé, com os Sagrados Evangelhos colocados diante de nós para que nosso julgamento conte com a aprovação de Deus e para que nossos olhos vejam com equidade, te sentenciamos e te condenamos, impondo-te uma pena, a ti, para que te apresentes neste tribunal, perante nós, no dia e na hora que antes te foram indicados. Em primeiro lugar, hás de colocar por sobre a indumentária que usas uma outra cinza e azul feito o escapulário de um monge, mas sem capuz, quer na frente, quer atrás. Sobre tal indumentária, terás de afixar cruzes de pano amarelo, com três palmos de comprimento e dois de largura, e hás de usá-la sobre todas as demais durante certo período de tempo (estabelecer um período de um ou de dois anos, mais ou menos conforme requer a culpabilidade da pessoa). E com tal indumentária terás de te postar na porta de tal igreja durante certo período de tempo, ou nas quatro principais festas da Virgem Gloriosa, ou em tais e em tais cidades nas portas de tais e tais igrejas; e te sentenciamos e condenamos à prisão perpétua, ou por tal período, pena a ser cumprida em tal prisão. (Que isso seja estabelecido conforme melhor parecer à honra da fé, e de acordo com a maior ou menor culpa e obstinação da acusada.) E expressamente, na certeza de que assim está prescrito pela instituição canônica, nos reservamos o direito de mitigar tal sentença, de prolongá-la, de modificá-la, ou de removê-la no todo ou em parte, tantas vezes quantas nos parecer conveniente. Esta sentença foi lavrada etc.

E depois de lida essa passagem, há de ser imediatamente posta em execução, devendo-se vestir a acusada com a indumentária com as cruzes conforme dissemos.

QUESTÃO XXVI

Do método de lavrar a sentença contra aquela que é tanto suspeita quanto difamada.

O sétimo método de trazer o processo a uma conclusão em benefício da fé é empregado quando a pessoa acusada do pecado de heresia, depois de um exame minucioso de todos os seus méritos junto a homens conhecedores da lei, passa a ser considerada não só suspeita de heresia mas também difamada por esse crime. E isso se dá quando a acusada não é legalmente culpada por sua própria confissão, ou pela evidência dos fatos, ou pelo depoimento legítimo de testemunhas. Descobre-se que foi publicamente difamada além de existirem também indícios que a colocam sob leve ou forte suspeita de heresia, por exemplo, quando tem grande intimidade com hereges. Em virtude da difamação, essa pessoa deverá, ser submetida a uma purgação canônica, por um lado; por outro, em virtude da suspeita que sobre ela paira, também deverá abjurar a heresia.

Nesses casos, o procedimento haverá de ser o seguinte: a pessoa – publicamente difamada por heresia, e também suspeita por causa de outros indícios – será primeiramente purgada em público da maneira pela qual explicamos no segundo método. Depois da purgação, deverá imediatamente, em virtude das outras indicações para a suspeita de heresia, abjurá-la da seguinte maneira, tendo diante de si, como antes, o Livro dos Evangelhos:

Eu (nome), de tal lugar e de tal diocese, submetendo-me a meu julgamento em pessoa perante vós, meus senhores, o bispo de tal cidade e o juiz do território de tal príncipe, tendo tocado com as minhas mãos os Sagrados Evangelhos colocados à minha frente, juro crer com todo o fervor e professar com meus lábios a Santa Fé Apostólica que a Igreja Romana crê, professa, prega e observa. E portanto abjuro, detesto, renuncio e renego todas as heresias que se erguem contra a Santa Igreja Apostólica, de qualquer seita ou de qualquer matiz etc. conforme acima.

Também juro e prometo que doravante não mais farei ou direi ou farei com que sejam feitas tais e tais coisas (citando-as), pelas quais fui justamente difamada e acusada de cometê-las, e das quais me acusais de suspeita. Também juro e prometo que hei de submeter-me com todas as minhas forças a todas as penalidades que me forem prescritas, sem qualquer omissão. E que me ajudem Deus e o Sagrado Evangelho. E se daqui em diante agir de alguma forma contrária a este juramento e a esta abjuração (que Deus o proíba), aqui e agora espontaneamente me submeto, me obrigo e me comprometo à punição legal por tais atos, aos limites do sofrimento, depois de ter sido provado que os tornei a cometer.

Mas cumpre observar que quando os indícios são tão evidentes que tornam a acusada, tenha ou não sofrido a difamação mencionada, fortemente suspeita de heresia, então ela deverá, como antes, abjurar todas as heresias em geral. E se reincidir em qualquer heresia, há de sofrer o devido castigo como reincidente. Mas se os indícios forem muito tênues e mesmo quando considerados juntos com a citada difamação só a tornarem levemente suspeita de heresia, então será suficiente que faça não uma abjuração de todas as heresias, mas daquela de que é suspeita. Assim, caso venha a incidir em outra forma de heresia, não estará sujeita à penalidade como reincidente. E mesmo que venha a reincidir na heresia de que foi acusada e que abjurou, mesmo assim não estará sujeita a tal penalidade, embora deva ser mais severamente punida que no caso de não a ter abjurado.

Mas há uma dúvida se deveria estar sujeita à pena como reincidente se, depois da purgação canônica, reincidir na mesma heresia de que foi canonicamente purgada. Parece que sim, segundo a Lei Canônica, c. *excommunicamus* e c. *ad abolendam*. Portanto, o tabelião deve tomar muito cuidado ao declarar que a pessoa fez a abjuração por suspeita leve ou forte de heresia. Pois que, conforme já dissemos, há uma grande diferença entre elas. E, feito isso, a sentença e a pena serão pronunciadas da seguinte maneira.

Nós (nome), bispo de tal cidade, ou juiz no território de tal soberano, considerando devidamente que tu (nome), de tal lugar, em tal diocese, foste acusada perante nós de tal heresia (citá-la), e desejando perquirir judicialmente se incidiste em tal heresia, pelo exame de testemunhas, intimando-te e interrogando-te sob juramento, e por todos os meios convenientes em nosso poder, agimos e procedemos como cabia.

Depois de assimilar, observar e diligentemente inspecionar todos os fatos, e de discutir os méritos do processo neste caso, depois de examinar tudo o que foi dito e feito, e de consultar e obter a opinião sábia de muitos e doutos teólogos e advogados, descobrimos que tu, em tais e tais lugares, foste publicamente difamada por homens bons e sóbrios em virtude da mencionada heresia. Pelo que, assim como nos determinam as instituições canônicas, te impomos uma purgação canônica pela qual tu e teus fiadores, aqui e publicamente, te purgaram perante nós. Verificamos também teres cometido tais e tais coisas (citá-las), pelo que justamente te acusamos de leve ou forte (que se diga uma ou outra) suspeita de heresia. Portanto, por te achares sob suspeita, estabelecemos que abjurasses a heresia (aqui, se a acusada abjurou na qualidade de forte suspeita, que se diga "todas as heresias"; se sob leve suspeita, "a supracitada heresia").

Mas como não podemos e não devemos de forma alguma tolerar o que fizeste, e somos pela justiça compelidos a abominá-lo, para que sejas mais cautelosa no futuro, e para que teus crimes não fiquem sem punição, e para que outros não se vejam encorajados a cair em pecado semelhante, e para que as ofensas ao Criador não sejam ignoradas facilmente, nós, os supracitados bispo e juiz, na condição de juízes deste tribunal, tendo perante nós os Sagrados Evangelhos para que nosso julgamento possa ter a aprovação de Deus e para que nossos olhos vejam com equidade, contra ti, nome, já tendo sido purgada e já tendo abjurado, submetida a este julgamento, pessoalmente em nossa presença neste lugar e nesta hora, pronunciamos a sentença ou a pena que te cabe nos seguintes termos: que deverás etc.

E que pronunciem a sentença da forma que mais convier à honra da fé e para o extermínio do pecado da heresia: que em certos domingos e Festas de Guarda a condenada deverá postar-se à porta de tal igreja, segurando uma vela de determinado peso, durante a celebração da Santa Missa, com a cabeça descoberta e os pés nus, e que ofereça a vela ao altar; ademais, deverá jejuar às sextas, e por um certo período de tempo não ousará afastar-se daquele local, devendo apresentar-se perante o bispo ou juiz em certos dias da semana; e que sejam impostas outras penas semelhantes exigidas pela natureza particular do caso e da culpa; pois que para tal não há uma regra simples e única. Esta sentença foi prolatada etc. E que seja posta em execução logo após ter sido pronunciada; e que seja anulada, mitigada ou modificada conforme exigido pela condição da penitente e para sua correção e humilhação; pois o bispo tem esse poder pela lei.

QUESTÃO XXVII

Do método de pronunciar a sentença contra as que confessaram a heresia, mas que não são penitentes.

O oitavo método de concluir um processo em benefício da fé é utilizado quando se verifica que a acusada de heresia, depois do detido exame dos méritos do processo junto a advogados conhecedores da lei, confessou o crime, mas não é penitente nem reincidiu na heresia. Isso se dá quando a própria acusada confessou numa corte da lei sob juramento perante o bispo ou o Inquisidor que por tanto tempo viveu e persistiu na heresia de que é acusada, ou em qualquer outra, e nela acreditava e a seguia; mas que depois, persuadida pelo bispo e por outras pessoas, desejou converter-se e retornar ao seio da Igreja, e abjurar aquela e todas as demais heresias, atendendo a tudo que lhe for exigido; descobrindo-se então que nunca fizera abjuração de qualquer outra heresia, mas que agora deseja e está preparada para abjurar.

Nesse caso o procedimento será o seguinte: embora tal pessoa tenha persistido por muitos anos em tal heresia e mesmo em outras, e nelas acreditado e praticado, conduzindo muitas outras pessoas ao erro, se por fim consentiu em abjurar todas aquelas heresias e fazer tal reparação conforme o bispo e o juiz eclesiástico decretarem, não será entregue à corte secular para sofrer a pena máxima. Nem tampouco, se for clérigo, será rebaixado de posto. Será admitido à misericórdia, segundo o Cânon *ad abolendam*. E depois de ter abjurado a antiga heresia será confinada à prisão perpétua (ver o Cânon, *excommunicamus*, onde dá providências para a absolvição de tais pessoas). Mas grande cuidado deverá ser tido para que não simule falsa penitência a fim de ser recebido de volta à Igreja. Da mesma forma a corte secular não se acha obrigada a protelar sentença dessa natureza.

Ela fará a abjuração da forma já estabelecida, com uma diferença: terá de confessar com os próprios lábios os crimes perante a congregação da Igreja num dia de festa, da seguinte maneira: o clérigo a indagará, "Persististe por tantos anos na heresia de bruxaria?", e a acusada ou o acusado responderá, "Sim." Depois se lhe perguntará, "Fizeste de fato isso e isso que confessaste?", e ela responderá, "Sim." Assim por diante. Por fim fará a abjuração de joelhos. Por ter sido excomungada em virtude da culpa de heresia, depois da abjuração retornará ao seio da Igreja, recebendo a graça da absolvição segundo a maneira dos bispos com autoridade apostólica para a absolvição dos casos de excomunhão de maior gravidade. E a sentença será de imediato pronunciada da seguinte maneira:

Nós, o bispo de tal cidade, ou o juiz nos territórios de tal príncipe, vendo que tu (nome), de tal lugar, em tal diocese, foste por difamação pública e por informações de pessoas dignas de confiança acusada perante nós do pecado de heresia, e como te contaminaste durante muitos anos com tal heresia para grande prejuízo de tua alma, e por ter esta acusação contra ti ferido profundamente nossos corações, nós, cuja tarefa em decorrência de nosso ofício é a de semear a Santa Fé Católica no coração dos homens e de seu espírito afastar todas as heresias, desejosos de confirmar a verdade das informações que chegaram a nossos ouvidos, procedemos da melhor forma que nos foi possível no interrogatório e no exame das testemunhas de acusação e no teu próprio interrogatório, a que respondeste sob juramento, fazendo tudo o que nos é exigido pela justiça e pelas sanções canônicas.

E por termos desejado conduzir este caso a uma conclusão conveniente, e obter um claro entendimento de tua pregressa condição espiritual – se caminhavas nas trevas ou na luz, e se tinhas ou não incidido no pecado da heresia –, depois de termos conduzido todo o processo, depois de nos reunirmos em conselho com doutos conhecedores do saber teológico, e também hábeis conhecedores das Leis Canônicas e Civis, sabendo ademais que, segundo a instituição canônica, o julgamento se harmoniza com a opinião de muitos e por ela é confirmado; e tendo, a respeito de todos os pormenores, consultado tais homens, e tendo também diligente e cuidadosamente examinado todas as circunstâncias do processo, descobrimos que tu és, em virtude de tua própria confissão sob juramento perante nós no tribunal, culpada de muitos dos pecados das bruxas. (Que sejam especificados pormenorizadamente.)

No entanto, como o Senhor, em Sua infinita misericórdia, permite, às vezes, aos homens incidirem em erros e em heresias, não só para que os católicos cultos possam se exercitar nos argumentos sagrados, mas para que aqueles que da fé se afastaram possam se tornar mais humildes daí em diante e realizar trabalhos de penitência; tendo cuidadosamente discutido as circunstâncias deste mesmo processo, descobrimos que tu, às nossas frequentes solicitações e seguindo o conselho nosso e de outras pessoas honestas, retornaste com o espírito são à unidade e ao seio da Santa Madre Igreja, abominando todos os mencionados erros e todas as mencionadas heresias, e aceitando a verdade irrefragável da Santa Fé Católica, depositando-a no mais fundo de teu coração; pelo que, seguindo os passos Daquele que não quer que ninguém pereça, te acolhemos para esta adjuração e abjuração pública das heresias mencionadas e de todas as outras. E tendo feito isso, nós te absolvemos da sentença da magna excomunhão a que estavas fadada em virtude do pecado da heresia, e, reconciliando-te com a Santa Madre Igreja, te restituímos aos Santos Sacramentos. Conquanto tenhas retornado à unidade da Igreja de coração e verdadeiramente, e não mediante fé simulada, conforme acreditamos e esperamos que tenhas feito.

Mas como seria algo de muito escandaloso vingar as ofensas perpetradas contra os senhores temporais e tolerar as ofensas cometidas contra Deus, o Criador de todos os Céus, como a gravidade do pecado é muito maior quando se ofende a Majestade Eterna em comparação a uma majestade temporal, e para que Deus que se apieda dos pecadores possa ter piedade de ti, para que tu sirvas de exemplo para outros, e para que os teus pecados não fiquem sem punição, e para que no futuro te acauteles e sejas menos propensa a cometer tais e outros crimes, nós, os mencionados bispos e juiz, ou juízes, em benefício da fé, aqui sentados como juízes etc., como acima... que te seja colocada uma indumentária cinza-azulada etc. nós também te sentenciamos e te condenamos à prisão perpétua, para que lá sejas punida com o pão da miséria e a água do sofrimento, nos reservando o direito de mitigar, agravar, modificar ou comutar em parte ou no todo a mencionada sentença se e quando por bem acharmos conveniente assim proceder. Esta sentença foi prolatada etc.

Após isso, o juiz continuará, ponto por ponto, pronunciando a sentença da seguinte forma ou de forma semelhante:

Minha filha, a tua sentença ou pena consiste no seguinte: que uses esta cruz pelo resto de tua vida, que a tragas contigo sempre que vieres aos degraus do altar ou que te postares à porta de tais igrejas, e que fiques encarcerada pelo resto de tua vida, a pão e água. Porém, minha filha, para que isso não te pareça fardo muito pesado, asseguro-te que, se pacientemente suportares esta punição, hás de encontrar em nós misericórdia; portanto, não duvides nem te desesperes, que sejas firme na esperança.

Após isso, que a sentença seja devidamente executada, e que se vista a indumentária própria na condenada e que seja colocada nos mais altos degraus do altar para que seja vista por todas as pessoas ao saírem, cercada pelos oficiais da corte secular. E à hora do jantar, que seja conduzida pelos oficiais à prisão e que o restante da pena seja executado e devidamente conduzido. E depois que ela sair pela porta da igreja, que o juiz eclesiástico não mais se ocupe do assunto; e se o juiz secular estiver satisfeito, pois bem, mas se não, que seja feita a sua vontade.

QUESTÃO XXVIII

Do método de lavrar a sentença contra as que confessaram a heresia mas que nela reincidiram, não obstante agora penitentes.

O nono método para chegar-se a uma sentença conclusiva num processo em prol da fé é empregado quando a pessoa acusada de heresia, depois da diligente investigação das circunstâncias do processo em consulta com homens de criterioso juízo, confessa a heresia e se mostra penitente, embora tenha nela reincidido de fato. Isso se dá quando a própria acusada confessa no tribunal, perante o bispo ou os juízes, que noutra ocasião abjurara todas as heresias – o que se acha legalmente provado – mas que depois tornou a incidir no mesmo erro. Ou, então, que abjurou alguma heresia em particular, como a de bruxaria, mas depois a ela retornou; no entanto que, seguindo os melhores conselhos, é agora penitente e crê na Fé Católica, e que retorna à unidade da Igreja. A ela não se há de negar, caso os peça humildemente, os Sacramentos da penitência e da eucaristia; mas, por mais que se mostre arrependida, terá de ser entregue como reincidente à corte secular para sofrer a pena capital. Cumpre entender que isso se refere à pessoa que fez a abjuração depois de apanhada manifestamente em heresia, ou depois de ter sido fortemente suspeita de heresia, não depois de ter sido apenas levemente suspeita desse erro.

Neste caso se há de observar o seguinte procedimento: quando, após diligente e, se necessário, repetida consulta a doutos advogados, concluiu-se que a referida prisioneira de fato e realmente reincidiu no crime de heresia, o bispo ou o juiz deverá encaminhar à prisioneira, no local de detenção, duas ou três pessoas honestas, de preferência religiosos ou clérigos, zelosos da fé, de quem a prisioneira não suspeite e sim que neles confie. Irão até lá no momento oportuno e com ela conversarão delicadamente das desgraças deste mundo e das misérias desta vida, e das alegrias e da glória do Paraíso. Então, a partir daí, lhe dirão que vieram por parte do bispo ou do juiz e que ela não poderá escapar da morte temporal, e que, portanto, deve cuidar para salvar a própria alma, e se preparar, confessando os pecados e recebendo o Sacramento da eucaristia. Deverão visitá-la com frequência, persuadindo-a à penitência e à paciência, fortalecendo-a ao extremo na verdade católica, e deverão diligentemente fazê-la confessar-se, para que possa receber o Sacramento da eucaristia por humilde solicitação. Porque tais Sacramentos não devem ser negados a tais ofensores.

E depois de receber os Sacramentos e de mostrar-se disposta graças à intervenção dessas pessoas, para a salvação, após dois ou três dias durante os quais a revigoraram na Fé Católica e a induziram ao arrependimento, o bispo ou o juiz locais deverão notificar o bailio ou as autoridades do tribunal secular que em tal dia e em tal hora (não em dia de festa) deverão estar presentes com seus auxiliares em tal praça ou em tal lugar (obrigatoriamente fora da igreja) para receber uma reincidente, que lhes será entregue pelo bispo ou pelo juiz.

E na manhã do dia fixado, ou no dia anterior, deverá ser publicamente proclamado por todos os lugares e partes daquela cidade ou daquelas vilas, onde é costume haver tais proclamações, que em tal dia e em tal hora, e em tal lugar, será pregado um sermão em defesa da fé, e que o bispo e outros juízes condenarão certa pessoa por ter reincidido no pecado de heresia, entregando-a à justiça secular.

Mas aqui deve ser considerado que, se o reincidente tiver sido ordenado em quaisquer Sagradas Ordens, ou se for padre ou um religioso de qualquer ordem, antes de ser entregue à justiça secular deverá ser rebaixado e destituído dos privilégios de sua ordem eclesiástica. Só depois disso será entregue à justiça secular para receber o merecido castigo.

Portanto, quando se tem que degradar uma pessoa de suas dignidades e a entregar à corte secular, que o bispo conclame todos os prelados e religiosos de sua diocese. Pois neste caso, embora não em outros, só o bispo, junto com os demais prelados e religiosos e doutos da diocese, poderá degradar-lhe das Sagradas Ordens antes de o passar às mãos da corte secular, ou de ser encarcerado, por condenação à prisão perpétua em virtude do pecado da heresia.

No dia indicado para a degradação do reincidente e de sua entrega, por deprecação, à corte secular, seja clérigo, seja leigo, para deixá-lo ouvir a sentença definitiva, o povo deverá se reunir em alguma praça ou em algum lugar aberto, fora da igreja, e o Inquisidor deverá pregar o sermão, e a prisioneira, ou o prisioneiro, deverá ser colocado em lugar mais elevado na presença das autoridades seculares. Se o prisioneiro for clérigo que terá de ser degradado, o bispo deverá usar a túnica pontifical, junto com os outros prelados da diocese, que deverão usar a indumentária própria com as capas magnas, usando-a também o prisioneiro, como se fosse ministrar seu ofício; o bispo, então, o degradará de suas ordens, das superiores às inferiores. E assim como ao conferir as ordens sacras, o bispo deverá usar das palavras prescritas pela Igreja, de sorte que ao degradá-lo deverá tirar-lhe a casula sacerdotal e a estola, e assim com as demais vestes, empregando palavras de significado diametralmente oposto.

Após a degradação, o procedimento deverá continuar dentro das formalidades legais e habituais. O tabelião ou algum religioso ou clérigo lerá a sentença, que deverá ser da seguinte forma, seja o prisioneiro leigo, seja clérigo degradado:

Nós, nome, bispo pela misericórdia de Deus de tal cidade, e juiz nos territórios de tal príncipe, estando legitimamente informados que tu, nome, de tal lugar, em tal diocese, foste acusado perante nós (ou perante tal bispo ou tais juízes) de tais heresias (citando-as), de que foste legalmente culpado conforme tua própria confissão e segundo o depoimento das testemunhas, e que obstinadamente persististe nelas por tanto tempo, embora depois, ouvindo os melhores conselhos publicamente e em tal lugar abjuraste, renunciaste e rejeitaste aquelas heresias nos moldes prescritos pela Igreja, em virtude do que o mencionado bispo ou Inquisidor, acreditando que havias retornado verdadeiramente ao seio da Santa Madre Igreja, te absolveu da sentença de excomunhão, exarando para ti uma pena salutar caso permanecesses na unidade da Igreja depois de a ela retornar. Porém, apesar de tudo o que se disse, e do lapso de tantos anos, tornas a ser acusado perante nós e mais uma vez incidiste nas heresias que abjuraras (citando-as), e não obstante tenha sido um amargo pesar para nós ouvir tais coisas de ti, fomos pela justiça compelidos a investigar a questão, a examinar as testemunhas e a interrogar-te sob juramento, procedendo em todas as instâncias conforme é prescrito pelas instituições canônicas.

E como desejávamos concluir este caso sem nenhuma dúvida, reunimo-nos em conselho solene com profundos conhecedores de teologia e das Leis Canônicas e Civis, e junto a eles examinamos de forma madura e cuidadosa tudo o que foi feito, tudo o que se disse e tudo o que se viu no processo, e diligentemente discutimos cada circunstância, pesando a tudo na balança da justiça como nos compete. E verificamos que, tanto em virtude dos depoimentos legítimos de testemunhas quanto pela tua própria confissão ouvida no tribunal, tornaste a incidir nas heresias que havias abjurado. Pois verificamos que disseste ou fizeste isso, e isso (citar o que foi dito ou feito), no interesse de, com a cooperação das pessoas mencionadas, julgar, e agora declaramos que és um reincidente, de acordo com as instituições canônicas, a que nos referimos com grande lástima e lastimamos referir.

Mas como é de nosso conhecimento e do conhecimento de muitos católicos de bem que, pela inspiração da graça divina, retornaste uma vez mais ao seio da Igreja e à verdade da fé, abominando os citados erros e heresias e dentro da verdadeira ortodoxia, acreditando e professando a Fé Católica, te acolhemos para que recebesses os Sacramentos da penitência e da Santa Eucaristia à tua humilde solicitação. Mas como nada mais resta fazer à Igreja de Deus a teu respeito, por ter agido da forma misericordiosa conforme indicamos, e como abusaste daquela misericórdia reincidindo nas heresias que tinhas abjurado, portanto, nós, os supracitados bispo e juízes, na condição de juízes deste tribunal, tendo perante nós os Sagrados Evangelhos para que nosso julgamento seja proferido como se viesse da própria aprovação de Deus e para que nossos olhos vejam com equidade, e tendo perante nossos olhos somente Deus e a verdade irrefragável da Santa Fé e a extirpação da peste da heresia, contra ti (nome), neste local e no dia e na hora que te foram designados para que ouvisses a sentença definitiva, pronunciamos em sentença que de fato reincidiste no pecado da heresia, embora sejas penitente; e por isso te dispensamos desta nossa corte eclesiástica e te deixamos entregue ao braço secular. No entanto, fervorosamente oramos para que a corte secular saiba temperar a sua justiça com misericórdia, para que não haja derramamento de sangue nem morte.

E aqui o bispo e seus assessores devem se retirar, cabendo à corte secular realizar o seu ofício.

Cumpre reparar que, embora o bispo e o Inquisidor devam usar de sua extrema diligência, tanto pelos seus próprios esforços quanto pelo de outros, para induzir o prisioneiro a se arrepender e a retornar à Fé Católica, depois de arrependido e de decidido em conselho que, embora penitente, trata-se na verdade de reincidente e como tal deve ser entregue ao braço secular da lei, não lhe devem informar a esse respeito, ou seja, a respeito da sentença e do castigo. Pois o rosto do juiz aterroriza o prisioneiro, ou a prisioneira, e as suas palavras têm mais chance de fazer o que vai ser punido renunciar à penitência, e não acatá-la. Portanto, desde aquele momento, nem antes nem depois da sentença devem estes se apresentar perante ele, ou ela, para que o condenado não se indisponha com o bispo ou com os juízes, coisa que deve ser cuidadosamente evitada em morte dessa natureza. Porém, conforme já dissemos, que deixem o prisioneiro ser visitado por algum homem de bem, sobretudo os de ordens religiosas, ou clérigos, em quem tenha confiança; e deixem-no informá-lo da sentença e morte vindouras, fortalecendo-o na fé, exortando-o a ter paciência, e que o visitem depois de pronunciada a sentença e que o consolem e que orem por ele, e que não o deixem até que tenha entregue o espírito ao Criador.

Que cuidem, portanto, e que fiquem de guarda para nada fazer ou dizer que permita à prisioneira, ou ao prisioneiro, tomar conhecimento antecipadamente de sua morte, ou para que não se coloquem numa posição irregular. E, por se acharem sobrecarregados com o cuidado de sua alma, que o deixem partilhar também de sua punição e de sua culpa.

Também deve ser ressaltado que a sentença pela qual se entrega uma pessoa à corte secular não deve ser pronunciada em dia de festa ou em dia solene, nem numa igreja, mas fora, ao ar livre. Pois é uma sentença que leva a pessoa à morte; e é mais decente exará-la num dia comum, fora da igreja; pois os dias de festa e as igrejas são dedicados a Deus.

QUESTÃO XXIX

Do método de exarar a sentença contra as que confessaram a heresia mas são impenitentes, embora não reincidentes.

O décimo método para se completar um processo em prol da fé pela sentença final é empregado quando a pessoa acusada de heresia, após exame atento das circunstâncias do processo em consulta com conhecedores da lei, confessa a heresia e se mostra impenitente, embora não tenha reincidido na heresia. Esse caso raramente é encontrado, porém já chegaram a nosso conhecimento casos desse tipo como Inquisidores. Portanto, nessa eventualidade, o bispo e o juiz não devem se apressar em exarar a sentença contra a prisioneira: devem mantê-la sob tutela e vigilância constante, e induzi-la a se converter, mesmo que isso se prolongue por muitos meses, mostrando-lhe que, se continuar impenitente, se danará no corpo e na alma.

Mas se nem pelo alento nem pela opressão, nem pela ameaça nem pela persuasão, a acusada renunciar a seus erros, e se expira o período da graça determinado, que o bispo e o juiz se preparem para entregá-la ou abandoná-la ao braço secular da lei; deverão, portanto, notificar o bailio, ou as autoridades seculares, que em tal dia, não num dia de festa, e em tal hora, deverão comparecer em tal lugar com seus auxiliares (em lugar fora da Igreja), e que lhes vão entregar uma herege impenitente. Todavia, deverão fazer a proclamação pública nos lugares costumeiros que em tal dia e em tal hora, no lugar indicado, será pregado um sermão em defesa da fé, e que entregarão uma herege à justiça secular; e que todos venham e que estejam presentes, pois serão outorgadas as indulgências corriqueiras.

Após isso, a prisioneira será abandonada à justiça secular da seguinte maneira: que seja primeiro advertida para renunciar à heresia e se arrepender; se mesmo assim se recusar, que lhe seja pronunciada a sentença.

Nós (nome), pela misericórdia de Deus, bispo de tal cidade, ou juiz nos territórios de tal príncipe, vendo que tu (nome), de tal lugar, em tal diocese, foste acusada perante nós por difamação pública e por informações de pessoas dignas de crédito (citando-as) do crime de heresia, e que durante muitos anos persististe nestas heresias para grande prejuízo de tua alma imortal, e como nós, cuja tarefa é a de exterminar a praga da heresia, desejando investigar mais profundamente este caso e ver se caminhavas nas trevas ou na luz, diligentemente examinamos a mencionada acusação, intimando-te e te examinando devidamente, para constatarmos que estás de fato contaminada pela mencionada heresia.

Como, porém, o maior desejo de nossos corações é semear a Santa Fé Católica nos corações de nosso povo e erradicar a peste da heresia, usamos de vários e diversos métodos adequados, tanto por nós mesmos quanto por outros, para te persuadir a renunciar aos mencionados erros e heresias em que incidiste, e em que ainda incides, agora de forma desafiadora e obstinada com pétreo coração. No entanto, como o inimigo da raça humana está presente em teu coração, te enovelando e te aprisionando nos mencionados erros, e tu te recusaste e te recusas a abjurar as mencionadas heresias, preferindo escolher a morte da alma no Inferno e a do corpo neste mundo do que renunciar a tais heresias e retornar ao seio da Igreja para que clarificasses a alma, e como te mostras determinada a continuar no pecado:

Portanto, como te achas presa pelas correntes da excomunhão da Santa Igreja, e te achas definitivamente separada do rebanho do Senhor, e privada dos benefícios da Igreja, a Igreja nada mais pode fazer por ti, tendo já feito tudo o que era possível. Nós, os mencionados bispo e juiz, em benefício da fé, aqui julgando na condição de juízes, e tendo perante nós os Sagrados Evangelhos para que nosso julgamento como que advenha da própria aprovação de Deus e para que nossos olhos vejam com equidade, tendo perante eles apenas Deus e a verdade da Santa Fé e a extirpação da praga da heresia, neste dia e lugar e nesta hora, designados para que ouvisses a tua sentença final, determinamos como nosso julgamento e nossa sentença que tu és de fato uma herege impenitente, e como tal deves ser entregue e abandonada ao braço secular da justiça, pelo que, mediante esta sentença, te dispensamos e te rejeitamos de nossa corte eclesiástica e te abandonamos à corte secular, orando para que a mencionada corte seja tolerante e pondere na sentença de morte contra ti. Esta sentença foi lavrada etc.

QUESTÃO XXX

Daquela que confessou a heresia, é reincidente e também é impenitente.

O décimo primeiro modo de concluir um processo em benefício da fé é empregado quando se descobre que a pessoa acusada de heresia, após diligente discussão das circunstâncias do processo em consulta com pessoas ilustres, além de ter confessado a heresia, é impenitente e também reincidente no crime. E isso se dá quando a acusada confessa pelas próprias palavras, em tribunal, que acredita e que praticou tais e tais atos. O procedimento, nesses casos, é o mesmo que no caso anterior. E por ser a pessoa manifestamente herege, a sentença há de ser pronunciada da seguinte maneira na presença do bispo e dos juízes:

Nós (nomes), pela misericórdia de Deus, bispo de tal cidade e juiz nos territórios de tal príncipe, vendo que tu (nome), de tal lugar e em tal diocese, foste acusada pregressamente perante nós (ou perante tais e tais juízes, nossos predecessores) do crime de heresia (citar os crimes), e que provaste ser legalmente culpada pela tua própria confissão e pelo testemunho de homens de bem, e que neste crime obstinadamente persististe por tantos anos, mas que, depois de ouvir os melhores conselhos, publicamente abjuraste aquelas heresias em tal lugar e dentro daquilo que prescreve a Igreja, pelo que os citados bispo e juízes, acreditando que havias verdadeiramente renunciado aos mencionados erros e que havias retornado à Fé Católica e ao seio da Igreja, livrando-te da sentença de excomunhão que te fora imposta, e promulgando para ti uma pena salutar se viesses a permanecer na unidade da Santa Igreja, com fé e com sinceridade, receberam-te de volta com misericórdia. Porque a Santa Igreja de Deus não fecha as suas portas aos que lhe retornam ao seio.

Mas depois de tudo o que foi dito e para nosso grande pesar foste acusada, perante nós, de teres reincidido naquelas heresias malignas que antes havias abjurado em público; ademais, fizeste tais e tais coisas (citá-las) em contravenção à dita abjuração e para a danação da tua alma; e embora estejamos profundamente magoados e feridos por termos ouvido tais coisas de ti, mesmo assim fomos pela justiça compelidos a investigar o assunto, examinar as testemunhas, e te intimar e te ouvir sob juramento conforme nos compete, e em todos os particulares agimos conforme nos é prescrito pelas instituições canônicas. E como desejássemos levar a bom termo o caso, sem margem de dúvida, conclamamos um conselho solene de homens letrados, profundamente conhecedores de teologia e das Leis Canônicas e Civis.

E tendo obtido o devido e maduro julgamento de tais pessoas sobre cada pormenor referente ao caso, após o exame repetido de todo o processo e da análise criteriosa e diligente de todas as circunstâncias, como requerem a lei e a justiça, comprovamos que és legalmente culpada, não só pela evidência de testemunhas dignas de fé, como pela tua própria confissão, de teres incidido, e de teres reincidido, nas heresias que abjuraras. Pois que verificamos teres dito ou feito tais e tais coisas (citá-las), por conseguinte, com justa razão, na opinião dos mencionados doutores, e compelidos também pelos teus próprios excessos, te julgamos reincidente de acordo com os decretos canônicos. E que digamos isso com pesar, e que lamentemos dizê-lo, pois Ele sabe, Aquele de Quem nada se esconde e Que perscruta todos os segredos da alma. E sinceramente antes e ainda desejamos que retornasses à unidade da Santa Igreja e que afastasses de teu coração a pérfida heresia, para que pudesses salvar a tua alma e preservasses o teu corpo e a tua alma da destruição no Inferno, e usamos de todo o nosso empenho, mediante vários recursos, para te converter à salvação; mas te entregaste ao teu pecado e foste afastada e seduzida pelo espírito do mal, e preferiste a tortura e o tormento tenebroso e eterno do Inferno, e que o teu corpo temporal fosse aqui consumido pelas chamas, em vez de dares ouvido aos melhores conselhos e renunciares aos teus erros pestilentos e amaldiçoados, em vez de retornares ao seio misericordioso da Santa Madre Igreja.

Por conseguinte, como a Igreja de Deus nada mais pode fazer por ti, tendo feito tudo o que estava a seu alcance para converter-te, nós, o bispo e os juízes indicados para esta causa em prol da fé, aqui no tribunal julgando na condição mesma de juízes, tendo perante nós os Sagrados Evangelhos para que nosso julgamento seja como que a expressão da vontade de Deus e para que nossos olhos vejam com equidade, e tendo perante eles tão somente a Deus e a honra da Santa Fé Católica, neste dia e lugar e nesta hora, designados para que ouvisses a tua sentença derradeira, pronunciamos o nosso julgamento do caso, perante ti, aqui presente, perante nós, e te condenamos e te sentenciamos como verdadeira herege reincidente e impenitente, e como tal serás abandonada à justiça secular; e mediante esta sentença definitiva te expulsamos como herege reincidente e impenitente de nossa corte eclesiástica e te entregamos e te abandonamos ao poder do braço secular da lei; orando para que a corte secular abrande ou modere a sentença de morte que pronunciará contra ti. Esta sentença foi exarada etc.

QUESTÃO XXXI

Da que é apanhada e condenada, mas que a tudo nega.

O décimo segundo método para concluir um processo em favor da fé é utilizado quando se descobre que a pessoa acusada de heresia, após diligente exame dos méritos da causa em consulta com doutos advogados é culpada do crime pela evidência dos fatos e pelo legítimo depoimento de testemunhas, mas não pela própria confissão. Ou seja, ela pode ser culpada pela evidência dos fatos por ter praticado a heresia publicamente; ou pela evidência das testemunhas, de que não consegue se livrar; mesmo assim, não obstante apanhada e denunciada, firme e constantemente nega a responsabilidade. Ver Henrique de Segúsio, *Sobre as heresias,* 34º questão.

O procedimento, nesse caso, é o seguinte: a acusada deverá ser mantida no cárcere, acorrentada e agrilhoada, devendo ser assiduamente visitada pelos oficiais de justiça, juntos e separadamente, que hão de se empenhar ao extremo para induzi-la a confessar a verdade; dizendo-lhe que se assim proceder e confessar o erro, e abjurar a heresia vil, obterá a misericórdia; mas que, caso se recuse e persista na sua negativa, acabará abandonada ao braço secular da lei, e não poderá escapar da morte temporal.

No entanto, se persistir por muito tempo nas suas negativas, o bispo e os oficiais, ora em conjunto, ora separadamente, ora ainda pessoalmente, ora também com a ajuda de homens de bem, deverão conclamar perante eles ora uma testemunha, ora outra, e adverti-las para aterem-se estritamente ao que foi declarado em depoimento, para que se tenha certeza de ter sido declarada a verdade; que cuide, pois quem dana alguém temporariamente, dana a si mesmo eternamente; e que se estiverem receosos, que pelo menos lhe digam a verdade em segredo, para que a acusada não morra injustamente. E que tomem grande cautela para que possam ver claramente se os depoimentos foram ou não verdadeiros.

Mas se as testemunhas, depois dessa advertência, persistirem nas denúncias e a acusada persistir na negação, que o bispo e seus oficiais não se apressem em pronunciar a sentença definitiva e em abandonar a prisioneira para o braço secular da lei; mas que a detenham ainda por mais tempo, ora a persuadindo a confessar, ora exortando as testemunhas (mas uma de cada vez) a examinar as consciências. E que o bispo e os oficiais prestem particular atenção àquela testemunha que pareça ter a consciência mais aguçada e que pareça mais predisposta ao bem, e que mais insistentemente instiguem-lhe a consciência para falar a verdade, dizendo se o que depôs é falso ou verdadeiro. E se virem qualquer testemunha vacilar, ou se houver outros indícios de que foi dada falsa evidência, que lhe deem fé de acordo com o conselho de doutos e que procedam como a justiça requer.

Pois descobre-se muito frequentemente que, depois de a pessoa assim denunciada por testemunhas legítimas persistir por muito tempo na sua negativa, acaba cedendo – especialmente ao ser verdadeiramente informada de que não será entregue ao braço secular da lei, e que será admitida na misericórdia se confessar o pecado – e espontaneamente confessando a verdade que há tanto tempo negara. Verifica-se também, frequentemente, que as testemunhas, por malícia e por inimizade, conspiraram para acusar uma pessoa inocente do pecado de heresia; mas depois, em função das solicitações frequentes do bispo e de seus oficiais, as suas consciências foram atingidas pelo remorso e, por inspiração divina, retiraram a sua denúncia e confessaram que por malícia imputaram tal crime à acusada. Portanto, a prisioneira nessa situação não deve ser sentenciada apressadamente; deverá ser mantida no cárcere por um ano ou mais antes de ser entregue ao braço secular da justiça.

Depois de transcorrido tempo suficiente, e tomadas todas as precauções, se a acusada que assim foi considerada legalmente culpada admitir a culpa e confessar dentro da lei que esteve pelo período indicado envolvida no crime de heresia, e consentir em abjurar todas as heresias, e executar a pena que lhe for prescrita pelo bispo e pelo Inquisidor para alguém culpado de heresia pela própria confissão e pela produção legítima de evidências, então, que como herege penitente abjure publicamente toda a heresia, da forma como estabelecemos no oitavo método de conclusão do processo em benefício da fé.

Mas se confessar que incidiu em tal heresia, mas que obstinadamente é adepta a ela, há de ser abandonada à corte secular como impenitente, conforme explicamos no décimo método.

No entanto, se a acusada permanecer firme e inamovível de suas negativas a respeito das acusações que pairam sobre ela, e as testemunhas, ademais, as retirarem, revogando as provas e admitindo a culpa, confessando que imputaram crime tão hediondo a uma mulher ou a um homem inocente, por motivo de rancor e de ódio, ou que foram subornados ou obrigados a isso, então a acusada será colocada em liberdade, e as testemunhas punidas como falsas testemunhas, ou como falsos acusadores ou informantes. Isso fica claro pelo que diz Paulo de Burgos em seu comentário sobre o Cânon, c. *multorum*. E a sentença e a pena serão pronunciadas contra as testemunhas conforme bem parecer ao bispo e aos juízes; de qualquer maneira, as falsas testemunhas devem ser condenadas à prisão perpétua, em regime de pão e água, e deverão fazer penitência pelo resto de suas vidas, todos os dias, devendo se postar nos degraus da porta de tal igreja etc. Contudo, os bispos têm o poder para mitigar ou mesmo agravar a sentença após um ano ou após outro período de tempo, da forma habitual.

Mas se a acusada, após um ano ou mais que tiver se mostrado suficiente, persistir nas suas negativas, e as testemunhas legítimas persistirem na sua acusação, o bispo e os juízes deverão se preparar para abandonar a acusada à justiça secular; enviando-lhe homens de bem zelosos da fé, sobretudo os religiosos, para lhe dizerem que não poderá escapar da morte temporal se persistir na negativa, e que será entregue à corte secular como herege impenitente. E o bispo e seus oficiais notificarão o bailio ou outras autoridades do braço secular da lei que em tal dia, em tal hora e em tal lugar (não dentro de uma igreja) deverão lá comparecer com seus auxiliares para receber um herege impenitente que a eles será entregue. E que façam a proclamação pública nos lugares habituais de que todos deverão comparecer em tal dia, em tal hora e em tal lugar para ouvir um sermão em prol da fé, e que o bispo e seus oficiais entregarão um herege obstinado à justiça secular.

Na data marcada para o pronunciamento da sentença o bispo e demais responsáveis deverão estar no lugar indicado, e a prisioneira será colocada no alto, à vista de todos, e as autoridades seculares deverão estar presentes diante da prisioneira. Então a sentença será pronunciada da seguinte maneira:

Nós (nome), pela misericórdia de Deus, bispo de tal lugar e juiz nos territórios de tal príncipe, vendo que tu (nome), de tal lugar, em tal diocese, foste acusada perante nós de tal heresia (citá-la), e desejando obter informações mais corretas das acusações feitas contra ti, e se caminhavas nas trevas ou na luz, assim procedemos, examinando diligentemente as testemunhas, e te intimando e te interrogando sob juramento, tendo também admitido um advogado para tua defesa, e procedendo em todos os aspectos conforme determina a Lei Canônica.

E desejosos de concluir o teu processo sem deixar margem de dúvida, reunimo-nos em conselho solene com profundos conhecedores de teologia e das Leis Canônicas e Civis. E tendo diligentemente examinado e analisado cada circunstância do processo, e madura e criteriosamente considerado, junto aos referidos doutores, tudo o que foi dito e feito no presente caso, descobrimos que tu (nome) foste considerada legalmente culpada do crime de heresia por tanto tempo, e que disseste e fizeste tais e tais coisas (citá-las) pelo que manifestamente parece que és culpada, de forma legítima, da mencionada heresia.

Mas como desejávamos, e ainda desejamos, que confessasses a verdade e renunciasses à mencionada heresia, e que fosses conduzida de volta ao seio da Santa Igreja e à unidade da Santa Fé, para que salvasses a tua alma e escapasses da destruição de teu corpo e de tua alma no Inferno, tentamos, por nossos próprios esforços e pelos esforços de outros, e protelando a tua sentença definitiva por longo tempo, induzir-te ao arrependimento; mas como te mostraste obstinada na tua perversidade e não concordaste com nossos conselhos, e persististe e ainda persistes com teu espírito renitente e obstinado nas tuas negativas contumazes; e isso dizemos com pesar, e muito lamentamos dizê-lo. Mas como a Igreja de Deus por tanto tempo esperou pelo teu arrependimento e pela tua admissão de culpa, e tu te recusaste e ainda te recusas, a sua graça e misericórdia não podem mais prosseguir.

Pelo que, para que possas servir de exemplo a outras e para que outros se afastem de tais heresias, e para que tais crimes não passem sem punição, nós o bispo e os juízes nomeados em prol da fé, sentados aqui neste tribunal na própria condição de juízes, e tendo perante nós os Sagrados Evangelhos para que nosso julgamento como que seja expressão da vontade de Deus e para que nossos olhos vissem com equidade, e tendo perante nossos olhos só a Deus e a glória e a honra da Santa Fé, julgamos, declaramos e pronunciamos a seguinte sentença: tu, perante nós, neste dia e na hora e lugar que te foram indicados para que ouvisses a sentença final, és uma herege impenitente e como tal deve ser entregue e abandonada à justiça secular; e como herege obstinada e impenitente, mediante esta sentença, te expulsamos da corte eclesiástica e te abandonamos para a justiça secular e para o poder da corte secular. E oramos para que a mencionada corte possa mitigar a sentença de morte contra ti. Esta sentença foi exarada etc.

O bispo e os juízes podem, ademais, providenciar para que homens zelosos da fé, e conhecidos e de confiança da justiça secular, tenham acesso à prisioneira enquanto realizam o seu ofício, para que a consolem e inclusive a induzam a confessar a verdade, a admitir a culpa e a renunciar aos erros.

Mas caso aconteça, depois de pronunciada a sentença, quando a prisioneira já estiver no local onde será queimada, de a condenada manifestar confessar a verdade e admitir a culpa, e assim o fizer; e se estiver disposta a abjurar àquela e todas as heresias, embora se possa presumir que talvez assim proceda mais por medo da morte do que por amor à verdade, sou contudo da opinião de que pode nesse caso, por misericórdia, ser recebida como penitente e sentenciada à prisão perpétua. Ver a glosa sobre os capítulos *ad abolendam* e *excommunicamus*. Todavia, de acordo com o rigor da lei, os juízes não devem colocar muita fé numa confissão dessa espécie; ademais, podem sempre puni-la em virtude dos danos temporais que causou.

QUESTÃO XXXII

Da que é culpada mas que fugiu ou que se ausenta de forma contumaz.

O décimo terceiro e último método para chegar-se a uma sentença definitiva em favor da fé é empregado quando se descobre que a pessoa acusada de heresia, após diligente análise dos méritos do processo em consulta com advogados conhecedores da lei, é culpada de heresia, mas conseguiu escapar, ou em flagrante desafio não comparece ao tribunal depois de expirado o prazo previsto. E isso acontece em três casos.

Primeiro, quando a acusada é culpada de heresia por confissão própria, ou pela prova dos fatos, ou pela produção legítima de testemunhas, e foge, ou se ausenta e se recusa a comparecer depois de ter sido judicialmente intimada.

Segundo, quando a pessoa foi acusada e foram prestadas certas informações a seu respeito que a coloca sob suspeita, mesmo que seja leve, e é então intimada a responder por sua fé; e como se recusa a comparecer perante o juiz, é excomungada, e obstinadamente persiste na excomunhão por um ano, ausentando-se sempre desafiadoramente.

O terceiro caso é quando alguém obstrui diretamente a sentença ou o processo em benefício da fé, ou presta auxílio, ou aconselha ou dá proteção para aquele propósito, pois tal pessoa é atingida pela espada da excomunhão. E se nela persistir por um ano, será condenada como herege que desafiou a administração da justiça.

No primeiro caso, tal pessoa é, segundo determina o Cânon *ad abolendam*, para ser condenada como herege impenitente. No segundo e terceiro casos não será julgada como herege impenitente, mas condenada como se fosse herege penitente. E em qualquer desses casos se há de observar o seguinte procedimento: quando se aguardou por essa pessoa por tempo suficiente, que seja intimada pelo bispo e por seus oficiais na catedral da diocese em que cometeu o pecado, e em outras igrejas daquele lugar onde mora, e especialmente de onde fugiu, e que seja intimada da seguinte maneira:

Nós (nome), pela misericórdia de Deus, bispo de tal lugar etc., ou juiz de tal diocese, tendo a nosso cargo o bem-estar das almas, e tendo, acima de tudo, o desejo sincero de que em nosso tempo na referida diocese a Igreja floresça e que haja uma colheita fértil e abundante nas vinhas do Senhor das Hostes, que a mão direita do Pai Supremo semeou no seio dos homens de bem, que o Filho do Pai generosamente regou com o Seu sangue vivificante, que o Espírito Santo, o Paracleto, fez frutificar com as Suas dádivas maravilhosas e inefáveis, que a incompreensível e inefável Santíssima Trindade enriqueceu com enormes e sagrados privilégios, mas que o javali, fora da floresta, quer dizer, qualquer espécie de herege, devorou e pilhou, desperdiçando os bons frutos da fé e plantando espinhosas urzes-brancas em meio às vinhas, e que a serpente sinuosa, a inimiga maléfica da raça humana, que é Satã e o Demônio, insuflou veneno nos frutos das vinhas, causando-lhes a peste da heresia: e esse é o campo do Senhor, a Igreja Católica, a ser lavrado e cultivado, que o Filho Primogênito do Deus Pai, após descer das Alturas Celestiais, semeou com milagres e com a palavra Sagrada, percorrendo cidades e aldeias e ensinando não sem grande esforço, tendo escolhido, como seus apóstolos, laboriosos e honestos homens e lhes mostrado o caminho, dando-lhes as recompensas eternas; e o próprio Filho de Deus espera conseguir de seus campos semeados, no Dia do Juízo Final, uma colheita abundante; e pelas mãos de Seus santos anjos espera armazená-la no Celeiro Sagrado nos Céus. Mas as raposas de Sansão, de duas caras como os que incidem no pecado da heresia, caras que olham para os dois lados mas que se acham amarradas pelas caudas flamejantes, correm com muitas tochas pelos campos do Senhor, agora brancos e reluzindo com o esplendor da fé até a hora da colheita, e os destroem sem piedade, e astuciosamente percorrem-lhe todos os recantos, com violentos ataques, queimando, dissipando e devastando, e subvertendo de forma sutil e maldosa a verdade da Sagrada Fé Católica.

Por conseguinte, como tu (nome) caíste na maléfica heresia das bruxas, praticando atos maléficos publicamente em tal lugar (indicá-lo), e tendo sido pelo testemunho legítimo culpada do pecado de heresia, ou pela tua própria confissão no tribunal, e depois de tua captura fugiste, recusando o remédio da tua salvação, portanto, te intimamos para que respondas pelos mencionados crimes perante nós, não obstante tenhas sido afastada e seduzida pelo espírito do mal, recusando-te a comparecer.

Ou da seguinte maneira:

Pelo que, visto que tu (nome) foste acusada perante nós do pecado da heresia, e segundo as informações prestadas contra ti julgamos-te sob leve suspeita de heresia, te intimamos para que te apresentes pessoalmente perante nós para que respondas pela Fé Católica. E como, depois de intimada, desafiadoramente te recusaste a comparecer ao tribunal, te excomungamos e te declaramos desde então excomungada. E nesta condição permaneceste obstinada por um ano, ou por tantos anos, escondendo-te aqui e acolá, de forma que não sabemos para onde o espírito do mal te levou; e embora te aguardássemos bondosa e misericordiosamente, para que retornasses ao seio e à unidade da Sagrada Fé, como te achas completamente entregue ao mal, te recusaste a assim proceder. Assim sendo, desejamos e, obrigados pela justiça, damos este caso como concluído fora de qualquer dúvida, não podendo passar com olhos coniventes por sobre os teus crimes iníquos.

Nós, bispo e juízes na causa mencionada, em nome da fé, exigimos e ordenamos mediante o presente édito que tu, já mencionada, que ora se esconde e se acha na condição de fugitiva, hás de em tal dia, de tal mês, do ano tal, na catedral de tal diocese, na hora da terça, apresentar-se pessoalmente perante nós para que ouças a tua sentença final, ficando claro que, apareças ou não, terás pronunciada a sentença definitiva contra ti, conforme requerem a lei e a justiça. E para que nossa intimação chegue a teu conhecimento antes da data indicada e que não te venhas proteger com a desculpa da ignorância, é nosso desejo a nossa ordem que as presentes letras e a presente intimação sejam publicamente afixadas nas portas da mencionada catedral. Em testemunho do que, ordenamos que o presente édito seja autorizado com a impressão de nossos selos. Decreto lavrado a etc.

No dia indicado para a audiência da sentença final, se a fugitiva tiver aparecido e consentido em abjurar todas as heresias publicamente, rogando humildemente para que seja admitida na misericórdia, assim o será, caso não seja reincidente; e se for culpada pela própria confissão ou pela produção legítima de testemunhas, terá de abjurar e se arrepender como herege penitente, conforme explicamos no oitavo método de conclusão dos processos em benefício da fé. Se for considerada gravemente suspeita, e se recusar a aparecer ao ter sido intimada para responder pela fé, e tiver sido depois excomungada, e permanecido na excomunhão obstinadamente por um ano, mas se tornar penitente, que seja admitida, que abjure todas as heresias e que se penitencie como gravemente suspeita de heresia, da forma explicada no sexto método para conclusão do processo. Mas se comparecer e não consentir em abjurar, que seja entregue como verdadeira impenitente e herege ao braço secular da lei, conforme se explicou no décimo método. No entanto, se mesmo assim se recusar a comparecer, que a sentença seja pronunciada da seguinte forma:

Nós (nomes), pela misericórdia de Deus, bispo de tal cidade, vendo que tu (nome), de tal lugar e de tal diocese, foste acusada perante nós por difamação pública e por informações de homens de bem do pecado da heresia, nós, cuja obrigação é examinar e verificar se havia qualquer verdade no que chegou a nosso conhecimento, descobrindo teres sido acusada e considerada culpada de heresia pelo depoimento de várias testemunhas críveis, ordenamos que sejas trazida até nós sob custódia. (Aqui se há de dizer se já compareceu alguma vez e se foi ou não interrogada sob juramento.) Mas vendo que depois foste levada e seduzida pelos conselhos do espírito do mal, temendo teres as tuas chagas completamente curadas com vinho e óleo, e fugiste (ou, se for o caso, fugiste da prisão ou do lugar de detenção), escondendo-te aqui e acolá, desconhecemos em absoluto o lugar para onde o espírito do mal te conduziu.

Ou da seguinte forma:

E constatando que contra ti, acusada, conforme dissemos, perante nós, do pecado de heresia, se encontram muitas razões pelas quais te julgamos levemente suspeita do pecado de heresia, te intimamos por este édito em tais e tais igrejas, de tal diocese, a comparecer, pessoalmente, dentro do prazo estipulado, perante nós para responderes pelas acusações contra ti e sobre as questões que dizem respeito à fé. Mas tu, seguindo conselho insano, obstinadamente te recusaste a aparecer. E quando, obrigados pela justiça, te excomungamos e te declaramos publicamente excomungada, obstinadamente permaneceste no estado de excomunhão por mais de um ano, e te escondeste aqui e acolá, de sorte a não sabermos aonde o espírito do mal te conduzira.

E a Santa Igreja de Deus por muito te aguardou até este presente dia na bondade e na misericórdia, para que pudesses regressar ao seio da misericórdia, renunciando aos teus erros e professando a Fé Católica, e para que fosses nutrida pela generosidade da sua misericórdia, tu te recusaste a consentir, persistindo na tua obstinação; e como desejávamos e ainda desejamos, conforme a nós cabe proceder e conforme nos compele a justiça, trazer este caso a uma conclusão justa, te intimamos a que comparecesses perante nós neste dia, nesta hora e neste lugar, para que ouvisses a sentença final. Mas como te recusaste a comparecer, provaste manifestamente que persistes de forma permanente nos teus erros e nas tuas heresias; e isso dizemos com pesar, e muito lamentamos dizê-lo.

Como, porém, não podemos protelar e não protelaremos a aplicação da justiça, nem podemos tolerar tamanha desobediência e tão grande desafio à Igreja de Deus, para exaltação da Fé Católica e para extirpação de todas as heresias vis, atendendo ao chamado da justiça, e em virtude de tua desobediência e obstinação, neste dia e lugar e nesta hora, que doravante é designada para a audiência de tua sentença final, tendo diligente e cuidadosamente analisado todas as circunstâncias do processo com homens de grande saber, conhecedores de teologia e das Leis Canônicas e Civis, sentados no tribunal na condição de juízes, tendo perante nós os Sagrados Evangelhos para que nosso julgamento possa provir como que da vontade de Deus e para que nossos olhos vejam com equidade, e tendo perante eles apenas a Deus e a verdade irrefragável da Sagrada Fé, seguindo os passos do bem-aventurado apóstolo Paulo, aqui pronunciamos a sentença final contra ti (nome), ausente ou presente, nos seguintes termos, invocando o Nome de Cristo.

Nós, o bispo e os juízes nomeados em benefício da fé, vendo que o processo desta causa em prol da fé foi conduzida em todos os seus termos conforme manda a lei, e não tendo tu, após intimação legal, comparecido, não tendo sido justificada a tua ausência por ti mesma ou por qualquer outra pessoa, e vendo que tu persististe e ainda persistes nas mencionadas heresias e na excomunhão, pela causa da fé, por tantos e tantos anos, e nada mais podendo a Santa Igreja de Deus fazer por ti, por teres persistido e por ainda pretenderes persistir na tua excomunhão e nas alegadas heresias, por tudo isso, seguindo os passos do bem-aventurado apóstolo Paulo, declaramos, julgamos e sentenciamos seres tu, ausente ou presente, uma herege obstinada, e como tal te abandonamos à justiça secular. E mediante esta sentença definitiva te expulsamos do Tribunal Eclesiástico e te abandonamos aos poderes do tribunal secular; sinceramente orando para que este mencionado tribunal, caso venha a ter-te em seu poder, pondere a sentença de morte contra ti. Esta sentença foi lavrada etc.

Cumpre aqui considerar que, se a obstinada fugitiva tiver sido condenada por heresia, seja pela própria confissão, seja pelo depoimento de testemunhas críveis, e se tiver fugido antes da abjuração, será, pela sentença, considerada herege impenitente, o que é preciso ser colocado na sentença. Mas se, por outro lado, não tiver sido considerada culpada e sim apenas intimada por se achar sob suspeita para prestar contas de sua fé, mas, tendo se recusado a comparecer ao tribunal, tiver sido excomungada e obstinadamente persistido na excomunhão, acabando por fim se recusado novamente a comparecer, então não será julgada como herege impenitente, mas como simples herege, e deverá ser condenada como tal; e, assim, se há de expressar na sentença, conforme antes indicamos.

QUESTÃO XXXIII

Do método de exarar a sentença para as que foram acusadas por outra bruxa, que foi ou que será queimada na estaca.

O décimo quarto método para concluir-se um processo em prol da fé é usado quando a pessoa acusada de heresia, após minudente análise das circunstâncias do processo com referência aos informantes, junto a advogados conhecedores da matéria, assim o foi por outra bruxa que já foi ou será queimada. E isso acontece de 13 maneiras, em 13 casos. Pois a pessoa assim acusada ou é inocente e será livremente dispensada, ou terá sido difamada em público por causa daquela heresia, ou verifica-se que ela, além da difamação, deve ser exposta de algum modo à tortura; ou, então, se trata de pessoa fortemente suspeita de heresia, ou é pessoa que incorreu em suspeita grave de heresia; ou verifica-se que é a um só tempo difamada e suspeita, e assim por diante, em 13 casos diferentes, conforme mostramos na Questão XII.

O primeiro caso é quando é acusada apenas por uma bruxa sob custódia, e não é condenada pela própria confissão nem por testemunhas legítimas, e não há outras indicações pelas quais possa ser considerada suspeita. Nessa eventualidade, há de ser inteiramente absolvida, mesmo pelo próprio juiz secular que já tiver queimado a depoente ou está em vias de queimá-la, seja por sua própria autoridade, seja pela autoridade que lhe foi delegada pelo bispo ou pelo juiz da corte ordinária; e há de ser absolvida da forma como foi explicado na Questão XX.

O segundo caso é quando, além de acusada por bruxa sob custódia, ela também foi publicamente difamada por toda a aldeia ou por toda a cidade; de tal sorte que, embora sempre tivesse sofrido de tal difamação particular, viu-se a suspeita agravada depois do depoimento de outra bruxa.

Nesse caso, o procedimento deverá ser o seguinte: o juiz há de considerar que, independentemente das informações de caráter geral, nada em particular foi provado contra ela por outras testemunhas legítimas da aldeia ou da cidade; e, não obstante, talvez, a bruxa lhe tenha feito sérias acusações. Mesmo assim, como perdeu a fé por negá-la perante o Diabo, o juiz não deverá dar o devido crédito a suas palavras, a menos que existam outras circunstâncias que agravem o caso; quando, então, este passaria à terceira categoria, descrita a seguir. Portanto, ela deverá ter como pena uma purgação canônica, e a sentença deverá ser pronunciada como mostramos na Questão XXI.

E se o juiz civil ordenar que a purgação seja feita perante o bispo; e terminar com uma declaração solene de que, se vier a falhar, então, como exemplo para outras, deverá ser gravemente condenada por ambos os juízes, o civil e o eclesiástico, que assim seja. Mas se o juiz desejar conduzir pessoalmente o caso, que a ordene encontrar dez ou vinte testemunhas que deponham a favor de sua inocência, todas de sua mesma condição social, e proceda com o segundo método para a sentença, com uma exceção: se ela for excomungada, então ele deverá recorrer ao ordinário, o que seria o caso se ela se recusasse a fazer a purgação.

O terceiro caso, então, ocorre quando a pessoa acusada não é condenada pela própria confissão, nem pela prova dos fatos, nem por testemunhas legítimas, nem existem outras indicações de que de fato já tivesse sido estigmatizada por outras pessoas da aldeia ou da cidade, exceto em virtude de sua reputação geral entre tais pessoas. No entanto, os boatos de suspeita foram intensificados pela prisão da bruxa que se acha sob custódia, ao declarar que a acusada por ela fora sua companheira em todos os crimes e que deles participara. Mesmo assim, porém, a acusada firmemente a tudo nega, e nada disso é sabido pelos outros moradores, ou nada além de seu bom comportamento, embora se admita o companheirismo com a bruxa presa.

Nesse caso o procedimento é o seguinte: primeiro devem ser colocadas frente a frente, observando-se suas mútuas respostas e recriminações, para ver se há qualquer inconsistência nas suas palavras, pelo que o juiz será capaz de decidir pelas afirmações e negações se ele, ou se ela, deverá ser submetido a tortura; em caso afirmativo, poderá proceder como na terceira forma de pronunciar a sentença, explicada na Questão XXII, submetendo-a a torturas leves. Ao mesmo tempo, deverá tomar todo o cuidado possível, conforme explicamos extensamente ao iniciarmos esta Parte III, para descobrir se ela é culpada ou inocente.

O quarto caso ocorre quando se verifica que a pessoa acusada dessa forma é levemente suspeita, ou pela própria confissão, ou pelo depoimento de outra bruxa sob custódia. Há quem inclua entre as assim consideradas levemente suspeitas as que procuram e consultam bruxas por qualquer motivo, ou as que tentaram conseguir um amante inspirando o ódio entre casados, ou que se juntaram a bruxas para a obtenção de alguma vantagem temporal. Mas essas pessoas devem ser excomungadas como seguidoras de hereges, segundo o Cânon c. *excommunicamus*, onde diz: "Semelhantemente julgamos como hereges os que acreditam em seus erros." Pois o efeito é presumido pelos fatos. Portanto, parece que essas pessoas devem ser mais severamente punidas do que aquelas que se acham sob leve suspeita de heresia e que vão a julgamento por conjecturas leves. Por exemplo, se executaram um serviço para bruxas ou lhes levaram cartas, não por isso se deve considerar que incidam nos mesmos erros. Todavia, não depuseram contra elas e delas receberam pagamentos. Quanto a dever-se ou não incluir tais pessoas neste caso, segundo a opinião de conhecedores das leis, o procedimento deverá ser como o dos casos de suspeita leve, e o juiz agirá da seguinte maneira: essas pessoas deverão abjurar a heresia ou submeter-se a uma purgação canônica, conforme explicado no quarto método de pronunciar as sentenças na Questão XXIII.

Contudo, parece que o melhor a fazer é determinar a abjuração da heresia, porque assim se estará mais de acordo com o sentido do Cânon c. *excommunicamus*, onde fala daquelas pessoas que se encontram apenas sob alguma suspeita notável. E se reincidirem, não incorrerão na punição contra os reincidentes. O procedimento será como o explicado no quarto método de conclusão do processo.

O quinto caso é quando a pessoa é considerada sob forte suspeita, em virtude, como antes, da própria confissão ou do depoimento de outra bruxa sob custódia. Nessa categoria alguns incluem os que direta ou indiretamente obstruem o processo em pauta, desde que o façam propositadamente.

Também incluem os que ajudam, aconselham ou protegem os que causam tais obstruções. Também os que instruem hereges intimados ou capturados a ocultar a verdade ou a falsificá-la de alguma forma. Também todos aqueles que conscientemente recebem ou visitam notórios hereges, ou com eles se associam, lhes mandam presentes ou mostram favorecê-los; pois todas essas ações, quando feitas com pleno conhecimento, falam a favor do pecado, e não da pessoa. E por isso dizem que, quando a acusada é culpada de qualquer uma das ações acima, deverá ser sentenciada pelo quinto método, explicado na Questão XXIV; assim deverá abjurar todas as heresias, sob pena de ser castigada como reincidente.

Quanto a essas contenções, podemos dizer que o juiz deve levar em consideração o domicílio e a família de cada bruxa que tiver sido queimada ou que se acha detida, pois estes costumam ter sido contaminados.

Pois as bruxas são instruídas pelos Demônios para lhes oferecerem inclusive os próprios filhos; portanto, não há dúvida de que tais crianças são instruídas em toda sorte de crimes, conforme mostramos na Parte I, desta obra.

Uma vez mais, num caso de simples heresia, acontece, em virtude da proximidade entre hereges parentes, que, quando um é condenado pelo crime de heresia, segue-se que os parentes são também considerados fortemente suspeitos. O mesmo serve para o crime da heresia de bruxaria.

Mas este presente caso é esclarecido no capítulo do Cânon *inter sollicitudines.* Certo deão, devido à sua reputação como herege, foi condenado a uma purgação canônica. Em virtude de sua familiaridade com hereges, teve também de fazer uma abjuração pública, e por causa do escândalo viu-se privado de seus privilégios, portanto, o escândalo poderia ser mitigado.

O sexto caso é quando a pessoa acusada se acha sob grave suspeita. Mas nenhum depoimento pura e simplesmente por outra bruxa em custódia tem esse efeito, pois deverá também existir alguma indicação dos fatos, oriunda de certas palavras ou de certos atos por parte da bruxa em custódia, em que declara ter a acusada ao menos tomado parte dos atos malévolos da depoente.

Para entender essa questão o leitor deve consultar o que escrevemos na Questão XIX, especialmente a respeito da suspeita grave, de que modo surge de conjecturas graves e convincentes, e de que modo o juiz é forçado a acreditar, sob mera suspeita, que a pessoa é herege, embora talvez seja na verdade um católico verdadeiro. Os canonistas dão um exemplo disso com o caso de simples heresia de um homem intimado a responder a uma causa de fé e que se recusou, desafiadoramente, a comparecer para dar seu depoimento. Por esse motivo, foi excomungado, e se persistir naquele estado por um ano, será considerado gravemente suspeito de heresia.

De forma análoga é o caso da pessoa acusada da forma que ora estamos considerando: as indicações dos fatos devem ser examinadas – as indicações pelas quais se torna gravemente suspeita. Coloquemos a situação da bruxa em custódia que declarou ter a acusada participado de suas obras maléficas de bruxaria, não obstante a última negue terminantemente. O que fazer? Será necessário considerar se há quaisquer fatos que a coloquem sob forte suspeita de bruxaria e se tal suspeita poderia se tornar suspeita grave. Assim, se um homem foi intimado a responder a tal acusação, e obstinadamente se recusa a comparecer ao tribunal, incorreria em suspeita leve de heresia mesmo quando não intimado por causa concernente à fé. Mas, caso se recusasse em causa dessa natureza e fosse excomungado pela obstinação, então incorreria em forte suspeita de heresia. A suspeita leve se tornaria forte suspeita. E se então permanecesse obstinado em suas posições por um ano, a forte suspeita se transformaria em suspeita grave. Portanto, o juiz deve considerar se, em virtude da familiaridade com a bruxa sob custódia, o acusado (ou a acusada) se acha sob forte suspeita, da forma mostrada no quinto caso acima. Em seguida, há de considerar se existe alguma coisa que seja capaz de transformar a suspeita forte em suspeita grave. Pois presume-se que seja possível ser esse o caso, pelo fato de a acusada, talvez, ter participado dos crimes da bruxa detida, caso tenha mantido relações frequentes com ela. Logo, o juiz deverá proceder como no sexto método de condenação explicado na Questão XXV. Mas seria possível perguntar o que o juiz deve fazer se a pessoa acusada por uma bruxa sob custódia ainda persistir nas negativas, não obstante todas as indicações contra ela. Respondemos da seguinte maneira:

Em primeiro lugar, o juiz deve considerar se as negativas decorrem ou não do vício ou da bruxaria da taciturnidade; ademais, conforme mostramos nas Questões XV e XVI desta Parte III, o juiz poderá isso descobrir da sua capacidade ou incapacidade de derramar lágrimas, ou de sua insensibilidade sob tortura e da rápida recuperação das forças depois. Neste caso, a suspeita grave seria ainda maia agravada. Não poderia ela, nessas circunstâncias, ser dispensada em absolvição de forma alguma; pelo contrário, de acordo com o sexto método, ela deverá ser condenada à prisão e ao castigo perpétuos.

Mas caso não se mostre contaminada pela taciturnidade das bruxas e revele sentir as dores mais agudas sob tortura (enquanto outras, conforme se disse, se tornam insensíveis à dor devido à bruxaria da taciturnidade), então o juiz deverá retornar ao seu último expediente de purgação canônica. E se tal purgação for determinada por juiz secular, é chamada de purgação vulgar lícita, já que não pode ser classificada com as outras purgações vulgares. E se a acusada falhar na sua purgação, será considerada culpada.

O sétimo caso é quando a acusada não é culpada pela própria confissão, nem pela evidência dos fatos, e tampouco pelo depoimento de testemunhas legítimas, mas só se verifica que ela é acusada por uma bruxa sob custódia, e descobrem-se também algumas indicações que apontam para a leve ou a forte suspeita. Quando, por exemplo, a acusada mantinha grande familiaridade ou convívio com bruxas, caso em que deveria, segundo o Cânon, ser submetida a uma purgação canônica em virtude de sua má reputação; já por causa da suspeita que lhe recai deveria abjurar a heresia, sob pena de tornar-se reincidente em caso de forte suspeita, mas não em caso de leve suspeita.

O oitavo caso se dá quando a pessoa acusada confessou a heresia mas é penitente, e nunca reincidiu. Cumpre, entretanto, aqui observar que neste e noutros casos, onde se põe a questão da reincidência ou não da acusada, e se são ou não penitentes, tais distinções são feitas tão somente para o benefício dos juízes que não estejam interessados em infligir a pena capital. Portanto, o juiz civil poderá proceder de acordo com as leis civis e imperiais, conforme determinar a justiça, no caso da pessoa que confessou, independentemente de ser ou não penitente, ou de ter ou não reincidido. Bastará recorrer aos 13 métodos de lavrar a sentença, e agir de acordo com eles, caso surja qualquer dúvida.

QUESTÃO XXXIV

Do método de pronunciar a sentença contra bruxas que anulam malefícios causados por bruxaria e contra as bruxas parteiras e os magos-arqueiros.

O décimo quinto método de concluir um processo em benefício da fé é empregado quando a pessoa acusada de heresia não é das que perpetra malefícios contra outras, mas das que os remove; em tal caso, o procedimento será o seguinte: os remédios que utiliza serão lícitos ou ilícitos; se forem lícitos, ela não será julgada como bruxa, mas como boa cristã. No entanto, já mostramos suficientemente que espécies de remédios são lícitos.

Os remédios ilícitos, por outro lado, devem ser distinguidos quer como absolutamente ilícitos, quer como ilícitos em certos aspectos. Se forem absolutamente ilícitos, ainda poderão ser subdivididos em outras duas categorias, conforme envolvam ou não alguma lesão ou mal a outra parte; contudo, em ambos esses casos sempre se acompanham da invocação expressa de Demônios. Se só forem ilícitos em certos aspectos, ou seja, são praticados tão somente com a invocação tácita, e não expressa, de Demônios, devem ser considerados mais como vãos ou fúteis do que como ilícitos, de acordo com os canonistas e com alguns teólogos, conforme já demonstramos.

Portanto, o juiz, seja eclesiástico ou civil, não deverá punir nem a primeira nem as últimas práticas mencionadas, devendo, pelo contrário louvar as primeiras e tolerar as últimas, já que os canonistas sustentam ser lícito combater futilidade com futilidade. Mas não deve de forma alguma tolerar as que removem malefícios por uma invocação expressa de Demônios, especialmente as que ao assim proceder acabam por causar algum mal a uma terceira parte. E esse fenômeno diz-se ocorrer quando o malefício é retirado de uma pessoa e transferido para outra. E já deixamos esclarecido numa parte anterior desta obra não fazer diferença se o malefício é transferido para uma bruxa ou não, seja ela ou não a pessoa que perpetrou o malefício original, ou seja ela homem ou qualquer outra criatura.

Caberia indagar o que deve fazer o juiz quando tal pessoa alega remover malefícios por meios lícitos e não lícitos. E de que modo poderia chegar à verdade nesses casos? Respondemos que deve intimá-la e indagar-lhe que remédios utiliza. Mas não poderá basear-se exclusivamente na sua palavra, pois o juiz eclesiástico incumbido dessa tarefa deverá fazer investigação diligente, seja pessoalmente ou através de algum padre da paróquia, que deverá interrogar todos os seus paroquianos sob juramento a respeito dos remédios que a acusada emprega. E se, como costuma acontecer, se descobrir que são remédios de natureza supersticiosa, não poderão de forma alguma ser tolerados, em virtude das penas terríveis prescritas pelas Leis Canônicas, conforme mostraremos.

Uma vez mais, caberia indagar de que modo se pode distinguir os remédios lícitos dos ilícitos, já que sempre afirmam que removem malefícios mediante certas orações e pelo uso de ervas. Respondemos que essa questão é fácil, conquanto se faça inquérito diligente. Pois embora devam necessariamente ocultar os remédios de caráter supersticioso, seja para que não sejam presos, seja para que mais facilmente armem ciladas contra pessoas mais simples e possam assim fazer uma grande exibição do uso de suas orações e de suas ervas. Todavia, podem ser manifestamente culpados e condenados por quatro ações supersticiosas na condição de magos ou de bruxas.

Existem algumas que adivinham segredos, e são capazes de dizer coisas de que só poderiam saber através da revelação de espíritos do mal. Por exemplo: quando os enfermos lhes procuram para serem curados, são capazes de descobrir e tornar conhecida a causa de sua enfermidade. Como em decorrência de uma intriga com um vizinho ou alguma outra causa. E são capazes de ter perfeitamente um conhecimento disso e dizê-lo a quem as consulta.

Em segundo lugar, às vezes curam a enfermidade ou o malefício de determinada pessoa, mas nada conseguem fazer com a doença ou malefício que se abateu sobre outra. Pois, na diocese de Spires, há uma bruxa de certo lugar, chamada Zunhofen, que, embora pareça curar muitas pessoas, confessa ser incapaz de curar outras. E isso tão somente pelo motivo de que, conforme declaram os habitantes do lugar, os malefícios que se abateram sobre essas pessoas são de tal força e de tal forma causados por outras bruxas com a ajuda dos Demônios que os próprios Demônios não os conseguem remover. Pois um Demônio nem sempre consegue ceder à ação de outro.

Em terceiro lugar, às vezes elas sabem que têm de fazer alguma reserva ou exceção na cura de tais malefícios. Um caso desse tipo aconteceu na própria cidade de Spires. Uma mulher de bem que fora enfeitiçada nas canelas procurou por uma adivinha desse tipo para que a curasse. A bruxa foi à sua casa. Ao entrar, olhou-a e fez uma exceção desse tipo. Pois lhe disse:

– Se não houvesse crostas e cabelos na ferida, eu seria capaz de retirar dela toda a matéria maligna.

Em seguida, revelou-lhe a causa do mal, embora a enferma tivesse vindo de país a mais de 3,2 quilômetros dali:

– Discutiste com a tua vizinha em tal dia e foi por isso que passaste a padecer desse mal. – Depois, extraindo da ferida muitas outras substâncias, de vários tipos, que não eram crostas nem cabelos, restituiu-lhe a saúde.

Em quarto lugar, elas próprias observam ou fazem com que sejam observadas certas cerimônias supersticiosas. Por exemplo, estabelecem certa hora – antes do nascer do sol etc. – para que as pessoas as visitem. Ou dizem não serem capazes de curar males que foram causados fora dos limites do estado em que habitam; ou que só conseguem curar duas ou três pessoas por ano. No entanto, não curam a ninguém, embora pareçam curar por simplesmente deixarem de lhes fazer mal.

Poderíamos acrescentar muitas outras considerações a respeito da condição de tais pessoas. Por exemplo, quando depois de um certo período de tempo ganharam a reputação de levarem vida desregrada e pecaminosa, ou de que são adúlteras, ou de sobreviventes dos covis de outras bruxas. Portanto, o seu dom de curar não proveio de Deus em virtude da santidade de suas vidas.

Aqui devemos nos reportar incidentalmente às bruxas parteiras, que a todas as demais ultrapassam com a sua malevolência, conforme mostramos na Parte I desta obra. E são em tão grande número que, conforme se descobriu por suas confissões, acredita-se que dificilmente exista alguma aldeia em que pelo menos uma não seja encontrada. E para que os magistrados possam enfrentar esse perigo em certa medida, não devem permitir que nenhuma parteira pratique o ofício sem antes prestar juramento como boas católicas. Ao mesmo tempo, devem observar as precauções mencionadas na Parte II desta obra.

Aqui também devemos considerar os arqueiros-mágicos, que constituem o maior perigo para a religião cristã por terem obtido a proteção nos estados de nobres e de príncipes que os acolhem, prestigiam e defendem. Mas que tais protetores são mais condenáveis do que todas as bruxas, especialmente em certos casos, é mostrado da seguinte maneira: os canonistas e os teólogos dividem em duas classes os protetores de tais arqueiros, conforme defendam o erro ou a pessoa. Os que defendem o erro são mais condenáveis do que os próprios arqueiros, já que não devem ser julgados como hereges, mas como heresiarcas (24, quest. 3). Mas as leis não fazem menção especial a tais protetores, por não os distinguir dos hereges.

Existem outros no entanto que, embora não perdoem o pecado, mesmo assim defendem o pecador. Estes, por exemplo, farão tudo o que estiver a seu alcance para proteger tais magos (ou outros hereges) do julgamento e do castigo pelas mãos do juiz que age em prol da fé.

De forma similar, há certas autoridades públicas, ou seja, pessoas públicas como senhores temporais, e também senhores espirituais que têm jurisdição temporal e que, seja por omissão, seja por comissão, protegem tais hereges e arqueiros.

São seus defensores por omissão quando negligenciam a sua tarefa com relação aos magos, aos mágicos e aos suspeitos, ou com relação aos seus seguidores, seus acolhedores, seus defensores, quando são solicitados pelos bispos ou pelos Inquisidores para que assim procedam. Ou seja, ao deixar de lhes prender, ao não os guardar devidamente depois de presos, ao não os levar ao local indicado em sua jurisdição para o qual foram intimados a comparecer, ao não executarem prontamente a sentença que lhes foi pronunciada e por outras omissões de seus encargos.

São seus defensores por comissão quando, depois de tais hereges terem sido presos, livram-nos da prisão sem a licença ou a ordem do bispo ou do juiz; ou quando obstruem, direta ou indiretamente, o processo, o julgamento ou a sentença deles, ou agem de forma semelhante. As penas por tais atos foram discriminadas na Parte II desta obra, onde tratamos dos magos-arqueiros e de outros encantadores de armas.

Basta por ora dizer que todos esses são por lei excomungados, e incorrem em 12 penas graves. E se continuarem obstinados na excomunhão por um ano, serão condenados como hereges.

Quem, portanto, será chamado de protetor de tais hereges? Deverão ser condenados como hereges? Todos eles, respondemos, os que os acolhem, os que os protegem – aos magos-arqueiros, aos enfeitiçadores de armas, às necromantes, às bruxas hereges – são o motivo de toda esta obra. E tais protetores cabem em duas categorias, como foi o caso dos defensores e dos patronos de tais criaturas.

Pois que há alguns que não os recebem ou os acolhem só por uma ou duas vezes, mas por muitas vezes e frequentemente. E a estes denominamos justamente, em latim, *receptatores,* em decorrência da forma frequentativa do verbo. E os receptadores dessa classe são por vezes inocentes, por agirem na ignorância, por não haver suspeita sinistra que sobre eles recaia. Já noutras ocasiões são culpados por terem perfeita ciência dos pecados dos que acolhem, porquanto a Igreja sempre denuncia tais feiticeiros como os inimigos mais cruéis da fé. E se no entanto os senhores temporais os acolhem, sustentam e defendem etc., hão de ser corretamente chamados de receptadores de hereges. E a respeito destes diz a lei: hão de ser excomungados.

Há outros porém que não acolhem magos ou hereges com frequência ou muitas vezes, e sim apenas uma ou duas vezes; e estes não são propriamente denominados *receptatores,* e sim *receptores,* já que não os acolhem com frequência. (Não obstante, o arcediago não concorda com esse ponto de vista; embora tal não seja questão muito importante, pois estamos tratando de atos, e não de palavras.)

Há ainda uma diferença ente *receptatores* e *receptores*: os soberanos temporais que simplesmente não podem ou não querem expulsar os hereges são sempre *receptatores*. Já os *receptores* podem ser bem mais inocentes.

Por fim, cabe indagar quem seriam os que obstruem as ações dos Inquisidores e dos bispos contra os hereges. E se devem ser tais pessoas tachadas de hereges. Admitimos a existência de dois tipos de obstrutores. Há os que causam obstrução direta, ao temerariamente, por sua própria conta, libertarem do cárcere os que foram detidos por causa de heresia, ou ao interferirem no processo inquisitorial, causando danos às testemunhas em benefício da fé por causa de seus depoimentos. Ou, então, o senhor temporal decreta uma ordem que ninguém, só ele próprio poderá julgar o caso, e que ninguém acusado desse crime seja levado a julgamento por qualquer outra pessoa exceto por ele próprio, e que as evidências sejam apresentadas só em sua presença, ou alguma ordem semelhante. Agindo assim, segundo Giovanni d'Andrea, são eles obstrutores diretos. Os que diretamente obstruem o processo, o julgamento ou a sentença em prol da fé, ou que auxiliam, aconselham ou favorecem outros para que assim procedam, embora culpados de grande pecado, não serão por esse motivo julgados como hereges, salvo se outras evidências indicarem que estão obstinada e voluntariamente envolvidos com heresias maléficas. Devem ser castigados com a espada da excomunhão; e se obstinadamente persistirem na excomunhão por um ano, serão então condenados como hereges.

Outros porém são os obstrutores indiretos. Estes, conforme explica Giovanni d'Andrea, são os que dão ordens tais como ninguém há de levantar armas para a captura de hereges exceto os servos do mencionado senhor temporal. São estes menos culpados do que os primeiros, e não são hereges. Mas devem, assim como qualquer pessoa que aconselhe, auxilie ou proteja os hereges com tais atos, ser excomungados. E se, obstinadamente, permanecerem na excomunhão por um ano, serão condenados como se fossem hereges. E cumpre aqui entender que essa condenação como hereges se há de fazer nos seguintes termos: caso se mostrem dispostos a retornar ao seio da Igreja, serão recebidos de volta à misericórdia, depois de abjurarem o erro. Caso contrário, serão entregues à corte secular como impenitentes.

Em suma, as bruxas-parteiras, como as demais bruxas, devem ser condenadas e sentenciadas de acordo com a natureza de seus crimes. Isso vale também para as que, como dissemos antes, removem malefícios de forma supersticiosa e com o auxílio de Demônios. Pois seria difícil duvidar de que, assim como são capazes de removê-los, são também capazes de causá-los. E o fato é que as bruxas e os Demônios fazem um acordo definido entre si pelo qual algumas são capazes de causar males e outras o são de removê-los, para que assim possam mais facilmente enganar o pensamento das pessoas simples e aumentar as hostes de sua sociedade abandonada e odiosa. Os magos-arqueiros e os encantadores de armas, que são apenas protegidos pelo acolhimento que recebem dos senhores temporais, estão sujeitos às mesmas penas. E aqueles que os protegem etc., ou que obstruem os oficiais de justiça no seu mister, estão sujeitos a todas as penalidades a que estão sujeitos os protetores de hereges e devem ser excomungados. E se depois de terem permanecido por um ano na sua obstinação mostrarem-se desejosos de se arrepender, que abjurem a obstrução e o amparo, e que sejam readmitidos à misericórdia. Caso contrário, deverão ser entregues ao braço secular da justiça na condição de impenitentes. Porém, mesmo quando persistirem na excomunhão por menos de um ano, ainda poderão ser processados como patronos ou protetores de hereges.

E tudo o que se disse a respeito dos patronos, dos protetores, dos acolhedores e dos obstrutores no caso dos magos-arqueiros etc. também se aplica a todas as demais bruxas que operam vários malefícios contra os homens, animais e frutos da terra. Mas mesmo as próprias bruxas, quando pelo juízo da própria consciência e com espírito humilde e contrito lamentam os pecados cometidos e, pela confissão sincera, pedem o perdão, são admitidas de volta à misericórdia. Mas quando são conhecidas, aqueles cuja obrigação é processá-las, intimá-las, examiná-las e detê-las devem em todos os aspectos agir de acordo com a natureza dos crimes cometidos para que se chegue a uma sentença definitiva e conclusiva, se quiserem evitar a armadilha da danação eterna por causa da excomunhão que lhes será pronunciada pela Igreja quando falham deliberadamente nas suas obrigações.

QUESTÃO XXXV

Finalmente, do método para lavrar a sentença contra as bruxas que entram ou fazem com que se entre com apelação ou recurso, seja frívolo ou legítimo e justo.

Mas se o juiz perceber que a acusada está determinada a obter recurso ou apelação, deverá observar que, por vezes, tais recursos são válidos e legítimos, enquanto noutras são inteiramente frívolos. Ora, já explicamos que as causas a respeito da fé devem ser conduzidas de forma simples e sumária e que não se admite apelação em tais casos. Todavia, às vezes acontece de os juízes, tendo em vista a dificuldade do caso, com satisfação o prorrogam e o adiam; portanto, talvez considerem justo permitir uma apelação quando a acusada percebe que o juiz agiu, real e de fato, de forma contrária à lei e à justiça. Como ao não lhe permitir que se defendesse, ou quando pronunciou uma sentença contra a pessoa acusada por conta própria, sem ter ouvido o conselho de outros, ou mesmo sem o consentimento do bispo ou do vigário, quando então poderia ter levado em consideração muitas outras evidências, sejam contra a acusada, sejam a seu favor. Por tais motivos se pode permitir a apelação, mas não em caso contrário.

Em segundo lugar, cumpre observar que, quando for feita petição de apelação, o juiz deverá, sem qualquer dificuldade, solicitar uma cópia da apelação, assegurando que o assunto não será adiado. Depois de a pessoa dar-lhe a mencionada cópia, o juiz a notificará de que dispõe de dois dias para respondê-la, e após aqueles dois dias terá ainda mais trinta antes de ter de apostilar o recurso. E embora possa dar a resposta de imediato, e proceder às apostilas se for muito experiente, é mais conveniente agir com cautela e fixar um prazo de dez, vinte ou 25 dias, reservando-se o direito de prorrogar a audiência para a apelação até o limite legal de tempo.

Em terceiro lugar, que o juiz cuide para que durante o intervalo apontado e legal examine e analise diligentemente as razões da apelação e os fundamentos alegados da objeção. E se depois de devidamente aconselhado perceber que procedeu indevida e injustamente contra a pessoa acusada, ao ter-lhe recusado a permissão para a defesa, ou ao expô-la a interrogatório em momento indevido, ou por qualquer outra razão, quando chegar o prazo estipulado que corrija o erro, trazendo o processo ao estágio em que se encontrava quando a acusada solicitou defesa, ou quando pôs termo a seu exame etc., para que assim remova a objeção; em seguida, que proceda conforme indicamos. Pois pela remoção das razões da objeção, a apelação, que era legítima, perde o seu peso.

Mas aqui o juiz circunspecto e previdente notará cuidadosamente que alguns dos fundamentos da objeção são reparáveis. São estes da espécie que antes mencionamos e devem ser tratados da forma indicada. Outros, porém, são irreparáveis: quando a pessoa acusada foi real e de fato interrogada, mas depois escapou e entrou com o recurso indicado; ou quando alguma caixa ou jarro ou algum outro instrumento usado pelas bruxas foi destruído e queimado; ou quando é cometida alguma outra ação irreparável e irrevogável. Nesse caso, o procedimento acima não deve ser feito, ou seja, não se deve recuar o processo ao ponto em que foi feita a apelação.

Em quarto lugar, o juiz deve atentar que, embora possam decorrer trinta dias entre o recebimento da apelação e a redação das apostilas ao caso, e ele possa determinar ao apelante para ouvir a apelação no último dia, mesmo assim, para que não pareça estar querendo molestar a pessoa acusada ou ficar sob suspeita de lhe conceder tratamento excessivamente duro – e também para que seu comportamento não venha em apoio às razões da apelação –, o melhor é determinar um dia para a audiência dentro dos limites do prazo, digamos o décimo ou o vigésimo. Poderá depois, se não quiser se apressar, adiá-lo até o último dia, alegando estar ocupado com outros problemas.

Em quinto lugar, o juiz há de cuidar para, ao afixar o prazo para a acusada que apela e que peticiona pelas apostilas, há de não só o fixar para a entrega, mas para a entrega e o recebimento das apostilas. Pois, caso contrário, o juiz a quem se faz a apelação teria de dispensar o apelante. Portanto, que lhe determine um prazo, ou seja, tal dia, de tal ano, para dar e receber do juiz tais apostilas conforme ele terá decidido submeter.

Em sexto lugar, há de cuidar para que, ao fixar esse prazo, não deverá dizer em sua resposta que concederá apostilas negativas ou afirmativas. Para que tenha melhor oportunidade para reflexão, que diga que as dará conforme tiver decidido, no prazo indicado.

Que cuide também para que, ao atribuir o prazo para o apelante, não lhe dê oportunidade para o exercício de quaisquer precauções maliciosas e astutas, especificando o lugar, o dia e a hora. Por exemplo, que determina para entrega da apelação (e para a averbação) o vigésimo dia de agosto, no presente ano, à hora das vésperas, e na sala de audiências do próprio juiz, em tal casa, em tal cidade, para a entrega e o recebimento da averbação, conforme terá sido decidido para tal apelante.

Em sétimo lugar, que observe que, se tiver decidido consigo mesmo que a acusação contra a acusada (ou o acusado) justifica sua detenção, ao assinar o termo ele deverá esclarecer que o assina para a entrega e o recebimento das apostilas pelo apelante em pessoa e que para isso determina tal lugar. Assim, o juiz terá plenos poderes para deter o apelante, desde que tenha, primeiro, dado apostilas negativas. Caso contrário, não poderá assim proceder.

Em oitavo lugar, que o juiz cuide para não proceder com nenhuma outra ação contra o apelante – prendê-lo, interrogá-lo ou libertá-lo da prisão, desde o momento em que lhe é apresentada a apelação até o momento em que ele entrega as apostilas negativas.

Em suma, cumpre observar que muitas vezes acontece de a pessoa acusada, por estar em dúvida quanto à sentença que irá receber – já que tem consciência da própria culpa –, frequentemente lançar mão de uma apelação para que possa escapar da sentença do juiz. Portanto, apela ao juiz alegando razões frívolas, afirmando que o juiz a manteve sob custódia sem lhe permitir a defesa de praxe, ou afirmando algo semelhante, com matiz diverso, em sua frívola apelação. Nesse caso o juiz solicitará uma cópia da apelação e, tendo-a recebido, ou de imediato ou depois de dois dias, dará a resposta e marcará a data para a entrega e o recebimento das apostilas, conforme já terá decidido em tal dia, em tal hora e em tal lugar, dentro do prazo legal, como, por exemplo, no 25º, 26º ou trigésimo dia de tal mês. E durante esse período o juiz examinará diligentemente a cópia da apelação, e as razões ou objeções em que se baseia, e há de consultar com advogados conhecedores da lei se deverá dar resposta negativa, ou seja, se irá apostilar negativamente, anulando assim a apelação, ou se irá averbá-la positiva ou afirmativamente ao juiz a quem a apelação é feita.

Mas se achar serem frívolas e inválidas as razões da apelação, e que o apelante só quer escapar ou adiar a sentença, que as apostilas sejam negativas e refutatórias. Se, todavia, achar que as objeções são verdadeiras e justas e não irreparáveis, ou se estiver em dúvida quanto à malícia da acusada, e desejar esclarecer todas as suspeitas, que dê à apelante apostilas apropriadas e afirmativas. E ao chegar o prazo para a apelante, se o juiz não tiver preparado suas respostas, ou de alguma forma ainda não estiver pronto para tal, a apelante poderá de uma vez exigir que sua apelação seja ouvida, e poderá continuar assim sucessivamente até o trigésimo dia, que é o último dia legalmente permitido para a subscrição das respostas.

Mas se as tiver já preparando, poderá de uma vez dar a resposta à apelante. Se então tiver optado por resposta negativa e refutatória, deverá, ao expirar o prazo fixado, redigi-la da seguinte maneira:

E o dito juiz, respondendo à mencionada apelação, se é que possa chamar-se de apelação, declara que ele, juiz, procedeu e teve a intenção de proceder de acordo com os decretos canônicos e com os estatutos e as leis imperiais, e não se afastou da trilha da lei nem pretendeu se afastar, e de forma alguma agiu ou pretendeu agir injustamente para com o apelante, conforme se depreende do exame das razões desta apelação. Porquanto não agiu injustamente contra ele ao detê-lo e ao mantê-lo sob custódia; por ser o apelante acusado de tal heresia, e havia tais e tais evidências contra ele pelas quais era de fato culpado de tal crime, ou era fortemente suspeito, e por tudo isso era e é justo que seja mantido sob custódia. Nem tampouco agiu injustamente ao recusar as garantias de praxe, já que o crime de heresia é um dos mais graves crimes, e o apelante foi condenado mas persistiu na negativa da culpa, e, portanto, nem mesmo as mínimas garantias seriam admissíveis, pois que devia e deve ficar detido na prisão. E assim há de prosseguir refutando as demais objeções.

Feito isso, que declare o seguinte: pelo que fica aparente que o juiz procedeu devida e justamente, e que não se desviou do caminho da justiça, e de forma alguma molestou indevidamente o apelante. Todavia, o apelante, alegando objeções mentirosas e falsas, tentou, mediante uma apelação indevida e injusta, escapar da sentença. Pelo que sua apelação é frívola e inválida, sem qualquer fundamento, e errada no conteúdo e na forma. E como as leis não reconhecem apelações frívolas, nem são estas reconhecidas pelo juiz, declara este, portanto, que não admite nem pretende admitir a mencionada apelação, nem a reconhece, ou mesmo se propõe a reconhecê-la. E dá esta resposta ao acusado ou à acusada que faz tal indevida apelação na forma de averbação negativa e determina que esta lhe seja entregue imediatamente após a mencionada apelação. E assim a entregue ao tabelião que lhe apresentou a referida apelação.

Depois disso, o juiz há de proceder imediatamente com a sua obrigação, ordenando o aprisionamento ou a detenção da pessoa acusada, ou determinando um dia para que compareça perante ele, conforme melhor lhe convier. Pois que não deixa de ser o juiz e há de continuar o processo contra o apelante até que o juiz a quem foi feita a apelação lhe ordene cessar.

Mas que o juiz cuide para não dar início a quaisquer novos procedimentos contra a acusada, prendendo-a, ou, se estiver sob custódia, liberando-a, desde o momento da apresentação da apelação até o momento da resposta negativa. No entanto, transcorrido esse período de tempo, conforme dissemos, poderá assim fazer se a justiça o requerer, até que seja impedido pelo juiz a quem foi feita a apelação. Então, com o processo selado em envelope, e com uma escolta segura, que a mande para o mencionado juiz.

Mas se o juiz tiver decidido dar averbação afirmativa, que a apresente por escrito da seguinte maneira, ao chegar a data marcada:

E o mencionado juiz, respondendo à referida apelação, se pode ser chamada de apelação, diz que procedeu na presente causa de forma justa e como devia e não ao contrário, e que tampouco molestou ou pretendeu molestar o apelante, conforme se depreende da leitura cuidadosa das objeções alegadas. Pois não o molestou etc. (Aqui há de responder a cada uma das objeções na apelação, da melhor e da mais fiel forma que puder.)

Pelo que fica evidenciado que o referido juiz, de forma alguma, tratou injustamente o apelante nem lhe deu razões para a apelação, mas que o apelante teme que a justiça proceda contra ele de acordo com os seus crimes. Portanto, a apelação é frívola e inválida, não tem fundamento, e não é admissível pelas leis ou pelo juiz. Mas em reverência à Sé Apostólica, a quem é feita a apelação, o mencionado juiz declara que admite a apelação, e pretende reconhecê-la, submetendo toda a questão ao nosso santo padre, o papa, e deixando-a a cargo da Santa Sé Apostólica. Fica assim determinado que daqui a tantos meses o mencionado apelante, com o processo lacrado que lhe foi entregue pelo mencionado juiz, ou tendo dado as devidas garantias de que se apresentará no tribunal de Roma, ou sob uma escolta segura que lhe será indicada pelo mencionado juiz, terá de apresentar-se ao tribunal de Roma perante nosso senhor, o papa. E essa resposta o mencionado juiz dá ao apelante sob a forma de averbação positiva, e ordena que lhe seja entregue imediatamente depois de lhe ter sido apresentada a apelação. E assim a entregará ao tabelião que lhe apresentou a apelação.

O juiz prudente deve aqui observar que, tão logo tiver entregue essa resposta ao apelante, de imediato deixa de ser o juiz naquela causa de onde foi feita a apelação, e não poderá mais prosseguir nela, a menos que lhe seja tal incumbência novamente delegada pelo santo padre, o papa. Portanto, que não se detenha mais no caso, exceto no fato de enviar o apelante ao papa da maneira acima indicada, determinando para isso um momento oportuno, digamos, no prazo de um, dois ou três meses, quando então terá de preparar-se para apresentar-se no tribunal de Roma, dando a devida garantia. Ou então, se não puder fazer isso, que seja enviado sob a devida escolta. Pois terá de fazer tudo o que estiver a seu alcance para se apresentar ao santo padre na corte de Roma no prazo de tempo indicado, ou, então, terá sua apelação necessariamente invalidada.

Mas se o juiz tiver outra causa, e proceder contra a acusada em outra causa em que não há qualquer apelação, nela permanecerá, como antes, na condição de juiz. E mesmo se, após a apelação ter sido admitida, e ter-se-lhe dado resposta afirmativa, o apelante for acusado e denunciado ao juiz de outras heresias que não entraram na causa em que houve a apelação, não cessa de ser o juiz, e poderá proceder com o interrogatório e o exame das testemunhas como antes. E quando o primeiro caso tiver sido encerrado pela corte de Roma, ou após lhe terem mandado de volta a acusada, estará ele livre para proceder com o segundo.

Que também os juízes cuidem para enviar o processo à corte de Roma, selado e lacrado, aos juízes apontados para executar a justiça, junto com um resumo dos méritos do processo. E os Inquisidores não devem ter a preocupação de aparecer em Roma contra os apelantes. Devem deixá-los com os seus próprios juízes, que, se os Inquisidores não se mostrarem dispostos a aparecer contra os apelantes, devem providenciar seus próprios advogados para o apelante, se quiserem acelerar o caso.

Que os juízes observem também que, se forem pessoalmente intimados pelo apelante, e comparecerem, devem evitar a todo custo entrar em litígio, deixando todo o processo e a causa àqueles juízes para que possam retornar o mais breve possível, de modo a que não venham encontrar dificuldades amargas – fadiga, aflição, trabalho e gastos – em Roma. Pois que dessa forma grandes males são causados à Igreja e os hereges são significativamente estimulados. E por isso os juízes não receberão o devido respeito e a reverência que lhes é devida, nem serão tão temidos quanto antes. Outros hereges, ademais, vendo os juízes fatigados e detidos na corte de Roma, irão se vangloriar, desprezá-los e amaldiçoá-los, e ainda mais fortemente proclamarão as suas heresias; e quando forem acusados, apelarão da mesma forma. Ademais, outros juízes terão a sua autoridade debilitada quando procedem em nome da fé e se mostram zelosos na extirpação dos hereges, já que receiam serem importunados pelas misérias e fadigas que surgem de apelações semelhantes. Tudo isso é prejudicial para a fé da Santa Igreja de Deus. Por conseguinte, possa a Esposa desta Igreja preservá-la na misericórdia de todos esses males.

Certificado de aprovação do *Malleus Maleficarum* pela Faculdade de Teologia da Universidade de Colônia

O certificado oficial de aprovação do tratado *Malleus Maleficarum*, com a subscrição dos doutores da honorabilíssima Universidade de Colônia, devidamente lavrado e registrado como documento e depoimento público.

Em nome de nosso Senhor Jesus Cristo, Amém. Saibam todos os homens pelo presente e todos os que o venham ler, ver ou que venham a tomar conhecimento do teor deste documento público e oficial que no ano do Senhor de 1487, num sábado, aos 19 dias do mês de maio, por volta das 17h, no terceiro ano do pontificado de nosso santíssimo padre e senhor, o Inocente, pela divina providência papal, oitavo com o nome de Inocêncio, na minha presença, Arnold Kolich, tabelião público, e na presença das testemunhas cujos nomes se encontram adiante indicados e que foram convocadas e especialmente intimadas para este propósito, que o venerável e reverendíssimo padre Henry Kramer, professor de teologia sagrada, da Ordem dos Pregadores, Inquisidor da depravação herética – diretamente nomeado para esse fim pela Santa Sé ao lado do venerável e reverendíssimo padre James Sprenger, professor de teologia sagrada e prior do convento dominicano de Colônia, que é especialmente apontado como colaborador do primeiro –, nos trouxe ao conhecimento, em seu nome e no de seu colaborador, e declarou-nos que o sumo pontífice outorgou, através de uma bula devidamente assinada e selada, destinada aos supracitados Inquisidores Henry e James, membros da Ordem dos Pregadores e professores de teologia sagrada, mediante a sua suprema autoridade apostólica, o poder de investigar e inquirir todas as heresias, particularmente a heresia das feiticeiras, uma abominação que cresce e se fortalece nestes dias infelizes, e solicitou-lhes que executassem essa tarefa diligentemente, em todas as cinco arquidioceses das cinco Igrejas Metropolitanas, ou seja, de Mainz, de Colônia, de Trèves, de

Salzburgo e de Bremen, outorgando-lhes todos os poderes para julgar e processar tais pessoas, inclusive o poder de levar tais malfeitores à morte, segundo o teor da bula apostólica, que está em suas mãos e que agora exibem para nós, um documento que se acha íntegro e inviolado, que de forma alguma foi alterado ou rasurado, em suma, cuja integridade se encontra acima de qualquer suspeita. E o teor da referida bula assim tem início: "Inocente, bispo, servo dos servos de Deus, para a lembrança eterna. Desejando com a mais sincera ansiedade, como bem requer o nosso apostolado, que a Fé Católica, especialmente em nossa época, cresça e floresça por todas as partes,..." e assim conclui: "Exarada em Roma, na Basílica de São Pedro, a 9 de dezembro do ano da Encarnação de Nosso Senhor de 1484, no primeiro ano de nosso pontificado."

Como alguns dos que têm a seu cargo o cuidado das almas e que são pregadores da palavra de Deus têm se mostrado tão atrevidos que asseveram e declaram publicamente em sermões no púlpito, às pessoas em geral, que não existem bruxas, ou que estas não são capazes de forma alguma de molestar ou de prejudicar a humanidade ou os animais – e como em resultado de tais sermões, que devem ser em grande medida reprovados e condenados, o poder do braço secular vem deixando sem a devida punição tais ofensores –, e também como esse fato provou ser grande fonte de estímulo aos que seguem a horrível heresia da feitiçaria, que vem aumentando notavelmente as suas hostes, por tudo isso, os supracitados Inquisidores, desejosos com toda a sinceridade e força de seus corações de combater tais abominações e de guerrear tais perigos, escreveram com muito estudo, com muita pesquisa e com muito trabalho um tratado em que muito se empenharam para preservar a integridade da Fé Católica com o fim de refutar a ignorância dos que pregam tão crassos erros. Ademais ali definiram, com grande esforço, a forma lícita e própria pela qual tais bruxas pestilentas podem ser trazidas a julgamento, podem ser sentenciadas e condenadas, segundo o teor da supracitada bula e segundo o que determina a Lei Canônica. Porém, por seu corretíssimo e também sensato que a obra, por eles elaborada para o bem comum de todos nós, seja sancionada e confirmada pela aprovação unânime dos veneráveis doutores da universidade – para que nunca por algum acaso infeliz, algum homem ignorante e mal-intencionado venha supor que os mencionados reitores da faculdade e os professores da Ordem dos Pregadores não estão em completo acordo a respeito –, os autores do mencionado tratado, que já se encontra na sua versão definitiva para ser impresso e depois recomendado e aprovado pela opinião balizada e pelo julgamento maduro de muitos veneráveis doutores, entregaram-no em mãos aos professores de teologia sagrada da universidade de Colônia que, como representantes da honorabilíssima universidade, perusaram, examinaram e discutiram o mencionado tratado, para que pudessem, de acordo com o seu critério, corrigir e emendar pontos que de alguma forma fossem dúbios ou que não estivessem de acordo com os ensinamentos da Fé Católica. Ademais, coube-lhes aprovar oficialmente e louvar tudo o que no tratado estivesse de acordo com tais ensinamentos. E assim foi feito, conforme mencionamos.

Em primeiro lugar, o venerável senhor Lambertus de Monte subscreveu o seu julgamento e sua opinião da seguinte maneira: "Eu, Lambertus de Monte, professor (embora imerecidamente) de teologia sagrada e hoje deão da faculdade de teologia sagrada da Universidade de Colônia, declaro aqui, solenemente, e confirmo esta minha declaração subscrevendo-a, que li e diligentemente perusei e considerei este tratado, que se divide em três partes e que, em meu humilde julgamento, nas duas primeiras partes nada contém em absoluto que seja de alguma forma contrário às doutrinas da sã filosofia ou contrário à verdade da Santa Fé Católica e Apostólica, ou contrário às opiniões dos doutores cujos escritos se acham aprovados e que são considerados lícitos pela Santa Igreja. Ademais, na minha opinião, a terceira parte há de ser inteiramente aprovada, e há de ser colocada em prática, já que no julgamento e na punição de tais hereges, matéria de que trata, nada é recomendado que possa infringir a Lei Canônica. E uma vez mais, em virtude dos valiosíssimos e salutares assuntos que se acham ali contidos, mesmo que só por causa do grande conhecimento e da boa reputação desses valorosos e honrados Inquisidores, poderia a obra ser vista como necessária e de grande utilidade, e haveremos de ter o diligente cuidado de distribuí-la entre homens eruditos e zelosos, que com grande vantagem nela encontrarão variadas e ponderadas orientações para o extermínio das bruxas. Além disso, haveremos de levá-la às mãos de todos os reitores das igrejas, particularmente às mãos daqueles que são honestos, ativos e que temem a Deus, e que poderão, lendo o livro, sentir-se encorajados para despertar o ódio no coração das pessoas contra essa pestilenta heresia maléfica e contra todos os atos hediondos de bruxaria, para que todos os homens de bem possam ser advertidos e salvaguardados e para que todos os malfeitores possam ser descobertos e punidos. Assim, à plena luz do dia, a misericórdia e a graça hão de recair sobre os justos e a justiça há de recair sobre os que fazem o mal, e todas as coisas de Deus hão de ser glorificadas, a Quem cumpre destinar toda a honra, todo o louvor e toda a glória."

Em seguida, foi a vez do venerável mestre Jacobus de Stralen subscrever seu julgamento e sua opinião balizada: "Eu, Jacobus de Stralen, professor de teologia sagrada, depois de ter lido com grande atenção o supracitado tratado, declaro que minha opinião está em inteiro e absoluto acordo com o juízo emitido pelo nosso venerável mestre Lambertus de Monte, deão de teologia sagrada, cuja opinião foi transcrita acima, e isso eu atesto e testemunho com a minha própria assinatura para a glória de Deus."

De forma semelhante o venerável mestre Andreas de Ochsenfurt escreveu com o próprio punho o seguinte: "Da mesma maneira, eu, Andreas de Ochsenfurt, professor auxiliar de teologia sagrada, declaro que minha balizada opinião sobre as matérias contidas neste tratado concorda inteira e completamente com o julgamento acima exposto, e em testemunho desta verdade subscrevo-a."

Em seguida, de forma semelhante, o honrado mestre Thomas de Scotia subscreveu a mesma opinião: "Eu, Thomas de Scotia, doutor em teologia sagrada (não obstante não mereça o título), estou de pleno acordo com tudo o que os veneráveis mestres acima escreveram a respeito dos assuntos contidos no mencionado tratado, que também cuidadosamente li e examinei, e por ser verdade o que testemunho, esta declaração vai por mim assinada."

Eis agora a segunda subscrição a respeito dos discursos pronunciados do púlpito por pregadores blasfemos e ignorantes. E, em primeiro lugar, convém estabelecer os seguintes artigos:

Artigo Primeiro. Os mestres de teologia sagrada, abaixo-assinados, muito louvam os Inquisidores da depravação herética, que, segundo os cânones, foram enviados como delegados pela autoridade suprema da Sé Apostólica, que humildemente os exorta a cumprir seu honrado ofício com todo o zelo e com toda a diligência.

Artigo Segundo. A doutrina que afirma ser bruxaria passível de ser perpetrada pela Permissão divina, em virtude da cooperação do Demônio com magos e feiticeiras, não é contrária à Fé Católica e sim está em absoluto acordo com os ensinamentos das Sagradas Escrituras. Mais ainda: segundo a opinião dos doutores da Igreja, é uma doutrina que deve ser defendida e firmemente sustentada.

Artigo Terceiro. Portanto, é erro grave pregar que a bruxaria não existe, e os que publicamente pregam este erro vil notadamente prejudicam o santo ofício dos Inquisidores para o amargo prejuízo da segurança de muitas almas. Não é conveniente que os segredos da magia, que muitas vezes são revelados aos Inquisidores, sejam indiscriminadamente revelados a todos.

Artigo Último. Todos os príncipes e todos os católicos piedosos são exortados a usar de todo o seu empenho para que sempre auxiliem os Inquisidores na sua boa obra em defesa da Fé Católica.

Pelo que, os mencionados doutores da faculdade de teologia, que já subscreveram este certificado, acima e abaixo, também subscrevem os supracitados artigos, bem como eu, Arnold Kolich, tabelião público, que também aqui subscrevo, por ser verdade, conforme verifiquei pela declaração, feita perante mim sob juramento, de João Vörde de Mechlin, homem de bem e sincero, bedel da honorabilíssima Universidade de Colônia, e conforme vi, por bem conhecer as mãos dos que antes assinaram, acima e abaixo, e que agora subscrevem o que ficou estabelecido, nos seguintes termos: "Eu, Lambertus de Monte, professor de teologia sagrada, deão da faculdade, firmemente sustento e aprovo, inteiramente, os artigos acima enumerados, e como testemunho da verdade desta declaração aqui deixo a minha assinatura. Eu, Jacobus de Stralen, professor de teologia sagrada, da mesma maneira, sustento e aprovo inteiramente os artigos enumerados acima, e em testemunho da verdade subscrevo este parecer. Eu, Udalricus Kridwiss von Esslingen, professor de teologia sagrada, da mesma forma sustento e aprovo inteiramente os artigos arrolados acima, e por ser verdade o que declaro aqui me subscrevo. Eu, Contadus von Campen, professor efetivo de teologia sagrada, declaro estar em absoluto acordo com o julgamento dos veneráveis professores acima citados. Eu, Cornelius de Breda, professor auxiliar, sustento e inteiramente aprovo os artigos acima enumerados, e em nome da verdade subscrevo esta declaração. Eu, Thomas de Scotia, professor de teologia sagrada (não obstante não o mereça), concordo inteiramente, sustento e aprovo a opinião dos veneráveis professores que acima assinaram, e para a verdade de minha declaração aqui a subscrevo. Eu, Theodorich de Bummel, professor auxiliar de teologia sagrada, concordo integralmente com o que os honoráveis mestres escreveram acima e, para a verdade do que digo, subscrevo esta declaração. Em confirmação aos artigos acima enumerados declaro estar inteiramente de acordo com a opinião dos honradíssimos mestres e professores, eu, Andreas de Ochsenfurt, professor da faculdade de teologia sagrada, membro da junta de teólogos da honorabilíssima Universidade de Colônia."

Por fim, o supracitado venerável e reverendíssimo padre Henry Kramer, Inquisidor, estava na posse de uma carta, que nos mostrou, escrita em pergaminho virgem, que lhe foi endereçada e entregue pelo sereníssimo e nobre monarca, o rei dos romanos, cujo pergaminho ostentava o selo real oficial, em cores vermelhas, impresso sobre um fundo de cera azul e que pendia da parte inferior do pergaminho. A cera estava íntegra e inteira, inviolada, sem rasuras ou qualquer outro indício suspeito, e não se mostrava lacerada ou danificada, e, pelo teor da missiva, o supracitado nobre rei dos romanos, para que em benefício da nossa Santa Fé o assunto pudesse ser despachado com toda a presteza, em seu ofício real como rei supremo dos cristãos, desejava e deseja que a mesma Bula Apostólica a que nos referimos acima seja de todas as formas respeitada, honrada e defendida, e as providências de que trata sejam cumpridas, colocando os Inquisidores sob sua própria e augusta proteção, ordenando e exigindo que todos os indivíduos que pertencem ao Império Romano favoreçam e ajudem os mencionados Inquisidores em tudo o que puderem para a boa consecução de seu mister, e que lhes prestem toda a ajuda de acordo com as providências definidas mais pormenorizadamente e enumeradas na citada carta. E eis como se inicia e como termina a carta do rei, na ordem aqui indicada: "Maximiliano, pelo favor divino e pela graça de Deus, Augusto rei dos romanos, arquiduque da Áustria, duque de Burgundy, de Lorrainde, de Brabant, de Limburgo, de Luxemburgo e de Guelderland, conde de Flanders..."; e assim conclui: "Lavrada em nossa boa cidade de Bruxelas, sob nossa própria mão e nosso selo, aos seis dias de novembro, no ano de Nosso Senhor de um mil quatrocentos e oitenta e seis, no primeiro ano de nosso reinado. "Por conseguinte, com relação a tudo o que foi enumerado e estabelecido acima, nas partes e no todo, o supracitado venerável e reverendíssimo padre Henry, Inquisidor, em seu nome e no de seu supracitado colaborador, solicitou a mim como tabelião público, cujo nome se acha escrito acima e cuja assinatura se encontra abaixo, que todos estes documentos fossem coligidos, redigidos e remetidos na forma de instrumento ou de instrumentos públicos, e isso foi feito em Colônia na residência e moradia do venerável mestre Lambertus de Monte, que se situa dentro da igreja de Santo André e que goza das imunidades desta, na sala onde o próprio mestre Lambertus faz seus estudos e despacha, no ano do Senhor, no mês, no dia, na hora e durante o pontificado já especificados acima, tendo ali comparecido o supracitado mestre Lambertus, o bedel João e também Nicolas Cuper von Venroid, tabelião juramentado da venerável cúria de Colônia, e Christian Wintzen von Eusskirchen, clérigo da diocese de Colônia, ambos honestos homens de bem, que testemunham que a referida solicitação foi formalmente feita e formalmente atendida.

E eu, Arnold Kolich von Eusskirchen, clérigo da diocese de Colônia, escriturário juramentado, estive também presente durante a realização de toda a sessão e disso dou fé com as supracitadas testemunhas; e de acordo com o que vi e com o que, conforme declarei acima, ouvi sobre o testemunho sob juramento do mencionado bedel, homem honesto e de bem, lavrei com meu próprio punho o presente instrumento público, que subscrevo. E tendo sido assim solicitado e intimado a proceder, o assino e o selo de acordo com o que determina a lei, com meu próprio nome e meu próprio selo, para que possa ser oficialmente aprovado e para que sirva como testemunho legal e suficiente e como prova de tudo o que aqui se acha estabelecido, enumerado e contido.

Nota sobre a bibliografia de *O martelo das feiticeiras*

A bibliografia do *Malleus Maleficarum* é extremamente complexa e difícil, já que muitas das primeiras edições, não só in-fólio como também *in-quarto*, não têm indicação da procedência nem da data de publicação. Assim, o Museu Britânico possui uma cópia (Press-Mark 18, 1606), in-fólio, que no catálogo consta com a data "1485?", embora esteja provavelmente incorreta. O mesmo museu tem cinco edições do século XV: *in-quarto*, 1490? (IA 8634); in-fólio, 1490 (18 8615); *in-quarto*, 1494 (IA 7468); in-fólio, 1494 (IB 5064); e *in-quarto*, 1496 (IA 7503).

Graesse, na *Bibliotheca Magica*, Leipzig, 1843, indica a procedência e a data das edições do século XV: Nuremberg, *in-quarto* e in-fólio, 1494 e 1496. Também faz menção a duas edições, uma in-fólio e outra *in-quarto*, sem indicação de data ou lugar. Aponta também uma edição *in-quarto* publicada em Colônia no ano de 1489 e outra in-fólio também publicada no mesmo lugar no ano de 1494.

Há também as seguintes edições:

Malleus Maleficarum, in-oitavo, Paris, edição a que o Museu Britânico atribuiu a data de "1510?".

Malleus Maleficarum, in-oitavo, *Coloniae*, J. Gymnicus, 1520.

(Cópias dessas duas edições de Colônia se acham no Museu Britânico.)

Malleus Maleficarum... per F. Raffaelem Maffeum Venetum et D. Jacobi a Judeca instituti Seruorum summo studio illustratus et a multis erroribus vindicatus... Venetiis Ad Candentis Salamandrae insigne. MD. LXXVI, in-oitavo. (A edição decepciona o estudioso. É difícil ver em que consistiu o cuidado editorial de Raffaelo Maffei, que pode ou não ter algum parentesco com o famoso humanista do mesmo nome [d. 25 de janeiro, 1522] e que era do mosteiro de San Giacomo della Guidecca. Talvez tenha produzido uma edição crítica do maior valor, mas não há comentários nem digressões ou apêndices e, além disso, o texto é fraco.

Na dificílima passagem da *Principalis Quaestio II,* Pars lI, onde se lê nos primeiros textos "*die dominico sotularia iuuenumfungia... perungunt*", Veneza, 1576, ali se tem "*die dominica solutaria iuuenum fungia... perungunt.*")

Malleus Maleficarum, Impressum Francofurti ad Moenum apud Nicolaum Bassaeum... in-oitavo, 1580.

Malleus Maleficarum,... Francofurti... apud Nicolaum Bassaeum... in-oitavo, 1582.

Malleus Maleficarum... Francofurti... apud Nicolaum Bassaeum, 2 volumes, *in-oitavo,* 1588. Esta edição também contém no Vol. I trechos do *Formicarius* de Nider. O Vol. II, que é dedicado a John Mündzenberg, prior da Casa Carmelita de Frankfurt, contém os nove seguintes tratados:

Bernard Basin, *De Artibus Magicis.* (1482)
Ulrich Molitor, *De Lamiis.* (1489)
Girolamo Menghi, O.S.F.C., *Flagellum Daemonum.* (1578)
John Gerson, *De Probatione Spirituum.* (*circa* 1404)
Thomas Murner, O.M., *De Pythonico Contractu.* (1499)
Felix Hemmerlin, *De Exorcismis.* (*circa* 1445)
Eiusdem, *De Credulitate Daemonibus Adhibenda.* (1454)
Bartolomeo Spina, O.P., *De Strigibus.* (1523)
Eiusdem, *Apologiae III Adversus Ioann. Franc. Ponzinibium.* (1525)

A folha de rosto anuncia que essas obras são "*Omnes de integro nunc demun in ordinem congestos, notis & explicationibus illustratos, atque ab innumeris quibus ad nauseam usque scatebant mendis in usum communem uindicatos.*" É verdade que as primeiras edições apresentam uma abundância de erros que foram devidamente corrigidos, embora ainda ficasse muita coisa por emendar. É de esperar-se que o mesmo pouco cuidado dispensado ao Vol. II tenha sido dado ao texto do *Malleus Maleficarum* no Vol. I, ao ver-se que é muito fraco e errôneo.

Malleus Maleficarum, Lyon, *in-oitavo,* 1595. (Graesse.)

Malleus Maleficarum, Friburg, 1598.

Malleus Maleficarum, Lyon, *in-oitavo,* 1600.

Malleus Maleficarum, Lyon, *multo auctior, in-oitavo,* 1620.

Malleus Maleficarum, Friburg, *in-oitavo,* 1660.

Malleus Maleficarum, in-quarto, Lyon, 1666. (Graesse.)

Malleus Maleficarum, 4 vols. "sumptibus Claudii Bourgeat," *in-quarto,* Lyon, 1669. Esta edição, em que o texto recebeu aqui e acolá alguma revisão, parece ser a última. Na passagem a que antes se fez referência, *Principalis Quaestio II, Pars II,* por exemplo, onde se lia "sotularia iuuenum fungia... perungunt" encontra-se o termo correto "axungia" (axis-ungo) em vez de "fungia".

Quétif-Echard, em *Scriptqres Ordinis Praedicatorum* (2 vols., Paris, 1719), faz menção, no Vol. I, à p. 881, a uma tradução francesa do *Malleus Maleficarum, Le Maillet des Sorcières,* que teria sido publicada, *in-quarto,* em Lyon, por Stephanus Gueynard. Não faz menção a qualquer data, entretanto, e por isso é bastante provável que uma das muitas reimpressões do *Malleus Maleficarum* tenha sido considerada uma versão francesa do original. Eis o que me declarou generosamente M. le Directeur da Bibliotheque Nationale: "L'ouvrage de Sprenger, *Le Maillet des Sorcières,* édition de Lyon, ne se trouve point à la Bibliotheque Nationale. Mais, de plus, je me suis reporté à l'excellente *bibliographie lyonnaise* de Baudrier, XIe série, 1914, et là non plus, l'edition de Stephanus Gueynard ne se trouve point." *Le Maillet des Sorcières, in-quarto,* Lyon, por Stephanus Gueynard, não aparece no valioso *Essai d'une Bibliographie Française méthodique et raisonnée de la Sorcellerie,* de R. Yve-Plessis, Paris, 1900.

Há uma tradução alemã moderna do *Malleus Maleficarum* feita por J. W. R. Schmidt, *Der Hexenhammer,* 3 vols., Berlim, 1906; segunda edição, 1922-3.

Em 1912, Oswald Weigel, do famoso Antiquariat & Auktions-Institut, de Leipzig, vendeu uma coleção extraordinariamente fina, e talvez única, de livros sobre bruxaria. Essa livraria possuía nada menos que 29 exemplares do *Malleus Maleficarum,* cujas datas se achavam catalogadas da seguinte maneira: (1) Argentorati (Estrasburgo), J. Prüss, *ca.* 1487. (2) Spirae, Peter Drach, *ca.* 1487. (3) Spirae, Peter Drach, *ca.* 1490; ou Basle, J. von Amorbach, *ca.* 1490? (4) Sem procedência, sem data. Com a inscrição "Codex moasterij scti Martini prope Treuirim". (5) Koln, J. Koelhoff, 1494. (6) Nürnberg, Anton Koberger, 1494. (7) Nürnberg, Anton Koberg, 1496. (8) [Paris] Jehan Petit, *ca.* 1497. (9) Coln, Henricus de Nussia, 1511. (10) [Paris] Jehan Petit, sem data]. (11) Lyon, J. Marion, 1519. (12) Nürnberg, Frederick Peypus, 1519. (13) Koln, J. Gymnicus, 1520. (14) Venetiis, 10. Antonius Bertanus, 1574. (15) Venetiis, *ibid.,* 1576. (16) Francofurti, *apud* Nicolaum Bassaeum, 1580. (17) Francofurti, *ibid.,* 1582. (18) Lugduni, Ioannam Iacobi Iuntae, 2 tomi, 1584. Nessa edição houve erro de impressão no título: *Malleus Maleficorum.* (19) Francofurti, Sumptibus Nicolai Bassaei, 1588. (20) Cópia do (19). (21) Lugduni, Petri Landry, 2 tomi, 1595. (22) Francofurti, Sumptibus Nicolai Bassaer, 2 tomi, 1600. (23) Lugduni, Sumptibus Petri Landry, 3 tomi, 1604. (24) Lugduni, *ibid.*, 1614. (25) Lugduni, *ibid.*, 1615. (26) Lugduni, Sumptibus Clavdii Landry, 3 tomi, 1620. (27) Lugduni, 3 tomi, 1620-21. (28) Lugduni, 4 tomi, 1669. (29) A tradução alemã moderna do *Malleus Maleficarum* por J. W. R. Schmidt, *Der Hexenhammer,* 3 vols., Berlim, 1906.

EDIÇÕES
BestBolso

Este livro foi composto na tipografia Minion Pro Regular,
em corpo 9,5/11,5, e impresso em papel off-set no Sistema Digital
Instant Duplex da Divisão Gráfica da Distribuidora Record.